Der Innere Weg
zum kosmischen Bewusstsein

Das Ewige Wort,
der Eine Gott, der Freie Geist,
spricht durch Gabriele,

so wie durch alle Gottespropheten –
Abraham, Hiob, Moses, Elia, Jesaja,
Jesus von Nazareth,
der Christus Gottes

DER INNERE WEG
zum kosmischen Bewusstsein

Die Grundstufen:

Ordnung
Wille
Weisheit
Ernst

Offenbart von Bruder Emanuel,
dem Cherub der göttlichen Weisheit,
gegeben und erläutert
durch die Prophetin Gottes
Gabriele

Gabriele-Verlag
Das Wort

DER INNERE WEG
zum kosmischen Bewusstsein
Die Grundstufen

3. Auflage März 2023

Max-Braun-Str. 2, 97828 Marktheidenfeld
Deutschland
Tel. 0049 (0)9391/504-135, Fax -133
www.gabriele-verlag.com

Druck: KlarDruck GmbH, Marktheidenfeld

ISBN 978-3-96446-397-5

O erkennet:
In dieser düsteren Zeit
strahle Ich
allumfassend den Befreiungsweg aus,
den Inneren Weg, den Weg der Liebe,
der zum Herzen des ewigen Vaters führt.
Auf diesem Weg
rufe Ich die Meinen,
die Gebote des Heils anzunehmen
und schrittweise aus dem Sündenpfuhl
menschlichen Ichs herauszufinden.
Denn jedem Menschen, jeder Seele
reiche Ich, Christus,
die Hand.

Aus der Christus-Offenbarung
vom 4. Oktober 1991

Inhalt

Vorwort

Liebe Mitmenschen,

Der Innere Weg ist der Weg zum Herzen Gottes in uns, zum Ursprung des Seins, zum Wesenskern in unserer Seele.

Seit Anfang der 1980er Jahre wurde der Innere Weg zum kosmischen Bewusstsein gelehrt unter der Leitung des Cherubs der Göttlichen Weisheit, eines Gesetzesfürsten vor Gottes Thron, den wir auf Erden schlichtweg Bruder Emanuel nennen. Im Geiste Gottes wirkt er als göttlicher Lehrer und Berater des Gottesinstrumentes Gabriele.

Durch die Göttliche Weisheit in der Verbindung des Cherubs vor Gottes Thron mit Gabriele, dem Seraph im Erdenkleid, strömt das Prophetische Wort zu allen suchenden Menschen, die bereit sind, den Weg zurück in das ewige Vaterhaus, in das Reich Gottes, unsere wahre ewige Heimat, zu gehen.

Die ewige Wahrheit offenbarte und offenbart sich in verschiedensten Facetten, mit verschiedensten Worten. Die Wahrheit ist immer die Wahrheit, einerlei, welches Wort man für die Wahrheit verwendet. Worte sind Schalen, die Inhalte tragen, deshalb wird immer wieder geraten, nicht auf die Schale zu blicken, sondern den Inhalt zu erfassen. Denn der Inhalt ist es, gerade auf dem Inneren Weg, der den Menschen weiterführt und ihm die Gesetze des Lebens nahebringt.

Anfang der 1980er Jahre, als die Schulungen des Inneren Weges offenbart wurden, wurde vielfach anders gesprochen als in der heutigen Zeit. Warum? Weil die Menschen damals bestimmte Worte besser verstanden als die Menschen heute. Das heißt also, vieles wird heute anders ausgedrückt und anders wiedergegeben, als zu jener Zeit. Doch die Wahrheit bleibt bestehen, ewiglich.

In diesen Jahren gab es einen tiefgreifenden Lehrzyklus des Inneren Weges, an dem viele Gott suchende Menschen teilnahmen. Viele, sehr viele Brüder und Schwestern, Menschen im Christus-Gottes-Werk gingen diesen Weg, den Weg der Freiheit und der Gottes- und Nächstenliebe. Deshalb wird im Schulungstext die Anrede des „Du“ verwendet, und die Lernenden auf dem Inneren Weg werden als Schüler angesprochen, wodurch die intensiven Aufklärungen um einiges mehr in die Tiefe gingen.

Das Christus-Gottes-Werk ist ein lebendiges Werk. Es geht nicht rückwärts, sondern voran, um auch heute alle Menschen, einerlei, welchen Alters sie sind, mit dem Wort des Lebens zu beseelen, denn die Wahrheit ist die Wahrheit, einerlei, wie sie damals ausgedrückt wurde oder heute. Und damals wie heute ist eines sicher: Der Innere Weg ist ein lebendiger Weg, der Weg der Freiheit für jeden Einzelnen, denn auf dem Inneren Weg begleitet uns der Freie Geist, der Christus Gottes.

Liebe Mitmenschen, im Jahr 2016 rief Gott, der Ewige, das messianische, sophianische Zeitalter aus, unter der Lilie der Reinheit, der Liebe und Weisheit.

Der Innere Weg leitet uns in dieses Zeitalter, er ist der Weg zum Reinwerden der Seele und der Zellen unseres Körpers. Er ist der Weg der Freiheit, der Gottes- und Nächstenliebe.

Für uns bedeutet das messianische, sophianische Zeitalter unter der Lilie der Reinheit, der Liebe und Weisheit, dass das Neue Zeitalter in dem Licht des Christus Gottes steht, der uns Sein geistiges Kommen angesagt hat. Durch Sophia, die Göttliche Weisheit – Gabriele, der Seraph im Erdenkleid und der Cherub vor Gottes Thron im Geiste – spendet Christus den Menschen seit über 40 Jahren Sein Wort als Tröster. Denn das ist Sein versprochenes Wort als Jesus von Nazareth: „Ich werde euch den Tröster senden." Der Tröster ist also gekommen. Darin erkennen wir, was die messianische, sophianische Zeit bedeutet:

Es ist der Freie Geist, der Sein Kommen ankündigt.

Urchristen haben sich aufgemacht, dem Inneren Leben zuzustreben, durch den Inneren Weg, der aus dem Reich Gottes gelehrt wurde durch den Cherub der Göttlichen Weisheit, auf Erden Bruder Emanuel genannt.

Sind auch Sie bereit, mit uns diesen Weg zu gehen, den Frieden in uns selbst zu finden und die Freude in uns zu entwickeln, dass wir nicht alleine sind? Denn Gott, der Ewige, Sein Gesetz der Liebe ist in uns.

Deshalb sprechen wir schlicht und einfach als Menschen: Gott in uns. Das ist der Weg. Das ist das Leben. Diesen Weg gehen wir mit Ihnen, dann, wenn Sie wollen.

Urchristen im Zeichen des Freien Geistes

Der Innere Weg, der Weg der Befreiung, ist Freude

Offenbarung von Bruder Emanuel
vom 18. Oktober 1991

Am 18. Oktober 1991 gab Bruder Emanuel, der Cherub der göttlichen Weisheit, über das Prophetische Wort, durch Gabriele eine Offenbarung über den Inneren Weg, in der er sprach:

»Erkennet und spüret gerade in dieser materialistischen Zeit, dass der Innere Weg nottut. Der Innere Weg ist gleichsam der Befreiungsweg von den Lasten, die auf der Seele liegen ... Geht ihr also selbstlos diesen Weg – das heißt, dass die Liebe zum Vater das Wesentliche ist, frei zu werden also von den Belastungen, um Gott, unserem ewigen Vater, näherzukommen –, dann werdet ihr auch Schritt für Schritt auf dem Inneren Weg voranschreiten.«

»O erkennet, der Innere Weg heißt: Erkenne dich selbst, und bereinige dein Sündhaftes mit Christus, auf dass du dem Ewigen, dem Inneren Licht, immer näherkommst. Der Innere Weg ist also eine Lebensschule, in der sich jeder Schüler selbst erkennt. Die Selbsterkenntnis tut not; denn nur dann, wenn der Schüler die Fehler – also das Sündhafte – erkennt und den Weg der Herzensreue geht, der Bitte um Vergebung, der Vergebung, der Wiedergutmachung und so er dann diesen erkannten Fehler, diese Sünde also, nicht mehr tut, reinigt sich die Seele.«

»Sehet: Diese Erde ist wahrlich die Schule der Kinder Gottes. Wer in diese innere Schule geht, dem wird es um vieles leichter werden, denn er erleichtert seine Seele vom menschlichen Ich. Er baut die Ichheiten ab. Das Licht Christi strahlt in der Seele intensiver. Das Licht des Herrn wirkt sich dann auch im und am physischen Leib aus. Dem Menschen wird es immer besser ergehen – weil es der Seele gutgeht, denn sie ist eingehüllt und aufgenommen in das Licht der Liebe, weil sich Seele und Mensch dem Licht zugewandt haben und eingekehrt sind in das Licht, das befreit, das leuchtet, das der Weg ist.

Ja, Christus ist der Weg, die Wahrheit und das Leben. Keiner kommt zum Vater – nur durch den Sohn, Christus, den Erlöser aller Seelen und Menschen.«

»Christus möchte euch begleiten, denn ihr habt Ihn erwählt. Wählt Ihn tagtäglich aufs Neue, und ihr werdet erkennen: Der Innere Weg ist Freude! Der Innere Weg ist Befreiung und Beglückung – ja, die Seele beginnt wieder zu atmen, denn sie spürt den Odem des Allmächtigen. Sie spürt, dass sie in das Reich der Liebe gehört, und sie möchte, dass der Mensch wahrlich zum Handschuh der Liebe wird.«

Gabriele

DER INNERE WEG

zum kosmischen Bewusstsein

Stufe der Ordnung

Inhalt

Hinweise zu Beginn der Stufe der Ordnung

Liebe Schwester, lieber Bruder, wenn du dich entscheidest, diesen intensiven Weg zum kosmischen Bewusstsein zu beschreiten, dann solltest du innerlich bereit sein, dein Leben konsequent auf den Meister in dir, auf Christus, auszurichten.

Du solltest neben diesem intensiven Kurs keine weiteren geistigen Übungen und Praktiken ausführen, auch wenn diese christlich genannt werden.

Stellen wir uns vor, dass wir einen Fluss überqueren möchten. Der Fluss ist unser menschlich Ich, das es zu überwinden gilt. Besteigen wir zwei Boote, indem wir in jedes Boot einen Fuß setzen, werden wir bei der ersten kleinsten Strömung ins Schwanken geraten, bei einer größeren Strömung zu taumeln beginnen und ins Wasser fallen. Ebenso verhält es sich auf dem Inneren Weg: Können wir uns nicht klar entscheiden für einen geistigen Weg – um in unserem Bild zu bleiben, für ein stabiles Boot, von dem wir glauben, dass es uns sicher zum anderen Ufer geleitet –, dann werden wir früher oder später Schiffbruch erleiden.

Jeder Mensch ist zugleich Sender und Empfänger. Richten wir uns durch gleichzeitiges Praktizieren verschiedener geistiger Techniken auf mehrere Schwingungen aus, so wird in uns, im Empfänger, ein Wirbel von Kräften wirksam, dem nicht jeder Mensch standhalten kann.

Die Schulungen auf dem Inneren Weg richten sich an Geist, Seele und Körper. Sie können zu Beeinträchtigungen führen bei Menschen, die

- an vorbestehenden psychischen Störungen oder Erkrankungen leiden,
- während der letzten drei Jahre in psychiatrischer und/oder psychotherapeutischer Behandlung gestanden haben,
- bewusstseinsverändernde, beruhigende oder stimulierende Medikamente einnehmen (wie z.B. Valium, Librium, Lexotanil, Antidepressiva, Neuroleptika, antriebssteigernde Mittel, Schlafmittel usw.),
- von Suchtmitteln und Drogen im weitesten Sinne abhängig sind (auch Alkohol und Nikotin),
- derzeit andere spirituelle Praktiken und geistige Techniken ausüben oder bis vor kurzem ausgeübt haben.

In der Zeit einer Schwangerschaft sollte der Kurs unterbrochen werden. Die werdende Mutter, die den heranreifenden Embryo trägt, sollte keinen allzu großen Schwankungen des menschlichen Ichs ausgesetzt sein, damit sich der Embryo in Ruhe auf die inkarnierende Seele vorbereiten kann.

Nach der Entbindung kann dort fortgesetzt werden, wo unterbrochen wurde. Es ist jedoch von Vorteil, wenn der oder die letzten Schritte noch einmal wiederholt werden.

Liebe Schwester, lieber Bruder, wer sich auf den intensiven Schulungsweg begibt, der sollte nicht mehr mit allzu schweren mitmenschlichen Problemen ringen, insbesondere in Ehe und Partnerschaft. Er sollte seine Vergangenheit weitgehend bewältigt haben, das heißt, vor allem vergeben und um Verzeihung gebeten haben, wo Streit mit dem Nächsten war.

Dann wird er mit seinen Gedanken nicht mehr Vergangenem nachhängen, sondern wach und konzentriert in jeden neuen Tag gehen. Er wird die ihm von Gott geschenkten Energien gezielt einsetzen bei der Bewältigung der täglichen Übungen und Aufgaben. Durch stetige Arbeit an sich selbst wird er geistig reifen und sein Bewusstsein erweitern. So wird ihm der Innere Weg Freude bereiten und innere Erfüllung sein.

Liebe Schwester, lieber Bruder, die erste Grundstufe auf dem Inneren Weg, die Ordnungsstufe, setzt sich zusammen aus einer Einweihungsoffenbarung sowie fünf aufeinanderfolgenden Kapiteln mit Lehren und Lektionen, die uns helfen, den Inneren Weg erfolgreich zu beschreiten.

Die im zweiten Kapitel »Grundlegende Lehren und Anweisungen für die Stufe der Ordnung« beschriebenen Aufgaben und Übungen sind die Grundlage für die Ordnungsstufe, die während des gesamten Kurses praktiziert werden. Die in den folgenden Kapiteln 3 bis 6 beschriebenen Aufgaben und Übungen sollen von dir nur so lange praktiziert werden, bis du fühlst, dass du sie weitgehend verwirklicht hast. Erst dann, wenn du alle Aufgaben eines Teiles abgeschlossen hast, solltest du zum jeweils nächsten Teil übergehen, da jeder Teil auf dem vorhergehenden aufbaut.

Liebe Schwester, lieber Bruder, du siehst also, dass der Wanderer auf dem Inneren Weg seinen Fortschritt selbst bestimmt. Das erfordert allerdings ein gewisses Maß an Selbstdisziplin und Ehrlichkeit sich selbst gegenüber.

Aus eigener Erfahrung wissen wir, dass wir fallen, wenn wir versuchen, den zweiten Schritt vor dem ersten zu tun. So ist es auch auf dem Inneren Weg: Greifen wir den Aufgaben vor, ohne die vorausgegangenen im alltäglichen Leben weitgehend verwirklicht zu haben, werden wir fallen. Sind wir aber ehrlich zu uns selbst, dann wird uns der Innere Weg viel Freude bereiten, und wir werden in uns Harmonie erfahren.

Gott zum Gruß!

Urchristen im Zeichen des Freien Geistes

1. Einweihung

*Voraussetzung für den Inneren Weg –
Berufen? – Heroischer Opfermut – Von außen nach innen –
Rechte Disziplin: Liebe zu Gott – Stimmenhören – Inneres Wort
und Prophetisches Wort – Die Reinigung der Seele*

*Gabriele begrüßte die
Schüler auf dem Weg zu Gott:*

Gott zum Gruß, lieber Bruder, liebe Schwester!

Die erste Stunde, die den willigen, Gott zustrebenden Menschen auf den Inneren Weg führt, hin zum Reich Gottes in uns, ist die Einweihung aus dem Geiste des Herrn.

Die folgenden Unterweisungen gab uns in der Hohen Schule des Geistes Gottes auf Erden, Bruder Emanuel – der Cherub der göttlichen Weisheit, ein Gesetzesengel – für alle Menschen, die ihre Sinne veredeln wollen, um dem Göttlichen im Menschen näherzukommen.

Das universelle Bewusstsein ist der Logos in uns, der Geist, der sodann durch uns empfindet, denkt und spricht. Dann werden wir nicht mehr auf die Worte der Menschen angewiesen sein, die im Grunde so wenig aussagen – und die denjenigen, der nur auf das Wort hört und den Sinn nicht erfasst, oftmals täuschen und verwirren. Der Erleuchtete, der aus dem Rad der Wieder-

geburt gefunden hat, nimmt nicht mehr das Gesagte als bare Münze, sondern er sieht hinter die Worte, da er den Menschen kennt, so, wie er ist: wie er denkt und lebt, nicht, wie er sich gibt. Die Schleier, die unsere Sinne getrübt haben, sind sodann von uns abgefallen. Dadurch sehen wir auch unseren Nächsten, wie er tatsächlich ist, nicht, wie er sich gibt.

Die weitere Entwicklung unseres Bewusstseins ist sodann die Innenschau, der Blick für das geistig Edle und Schöne. Alles zusammen, das Leben aus dem ewigen Gesetz, ist das höchste Mysterium, das ein Mensch am Ende des Inneren Weges zu erreichen vermag.

Um das hohe Ziel zu erlangen, muss der Wanderer auf dem Pfad nach Innen zuerst seine allzu menschliche Natur, sein Ich, ablegen. Er muss durch Selbsterkenntnis und Verwirklichung geistig wachsen und reifen. Das heißt: Nur durch Verwirklichung der ewigen Gesetze gelangen Seele und Mensch zum hohen Ziel.

Lieber Bruder, liebe Schwester! Du setzt nun den geistigen Fuß auf den Inneren Weg. Bevor wir mit der Einweihung auf der Stufe der Ordnung beginnen und mit den ersten Lektionen und Übungen, bitte ich dich, Folgendes zu beachten:

Der Innere Weg ist eine Gratwanderung. Auf dieser Gratwanderung wird uns unser Ich, all unsere Menschlichkeit, in vielen Gestalten begegnen. Unsere Vergangenheit wird empordämmern. Dinge und Geschehnisse werden uns wieder erfassen, an die wir schon längst nicht mehr gedacht haben und die doch noch in uns, in unserer Seele, liegen und uns auch als Strahlung umgeben. Es sind Dinge, die wir noch aufzuarbeiten haben, oder Geschehnisse, wofür wir um Vergebung bitten oder vergeben sollen.

Vieles wird uns auf dem Inneren Weg begegnen, das nur uns selbst betrifft. Deshalb heißt es: Selbsterkenntnis und Verwirklichung der Gesetze Gottes – damit wir wieder göttlich werden.

Ohne geistiges Wissen jedoch können wir den Pfad nach Innen, zum Reich Gottes, nicht betreten. Und ohne Christus, unseren Erlöser, werden wir auch nicht vorankommen. Christus gab uns durch Seine Erlösertat die Kraft, ins Vaterhaus zurückzukehren. Seine Hilfe und Seine Unterstützung sind die Gnade auf dem Weg dorthin.

Wir müssen jedoch auf dem Weg nach Innen den ersten Schritt tun: Wir müssen unsere Fehler und Schwächen, die Belastungen unserer Seele und unseres Leibes, zuerst erkennen und uns bemühen, sie allmählich abzulegen. Dann wird die Gnade des Ewigen in Christus vermehrt wirksam in uns. Denn Seine Erlösertat ist Balsam und Stärkung für unsere Seele.

Seit der Erlösertat Christi gibt es ohne Christus keinen Weg mehr zurück in die Absolutheit. Deshalb geht der Innere Weg nur mit Christus. Die erlösende Gnade des Herrn stärkt uns und hilft uns, alles zu überwinden, was uns hindert, wieder Gottes Ebenbild zu sein. Wir müssen jedoch auch das Unsere tun, um auf dem Inneren Weg gesetzmäßig voranzukommen. Nicht durch Fanatismus, sondern aus Liebe zu Gott sollen wir unser Ich bekämpfen und es Christus hintragen, der dann mit uns der Überwinder unserer Belastungen ist.

Menschen haben einen Verstand mitbekommen. Ist dieser entsprechend geschult – das heißt, sind wir gegenüber unserem Nächsten verständnis- und liebevoll, ohne gleich zu urteilen und zu verurteilen, wenn dieser nicht unserer Meinung ist oder nicht vollbringt, was wir wollen –, dann ist die Vernunft die Siegerin über den Intellekt, der einengend ist und seine Mitmenschen gern schulmeistert und abwertet.

Lassen wir also die Vernunft walten! Die Vernunft sagt uns, dass diejenigen, die den Inneren Weg zu wandeln beginnen, sich nicht mit Halbheiten begnügen sollen. Halbheiten wären es, wenn wir glauben, wir wären auf dem Inneren Weg in Kürze so weit, die Stimme des Ewigen hören und die himmlischen Welten und ihre Bewohner sehen zu können. Die Selbsterkenntnis holt den Vernünftigen immer wieder zurück, wenn er zu glauben beginnt, er sei schon weit auf dem geistigen Weg gereift. Die Vernunft lässt ihn schauen, wo er steht und mit welchen Gedanken er sich umgibt, die ihn gleichsam umgarnen. Wer zu sich selbst getreu ist, indem er sich nichts vormacht, wird sehr schnell seinen geistigen Stand feststellen und erkennen, dass er sich oftmals selbst etwas vormacht und dass der Wunsch der Vater des Gedankens war.

Das Wollen ist sehr gefährlich auf dem geistigen Weg. Wollen wir etwas, dann senden wir Gedanken aus, die für uns arbeiten. Je öfter wir die Wünsche in die Welt senden, umso stärker werden die Gedankenkomplexe. Unsere eigenen Wünsche als Gedankenkomplexe arbeiten sodann für uns und schaffen herbei, was wir an Wunschgedanken ausgesandt haben.

Wollen wir zum Beispiel mit kosmischen Bewohnern, mit Seelen, in Verbindung treten, dann kann diese Möglichkeit eintreten, wenn wir glauben, wir müssten nun unbedingt innere Erfahrungen sammeln. Astralerfahrungen, das heißt Wahrnehmungen aus den Seelenreichen der Reinigungsebenen, sind keine inneren Erfahrungen. Sie beruhen nicht auf unserer inneren Entwicklung, sondern werden durch unsere Gedankenwünsche, die sich im Äußeren als Kraftfelder aufgebaut haben, herbeigeführt.

Solche und ähnliche Wunschgedanken sind gefährlich auf dem Inneren Weg. Sie können nicht nur unsere Sinne über die Realität täuschen, sondern auch Kräfte abrufen, die uns so stark beeinflussen, dass wir unserer Sinne nicht mehr mächtig sind. Lassen wir also die Vernunft walten!

Wir wollen Gott gefallen, indem wir unsere Gedanken und Sinne ordnen und reinigen. Wir sind Kinder des Allerhöchsten und sollten nur von dem einen Wunsch beseelt sein, Gott, unserem Herrn und Vater, zu gefallen, indem wir ein Leben nach den göttlichen Gesetzen anstreben.

Der Innere Weg besteht nicht darin, Wesenheiten aus den Zwischenreichen anzurufen oder mit äußerster menschlicher Willensanstrengung Wahrnehmungen zu erhalten. Der Innere Weg besteht in einer Schulung, in der die Ausrichtung der Seele und des Menschen auf das höchste Ziel angestrebt wird: wieder göttlich zu werden, das heißt, edel, rein und gut zu denken, zu sprechen und zu handeln.

Unsere Empfindungen sollen gleich unseren Gedanken sein und unsere Gedanken gleich unseren Worten und Handlungen. Können wir alles aussprechen, was wir denken, ohne unsere Mitmenschen zu verletzen, dann haben wir einen hohen Grad an selbstloser Liebe erlangt. Dann können wir sagen, wir haben einige Schritte auf dem Inneren Weg erfolgreich vollzogen.

Der Innere Weg zum kosmischen Bewusstsein kann auch wie folgt gesehen werden: Wir besteigen nun einen Fahrstuhl ohne Fenster. Auf der Stufe der Ordnung drücken wir auf die vierte Taste, es ist die vierte Grundstufe des Bewusstseins, der göttliche Ernst, auf der das Erlöserlicht brennt.

Wir werden uns bemühen, unser Leben zu meistern – nicht in Müßiggang, im Eremiten-Dasein oder gar durch Kasteiung, sondern durch Selbsterkenntnis und Überwindung dessen, was wir Negatives an uns erkannt haben. Wir übergeben unser allzu menschliches Ich Christus, unserem Erlöser, der uns auf dem Inneren Weg mit Seiner Gnade und Liebe führt.

Wir werden nicht von Eigenliebe und der Neugierde getrieben, den Fahrstuhl anzuhalten und hinauszublicken, um zu sehen, was in den Zwischenreichen geschieht. Wir werden also unsere Wanderung zum Reiche Gottes nicht durch Neugierde unterbrechen, um zu sehen, wie in den noch bestehenden Schattenreichen das Leben beschaffen ist. Wir werden also den Fahrstuhl nicht anhalten, indem wir den ersten oder zweiten Knopf betätigen, um auf der Stufe der Ordnung oder des Willens hinauszuschauen, um zu sehen, was sich wohl dort, in den Zwischenreichen, abspielt.

Wir bemühen uns, unsere Blicke auf das eine Ziel zu richten: frei zu werden von unserer niederen Natur, von unserem Ich, das uns quält und uns durch allzumenschliche Gedanken immer wieder versuchen möchte. Wir bleiben also im Fahrstuhl, ohne zu fragen, wie es wohl in den Astralreichen aussieht. Wir werden auch nicht unsere menschlichen Wünsche aussenden, um etwas hören zu wollen. Denn wollen wir etwas, dann werden wir es erhalten – entsprechend unserem Wollen und Wünschen.

Halten wir durch, trotz Gratwanderung, trotz Höhen und Tiefen, dann werden unsere Bemühungen reichlich belohnt werden. Sind wir geläutert und gereinigt, haben wir die vierte Grundstufe weitgehend absolviert, dann stellt sich das Göttliche wie automatisch ein: Wir werden wieder zum göttlichen Gesetz, und das Gesetz, Gott in Christus, wird sich uns sodann offenbaren.

Der einzige Wunsch, den wir hegen und pflegen sollen, ist, wieder göttlich zu werden, rein, edel und gut – in

Empfindungen, Gedanken, Worten und Handlungen, in all unseren Werken.

Lieber Bruder, liebe Schwester, der Innere Weg zum kosmischen Bewusstsein ist ein Geschenk von Gott, unserem Vater, in Christus, unserem Erlöser. Sein Geschenk dürfen wir dankbar annehmen. Wir müssen es jedoch nicht annehmen – wir dürfen!

Präge dir bitte ein: Jeder von uns hat den freien Willen. Keiner wird gezwungen, zu glauben, was offenbart ist, oder den Inneren Weg zu gehen. Was Gott, unser Herr in Christus, unserem Erlöser, in Seinem Christus-Gottes-Werk anbietet – Sein Wort, den Weg –, ist absolut frei.

Lieber Bruder, liebe Schwester, du kannst den Inneren Weg gehen oder ihn lassen. Gott hat jedem Menschen den freien Willen gegeben. Wir respektieren ihn. Wir haben jedoch eine Bitte: Solltest du den Inneren Weg beschreiten, dann tue es mit vollem Herzen! Gehe nebenbei keine anderen geistigen Wege! Entschließe dich entweder für diesen oder für einen anderen Weg. Es steht dir frei zu wählen. Wir bitten dich jedoch, zu wählen und dich zu entscheiden, damit du im Laufe deines geistigen Werdeganges diesbezüglich keine Schwierigkeiten bekommst.

Wollen wir zwei Wege gehen, dann werden sich diese früher oder später kreuzen. Jedes Mal, wenn sich diese beiden Wege kreuzen, wirst du persönlich Schwierigkeiten bekommen. Du ermüdest entweder, weil es viel schwieriger ist, zwei Wege zu gehen als einen Weg; oder du kommst *in Glaubensschwierigkeiten, in Zweifel, welcher Weg wohl der richtige ist. Der Grund hierfür ist, dass du keinen der beiden Wege richtig von innen her gewandelt bist.*

Deshalb bitten wir dich, zu prüfen und zu überlegen, welchen Weg du beschreiten möchtest. Gehst du den Inneren Weg gewissenhaft, in Vernunft und rechter Entscheidung, dann wirst du auf dem Pfad nach Innen Freude haben.

Nun, jedes Geschwister beginnt die Einweihung der Ordnungsstufe mit Lektionen und Übungen. Wir wünschen dir den geistigen Erfolg. Wir begleiten dich auf dem Weg nach Innen, in Liebe und Dankbarkeit Gott in Christus gegenüber, der uns diesen unmittelbaren Pfad zum Herzen Gottes, unseres ewigen Vaters, geschenkt hat.

Aus dem ewigen Sein strahlt uns das Licht der Gottheit zu. Es schenkt uns Frieden und Harmonie. Wir dürfen die Liebe unseres ewigen Vaters durch Christus, unseren Erlöser, verspüren.

Liebe Schwester, lieber Bruder im Herrn, sei auch du von dieser ewigen Kraft berührt!

Die Liebe, das Licht, unsere Heimat, möchte uns immer mehr führen. Auf dem Pfad der Liebe werden wir geleitet von Bruder Emanuel, dem Cherub der göttlichen Weisheit, einem der sieben Gesetzesengel.

Liebes Geschwister! Wir sehen diese Stunde im Geiste als eine Stunde des Friedens, in dem erhabenen Gefühl:

Gott, die Allkraft, ist jedem von uns nahe, der ehrlich und aufrichtig den Pfad zur ewigen Liebe beschreiten möchte.

1985 stellte Bruder Emanuel
den Schülern folgende Frage, die auch für euch,
liebe Geschwister auf dem Inneren Weg,
Gültigkeit hat. Er sprach:

Viele von euch wägen ab, ob der Pfad der Liebe zu Gott wohl der richtige sei, ob sie wohl schon die richtige Aufbereitung für den Inneren Weg mitbringen und die Voraussetzungen erfüllen.

Freunde, gerufen ist jede Seele durch die Erlösung Christi. Berufen sind die Seelen und die Menschen, die ihr Leben ernsthaft und bewusst auf Gott, die innere Quelle, ausrichten – durch die Verwirklichung der heiligen Gesetze. Wird der Pfad der Liebe bewusst und zielstrebig beschritten, ohne Fanatismus, dann ist der Schüler berufen.

Liebe Schwester, lieber Bruder! Prüfe dich also, ob du bereit bist, die Höhen und Tiefen deines menschlichen Ichs zu durchwaten und zu durchforschen, so dass du durch Selbsterkenntnis und Verwirklichung dem göttlichen Ziel entgegenreifst.

Der Pfad der Liebe ist der Pfad des Hineinwanderns zum Königreich des Inneren; Liebe ist die höchste Quelle im Universum.

Gabriele sprach in der Schulung:

Die Liebe Gottes ist jedem von uns sehr nah. Sie ist die unbelastbare Kraft unserer Seele. Diese Kraft dürfen wir auf dem Inneren Weg aktivieren und uns so unserer ewigen Heimat nähern, von der wir einst ausgegangen sind.

Je mehr wir von unserem menschlichen Ich überwinden, umso größer wird die Liebekraft in uns, umso strahlender, leuchtender und selbstloser werden wir. Dadurch finden wir zur inneren Heimat, zu dem Frieden und zu der Liebe, die uns diese Welt nicht zu schenken vermag.

Liebe Geschwister, wir dürfen uns also die Frage stellen: Warum drängt es uns, den Inneren Weg zum Königreich Gottes zu wandern? Warum wollen wir unser Allzumenschliches lassen, um Geistiges zu gewinnen?

Unsere Seele ahnt das kosmische Leben. Sie erwachte und verspürt, dass sie nicht von dieser Welt ist. Sie sehnt sich immer mehr nach ihrer wahren Heimat, nach ihrem Ursprungsland. Sie sehnt sich nach der Reinheit und nach dem Frieden, die es nur in einer anderen Welt, in dem absoluten Sein, gibt.

Hätte die Seele den Ruf des Unendlichen nicht vernommen und wären wir nicht von dem einen Wunsch beseelt, frei von unserem Ich, von unserer niederen Natur, zu werden, so würden wir den Inneren Weg nicht beschreiten. Wir wären weiterhin unerwachte Menschen im Getöse und Getümmel dieser Welt.

Doch die eingekerkerte, im menschlichen Ich verstrickte Seele vernahm den Ruf Gottes. Der Mensch, unsere äußere Hülle, erfühlte und erahnte den Ruf des Allmächtigen und ließ sich von der inneren Kraft der Seele führen. Geführt also von der inneren Liebe, von diesem Weck- und Wachimpuls der Seele, begann der Mensch zu suchen. Die erwachte, drängende Seele, erfüllt von der inneren Sehnsucht, wieder zum Ursprung zurückzukehren, berührte die Hülle, den Menschen. Der Mensch begann zu suchen und fand letzten Endes – oftmals über viele Umwege – das geistige Gut, das ihm entsprach und entspricht.

Liebe Schwester, lieber Bruder, uns ist geboten, die innere Liebe, die selbstlose Liebe, die Gottesliebe, zu entfalten. Das bedarf unseres heroischen Opfermutes. Wir müssen mit unserer niederen Natur kämpfen, um uns letzten Endes selbst zu besiegen.

Mit uns und in uns jedoch siegt Christus. Er schenkt uns Sein Licht, Seinen Frieden und Seine Liebe. Gott sandte Seinen Sohn, damit Er uns zurückführe, hin an das Herz Gottes, unseres Vaters, der uns wieder bei sich im Lichte der Wahrheit haben möchte – als Seine bewussten Ebenbilder.

Auf dem Weg nach Innen müssen wir unsere selbstgeschaffenen Hürden erkennen und sie durch die Kraft der Liebe überwinden. Wir müssen sie erkennen, damit wir nicht mehr in die gleichen Fehler und Schwächen, in ein und dieselben Belastungen, zurückfallen. Deshalb gibt es *auf dem Weg nach Innen die bekannten Schwankungen. Höhen und Tiefen müssen erfahren und überwunden werden, um zur Stetigkeit, zur beständigen Harmonie in Gott, zu gelangen.*

Auf dem Inneren Weg werden wir manches erleben. Wir werden zielstrebig voranschreiten und dann wieder eine Stagnation erleben – dann, wenn wir immer wieder über unsere Vergangenheit nachdenken, wenn wir über Erlebtes nachgrübeln und unserem Nächsten nicht vergeben oder ihn nicht um Vergebung bitten können.

Wir werden auch erfahren, dass wir die Liebe zum Unendlichen immer wieder neu erwecken müssen. Denn immer wieder fallen wir in die Lauheit zurück und lassen unser Gemüt von unseren Sinnen trüben.

Wer jedoch immer wieder aufs Neue aufsteht und opferbereit den Pfad nach Innen wandert, der wird siegreich hervorgehen.

Auf dem Inneren Weg »Durch Selbsterkenntnis zur Gotteserfahrung« werden wir bedauerlicherweise erkennen müssen, dass wir uns die meiste Zeit mit unserem niederen Ich beschäftigen – mit unserem »Mein und Dein«, »das gehört mir und jenes dir«, »ich bin mir selbst der Nächste«. Wer jedoch den Inneren Weg ernst nimmt und jeden Tag dankbar ist für die Selbsterkenntnis und die Kraft zur Verwirklichung der heiligen Gesetze, der erfährt, dass ihn Gott jeden Augenblick ruft.

Uns also selbst zu überwinden und immer wieder aufzustehen und neu zu beginnen, bedeutet wahrlich, heroischen Opfermut haben. Ich frage: Was bedeutet heroischer Opfermut?

Der Mensch muss täglich und stündlich mit sich selbst ringen. Nur durch Opferbereitschaft und Opfermut können wir unser niederes Ich besiegen. Einzig dadurch kommen Seele und Mensch der Liebe des Vaters näher. Nur durch die Selbstaufopferung unserer menschlichen Neigungen und Triebe wird unsere Seele wieder zum Ebenbild unseres Vaters.

Heroischer Opfermut bedeutet auch: Habe Mut zur Selbsterkenntnis! Habe Mut, und nimm das Schwert der selbstlosen Liebe! Trenne damit die vielen Köpfe vom Rumpf der Schlange: Die Eigenliebe, die Ichsucht, den Neid, den Hass, die Begierden und Leidenschaften!

Wir sollten uns jedoch vornehmen, unseren Körper nicht zu kasteien, sondern das Allzumenschliche allmählich zu überwinden, Stück für Stück. Wenn wir uns nicht kasteien, wenn wir uns also von heute auf morgen nicht alles versagen und dadurch in ein entbehrungsreiches Leben gehen, werden wir auch auf dem Inneren Pfad vorankommen. Kasteien wir uns jedoch und nehmen von heute auf morgen große Entbehrungen auf uns, dann werden wir auf dem Weg nach Innen ermüden und die Stagnation erleiden oder gar den Weg aufgeben.

Langsam muss die Umwandlung vom Niederen zum Höheren bis hin zur Absolutheit geschehen.

Viele Menschen glauben, wenn sie den Inneren Weg gehen, so müssten sie von heute auf morgen das Äußere aufgeben. Sie dürften dieses und jenes nicht mehr essen oder müssten dieses und jenes lassen. Ich denke hierbei auch an unseren Beruf. Nein, so ist es nicht. Das Äußere wandelt sich durch das Innere.

Voraussetzung ist auf dem Weg nach Innen, dass wir zuerst unsere Gedanken ordnen, unsere Rede zügeln und allmählich unsere Sinne bemeistern. Was nützt es, wenn wir im Äußeren fromm tun? Wenn wir uns dieses und jenes versagen – und uns dadurch plagen, dass wir es uns versagen?

Beginnen wir also mit der Ordnung unserer Gedanken! Veredeln wir unser Denken, dann wird sich auch im Äußeren vieles – wie von selbst – ändern.

Auf der ersten Stufe zur Vollendung heißt es: Mache Ordnung in deinem Leben! Ordne dein Leben in deinen Gedanken, Worten und Werken!

Um uns auf der Stufe der göttlichen Ordnung zu festigen, bedarf es der Disziplin und Ausrichtung. Wir werden uns nur in der rechten Disziplin üben, wenn wir eine tiefe Liebe zu Gott haben; wenn wir Gott, unseren Vater, mehr lieben als die Freuden dieser Welt – und auch mehr als unsere Vergangenheit, die immer wieder in die Gegenwart tritt und uns gedanklich beschäftigt.

Wichtig auf dem Inneren Weg ist, dass wir uns klar werden, was wir wollen: ob wir unsere Vergangenheit meistern wollen, die oftmals ein großes Hindernis auf dem Weg zur Vollendung ist. Wenn wir unsere Vergangenheit weitgehend geordnet haben und uns bemühen, in der Gegenwart zu leben, dann werden wir auch die Lektionen und Aufgaben aus dem Geiste der Liebe verstehen und freudig verwirklichen.

Um eine gewisse Ausrichtung auf den ersten Stufen zur Vollendung zu erlangen, bedarf es immer wieder des Sich-selbst-Zurücknehmens, denn der Mensch geht sehr schnell nach außen. Seine Sinne sind rasch wieder in der Welt und finden nur sehr schwer zurück in das Innere.

Deshalb gab uns Bruder Emanuel, unser geistiger Führer, das Seelengebet, das wir dreimal täglich verrichten. Es bewirkt, dass wir unsere Sinne immer wieder zurücknehmen, die gewohnt sind, in der Welt zu leben. Durch das Seelengebet erlangen wir eine immer tiefere Ausrichtung auf unser Inneres – und im weiteren Verlauf des Inneren Weges das Leben im Inneren.

Um dreimal täglich das Seelengebet durchzuführen, bedarf es rechter Disziplin und Liebe zum Ewigen.

Bruder Emanuel offenbarte 1985
den Schülern folgenden Grundgedanken:

Ohne Liebe zu Gott, unserem Vater, keine rechte Disziplin, und ohne Liebe und Disziplin auch kein Weg!

Wer glaubt, den Weg ohne Liebe zu Gott und zum Nächsten und ohne rechte Disziplin wandern zu können, der wird auf dem Weg nach Innen scheitern.

Auf Menschen, die nur aus Neugierde den Inneren Pfad beschreiten, die keine rechte Liebe zum Göttlichen haben, lauern mannigfache Gefahren.

Wer sich täglich bemüht, sein Ich zu opfern, wer – Stück für Stück – die niedere Natur Christus übergibt und auch in Seinem Lichte belässt, der wird in sich den Strom göttlicher Liebe verspüren und die Hilfe auf dem Weg nach Innen.

Wer den Weg jedoch lau beschreitet, der hat nur Schwierigkeiten, mit sich selbst – und mit seinem Nächsten, da es ihm an Liebe und Ausrichtung mangelt.

Bruder Emanuel sprach auch
über das Stimmenhören:

Stimmenhören kann gefahrvoll sein, insbesondere für Menschen, die sich damit aufwerten und wichtig machen wollen. Auch die Neugierde, aus der Welt des Geistes – gleich aus welchen Bereichen – einiges in Erfahrung bringen zu wollen, zu hören oder Antworten auf Fragen zu erhalten, ist gefährlich! Diese Wünsche sollten auf dem Weg nach Innen abgelegt werden.

Auf dem Pfad göttlicher Liebe gilt es, die Seele zu reinigen, Seele und Mensch in Empfindungen, Gedanken, Worten, Handlungen und Gesten zu veredeln, um auf diese Weise höhere Ideale und Werte zu verwirklichen – und so die Ausrichtung auf Gott in Christus zu erlangen, der unser Führer sein möchte.

Die Menschheit steht in einer großen Zeitenwende: Die Urkraft und die Teilkraft (die Erlöserkraft) bewirken die Führung aller Seelen und Menschen zu höherer Geistigkeit. Insbesondere führt die Urkraft die Reinigung der Erde herbei und bringt den Erdplaneten in höhere Schwingung. Dadurch strömt die Gotteskraft immer stärker in die materiellen und teilmateriellen Bereiche und in die Reinigungsebenen. Von der Urkraft und der Erlöserkraft werden alle Menschen und Seelen mehr oder weniger stark erfasst, je nach ihrer geistigen Ausrichtung.

So, wie das Licht Gottes immer stärker wird auf dieser Erde, so beginnt auch der Widersacher mit gleicher Intensität, die Seinen auf den Plan zu rufen. Das bedeutet, dass die gebundenen Seelen verstärkt auf die Erde drängen, um d i e Menschen zu beeinflussen, die auf der gleichen Wellenlänge leben wie sie.

Außerdem erstreben Seelen, die in niederen Bereichen der jenseitigen Welten leben, die Inkarnation, um auf der Erde noch einmal so leben zu können, wie sie es sich im Erdenkleid vorgestellt haben und im Jenseits weiterhin vorstellen. Ihre Vorstellung drängt sie zur Inkarnation und drängt sie auch, durch Menschen das zu offenbaren, was sie in der Welt gerne verwirklicht sehen würden, nämlich ihre eigenen Vorstellungen.

Das Stimmenhören ist eine Wirkung dessen, was sich in den Reinigungsbereichen und auch auf der Erde vollzieht. Ist der Mensch aufnahmefähig, das heißt sensitiv, so ist es möglich, dass er von einem oder mehreren dieser Sender Impulse empfängt und wahrnimmt.

Gabriele sprach:

Immer wieder wird an den Geist Gottes die Frage gestellt: Woher kommen die Impulse, oder ist es das Innere Wort, das Wort Christi?

Bruder Emanuel gab folgende Antwort:

Liebe Freunde, möge sich jeder selbst prüfen, möge jeder über sich selbst nachdenken:

Wo befinden sich täglich deine Gedanken?

In welcher Gedankenwelt lebst du?

Was beschäftigt dich tagtäglich?

Wie groß ist noch das Individuum Mensch?

Ist wahrlich jeder zweite Gedanke schon der Gottesgedanke, ein Gedanke selbstloser Liebe?

Woraus bestehen noch eure Neigungen, eure Wünsche und eure Sehnsüchte?

Was belastet euch tagtäglich?

Woraus bestehen eure immer wiederkehrenden, quälenden Gedanken?

Lebt ihr mit eurem Nächsten in Streit, in Feindschaft?

Seid ihr eurem Nächsten gegenüber noch gehässig, ja hasst ihr?

Wie lebt ihr in euren Familien? Ist alles gut? Gibt es dort Streit und Zank? Was ist die Ursache?

Wer diesen eben angeführten Fragen ganz oder noch teilweise unterliegt, kann sicher sein, dass er durch sein Wollen, Stimmen zu hören, Astraleinflüsse auf den Plan ruft. Je nach Intensität dieser verschiedenen Quellen und je nach Sensitivität des Empfängers werden sie sodann wirksam im Menschen. Das ist nicht das Innere Wort! Es sind Einsprachen aus den verschiedenen Quellen, die der Mensch entsprechend seiner Denk- und Lebensweise abruft.

Wer in seinem Inneren die ersten vier Seelenhüllen von dem Bewusstseinszentrum der Ordnung bis zum Christusbewusstsein, der Stufe des göttlichen Ernstes, weitgehend gereinigt – das heißt durchlichtet – hat, der ist in sich gefestigt und kann Impulse aus dem Gottesgeist empfangen. Diese Impulse sind jedoch für ihn bestimmt und nicht für Zweite und Dritte. Impulse aus der reinen Quelle sagen nicht: Du musst dies tun, und du musst jenes lassen. Sie geben nur Ratschläge, denn Gott gab uns den freien Willen. Er gängelt uns nicht.

Wer in seinem Leben jedoch schwankend ist, hin- und hergerissen von menschlichen Neigungen, niederen Gedanken und Wünschen, dann wieder von oberflächlichen Sehnsüchten nach der Stimme des Allmächtigen aufgewühlt, der lebt nicht in Gott. Er kann somit auch nicht die Stimme des Ewigen vernehmen.

Wer also auf Grund dieser Fragen mit gutem Gewissen sagen kann: »Ich habe alles Allzumenschliche weitgehend überwunden, meine vier Seelenhüllen sind durchlichtet«, der kann Impulse aus der ewigen Quelle vernehmen; doch diese sind für ihn persönlich, nicht für Zweite oder Dritte gedacht.

Wer aus dem Göttlichen mit einem Auftrag inkarniert ist, die Stimme Gottes an andere weiterzugeben, der hat ein Kontrollwesen an seiner Seite, das gleichsam ein Lehrer ist, der auch die Schutzfunktion für das Sprechwerkzeug übernimmt. Das Kontrollwesen lenkt die Ströme des Allmächtigen, die aus der Seele zu den Gehirnzellen fließen, so dass sie im Gehirn nur *die* Zellen anschlagen, die die ewige Wahrheit in die richtigen Worte fassen, so dass der Mensch den Strom Gottes in seiner Muttersprache verstehen kann.

Wer also nicht mit einem geistigen Auftrag inkarniert ist, jedoch sagt, ein Sprechwerkzeug des Allerhöchsten zu sein, durch das Gott Zweite und Dritte belehrt, der hat auch kein Kontrollwesen an seiner Seite. Nach dem Gesetz des Allmächtigen darf er die Impulse, die für ihn gedacht sind, nicht an Zweite und Dritte weitergeben, auch dann nicht, wenn sich die Impulse in seinen Gehirnzellen umformulieren und so zum Ausdruck kommen, als wenn sie für andere bestimmt wären. Die Umgestaltung im Gehirn, in dem sich der Strom Gottes im Äußeren so auszudrücken scheint, als wenn das Offenbarte für Zweite oder Dritte wäre, geschieht dadurch, weil im Gehirn des Empfangenden keine präzise Ausrichtung vorliegt.

Ein Kontrollwesen hat bei einem gerufenen Sprechinstrument, das im göttlichen Auftrag steht, eine wesentliche Funktion. Es ist Gott gegenüber verantwortlich, dass das Sprechwerkzeug nach den Gesetzen Gottes lebt und den menschlichen Willen ganz dem Willen Gottes unterordnet. Geht trotz Ermahnung und Belehrung des Kontrollgeistes ein im Auftrag stehendes Instrument menschliche Wege, dann wird der Kontrollgeist den freien Willen beachten und seine Funktion als geistige Kontrolle allmählich einstellen.

Die Reinheit des Instrumentes ist wichtig für die Ausstrahlung des reinen Wortes.

Hierzu gab Gabriele weitere Hinweise:

Sind wir in Empfindungen und Gedanken nicht weitgehend rein, dann werden wir auch nur Mischgut aus unserem Inneren schöpfen und dieses weitergeben. Dafür ist der verantwortlich, der es weitergibt, also der, der das Mischgut empfängt, und nicht der, der es von demjenigen hört, der glaubt, die Stimme zu hören. Wer sich mit Mischgut zufriedengibt, der kann den Inneren Pfad der Reinigung, den Pfad der Liebe zu Gott, nicht beschreiten.

Jeder möge sich nun selbst einstufen: Was ist uns lieber: aus dem reinen Quell zu schöpfen oder aus unterschiedlichen Lebensbereichen zu empfangen, aus verschiedenen Astralquellen?

Gabriele fuhr fort:

Liebe Schwester, lieber Bruder, der Weg der Liebe zu Gott liegt vor uns. Wir haben uns zu entscheiden, ob wir unser Wollen dem Willen Gottes unterordnen wollen.

Damit der Wille Gottes wirksam werden kann, bedarf es der Ordnung der Gedanken, der Zügelung der Rede, der Ausrichtung der Sinne. Diese drei Kräfte, Ordnung, Wort und Ausrichtung der Sinne wollen wir auf der Stufe der Ordnung ganz bewusst beleuchten und schulen.

Das Gesetz unseres himmlischen Vaters wünscht von uns Menschen, die wir Wanderer zur ewigen Heimat sind, keine Kasteiung.

Gerade auf dem Pfad zu Gott werden immer wieder Schwierigkeiten mannigfacher Art auftreten. Diese sollten wir allmählich, mit großem Opfermut und mit Freude und vor allem mit der Liebe zu Gott meistern.

Die Höhen und Tiefen sind auf dem Inneren Weg die Bewegungen in unserem Leben. Sie sind gut und wirkungsvoll für die Seele und den Menschen. Dadurch ist es uns erst möglich, uns so zu erkennen, wie wir sind. Daraus ersehen wir, was noch an Allzumenschlichem an uns haftet und was wir übergeben müssen, damit wir durch die Gesetzeserfüllung, durch die Verwirklichung der heiligen Gesetze, voranschreiten können.

Auf dem Pfad zu Gott besteht die Berg- und Talfahrt. Das führt zu entscheidenden Wirkungen in unserem Leben. Dabei wird das Ober- und Unterbewusstsein des Menschen angesprochen, wodurch so manches aufsteigt, das wir glauben, schon bewältigt zu haben, das aber doch nur verdrängt im Unterbewusstsein liegt. Durch Selbsterkenntnis und Übergabe an den Ewigen werden diese Bewusstseinsbereiche gereinigt. Dadurch wird der Mensch freier und friedvoller.

Wer die Täler seines Ober- und Unterbewusstseins überwindet, der wird zu seinen Seelenhüllen vorstoßen, die wir ebenfalls reinigen müssen, um – nach und nach – dem Ziel näherzukommen.

Ohne die Erlösung Christi könnten wir das Ziel nicht erreichen. Christus ist der erlösende und befreiende Geist in jeder Seele. Ohne Ihn kein Weg zum Herzen Gottes! Jesus sagte: »Keiner kommt zum Vater, denn durch Mich.«

Bruder Emanuel
gab weitere wesentliche Hinweise:

Der Innere Weg ist der Weg der Liebe. Auf der Stufe der Ordnung, die du, lieber Bruder, liebe Schwester, nun betrittst, gibt es Folgendes zu beachten:

Du beschreitest nun den Weg der Liebe zu Gott und zu deinem Nächsten. Wer die Liebe des Vaters, die Kraft der Seele, mehr und mehr in sich verwirklichen möchte, der sollte seine Probleme meistern.

Wer sie nicht meistert, sondern anstehen lässt, wird auf dem Pfad nach Innen nur Schwierigkeiten bekommen. Wenn nämlich nur Kenntnisse erworben wurden und nichts verwirklicht wird, dann tritt nicht nur eine Stagnation der Entwicklung in Seele und Leib auf, sondern auch eine Revolution, die zu Krankheit und großem Leid führen kann.

Gabriele sprach:

Wer nur Wissen sammelt und nicht verwirklicht, über denjenigen fallen seine eigenen Probleme herein, quälen ihn und können Krankheit und großes Leid bewirken.

Wir wissen alle, dass nicht jedes Problem von einem zum anderen Tag Christus übergeben werden kann. Wir müssen die größeren Probleme immer wieder angehen und immer wieder ein Stück davon abtrennen und Christus übergeben. Das bedeutet natürlich Kampf mit uns selbst. Doch gehen wir das Problem an und wollen wir es über-

winden, dann steht uns auch Christus, unser Erlöser, bei. Haben wir es überwunden, dann fühlen wir uns wie neu geboren. Es ist etwas Dunkles entbunden, und Licht strömt uns zu.

Probleme entstehen durch falsches Denken und Handeln, durch ichbezogenes Empfinden, Denken und Reden.

Durch falsches, ichbezogenes Denken entsteht auch das Selbstmitleid, das wiederum seine Nebenzweige hat, wie zum Beispiel Aggressionen und Depressionen.

Wollen wir unsere Probleme nicht angehen und sprechen wir nur darüber, dann vergrößern wir unsere Probleme. Die Folge ist, dass sie immer mehr auf uns einwirken. Resultate sind Selbstmitleid, Aggressionen, Depressionen und der Glaube, vom Nächsten nicht verstanden zu werden.

Wir alle mussten und müssen erfahren, dass Opfer und Kampf dem Sieg vorausgehen. Ohne Opfer und Kampf mit uns selbst kein Sieg über unser niederes Ich!

Lieber Bruder, liebe Schwester, wir bitten dich, über diese Einweihungsworte nachzudenken: ob du bereit bist, dein Leben konsequent auf den Meister in dir auszurichten, auf Christus, indem auch du deinen Teil dazu beiträgst und dich bemühst, deine Gedanken zu ordnen, deine Rede zu zügeln, deine Sinne zu meistern.

Unser Geistiger Lehrer, Bruder Emanuel, gibt uns nun den ersten Teil des Lehrstoffes für die Stufe der Ordnung bekannt. Die Ordnungsstufe soll das gute Fundament für die weiteren Stufen sein. Diese weiteren Stufen beschreiten wir, um weitere Erkenntnisse zu erlangen und tiefere göttliche Gesetze zu erfahren und diese zu verwirklichen, so dass wir zu dem erfüllten Leben kommen, das dem wahren Mystiker eigen ist.

Wir wünschen dir, liebe Schwester, lieber Bruder, viel Kraft und Gottes Segen! Möge die Kraft des Vaters in dir die Ausdauer bewirken, den Weg in Liebe zu Ihm und zum Nächsten zu gehen. Daraus ergeben sich Freude und Zufriedenheit.

Gott zum Gruß, Gabriele

2. Grundlegende Lehren und Anweisungen für die Stufe der Ordnung

Das Erwachen – Das Seelengebet – Das Sonnengebet – Rechte Disziplin und Ausrichtung – Das Mystische Tagebuch – Der Abend – Übersicht der Bewusstseinszentren im Menschen – Beispiel für eine Körperübung

–

Gabriele wandte sich an die Schüler des Inneren Weges mit folgenden Worten:

Gott zum Gruß, lieber Bruder, liebe Schwester! Wir erhalten erste Lehren von unserem Geistigen Lehrer, Bruder Emanuel.

Er sprach:

Meine Freunde, auf der Stufe der Ordnung üben wir die Gedankenkontrolle. Was ist ein positiver, was ein negativer Gedanke? Was bewirkt der positive Gedanke in Seele und Mensch, und was bewirkt der negative Gedanke im Seelischen und Physischen?

Weiterhin lehre ich auf der Stufe der Ordnung, dass der Mensch auf seine Worte achten soll: Was er ausspricht und was er in die Worte hineinlegen möchte. Weshalb sollte der Schüler auf seine Worte achten? Weshalb sollte er nur Wesentliches aussprechen und Unwesentliches dem Ewigen übergeben?

Weiterer Lehrstoff ist die Ausrichtung der fünf Sinne. Voraus geht das Seelengebet, das zur Verinnerlichung beiträgt.

Das Seelengebet bereitet Seele und Mensch für das Innere Leben vor. Dadurch wird auch das geistige Bewusstsein geschult und gefestigt. Durch die verschiedenen Übungen wird die Zellstruktur des Menschen nach und nach gereinigt und die Seele auf die kosmische Kraft, auf das Innere Leben, ausgerichtet und eingestimmt.

Das Ausrichten und Einstimmen der Seele bringt dem Menschen mehr oder weniger Schwierigkeiten, weil der Mensch in den Vorleben und auch in diesem irdischen Dasein seine Seele und seine Gehirnzellen mit Äußerlichkeiten, mit menschlichen Regungen und Neigungen, programmiert hat.

Solange das Bewusstsein des Menschen schwankt, ist er einmal weltbezogen, dann wieder gottbewusst. Es muss also eine Festigkeit und zugleich ein Umdenken auf die Gesetze Gottes erfolgen. Das heißt, der Mensch lernt, selbstloser und göttlicher zu empfinden, zu denken, zu reden und zu handeln.

Diese Umstellung vom menschlichen Ich hin zu Gott, zu einem gottgewollten Leben, zur Verwirklichung der Gesetze, bedingt – mehr oder weniger – Schwierigkeiten, je nach Belastung der Seele und je nach dem Denkgebäude des Einzelnen.

Um auf der Stufe der Ordnung das Fundament für weitere Stufen zu erbauen, müssen die Gehirnzellen allmählich durchlichtet werden. Sie müssen auf edleres, reineres und schöneres Denken ausgerichtet werden, auf die geistige Ethik und Moral.

Diese Umstellung geschieht nicht von heute auf morgen. Es kann unter Umständen ein langer und schwerwiegender Prozess sein – je nachdem, wie groß die Liebe des Schülers zu Gott, seinem Vater, ist.

Wer jedoch bewusst und zielstrebig die Selbsterkenntnis anstrebt, seine allzu menschlichen Gedanken, Worte, Regungen und Neigungen bekämpft, wer Gott mehr liebt als all die bestehenden Schwierigkeiten und Probleme, der wird Meister über sich selbst werden.

Gabriele sprach:

Das Wort »Seelengebet« sagt aus, dass wir die Seele beten lassen wollen, das von uns erschlossene Bewusstsein. Das heißt, der Schüler möge das Seelengebet nicht durchführen, um Stimmen oder eine Stimme zu hören.

Bruder Emanuel offenbarte:

Liebe Freunde, das bedarf allerdings der Übung und des Hineinwanderns zu der inneren Kraft.

Jeder Anfang ist schwierig; so auch das Seelengebet. Der Schüler möge beim Seelengebet nichts wollen. Er soll nichts erwarten. Er soll das Seelengebet vollziehen, damit das schwankende Bewusstsein gefestigt wird und die Ausrichtung auf das Göttliche erlangt. Dadurch gelangt der Schüler zum wahren, tiefen, selbstlosen Beten, dem Gebet der Seele.

Das Seelengebet ist die Vorbereitung für das wahre, echte, innere Ich Bin. Um die innere Kraft, das reine Ich Bin, die innere Liebe, zu vernehmen, bedarf es unter Umständen Jahre oder gar Jahrzehnte – je nach Belastung der Seele und je nachdem, ob das Seelengebet freudig durchgeführt wird oder ob es dem Schüler als Plage und als etwas Unangenehmes erscheint.

Durch das Seelengebet, das der Mensch dankbar und freudig durchführt, wird er auch stiller werden und so zu den Tiefen Inneren Lebens finden. Dann wird das Gebet nicht vom Verstand produziert. Es wird sodann, im Laufe der Übung, das Bewusstsein beten.

Ich wiederhole: Im Laufe der Zeit, wenn die Seele gefestigt ist und das Bewusstsein einen Halt im Göttlichen hat, dann wird die Seele beten und nicht der Verstand. Es betet also die Seele. Es spricht nicht Gott zu dir, um dich persönlich zu unterweisen!

Bruder Emanuel offenbarte weiter:

Der Wanderer zum Königreich des Inneren erwacht am Morgen im Bewusstsein Gottes. Das heißt: Sein erstes

Sinnen und Trachten ist, in sich die Liebe zum Vater wirksam werden zu lassen – indem er sich gleich nach dem Erwachen mit Gott, seinem Vater, verbindet, dessen Geist in seiner Seele wohnt.

Beim Erwachen möchten sofort das Ober- und Unterbewusstsein aktiv werden. Auch umherschwirrende Gedanken-»Vagabunden« versuchen Einfluss auf euch zu nehmen. Auch die Eindrücke, Wünsche und Sehnsüchte, die im Oberbewusstsein liegen, dringen als Gedankenwellen zu euch und versuchen, euch gedanklich zu beeinflussen. Das heißt: Ihr denkt über alles nach, was noch sein müsste; was schon ist; was falsch war; was gut ist; was getan werden sollte; was getan ist; ob es richtig oder falsch ist, was der Nachbar oder der Berufskollege sagte; welche Anordnungen der Chef gab, die noch nicht erfüllt sind – und vieles mehr.

Um diesen Einflüssen weitgehend standzuhalten, sollte sich der Wanderer auf dem Weg nach Innen sofort nach dem Erwachen mit der ewigen Kraft verbinden, indem er seinen Dank für die Nacht und für den neuen Tag in sein Inneres hineinbetet.

Drängen Wunschgedanken, all das Unerledigte oder Erledigte, Zweifel, Hader und dergleichen in das Innere, so befiehl diesen Unruhestiftern, dich nicht zu beeinflussen. Gib dir selbst die richtigen Befehle! Dann werden dir deine Gedanken gehorchen, die letzten Endes du selbst produziert hast – und die ein Teil deines Wesens sind.

Befiehl deinen Gedanken mit folgenden Worten:

»Alles, was wesentlich ist, was für den Tag notwendig ist, was erfüllt und erledigt werden muss, möge mich dann berühren, wenn ich dafür aufnahmebereit bin!«

Sprich das einige Male und programmiere dich dadurch selbst. Dadurch nimmst du Positives und Wesentliches auf, und das Nebensächliche wird zweitrangig.

Beim Erwachen sollte sich der Wanderer auf dem Pfad nach Innen mit der inneren Quelle, der Liebe Gottes, verbinden. Das kann sinngemäß mit folgenden Worten geschehen:

»Vater, ich danke Dir für die Nacht.
Gütiger, Du hast mich wieder für den neuen Tag erweckt, damit ich diesen annehme, als Deine Gnade erkenne und ablege, was noch Menschliches an mir haftet.
Durch Deine Liebe bin ich erwacht und neu gestärkt.
Den ganzen Tag über möge mich Deine Liebe begleiten und führen.«

Bruder Emanuel fuhr fort:

Liebe Freunde, rechte Disziplin ist auch ein Zeichen der Liebe zu Gott. Rechte Disziplin bewirkt Ehrfurcht und Achtung vor Gott, vor dem Leben.

Deshalb sollte der Wanderer nach Innen auch in seinen Bewegungen und Gesten Gott, dem Leben, Ehre erweisen.

Denn das gesamte Universum ist Harmonie, ausgewogenes, rhythmisches Leben. In dieses rhythmische, ausgewogene Leben, in die Allharmonie Gottes, soll sich der Wanderer auf dem Weg nach Innen einschwingen.

Daher ist jede Bewegung und jede Geste wesentlich. Der Mensch muss in Harmonie kommen, um auch im Inneren die Harmonie zu erlangen. Positives Denken bewirkt harmonische Bewegungen und ausgewogene Gesten, also – alles in allem – einen harmonischen Rhythmus.

Der Wanderer auf dem Pfad zu Gott soll beim morgendlichen Erwachen im Liegen den ersten Dankimpuls Ihm, dem Allmächtigen, darbringen. Der disziplinierte Wanderer zur inneren Heimat legt sich auf den Rücken und kreuzt seine Hände. Die rechte Hand liegt auf der Brust, die linke auf der rechten Hand. Diese Körperhaltung bewirkt, dass die ewige Quelle im Menschen, die Geistkraft, intensiver fließen kann.

Nach diesem kurzen, jedoch innigen, aus dem Herzen empfundenen Dankgebet steht der Wanderer auf dem Weg zu Gott harmonisch auf. Dann verrichtet er das Sonnengebet, auch Äthergebet genannt.

Stehend richtet er sein Antlitz nach Osten aus. Er hebt seine Arme empor, wobei die Handflächen wiederum nach Osten zeigen. In dieser Gebetshaltung spricht er den Allgeist der Unendlichkeit sinngemäß mit folgenden Worten an:

»Ewiger Strom der Unendlichkeit,
Du Allgeist in allem Sein!
Erfülle meine Seele und meinen Leib
mit geistiger Kraft,
mit Deinem Leben.

Ewiger Geist!
Durchströme die Partikel meiner Seele
und die Zellen meines Leibes.
Erwecke mein ganzes Sein zu dem bewussten,
harmonischen Leben,
das Du bist.
Ewige Allharmonie!
Durchflute mein Ober- und Unterbewusstsein,
reinige es mit Deiner allmächtigen Kraft.

Ewiger, läutere und reinige auch meine Sinne,
ordne mein Leben –
denn Dein Wille möge geschehen!«

Dieses Sonnen- oder Äthergebet soll aus dem Herzen strömen und aus der Seele.

Wer noch Zeit und Möglichkeit hat, sollte nach dem Sonnengebet Körperübungen durchführen.* Anschließend geht der Wanderer auf dem Weg zu Gott ins Bad, reinigt seinen Körper und macht sich zurecht für den neuen Tag.

---

* *Ein Beispiel für eine Körperübung findet sich auf S. 86.*

Nach dem Ankleiden begibt er sich in einen stillen Raum. Dieser Raum sollte zu einem Gebetsraum werden, zu einem kleinen Tempel, wohin er immer wieder zurückkehrt, wenn ihn Unruhe und dergleichen übermannen.

Ist es euch möglich, solch einen Raum zu schaffen oder auch eine kleine, stille Ecke, dann haltet diesen Raum oder diese Ecke heilig. Dort bauen sich positive Schwingungen auf, die euch dann, wenn ihr in diesen Raum kommt oder in dieser stillen Ecke Platz nehmt, einhüllen und euch positiv einstimmen.

Nun kommen wir zur Durchführung des Seelengebetes.*

Der Wanderer auf dem Weg zu Gott nimmt eine aufrechte Sitzhaltung ein.

Eine aufrechte Sitzhaltung wird dem Wanderer nicht nur während der Meditation und des Seelengebetes zugutekommen, sondern auch bei den weiteren Übungen.

Die aufrechte Haltung, die er sich allmählich angewöhnt, trägt auch im Laufe des Inneren Weges dazu bei, dass sein Blick nicht nur am Boden haftet, sondern in die Weite geht. Dies hat zur Folge, dass der Wanderer auf dem Weg zu Gott das Leben in seiner Vielfalt aufnimmt und

---

* *Zum besseren Verständnis und für die Durchführung des Seelengebetes sind auf S. 85 die einzelnen Bewusstseinszentren dargestellt.*

die Weiten der Unendlichkeit ahnend verspürt. Daraus ergeben sich sodann auch lichtere Gedanken und edlere Charakterzüge.

Gabriele erklärte
die aufrechte Sitzhaltung:

Wir setzen uns aufrecht auf einen Stuhl, der möglichst unserer Körpergröße angepasst ist, der nicht zu hart, aber vor allem auch nicht zu weich ist. Wir bemühen uns, uns nicht anzulehnen, sondern unseren Rücken geradezuhalten.

Auch unseren Kopf halten wir aufrecht, unsere Beine sind nicht übereinandergekreuzt, unsere Füße stehen nebeneinander auf dem Boden. Unsere Hände legen wir, mit den Handrücken nach unten, offen auf unsere Oberschenkel; die Handflächen zeigen also nach oben. Nun ziehen wir unsere Hände etwas an den Körper heran, lassen sie jedoch weiterhin auf den Oberschenkeln ruhen, wodurch sich unser Rücken noch mehr streckt.

Bruder Emanuel sprach:

Meine Freunde! Verharrt einige Augenblicke in der Stille und lasst eure Empfindungen zum Wesenskern der Seele emporströmen. Eurem Herzen soll Liebe entströmen, die sich mit dem großen Urherzen, Gott, mit der unendlichen Liebe, verbindet.

Ohne Gedanken, nur mit selbstlosen Empfindungen verharrt der Wanderer im Wesenskern der Seele, der in der Nähe der Hirnanhangdrüse ist.

Mit den eigenen Empfindungen und mit eigenen Worten richtet er nun an die ewige Kraft, an den Vater in Christus, sinngemäß folgendes Gebet. Das nun nachstehende Gebet soll euch Stütze sein. Ihr sollt es jedoch nicht wortwörtlich beten, sondern es soll eurer Empfindungswelt entströmen! Die Worte dieses Gebetes sind für euch nur richtungsweisend:

»Vater!
Du hast mich gerufen durch Deinen Sohn.
Ich, Dein Kind, vernahm Deinen Ruf.

Herr,
meine Liebe ist noch klein,
doch mein Wille ist,
dass ich wieder zum Ursprung zurückfinde.
Deshalb werde ich die noch kleine Liebe zu Dir
entfachen, damit ich wieder werde,
was ich war und in Deinem Geiste bin –
ein absolutes Wesen der Unendlichkeit.
Meine kleine Liebe bringe ich Dir.
Ich lege sie auf den inneren Altar.
Hinzu lege ich alles, was mich trennt von Dir,
der großen Liebe,
auf dass Deine Flamme überschlägt

und die kleine Liebeflamme in mir nährt,
so dass ich wieder die große Flamme werde,
die Leuchtkraft aus Deinem Geiste!«

Die Liebeempfindungen des Kindes zum Vater strömen nun zu dem Bewusstsein der Barmherzigkeit, das sich unterhalb des Scheitelpunktes im Gehirn befindet. In den Empfindungen dort angelangt, betet der Wanderer zum Königreich Gottes wieder folgendes kleine Gebet:

»Ewige Kraftquelle der Barmherzigkeit!
Einst verließ ich den ewig heiligen Strom,
ging durch das Tor in die Tiefe
und wurde Mensch.
Immer und immer wieder trieb mich die Liebe.
Sie pochte an meine Herzenspforte,
doch ich vernahm sie nicht.
Jetzt habe ich den Weckruf der Liebe vernommen.
Jetzt verspüre ich Dich,
o ewige Kraftquelle der Barmherzigkeit.
Nun ist es mir offenbar,
dass ich die ewige Kraftquelle der Barmherzigkeit
wieder vollkommen erschließen kann –
durch Christus, meinen Erlöser.«

Von der inneren Liebe zu Gott beseelt, geht der Wanderer weiter zum Bewusstseinsbereich der Stufe göttlicher Liebe, die als Kraftquell zwischen den Augenbrauen liegt.

Empfindungsmäßig betet er dort:

»Ewiges Bewusstsein!
Ich umhüllte Dich mit meinem Ich.
Diese Hüllen löse ich durch die Kraft Christi in mir.
Gereinigt kehre ich wieder zurück
zum Bewusstsein der Liebe.
Liebe ist mein ewiges Wesen.
Liebe werde ich wieder sein
durch Christus, der mich gerufen hat.«

Mit den inneren Empfindungen der Liebe geht der Wanderer weiter zur nächsten Bewusstseinsstufe – der Geduld, die in der Nackenregion als Kraftquell verankert ist. Er betet sinngemäß mit den Worten:

»Ewige Geduld,
Du Kraftquelle aus dem Strom Gottes!
Einst verließ ich Dich
und umhüllte dieses strahlende Feld ewigen Seins.
Nun bin ich gerufen, diese Hüllen zu durchlichten
durch die Erlösung meiner Seele,
durch Christus in mir.
Jetzt erschließt sich wieder der Kraftquell der Geduld.
Aus der Tiefe meines menschlichen Ichs
komme ich zurück,
steige empor zu den Quellen ewigen Seins,
hin zum Ursprung der Liebe. Dorthin geht mein Weg.«

Nun lässt der Wanderer seine Liebeempfindungen zu der Bewusstseinsstufe, zum Kraftquell des Ernstes strömen, der zwischen den Schulterblättern wirksam ist. Dort betet er wiederum sinngemäß:

»Christus,
Du im Bewusstsein des Ernstes!
Durch die ewige Liebe zum Vater,
durch Disziplin und Ausrichtung erwecke ich nun
die ewige Quelle der Liebe in mir.

Herr und Gott, ich bitte Dich um Führung.
Christus, führe mich zum Ursprung der Quelle,
dem göttlichen Heil.
Du bist in mir, und ich bin in Dir.
Herr, lass alles werden,
wie es war und ist von Urbeginn.
Christus, mein Erlöser,
beseele mich;
stärke mich auf dem Weg zum Vater!«

Weitere Liebeempfindungen des Wanderers strömen nun zum Bewusstsein der göttlichen Weisheit, das in der Nähe der Lendenregion wirksam ist.

»Herr und Gott!
Ich habe mir gesetzmäßiges Wissen angeeignet,
doch es mangelt mir noch an Deiner göttlichen
Weisheit.

Ich habe erkannt:
Das Wissen allein erweckt nicht Deine Kräfte in mir.
Nur Deine Weisheit zeigt mir, wer ich bin und
wo ich stehe.
Sie offenbart mir alle Dinge des Lebens.
Ich habe erkannt,
dass ich trotz geistigen Wissens noch taub bin,
belastet von meinem menschlichen Ich.
Deshalb, o ewige Liebe und Weisheit,
tauche ich ein in das heilige Bewusstsein göttlicher
Weisheit und verwirkliche, was mir an Wissen
geboten wurde – auf dass ich weise werde
im Sinne der göttlichen Liebe und Weisheit.
Ich komme wieder zurück an das Herz des Vaters
durch Christus, meinen Erlöser.«

Weitere Liebeempfindungen des Wanderers strömen nun zum göttlichen Willen, dem Kraftquell, der in der Kreuzbeinregion liegt.

Sinngemäß betet der Wanderer:

»Vater!
Noch immer quält mich mein Ich,
das Wollen, das Sinnen und Trachten.
Mein Ich, und das ‚Mein' und ‚Mir'
wollen mich nicht loslassen.
Es soll jedoch besser werden mit mir!
Ja, ich will ganz Deinen Willen erfüllen.

Mit heroischem Opfermut bekämpfe ich mein Wollen,
auf dass Dein Wille Einzug halte in mir
und ich fortan nur Deinen Willen erfülle!
Dann werde ich frei von meiner niederen Natur
und erhebe mich zu Deinem göttlichen Quell,
aus dem ich hervorging –
aus Deiner Liebe.«

Nun strömen deine Liebeempfindungen zur göttlichen Ordnung, zu der Kraftquelle, die in der Steißbeinregion wirksam ist:

»Ewiger Vater in Christus!
Noch befinde ich mich auf der Stufe der Ordnung.
Dein Geist in Christus führt mich jedoch empor
zu dem Ursprung der Liebe,
von wo ich in die Tiefe ging.
Ich habe mich verschattet,
doch nun werde ich lichter und lichter,
bis ich wieder Licht aus Deinem Lichte bin.«

Unter dem Kraftquell der Ordnung befindet sich das geistige Sammelbecken, in dem sich die Energien, die Kräfte aus dem unbelastbaren Wesenskern, sammeln. Über die Kraftfelder der Barmherzigkeit, der Liebe, der Geduld, des Ernstes, der Weisheit, des Willens und der Ordnung strömen sie hinab in das Sammelbecken. Von dort aus fließen sie wieder zurück zum unbelastbaren Wesenskern der Seele. Dabei beleben sie über das Nervensystem unseren physischen Leib.

Die Kräfte strömen also empor zu dem Bereich der Ordnung.

»Heilige Ordnung,
stehe mir bei,
meine Gedanken zu ordnen,
meine Rede zu zügeln
und meine Sinne zu bemeistern!«

Der Wanderer zum Königreich des Inneren ist mit seinen Empfindungen im Zentrum der Ordnung. Auf dieses konzentriert er seine ganze Aufmerksamkeit.

Er geht nun auf »Empfang«. Das ist möglich, wenn alle Gedanken ausgeschaltet sind. Wie automatisch steigen nun selbstlose Gebetsgedanken auf, die entweder gedanklich erfasst oder ausgesprochen werden – je nachdem, wie es dem Schüler möglich ist. Das ist das Seelengebet.

Dieses kurze Seelengebet dauert in der ersten Zeit höchstens einige Minuten, weil es dem Schüler noch an der Tiefenkonzentration mangelt.

Danach geht der Schüler mit seinen Empfindungen wieder empor zum Urquell, zum Wesenskern der Seele. Dabei betet der Wanderer wiederum auf jeder Stufe, indem er die Kräfte der Liebe nach oben begleitet:

»Die heiligen Kräfte des Willens werden mich beseelen,
so dass mein Wollen vergeht
und der Wille Gottes wirksam wird in mir.

Göttliche Weisheit, berühre mich!
Wissen ist nicht Weisheit.
Göttliche Weisheit jedoch
schaut alle Dinge im rechten Licht.«

Der Wanderer auf dem Weg nach Innen geht nun empfindungsmäßig zum Bewusstsein des Ernstes und betet sinngemäß folgendes kurze Gebet:

»Christus,
Du Zieh- und Schubkraft in mir!
Du führst mich heraus aus meinem engstirnigen,
ichbezogenen Denken
und führst mich hin zum Ursprung der Liebe.«

Mit seinen Empfindungen begibt sich nun der Wanderer zu den Bewusstseinsstufen der Geduld, der Liebe und Barmherzigkeit.
Er betet dort jeweils sinngemäß:

»O Strom der Geduld,
erfasse mich!

Erbarmende Liebe,
durchdringe mich!

Ewige Barmherzigkeit,
lass mich ein selbstloser Samariter werden!«

Der Wanderer begibt sich nun mit folgenden sinngemäßen Worten empfindungsmäßig zum Wesenskern der Seele:

»Vater!
Ich danke Dir für Freud und Leid.
Du großer All-Einer bist mir näher als mein Atem.
Herr, nun beginnt der Tag für mich.
Diesen Tag, der Dein Tag ist,
lege ich in Deine gütigen Hände –
und mich dazu, o Ewiger.«

Nach einer kurzen, besinnlichen Stille – harmonisch ausgerichtet auf den inneren Quell – beginnt nun der Tag mit Frühstück, Arbeit, usw.

Bruder Emanuel gab dem Wanderer zu dem Reich des Inneren weitere Aufgaben:

Liebe Freunde, im Laufe des Vormittags werden euch immer wieder Unruhe und Hast begegnen.

Was von außen auf den Menschen zukommt und ihn bewegt, das lebt teilweise noch in ihm.

Es können Wünsche und Sorgen sein. Aber auch Gedanken über eure Nächsten, über den Arbeitskollegen, die Arbeitskollegin. Auch die Hektik eures Nächsten, die euch unruhig stimmt, bewirkt, dass in eurem Inneren einiges in Bewegung kommt, das nicht das Göttliche, die Ruhe und der Friede ist, sondern es sind allzu menschliche Aspekte, die in der Seele und in den Seelenhüllen wirksam werden.

Oftmals sind es nur Restbestände menschlichen Ichs, innere Vorgänge, die auch im Ober- und Unterbewusstsein aktiv werden.

Der Wanderer sollte die Unruhe und Hektik, die ihn nun berührt und entsprechend stimuliert, nicht sogleich analysieren. Der Wanderer wird zuerst bestimmend auf diese gegensätzlichen Kräfte einwirken, die ihn zur Hektik und Unruhe anregen. Mit folgenden Worten spricht er die innere Unruhe und die Hektik seines Wesens an:

»In Christus lebe ich. Durch Christus wirke ich.
Alles, was nicht in Christus ist, ziehe zu Christus,
auf dass Er es umwandle!
Meine Gedanken und Wünsche, meine Vorstellungen
und Sorgen übergebe ich konsequent Christus.
Christus nimmt alles an.
Ich opfere es Dir, o ewiger Geist in mir!
Freudig und dankbar lege ich es Dir zu Füßen
und bemühe mich, es auch bei Dir zu belassen.

Ruhe, tiefe Ruhe zieht wieder in mein Bewusstsein ein.
Ich bin ruhig und still, konzentriert auf meine Arbeit,
ohne mein Ich zu fragen, ob es mit der bestimmenden
Art, die ich gegen mein Ich richte, zufrieden ist
oder nicht.«

Bruder Emanuel sprach weiter:

Was der Wanderer jedoch nicht bewerkstelligen kann, was sich immer und immer wieder in Empfindungen und Gedanken anzeigt, was ihn immer wieder durchflutet: Gedanken, Wünsche, Vorstellungen, Hektik und Unruhe, das möge er in einem Buch festhalten, das wir das Mystische Tagebuch nennen.

Jeder Wanderer auf dem Weg zum Inneren legt für sich persönlich dieses Mystische Tagebuch an.

Auf der rechten Seite dieses Buches schreibt der Schüler die positiven Gedanken auf, die tiefen, beseelenden und erquickenden Gedanken und Empfindungen, die Stille seines Wesens, die er empfindet, und alles, was er im Namen Christi bewältigen konnte.

Auf der linken Seite notiert er, was ihn immer noch hindert, dem Inneren Leben näherzukommen, seine unbewältigten Probleme, die er trotz heroischen Opfermuts noch nicht bewältigen konnte, all die immer wiederkehrenden Schwierigkeiten, die er wohl Christus hingelegt hat, die jedoch immer wieder zurückkehren – die, trotz Anstrengung, sein Inneres unruhig stimmen. Das alles notiert der Wanderer auf der linken Seite seines Mystischen Tagebuches.

Diese Notizen werden sowohl am späten Vormittag wie auch am späten Nachmittag gemacht. Sie zeigen dem Wanderer, was er bewältigt und noch nicht bewältigt hat.

Was bewältigt ist, das wird er durchstreichen, was noch unbewältigt ist, unterstreichen und am nächsten Tag auf die andere Seite des Mystischen Tagebuches nehmen – bis er es ebenfalls durchstreichen kann, weil es bewältigt ist.

Um die Mittagszeit – wenn möglich vor dem Essen – sollte der Wanderer erneut ein kurzes Seelengebet verrichten. Durch das Seelengebet erlangt er wieder die Ausrichtung auf das Innere. Er erlangt dadurch wieder Ruhe und Frieden, das, was ihm am Vormittag verlorenging.

Um die Mittagszeit wird also das Seelengebet ähnlich wie in den Morgenstunden gemacht, doch wesentlich kürzer:

Der Wanderer zum Königreich des Inneren gleitet nun mit einigen hochschwingenden Gebetsworten hinab zum Sammelbecken und lässt sodann die Kräfte zum Zentrum der Ordnung emporströmen. Dort geht er auf »Empfang« und lässt es beten. Dann geht er mit einigen Worten der Liebe empfindungsmäßig wieder empor zum Wesenskern, dankt dem Allmächtigen und verweilt noch einige Augenblicke oder Minuten in der Stille. Dann kann der Nachmittag beginnen.

Der Nachmittag sollte wieder unter der Kontrolle des Wanderers stehen. Er soll sich bemühen, die Ruhe in allen Dingen zu bewahren, und die Stille seines Herzens pflegen.

Das bedeutet nicht, dass der Mensch träge wird und glaubt, alles in langsamer Meditationshaltung durchführen zu müssen. Wer den Geist in sich erweckt hat, der ist dynamisch und harmonisch. In einem ausgewogenen, harmonischen Rhythmus wird er seine Arbeit – konzentriert auf die jeweilige Tätigkeit – durchführen, zur Zufriedenheit seiner Umwelt. Gott ist harmonische Dynamik, ist harmonischer Rhythmus.

Entweder im Laufe des Nachmittages oder am Abend wird der Wanderer in seinem Mystischen Tagebuch sowohl die positiven als auch die negativen Erlebnisse festhalten. Die Vorkommnisse und Gedankengänge bitte nur mit Stichworten im Mystischen Tagebuch notieren! Das Mystische Tagebuch soll übersichtlich sein!

Bruder Emanuel offenbarte Weiteres:

Liebe Freunde! Wer am Abend von der Tagesarbeit zurückkommt, sollte sich nicht sogleich zum Abendbrottisch begeben. Geht zuerst in die Stille! Lasst alles in euch abebben, was der Tag brachte, was euch unruhig gestimmt hat. Begebt euch in eine kurze Selbstbetrachtung:

Nehmt euer Mystisches Tagebuch zur Hand, durchforscht euer Tagebuch. Was ihr bis zum Abend an Gegensätzlichem bewältigen konntet, kann ausgestrichen werden. Was nicht bewältigt ist, wird unterstrichen und auf die nächste Seite des Tagebuchs übertragen, damit es nicht verlorengeht, damit sich der Wanderer immer wieder an das erinnert, was noch abzulegen ist. An der positiven Seite, an dem, was ihr bewältigt habt, erfreut euch! Lasst es noch einmal in euch nachklingen und freut euch ehrlichen Herzens über das, was nun hinter euch liegt.

Überdenkt den Tag. Lasst ihn noch einmal an euch vorbeiziehen. Stellt euch die Frage, was ihr hättet besser machen können und was gut war.

Ich darf wiederholen, auf dass ihr es nicht vergesst: Freut euch an dem, was ihr bewältigen konntet. Seid glücklich darüber! Seid aber auch nicht traurig über das Unbewältigte. Begegnet ihm wieder mit Opferbereitschaft und Opfermut – im Namen Christi –, und es wird werden, in jedem von euch. Denn wer willigen Herzens ist, in dem ist Christus der Sieger. Er wird mit Christus auferstehen und zum Vater gehen.

Nach dem Abendbrot beginnt die abendliche Zeit. Auch am Abend sollte wieder das Seelengebet durchgeführt werden. Dadurch wird auch für die Nacht eine erneute Ausrichtung der Seele erzielt.

Entweder bei Sonnenuntergang oder nach Sonnenuntergang, wenn die Atmosphäre still geworden ist und die Menschen ruhiger sind, sollte wieder das Seelengebet durchgeführt werden. Wenn ich den Sonnenuntergang erwähne, so soll das besagen: Es kommt auf die Jahreszeit an.

Wichtig ist, dass ihr das Seelengebet durchführt, wenn die Atmosphäre still geworden ist, wenn die Menschen sich mehr in ihre Häuser und Wohnungen zurückziehen und sich auf den Schlaf vorbereiten. Die Zeit für das

Seelengebet kann also zwischen 21.00 und 22.30 Uhr angesetzt werden, je nach Jahreszeit.

Das Seelengebet wird wieder ähnlich durchgeführt, wie ich es schon für den Morgen offenbart habe, nur mit anderen Worten, die aus dem Wesen des Schülers, des Wanderers, entströmen sollen. Es sollen keine vorgesprochenen Gebete sein, sondern Herzensempfindungen. Deshalb ist das Gebet – das heißt, sind die Gebetsempfindungen – dem Einzelnen überlassen.

Nach dem Seelengebet – je nachdem, wann es durchgeführt wurde – kann sich der Abend fortsetzen.

Ist die Zeit zum Schlafengehen gekommen, dann richtet euch abermals auf das Innere Licht aus. Auf eurem Nachtlager liegend, dankt noch einmal Gott, eurem Vater, für den Tag, für alles – für Freud und Leid. Übergebt alles noch einmal im Gebet Ihm, dem großen All-Einen, der in der Nacht auch der Tag ist.

Das ehrfurchtsvolle Liegen, um zu beten, geschieht, wie ich schon offenbart habe, so:

Der Gott Zustrebende legt sich wieder auf den Rücken, legt die rechte Hand auf die Brust, auf das vierte Bewusstseinszentrum, und die linke Hand auf die rechte. Dann verbindet er sich mit dem ewigen Geist in der Seele und in jeder Zelle des Leibes – und dankt.

Da mancher Wanderer auf dem Inneren Weg noch eine Stütze für das Gebet benötigt, gebe ich folgendes Nachtgebet. Es soll jedoch nicht wortwörtlich gebetet werden – sondern nur als Anleitung und Anregung dienen für alle, die sich noch schwertun im freien Beten.

»Ewiger in Christus!
Ich danke Dir für diesen
zur Neige gegangenen Tag.

Herr,
Du hast mich geführt und geleitet.
Ich danke Dir.
Jeden Einzelnen führst Du,
da Du die unpersönliche Liebe bist.
Du schaust nicht auf unsere Fehler und Schwächen.
Du siehst uns vollkommen,
o ewiger Geist.
Alle Menschen und Wesen lege ich
in Dein großes, ewiges Bewusstsein,
in Deine Liebe.
Halte Du, o Ewiger,
segnend Deine Hände
über alle Mitbrüder und -schwestern,
über Kranke und Notleidende,
über Hungernde und Einsame.
Strahle Dein Licht zu den älteren Geschwistern,
und stütze mit Deiner Kraft die Jugend,
damit auch sie werde, wie Du willst,
denn sie ist die kommende Generation.

Herr,
nun tritt der Schlaf in mein Bewusstsein,
der kleine Bruder des Todes.

In Deine gütigen und ewigen Hände
empfehle ich meinen Geist,
meine Seele und meinen Leib.

Herr,
Dein Wille geschehe auch in der Nacht in mir,
in meiner Seele!«

Lieber Wanderer, nimm nach diesem Dankgebet keine weltlichen Gedanken mehr in dich auf! Möge nun der Schlaf Einzug halten, der kleine Bruder des Todes: Du ruhst in Gott, und Gott wirkt in dir.

Bruder Emanuel legte dar:

Meine Freunde, das ist der Beginn des Inneren Weges.

Die Bemühung, sich ständig auf die ewige Quelle auszurichten, auf die Liebe, das ist der Pfad der Liebe, die Liebemystik für den, der wahrlich Gott die Ehre gibt, in Gedanken, Worten und Werken, der Gott mehr liebt als sein niederes Ich. Der ist es, der wahrlich Fortschritte macht auf dem Pfad zu Gott, unserem Vater.

Christus kommt dem Wanderer tagtäglich näher, der wahrlich opferbereit ist, der mutig seinem niederen Ich begegnet und es der ewigen Liebe übergibt.

Meine Freunde, Christus ist da!

Der Vater rief euch durch Ihn. Er ist euer Erlöser, Er ist euer Wegbereiter.

Christus, euer Erlöser, möchte euch hin zum Vater führen. Ich, Bruder Emanuel, darf euer Lehrer sein.

Der Wanderer zum Königreich des Inneren möge nicht auf den Lehrer blicken, sich nicht auf den Lehrer einstimmen, sondern sich einzig auf Christus ausrichten. Denn Christus ist der Weg. Er, der ewige Geist, ist die Wahrheit in allem Sein, in allen reinen Wesen, auch in mir, eurem Bruder – auf Erden Emanuel genannt.

Christus ist das Leben in jeder Seele, in jedem Menschen. Wir alle sind das Leben in Gott. Wohl dem Wanderer, der sich von der inneren Kraft beseelen lässt! Wahrlich, er wird beseelt und erfüllt werden vom Geiste der Wahrheit.

Gott ist die Wahrheit. Ich, Bruder Emanuel, spreche aus der Wahrheit.

Im Namen des Vaters und des Sohnes, im Namen der ewigen Kraft und Wahrheit, spende ich euch den Segen.

Möge es in euch licht werden! Möge das Licht Gottes jeden durchstrahlen und führen!

Gott hat euch gerufen. Nutzt die Möglichkeit, den Inneren Weg jetzt im Erdenkleid zu gehen! Christus möchte nicht, dass die Seele immer wiederkehrt, sich immer wieder neu einverleibt.

Liebe Freunde, ihr habt den Ruf vernommen. Gebt der Gnadenzeit Raum in euch! Lasst die Gnade in euch walten!

Jetzt ist die Zeit und die Möglichkeit gegeben, euch vom Rad der Wiedergeburt zu lösen – durch ein gezieltes, bewusstes Leben der Liebe. So löst euch vom Wiedergeburtsrad durch ein zielstrebiges, auf Gott ausgerichtetes und gottgewolltes Leben!

Den Ruf Gottes zu vernehmen, ist Gnade. Wer den Weg nach Innen ernsthaft beschreitet, der wird erfüllt sein vom Lichte Gottes, von Seiner Gnade.

Die segnende Kraft des Vaters erfüllt euch mit Weisheit und Dynamik.

Meine Freunde, ich danke dem ewigen Geist, dass ich euch belehren und dienen darf.

Euer Bruder aus dem Geiste Gottes, Emanuel.

Der Friede des Herrn ist mit euch.

Gabriele gab dazu
noch einige Anmerkungen:

Wer wenig oder gar keine Gottesliebe hat, der baut ein schlechtes Fundament: Er wird die vom Geiste für den Inneren Weg gegebenen Übungen mangelhaft durchführen und so nicht das Fundament legen, das er benötigt, um darauf weitere Stufen aufbauen zu können. Ohne Liebe zu Gott gibt es keinen Weg zu Gott. Denn Gott ist Liebe!

Der urchristliche Innere Weg ist keine Kasteiung. Der Mensch auf dem Inneren Weg sollte nichts verdrängen, sondern alles Negative allmählich überwinden. Dann wird Stück für Stück von ihm abfallen, was allzu menschlich ist – bis er von innen heraus alles Irdische lassen kann.

Der Gehorsam gegenüber Christus ist die Verwirklichung der Gesetze. Deshalb müssen wir an uns arbeiten, damit wir die Gesetze verwirklichen und erfüllen und so unserem Führer, Christus, unserem Erlöser, nachfolgen können.

Das Oberbewusstsein ist das Verstandesbewusstsein. Es ist das, was noch in unserer Erinnerung ist, was uns geläufig ist, womit wir tagtäglich arbeiten. Das Unterbewusstsein liegt in tieferen Schichten des Gehirns. Dort ist das gespeichert, was wir vergessen, doch noch nicht überwunden haben.

Die Seele ist das Buch des Lebens. In ihr befinden sich Licht und Schatten, der Niederschlag unserer positiven und unserer negativen Gedanken und Werke. Die negativen Empfindungen, Gedanken und Taten bilden unsere Entsprechungen. Was die Seele gespeichert hat, strahlt sie über die sieben Bewusstseinszentren aus, die sieben Hüllen der Seele. In den Seelenhüllen spiegelt sich also das wider, was die Seele als Licht oder Schatten trägt.

Deshalb sagt uns nicht unser Verstand, wer wir sind, sondern die Ausstrahlung der Seele und die empordämmernden Belastungen unseres Unterbewusstseins zeigen es uns.

Liebe Schwester, lieber Bruder!

Der Kampf mit uns selbst ist uns so lange gegeben, bis wir unser Ich besiegt haben.

Du stehst nicht allein. Viele unserer Mitbrüder und -schwestern befinden sich im Kampf mit sich selbst und erheben sich heraus aus der Niedrigkeit zur höheren Geistigkeit und zum inneren Frieden, den wir in dieser Welt so notwendig brauchen.

Viele sind mit uns verbunden. In dieser geistigen Verbundenheit bleiben wir die Kinder Gottes.

Friede
Gabriele

Anhang zu Kapitel 2

Seiten 78-79:

Die folgende Doppelseite gibt eine kurze Übersicht über die Bewusstseinszentren im Menschen.

Seiten 80-85:

Eine Körperübung aus dem Geiste Gottes
Es ist eine Hilfe, während der Körperübung harmonische Musik zu hören.
Ein Musikvorschlag für diese Körperübung:
„Reigen seliger Geister" von Christoph Willibald Gluck

Die sieben Bewusstseinszentren

Bei der Durchführung des Seelengebetes werden die sieben im Menschen befindlichen Bewusstseinszentren angesprochen. Zum besseren Verständnis: Die Bewusstseinszentren sind Schaltstellen für den Fluss der geistigen Energien im materiellen Körper. Sie leiten die Geistkraft zu den Organen und Zellen des Körpers, die ihnen zugeordnet sind.

Die Bewusstseinszentren sind entlang der Wirbelsäule angeordnet.

Im Bereich der Steißbeinregion befindet sich das Zentrum der Ordnung; darüber, in der Kreuzbeinregion, das des Willens, wiederum darüber, in der Lendenregion, das Bewusstseinszentrum der Weisheit. In der Herzregion liegt das Bewusstseinszentrum des Ernstes, das auch Christuszentrum genannt wird. Darüber, in der Nackenregion, befindet sich das Bewusstseinszentrum der Geduld und zwischen den Augenbrauen das Zentrum der Liebe. Im Scheitelbereich liegt das siebte Bewusstseinszentrum, das der Barmherzigkeit.

Die sieben Bewusstseinszentren

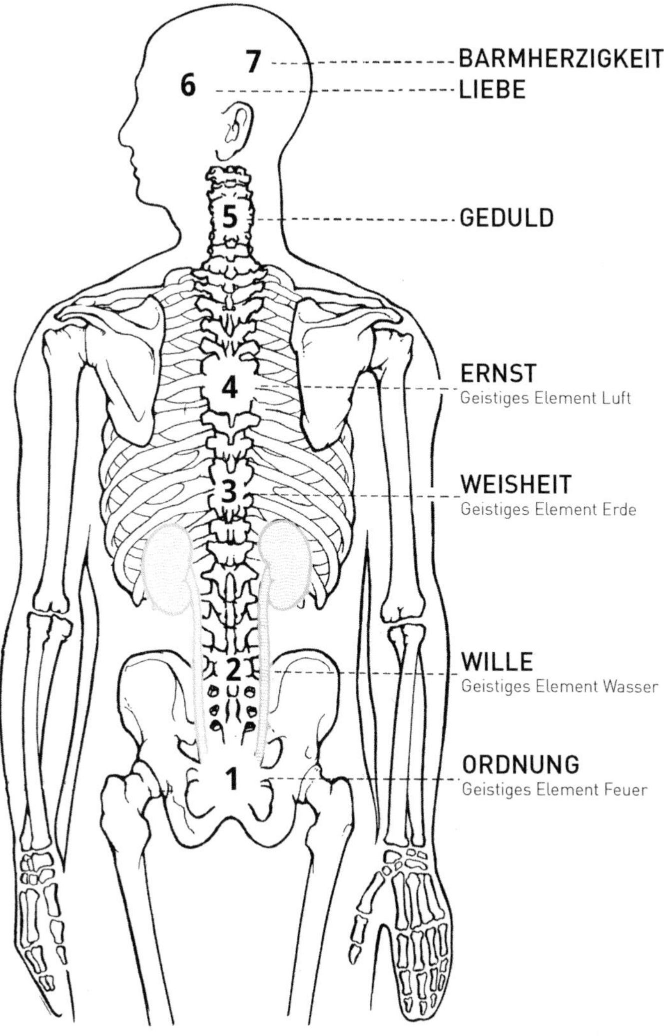

Eine Körperübung aus dem Geiste Gottes

1
Wir stehen aufrecht, den rechten Fuß leicht vor. Die Arme sind hoch nach oben gestreckt, die Fingerspitzen berühren sich. Wir können diese Haltung die **„Grundstellung“** nennen, da sie wiederholt vorkommt.

2
Wir gehen nun ein Bein vor das andere, links beginnend neun Schritte schwungvoll vorwärts.
„Links vor, rechts vor,
links vor, rechts vor,
links vor, rechts vor,
links vor, rechts vor, links vor.“

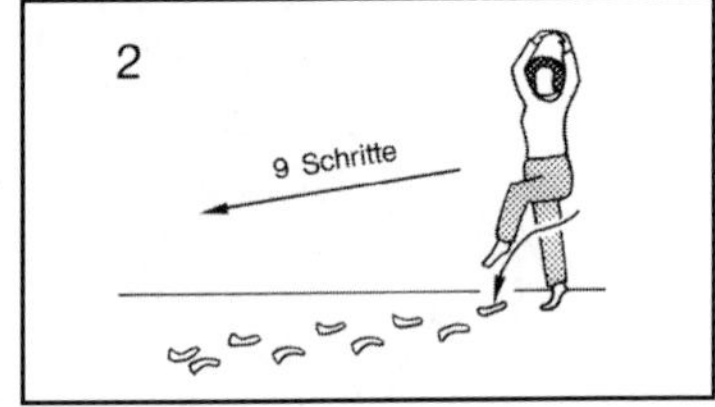

3, 4, 5
Der linke Fuß ist leicht vor den rechten gekreuzt.
Nun lassen wir die Arme seitlich zum vorderen Fuß hinunter schwingen.

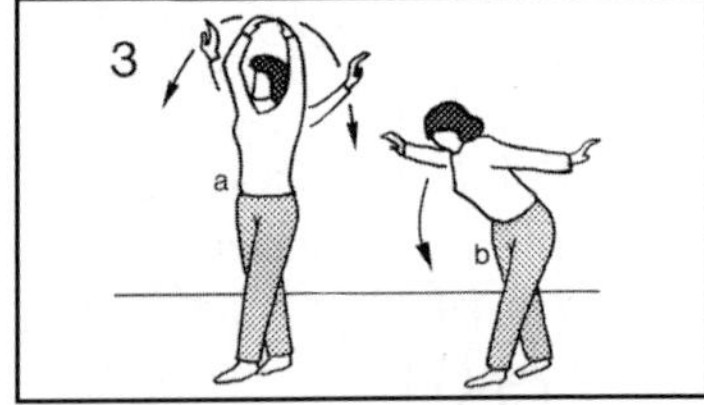

Anschließend ziehen wir die Hände (Handrücken an Handrücken) vor unserem Körper hoch bis zur Grundstellung. Wir können diesen Ablauf die **„Grundübung“** nennen.

6
Jetzt unseren gestreckten linken Arm nach links hinten und wieder hoch, dann den rechten Arm nach rechts hinten und wieder hoch. Wir können diesen Übungsteil das **„Rückschwingen der Arme"** nennen.

7
Noch einmal eine **Grundübung**.

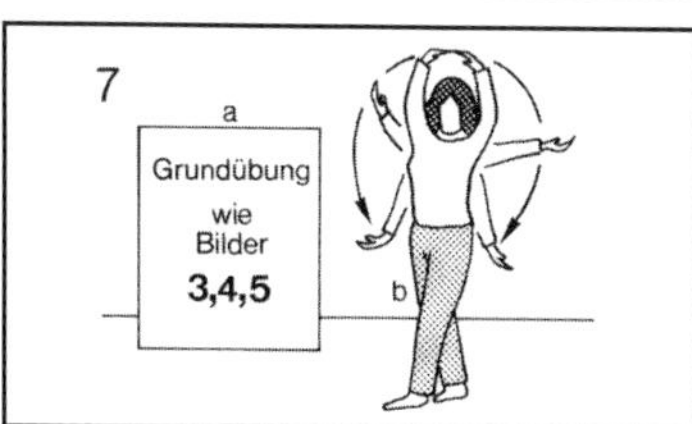

8
Dann lassen wir beide Arme seitlich hinunterschwingen (Handflächen nach oben) und wieder hoch, bis sich die Handwurzeln berühren. Dabei stellen wir den hinteren Fuß zum vorderen. Die Hände bilden nun eine nach oben offene Schale. Wir blicken nach oben, den Geist Gottes anbetend, und vergegenwärtigen uns eine kurze Weile, wie Seine Kraft in uns einströmt. Wir können diesen Ablauf die **„Anbetung"** nennen.

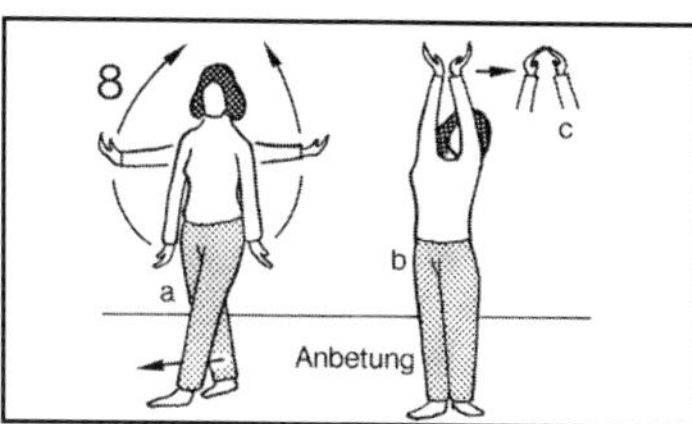

9
Wir schließen die Schale, unsere Fingerspitzen berühren sich zur **Grundstellung.** Nun gehen wir, rechts beginnend, acht Schritte schwungvoll zurück.
„Rechts zurück, links zurück,
rechts zurück, links zurück,
rechts zurück, links zurück,
rechts zurück, links zurück."

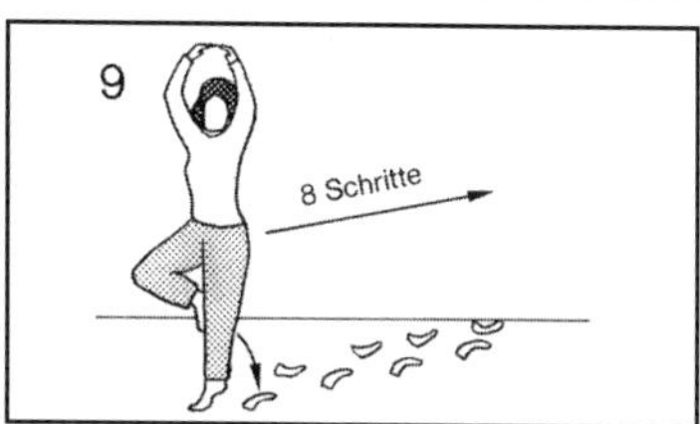

10
Noch eine **Grundübung**, dann das **Rückschwingen der Arme**, erst links, dann rechts.

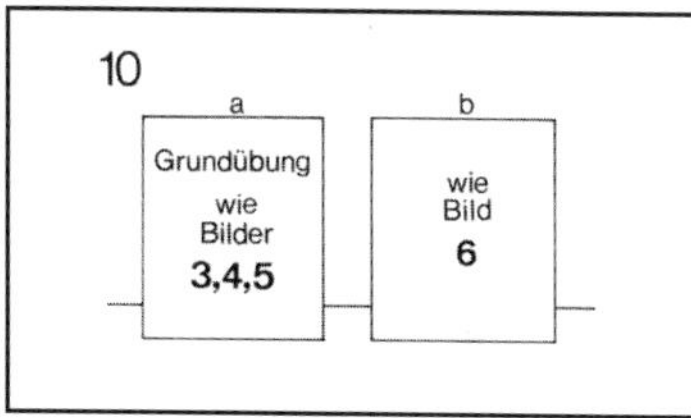

11
Wieder eine **Grundübung**
und weiter zur **Anbetung**
und weiter zur **Grundstellung**.

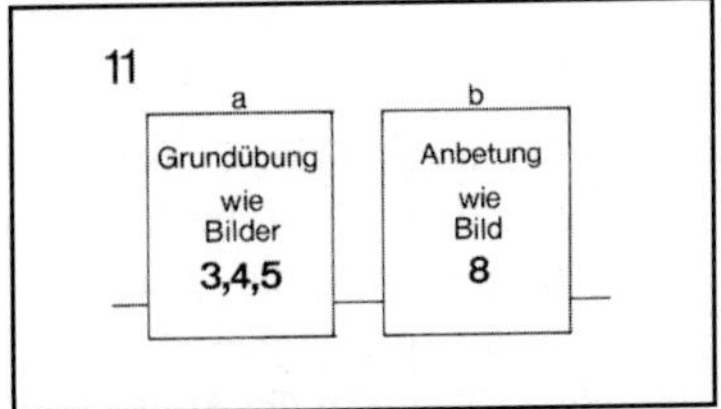

12
Nun schöpfen wir die geistige Kraft: zunächst führen wir die linke Hand (Handfläche nach außen) eng am Körper seitlich hinunter, bis der Arm ganz gestreckt ist.
Dann lassen wir den gestreckten Arm mit nach oben offener Hand seitlich hinaufkreisen bis zur **Grundstellung**.
Anschließend das Gleiche nach rechts.
„Links schöpfen, rechts schöpfen."

13
Nun gehen wir, links beginnend, fünf Schritte schwungvoll vor.
„Links vor, rechts vor, links vor, rechts vor, links vor."
Noch eine **Grundübung**,
mit anschließendem **Rückschwingen der Arme**, erst links, dann rechts.

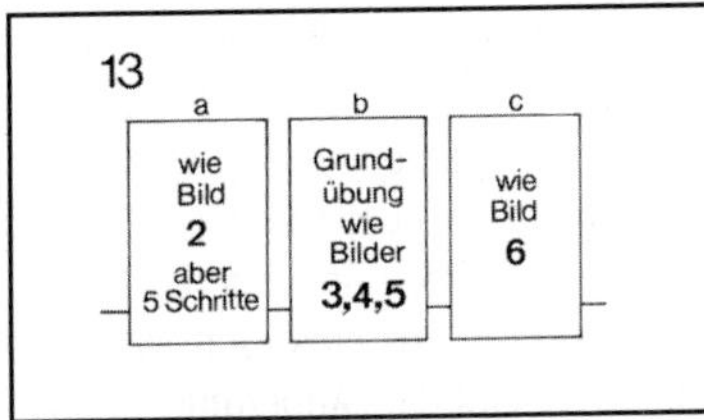

14
Erneut eine **Grundübung**
und weiter zur **Anbetung**
und weiter zur **Grundstellung**.
Nun gehen wir, links beginnend, vier Schritte schwungvoll zurück.

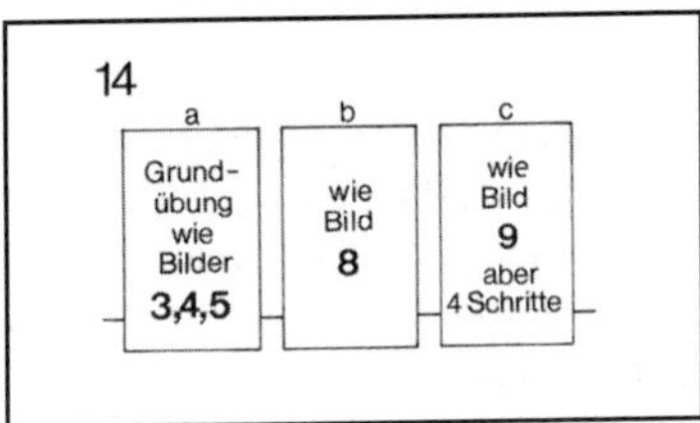

15
Wieder eine **Grundübung**, mit anschließendem **Rückschwingen der Arme**, erst links, dann rechts.
Anschließend eine **Grundübung**.

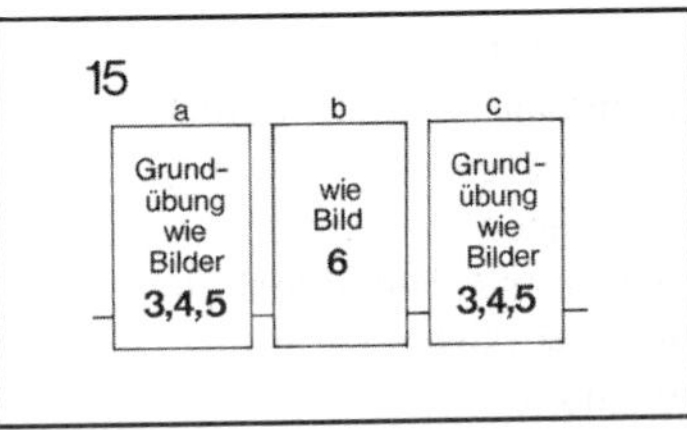

16

Während wir die Hände (Handrücken aneinander) hochziehen, heben wir den rechten Fuß und setzen ihn recht schwungvoll über Kreuz vor den linken; beim Aufsetzen des rechten Fußes lassen wir den linken Arm nach links hinten hinunterschwingen und wieder hoch.

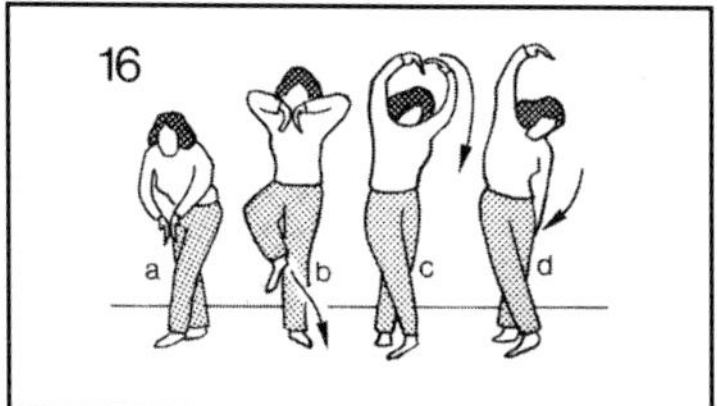

17, 18

Dann setzen wir den linken Fuß über Kreuz vor den rechten, wobei wir gleichzeitig den rechten Arm nach rechts hinunterschwingen lassen und wieder hoch.

Anschließend folgt wieder eine **Grundübung**.

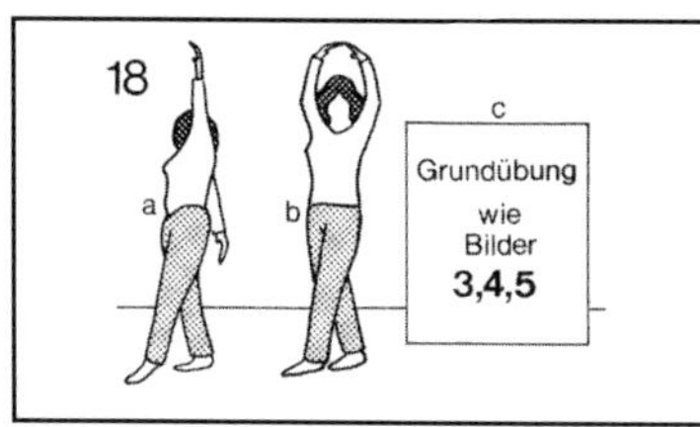

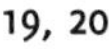

19, 20

Dann lassen wir den linken Arm nach links hinten hinunterschwingen und wieder hoch und den rechten Arm nach rechts hinten hinunterschwingen und wieder hoch.

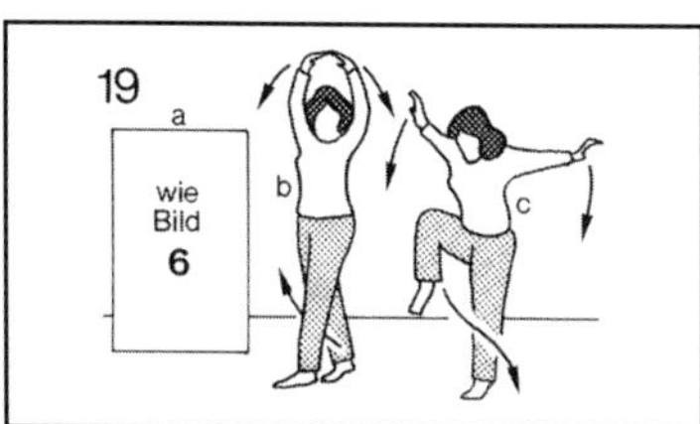

Jetzt setzen wir, so schwungvoll wie nur irgend möglich, den rechten Fuß hoch über Kreuz nach vorn mit unmittelbar anschließender **Grundübung** und nachfolgender **Anbetungshaltung**.
In dieser Stellung beenden wir diese Übung.

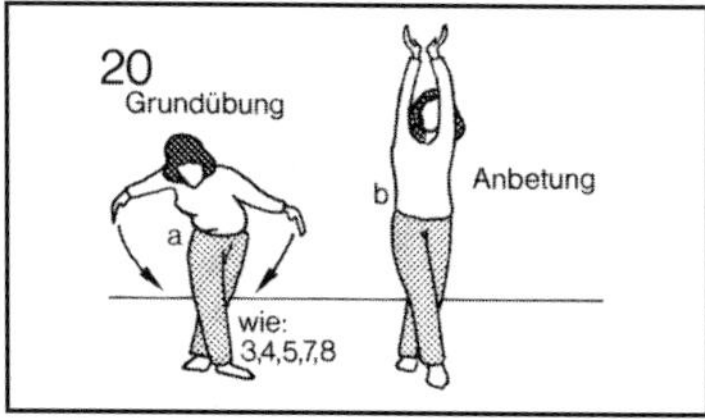

Gesamtübersicht

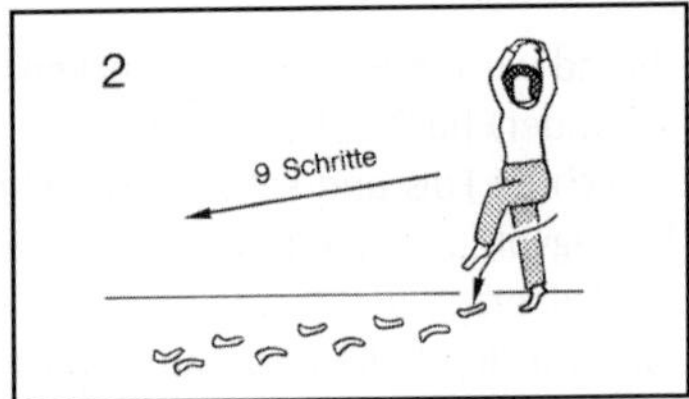

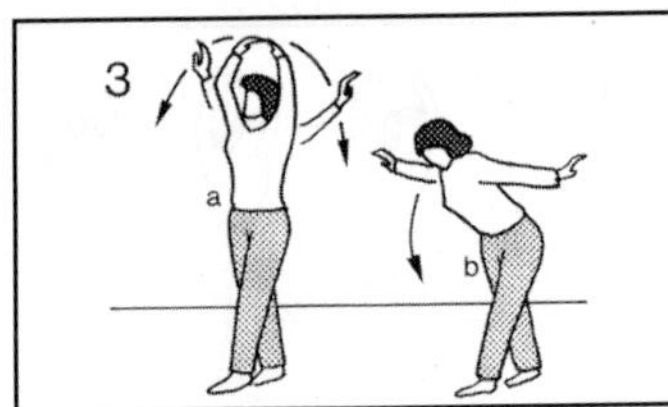

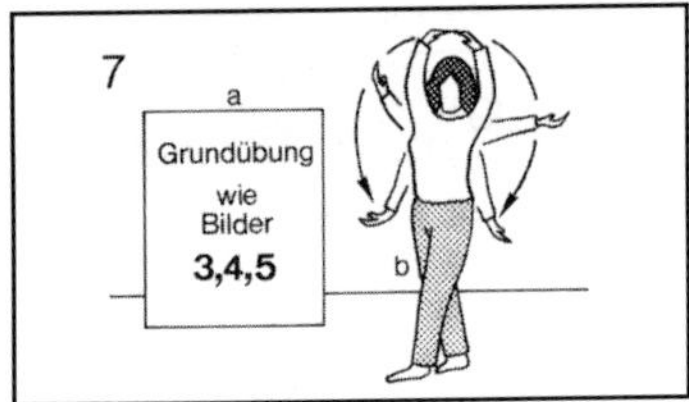

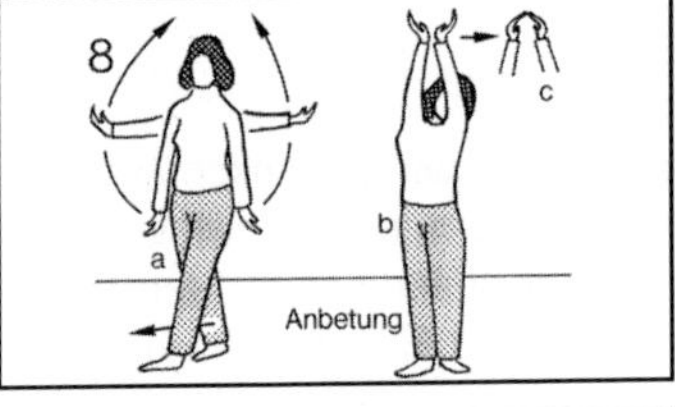

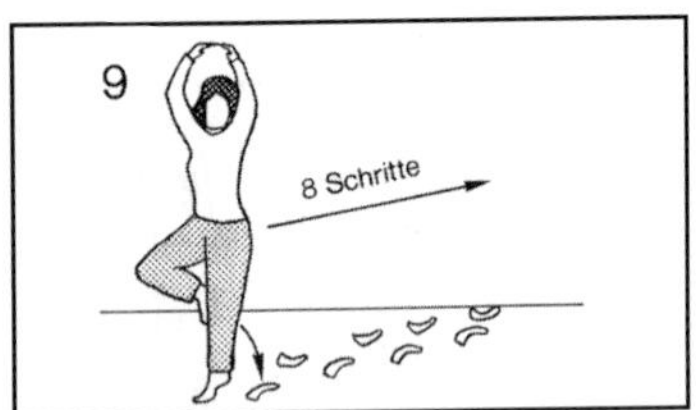

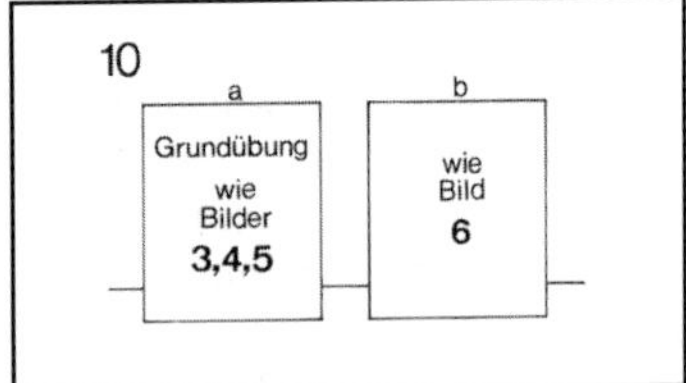

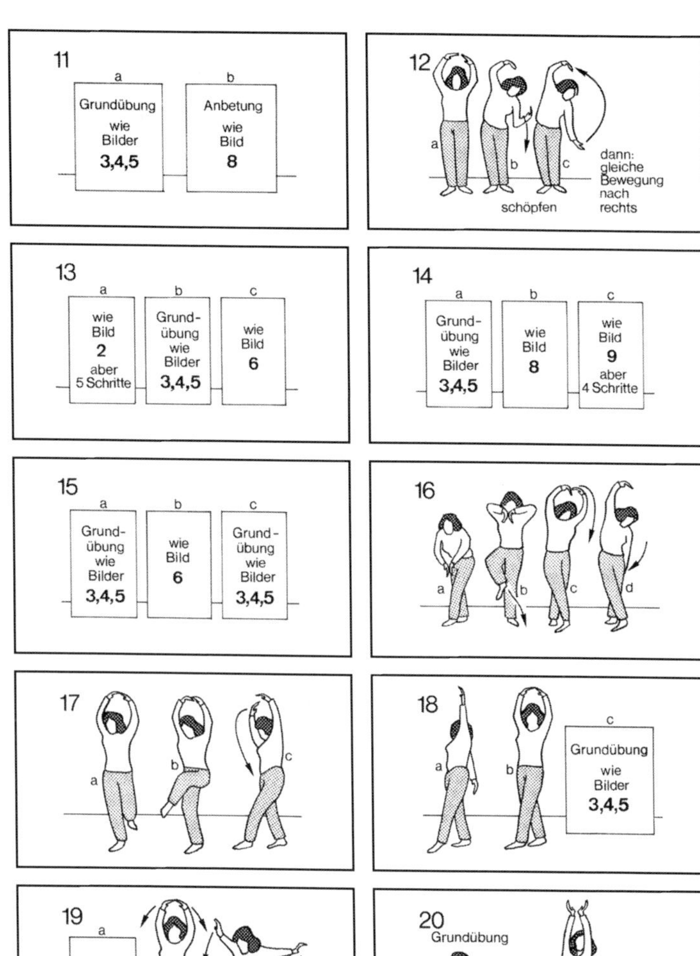

11
a
Grundübung wie Bilder 3,4,5
b
Anbetung wie Bild 8
12
a
b
c
schöpfen
dann: gleiche Bewegung nach rechts
13
a
wie Bild 2 aber 5 Schritte
b
Grund-übung wie Bilder 3,4,5
c
wie Bild 6
14
a
Grund-übung wie Bilder 3,4,5
b
wie Bild 8
c
wie Bild 9 aber 4 Schritte
15
a
Grund-übung wie Bilder 3,4,5
b
wie Bild 6
c
Grund-übung wie Bilder 3,4,5
16
a
b
c
d
17
a
b
c
18
a
b
c
Grundübung wie Bilder 3,4,5
19
a
wie Bild 6
b
c
20
Grundübung
a
wie: 3,4,5,7,8
b
Anbetung

3. Körperrhythmus und Schulung des Sehorgans

Disziplin – Die 1. Aufgabe: Der Körperrhythmus – Gedankenordnung – Die Verfeinerung der Sinne – Die 2. Aufgabe: Schulung des Sehorgans: Betrachten einer Pflanze – Die Bedeutung des Seelengebetes – Der Gruß des Friedens – Die Wirkung der negativen Gedanken – Zusammenfassende Wiederholung

–

Mit den Worten:
Lieber Bruder, liebe Schwester, Gott zum Gruß!
begrüßte uns Gabriele und sprach:

Die zweite Offenbarung für die Stufe der Ordnung wurde uns am 13.10.1984 von Bruder Emanuel gegeben.

Bruder Emanuel sprach uns als seine Schüler an und wünschte uns mit folgenden Worten den inneren Frieden:

Liebe Schüler! Der Friede und die Liebe des Ewigen sind mit uns!

Der Pfad zur Liebe Gottes ist ein geheiligter Pfad. Diesen geheiligten Pfad kann nur der beschreiten, der wahrlich sein Leben mehr und mehr heiligt, der immer weniger auf das Äußere, auf die Welt mit ihren Sinnesreizen blickt.

Nur *der* Schüler kann also den Pfad nach Innen wandeln, der seine Gedanken ordnet, seine Rede zügelt und seine Sinne – allmählich – bemeistert.

Gabriele erklärte:

Lieber Bruder, liebe Schwester!

Auf dem Inneren Weg hast du immer wieder von der Gedankenordnung gehört. Um die Gedankenordnung zu erlangen, bedarf es äußerster Disziplin. Die Gedanken zu ordnen und auf das geistige Ziel auszurichten, ist für uns Menschen das Schwerste auf dem Pfad zu Gott.

Wer den Inneren Weg einige Schritte gewandert ist, musste immer wieder erkennen: Nur die Liebe zu Gott, unserem Vater, und die Sehnsucht nach Reinheit und Geistigkeit lassen uns die Schritte bewusst gehen. Wer Gott, seinen Vater, mehr liebt als diese Welt und mehr als sich selbst, als sein Denken, sein Wollen und Tun, der ist es, der auf dem geistigen Weg vorwärtsschreitet.

Die geistige Disziplin ist maßgebend, um die Selbstkontrolle zu erlangen: die Kontrolle über unseren Menschen, über unsere Gedanken, Worte und Handlungen.

Liebe Geschwister, wir müssen uns einen harmonischen, ausgewogenen Körperrhythmus anerziehen, um in die Stille und in den inneren Frieden zu finden, in denen die Liebe Gottes allumfassend wirksam ist. Wir müssen uns also – immer und immer wieder – auf Gott einstimmen, auf die zentrale Kraft in unserer Seele. Wir müssen die unlauteren Empfindungen und Gedanken und unser Wollen dem Ewigen übergeben, Seinem Willen unterstellen. Wir müssen uns täglich bemühen, die unlauteren Gefühle nicht in *unser Inneres zu lassen. Das ist, global gesprochen, geistige Disziplin.*

Lieber Bruder, liebe Schwester, die gesamte Schulung, alle Belehrungen von Bruder Emanuel, sind auf das eine Ziel ausgerichtet, den Schüler zur inneren Stille und zur inneren Wahrheit zu führen.

Gerade auf der Stufe der Ordnung müssen wir uns um die Ausrichtung besonders bemühen. Wir müssen uns auf das Innere Leben, auf die innere Wahrheit, einstimmen, die nur in der Seele des Menschen zu finden ist. Aus dem Gesetz des Lebens, dem kosmischen Gesetz, muss vom Schüler immer mehr erkannt und verwirklicht werden, damit er auf dem Inneren Weg einen echten, tiefen geistigen Erfolg verzeichnen kann. Es bedarf allerdings des heroischen Opfermutes jedes Einzelnen von uns, um wahrlich die Ausrichtung auf das Höchste zu erlangen.

Bruder Emanuel sprach
in der zweiten Offenbarung zur Ordnungsstufe
immer wieder die Disziplin an:

Liebe Schüler! Als Voraussetzung und um weitere Schulungen aus dem Geiste verwirklichen zu können, bedarf es also der geistigen Disziplin und der Gedankenkontrolle.

Geistige Disziplin heißt: Ordne dein Leben, dein Sinnen, Denken und Trachten. Erlange den Adel deiner Seele, dann wird auch dein Körperrhythmus harmonisch sein.

Geistige Disziplin bewirkt also einen ausgewogenen, harmonischen Körperrhythmus. Der hektisch-nervöse Mensch wird dadurch stiller; seine Bewegungen werden harmonischer; seine Sinne werden feiner.

Hierzu führte Gabriele aus:

Lieber Bruder, liebe Schwester, damit wir diese erwünschte Gedankenkontrolle erlangen, müssen wir uns also in der Disziplin üben.

Die erste Aufgabe für die Schüler der Ordnungsstufe ist deshalb folgende:

Der Wanderer auf dem Weg zum Königreich des Inneren achtet auf seinen Körperrhythmus.

Jeder bemüht sich nun, sich von außen nach innen zu harmonisieren. Das bedeutet, dass er nicht nur auf seine Gedanken, sondern auch auf seine Körperbewegungen achten sollte. Wir meiden also hektische Bewegungen. Schnelles, unharmonisches Laufen führt zu äußerer und innerer Disharmonie.

Das heißt nicht, dass wir das dynamische Leben, die Dynamik des Körpers, ablegen, also stilllegen sollen! O nein. Ganz im Gegenteil! Wir streben die innere Dynamik an, die geistige Dynamik, die edlen, rhythmischen Bewegungen der Seele und des Leibes. Nicht das Hektische und Disharmonische, das nach außen Gekehrte bringt Erfolg, nicht das Leben unter Erfolgszwang, sondern das Hingeben an die Göttlichkeit, an die Kraft, die unser Inneres und Äußeres durchströmt, die in unser Denken Klarheit bringt.

Wenn wir uns angewöhnen, aufrecht und harmonisch zu gehen, dann werden wir unsere Blicke vom Boden erheben und öfter in die Weite schauen. Das bewirkt mit der Zeit, dass wir klarer denken, weil in uns vermehrt die kosmischen Kräfte einfließen.

Durch die aufrechte Haltung, durch den Blick in die Weite und durch ein Gott zustrebendes Leben nehmen wir immer mehr Anteil am göttlichen Wirken, das in allen Lebensformen ist.

Am Erdboden haften düstere Gedanken. Schwere Schwingungen ziehen am Erdboden entlang. In den kosmischen Weiten fließen höhere Kräfte.

Auch das bewusste Betrachten einer Blume oder einer Blumenwiese, die Betrachtung der Sträucher und Bäume schenkt dem Gott Zustrebenden innere Erholung und Ausrichtung auf Gott – die Stille; nur in der Stille offenbart sich der Ewige. Auch sollen wir den Sternenhimmel und die Sonne mit ihren Strahlen betrachten.

Wir nehmen das Betrachtete in uns auf. Das bringt Frieden, Vertrauen, Hoffnung, Zuversicht – und wiederum Ausrichtung auf das Höchste. Wir werden stiller und gottbewusster, weil wir Seine Kraft und Seine Gegenwart verspüren.

Wir dürfen dadurch auch erfahren, dass edle Gedanken, reine Worte, geläuterte Sinne und eine geistige Dynamik uns ein ausgewogenes, rhythmisches Arbeiten ermöglichen – was nichts mit einer meditativen Haltung bei der Arbeit zu tun hat: Es ist das Arbeiten mit der inneren Kraft, ohne Hektik, doch zielstrebig und zielbewusst. Die urchristliche Meditation ist für Geschwister, die den Inneren Weg anstreben, eine geistige Hilfe, um die Aufgaben zur Verfeinerung der Seele und des Menschen leichter erfüllen zu können.

Unsere fünf Sinne sind nicht Einzelkräfte, sondern ein Sinnesorgan wirkt auf das andere ein.

Um unsere Sinne zu verfeinern, sollten wir auch bei der Nahrungsaufnahme unseren Körperrhythmus beachten: Unkontrolliertes Essen, schnelles Kauen oder hastiges Trinken führen ebenfalls zu Disharmonie und nach außen in die Welt der Sinne. Sobald wir in Hektik kommen, verändert sich der Körperrhythmus – und wir nehmen die alten Gewohnheiten wieder auf, wie zum Beispiel Alkohol-, Nikotingenuss usw. Auch sehr heiße und sehr kalte Getränke wirken störend auf den Rhythmus des Körpers ein. Sie bewirken im Nervensystem eine Revolution. Die Nerven verkrampfen sich; wir können sagen, wir schockieren sie. Und die Verkrampfung des Nervensystems wirkt sich wiederum störend auf den gesamten Organismus aus. Das kann auf die Dauer zu größeren Schäden im Organismus führen. Wir können dadurch nicht nur in Hektik und innere Erregung gelangen. Auch Unpässlichkeiten und Krankheiten können die Folge sein.

Sobald wir uns erregen, also unruhig werden, fliegen uns Gedanken an, oder Geschehnisse werden uns wieder bewusst, von denen wir glaubten, sie schon längst überwunden zu haben. Wir haben sie durch unsere Disharmonie wieder herbeigeholt und bewegen sie nun wieder in unseren Gedanken.

Viele Gedanken und Geschehnisse müssten nicht mehr betrachtet und analysiert werden, wenn wir diese schwingenden Energiekomplexe um uns nicht mehr durch einen Schwingungsabfall des Körpers berühren würden. Sie würden allmählich austrocknen, also sich auflösen und nur noch als Erinnerung in uns sein.

Bekommen wir unseren Körperrhythmus nicht rechtzeitig unter Kontrolle und transformieren wir die Schwingungszahl unseres Leibes nicht höher durch positive, bejahende, zielbewusste Gedanken, dann jagen immer mehr Gedankenvagabunden unkontrolliert durch unser Gehirn. Das bewirkt, dass sowohl die Seele wie auch unser Körper in niedere Schwingungszonen abgleiten, in Bereiche, in denen vollkommen andere Empfindungen und Gedanken schwingen, die sodann in uns Einlass finden.

Wir können also von den schwingenden Gedankenkomplexen, von diesen Gedankenwellen, beeinflusst werden. Ein hektischer Mensch, ein verkrampftes Nervensystem ist sodann oftmals nicht mehr in der Lage, diese gegensätzlichen Gedankenkräfte abzuwehren.

Bewältigen wir unsere eigene Saat von Gedanken nicht mehr, dann können sie den gesamten Organismus befallen *und ihn wie ein Virus schütteln. Sie können als Anstoß für eine Krankheit wirken.*

Wer seine Gedanken nicht rechtzeitig bekämpft, indem er sie immer wieder Christus, dem Geist der Seele, übergibt, wird ein Gefangener dieser Gedankenvagabunden.

Wer beständig über seine Vergangenheit nachsinnt, wer also das Allzumenschliche durch immer wieder gleiche Gedanken nährt, verstärkt nur den Gedankenkomplex. Er wird sodann immer mehr Einfluss auf ihn nehmen.

Bruder Emanuel ermahnte uns immer wieder zur Disziplin. Er sprach:

Ohne geistige Disziplin ist eine Gedankenkontrolle kaum möglich. Damit Seele und Mensch in den geistig-göttlichen Rhythmus finden, bedarf es vor allem auch der Ausrichtung der fünf Sinne. Hören, Sehen, Riechen, Schmecken und Tasten müssen verfeinert werden.

Gabriele:

Die äußeren Sinne sollen also geschult und verfeinert werden, damit sie sich immer mehr mit den inneren Sinnen, den Sinnen der Seele, verbinden. Je mehr der Schüler die äußeren fünf Sinne verfeinert, umso edler wird seine Gesinnung, umso reiner seine Seele.

Wir arbeiten also von außen nach innen. Was sich im Äußeren verfeinert, erwacht im Inneren. Auf diese Weise finden die verfeinerten Körpersinne Zugang zu den Sinnen der Seele. Sie verbinden sich und werden sodann zur geistig seherischen Kraft: Der Mensch fühlt, was sich hinter der Materie abspielt. Er fühlt das Geistige. Er fühlt aber auch die Gedanken des Menschen, ja er schaut und fühlt hinter die Maske seines Nächsten.

Über die verfeinerten Sinne registrieren wir also das Geistige in dieser Welt. Aber auch das vom Menschen Verschleierte – seine Gedankenwelt – erfühlen die fünf geistigen Sinne.

Die geistigen Sinne, die Sinne der Seele, fühlen aber auch – über die vergeistigten irdischen Sinne –, wenn sich etwas Bedrohliches anschicken möchte. Die geistigen Sinne fühlen und empfinden auch – über die verfeinerten Körpersinne – Krankheiten und Nöte im Menschen, ja sie erkennen im eigenen Körper die Schwierigkeiten und die Krankheit – und auch im Körper des Nächsten.

Um diese Vergeistigung zu erlangen, müssen wir von außen nach innen wandern. Deshalb der Weg nach Innen. Die Geistigkeit wird also von außen nach innen geweckt und wächst dann anschließend von innen nach außen.

Die fünf Sinne der Seele sind die fünf geistigen Atomarten, die sich in jedem Seelenpartikel befinden. Je mehr wir unsere Empfindungen, Gedanken, Worte, Werke und unsere fünf Sinne verfeinern, umso mehr wenden sich die geistigen Sinne – die Sinne der Seele, die geistig-atomare

Struktur – dem Wesenskern der Seele zu, dem unbelastbaren Urprinzip. Je mehr wir uns verfeinern, umso genauer richten wir die Seelenantenne auf den unbelastbaren Wesenskern in der Seele aus. Je mehr wir also auf Gott ausgerichtet sind, je stabiler unsere Antenne auf das Urprinzip gerichtet ist, umso mehr göttliche Kräfte empfangen wir.

Wir müssen also zuerst unsere Seelenantenne auf das Göttliche ausrichten und festigen, damit wir auch den Ewigen in uns vernehmen können.

Zum besseren Verständnis: Unsere Seele besteht aus Trillionen und Abertrillionen geistiger Partikel. In jedem geistigen Partikel befinden sich die fünf geistigen Atomarten. Sämtliche geistigen Atome in den Trillionen und Abertrillionen Seelenpartikeln bilden – als Gesamtheit – die Antenne zum Göttlichen. Wir müssen uns also bemühen, die Antenne auf den Wesenskern, das Urprinzip, auszurichten, um das göttliche Wort rein und klar empfangen zu können.

Lieber Bruder, liebe Schwester, Bruder Emanuel, unser Geistiger Lehrer, ermahnte uns, die Liebe zu allen Lebensformen zu pflegen und selbstlos zu werden – auf dass die Liebe in uns immer mehr wächst. Er sprach abermals – und wir sollten diese Worte in unser Mystisches Tagebuch aufnehmen:

Ohne Liebe zu Gott keine Disziplin.
Und ohne Disziplin keine Gedankenkontrolle.
Ohne Disziplin und ohne Gedankenkontrolle
auch keine Ausrichtung der fünf Sinne.

Sämtliche allzu menschlichen Regungen und Neigungen müssen veredelt und umgewandelt werden, damit wir wieder zum bewussten Ebenbild Gottes werden. – Wenn wir von Veredelung und Umwandlung hören, so dürfen wir erkennen, dass der Ewige nicht die Kasteiung wünscht. Veredeln heißt, wir werden vom Allzumenschlichen nicht nur einen größeren Abstand gewinnen, sondern auch das, was uns anhaftet und bewegt – sei es tierische Nahrung, Alkohol, Nikotin, triebhaftes Leben oder dergleichen – verfeinern.

Das heißt: Wir werden die Fleischnahrung bewusster essen und weniger zu uns nehmen. Wir werden Alkohol und Nikotin wohl noch zu uns nehmen, doch wir werden uns dabei beobachten und diese Genussmittel etwas mehr einschränken, die Menge und die Häufigkeit des Genusses verringern. Auch das triebhafte Leben wird sich veredeln, weil wir unseren Nächsten als den Tempel des Heiligen Geistes sehen und ihm sodann auch entsprechend begegnen.

Diese Veredelung vollzieht sich allmählich. Im Laufe der Zeit wird unser Niederes die Umwandlung erfahren: Das heißt, wir können das noch vorhandene Allzumenschliche dem Ewigen übergeben. Wir bedürfen dieser Dinge nicht mehr. Dafür werden wir Geistiges erlangen und dadurch dem hohen Adel der Seele zustreben.

Wir kommen nun zur zweiten Aufgabe, zur Schulung des Sehorgans. Wir wollen uns nun täglich bemühen, unsere Augen zu schulen: Wir werden nicht mehr alles, was die Welt bietet, sehen wollen, sondern nur noch das Wesentliche. Dadurch stimmen wir das Sehorgan auf die göttliche Wellenlänge ein.

Bruder Emanuel offenbarte hierzu
Folgendes:

Ich beginne bewusst beim Sehorgan, da gerade die Augen sehr stark auf alle weiteren Sinne einwirken.

Liebe Schüler, jeder hat nun sein Mystisches Tagebuch. Auf der rechten Seite des Mystischen Tagebuchs trägt der Schüler das Positive ein, all das, was er schon weitgehend bewältigt hat, was gut und edel ist. Auf der linken Seite des Mystischen Tagebuches trägt er all die Empfindungen, Gedanken und Regungen ein, die er noch nicht überwinden konnte, die ihn immer wieder hinabziehen, die ihn immer wieder belasten und nach außen in die Sinneswelt führen.

Bruder Emanuel sprach weiter:

Bisher habt ihr die Blicke schweifen lassen und die Welt mit ihren Lockungen und Geschehnissen so betrachtet, wie sie sich dem weltbezogenen Menschen darbietet. Das soll sich nun ändern.

Der Schüler auf dem Inneren Weg geht mehr und mehr in die Selbstbetrachtung. Beachtet euren Tagesablauf und beobachtet, welchen Dingen und Geschehnissen ihr euch immer und immer wieder zuwendet, welchen Reizen eure Augen folgen. Notiert das Für und Wider in euer Mystisches Tagebuch.

Die rechte Seite des Mystischen Tagebuches weist die lichten Seiten des Schülers auf, das, was er weitgehend bewältigen konnte. Darüber soll sich der Schüler freuen und Gott für Seine Führung und Hilfe danken. Die Aufzeichnungen auf der linken Seite des Tagebuches müssen vom Schüler noch bewältigt werden.

Bruder Emanuel gab einen
wertvollen Satz, den wir
in das Mystische Tagebuch aufnehmen:

Wer seinem niederen Ich den Kampf ansagt, der hat bewusst Christus an seiner Seite, der ihm beisteht, der ihm Seine Kraft zur Überwindung des Niederen schenkt.

Hierzu Gabriele:

Lieber Bruder, liebe Schwester, wir benötigen also heroischen Opfermut, um uns zu bemeistern. Auf dem Inneren Weg werden wir nur voranschreiten, wenn die

Liebe zu Gott wächst und auch zu unserem Nächsten. Denn die Liebe zum Ewigen lässt vieles, ja alles überwinden.

Bruder Emanuel gab uns eine weitere Aufgabe, um das Sehorgan zu schulen. Wir gehen in die Betrachtung: Wir betrachten zum Beispiel einen Nadelbaum, eine Blume oder einen Strauch, was uns gerade lieb ist. Es soll jedoch eine Pflanze sein. Wir betrachten den Gegenstand so, wie wir ihn bisher sahen, also nur das Materielle. Wir betrachten ihn allein mit unseren physischen Augen. Nur mit dem Äußeren, ohne das Innere zu bewegen. Dabei halten wir die Augen offen. Wir sehen den Gegenstand an. Unsere Gedanken und Gefühle notieren wir in das Mystische Tagebuch, entweder auf die rechte oder auf die linke Seite, je nachdem, welche Empfindungen, Gedanken und Gefühle wir hatten.

Etwas später werden wir dann wieder dieselbe oder eine andere Pflanze betrachten. Wir blicken sie an, schließen dann aber die Augen und nehmen das Bild, den Eindruck der Pflanze, mit in unser Inneres. Dort lassen wir den Eindruck nachschwingen. Was wir dabei fühlen und empfinden oder denken, das notieren wir wieder in das Mystische Tagebuch.

Diese Übungen können wir zwei- bis dreimal täglich machen, insbesondere dann, wenn wir plötzlich verspüren, dass sich unsere Sinne sehr stark nach außen kehren und unser Körperrhythmus hektisch wird.

Ich darf wiederholen: Gerade die Schulung des Sehorgans ist von großer Bedeutung, weil dieses sehr stark auf die weiteren vier Sinne einwirkt.

Lieber Bruder, liebe Schwester, auch an das Seelengebet möchte ich dich erinnern.

Bemühe dich, das Beten der Seele freudig und dankbar anzustreben. Gerade das Bemühen, tiefer zu den Schichten der Seele vorzudringen, bewirkt, dass wir allmählich die Ausrichtung auf das Höchste erlangen.

Stellen wir uns einen Brunnen vor. In der Tiefe des Brunnens, unter dem Geröll von Steinen und Sand, fließt reines Quellwasser. Ein dürstender Mensch wird alles daransetzen, um zur Quelle zu gelangen. Mit großem Fleiß, ja mit seinen letzten Kräften wird er den Brunnen reinigen, um zum Wasser, zur Quelle zu gelangen.

Ähnlich ist es beim Seelengebet. Je disziplinierter und freudiger wir das Seelengebet durchführen, umso schneller werden wir zur Quelle, zum Inneren Leben finden. Zum Seelengebet gehören jedoch auch alle weiteren Aufgaben, die wir verwirklichen sollen, um die Veredelung von Seele und Mensch zu erlangen. Nur auf diese Weise, indem wir Gedanken, Worte, Werke und Sinne verfeinern und vergeistigen, finden wir zum reinen Quell.

Wir wollen uns auch einmal Gedanken über den Gruß machen: Wie oft wird der Gruß »Guten Tag« oder »Grüß Gott« leichtfertig, ohne zu denken, ausgesprochen, weil er uns eben geläufig ist.

Bruder Emanuel lehrte den Gruß des Friedens.
Er sprach:

Der Gruß des Friedens wird demjenigen zum Bedürfnis werden, der in sich den Frieden Gottes empfindet.

Gabriele:

Wenn wir also den Friedensgruß aussprechen, dann sollte er unserem Inneren entströmen. Was aus der Selbstlosigkeit gegeben wird, das bewirkt ein Echo in unserem Nächsten und in uns selbst.

Wer auf dem Inneren Weg erfolgreich voranschreitet, sich also immer mehr veredelt, dem wird der Gruß des Friedens ein Herzensbedürfnis sein. Geistige Menschen grüßen sich von innen heraus, aus dem Frieden der Seele und des Gemüts.

Wir wollen nun auch den Friedensgruß pflegen. Aber nur die Wanderer auf dem Pfad nach Innen sollen sich mit dem Friedensgruß grüßen, ohne sich die Hände zu schütteln. Wollen wir einem anderen Menschen den Frieden wünschen, dann können wir es auch in Gedanken tun. Reicht uns jedoch ein Geschwister die Hand und begrüßt uns mit »Guten Tag« oder »Grüß Gott«, dann werden wir ihm auch die Hand reichen und »Guten Tag« oder »Grüß Gott« erwidern.

Wir sollen freie Menschen werden. Wer die Gesetze Gottes verwirklicht, wird frei. Er wird sich in jede Situation richtig einfühlen können, weil er die Stufen des Menschlichen ebenfalls gegangen ist und durch Christus überwunden hat.

Unser Geistiger Lehrer,
Bruder Emanuel, sprach:

Wer gewissenhaft die Verwirklichung anstrebt, in der rechten Liebe zu seinem Nächsten und zu allen Lebensformen, der wird sich auch nicht kasteien. Nur derjenige kasteit sich, der wenig verwirklicht hat. Jede Kasteiung macht unfrei und schafft Zwangsvorstellungen, indem der Sich-Kasteiende glaubt, der Nächste müsse so denken und handeln, wie er es tut.

Jeder Mensch hat den freien Willen. Was er tut, hat er vor Gott zu verantworten, nicht vor den Menschen. Nur wer die Gesetze Gottes verwirklicht, hat Verständnis für seine Mitmenschen, da er kein Sich-Kasteiender, sondern ein Überwinder seiner allzu menschlichen Natur ist.

Gabriele sprach weiter:

Der Gruß des Friedens soll also von innen heraus wachsen – es soll uns ein Herzensbedürfnis sein.

Bruder Emanuel erklärte uns, dass jede Kasteiung ihre Nebentriebe und Nebenwirkungen hat: Was wir heute verdrängen, das kann morgen auf eine ganz andere Art und Weise zutage treten.

Deshalb heißt es auf dem Pfad der Liebe: Erkenne dich selbst und überwinde dein Ich! Was du an Gegensätzlichem erkannt hast, das bewältige Stück für Stück – bewusst und dankbar Dem gegenüber, der unendlich viel Geduld mit Seinen Kindern hat: Gott, unser Vater in Christus, unserem Erlöser.

Lieber Bruder, liebe Schwester! Ich gebe noch einmal eine kurze Zusammenfassung der Unterweisung zum Lehrstoff des zweiten Vortrags für die Stufe der Ordnung.

Bruder Emanuel offenbarte:

Der Pfad der Liebe ist ein geheiligter Pfad. Den geheiligten Pfad kann nur der beschreiten, der wahrlich sein Leben mehr und mehr heiligt, der immer weniger auf das Äußere, auf die Welt mit ihren Sinnesreizen blickt.

Gabriele:

Lieber Bruder, liebe Schwester, wichtig für uns, die wir den Inneren Weg betreten haben, ist auch, dass nur der Mensch den Pfad erfolgreich wandern kann, der gewillt ist, seine Gedanken zu ordnen und seine Sinne allmählich zu bemeistern. Ich wiederhole noch einmal die Ermahnung Bruder Emanuels:

Um die Gedankenordnung zu erlangen, bedarf es der äußersten Disziplin. Die Gedanken zu ordnen und auf das geistige Ziel, Gott, auszurichten, ist für manchen von uns noch schwer. Es ist nur demjenigen möglich, der Gott, seinen Vater, mehr liebt als diese Welt – und mehr als sich selbst, als sein Denken und Wollen.

Gabriele erinnerte uns:

Wir müssen uns einen harmonisch ausgewogenen Körperrhythmus aneignen, um immer mehr in die Stille und in den inneren Frieden zu finden, in denen die Liebe Gottes verstärkt wirksam ist.

Die gesamte geistige Schulung, alle Belehrungen aus dem Geiste, sind auf das eine Ziel gerichtet, uns zur inneren Stille und zur inneren Wahrheit zu führen. Gerade auf der Stufe der Ordnung bedarf es ganz besonders der Ausrichtung auf das Innere Leben, auf die Wahrheit, die nur in der Seele des Menschen zu finden ist.

Vieles muss also von uns erkannt und verwirklicht werden, damit wir einen echten, tiefen geistigen Erfolg erzielen können. Daher bedarf es des heroischen Opfermutes, um wahrlich die feste Ausrichtung auf das Höchste zu erlangen.

Opfermut heißt: Jeden Tag sein Ich aufs Neue bekämpfen – und immer wieder aufstehen, wenn wir geistig gefallen sind.

Was ist ein negativer Gedanke?

Jeder ichbezogene, habgierige Gedanke. Neid, Stolz, Abwertung des Nächsten, Eifersucht, Rachsucht, Streit und Unnachgiebigkeit sind gegensätzliche Gedanken. Auch niedere Neigungen wie Trunksucht, Esssucht, Völlerei, Rauchen, Missgunst, das Demütigen unseres Nächsten, Eitelkeit, Hochmut und Triebhaftigkeit beruhen auf ichbezogenen, negativen Gedanken und Empfindungen.

Was ist Triebhaftigkeit?

Von einem Wahn getrieben zu sein, das gehört mit zur Triebhaftigkeit. Oder: Das Gleiche besitzen zu wollen wie der Nachbar und die Gier nach Geld und Gut. Triebhaft ist auch die Neugierde, alles wissen zu wollen, was der andere spricht. Auch Fanatismus kann unter die Triebhaftigkeit eingereiht werden – je nach Intensität dieser Neigung. Der Wahn, von heute auf morgen alles niedere Menschliche ablegen zu wollen, ist Fanatismus und kann somit auch triebhaft sein. Übersteigerte Sexualität ist triebhaft; auch das Umwölktsein von Gedanken an eine Frau oder an einen Mann, um Frau oder Mann besitzen zu wollen oder bei ihnen etwas erreichen zu wollen. Alles, was übersteigert ist, ist triebhaft.

Um also aus unserem Allzumenschlichen herauszufinden, bedarf es der Ordnung unseres Lebens. Deshalb notieren wir jetzt in unser Tagebuch:

Wir ordnen unser Leben, unser Denken, unser Sinnen und Trachten. Dadurch erlangen wir den Adel unserer Seele. Die Folge davon ist ein harmonisch ausgewogener Körperrhythmus, der sich immer mehr dem Rhythmus des kosmischen Lebens angleicht.

Durch das Hineinwandern zum Reich des Inneren – also durch das Arbeiten an uns selbst – wird der hektische und nervöse Mensch stiller, seine Bewegungen werden harmonischer und seine Sinne feiner.

Wir wollen die Selbstlosigkeit erlangen, damit das Selbstmitleid von uns abfällt und wir in das Stärkebewusstsein gelangen. Das heißt: Was wir tun, tun wir mit Gott und ganz.

Die erste Aufgabe war also, unseren Körperrhythmus zu beachten, uns zu harmonisieren. Wir sollen hektische Bewegungen meiden. Schnelles, unharmonisches Laufen führt ebenfalls zu äußerer und innerer Disharmonie.

Das heißt nicht, wir sollen das dynamische Leben, die Dynamik unseres Körpers, ablegen. Es heißt, wir sollen die innere, ausgewogene Dynamik, die geistige Dynamik, die edle, rhythmische Bewegung der Seele und des Leibes, anstreben – nicht das Hektische, Disharmonische, das Nach-außen-Gekehrtsein.

Wir üben uns also in der rechten Disziplin, um die Harmonie der Seele und des Leibes zu erlangen.

Unkontrolliertes Essen, schnelles Kauen, hastiges Trinken führen ebenfalls zu Disharmonie. Dadurch verändert sich sofort der Körperrhythmus. Sobald wir wieder in die Disharmonie zurückfallen, nehmen wir auch wieder unsere alten – überwunden geglaubten – Gewohnheiten auf. Auch heiße und sehr kalte Getränke wirken störend auf den Rhythmus des Körpers ein. Heiße und kalte Getränke bewirken im Nervensystem eine Revolution. Die Nerven verkrampfen sich. Sie erleiden einen Schock. Diese Störung wirkt sich auf den gesamten Organismus aus. Das bedeutet, dass wir wieder in Hektik und innere Erregung geraten. Unsere Bewegungen, ja der gesamte Körperrhythmus, verändern sich zum Gegensätzlichen, zum Disharmonischen hin.

Was ich jetzt wiedergebe, ist eine Wiederholung, nur zusammengefasst, um uns den gesamten Lehrstoff noch einmal ins Gedächtnis zu rufen.

Sobald wir in Unruhe und Erregung gelangen, ist es uns oftmals nicht mehr möglich, unsere Gedanken unter Kontrolle zu halten. Unsere Gedanken jagen sodann wieder unkontrolliert durch unser Gehirn. Dadurch gelangen Seele und Leib in niedere Schwingungszonen, in Bereiche, in denen vollkommen andere Empfindungs- und Gedankenenergien schwingen, die sodann in uns wirksam werden können. Befinden wir uns also auf einer niederen Schwingungsebene, dann werden wir auch die dort schwingenden Gedankenkomplexe anziehen und in uns zur Wirkung kommen lassen. Wir werden also von diesen dort schwingenden Gedankenwellen beeinflusst.

Wir müssen uns beobachten, unsere Gedanken kontrollieren und den gegensätzlichen Gedanken positive Gedanken entgegensetzen, damit wir schwingungsmäßig nicht absinken, was die Verkrampfung der Nerven und unseres Körpers zur Folge hat.

Ein hektischer Körper, ein verkrampftes Nervensystem ist oftmals nicht mehr in der Lage, die gegensätzlichen Kräfte abzuwehren, die den gesamten Organismus erfassen können, je nachdem, wie weit wir uns in niedere Schwingungszonen hineinbegeben haben.

Wenn wir uns also nicht rechtzeitig selbst auffangen, indem wir unseren negativen Gedanken positive, aufbauende und lebensbejahende Gedanken entgegensetzen, dann werden wir Gefangene unserer eigenen Gedankenkräfte. Auch durch beständiges Nachsinnen über eine Sache oder durch Grübeln verstärken wir die negativen Kräfte in unserer Seele und in unserem Körper. Auf diese Weise nehmen sie ebenfalls Einfluss auf uns.

Eine wesentliche Aufgabe für uns ist also, auf unsere Gedanken und auf unseren Körperrhythmus zu achten. Voraussetzung ist geistige Disziplin, ist der Wille, unsere Gedanken zu ordnen und den gegensätzlichen Gedanken positive, aufbauende und bejahende, zielbewusste Gedanken entgegenzusetzen.

Damit wir also die stetige Ausrichtung auf das Höchste erlangen, müssen wir manches beachten: Die Gedankenkontrolle, das, was wir sprechen, unseren Körperrhythmus, und auch die Bemeisterung der fünf Sinne.

Die fünf Sinne, der Gehörsinn, das Sehen, der Geruchs- und Geschmackssinn und der Tastsinn bedürfen ebenfalls der Verfeinerung. Die menschlichen fünf Sinne bilden die Antennen nach außen. Sind unsere Sinne grob und nicht verfeinert, suchen sie nur im Zeitlichen, dann sind wir weltbezogen und nicht gottbezogen. Deshalb müssen wir unsere Sinne verfeinern, so dass wir im Laufe der Veredelung unserer Seele und unseres Körpers den Geist in allen Dingen erfassen können.

Sobald sich unsere Sinne verfeinern, wenden wir unser Sinnen, Trachten und Denken nach innen, zu dem Geist in unserer Seele. Haben wir die Verbindung zu dem Ursprung des Lebens hergestellt, dann empfangen wir auch reine Inspiration. Für uns bedeutet das oftmals einige Jahre oder jahrzehntelanges Arbeiten an uns selbst, um reine Inspiration zu erlangen. Haben wir die Verbindung zu unserem Inneren hergestellt, dann werden wir von innen aus die Dinge und Geschehnisse so sehen, wie sie sind, nicht, wie sie scheinen.

Die äußeren Sinne müssen sich also verfeinern und nach innen wenden zu den Sinnen der Seele, damit die Sinne der Seele und die Sinne des Körpers e i n e Ausrichtung erlangen, nämlich auf das göttliche Leben in der Seele, auf den Wesenskern. Haben wir den Kontakt zu unserem urewigen Sein hergestellt, dann werden wir auch in der Welt, in unserem Nächsten und in allem, was lebt, das Positive sehen und positiv leben. Sind wir positiv einge-

stimmt, dann sind wir barmherzig, gütig, verständnisvoll, tolerant, nachsichtig und liebevoll.

Wir nehmen Folgendes in unser Mystisches Tagebuch auf:

> *Je mehr wir unsere fünf Sinne verfeinern, umso edler wird unsere Gesinnung, desto reiner unser Leben. Je edler also unser Denken, Sinnen und Trachten ist, umso mehr sind wir auch auf das Höchste ausgerichtet, auf Gott, das Leben.*

Die zweite Aufgabe lautet:

Schule das Sehorgan! – Wir sollten uns täglich bemühen, unseren Sehsinn auf das Innere Leben auszurichten, um ihn so auf die inneren Sinne, die Sinne der Seele, einzustimmen. Wir haben gehört, dass das Sehorgan ein sehr wesentliches Sinnesorgan ist, denn es wirkt auf alle weiteren Sinne ein. Wir bemühen uns also, diese vom Geist gegebene Aufgabe gewissenhaft durchzuführen. Ich darf sie noch einmal wiederholen:

Wir haben bisher die Blicke schweifen lassen, die Welt mit ihren Sinnesreizen und Geschehnissen so betrachtet, wie sie sich uns darbietet. Auf dem Weg zu Gott muss es anders werden. Auf dem Pfad zu Gott begeben wir uns immer mehr in die Selbstbetrachtung.

Wir beobachten uns in der ersten Zeit, damit wir uns erkennen, so, wie wir sind. Wir beobachten, wie wir über

Dinge und Geschehnisse denken und welchen Reizen unsere Augen ausgesetzt sind. Das Für und Wider nehmen wir sodann in das Mystische Tagebuch auf.

Ich wiederhole: Auf der rechten Seite des Mystischen Tagebuches tragen wir das Positive ein, alles, was wir glauben, bewältigt zu haben, was gut und edel ist. Auf der linken Seite tragen wir alle Empfindungen, Gedanken und Regungen ein, die wir noch nicht überwinden konnten, die uns immer und immer wieder bewegen, uns immer wieder belasten und unsere Sinne immer wieder nach außen in die Sinneswelt ziehen.

Die rechte Seite unseres Mystischen Tagebuches weist also die lichten Seiten unseres Lebens auf, das, was wir weitgehend bewältigen konnten. Darüber sollten wir uns freuen und Gott für Seine Führung und Hilfe danken. Aber auch für die Schattenseiten, die auf der linken Seite unseres Mystischen Tagebuchs stehen und noch nicht bewältigt sind, sollten wir Gott, unserem Vater, danken: Durch Christus, unseren Erlöser, zeigt Er uns, was wir mit dem Geiste Christi noch bewältigen dürfen.

Wir werden sodann aus Liebe zu Gott die allzu menschlichen Eigenschaften und Neigungen, die Schattenseiten unseres Lebens, bewältigen. Wer seinem niederen Ich den Kampf ansagt, der hat bewusst Christus als Stütze und Hilfe an seiner Seite. Nur mit heroischem Opfermut und innerer Siegesfreude wird sich der Schüler selbst bemeistern.

Lieber Bruder, liebe Schwester! Nimm dein Tagebuch zur Hand und notiere folgende Sätze auf, die du dir immer wieder ins Gedächtnis rufen solltest:

> Die Liebe zu Gott ist wesentlich, weil die Liebe zum Ewigen vieles überwinden lässt. Je größer die Liebe zu Gott ist, umso schneller werden wir auch unsere allzu menschlichen Eigenschaften und Neigungen überwinden.

Die einfachen Übungen, gegeben aus dem Geiste Gottes, bewirken ein tiefes, inneres Leben. Gott ist nicht kompliziert; Gott ist einfach. Gerade das Einfache ist das Geniale. Deshalb auch die schlichten Übungen.

Ich darf die Übung für das Sehorgan wiederholen:

Wir betrachten einen Nadelbaum oder eine Blume oder einen Strauch, was uns gerade lieb ist; es soll jedoch eine Pflanze sein. Wir betrachten sie zuerst mit den äußeren Augen. Wir betrachten nur das Äußere. Die Gedanken und Empfindungen, die dabei in uns aufsteigen, nehmen wir in unser Mystisches Tagebuch auf.

Dann betrachten wir die Pflanze von innen, das heißt, wir versuchen, den Gesamteindruck in uns aufzunehmen: Wir sehen die Pflanze an. Dann schließen wir unsere Augen und lassen sie in uns nachschwingen. Unsere Gedanken und Gefühle, die wir dabei wahrnehmen, notieren wir wiederum im Mystischen Tagebuch.

Diese Übung können wir mehrmals machen, zwei-, dreimal am Tage. Wenn wir spüren, dass unsere Sinne wieder sehr stark nach außen ziehen, dass sich der Körperrhythmus verändert, wenn wir also hektisch werden, dann sollten wir, sobald es uns möglich ist, erneut in diese innere Betrachtung gehen.

Lieber Bruder, liebe Schwester, ich darf dich auch an das Seelengebet erinnern.

Du hast von dem Brunnen gehört, der zuerst gereinigt werden muss, um zur reinen Quelle zu gelangen. Damit wir zur Quelle finden und unsere Seele gesetzmäßig betet, müssen wir zuerst alles hinwegräumen, was das Fließen der Quelle hindert.

Ich darf auch an den Friedensgruß erinnern: Lieber Bruder, liebe Schwester, lege auch hier keinen Fanatismus an den Tag, sondern grüße deine Mitmenschen so, wie sie auf dich zukommen. Doch die Brüder und Schwestern auf dem Inneren Weg zu Gott begrüße mit dem Gruß des Friedens: »Der Friede sei mit dir«, oder »Der Friede sei mit euch«.

Der Weg der Liebe heißt: vom Menschen zum Gottmenschen, von der niederen Natur zur göttlichen zu gelangen. Gott ist absolut. Wir, Seine Kinder, sollen wieder absolut werden. Der schönste Sieg ist, sich selbst bezwungen zu haben.

Wo keine Liebe zu Gott ist, da ist auch kein Weg zu Gott. Wo nur Allzumenschliches ist, menschliches Sein, menschliches Wollen, Sinnen und Trachten, dort kehrt die Liebe des Vaters nicht fühlbar ein. Deshalb wollen wir die Aufgaben aus dem Geiste Gottes freudig und dankbar erfüllen, aus Liebe zu Gott, unserem Vater, und zu unserem Erlöser, Christus.

Der Friede sei mit uns allen!
In geschwisterlicher Liebe sind wir verbunden.
Habt Mut, liebe Geschwister! Die Beständigkeit, unserem Ich den Kampf anzusagen, bringt den Erfolg. Wir alle rangen und ringen, dem Göttlichen in uns näherzukommen.

Verständnisvoll und in der göttlichen Liebeverbindung
von Mensch zu Mensch,
von Seele zu Seele,
von Ort zu Ort –
bis zur Unendlichkeit
bleibe ich eure Schwester

Gabriele

4. Augenlehre; Gehörlehre und Bewältigung der Vergangenheit

Alles ist Offenbarung Gottes – Gott ist die Liebe – Erkennen der Entsprechungen – Aufgaben der Augenlehre zur Förderung des Einheitsbewusstseins: Betrachten von Mineralien und Steinen; Betrachten von Tieren; Betrachten der Natur – Von der Sinneslehre zur Herzenslehre – Der Ursprung der Gedanken – Erinnerungen und Entsprechungen – Gedankenvagabunden und immer wiederkehrende Gedanken – Das Vergangene ruhen lassen – Vergeben und um Vergebung bitten – Die Gehörlehre: Die Wirkung von disharmonischen und von harmonischen Geräuschen auf den Körperrhythmus – Weisheit – Aufmunterungen von Bruder Emanuel – Zusammenfassung: Das gute Fundament; schrittweise Verfeinerung statt Kasteiung; Oberbewusstsein, Unterbewusstsein, Seele – Vom Menschlichen zum Geistigen; Wiederholung der Aufgaben

–

*Aus der göttlichen Weisheit
sprach Gabriele:*

Gott zum Gruß, liebe Schwester, lieber Bruder!

Der Friede des Herrn ist mit dir.

Die folgenden Lehren, Lektionen und Aufgaben aus dem Geiste wurden uns am 11.11.1984 von unserem Geistigen Lehrer, Bruder Emanuel, dem Cherub der göttlichen Weisheit, über das Innere Wort der Prophetin des Herrn gege-

ben. Der Wille Gottes ist, dass der Innere Weg allen Menschen offenbart wird, damit viele das Heil in sich finden.

Bruder Emanuel begrüßte am 11.11.1984 die Schüler der Stufe der Ordnung mit folgenden Worten:

Seid gegrüßt aus den himmlischen Bereichen!
Seid gegrüßt aus dem Leben, das unser aller Leben ist!
Schöpft Hoffnung und Zuversicht!
Werdet stark im Glauben und im Vertrauen!

Bruder Emanuel sprach weiter:

Durch unzählige Münder ruft euch jeden Augenblick
Gott, die allmächtige Kraft.
Gott ruft euch im Innersten der Seele.
Jede Zelle eures Leibes ist eine Offenbarung Gottes.
Gott ruft euch durch Mineralien, Pflanzen und Tiere.
Gott ruft euch durch die Gestirne.
Alles ist erfüllt von Seiner Offenbarung!

Gabriele sprach:

Liebe Schwester, lieber Bruder!

Wer zu diesem großen, allumfassenden Bewusstsein, Gott, hineinwandert, der fühlt sich wahrlich als Kind des universellen Geistes, als kosmisches Kind. Obwohl wir Menschen noch die Erdenschwere verspüren, weil das materielle Kleid von dieser Erde ist, so ahnen wir – die dem Geist Zustrebenden – doch die Leichtigkeit des Inneren, die Dynamik des allumfassenden Geistes, die Quelle ewiger Liebe.

Der Weg nach Innen ist der Pfad der Liebe zu Gott, unserem ewigen Vater. Ohne Liebe kein Weg zu Gott, denn Gott ist Liebe!

Lieber Bruder, liebe Schwester, so manchem fällt es noch schwer, das Seelengebet zu erfüllen und die Aufgaben aus dem Geiste durchzuführen.

Wir wissen, aller Anfang ist schwer. Solange die Gehirnzellen mit weltlichen Dingen und Geschehnissen, mit wesentlichen und unwesentlichen Gedanken, mit Neid und Feindschaft belastet und unsere Sinne noch nach außen gekehrt sind, werden wir immer wieder von den geistigen Übungen abgelenkt. Außerdem sind unsere Sinne ständigen Reizüberflutungen ausgesetzt, so dass wir nicht sogleich zur inneren Stille und zum tiefen Frieden finden, aus dem das selbstlose Leben, das wahre Ich Bin, das unpersönliche Sein, empordämmert.

Lieber Bruder, liebe Schwester, wir sollten uns von Niederlagen und auch von Meinungen und Vorstellungen unserer Nächsten nicht entmutigen lassen. Werde stark im

Glauben und Vertrauen, und werde dir täglich mehr bewusst, dass wir alle kosmische Kinder sind – nicht Kinder dieser Welt!

Solange wir uns immer wieder aufs Neue mit unserem Menschen identifizieren und mit den menschlichen Schwächen und mit den menschlichen Neigungen liebäugeln, fühlen wir die Erdenschwere, die wie Blei auf unserem guten Willen und unseren guten Vorsätzen liegt.

Nur die Liebe zu Gott lässt uns zum Überwinder des Allzumenschlichen werden.

Viele fragen uns immer wieder: Was ist Liebe?

Die Liebe ist die schöpferische Kraft, die das reine Leben, die geistigen Formen, hervorbringt und die zeitlichen Formen, das Materielle, belebt. Liebe ist das Band, das alles Reine verbindet.

Wir beginnen, die Liebe, die alles vollkommen schaut, wieder zu entwickeln. Es ist unser geistiges Erbe, das wir wieder annehmen. Die Annahme des geistigen Erbes – es ist die schöpferische, allumfassende Liebe, Gott – vollzieht sich schrittweise:

- *Wenn wir einem aufgebrachten Menschen, der uns fälschlicherweise anklagt, sofort vergeben, dann ist dies ein Akt der Liebe.*
- *Wenn wir von Herzen beten und im Gebet uns Gott anvertrauen und im Vertrauen auf Gott verbleiben, dann ist es ein Akt der Liebe.*

- *Wenn wir unserem Nächsten selbstlos helfen und nichts erwarten, weder Dank noch ein freundliches Lächeln, dann ist dies ein Akt der Liebe.*
- *Wenn ich meinen Nächsten nicht verurteile, wenn er wissentlich oder unwissentlich Dinge vollbringt oder Reden führt, die verletzend oder herabwürdigend sind, dann ist es ein Akt der Liebe.*

Durch diese und ähnliche Liebebezeugungen treten wir wieder unser Erbe an. Wir wachsen in immer größere geistige Aufgaben hinein, die wir aus Liebe zu Gott erfüllen, ohne Dank und Gegenleistung zu erwarten.

Auf diese Weise werden wir wieder bewusste Söhne und Töchter Gottes, die allmählich aus dem Gesetz von Ursache und Wirkung, aus dem Rad der Wiedergeburt, herausfinden und sich in das Absolute Gesetz stellen; die sodann wieder selbst Offenbarung sind, weil sie wieder göttlich sind.

Solange wir nicht opferbereit an uns arbeiten und den gegensätzlichen Gedanken positive Gedanken entgegensetzen, Gedanken des Verstehens, des Vertrauens und der Liebe, wenn wir uns gehenlassen und in Gedanken die Vergangenheit immer wieder neu aufflammen lassen, dann können wir den Weg der Liebe nicht beschreiten. Wir bleiben Menschen unter Menschen, die sich in der Flut allzu menschlicher Gedanken bewegen.

Beschäftigen wir uns also immer und immer wieder mit ein und denselben Dingen, mit unserer Vergangenheit oder mit gegenwärtigen Problemen, auch mit ein und denselben Neigungen, so wird es uns schwerfallen, den Inneren Weg zu beschreiten. Sind wir noch nicht opferbereit, dann ist es noch zu früh mit dem Inneren Weg.

Bruder Emanuel sprach Folgendes:

Liebe Schüler, bekämpft die Neigungen, die menschlichen Empfindungen und niederen Regungen mit der Macht der göttlichen Liebe – doch kasteit euch nicht!

Er sprach weiter:

Auf dem Pfad zum Inneren Leben lehre ich euch die Sinnes-, Herzens- und Seelenlehre: Die menschlichen Sinne müssen sich mehr und mehr verfeinern, auf dass sich die Seele reinigen kann und der innere Adel, der Adel der Seele, zum Durchbruch kommt. Ohne die Verfeinerung der menschlichen Sinne gelingt keine Ausrichtung auf das Geistige, das Göttliche, denn die Sinne der Menschen sind wie Antennen. Sind sie nach außen gekehrt, so nehmen sie die äußeren Eindrücke wahr, menschliche Gedanken und Kräfte aus Energiefeldern und vieles mehr.

Sind die Sinne des Menschen verfeinert, dann verbinden sie sich mit den Seelensinnen und bilden die Antennen, die sodann auf den Wesenskern der Seele, auf das Göttliche, ausgerichtet sind.

Der Erlöserfunke im Menschen brennt nur dann hell, wenn der Mensch durch Veredelung der Sinne, durch reines Fühlen, Denken, Reden und Wollen den Ballast des niederen Ichs Christus zur Umwandlung übergibt.

Gabriele:

Lieber Bruder, liebe Schwester, wir müssen also dem niederen Ich den Kampf ansagen, damit das Innere Leben, unser wahres Sein, zum Durchbruch gelangt.

Erwacht sodann die Seele mehr und mehr im Geiste Gottes, dann strebt sie die innere Disziplin an, die Selbstlosigkeit, das unpersönliche Leben.

Ist die Seele im Geiste Gottes erwacht, sehnen sich Seele und Mensch nach Gott, nach Seiner Liebe, dann werden wir auch den Pfad der Liebe, den Weg nach Innen, freudig wandeln.

Bruder Emanuel sprach:

So mancher unter euch muss noch die Seele erwecken, damit sie sich ihrer göttlichen Herkunft und Kindschaft bewusst wird und die geistige Disziplin anstrebt, um den Willen des Herrn zu erfüllen. Deshalb fühlt der eine Schüler den Weg als Befreiung, der andere wieder glaubt, er sei zu schwer. Entsprechend eurem Bewusstsein, eurer Seelenreife, empfindet und denkt ihr.

Bruder Emanuel sprach weiter:

Liebe Schüler, wir beginnen bei der Sinneslehre.

Um den inneren Sinnen gerecht zu werden, den Sinnen der Seele, müssen die äußeren Sinne gehorchen. Die vorhergehende Schulung begann mit der Augenlehre. Ich gab euch einfache Übungen, wie zum Beispiel die Betrachtung eines Nadelbaumes oder einer Pflanze.

Die Übungen haben gezeigt, dass das Unterbewusstsein oder die Seelenhüllen oder gar das derzeitig erschlossene Bewusstsein wieder ganz andere Eindrücke vermitteln als die äußere Betrachtung, die Betrachtung mit dem Verstand. Der Verstand registriert das Äußere, das Materielle; das Unterbewusstsein oder die Seelenhüllen oder gar das derzeitig erschlossene Bewusstsein können sich dem Verstand entgegengesetzt äußern.

Das Unterbewusstsein, die Seelenhüllen oder das erschlossene Bewusstsein zeigen, wie oder wer der Mensch tatsächlich ist.

Bruder Emanuel fuhr fort:

Liebe Schüler! Sowohl im Unterbewusstsein als auch in den Seelenhüllen befinden sich die Entsprechungen – all das, was sich Seele und Mensch im Laufe der Erdenwanderungen auferlegt haben.

Die Entsprechungen teilen sich dem Oberbewusstsein mit. Sie prägen auch den Menschen. Wie der Mensch empfindet, denkt, spricht und handelt, das ist er.

Die Entsprechungen, die größere und kleinere Belastungen der Seele und Belastungen des Unterbewusstseins sind, zeichnen den Menschen. Wie der Mensch spricht, was er denkt, seine Körperstruktur, sein Körperrhythmus, seine Bewegungen, das alles in allem ist das Bild seiner Entsprechungen. Da alles auf Strahlung beruht, strahlen auch die Entsprechungen und zeichnen den Charakter des Menschen.

Bruder Emanuel lehrte:

Der Schüler sollte also auf seine Entsprechungen achten, nicht auf seinen Verstand. Solange der Mensch nicht in Einklang mit dem Göttlichen ist, spricht er oftmals anders, als er denkt, und er denkt wiederum anders, als er empfindet.

Um zur tiefen Selbsterkenntnis zu gelangen, bedarf es der Ehrlichkeit zu sich selbst. Das Innenleben, die Entsprechungen, müssen emportauchen. Sie müssen euch bewusst werden, damit ihr euch wahrlich selbst erkennt.

Der Verstand sagt dem Schüler, dem Wanderer auf dem Weg nach Innen, nicht immer, was noch in ihm liegt und sein derzeitiges Wesen prägt. Der Verstand betrügt sich selbst, indem er die Entsprechungen unbeachtet lässt oder sie verdrängt. Der Verstand produziert Bilder, die menschlich und daher diesseitsbezogen sind. Er produziert Bilder, wie der Mensch gerne sein möchte, jedoch nicht ist.

Liebe Schüler, lernt, euch im Inneren zu erkennen, eure Entsprechungen zu erfassen und zu analysieren; dann gelangt ihr allmählich auf den Grund eurer Probleme und Schwierigkeiten.

Durch die Übungen, die ich euch übermittle, nämlich die Naturreiche, das heißt die Essenz des Lebens in den Naturformen, in euch aufzunehmen, versuche ich, euch eine kleine Ahnung des Einheitsbewusstseins zu vermitteln; die Verwandtschaft zu allen Dingen. Alles, was ihr betrachtet, alles, was ihr seht, ist als Essenz in euch!

Hierzu Gabriele:

Lieber Bruder, liebe Schwester, uns ist also von Bruder Emanuel geboten, die Kräfte des Inneren zu entwickeln, so dass sich die äußeren und inneren Sinne allmählich verfeinern, und wir – Seele und Mensch – zu dem großen Strom finden, aus dem wir alle sind.

Bruder Emanuel setzte die Aufgaben der Augenlehre fort:

Nun betrachtet ihr mit den äußeren Sinnen, mit eurem Verstand, Mineralien und Steine. Dabei versucht ihr, die Gedankenleere anzustreben, das heißt, ihr bemüht euch, an nichts zu denken, euch leer zu machen für die folgende Aufgabe:

Lenkt nun den Sehsinn zu einem Mineral oder Stein! Habt ihr das äußere Bild erfasst, dann schließt die Augen und nehmt das Bild mit nach innen. Bemüht euch, die Gedankenleere beizubehalten!

Wartet einige Augenblicke, bis das Bild im Inneren wirksam wird und euch übermittelt, was die Entsprechungen signalisieren.

Wer diese Aufgabe aus dem Geiste gewissenhaft erfüllt, der wird sehr bald erkennen, dass die äußeren Sinne etwas ganz anderes widerspiegeln als die Entsprechungen im Unterbewusstsein oder in den Seelenhüllen oder gar das derzeitig erschlossene Bewusstsein.

Nach jeder Übung notiert Folgendes:

Was die äußeren Sinne euch widerspiegeln, das notiert auf die linke Seite eures Mystischen Tagebuches. Was euch das Innere, die Entsprechungen oder gar das derzeit erschlossene Bewusstsein mitteilen, das notiert auf die rechte Seite eures Mystischen Tagebuches.

Gabriele führte aus:

Lieber Bruder, liebe Schwester, im Laufe der geistigen Übungen werden wir erkennen, dass auf der rechten Seite nicht unbedingt Positives stehen muss. Das innere Bild, die Entsprechungen, können uns etwas ganz anderes übermitteln, als es der Verstand tat. Der Verstand, der Mensch also, kann sogar in der Betrachtung Gottes Allmacht loben und preisen und die Naturreiche als göttlich bejahen. Die Entsprechungen in uns können gerade das Gegenteil widerspiegeln!

Wir dürfen also erkennen, dass der Verstand, der Mensch, sich oftmals täuscht. Wir täuschen uns oftmals, wissentlich und unwissentlich. Das Innere jedoch – hier: die Entsprechungen – sagt uns weit mehr. Sie zeigen, wer wir tatsächlich sind.

Um diese geistigen Übungen erfolgreich zu machen, müssen wir zu uns selbst gerecht sein und uns bemühen, in den Augenblicken, in den Minuten der Übung die Gedankenleere anzustreben: Wir denken nicht – wir vollziehen die Übung.

Ich darf wiederholen: Diese Übung kannst du jedoch nur dann gezielt durchführen und dich darin selbst erkennen, wenn du zu dir selbst ehrlich bist; wenn du die emporsteigenden Entsprechungen nicht mit deinem Verstand übertönst durch Entschuldigungen und Selbstrechtfertigungen.

Lieber Bruder, liebe Schwester, diese Übungen kannst du einige Male am Tag durchführen. Du lernst dich dadurch selbst kennen, wer du tatsächlich bist. Es wird dir bewusst, was allzu menschlich an dir ist und was an Geistigem, Selbstlosem vorhanden ist. Durch die Selbst-

erkenntnis wird dir die Möglichkeit gegeben, das Erkannte, das Allzumenschliche, allmählich abzubauen durch die Hilfe des Christus-Gottes-Geistes in dir.

Unser Geistiger Lehrer offenbarte:

Damit du dich auch in allen Elementarbereichen kennenlernst und mit der Zeit selbst in Erfahrung bringst, dass die Essenz aller Lebensformen in dir ist und du ein Teil der Unendlichkeit bist, musst du dich selbst erkennen und erfahren, was noch an Begrenzung, an Allzumenschlichem, in dir liegt, das die Distanz zum Einheitsbewusstsein und Allbewusstsein schafft.

Das Einheitsbewusstsein ist die Einheit mit den Naturreichen, mit allen Menschen, Wesen und Dingen. Das Allbewusstsein ist das Leben aus dem Geiste Gottes.

Gabriele:

Bruder Emanuel gab uns eine weitere Übung, damit wir uns in allen Einzelheiten, auch in den Kräften der Elementarbereiche erkennen. Wir betrachten Tiere, sowohl unsere Lieblingstiere wie auch die Tiere, denen wir noch ablehnend gegenüberstehen.

Diese Übung gleicht wieder der ersten: Wir nehmen mit unserem Sehorgan wieder das äußere Bild wahr, so, wie es uns Bruder Emanuel gelehrt hat. Das äußere Bild wird also vom Gehirn, von unserem Verstand registriert.

Dann schließen wir die Augen und nehmen das Bild mit nach innen. Wir lassen also die äußeren Eindrücke im Inneren wirksam werden. In uns steigen entweder die Entsprechungen empor oder Impulse aus dem reinen Sein. Beides zeigt uns, wer wir wahrlich sind. Was uns beide Bilder sagen, tragen wir wieder in das Mystische Tagebuch ein: Was uns das äußere Bild übermittelt, auf die linke Seite; was uns das Innere sagt, auf die rechte.

Lieber Bruder, liebe Schwester, du erhältst nun eine weitere Aufgabe, damit du dich immer tiefer kennenlernst und ein zartes Ahnen erhältst, was Einheitsbewusstsein bedeutet:

Du nimmst nun die Naturreiche, den Gesamteindruck der sich dir darbietenden äußeren Lebensformen auf. Du nimmst also nicht die einzelnen Komponenten der Naturreiche wahr, wie zum Beispiel einen Stein oder eine Pflanze oder ein Tier, sondern die Natur, alles, was in der Natur lebt, als Gesamteindruck.

Zuerst wiederum den äußeren Eindruck, das äußere Bild. Dann nimmst du den Gesamteindruck mit nach innen. Du wartest einige Augenblicke, bis die Entsprechungen oder die Bewusstseinsäußerungen emporsteigen und dir übermitteln, was dir das Innere zu sagen hat.

Was dir sowohl im Äußeren wie auch im Inneren an Empfindungen und Gedanken offenbar wird, das bringe wieder zu Papier. Sowohl die äußeren Eindrücke wie auch die inneren, die Empfindungen und Gedanken, die dabei entstehen, nimm wieder in dein Mystisches Tagebuch auf.

Bruder Emanuel sprach:

Mit diesen Übungen möchte ich euch einen kleinen Teil des Einheitsbewusstseins vermitteln. Außerdem lernt ihr dabei, euer niederes Ich zu erkennen, das in den tieferen Schichten liegt, in eurem Unterbewusstsein und in den Seelenhüllen. Ihr bringt aber auch in Erfahrung, wie weit es mit der selbstlosen Liebe bestellt ist. Die Betrachtung des äußeren und inneren Bildes bringt die entsprechenden Empfindungen und Gedanken empor, in denen sich der Schüler, der Wanderer auf dem Weg zu Gott, erkennen kann.

Über die Sinneslehre findet ihr zur Herzenslehre. Durch diese Schulung werdet ihr sehr bald erkennen, dass jede gegensätzliche Empfindung, jeder unlautere Gedanke und jede gegensätzliche Handlung sich gegen euch selbst richtet.

Der wache, auf Gott ausgerichtete Schüler wird sodann nicht mehr verwünschen und verdammen. Er wird gegen seinen Nächsten keine gegensätzlichen Gedanken mehr hegen. Seine Worte werden edel und rein sein, denn er weiß: Was von ihm ausgeht, das fällt wieder auf ihn zurück.

Der bewusste Wanderer auf dem Pfad zu Gott verspürt, dass in allem Sein das Leben, Gott, ist. Er weiß: was er dem Leben antut, das fügt er letzten Endes sich selbst zu. Wer sich selbst bezwingt und auf dem Pfad zu Gott vorwärtskommen möchte, der wird sich bemühen, in seinem Nächsten das Gute zu sehen und auch zu bejahen; es ist die selbstlose Kraft, das Leben der Unendlichkeit. Das Reine und Schöne im Nächsten, das Leben, Gott, ist in jedem Menschen, auch in dem, der noch von seinem Ich gezeichnet ist – und der unbewusst sein Ich verrät durch seine Worte, Gesten und Handlungen. Richtet also nicht, denn dadurch werdet ihr selbst euer eigener Richter.

Der wahre Gott Zustrebende wird sich täglich bemühen, seinem Nächsten mit dem Herzen und nicht mit dem Verstand zu begegnen. Denn: Der Verstand qualifiziert den Menschen ab und sieht ihn so, wie der Nächste denkt und spricht. Das Herz jedoch ist eine Empfindungsgabe, die tiefer blicken lässt, die den Menschen annimmt, ihn versteht und ihm Verständnis entgegenbringt; es ist die Vorstufe zur selbstlosen Liebe.

Gabriele machte uns bewusst:

Lieber Bruder, liebe Schwester, durch die Selbsterkenntnis, zu der uns Bruder Emanuel führen möchte – die in vielen Fällen dem Unbewussten, den Entsprechungen entströmt, die uns zeigen, wer wir tatsächlich sind –, werden wir gegenüber unserem Nächsten mitfühlender, verständ-

nisvoller, denn wir erkennen: Was uns am Nächsten erregt, das liegt noch in uns selbst.

Wir erkennen also, dass wir nicht makellos sind, sondern mit gleichen oder ähnlichen Fehlern behaftet wie unser Nächster. Das macht uns verständnisvoll. Aus dem Verständnis erwacht dann die Liebe zu Gott, der uns vollkommen sieht, der uns nicht straft und züchtigt, sondern uns den Weg zurück ins Vaterhaus lehrt.

Wer sich allmählich selbst erkennt und mit sich selbst ringt, um von dem Persönlichkeitsdenken, von dem niederen Ich, Befreiung zu finden, der wird auch großes Verständnis für seinen Nächsten erlangen, der letzten Endes auch auf dem Weg zum Leben ringt. Einerlei, auf welcher Stufe sich unser Nächster befindet, und einerlei, ob er noch mit dieser Welt ist: Durch die Selbsterkenntnis, durch das Ringen mit sich selbst um Befreiung von seinem niederen Ich wird er das Herzensgefühl erwecken, die wahre Empfindung für seine Mitmenschen und für alles Sein. Aufgrund der Selbsterfahrung und Selbsterkenntnis besteht sodann die Möglichkeit, die Bergpredigt richtig zu verstehen und sie auch im Alltag zu verwirklichen.

Bruder Emanuel gab einen wesentlichen Hinweis
mit auf den Weg. Er sprach:

Auf der Stufe der Ordnung hört ihr immer wieder: »Ordne deine Gedanken! Zügle deine Rede! Meistere deine Sinne!« Woher kommen die Gedanken?

Gabriele:

Wir gehen nun den Gedanken nach und kommen letzten Endes zu der Überzeugung, dass viele Gedanken unseren Empfindungen entströmen. Wir gehen einen weiteren Schritt zurück und erkennen, dass viele Empfindungen aus den Belastungen – den Entsprechungen der Seele und des Unterbewusstseins – emporsteigen.

Es bestehen auch in der Seele Erinnerungen an Dinge und Geschehnisse, welche Seele und Mensch einst belastet haben. Es waren also Entsprechungen, die nun abgegolten und gesühnt sind. Sie bleiben in der Seele als Erinnerungen. Aber auch äußere freudige und schmerzhafte Eindrücke können sich als Erinnerungen in die Seele einprägen. Das waren keine Belastungen, sondern eindrucksvolle oder einprägsame Geschehnisse oder Begebenheiten.

Wir sollten also die feinen Unterschiede zwischen Erinnerungen und Entsprechungen kennenlernen:

Steigen Gedanken oder Bilder aus den Erinnerungen auf, so dienen sie uns, unseren Nächsten zu verstehen oder eine Situation richtig zu erkennen und sie auch anzunehmen. Wir erregen uns dabei nicht, sondern stehen über der augenblicklichen Situation und Lage. Wir sehen klar und können sie in rechter Weise angehen, so dass es keine Belastung wird.

Reagieren wir jedoch aus unseren Entsprechungen, dann sind wir erregt, eventuell gar aufgeregt und aufgebracht. Wir beherrschen nicht die Situation und Lage, son-

dern denken und sprechen daran vorbei. Ähnlich handeln wir sodann auch.

Bruder Emanuel
gab einen weiteren Hinweis. Er sprach:

Liebe Schüler! Je sensitiver ihr durch die Erfüllung des Seelengebetes und der Aufgaben werdet, umso leichter ist es euch möglich, einen positiven und negativen Gedanken zu erkennen. Habt ihr eine gewisse Sensitivität erreicht, dann werdet ihr euch mit der Analyse der Gedanken nicht mehr zufriedengeben. Ihr werdet in vielen Fällen mehr auf eure Empfindungen achten, woher diese kommen.

Gabriele:

Liebe Schwester, lieber Bruder, immer wieder wird die Frage gestellt, ob es richtig sei, dass der Mensch sich so viel mit sich selbst beschäftigt.

Wenn wir die ersten Schritte auf dem Weg nach Innen vollziehen, ist das gut, um uns selbst zu erkennen. Wir müssen zuerst von außen nach innen wandern; wir müssen das Äußere, das Allzumenschliche, die harte Schale, erweichen, das heißt das Gegensätzliche übergeben – und dadurch das Innere, das Edle, Reine und Schöne freilegen, so dass es von innen nach außen wachsen kann.

Auf dem Weg nach Innen sollten wir jedoch nicht jedem Gedankenvagabunden nachgehen, um zu analysieren, woher er kommt. Im Laufe unseres irdischen Lebens fliegen uns unzählige Gedanken an. Es sind Vagabunden, Gedanken, die von Menschen ausgesandt wurden und in der Atmosphäre umherschwirren und sich ein Opfer suchen, wo sie sich einnisten und vermehren können.

Solchen Gedankenvagabunden gehen wir nicht nach; wir schenken ihnen keine Aufmerksamkeit. Wir erkennen diese Flugobjekte daran, dass sie uns nur kurz in den Sinn kommen, dann jedoch wieder verschwinden. Sie erregen uns nicht. Entscheidend ist, dass sie uns nicht erregen. Sobald wir jedoch öfter daran denken und uns dabei erregen, liegt in uns Gleiches oder Ähnliches vor. Dann werden wir es analysieren, sofern diese Gedanken verstärkt auf uns einwirken und uns quälen.

Haben wir auf dem Inneren Weg die dritte Stufe erfolgreich erreicht, dann werden wir im Alltag mehr mit Gott verbunden sein. Das, was wir verwirklicht haben, fließt sodann als erfüllte Kraft, als erfülltes Leben, aus uns heraus. Unsere Sinne haben sich nach innen gewandt. Wir sind feiner, edler und reiner geworden. Wir werden allmählich selbstlos tätig. Das heißt, wir werden zu Menschen des Geistes, die immer mehr von innen nach außen leben und so zu selbstlosen Dienern der Menschheit werden. Wir erwarten sodann von unserem Nächsten kein Lob und keine Anerkennung mehr. Wir bemühen uns, nach dem Gesetz zu leben, zu beten und zu arbeiten und lassen auf dem weiteren Weg unsere Tätigkeit zum Gebet werden.

Wenn wir jedoch den Inneren Weg beginnen, dann müssen wir uns zuerst in unser Inneres hineinarbeiten, das Innere freilegen, so dass es daraufhin von innen nach außen wachsen kann.

Bruder Emanuel gab weitere Aufgaben.
Er sprach:

Beobachtet die immer wiederkehrenden Gedanken! Bewegt euch ein Gedanke oder gar ein Gedankenkomplex immer und immer wieder, so fragt, woher sie kommen!

Durch diese Übung gelangt ihr zu euren Empfindungen, die auch nur Regungen sein können. Diesen immer wiederkehrenden Empfindungen, Gedanken und Regungen, die euch belasten, soll nachgegangen werden. Das heißt, sie sollen analysiert werden: woher sie kommen, wo die Ursachen dieser störenden Einflüsse liegen.

Die Störenfriede, die allzu menschlichen Empfindungen, Gedanken und Regungen sind oftmals Komponenten, die sich der Mensch in diesem Leben selbst geschaffen hat. Sie treten insbesondere bei den geistigen Übungen auf, weil durch die Übungen das Allzumenschliche verstärkt in Bewegung kommt. Wünsche, Ereignisse und Vorstellungen dämmern also durch die Übungen wieder empor. Es ist das Unbewältigte, das im Unterbewussten und in den Seelenhüllen liegt.

Was euch also an Gedanken nur anfliegt, das übergebt! Lasst es los, und lasst es in Christus, im Geist der Erlösung, die Umwandlung erfahren. Was euch jedoch ständig bewegt, ja sogar beeinflusst und niederdrückt, das sollte analysiert werden.

Viele Menschen holen immer wieder herbei, was schon längst vergangen ist. Sie bewegen es Stunden und Tage und verstärken so die Entsprechung in ihrem Unterbewusstsein und in ihren Seelenhüllen.

Ich bitte euch, das Vergangene, soweit es möglich ist, ruhen zu lassen, damit es nach und nach vertrocknet.

Dämmern trotz aller Bemühungen, die Vergangenheit ruhen zu lassen, Ereignisse aus diesem Leben empor, kommen sie also immer und immer wieder, dann sollt ihr diesen Empfindungen nachgehen und sie analysieren. Wer in seiner Vergangenheit lebt, kann das, was tagtäglich auf ihn zukommt, nicht meistern. Er wird sodann über sein Leben nicht die Meisterschaft erlangen. Er unterliegt seinem menschlichen Ich.

Gabriele sprach:

Was kann die Analyse über das Vergangene, das wir immer wieder in die Gegenwart nehmen und bewegen, sagen? Sie sagt uns eventuell, dass wir unserem Nächsten, der uns in der Vergangenheit Schwierigkeiten bereitet hat, noch nicht vergeben haben. Um also diese Aspekte aus der Vergangenheit bewältigen zu können, sollten wir vergeben – oder, wenn es notwendig ist, um Vergebung bitten.

Denn: Schuld ist sehr selten nur einseitig. Meist hat auch der stärker Betroffene zumindest in Gedanken ebenfalls gegen seinen Nächsten gehandelt. Gedanken sind Kräfte. Auch negative Gedanken schaffen Schuld.

In der Vergangenheit wurden wir zum Beispiel vom Mitmenschen schlecht behandelt. Ein äußeres Bild, ein äußerer Impuls regt die innere Empfindungswelt an. Die Eindrücke aus der Vergangenheit kommen wieder zum Vorschein; die Vergangenheit lebt auf. Wenn wir nicht in der Disziplin und Selbstkontrolle leben, dann bewegen wir das Vergangene Stunden und Tage. Dadurch erweitern wir die Entsprechungen, sowohl im Unterbewusstsein als auch in den Seelenhüllen.

Bruder Emanuel stellte folgende Frage
und wies auf unsere Vergangenheit hin:

Der wache Schüler stellt sich immer wieder selbst die Frage: Weshalb denke ich immer noch an die vergangenen Geschehnisse und Ereignisse? Was habe ich nicht überwunden? Was will mir die Vergangenheit sagen?

Wer die Vergangenheit nicht überwunden hat, kann die Gegenwart nicht meistern.

Gabriele:

Die Empfindungen sagen uns also mehr als unsere Gedanken: Sie sagen dem ernsthaften Wanderer auf dem Pfad nach Innen, woran es ihm noch mangelt. Unsere Entsprechungen und Empfindungen sagen uns, wer wir tatsächlich sind. Haben wir uns erkannt, dann sollten wir handeln, indem wir das Gegensätzliche, unser Allzumenschliches, bekämpfen.

Haben wir unserem Nächsten Unrecht getan, dann sollten wir die Angelegenheit bereinigen, um Vergebung bitten und den Schaden wieder gutmachen, den wir unserem Nächsten zugefügt haben, damit wir auf dem Weg zum Leben voranschreiten können.

Wir werden auf dem Weg nach Innen immer wieder die Erfahrung machen, dass es in der ganzen Unendlichkeit keine Zufälle gibt. Solange wir bewusstseinsmäßig in den vier Reinigungsbereichen leben, leben wir im Kausalgesetz, im Gesetz von Ursache und Wirkung. Wenn wir das Kausalgesetz anerkennen, dann verstehen wir auch, dass jede Wirkung letzten Endes in diesem Leben oder in früheren Erdenleben ihre Ursache hatte.

In seiner Offenbarung ermahnte uns
Bruder Emanuel:

Liebe Schüler, schult also eure Empfindungen! Lernt, euch immer tiefer zu erkennen! Durch Selbsterkenntnis und Verwirklichung werdet ihr sodann – nach und nach – frei von all dem, was euch heute noch beschäftigt. Dann findet ihr immer tiefer zu dem ewigen Bewusstsein, Gott.

Durch gezielte Übungen werdet ihr immer tiefere Schichten eures menschlichen Ichs ansprechen, so dass ihr frei von eurem Ich werdet und in das allumfassende Ich Bin eingehen könnt, in das Absolute Gesetz.

Gabriele sprach:

Bruder Emanuel ermahnte uns auch, nicht lau zu werden, immer wieder die Übungen zu wiederholen, so dass es uns immer leichter fällt, gesetzmäßig zu leben. Auch den Körperrhythmus sollten wir beachten und unsere Bewegungen und Gesten.

Damit wir unseren eigenen Körperrhythmus erkennen und testen können, gab uns Bruder Emanuel weitere Aufgaben. Wir kommen jetzt von der Augenlehre zur Gehörlehre:

Der nach außen gekehrte Gehörsinn nimmt bewusst und unbewusst laute, disharmonische Töne wahr. Wir wollen unseren Gehörsinn schulen, so dass die äußeren Geräusche nicht mehr in unser Inneres dringen, dass wir abschalten können, um immer öfter und länger in unserem Inneren zu ruhen.

Wir arbeiten uns von außen nach innen, um sodann von innen nach außen zu leben.

Die Aufgabe, die Bruder Emanuel gab,
lautete also:

Lieber Bruder, liebe Schwester! Du nimmst nun bewusst die lauten Geräusche wahr. Sie dringen in dein Inneres. Sie wirken auf dein Nervensystem ein und regen die Gedankenaktion an. Die Gedanken wirken wiederum auf das Nervensystem ein. Im Äußeren zeigen sich die inneren Veränderungen durch entsprechende Bewegungen, Gesten und Redeweisen an. Die äußeren Töne also, die in unser Inneres schwingen und unsere Gedankenwelt und unser Nervensystem beeinflussen, machen sich im Äußeren, im Körperrhythmus, bemerkbar.

Lieber Bruder, liebe Schwester, teste also, wie die äußeren, disharmonischen Töne auf dein Inneres wirken. Beachte die Regungen und Bewegungen deines Körpers. Die Erfahrung, die du dabei machst, halte in deinem Mystischen Tagebuch fest. Notiere die Erkenntnisse auf der linken Seite deines Mystischen Buches.

Die weitere Aufgabe lautet: Nimm nun harmonische Töne in dein Inneres – harmonische Musik oder das harmonische Gezwitscher bestimmter Vogelarten, freundliche und liebe Worte deiner Mitmenschen –, und lass diese harmonischen Töne in dir nachschwingen. Das Echo zeigt sich wieder in deinem Körper. Beobachte nun deinen Körperrhythmus, deine Bewegungen, deine Gedanken und Worte. Was du nun erlebst und beobachtest, das notiere auf der rechten Seite deines Mystischen Tagebuches.

Gabriele erklärte:

Liebes Geschwister, du sollst also selbst die Harmonien und Disharmonien erfahren, wie gegensätzliche und positive Gedanken sich in deinem Inneren auswirken und sich im Äußeren zeigen. Gerade der Körperrhythmus ist sehr wesentlich, um uns zu erkennen und uns zu harmonisieren.

Aus der Offenbarung von Bruder Emanuel:

Harmonische Gedanken bewirken einen harmonischen Körperrhythmus; der Mensch ist ausgewogen, er kann klar und konzentriert denken. Disharmonische Gedanken jedoch – Gedanken der Ichbezogenheit, der Selbstsucht, des Hasses und des Neides, Gedanken, die nur um die eigenen Belange kreisen – verändern nicht nur die Aura, die Korona, die deinen Körper zeichnet und ihn als Energiekranz umgibt, sondern sie zeigen sich auch im veränderten Körperrhythmus an.

Beobachte also, wie sich dein Körperrhythmus verändert, wenn du zum Beispiel schneller schreibst oder dich heftig am Arm oder Bein kratzt, wenn du laut rufst oder wenn du heftig reagierst, weil dein Kind zum Beispiel mit schmutzigen Schuhen die Wohnung betritt, oder wenn du hastig den Fußboden säuberst oder Wäsche mit schnellen Bewegungen wäschst ...

Hast ist Disharmonie. Dynamik ist rhythmisch.

Hastiges Handeln löst eckige und zackige Bewegungen aus. Leistungssport oder hastiges Laufen verändern den Körperrhythmus: Der Mensch wird hektisch.

Jede Hektik, die einen disharmonischen Körperrhythmus auslöst, bewirkt eine verstärkte Gedankenaktion. Werden die Gedanken nicht erkannt und entsprechend behandelt – das heißt übergeben und in positive, verständnisvolle Kräfte umgewandelt –, dann können daraus neue Ursachen entstehen.

Auch hastiges Essen und Trinken verändern den Körperrhythmus. Jede Hastigkeit deutet auf gegensätzliche Empfindungen oder Gedanken hin.

Gabriele:

Beachten wir diese Erscheinungen an uns nicht, dann können vielfältige Ursachen die Folge sein. Wir schaffen Ursachen oder verstärken die in uns wirkenden Entsprechungen, die sodann ihre Wirkungen zeigen.

Stoßen wir uns am Tisch oder an einem Stuhlbein, so sollten wir die Reaktion unseres Körpers beachten und die daraufhin erfolgenden Gedanken: Was wir in dieser Situation denken, das ist noch in uns. Wir sollten uns aber auch fragen: Was ist die Ursache, dass ich mich am Tisch oder am Stuhlbein gestoßen habe? Welche Gedanken, Worte oder Handlungen gingen voraus?

All diese Übungen regen uns zur Selbsterkenntnis an: Wir erfahren, wer wir tatsächlich sind.

Bruder Emanuel
erklärte den Sinn dieser Übungen:

Liebe Schüler, in eurem Inneren muss alles in Bewegung kommen, was gegensätzlich ist, damit sich das in euch liegende Allzumenschliche, die Entsprechungen, nach außen kehrt. Auf diese Weise findet ihr zur tiefen Selbsterkenntnis. Dann findet ihr die Wurzel eures niederen Ichs.

Wer sich allmählich besiegt, für denjenigen tut sich eine wunderbare Welt auf. Er erkennt sich als kosmisches Kind und fühlt sich im kosmischen Leben frei, ungebunden, ohne Furcht. Denn er erkennt: Wenn er positiv lebt, kann nur Positives auf ihn zukommen. Das, was noch negativ ist, wird ausfließen, doch ihn nicht hindern, das Leben mit Gott weiter und inniger anzustreben.

Wer den Inneren Weg erfolgreich wandelt, wird sehr bald erkennen: Es ist für den Menschen wunderbar, im freien Geiste, im Geiste Christi, zu leben. Es ist für den Menschen wunderbar, dessen Herz spricht und dessen Verstand nur noch das Instrument des Herzens und – in der weiteren Entwicklung – das Instrument der gereinigten Seele ist.

Liebe Schüler, global gesprochen, ist das der Weg nach Innen zur absoluten Liebe. Es ist der Pfad der Liebe.

Bruder Emanuel stellte eine Frage,
die wir uns selbst beantworten sollen:

Wie weit ist in eurem Herzen die Liebe zu Gott entwickelt, die selbstlose Liebe, die alles eint, die den Menschen frei macht? Je größer die Liebe zu Gott ist, umso reiner sind eure Empfindungen, Gedanken und Worte.

Bruder Emanuel gab uns dazu ein Kriterium an die Hand,
mit welchem wir uns selbst prüfen können,
wie wir empfinden, denken und reden:

Welche Neigungen sind euch noch eigen? Entsprechend ist eure Liebe. So groß oder klein ist die Liebe zu Gott. Je edler der Mensch empfindet, denkt und spricht, umso freier ist er, umso größer ist seine Liebe.

Das Innere also prägt das Äußere. Eure Handlungen, eure Gesten, euer äußeres Erscheinungsbild verändert sich entsprechend eurer inneren Entwicklung. Die innere Harmonie drückt sich im Äußeren aus, in Farben und Formen, in der Gestik, in euren Bewegungen, in allem, was ihr tut. Das Gleiche gilt für die Disharmonie.

Wer den Weg ernsthaft geht, der lässt allmählich seine Maske fallen, das Individuelle, und gibt sich so, wie er augenblicklich ist. Wer also den Inneren Weg erfolgreich wandelt, der reinigt seine Seele und sein Unterbewusstsein, so dass seine Empfindungen und seine Gedanken seine Worte sind.

Bruder Emanuel erklärte:

Das Individuelle ist das Persönliche, ist das Allzumenschliche, ist das Maskenhafte – das, was sich hinter der Maske verbirgt. Wer die Maske fallen lässt, der hat wahrlich einen großen Fortschritt auf dem Pfad der Liebe getan.

Das Individuum, das Ichbezogene, ist das Allzumenschliche, das Persönliche. Der unpersönliche Mensch ist das göttliche Wesen im Erdenkleid, das göttlich empfindet und denkt. Das Individuum arbeitet mit dem, was es sich im Äußeren anerzogen hat, mit seinem Intellekt. Der göttliche, freie Mensch, das unpersönliche Wesen, arbeitet mit dem erschlossenen Bewusstsein. Entsprechend seiner Mentalität und seinen geistigen Eigenschaften wirkt und lebt es in dieser Welt.

Der Mensch gibt nichts auf, wenn er das Individuelle abstreift. Ganz im Gegenteil! Er empfängt wesentlich mehr, nämlich die göttliche Weisheit.

Individuen haben nur Wissen, doch selten Weisheit. Geistige Menschen haben Wissen und Weisheit.

Die Mentalität eures wahren Wesens soll zum Durchbruch kommen, damit sich das Innere im Äußeren widerspiegelt.

Gabriele wandte sich erneut an uns:

Die Aufmunterungen, die Bruder Emanuel 1984 den Schülern auf dem Inneren Weg gab, darf ich in seinem Namen weitergeben:

Verzagt nicht! Seid mutig.

Die Freiheit im Geiste Christi winkt. Kommt und lasst euch von der inneren Wahrheit führen und erfüllen!

Euer Bruder aus dem Licht bittet euch: Seid mutig! Opfert das niedere Ich! Wahrlich, unendlich mehr werdet ihr gewinnen.

Gebt das Niedere hin, um im Höchsten leben zu können! Kommt und seid bereit: Reicht euch die Hände und ruft Ihn an, den, der euch die Kraft gibt, um Ihm, unserem Vater, näherzukommen.

Der Himmel neigt sich zur Erde, und die Kräfte des Himmels werden in den Seelen wirksam, die Gott mehr lieben als diese Welt.

Macht euch auf! Christus, euer Erlöser, ist jedem so nahe. Er ist der innere Lauscher. Schenkt Ihm eure Liebe! Legt Ihm alles hin, was euch hindert, selbstlos zu sein! Freut euch und seid glücklich – die Seele hat das Pochen des Herrn vernommen.

Liebe Schüler, meine Freunde, meine Brüder und Schwestern! Der Segen des Herrn geleitet euch. Seine Liebe umhüllt euch. Seid getrost, der Herr verlässt euch nicht. Seid getrost, die Liebe ist euch so nahe!

Werdet selbstlos. Wollt von euch aus nichts. Lasst in und durch euch den Willen des Herrn geschehen. Dann seid ihr auch beschützt, eingehüllt in Seine große, mächtige Liebe.

Bruder Emanuel verabschiedete sich mit den Worten:
Gott zum Gruß, meine Freunde!

Gabriele sprach noch zu uns:

Lieber Bruder, liebe Schwester,

nun folgt eine kurze Zusammenfassung der offenbarten Lektionen und Anweisungen aus dem Geiste, damit du sie noch einmal vertiefen kannst:

Auf der Ordnungsstufe wird das Fundament für die weiteren Stufen gelegt. Das Fundament darf nicht auf Sand gebaut werden. Das heißt: Wir sollten die Übungen konsequent und freudig durchführen, so dass wir ein festes Fundament erstellen können für die weiteren Stufen zur Göttlichkeit.

Denken wir an einen Hausbau, so wissen wir sofort, dass zuerst das Fundament erstellt werden muss. Zuerst muss eine entsprechende Tiefe geschaffen werden, damit das Fundament einen Halt bekommt. Es muss also das Erdreich ausgehoben werden. Dann wird das Fundament in das Erdreich, in die Erde gebracht. Ist das Fundament gefestigt, dann entsteht ein Stockwerk nach dem anderen.

Ähnlich ist es beim Inneren Weg: Damit wir mit dem Aufbau Inneren Lebens beginnen können, müssen wir erst von außen nach innen graben. Das bedeutet: Wir müssen zuerst vieles aufwühlen, was an Negativem in uns ist, und herausschaffen, was nicht geistig ist, was uns belastet. Durch gezielte Übungen holen wir aus unserem Inneren viel Gegensätzliches heraus. Wir entleeren unser Gefäß.

Das Fundament ist sodann die Veredelung unserer Sinne, die Ausrichtung auf das Göttliche, der Friede und die Stille in uns. Dann erst ist das Fundament gefestigt. Die weiteren Stockwerke können sodann schneller aufgebaut werden, wenn also das Fundament in Ordnung ist. Entspricht es nicht der Bauordnung, dann müssen wir noch einmal am Fundament arbeiten – und zwar so lange, bis es auf festem Grund steht.

Die Stufe der Ordnung zu meistern, ist Schwerarbeit! Ein guter Arbeiter wird auch ein gutes Fundament erstellen. Ein schlechter Arbeiter wird ein schlechtes Fundament errichten. Er wird sehr bald erkennen, dass er auf diesem Fundament sein Haus nicht errichten kann. Wer also an sich arbeitet – aus Liebe zu Gott –, der wird ein gutes Fundament schaffen.

Wer wenig Gottvertrauen, wer keine Gottesliebe hat, der baut ein schlechtes Fundament. Er wird die vom Geiste gegebenen Übungen mangelhaft durchführen und so nicht das Fundament schaffen, das er benötigt, um darauf weitere Stockwerke zu errichten. Ich darf noch einmal die

Worte von Bruder Emanuel wiederholen, da sie für den Inneren Weg von Bedeutung sind:

Ohne Liebe kein Weg zu Gott, denn Gott ist Liebe!

Bruder Emanuel gab in dieser Offenbarung die Herzens- und Sinneslehre. Wer noch kein Herz für Gott hat, kann auch die Sinneslehre nicht durchführen, da ihm alle Aufgaben als Kasteiung erscheinen – und nicht als Aufgaben, um sich selbst zu überwinden, um frei zu werden vom intellektuellen Denken, um die innere Weisheit, die göttliche Weisheit zu erlangen. Aller Anfang ist schwer. Doch wer nur eine kleine Liebe zu Gott empfindet, wird bereits zum Überwinder seiner niederen Natur.

Noch besteht die Reizüberflutung der Sinne. Die Sinne lassen so manchen Schüler noch nicht in die Stille, in den tiefen Frieden finden, aus dem das selbstlose Leben, das wahre Ich Bin, das unpersönliche Sein, sich emporheben möchte.

Bruder Emanuel ermutigt uns immer wieder, stark zu werden und uns als kosmische Kinder zu fühlen, nicht als Kinder dieser Welt. Sagen wir zum Beispiel immer wieder: »Ach, ich bin doch nur ein schwacher und einfältiger Mensch«, so stellen wir uns mit der Schwäche des Menschen auf eine Stufe. – Sagen wir jedoch: »Ich bin ein kosmisches Kind«, und stellen wir uns die kosmischen Kräfte vor, das Leben aus Sonnen und Planeten – dann ändert sich unser Denken und die Zielrichtung unseres Lebens.

Was wir bejahen, dem verleihen wir Kraft; das halten wir fest. Unseren Menschen wollen wir nicht festhalten. Wir wollen ihn mutig erkennen und freudig überwinden.

Wir sollten unsere allzu menschlichen Empfindungen und Neigungen bekämpfen. Doch wir sollen uns nicht kasteien! Das heißt, wir sollen unsere niederen Neigungen nach und nach abbauen, einerlei was es ist, seien es noch die Reizüberflutungen der Sinne – in der Sinnlichkeit, in der Essenslust, in der Kampfeslust. Wir sollen uns darin selbst erkennen.

Das heißt, wir sollen unser Denken und Empfinden zu Gott erheben, dann werden die allzu menschlichen Regungen und Neigungen feiner werden, was wiederum bedeutet: Wir werden sie nicht verdrängen, sondern verfeinern. Dann wird Stück für Stück von uns abfallen, was allzu menschlich ist, bis wir von innen her alles Irdische lassen können. Wir wollen also nicht verdrängen, sondern allmählich überwinden.

Kasteiung ist Verdrängung. Kasteien wir uns, dann drängen wir etwas zurück. Wir drücken das, was uns beherrscht, in das unreine Gefäß zurück.

Dazu ein Beispiel: Wenn wir in ein mit Wasser gefülltes Gefäß einen Stein fallen lassen oder eine teigartige Masse hineindrücken, dann schwappt das Wasser über, und die Bestandteile im Wasser wirken sodann auf uns ein.

Verdrängen wir also, was zu überwinden wäre, dann drängen wir andere Neigungen heraus aus dem Gefäß. Das heißt: Was wir verdrängt haben, zeigt sich in Nebenzweigen, in Ess- oder Trinklust, in Sinnlichkeit oder Gereiztheit, in Depressionen oder Aggressionen. Auf Grund der Verdrängung verurteilen und richten wir auch. Wir bezeichnen unseren Nächsten als lieblos, weil wir glauben, wir wären besser als der Nächste. Das alles können Folgen der Kasteiung sein.

Haben wir zum Beispiel einen Heißhunger auf Fleisch und Wurst, dann werden wir nicht sagen: »Weil wir auf dem Weg zu Gott sind, dürfen wir kein Fleisch und keine Wurst oder keinen Fisch mehr essen.« Wir werden uns mit Gott verbinden, in der Erkenntnis, dass wir kosmische Kinder sind. Wir werden uns sodann harmonisch zu Tisch setzen, in dem Bewusstsein, dass Gott in allem ist. Essen wir mit diesem Bewusstsein Fleisch, Wurst oder Fisch, dann werden sich die Wurst-, Fleisch- oder Fischportionen verringern, da uns die Geistkraft, Gott, hilft, uns allmählich auf gesetzmäßige Nahrung umzustellen.

Das Gleiche gilt beim Trinken. Auch hier sollen wir uns nicht kasteien. Harte Getränke sind nicht geistig. Doch auch hier gilt, sich nicht zu kasteien, sondern allmählich abzubauen – langsam zu überwinden, die harten Getränke allmählich zu reduzieren und den Inhalt des Glases zu verringern. Fühlen wir uns während des Essens und Trinkens mit dem Inneren Leben verbunden, sind wir in Harmonie, dann ist es uns auch möglich, die Nahrungsaufnahme, auch die Trinkgewohnheiten zu reduzieren.

Es liegt also einzig an uns, an unserem Denken und Wollen, an unserer Lebenseinstellung, ob wir auf dem Inneren Weg stagnieren oder zielbewusst voranschreiten.

Das Gleiche gilt, wenn wir noch allzu sehr am Dogma haften. Wir hören immer wieder von Geschwistern, die noch sehr stark an das Dogma der Kirche gebunden sind: Wir Christen brauchen für unser Heil nicht selbst zu sorgen; Christus hat unsere Sünden hinweggenommen.

Wir wollen logisch darüber nachdenken: Hätte Christus alle Sünden hinweggenommen oder würde Er sie fortan ohne unser Hinzutun hinwegnehmen, dann wären wir makellos, unser ganzes Sinnen, Denken und Trachten wäre selbstlos, also rein. Wären wir rein, dann wäre auch unsere Erde sauber, auch unsere Nahrung und alles, was zum Wohle der Menschheit ist. Da es aber nicht so ist, müssen wir uns fragen, ob diese Aussage der Kirchenchristen stimmt.

Wir wissen: Christus brachte uns die Erlösung. Er ist der Führer ins Vaterhaus. Damit der Führer uns führen kann, müssen wir Ihm gehorchen. Der Gehorsam gegenüber Christus ist die Verwirklichung der ewigen Gesetze. Deshalb müssen wir an uns arbeiten, damit wir die Gesetze verwirklichen und erfüllen und so unserem Führer, Christus, unserem Erlöser, nachfolgen können. Verwirklichen wir die Gesetze, dann vergrößert sich das Erlöserlicht in uns, und wir folgen unserem Erlöser in das ewige Land, zu unserer ewigen Heimat.

Gabriele erinnerte:

Wir begannen bei der Augenlehre. Die erste Übung war die Betrachtung eines Nadelbaumes und einer Pflanze. Bei dieser Übung erkannten wir, dass der Verstand etwas ganz anderes widerspiegelt als eventuell das erschlossene Bewusstsein oder das Unterbewusstsein und die Seelenhüllen. Wir haben erkannt, dass der Verstand das Äußere registriert, so wie es üblich ist in dieser Welt. Das Unterbewusstsein oder die Seelenhüllen oder gar das erschlossene Bewusstsein offenbaren sich mitunter dem Verstand entgegengesetzt.

Das Oberbewusstsein ist unser Verstand. Das Oberbewusstsein ist das, was noch in unserer Erinnerung ist, was uns geläufig ist, womit wir tagtäglich arbeiten. Das Unterbewusstsein sind tiefere Schichten des Gehirns, in denen das vom Oberbewusstsein Vergessene liegt, an das wir uns nicht mehr erinnern können, das aber von uns noch nicht überwunden ist. In den Seelenhüllen zeigen sich die Verschattungen unserer Seele. Die Seele und die Seelenhüllen weisen unsere Entsprechungen auf, die Belastungen, also das Karma, unsere Seelenschuld. In der Seele, in den Seelenpartikeln, sind auch die Erinnerungen, das, was wir schon überwunden haben, das uns nicht mehr erregt. Auch die Erinnerungen spiegeln sich also in den Seelenhüllen wider.

Die Entsprechungen, die sich im Unterbewusstsein aufbauen, gelangen in die Seele, wenn wir sie nicht recht-

zeitig erkennen und übergeben. Sie werden zu Ursachen, die wir gegebenenfalls früher oder später als Wirkungen tragen müssen.

Die entstehenden Entsprechungen im Unterbewusstsein können zuerst Erinnerungen an Vergangenes sein. Denken wir jedoch über das Vergangene immer wieder nach, ärgern wir uns, setzen wir also neue gegensätzliche Gedanken hinzu, dann werden diese Erinnerungen zu Belastungen, Entsprechungen, die sich in die Seele eingraben und sich in den Seelenhüllen und im physischen Leib widerspiegeln. Dabei verändert sich in der Seele die geistige atomare Struktur. Die Kerne der geistigen Atome wenden sich vom Wesenskern der Seele, vom Göttlichen, mehr und mehr ab, um Weltliches, den Willen des Menschen, zu registrieren und ihn aufzunehmen.

Die geistigen Atome in den Partikeln der Seele sind die geistigen Sinne. Verfeinern wir die äußeren Sinne, dann wendet sich auch die geistige atomare Struktur der Seele, das heißt, die entsprechenden geistigen Atome in den Seelenpartikeln, wieder dem Wesenskern zu und empfängt von dort mehr Energie. Das bedeutet, dass unsere Seele lichter und unser Leib heller und reiner wird. Es ist also ein Umwandlungsprozess vom Allzumenschlichen zum Geistigen.

Ein Prozess ist immer eine Bewegung. Jede Bewegung bringt Erregung und Unruhe mit sich. So ist es auch auf der Stufe der Ordnung, insbesondere bei den ersten

Schulungen, wenn der störrische Mensch dem Geiste Gehör schenken und sich zügeln sollte. Nicht der Verstand sagt uns, wie wir sind. Sondern die Entsprechungen in den Seelenhüllen und im Unterbewusstsein sagen uns, was uns noch prägt und was wir überwinden sollen, um von unserem menschlichen Ich frei zu werden.

In seiner Offenbarung gab Bruder Emanuel einen für uns bedeutsamen Satz mit:

Was nicht überwunden ist und nicht ohne weiteres aufgelöst werden kann, muss empordämmern, muss ins Bewusstsein gelangen, damit ihr euch selbst erkennt.

Gabriele:

In den Entsprechungen liegt unser derzeitiges Wesen, nicht im Verstand. Der Verstand spiegelt wohl vieles wider, was an Entsprechungen wirksam ist: doch der Verstand kann uns täuschen.

Erkennen wir jedoch rechtzeitig unser Fehlverhalten und ist es möglich, diese uns anhaftenden negativen Kräfte durch gezielte Übungen aus unserem Inneren zu entlassen, dann müssen wir sie nicht abtragen und durchleiden. Erkennen wir die Chance, die göttliche Gnade, die darin liegt!

Ein weiterer wesentlicher Satz
von Bruder Emanuel:

Durch diese Übungen zur Verfeinerung der Sinne möchte ich euch eine winzige Ahnung des Einheitsbewusstseins vermitteln, der Verwandtschaft zu allen Dingen, denn alles, was wir betrachten und was lebt, ist selbst in uns.

Gabriele erläuterte:

Lieber Bruder, liebe Schwester, werde dir noch einmal der ersten Aufgabe bezüglich der Betrachtung von Mineralien und Steinen bewusst. Du kannst diese Übung, je nach deiner Verbindung mit dem Göttlichen, gelegentlich wiederholen, bis du erkannt und erfasst hast, wie die Kraft der Natur in deinem Inneren wirkt.

Auch an die Durchführung des Seelengebetes darf ich dich noch einmal erinnern und an die Gedankenkontrolle und den Körperrhythmus.

Auch die zweite Aufgabe möchte ich in Erinnerung rufen, in der es heißt, die Tiere zu betrachten – deine Lieblingstiere, aber auch die Tiere, die du noch im Inneren und im Äußeren ablehnst. In der Betrachtung erleben wir, dass wir einem Tier gewogen sind oder ein anderes ablehnen. Das zeigt an, dass wir mit bestimmten Tiergattungen in Harmonie sind und gegen andere Lebens-

formen – in diesem Leben oder in Vorleben – bewusst verstoßen haben.

Das Gleiche gilt bei Pflanzen, Mineralien und Steinen. Wir müssen mit allen Lebensformen in Harmonie gelangen. Deshalb sollten wir uns bewusst werden, dass die Essenz allen Lebens in uns ist. Verstoßen wir bewusst gegen das Leben, dann tun wir unserer Seele und unserem Körper Gewalt an. Was wir aussenden, kommt wieder auf uns zurück.

Die weitere Aufgabe, die ich in Erinnerung bringen darf, ist, die Gesamtheit der Natur aufzunehmen.

Lieber Bruder, liebe Schwester, nimm nun nicht die einzelnen Komponenten der Natur wahr, sondern die Natur in ihrer Ganzheit. Nimm also wieder das äußere Bild auf und lass es eine geraume Zeit auf dich einwirken. Dann schließe die Augen und nimm das Bild mit nach innen. Warte eine geraume Zeit. Lasse also das Bild in dir wirksam werden. Die sich offenbarenden Erinnerungen oder Entsprechungen des Unterbewusstseins oder der Seelenhüllen bringe sodann zu Papier. Was dir das äußere Bild sagte, notiere auf die linke Seite deines Mystischen Tagebuches. Was dir das innere Bild übermittelte, notiere auf die rechte Seite.

Wer die Lehren und Aufgaben, die Schulung des Sehorgans, gewissenhaft und dabei aufrichtig und ehrlich zu sich selbst durchführt, der empfindet nun einen winzigen Bruchteil des Einheitsbewusstseins.

Wiederum ein grundlegender Satz von Bruder Emanuel:

Hat der Mensch noch wenig Herzensbildung, dann muss er über die Sinneslehre zur Herzenslehre und Herzensbildung finden.

Gabriele:

Sind unsere Sinne feiner geworden, hat sich unser Inneres, unser Herz, aufgetan für das kosmische Leben, dann werden wir nicht mehr verwünschen und verdammen und auch keine negativen Empfindungen und Gedanken mehr hegen. Wir werden den Elementarkräften der Mineralien, der Pflanzen- und Tierwelt positiv gegenüberstehen, mit der Erkenntnis: Was wir auch unserem Übernächsten zufügen, den Tieren, Pflanzen und Mineralien, das fügen wir uns selbst zu. Haben wir Verständnis erlangt, erkennen und anerkennen wir in allem das Leben, beginnen wir alles Sein zu lieben, dann werden Liebe und Selbstlosigkeit unser inneres Wesen prägen.

Unser Geistiger Lehrer
offenbarte:

Durch diese Übungen werdet ihr erkennen, dass all das, was letzten Endes an Reinheit und Schönheit in euch ist, auch in eurem Nächsten ist. Dann werdet ihr eurem

Nächsten mit dem Herzen und nicht mehr mit dem Verstand begegnen. Ihr werdet das Reine in ihm sehen und euch mit dem Reinen verbinden, so wie Gott in jedem Menschen, in jeder Seele nur das Reine schaut.

Gabriele:

Sehen wir nur das Reine und bejahen wir nur das Reine, dann wird auch das Reine mit uns kommunizieren, und wir werden dafür Liebe gewinnen, und Schönheit wird unser Inneres und Äußeres zeichnen.

Sehen wir jedoch nur auf das Negative, auf das Gegensätzliche, auf das Unreine, dann werden wir mit diesen niederen Kräften in Kommunikation treten – und unser Wesen wird verunreinigt, unsere Sinne grob, unser Äußeres verwahrlost.

Durch das Ringen mit unseren Fehlern und Schwächen erwacht in uns das Herzensgefühl für unsere Mitmenschen.

Lieber Bruder, liebe Schwester, abermals eine Erinnerung:

Auf der Stufe der Ordnung hörst du immer wieder: »Ordne deine Gedanken! Zügle deine Rede! Meistere deine Sinne!«

Woher kommt der Gedanke?

Der Gedanke wird aus den Empfindungen geboren. Die Empfindungen können den Entsprechungen entströmen, die im Unterbewusstsein und in den Seelenhüllen wirksam sind. Sie können aber auch aus dem Reinen strömen, je nachdem, wie stark unsere Seele belastet ist.

Je sensitiver wir werden durch das Seelengebet und durch die Erfüllung der Aufgaben, umso mehr werden wir uns mit unseren Empfindungen auseinandersetzen. Der wache Wanderer wird sich täglich bemühen, den negativen Gedanken auf den Grund zu kommen. Er wird den immer wiederkehrenden gegensätzlichen Gedanken nachgehen, sie aufrollen; er wird auf die Empfindungen achten und erforschen, woher diese kommen. Wir achten jetzt mehr auf unsere Empfindungen, die auch nur Regungen unseres Gemüts sein können.

Im ersten Stadium des Inneren Weges können die Empfindungen und Regungen aus diesem Leben, aus dem Ober- und Unterbewusstsein kommen: Was wir nicht vergeben konnten, was uns vor Jahren bewegt und getroffen hat, das holen wir immer wieder herbei und bewegen es aufs Neue. Anstöße von außen oder die offenbarten Übungen lassen uns erkennen, was nur abgedeckt, jedoch nicht vergeben und daher auch nicht überwunden ist.

Wir müssen uns bemühen, die Gegensätzlichkeiten, die sich immer wieder anzeigen, die durch Eindrücke und Gespräche immer wieder im Oberbewusstsein anklingen, allmählich zu überwinden. Denken wir immer wieder darüber nach, dann verstärken und verfestigen wir diese Komplexe in uns. Auch Erinnerungen können sich verstärken und zu Entsprechungen werden, wenn wir sie durch Gedanken immer wieder auffrischen. Sie gehen, sofern sie eine ent-

sprechende Intensität haben, in die Seele über und werden zu Belastungen.

Bruder Emanuel bat uns, die Vergangenheit ruhen zu lassen. Sollte Vergangenes doch wieder empordämmern, Ereignisse aus diesem Leben, sollten wir sie nicht sogleich in unsere Gedankenwelt aufnehmen und analysieren. Wir sollten uns bemühen, die Vergangenheit ruhen zu lassen. Können wir unsere Regungen und Empfindungen jedoch nicht übergeben, kommen sie immer und immer wieder, wenn wir sie fortschicken, dann werden wir sie analysieren, und wir werden uns selbst fragen, was wir damit erreichen wollen.

Unsere Empfindungen und unsere Gedanken sind wir selbst.

Wenn wir sie genau analysieren, wenn wir also hinter unsere Empfindungen und Gedanken blicken, dann erkennen wir, dass wir unter Umständen unserem Nächsten noch nicht vergeben haben oder gar nicht vergeben wollen. Wir müssen uns also fragen: Warum wollen wir nicht vergeben? Was wollen wir mit dem, was in der Vergangenheit vorfiel, erreichen?

Unser Geistiger Lehrer, Bruder Emanuel, offenbarte:

Vergib deinem Nächsten, der dir Unrecht getan hat. Hast du deinem Nächsten Unrecht getan, so bitte um Vergebung und mache es wieder gut!

Wer erkennt, dass alles auf Ursache und Wirkung basiert, der weiß, dass auch das, was eventuell früher geschah, letzten Endes eine Ursache hatte.

Schult also eure Empfindungen! Lernt, euch immer tiefer zu erkennen, dann werdet ihr nach und nach frei von all dem, was euch heute noch beschäftigt. Dann, liebe Schüler, findet ihr immer tiefer in euer geistiges Bewusstsein. Immer tiefere Schichten werden angesprochen, so dass ihr letzten Endes die Restbestände früherer Schuld heben, erkennen und übergeben könnt.

Gabriele:

Lieber Bruder, liebe Schwester, ich darf auch an die Schulung des Gehörs erinnern: Der nach außen gekehrte Gehörsinn nimmt bewusst laute, disharmonische Töne wahr. Diese Dissonanzen nehmen wir sodann mit nach innen, lassen sie in uns nachschwingen und lassen die Empfindungen kommen. Dann beobachten wir die Reaktionen unseres Körpers.

Auch hier erkennen wir einen Unterschied: Was bewirken disharmonische Töne im Äußeren? Und wie wirken sie sich im Inneren aus?

Dabei lernen wir auch unseren Körper kennen, wie er sich bewegt und welche Ausschläge er zeigt, wenn wir Gegensätzliches empfinden und denken, wenn uns einiges erregt. Wir lernen aber auch unseren Körper kennen, wenn wir still und harmonisch sind. Der Körperrhythmus sagt auch aus, was wir empfinden und denken, wer wir also sind.

Bruder Emanuel kündigte an:

Sind die Aufgaben vertieft, sind sie zu eurem Wesen geworden, dann werden weitere Aufgaben folgen. Die weiteren Aufgaben werden sodann die Bewegung des Ober- und Unterbewusstseins bis hin zu den Seelenhüllen sein.

Gabriele sprach:

Mit den folgenden Fragen von Bruder Emanuel werde ich nun diese Schulung aus seiner dritten Offenbarung abschließen:

Wie groß ist die Liebe zu Gott? Wie weit ist eure selbstlose Liebe entwickelt, die Liebe zu Gott, die alles eint, die den Menschen frei macht?

Je größer die Liebe zu Gott ist, umso reiner sind eure Empfindungen, Gedanken und Worte. Auch hier hat der Schüler ein Kriterium an der Hand, mit dem er sich selbst prüfen kann: Wie empfinde, denke und rede ich? Welche Neigungen sind mir noch eigen? So groß oder klein ist die Liebe zu Gott!

Je edler der Schüler empfindet, denkt und redet, umso freier ist er.

Das Innere prägt sodann das Äußere: Die Handlungen, die Gesten, das äußere Erscheinungsbild verändern sich. Die innere Harmonie drückt sich im Äußeren auch in Farben und Formen aus, die der Mensch liebt, in der Gestik und in den Bewegungen, in allem, was der Mensch vollbringt.

Abschließend sprach Gabriele
Worte der Verbundenheit und Ermutigung:

Lieber Bruder, liebe Schwester! Wir wünschen dir das innere Wachsen und Werden, die immer größere Liebe zu Gott, unserem ewigen Vater.

Wir wünschen dir und uns allen Seinen Frieden.

Friede, lieber Bruder, liebe Schwester!
Gabriele

5. Selbsterkenntnis durch die Gehör-, Geruchs- und Geschmackslehre

Entwicklung der Sinne und Ordnung der Gedanken – Vor dem Sieg steht der Kampf – Das Göttliche in allem – Der Mensch als Sender und als Empfänger

Aufgabe: Wendung des Gehörsinns nach innen und nach außen im Wechsel – Die Geruchs- und die Geschmackslehre (Innen- und Außentage) – Bewusstes Speisen und unkontrollierte Nahrungsaufnahme – Erfüllen von Wünschen – Planen – Loslassen und Leben in der Gegenwart – »Gleitendes« Seelengebet – Nächstenliebe – Der Satan der Sinne – Das Welken und die innere Jugend – Innere Freiheit und innerer Friede – Zusammenfassung

–

Gabriele begrüßte uns:

Gott zum Gruß, lieber Bruder, liebe Schwester!
Der Friede des Herrn möge mit uns sein!

Unser Geistiger Lehrer und Bruder, Emanuel, gab uns am 17.3.1985 eine Offenbarung für die Stufe der Ordnung, um unsere Sinne zu entwickeln und unsere Gedanken zu ordnen.

Die Lehren und Lektionen, die hier niedergeschrieben sind, kommen also aus der göttlichen Welt, gegeben von Bruder Emanuel, dem Cherub der göttlichen Weisheit.

Bruder Emanuel sprach in seiner Offenbarung:

So manchem unter euch fällt es noch schwer, den Inneren Weg konsequent zu gehen. Das ist ganz natürlich: Der Körper des Menschen besteht aus Zellen, die bisher nur den äußeren Sinnen gehorchten. Das Zellenheer hat sich den äußeren Einflüssen zugewandt, den Reizen, welche diese Welt bietet. Die Zellen verlangen noch nach all dem, was körperlich ist – und nicht nach den geistigen, gesetzmäßigen Lebensprinzipien.

Gabriele:

Wir müssen uns bemühen, die Zellen umzugestalten, von dem veräußerlichten Streben zur Verinnerlichung.

Das heißt: In uns muss sich ein Wandel vollziehen, von der Äußerlichkeit zur Verinnerlichung. Das ist eine grundsätzliche Veränderung, die den ganzen Menschen erfasst und auch die Seele entsprechend berührt.

Die Zellstruktur also, die – wie alles – atomar ist, soll sich nun verfeinern und sich den inneren Sinnen zuwenden, den Sinnen der Seele. Das bedeutet für manchen von uns Umkehr und ein völliges Umdenken.

Bruder Emanuel gab in seiner Offenbarung folgende Erläuterung:

Obwohl Leistungssport nicht gesetzmäßig ist, so will ich diesen trotzdem als Beispiel für tägliches geistiges

Training nehmen: Jeder Leistungssportler muss tagtäglich trainieren, um Leistung zu erbringen. Nur die Ausdauer zeitigt den Erfolg, den Sieg.

Gabriele:

Lieber Bruder, liebe Schwester, ohne die immer wieder neue Ausrichtung auf das Ziel, auf Gott, und auf unsere Aufgaben, werden wir auf dem Inneren Weg nicht vorankommen. Wir müssen immer wieder neu aufstehen, wenn wir unserer Nachlässigkeit und Trägheit unterlegen sind, um geistig zu wachsen und zu reifen. Die schon einige Schritte auf dem Inneren Weg getan haben, mussten erkennen, dass der Mensch tagtäglich trainieren muss, um sein niederes Ich zu besiegen, das dem Menschen immer wieder Schwierigkeiten und Probleme bringt.

Das niedere Ich besteht aus verschiedenen Gedankenformen, also vom Menschen ausgehenden Gedanken, die sich formierten – und auf den Absender immer wieder Einfluss nehmen.

Wir dürfen den von uns geschaffenen Gedankenformen keine Nahrung mehr geben, indem wir immer wieder Gleiches oder Ähnliches denken. Wir sollten diesen Gedankenformen die positiven, göttlichen Kräfte der Selbstlosigkeit und des Friedens, des Wohlwollens gegenüber unserem Nächsten entgegensetzen. Dann hungern wir diese Gedan-

kenformen aus. Sie nehmen Abstand von uns und wandeln sich in positive Energie um.

Wir wissen, dass unser Mensch, unser Ich, uns nur Schwierigkeiten und Probleme bringt. Trotzdem halten wir unser Ich fest.

Wir sollten uns des Öfteren die Frage stellen: Warum halten wir unsere Schwierigkeiten und Probleme fest? Was wollen wir damit bezwecken? Wenn wir zum Beispiel immer wieder über eine unangenehme Situation klagen, so wird sie dadurch nicht besser. Ganz im Gegenteil: Wir verstärken sie nur. Wenn wir immer wieder über ein und dieselbe Situation sprechen, so müssen wir fragen: Was wollen wir damit bezwecken?

Wir wollen also unangenehme Dinge, auch Schwierigkeiten und Probleme, halten, weil wir damit einiges erreichen wollen. Vielleicht können wir einem unserer Nächsten nicht vergeben. Vielleicht klagen wir Gott an wegen unserer Lage – und wissen doch, dass wir selbst die Urheber unseres Schicksals sind. Vielleicht wollen wir dadurch unseren Nächsten erpressen, das zu tun, was wir für richtig halten.

Jeder von uns muss einst erkennen, dass vor dem Sieg der Kampf steht mit den niederen Mächten, mit unseren niederen Empfindungen, Gedanken, Worten und Handlungen, mit unseren veräußerlichten Sinnen, die nach Wohlleben trachten, nach dem inkonsequenten Leben. Unsere veräußerlichten Sinne sind immer wieder bestrebt, Seele und Mensch nach außen zu ziehen, zu den äußeren Kräften, in die Welt der Sinnesreize und Genüsse.

Lieber Bruder, liebe Schwester, in der Zwischenzeit hast du gelernt, das Sehorgan zu schulen. Auch vom Einheitsbewusstsein hast du einen kleinen Schimmer wahrgenommen. So mancher von uns hat erahnt und verspürt, was es bedeutet, alles als Ganzes zu erleben, die Kraft, die von außen nach innen strömt, welche die Seele friedvoll stimmt und zugleich aktiviert. Wer von uns dieses Einheitsbewusstsein erahnt hat und täglich neu erfühlt, der spürt auch die echte Erfüllung seines Lebens. Er erkennt und ahnt auch, dass Gott, die allmächtige Kraft, allwaltend ist.

In allen Lebensformen ist der göttliche Funke. Der göttliche Funke ist Bewusstsein, ist Leben. Somit ist jede Lebensform – entsprechend ihrer Entwicklung – Bewusstsein. Wenn wir in allem, was ist, das Göttliche bejahen, dann empfangen wir von außen, von den Naturreichen und den Gestirnen, Kraft. Denn in allem – insbesondere im Menschen selbst – ist das Göttliche, ist Bewusstsein. Wenn das Bewusstsein mit dem göttlichen Bewusstsein, das in allen Lebensformen – auch im Menschen – ist, kommuniziert, dann fließen die göttlichen Kräfte.

Wer die Kräfte selbstloser Liebe aussendet, der wird um ein Vielfaches Kräfte selbstloser Liebe empfangen.

Lieber Bruder, liebe Schwester, ohne Verwirklichung kommt kein Ziel in Sicht.

So mancher glaubt, wenn er viel Wissen hat, wäre er weise. Doch: Wissen ist nicht Weisheit. Wissen ist die Voraussetzung, um weise zu werden. Wenn wir das geistige Wissen an uns selbst anwenden, indem wir die Gesetze Gottes verwirklichen, dann erst werden wir weise: Wir werden wieder volles Bewusstsein. Noch sind wir in den unterschiedlichen Bewusstseinszuständen – denn solange wir an das Kausalgesetz gebunden sind, befinden wir uns in den sogenannten Bewusstseinszuständen, je nach unserer geistigen Entwicklung.

Auf dem Inneren Weg erfahren wir, dass sich die positive Kraft ständig verströmt. Sie strömt dem zu, der sich für die positiven Kräfte öffnet. Die göttliche Kraft strömt uns auch über die Naturreiche und Gestirne zu – und aus den Menschen, die wir selbstlos lieben. Dadurch erlangen Seele und Leib Stärkung.

Um die Kräfte der Naturreiche und Gestirne empfangen zu können, bedarf es der präzisen Ausrichtung der Seele und des Menschen.

Alles ist Bewusstsein. Haben wir unsere Sinne nicht verfeinert, unser Wesen nicht auf Gott ausgerichtet, dann können wir auch von der göttlichen Kraft nur sehr wenig empfangen.

Wir Menschen sind Sender und Empfänger. Ich denke hier an unsere Rundfunk- und Fernsehgeräte. Haben wir den entsprechenden Sender nicht eingestellt, dann werden wir auch nicht empfangen. Wir nehmen wohl Geräusche wahr oder Wellen mehrerer Sender. Doch wir hören keinen Sender präzise – weil wir nicht die richtige Einstellung zum Sender haben.

Der Geist unseres Vaters sendet unermüdlich. Alles ist durchdrungen von dem Sender Geist. Haben wir uns nicht auf den Sender Gott ausgerichtet, durch Verwirklichung, durch Einstimmung auf Ihn, dann werden wir auch von Ihm nicht präzise empfangen können. Wir werden unter Umständen von einigen Sendebereichen Impulse bekommen, doch diese Sendebereiche sind nicht göttlichen Ursprungs, sondern Gedankenformen – oder Kräfte aus der Atmosphärischen Chronik. Nehmen wir durch ein inkonsequentes Leben gleichzeitig mehrere Sender auf, dann werden wir im Laufe der Zeit unser Nervensystem belasten und zerrütten.

Ein bedeutender Satz
unseres Geistigen Lehrers,
Bruder Emanuel:

Liebe Freunde! Der Weg nach Innen ist der Weg der Liebe zu Gott. Aus Liebe zu Gott sollte der Schüler allmählich das Allzumenschliche lassen, um Göttliches zu gewinnen.

Gabriele sprach:

Wir kommen nun zu den weiteren Aufgaben auf dem Inneren Weg, die notwendig sind, um die Verfeinerung der Sinne und die Sensitivität der Seele und des Menschen zu erlangen.

Es wurde schon vom Gehörsinn gesprochen, davon, dass der Mensch auch den Gehörsinn schulen muss, um die inneren Sinne so sensitiv zu machen, auf dass in späterer Zeit die unmittelbare Führung durch den Geist Gottes in Christus, unserem Erlöser, einsetzen kann.

Da wir mit unseren Sinnen sehr in der Welt leben, muss jedes Sinnesorgan einzeln angesprochen werden.

Die Neugierde ist ein Anzeichen dafür, dass der Gehörsinn der äußeren Erscheinungswelt zugewandt ist. Die Bestrebungen des weltzugewandten Menschen sind, viel zu erfahren und viel zu erhorchen. Menschen dieser Welt möchten jenes registrieren und dieses nachvollziehen. Die Neugierde ist also ein Zeichen dafür, dass der Gehörsinn nach außen gerichtet ist. Er soll jedoch auf dem Weg zum Göttlichen verfeinert werden.

Jeder von uns hat sicher schon am eigenen Leib erfahren, dass er durch ständiges Bemühen, alles zu hören, alles zu registrieren und in sich aufzunehmen, unruhig wird. Seine Nerven ziehen, zerren und zehren am Körper. Ja, sie zehren auch an unserem Körper, denn Neugierde ist vergeudete Kraft.

Bruder Emanuel gab eine Übung
zur Selbsterkenntnis:

Die nachfolgenden Übungen sollen im Wechsel durchgeführt werden:

Zwei Tage soll sich der Schüler bemühen, nach innen zu leben. Nach innen leben, heißt, sich vor negativen Einflüssen schützen: Er bemüht sich, die Geräusche und Töne, die Dissonanzen nicht in sein Inneres aufzunehmen.

Gabriele:

Das geht wie folgt vor sich: Wir hören wohl die Geräusche, Töne und Laute um uns, doch wir regen uns darüber nicht auf.

Durch die Erregung über die Dissonanzen – gleich, welcher Art sie sind und woher sie auch kommen – nehmen wir diese automatisch in uns auf. Sie wirken auf unser Nervensystem ein, verkrampfen es und bewirken, dass sich die Geist- und Körperenergie reduziert.

Jede Verkrampfung geht auf Disharmonie zurück, die sich im Organismus störend auswirkt. Jede Disharmonie beruht auf einem Fehlverhalten des Menschen, auf einer Zuwiderhandlung gegenüber dem ewigen Gesetz.

Durch die Erregung aktivieren wir auch in unserer Seele eine Entsprechung. Diese kommt sodann zum Schwingen und zieht das an, woran wir uns erregt haben und erregen. Dadurch verändert sich unser Körperrhythmus, und wir gelangen in einen niederen Schwingungsbereich, weil Dissonanzen dem Körper Energie entziehen. Dadurch gleitet der Organismus in eine entsprechend niedere Schwingung ab. Das bedeutet, dass auf ihn entsprechende Kräfte einwirken, die sich in diesem Schwingungsbereich aufhalten.

In seiner Offenbarung sprach unser Geistiger Lehrer,
Bruder Emanuel:

Die Disharmonie drückt sich in unkontrollierten Gedanken und durch viele Worte aus. Weiter drückt sie sich durch disharmonische, also hektische und ruckartige Bewegungen und unkontrollierte Handlungen aus. Der Mensch vollbringt Dinge, die unnütz sind. Dadurch vergeudet er seelische und physische Kraft und fällt in den entsprechenden Schwingungsbereich, den er sich durch das Fehlverhalten selbst ausgesucht hat.

Gabriele erläuterte die Übungen:

Wir bemühen uns also, zwei Tage nach innen zu leben. Wir bemühen uns, die äußeren negativen Geräusche und Töne nicht aufzunehmen, nicht in unser Inneres zu lassen. Wir hören sie wohl, lassen sie jedoch an uns abgleiten. Wir leben nach innen.

Damit wir uns dieses Innenlebens bewusst werden, bemühen wir uns, in der Natur, in den Menschen das

Schöne, Edle und Reine zu bejahen, immer wieder das Gute zu sehen. Das bewirkt die innere Bereitschaft und das Hineinleben in das Königreich Gottes. An den Innentagen sollten wir auch nur wesentliche Gespräche führen, also alles Unwesentliche meiden. Was der Nachbar mit dem Nachbarn spricht, ist für uns an den Innentagen uninteressant. Der Gehörsinn ist in dieser Zeit nach innen gewandt, um dort Erholung und Stille zu finden.

Um die Tür zum Innenleben zu erschließen, helfen auch Bewusstseinsstützen, wie zum Beispiel:

Ich bin die Stille.
Ich bin der Friede.
In mir ist alles still.
Ich bin friedvoll.
Ich bin harmonisch.

Diese Bewusstseinsstützen helfen uns, die aufkommende Neugierde zu überwinden, so dass das Innere auf positivem Empfang bleibt. Klingen laute und schrille Töne intensiv an unser Ohr, so sollten wir diese nicht brüsk ablehnen. Wir können auch in den lauten und schrillen Tönen das Positive bejahen, die Kraft, die darin still wirkt, die vom Äußeren, vom Misston eingekapselt, jedoch vorhanden ist; denn kein Ton ist ohne göttliche Kraft.

Durch die Stetigkeit, nur die positiven, harmonischen Töne zu bejahen, werden die lauten und schrillen Töne allmählich schwächer in und um uns, da wir durch das positive Leben einen geistigen Kokon, ein geistiges Kraftfeld bilden, welches die größten Dissonanzen abweist. Auf diese Weise finden wir allmählich zum inneren Frieden.

Lieber Bruder, liebe Schwester, was du an den beiden Innentagen empfunden oder gedacht hast, also das Wesentliche deiner Empfindungen und Gedanken, das notiere in deinem Mystischen Tagebuch auf die rechte Seite.

Nun kommen zwei Außentage: An diesen beiden Außentagen strömt der Gehörsinn nach außen. Was die Welt an Geräuschen und Tönen bietet, das nehmen wir in unser Inneres auf. Dabei erwacht wieder die Neugierde. Wir erhorchen wieder, was der Nächste zu berichten hat, was wohl der Nachbar tut, was er einkauft usw. Wir übertreiben dabei nicht, indem wir zum Beispiel das, was eben gesagt ist, willentlich herbeiführen. Wir lassen kommen, was uns die Tage bringen. Die Empfindungen und Gedanken, die sich an diesen Außentagen ergeben, die uns eventuell ermahnen, notieren wir auf die linke Seite unseres Mystischen Tagebuches.

Diese Übungen können des Öfteren wiederholt werden, jedoch nicht kontinuierlich – eventuell im Abstand von 14 Tagen.

Dieser Wechsel, zwei Tage nach innen leben und zwei Tage wieder im Äußeren sein, bringt in uns einiges in Bewegung. Durch diese Übungen werden gesetzmäßig das Ober- und Unterbewusstsein angesprochen und auch die Belastungen in den Seelenhüllen. Durch diese Übungen *steigt allmählich – und gesetzmäßig – so viel in uns empor, wie wir erkennen und ablegen können. Sie dienen also der Selbsterkenntnis.*

Wer diese Übungen ohne Fanatismus durchführt, der wird, Tag für Tag, nur so viel zur Selbsterkenntnis erhalten, wie er tragen und verwirklichen kann. Ohne Selbsterkenntnis keine Reue, und ohne Reue und Übergabe der Fehler und Schwächen – auch Sünden genannt – an Christus keine Befreiung von der Schuld.

Diese Übungen müssen – das sei wiederholt – wie jede gesetzmäßige Übung, ohne Fanatismus durchgeführt werden: Wir sollen nichts erzwingen, sondern uns redlich und ehrlich bemühen, das Erkannte Christus zu übergeben. Wir sollen unsere Fehler und Schwächen auch nicht verdrängen, sondern ihnen immer weniger oft nachgeben, sie Schritt für Schritt abbauen. Dann fällt allmählich Stück für Stück von dem Komplex menschlichen Ichs ab – und wir werden davon frei.

Nach jeder Woche oder nach jedem Monat, je nachdem, wie intensiv wir den Weg beschreiten, sollten wir in unserem Tagebuch Bilanz ziehen: Was haben wir bewältigt, was steht noch an? Was wir also überwunden haben, daran sollten wir uns freuen und erkennen, dass es auf dem Inneren Weg vorangeht.

Über unsere noch bestehenden Mängel sollten wir jedoch keine Schuldgefühle aufkommen lassen, sondern wir dürfen uns darin abermals selbst erkennen und sie mit Gottes Hilfe überwinden.

Mit folgenden Worten gab Bruder Emanuel
eine weitere Aufgabe:

Die Schüler auf dem Weg zum Inneren Leben üben sich auch in der Geruchs- und Geschmackslehre.

Menschen, die ihre Sinne verfeinern wollen, werden nicht überall, wo sie gehen und stehen, Gerüche und Düfte bewusst registrieren, die das Geruchsorgan aufnimmt. Bewusst registrieren heißt, über die Gerüche ausführlich nachdenken und sprechen.

In der Schulung wies Gabriele auf Folgendes hin:

Wir sollen also unsere Nase nicht überall hineinstecken, auch nicht in die duftenden Fleischtöpfe.

Bruder Emanuel ermahnte uns
mit folgenden Worten:

Gedanken und Worte sind Kräfte. Sie wirken sich im und um den Menschen aus, der zum Beispiel über die Gerüche nachdenkt und darüber lange spricht und seine Nase über den Geruchsstoff hält.

Spricht der Mensch zum Beispiel über unangenehme und schlechte Gerüche, dann verstärkt er diese Schwingung in sich, denn auch der Geruch und der Duft sind

Schwingung. Er zieht dadurch den Geruchskomplex an, der sodann auf ihn Einfluss nimmt. Diese Schwingungen wirken sich nun im Organismus aus. Sie wirken sodann verstärkt auf den Geruchs- und Geschmackssinn ein und regen weitere Sinneslüste an. Der Mensch wird von seinen Sinnen getrieben; die Gelüste bewegen ihn, sie verlangen nach diesem und jenem. Sie regen den Menschen an, dieses und jenes zu erwerben oder eine bestimmte Nahrung aufzunehmen.

Gabriele sprach:

Wie oft mussten wir an uns selbst erleben, dass allein ein Geruch uns entweder zu Naschereien oder einer ähnlichen Gedankenverknüpfung anregte oder zum Kauf von diesen und jenen Genussmitteln. Wir werden also von unseren nach außen gerichteten Sinnen getrieben.

Bruder Emanuel offenbarte:

Das Getriebensein führt zu Disharmonien und Verkrampfungen des Nervensystems. Daraus ergeben sich sodann Gedanken- und Wortspiele, die den Menschen wiederum in niedere Schwingungszonen ziehen, weil Seele und Körper an Energie verlieren.

Hingegen stimulieren natürliche Düfte, wie Düfte von Blumen, Sträuchern und Bäumen. Sie regen die Seele an und bewirken in Seele und Leib die Harmonien, die aus den reinen Lebensformen dem entsprechend ausgerichteten Menschen zuströmen.

Wer seine Sinne veredelt, erlangt den Adel der Seele und findet zu seinem geistigen Bewusstsein, zur Sohn- und Tochterschaft Gottes. In allem Reinen, Edlen und Schönen liegt die Kraft der Liebe, die durch Selbstlosigkeit aktiv wird und Seele und Mensch durchstrahlt und den Organismus überstrahlt.

Sobald das Geruchsorgan Gerüche und Düfte wahrnimmt, registriert sie auch gleichzeitig das Geschmacksorgan. Das Geruchs- und das Geschmacksorgan übertragen die Wahrnehmungen an die Gehirnzellen, die sofort diese Schwingungen registrieren und alle weiteren Sinnesorgane beeinflussen.

Hierzu Gabriele:

Lieber Bruder, liebe Schwester, wir schulen nun auch unser Geruchs- und Geschmacksorgan. Diese Übungen vollziehen wir in gleicher Weise wie die vorausgegangenen: Im Wechsel von zwei Innen- und zwei Außentagen bringen wir wieder in Erfahrung, woran es noch an uns mangelt.

An den ersten beiden Tagen bemühen wir uns, die äußeren Gerüche und Düfte nicht in unser Inneres aufzunehmen. Wir beachten die Gerüche nicht. Wir stecken nicht unsere Nase in alles, was riecht, auch nicht in die Suppen-

und Fleischtöpfe. Wir machen uns auch über die Gerüche und Düfte keine Gedanken und sprechen nicht darüber. Wir haben gehört, dass wir durch Gedanken und Gespräche nur verstärken, was uns anfliegt.

An den beiden Innentagen bemühen wir uns, bewusst den Duft von Blumen, Sträuchern und Bäumen aufzunehmen. Zarte, milde Parfums wollen wir nicht verwerfen. Wir wollen jedoch bewusst die Naturdüfte aufnehmen.

Unsere Eindrücke, Empfindungen und Gedanken notieren wir wieder auf die rechte Seite unseres Mystischen Tagebuches. Auch was der Gaumen an diesen zwei Innentagen signalisiert, nehmen wir in unser Mystisches Tagebuch auf. Das Tagebuch sagt uns also, wer wir noch sind.

An diesen beiden Innentagen werden wir auch diszipliniert und konzentriert unsere Nahrung aufnehmen. Durch das disziplinierte und konzentrierte Aufnehmen unserer Nahrung verfeinert sich auch unser Geschmackssinn. Jeder Bissen, den wir dem Geschmacksorgan zuführen, soll bewusst und harmonisch gekaut werden.

Wir sollen uns für das Mahl Zeit nehmen. Jede Mahlzeit soll ein heiliger Akt sein, der unsere Dankbarkeit Gott gegenüber ausdrückt für die Nahrung, die Er Seinen Menschenkindern schenkt.

Diszipliniert und konzentriert essen heißt auch, erst den Mund wieder mit Nahrung zu füllen, wenn dieser leer ist, also wenn die gut zerkaute Nahrung dem Verdauungs-

organ, dem Magen, zugeleitet ist. Wir nehmen auch erst wieder eine mittelgroße Menge auf Löffel oder Gabel, wenn wir unsere Nahrung gut gekaut und hinuntergeschluckt haben.

Durch die Harmonie beim Essen veredeln wir auch unsere Sinne. Die Veredelung unserer fünf menschlichen Sinne wirkt sich sodann auch positiv auf die Seele aus. Dadurch tragen wir mit dazu bei, dass sich unser Geistkörper veredelt und allmählich der Adel unseres wahren Wesens hindurchbricht.

Durch die harmonische Nahrungsaufnahme bewirken wir auch, dass wir allmählich in höhere Schwingung kommen und uns niedere Gedanken und triebhafte Wünsche nicht mehr so oft anfliegen oder von innen her bewegen. Wir wissen, vieles kann in uns austrocknen, ohne dass wir es erleben oder gar durchleiden müssen. Rechte Nahrungsaufnahme und gesittete Essensgewohnheiten tragen zur inneren Harmonie bei.

Was bewirkt es, wenn wir während des Kauens schon wieder mit Löffel, Gabel und Messer hantieren? Sobald die nächste Nahrung auf dem Löffel oder der Gabel liegt, bevor wir also die vorausgegangene Menge dem Verdauungsorgan zugeführt haben, bedrängt uns der Magen und bewirkt damit, dass der Kauvorgang beschleunigt wird. Die nur gering zerkaute Nahrung, die dem Magen zugeleitet wird, kann – auf die Dauer gesehen – nicht nur zu Komplikationen führen, wie zum Beispiel zu Magenbeschwerden;

sie kann auch Disharmonien mannigfacher Art auslösen, weil der Magen und weitere Organe intensiver arbeiten müssen und dadurch zu viel Körperenergie verbrauchen.

Wer seine Nahrung unkontrolliert und hastig zu sich nimmt, der bewirkt auch, dass sein Geruchs- und Geschmacksorgan sich immer mehr nach außen kehrt und mehr Nahrung und Getränke verlangt und auch kulinarische Genüsse aller Art.

Das Gleiche gilt bei der Aufnahme von Flüssigkeit. Der Inhalt des Glases soll nicht auf einmal geleert werden – möglicherweise auch noch eiskalt. Menschen auf dem Pfad der Veredelung trinken schluckweise.

Wir dürfen immer wieder erkennen: Sobald wir unsere Sinne verfeinern, verfeinert sich auch die Seele und unsere gesamte Körperstruktur. Gleichzeitig werden die Seelenhüllen lichter, und wir erlangen eine kontinuierliche Ausrichtung auf die unbelastbare Kraft, Gott, den Wesenskern der Seele.

Wir werden also an den beiden Innentagen uns bewusst werden, was wir sind – und den inneren Adel anstreben durch die Verfeinerung der Sinne.

Damit wir in unserem Inneren das Ober- und Unterbewusstsein in Bewegung bringen und auch unsere Seelenhüllen, werden wir wieder zwei Außentage einführen. Das heißt, nach den zwei Innentagen kommen wieder zwei Außentage. An den beiden Außentagen werden wir den

Geruchs- und Geschmackssinn wieder ungezügelt wirken lassen. Was wir an den beiden Innentagen beachtet haben, ist an den Außentagen hinfällig.

Die alten Gewohnheiten ziehen wieder ein: Während wir noch dabei sind, den Bissen zu kauen, nehmen wir ganz automatisch, wie üblich, schon den nächsten auf den Löffel oder auf die Gabel. Die alte Gewohnheit ist auch, mit vollem Mund zu trinken. Auch das ist an den Außentagen gestattet. Es muss jedoch nicht erzwungen werden. Wir kasteien uns also nicht. Wir erzwingen nicht etwas, was wir uns nicht angeeignet haben. Wir werden also zwei Tage wieder so leben, wie wir vor unserem geistigen Wissen und unseren geistigen Erkenntnissen gelebt haben. Was wir an den beiden Außentagen an wesentlichen Gedanken und Gefühlen registrieren konnten, nehmen wir wieder in unser Mystisches Tagebuch auf, diesmal auf die linke Seite.

Lieber Bruder, liebe Schwester, diese Übungen zu machen oder nicht zu machen, steht dir frei! Du wirst auf dem Inneren Weg zu nichts gezwungen. Du kannst diese Übungen alle 14 Tage durchführen oder nur monatlich oder ganz lassen oder erst dann, wenn du erkannt hast, dass sie zu der Verfeinerung deiner Seele und deines Leibes beitragen, wenn du erkannt hast, dass auch durch diese Übung und durch Verwirklichung dein Gewissen freier wird und dir immer mehr sagt, woran es noch in und an dir mangelt.

In seiner Offenbarung erinnerte Bruder Emanuel
an das Gesetz der Freiheit:

Es würde wenig nützen und wenig zur Erbauung beitragen, wenn ich, euer Lehrer, einfach und schlicht sagen würde: »Das müsst ihr tun, und jenes sollt ihr lassen.« Denn jeder Mensch hat den freien Willen, auch auf dem Inneren Weg.

Gabriele:

Das erneut zu hören, ist für uns alle zur Wiederholung notwendig. Wir müssen also selbst erfahren, was es bedeutet, nach innen zu leben oder im Äußeren zu verbleiben, sich in der Welt zu tummeln und das Ziel zu verfehlen – oder sich zu reinigen und zu veredeln. Durch die Selbsterkenntnis, also durch die Erfahrung am eigenen Körper, werden wir bereit, den geistigen Weg mehr und mehr zu bejahen und zu wandeln, um von der niederen Natur die Befreiung zu erlangen.

Frei sein bedeutet, immer weniger weltliche Ansprüche an sich selbst und immer weniger Wünsche und Ansprüche an den Nächsten zu stellen. Solange wir uns in Erwartungshaltung befinden, solange wir von unserem Nächsten etwas erwarten, dass er dies oder jenes tun müsse, so lange sind wir an seine Meinungen und Vorstellungen gebunden. Wer für sich selbst noch erhebliche weltliche

Ansprüche geltend macht, wer seine Gedanken um seine eigenen Belange kreisen lässt, indem er das noch besitzen und jenes erwerben möchte, das ihn drängt und umwölkt, dessen Herz ist noch nicht frei für den Inneren Weg.

Unser Geistiger Lehrer, Bruder Emanuel,
offenbarte:

Jeder von euch hat noch kleinere oder größere Wünsche. Wer auf dem Pfad zu Gott wandelt, sollte sich prüfen, was notwendig ist. Das Erfüllen von kleineren oder größeren Wünschen, die den Menschen nicht drängen und umwölken, die nun mal da sind, um sich an äußeren Dingen zu erfreuen, diese Wünsche sollten erfüllt werden, sofern sie zu erfüllen sind, je nach Vermögen des Einzelnen.

Menschen auf dem Inneren Weg werden sich nicht von Gedankenvagabunden zerstreuen lassen und von unerfüllten, unwesentlichen Wünschen drängen lassen. Sie planen und wägen ab, ob es notwendig ist oder nicht. In Gedanken übergeben sie sodann den Plan dem Ewigen, Gott, auch ihre Wunschgedanken, die entsprechend ihrer derzeitigen Lebensweise unerfüllbar sind.

Wer sich sehr viel mit seinen eigenen kleineren und größeren Wünschen beschäftigt, der bewirkt, dass sich die Sinne wieder nach außen kehren und in Seele und Leib Dissonanzen einziehen. Wer sich Gott anvertraut und auf Ihn baut, der wird erhalten, was er benötigt – und darüber hinaus.

Gabriele sagte dazu:

Gott, die allmächtige Kraft, kann alles so lenken, dass es für uns gut ist und der Seele zum Wohle dient. Gott hilft durch uns selbst und über Zweite und Dritte.

Gabriele sprach noch einige Worte zur Planung:

Lieber Bruder, liebe Schwester, wir Menschen haben die Angewohnheit, alles, was wir tun oder was wir planen, in Frage zu stellen. Was wir geplant haben, stellen wir selten unter den Willen Gottes. Wir haben geplant, und wir bemühen uns, den Plan von uns aus durchzuführen. Dabei wägen wir beständig ab, ob es wohl gelingt, was wir geplant haben oder ob es uns aus diesen oder jenen Gründen nicht möglich ist durchzuführen, wonach uns unsere Wünsche drängen.

Durch unsere Bejahung und gleichzeitige Verneinung, durch unsere ziellose Arbeit am Gelingen des Planes, stellen wir diese nicht nur in Frage, sondern tragen oftmals zum Nichtgelingen bei.

Wir sollten uns mehr von Gott führen lassen, uns Ihm anvertrauen. Das heißt nicht, dass wir untätig sein sollen.

O nein! Wir sollen lediglich der Handschuh an der Hand des Herrn sein. Wir sollen planen und sowohl den Plan als auch unser Tun unter den Willen Gottes stellen. Das heißt: Wir zweifeln nicht mehr, ob der Plan gelingt. Wir wägen nicht mehr ab. Wir wirken und handeln für den Plan. Wir lassen uns nicht von drängenden und bohrenden Gedanken beeinflussen. Wir tragen zum Gelingen des Planes bei, souverän, und wissen: Wenn es Gottes Wille ist, dann wird er die Dinge und Geschicke so lenken, wie es gut ist. In diesem Vertrauen wirken, handeln und leben wir. Das ist Vertrauen, Konzentration und Ausrichtung.

Wenn es dann noch für uns gut ist, wird der Wunsch in Erfüllung gehen und der Plan gelingen. Ist es für uns nicht gut, dann zerschlägt er sich. Beides sollen wir annehmen, den Erfolg und den eventuellen Misserfolg.

Wägen wir jedoch schon im Voraus ab und stellen wir unser Vorhaben gleichzeitig in Frage, dann hindern wir Gott am Wirken. Durch dieses Hin- und Hergerissensein, durch das Für und Wider, durch die Bejahung und das In-Frage-Stellen, kann unter Umständen auch ein Vorhaben gelingen, das für uns allerdings nicht gut ist. Sein Gelingen kann auf uns zukommen, weil wir durch Zweifel und menschliche Reaktionen das Wirken Gottes ausgeschaltet und niederen Kräften Tür und Tor geöffnet haben, die sodann für uns gearbeitet und den Wunsch erfüllt oder gar den Plan zum scheinbaren Gelingen geführt haben. Durch unsere menschlichen Regungen haben wir in diesem Fall entweder mit Gedankenenergien in der Atmosphäre oder mit astralen Energien, mit ungesetzmäßigen Energien gearbeitet oder gar Kontakt mit Seelen aufgenommen, die unseren Plan wunschgetreu durchgeführt haben. Wir verfolgen dann das scheinbare Gelingen unseres Planes weiter, arbeiten danach und scheitern letztlich nach Monaten, Jahren oder in weiteren Inkarnationen – da wir ja in einem weiteren Erdenleben dort fortfahren werden, wo wir im früheren Leben aufgehört haben –, da unser Plan letztendlich für die Entwicklung unserer Seele nicht gut war.

Unsere Zweifel, unser Misstrauen, unsere Ängstlichkeit und Sorge binden uns an unsere Wünsche und Vorstellungen, an Menschen und Dinge. Wer zur inneren Freiheit finden möchte, der muss von allen äußeren Bindungen und Dingen frei werden.

Solange wir von uns aus etwas wollen, ist es eine sogenannte Erwartungshaltung. Jede Erwartungshaltung führt die Sinne nach außen, die sich sodann an Dinge und Menschen binden. Solange der Mensch etwas möchte, bindet er sich an Menschen und Dinge. Stellt er seinen Willen unter den Willen des Herrn, lässt er sich führen – und nicht drängen von seinen allzu menschlichen Gedanken und Wünschen –, dann wird er frei.

Je freier der Mensch wird, umso weniger Ansprüche stellt er an die Welt und an seinen Nächsten: Er wird selbstlos und gibt, und je mehr der Mensch selbstlos wird, umso mehr wird er empfangen.

Das gilt auch für unsere Planung. Wer richtig plant, ohne zu wünschen, ohne sich Gedanken der Sorge zu machen, ob es wohl glückt oder nicht, der ist geführt *von oben, von Gott. Wer weiß, dass er nur Verwalter seines Besitzes ist und an das Wohl seines Nächsten denkt, wer also nicht mehr an seinem Hab und Gut hängt, sondern es nur verwaltet, der wird mehr empfangen, als er benötigt.*

Wer sein Sinnen und Trachten nach innen richtet, zu Dem, der die Fülle ist, der wird auch für sich aus der göttlichen Fülle empfangen, in dieser und in der anderen Welt.

Je reiner unsere Seelen werden, umso mehr werden wir auch im Äußeren erhalten, denn die Fülle kommt auf den zu, der im Herzen, in der Seele, die Fülle erschlossen hat. Das kann in diesem oder in einem der nächsten Leben sein.

Wohl dem, der das zur rechten Zeit erkennt. Er wird sich sodann im rechten Maße einsetzen, nicht für seine eigenen Belange, sondern zum Wohle der Allgemeinheit, zum Wohle derer, die nach der inneren Fülle streben.

In seiner Offenbarung
sprach Bruder Emanuel:

Wer sich nur als Verwalter seines Besitzes sieht, den ihm Gott für das Gemeinwohl anvertraut hat, der kann auch loslassen von Sein-, Besitzen- und Habenwollen.

Loslassen bedeutet, er wird nicht mehr von Sein-, Besitzen- und Habenwollen gedrängt. Loslassen bewirkt

Frieden, innere Stille, Freude und Harmonie. Menschen, die loslassen können, leben nicht mehr in der Vergangenheit. Sie denken auch nicht mehr angsterfüllt an die Zukunft. Sie leben bewusst in der Gegenwart.

Wer bewusst im Jetzt lebt, in dem lebt und durch den wirkt Gott. Der Ewige beflügelt die Seele des Menschen und führt Seele und Mensch zu ungeahnten Höhen.

Wer also seine Sinne auf rechte Weise schult, sie verfeinert und seine Gedanken veredelt, der findet zu der inneren Freiheit und erlangt wahre Größe. Was vollzieht sich also in der Seele, wenn der Mensch seine Sinne verfeinert?

Zum Ersten lichten sich die Seele und die Seelenhüllen, da die ewige Kraft vieles umwandelt, was sodann der Mensch durch die Verfeinerung seines Wesens, seiner Empfindungen und Gedanken nicht mehr tragen muss.

Zum Zweiten richten sich die geistigen Atome allmählich auf den unbelastbaren Wesenskern der Seele aus, auf das zentrale Licht, auf die Urkraft. Von dort aus strömen sodann vermehrt Energien in Seele und Körper.

Die vom Wesenskern ausgehenden vermehrten Kräfte wirken sich in Seele und Leib positiv aus. Die vermehrte Lebenskraft bewirkt Gesundheit, Glück und Zufriedenheit. Auf Grund der vermehrt ausströmenden Kraft aus dem Wesenskern, Gott, erweitert sich auch das geistige Bewusstsein der Seele. Seele und Mensch werden stiller und aufnahmefähiger für die ewige Kraft.

Bruder Emanuel
brachte es uns noch einmal nahe:

Auf der Stufe der Ordnung bemüht sich der Schüler, durch die Verfeinerung seiner Sinne und durch die Kontrolle seiner Gedanken von außen nach innen zu arbeiten und zu wandern.

Hat der Schüler seine Sinne verfeinert, seine Gedanken geordnet und seine Rede gezügelt, dann wird er fortan mehr und mehr von innen nach außen leben. Das bedeutet, dass der Schüler seine Vergangenheit weitgehend gemeistert hat und in der Gegenwart lebt. Die Zukunft wird er sodann mit Gott gestalten.

Gabriele:

Bruder Emanuel ermahnte uns, die Aufgaben und Lektionen aus dem Geiste unseres Vaters bewusst und gewissenhaft zu erfüllen, damit wir von unserer niederen Natur frei werden, unser Geistbewusstsein still wird und sich zugleich erweitert. Nur mit einem stillen und erweiterten Bewusstsein können höhere Stufen angestrebt werden, auf denen höhere Ideale und Werte Grundbedingung sind. Das stille und erweiterte Bewusstsein eines Menschen in der Verwirklichung ist die Verankerung im Göttlichen.

Wer auf dem Inneren Weg einige Schritte getan hat, wer in sich die Selbstlosigkeit verspürt durch selbstlose

Gedanken, durch innere Stille und Konzentration, der kann – sofern er möchte – das Seelengebet in Zukunft wie folgt gestalten:

Bruder Emanuel gab folgende Hinweise:

Zu der üblichen Zeit, an dem gleichen Ort, an welchem einigermaßen Ruhe und Frieden herrschen, erfüllt ihr die freudige Aufgabe, das Seelengebet.

Der Schüler nimmt die bekannte aufrechte Sitzhaltung ein. Er schließt die fünf Sinnestore. Das erste Tor sind die beiden Augen. Das zweite Tor ist der Gehörsinn, den er nach innen wendet.

Das dritte und vierte Tor, das Geruchs- und Geschmacksorgan, sind untätig. Das fünfte Tor, der Tastsinn, ist ebenfalls geschlossen.

Die Hände ruhen im Schoß.

Der Schüler betet bewusst, sinngemäß mit folgenden Worten nach innen:

»Ewiger Vater!
Mein Sinnen und Trachten liegt darin,
Dir zu gefallen und Dir näherzukommen.
Meine Sinne schweigen.
Ich möchte zum ewigen Bewusstsein vordringen,
zu Dir, Du Ewiger,
der Du bist von Ewigkeit zu Ewigkeit.«

Gabriele:

Lieber Bruder, liebe Schwester, dieses Gebet an den Ewigen kannst du entsprechend deinen Empfindungen beten. Hierzu gab uns Bruder Emanuel mit dem vorstehenden Text nur eine Anleitung. – Diese Gebetsworte werden von unseren Gedanken und Empfindungen begleitet. Sind unsere Empfindungen und Gedanken bei unseren Gebetsworten, dann erst beten wir konzentriert. Das Gebet richten wir nach innen.

Mit Empfindungen der Liebe und Dankbarkeit Gott gegenüber gleiten wir sodann zum Bewusstseinszentrum der Ordnung, das in der Nähe der Steißbeinregion verankert ist. Die Gebetskräfte strömen also hinab zum Bewusstseinszentrum der Ordnung. Dort angelangt, sprechen wir in Gedanken oder mit Worten die Seele an. – Auch hier gilt es: Jeder betet so, wie es ihm augenblicklich zumute ist. Die Anleitung von Bruder Emanuel soll sinngemäß verstanden werden. Die Anleitung lautet:

»Herr, Du bist allgegenwärtig.
Meine Seele und alle meine Körperzellen jubeln Dir zu.
Meine Seele, stimme dich ein auf Gott,
die allmächtige Kraft,
und bete inbrünstig zu dem, der dich gerufen hat:
Ewiger Geist, Du bist in mir –
und ich will bewusst in Dir sein!«

Nach diesem kurzen Dankgebet verharren wir ruhig und im starken Glauben im Bewusstseinszentrum der Ordnung. Wir bleiben still. Es dringt kein Gedanke in uns ein. Wir lassen die Seele beten. Es kommen dann in uns selbstlose Gebetsempfindungen. Sie steigen empor und formulieren sich zu Gedanken und zu Worten.

Nach dem Gebet der Seele begleiten wir mit unseren Empfindungen die Gebetsströme zum Wesenskern der Seele. Dort angelangt, danken wir mit unseren Worten.

Anstatt die Gebetsworte laut auszusprechen, können wir auch in Gedanken beten. Wir gleiten in diesem Fall in Gedanken zum Bewusstsein der Ordnung hinab. Unsere Empfindungen sind dabei ganz auf unsere Gedanken ausgerichtet.

Bruder Emanuel gab eine weitere Lektion.
Er sprach:

Meine Freunde, liebe Schüler, es steht geschrieben: »Was ihr dem Geringsten Meiner Brüder antut, das tut ihr Mir an«. Was bedeutet diese Aussage?

Sie bedeutet: Was ihr eurem Nächsten in Empfindungen, Gedanken, Worten und Werken antut, das richtet sich wieder gegen euch selbst. Auf Grund eurer allzu menschlichen, eigensüchtigen Empfindungen, Gedanken, Worte und Werke vergrößert ihr die Schatten in eurer Seele.

Sind jedoch eure Empfindungen, Gedanken, Worte und Werke selbstlos, umso größer wird das Licht in euch.

Denkt ihr über euren Nächsten positiv, seht ihr in allem das Gute, das Göttliche im Menschen, bejaht ihr in allem die positive Kraft, dann wird die Seele stiller und der Mensch bewusster. Das heißt, er wird bewusster denken, sprechen und handeln. Dadurch nimmt der Ewige in Seele und Mensch – in vielen Fällen unbemerkt – die Reinigung der Seele und des Körpers vor. Durch die Reinigung verstärkt sich die Christuskraft in der Seele. Dadurch wird sie lichter und der Leib reiner und heller.

Spricht oder handelt der Mensch seinem Nächsten gegenüber jedoch negativ, so wird sich auch das Negative gegen ihn richten. Der Leib verdunkelt sich, die Seele verschattet sich, weil sich das Licht Christi in der Seele und im Leib verringert. Dadurch fällt der Mensch in lichtärmere Schwingungszonen. Die Schatten, die sich infolge falschen Verhaltens in Leib und Seele ergeben haben, bewirken sodann weitere Ursachen. Darauf baut der Mensch wieder neue Ursachen auf.

Je verschatteter Seele und Leib sind, umso weniger Geistkraft fließt beiden Körpern zu, dem Seelenkörper und dem physischen Leib. Die Folgeerscheinungen sind Müdigkeit, Lustlosigkeit und Friedlosigkeit. Die Sinne wenden sich dadurch mehr und mehr nach außen in die Welt der Sinnesreize. Dort im Äußeren sucht der ruhelose Mensch nach Kraft und Lebensenergie. Der Ausweg ist sodann in vielen Fällen die Nahrung. Infolge innerer Verarmung wünscht der Mensch immer mehr Nahrung. Er greift auch zu Alkohol und Nikotin und verlangt nach kulinarischen Genüssen.

Der Satan sprach einst zu Jesus: »Siehe, ich schenke Dir alle Schätze dieser Welt, wenn Du niederfällst und mich anbetest.« Auf mannigfache Art und Weise schenkt er auch heute noch denen die Schätze dieser Welt, die sich vom ewigen Licht abwenden und der Welt, den äußeren Dingen, zuwenden, die sich in das Weltgetriebe stürzen und den Satan der Sinne anbeten.

Die Rückkehr zur Welt oder ein Leben mit der Welt sind Zeichen geistiger Verarmung. Dabei wird der Mensch immer träger und nachlässiger. Träge, nachlässige Menschen, die nur weltbezogen sind, altern wesentlich schneller als geistige Menschen, Menschen der Tat. Trotz Pflege des Körpers, trotz Bädern und Kuren drückt sich die innere Verarmung im Äußeren aus.

Mit folgenden Worten ermutigte uns Gabriele:

Lieber Bruder, liebe Schwester, wer von uns möchte nicht jung bleiben? Trotz des Alterungsprozesses streben wir immer wieder die Jugend an. Das ist ein inneres Ahnen, ein Ahnen der Seele, die von ihrer ewigen Jugend weiß.

Bruder Emanuel sprach Folgendes:

Meine Freunde, Menschen des Geistes altern nicht – sie welken. – Was bedeutet es zu welken? Erkennt: Ein dahinwelkendes Blatt am Baum kann wunderschön sein. Wer spricht von dem »alten« Blatt? Doch nur der, der selbst alt ist!

Er sprach weiter:

Meine Freunde, ich wünsche euch die geistige Initiative. Ich wünsche euch von ganzem Herzen, dass ihr den Pfad nach Innen freudig beschreitet. Denn in der geistigen Freude liegt die Dynamik der Seele und des Leibes und auch die innere Jugend.

Je mehr Geistkraft durch Seele und Mensch strömt, umso dynamischer und jugendlicher ist der Mensch. Auch in fortgeschrittenen Jahren wird die Körperhaltung eines Menschen aufrecht sein, da seine Gesinnung aufrecht ist. Das Wesen eines durchgeistigten Menschen ist strahlend, liebevoll und erfüllt von innerer Kraft und Dynamik. Obwohl nach den Naturgesetzen das Äußere welkt, so bleibt in ihm doch die Spur innerer, ewiger Jugend erhalten.

Gabriele:

Lieber Bruder, liebe Schwester, die Geschwister auf dem Inneren Weg schmunzelten, als Bruder Emanuel sprach:

Meine Brüder und meine Schwestern, es lohnt sich also, diesen Inneren Weg zu gehen – allein schon, um nicht zu altern.

Wir sehen, auch die geistige Welt gewinnt uns ein Lächeln über uns selbst ab.

Bruder Emanuel
ermunterte zur inneren Freiheit:

Lasst los, meine Freunde, lasst los die Vergangenheit! Macht euch nicht Sorgen um die Zukunft. Der Geist unseres Herrn ist euch so nahe. Er, der Allmächtige, möchte in euch wirksam werden und euch die Fülle schenken.

Je mehr ihr diesem ewigen Geist huldigt, indem ihr die Gesetze erfüllt, umso reicher werdet ihr in eurem Inneren werden. Euer Leben wird still und freudig sein. Menschen, die sich Gott anvertrauen, werden wahrlich das erhalten, was sie benötigen – und darüber hinaus. Menschen, die vom Geiste der Liebe durchdrungen sind, sind glücklich, froh und dankbar. Die Spontanität ihres Inneren ist auch die Spontanität des Äußeren.

Gabriele sagte:

Lieber Bruder, liebe Schwester! Bruder Emanuel, unser Geistiger Lehrer, möchte mit seinen Worten, die aus seinem Herzen fließen, ganz auf uns zugehen. Er sprach und spricht zu uns:

Meine geliebten Brüder und Schwestern, aus meinem ganzen Herzen, mit meinen ganzen geistigen Empfindungen, möchte ich euch aufmuntern, diesen Inneren Weg zu wandeln.

O erkennt in meinen Worten die Kraft und die Liebe eures Lehrers, die euch zuströmt! Ich möchte euch herausführen aus der Bedrängnis des Alltags, hin zu dem ewigen Frieden in euch – zu Christus.

Wahrlich, Freunde, wer zu dem inneren Frieden gefunden hat, der kann wieder Frieden geben. Er ist der Friedensbringer, den diese Welt benötigt. Ein Reich des Friedens kann nur von friedvollen Menschen aufgebaut und geführt werden. Was nützen all die äußeren Dinge, wenn der Mensch nicht mit Frieden, Freude und Dynamik erfüllt ist?

Christus, euer Erlöser, spricht vom Friedensreich. Ihr alle seid gerufen, mit Ihm dieses Reich des Friedens zu gründen und zu erbauen. Jeder möge die Aufgabe, diese große, gewaltige Aufgabe, in sich selbst erkennen. Jeder muss zuerst in sich zum Frieden erwachen, um in der Welt Frieden zu bringen. Daher sollte sich jeder verantwortlich fühlen, damit das Reich des Friedens erstehen kann. Es kann jedoch nur dann werden, wenn ihr werdet!

Liebe Freunde, wenn ihr freudig, dankbar und erfüllt diesen Weg innerer Liebe und inneren Friedens wandelt und wenn ihr friedvoll seid, dann beflügelt euch die Seligkeit, die ihr sodann allen bringen könnt, die nach Gerechtigkeit dürsten. Gerecht ist nur *der* seinem Nächsten gegenüber, der zu sich selbst gerecht ist, in Gedanken,

Worten und Werken, dessen Empfindungen und Gedanken gleich seinen Worten sind. Wer zu sich selbst gerecht ist, der hat zum inneren Frieden gefunden, und der ist der Miterbauer des Reiches Gottes.

Meine Freunde, Worte sagen wenig. Erfasst den Sinn meiner Worte und erkennet, dass der Innere Weg notwendig ist, damit das Reich des Friedens erstehen kann. Wer also auf dem Inneren Weg erfolgreich wandelt, der ist wahrlich der Miterbauer des Reiches Gottes auf Erden. Er wird nach diesem Leben siegreich in die ewige Heimat zurückkehren. Dort wird er kein Fremdling sein.

Meine Freunde, meine geliebten Brüder und Schwestern, verwirklicht und erfüllt freudig die Aufgaben! Freut euch jedes Mal aufs Neue, wenn die Zeit da ist, zu der ihr wieder das Seelengebet erfüllen könnt. Das Seelengebet bewirkt immer wieder eine neue Ausrichtung und zugleich eine weitere Veredelung.

Meine Freunde, meine geliebten Brüder und Schwestern, möge der Segen des Allmächtigen euch täglich mehr stützen und anregen, das durchzuführen, was notwendig ist, um den inneren Frieden zu finden, um bald aus dem ewigen Bewusstsein schöpfen zu können, denn der Geist soll bewusst die Materie beherrschen.

Gott zum Gruß, meine Freunde!

*

Bruder Emanuel gab eine kurze
Zusammenfassung:

Vor dem Sieg steht der Kampf mit den niederen Mächten, mit den niederen Empfindungen, Gedanken, Worten und Handlungen, mit den äußeren Sinnen, die nach Wohlleben trachten, nach dem inkonsequenten Leben. Die Sinne des Menschen sind so lange bestrebt, Seele und Mensch nach außen zu ziehen, zu Verlockungen anzuregen, bis der Mensch seinem niederen Ich gebietet und höhere Kräfte zur Wirkung kommen lässt.

Die nun folgende Aussage ist für jeden Schüler auf dem Inneren Weg wesentlich:

Wer in allem, was lebt, das Göttliche bejaht und die göttlichen Gesetze verwirklicht, nimmt auch die positiven Kräfte der Natur und Gestirne auf. Wer Kräfte der Liebe aussendet, der wird um ein Vielfaches Kräfte der Liebe empfangen.

Eine weitere wichtige Aussage:

Der Weg nach Innen ist der Weg der Liebe. Aus Liebe zu Gott sollte der Wanderer zum Königreich des Inneren allmählich das Allzumenschliche lassen, das Geistige bejahen und im täglichen Leben gesetzmäßig anwenden.

Gabriele:

Lieber Bruder, liebe Schwester, ich darf dich noch einmal an die Gehörlehre erinnern, an die Aufgaben, die für uns wichtig sind, um aus unserem Inneren allmählich unser Ich herauszuholen, das, was uns noch unbewusst ist und doch Schwierigkeiten bereitet, das uns nicht in die Einheit mit allen Menschen und mit Gott finden lässt.

Liebes Geschwister, ich möchte dich auch noch einmal an die Bewusstseinsstützen erinnern, die uns Hilfe auf dem Weg sind, wenn uns aufkommende Neugierde, Wünsche und Sehnsüchte übermannen wollen. Trotz dieser Übungen werden wir unsere Tätigkeit – gleich, wohin wir gestellt sind – ordnungsgemäß erfüllen, doch in innerer Harmonie, ausgerichtet auf die Kraft, der wir zustreben.

Ich darf wiederholen: In allen lauten Dissonanzen sollen wir auch das Göttliche sehen, denn in allem – auch im lauten Ton – ist das Göttliche, nur verkapselt von dem, was wir in Empfindungen, Gedanken, Worten und Werken ausgesandt haben. Kein Ton könnte entstehen, wenn nicht auch in ihm die harmonische Kraft wäre. Die göttliche Kraft wird zum Teil vom Menschen überlagert oder umgewandelt zu einem lauten, schrillen Ton, so wie wir vieles umwandeln, das uns sodann zum Verhängnis werden kann. Durch die Stetigkeit, nur die positiven, harmonischen Töne zu bejahen, bilden wir um uns einen geistigen Kokon, der allmählich um uns die schrillen Töne mildert und sie nicht in vollem Maße einwirken lässt.

Liebe Schwester, lieber Bruder, vergiss bitte nicht, sowohl an den Innen- wie auch an den Außentagen, deine Empfindungen und Gedanken zu notieren. In späterer Zeit wirst du erkennen, wie wertvoll diese Notizen für dich sind, denn du erfährst daraus, dass du doch schon einige Schritte auf dem Inneren Weg getan hast.

Wir sollen uns verfeinern. Die grobe Struktur Mensch soll sich veredeln und vergeistigen. Dazu gehört auch die Verfeinerung des Geruchs- und Geschmackssinns. Bitte, achte darauf, dass alles, was sich nach außen gekehrt hat, grob, das heißt auch ungestüm ist. Durch das Beachten der göttlichen Gesetze – indem wir unsere Gedanken ordnen, unsere Rede zügeln und unsere Sinne bemeistern – werden wir von höheren Schwingungen erfasst und durchströmt, die sodann die sich adelnde Seele immer mehr zu erkennen geben.

Nun gebe ich einen Satz zum Nachdenken:

Wer sich an der Schönheit und an dem Duft der Blumen, Sträucher und Bäume erfreut, wer in diesen Lebensformen die göttliche Liebe empfindet, der verstärkt die Harmonie in seiner Seele und in seinem Körper.

Lieber Bruder, liebe Schwester, denke auch bei der Nahrungsaufnahme daran, dass du deinen Geruchs- und Geschmackssinn veredeln möchtest.

Setze dich beim Essen aufrecht hin und bemühe dich, nicht hastig zu essen, kaue den Bissen gut, schlucke das Gekaute hinab und dann erst nimm wieder den weiteren Bissen auf den Löffel oder auf die Gabel und führe ihn dem Mund zu. Vollziehe dies bewusst, und du wirst erkennen, welch Harmonie und Friede dich auch während der Mahlzeiten überkommen. Dann ist die Nahrungsaufnahme eine bewusste meditative Dankübung. Das Gleiche gilt auch bei der Aufnahme von Flüssigkeit. Wir sollen den Inhalt des Glases nicht auf einmal hinunterschlucken, sondern schluckweise trinken. Das Getränk soll nicht zu heiß, aber auch nicht zu kalt sein.

Bruder Emanuel offenbarte:

Verfeinern sich die Sinne des Menschen, dann verfeinert sich auch die gesamte Struktur des Körpers. Dabei werden auch die Seelenhüllen lichter, und die Seele wird edler. Auf Grund der äußeren Verfeinerung verfeinert sich auch das Innere.

Durch die Verfeinerung der äußeren Sinne verändert sich auch gleichzeitig die atomare Struktur der Seele: Die geistigen Atome wenden sich allmählich dem Wesenskern zu, dem Herzen der Seele.

Gabriele wiederholte wesentliche Aussagen:

Liebe Schwester, lieber Bruder, wir müssen Erfahrungen sammeln, damit wir auch bereit sind, den geistigen Weg mehr und mehr zu gehen. Haben wir Erfahrungen, was sich sowohl an den Innen- wie auch an den Außentagen in und an uns vollzieht, dann werden wir freudig an die nächste Übung gehen und die derzeitige Übung immer wieder wiederholen.

Wir müssen frei werden von unserem menschlichen Ich. Das niedere Ich bindet sich an diese und an jene Wünsche. Das niedere Ich bindet sich an Menschen und will Menschen an sich binden.

Binden heißt auch eine Erwartungshaltung haben: Ich erwarte, dass mein Nächster dies und jenes tut; ich erwarte, dass er sich so und so verhält. Solange wir uns in der Erwartungshaltung befinden, solange wir von unserem Nächsten etwas erwarten – dass er dies oder jenes tue –, so lange sind wir unfrei. Wir sind an unser Ich und mit unserem Ich an Menschen, Dinge, Wünsche und Vorstellungen gebunden.

Ein weiterer wichtiger Satz für uns:
Ist unser Sinnen und Trachten nach innen gerichtet, zu Dem, der die Fülle ist, wollen wir Gott gefallen und nicht den Menschen, dann werden wir auch empfangen, was wir benötigen – denn Gott schenkt sich uns in dem Maße, wie wir uns für Ihn öffnen.

Je reiner unsere Seele wird, umso mehr werden wir auch im Äußeren erhalten. Denn die Fülle kommt auf den zu, der im Herzen, in der Seele, die Fülle erschlossen hat.

Liebe Schwester, lieber Bruder, bereinige deine Vergangenheit. Wer in Gott lebt, der lebt nicht mehr in der Vergangenheit und denkt auch nicht mehr angsterfüllt an die Zukunft. Er lebt in der Gegenwart! Wer im Jetzt, in der Gegenwart, lebt, in dem lebt und durch den lebt Gott. Die Seele wird von Adlersflügeln getragen.

Selbstlose Liebe bringt innere Freiheit. Wer zur inneren Freiheit gefunden hat, der hat wahre Größe. Haben wir die Vergangenheit weitgehend gemeistert und bemühen wir uns, in der Gegenwart zu leben, dann wird Gott, der allmächtige Geist, die Zukunft mit uns gestalten.

Liebe Schwester, lieber Bruder, ich darf dich auch noch einmal an das Seelengebet erinnern: Bete bitte mit deinen Worten. Bete so, wie es in deinen Empfindungen liegt! Lasse es aus deinem Inneren heraus beten oder in deinem Inneren beten. Jeder von uns muss es an sich selbst erfahren, was für ihn augenblicklich besser ist: das laute Gebet, das Gebet mit Worten, oder das stille Gebet, das Gebet in Gedanken.

Wir lassen die folgende Aussage des Herrn in uns nachschwingen: »Was ihr dem Geringsten Meiner Brüder antut, das tut ihr Mir an.« Diese Aussage bedeutet: Was wir unserem Nächsten in Empfindungen, Gedanken, Worten und Werken antun, das richtet sich wieder gegen uns selbst.

Denken wir über unseren Nächsten positiv, sehen wir in ihm das Gute, das Göttliche, dann wird auch unsere Seele stiller werden. Unbemerkt nimmt der Ewige in Seele und Mensch die Reinigung vor. Dadurch verstärkt sich die Christuskraft in unserer Seele. Die Seele wird lichter und der Leib heller.

Sprechen wir jedoch über unseren Nächsten negativ, so wird sich auch das Negative gegen uns richten. Der Leib verdunkelt sich, die Seele verschattet sich, weil sich in unserer Seele das Licht Christi verringert. Der Mensch fällt in lichtärmere Schwingungszonen. Die Schatten, die sich infolge falschen Verhaltens in Seele und Leib ergeben haben, bewirken sodann weitere Ursachen. Darauf können wir wieder neue Ursachen bauen.

Je mehr Schatten in Seele und Leib sind, umso weniger Geistkraft fließt beiden Körpern zu, dem Seelenkörper und dem physischen Leib. Die Folgeerscheinungen sind Müdigkeit, Lustlosigkeit und Friedlosigkeit. Dadurch wenden sich die Sinne wieder mehr und mehr nach außen in die Welt der Sinnesreize. Dort, im Äußeren, sucht sodann der ruhelose Mensch nach Kraft und Lebensenergie. Der Ausweg sind sodann oftmals große Mengen von Nahrung und Genuss- und Betäubungsmitteln. Wir greifen sodann auch zu Alkohol und Nikotin und verlangen immer mehr kulinarische Genüsse. Das sind Zeichen geistiger Verarmung. Dadurch wird der Mensch immer träger und nachlässiger. Wird einem solchen Menschen eine Aufgabe übertragen, die er nicht gewillt ist durchzuführen, dann fällt er sofort in Resignation, da er aus seiner Lethargie herausgerissen wurde.

Jede Resignation führt wieder zu gegensätzlichen Empfindungen und Gedanken. Diese bewirken unter Umständen wiederum weitere Ursachen und einen Rückfall in weitere alte menschliche Regungen und Neigungen. Solche Menschen altern sehr schnell. In der Mitte ihres Lebens können sie schon unansehnlich aussehen. Sie können voluminös sein und schwer an der Last ihrer Gedanken und ihrer eigenen Werke tragen. Der Körper ist nach vorne gebeugt, der Rumpf ist unansehnlich.

Gabriele wiederholte
eine Aussage Bruder Emanuels:

Menschen des Geistes altern nicht, sie welken nur!

Erkennt diesen gewaltigen Unterschied: Wir altern nicht – wir welken. Das bedeutet, dass die innere Jugend vorhanden bleibt, die Dynamik durch die Kraft des Geistes bis ins hohe Alter vorhanden ist. Es welkt also nur unser Körper, da dies naturbedingt ist; die durchgeistigte Seele und der durchgeistigte Mensch altern nicht.

Bruder Emanuel sprach hierzu
folgende Worte:

Ein dahinwelkendes Blatt am Baum kann wunderschön sein. Wer spricht hier von dem alten Blatt? Doch nur der, der selbst alt ist!

Auch diese Aussagen von Bruder Emanuel,
die Gabriele sinngemäß wiederholte,
sind von Bedeutung:

Je mehr Geistkraft durch Seele und Mensch strömen, umso dynamischer ist der Mensch. Auch in den fortgeschrittenen Jahren seines irdischen Lebens wird ein geistiger Mensch aufrecht gehen, da seine Gesinnung aufrichtig ist. Das Wesen eines durchgeistigten Menschen ist strahlend, liebevoll und erfüllt von innerer Kraft und Dynamik.

Meine Brüder und Schwestern, es lohnt sich also, den Inneren Pfad zu gehen – allein schon, um nicht zu altern.

Die Gelassenheit eines Geistwesens kann uns ungeschminkt solches sagen.

Der Weg nach Innen bewirkt also in uns Freiheit und Frieden. Deshalb sollen wir ihn freudig gehen, damit wir den Adel unserer Seele erlangen. Menschen, die vom Geiste der Liebe durchdrungen sind, werden glücklich, froh und dankbar. Die Spontanität ihres Inneren ist auch die Spontanität ihres Äußeren.

Lieber Bruder, liebe Schwester, wir wollen uns bemühen, den Willen unseres himmlischen Vaters zu erfüllen, damit Sein Geist bewusst die Materie beherrschen kann.

Wir wünschen dir Seine Kraft und Seine Liebe, damit du auf dem Inneren Weg stetig vorankommst!

Möge uns Seine Liebe verbinden und Sein Friede durch uns strömen!

Möge Seine Kraft uns immer näher zu Ihm führen, der unser Leben ist – Gott!

Der Friede des Allmächtigen ist mit uns.

Gott zum Gruß, lieber Bruder, liebe Schwester!

Gabriele

6. Die Schulung des Tastsinnes

Der unkontrollierte Tastsinn – Siebenmal sieben Bewusstseinsaspekte – Der Mensch als Spielball der äußeren Sinne – Alles ist Schwingung – Der Mensch als Zielscheibe verschiedener Kräfte

Aufgabe: Bewusstes Tasten; Wechsel von Außen- und Innentagen – Aufrichtige Gesinnung und aufrechte Körperhaltung – Übermäßiges Gestikulieren und harmonische Haltung

Aufgabe: »Ausflug« in den Kosmos – Kommunikation mit den schönen, positiven Kräften in allem – Fragen an Frauen und Männer (die zweite Maske, Bart und langes Haar, Kleidung) – »Humor«, Kleidung und Feste der Liebe in der geistigen Welt – Zusammenfassung

–

Zu Beginn der neuen Lektion aus dem Geiste Gottes sprach Gabriele:

Gott zum Gruß, lieber Bruder, liebe Schwester!

Der Friede des Herrn möge uns alle beseelen, damit wir die weiteren Lehren, Aufgaben und Fragen erkennen und verwirklichen können, die uns Bruder Emanuel, unser Geistiger Lehrer, am 13.4.1985 offenbart hat.

Wir haben gehört, dass wir die fünf Sinne verfeinern sollen, damit wir unserem Ursprung näherkommen. Die

Schulung der Empfindungen, Gedanken, der Worte und der fünf Sinne ist der Lehrstoff der geistigen Ordnungsstufe. Unser Lehrer, Bruder Emanuel, erinnert uns immer wieder, den Weg nach Innen freudig zu beschreiten, ausgerichtet auf die höchste Liebe, auf Gott.

Zur Verfeinerung der vier Sinne wurden bereits Aufgaben gegeben. Wir müssen täglich unsere Sinne neu ausrichten und uns immer wieder auf das positive Denken besinnen, bis wir so weit gereift sind, dass wir grundsätzlich alles von innen her tun; bis es uns möglich ist, aus unserem erschlossenen Bewusstsein zu schöpfen und uns von innen her führen lassen zu können. Das ist dann Bewusstheit; das ist zielbewusstes und aufbauendes Leben.

Der fünfte Sinn, den wir nun ansprechen, ist der Tastsinn.

Lieber Bruder, liebe Schwester, wenn wir die fünf Sinne aus der Sicht des Geistes betrachten, erkennen wir: Was das physische Auge wahrnimmt, möchte in vielen Fällen die Hand betasten. Was die Nase an Gerüchen und Düften aufnimmt, will das Auge sehen. Gleichzeitig reagiert auch der Tastsinn: Der Mensch greift zum Beispiel nach dem Gegenstand mit dem duftenden Inhalt und führt ihn zur Nase. Getrieben vom Küchenduft, geht er zum Herd, hebt die Abdeckung des Topfes, in dem der duftende Inhalt kocht, und »steckt die Nase hinein«, um den Geruch voll aufzunehmen. Mit solchen und ähnlichen Fällen könnten wir fortfahren. Es wäre möglich, viele Beispiele aufzuzählen.

Sind wir in der Stadt, in einem Kaufhaus, sehen wir einen hübschen Stoff, dann treibt uns der Tastsinn, den Stoff anzufassen. Sehen wir Möbel in verschiedenen Farben und Formen – und ist es uns möglich, sie näher zu betrachten –, dann wollen wir sie auch betasten, um sie zu prüfen und uns darüber Gedanken zu machen. Gehen wir durch den Garten oder machen wir einen Spaziergang durch Feld und Wald und sehen wir die schönen Blumen, dann treiben uns eventuell wieder der Seh-, Geruchs- und Tastsinn. Wir wollen die Blumen genauer betrachten, sie beriechen und betasten.

Unsere fünf Sinne steuern unmerklich unser Gemüt – auch unsere Gedanken- und Empfindungswelt. Auch unsere Wünsche und Vorstellungen werden von den fünf Sinnen angeregt. Dadurch werden wir veranlasst, dem Wunsch der Sinne nachzugehen und durch die Gedanken zu verstärken, was an Wünschen, Vorstellungen, an Menschlichem oder Geistigem in uns liegt. So sind wir also von unseren Sinnen gesteuert. Deshalb müssen wir sie verfeinern.

Wer also seine Sinne nicht geordnet hat, bemüht sich beständig, das zu betasten, was er sieht und registriert. Der Gehörsinn zum Beispiel treibt uns an das Fenster, wenn draußen der Nachbar mit dem Nachbarn spricht. Hastig und unkontrolliert gehen wir auf das Fenster oder auf die Balkontüre zu, um sie zu öffnen und uns eventuell über den Balkon zu beugen, um zu lauschen, was die beiden Nachbarn zu besprechen haben.

All diese Regungen und Neigungen sind allzu menschlich und führen uns, je öfter wir ihnen nachgehen, immer mehr in die Welt der Sinnesreize. Dadurch steigern sich die Neugierde, das Triebleben, die Genusssucht und vieles mehr. Unsere unkontrollierten Sinne führen uns immer mehr nach außen, wodurch die Wünsche an die Welt immer größer werden. Unser Wunschdenken regt verstärkt das Denken an Besitzen-, Sein- und Habenwollen an. Daraus entstehen Neid, Feindschaft und Missgunst, sofern wir uns Gleiches oder Ähnliches wünschen.

Alles beruht auf Schwingung. Wir wissen, dass jeder von uns auf einer anderen Bewusstseinsstufe steht, entsprechend seinem Denken und Leben. Solange wir Menschen noch Individuen sind, umwölkt mit unserem niederen Ich, sind wir mit unserem Nächsten selten gesinnungsgleich.

Jede geistige Bewusstseinsstufe – es sind im Ganzen sieben – beinhaltet wieder alle anderen Stufen. So hat jede Grundstufe des Bewusstseins, als Ganzes gesehen, sieben Aspekte, sieben Spektrallichter. Diese entströmen der Urkraft als **eine** *Kraft, als* **ein** *Strahl. Sie werden in den Prismensonnen, die um die Urzentralsonne kreisen, zerlegt. So hat auch die Ordnungsstufe insgesamt sieben Bewusstseinsaspekte. Sie beinhaltet alle anderen geistigen Stufen des Bewusstseins: Wille, Weisheit, Ernst, Geduld, Liebe und Barmherzigkeit.*

Das geistige Erbe, das uns Gott geschenkt hat, sind die siebenmal sieben Kräfte – es ist das Absolute Gesetz Gott; es ist die Fülle der Unendlichkeit; es ist das Bewusstsein Gott; es ist unser Leben. Das Leben – unser Leben – müssen wir wieder entdecken durch Erkennen der Gesetze und durch die Verwirklichung. Dann finden wir wieder in die Fülle, zurück ins Vaterhaus, in das Gesetz, das wir sind und das uns geschaffen hat.

Über gesetzmäßiges Denken, rechtes Handeln und somit geistiges Leben – indem wir uns dem Willen Gottes unterordnen – finden wir wieder zurück zum Ursprung der Quelle, von wo wir einst ausgegangen sind. Uns ist also geboten, die sieben Grundkräfte des Lebens zu erschließen, frei zu werden, um eins mit Gott zu sein.

Um alle sieben Grundkräfte zu erschließen, müssen wir bei der ersten Grundkraft beginnen, bei der Ordnung. Deshalb bemühen wir uns, unsere Gedanken zu ordnen, unsere Rede zu zügeln und unsere Sinne zu bemeistern, um ein stabiles Fundament zu erlangen, auf das wir die weiteren geistigen Stufen errichten können. Deshalb ist der Satz, den uns Bruder Emanuel 1985 gab, von großer Bedeutung für unser Leben. Er gilt für alle geistigen Stufen, auf denen wir stehen oder die es zu entwickeln gilt. Er lautet:

> *So, wie der Mensch empfindet, denkt und lebt, so ist er. Das ist sein Wesen. Das ist sein Erkenntnisbereich, sein entwickeltes Bewusstsein.*

Lieber Bruder, liebe Schwester, diesen Merksatz notiere dir in dein Mystisches Tagebuch. Er ist wesentlich auf dem Inneren Weg und kann auf jeder Stufe wieder neu entdeckt werden. Ich wiederhole sinngemäß die Aussage von Bruder Emanuel:

> *So, wie der Mensch empfindet, denkt und lebt, so ist er. Das ist sein Wesen. Das ist sein Erkenntnisbereich und der Stand seines entwickelten Bewusstseins.*

Lieber Bruder, liebe Schwester! Solange unsere fünf Sinne immer noch der materiellen Welt zugewandt sind, möchten wir, wenn möglich, alles sehen, alles erhorchen, angenehme Gerüche riechen, gute Speisen und Getränke kosten und alles, was wir greifen können, betasten. Das heißt nicht, dass wir alles Schöne und Angenehme aufgeben, ja lassen sollen. Es bedeutet: Wir sollen nicht danach gieren, sondern dabei dankbar empfinden – und uns davon nicht versklaven lassen. Jegliche Übertreibung, wie zum Beispiel der Fanatismus oder das Sichgehenlassen, führt nicht zur inneren Stille.

Wir wissen, unsere fünf Sinne gleichen fünf Antennen. Die fünf Sinne – die Antennen – sind beständig darauf bedacht, uns – dem Empfänger Mensch – alles zu übermitteln, was dieser sich wünscht, was er fassen und erfassen kann. Sind unsere fünf Sinne nicht geläutert und veredelt, sondern sind wir noch von unseren Sinnen getrieben, dann können wir auch nicht von innen heraus leben. Unsere fünf nach außen gerichteten Sinne erfassen uns täglich neu und machen uns dann zum Spielball unserer Wünsche, Leidenschaften und Triebhaftigkeiten.

Wenn wir uns selbst betrachten und unsere fünf Sinne beobachten, so müssen wir erkennen: So, wie unsere Sinne sind, so sind wir selbst. Wir sind also das Produkt unserer fünf Sinne.

Deshalb können wir sagen: Unsere fünf Sinne sind wir letzten Endes selbst. Verfeinern wir sie nicht, lernen wir sie nicht zu beherrschen, dann machen sie aus uns ein willenloses Subjekt, das einmal dahin und einmal dorthin getrieben wird – so, wie es die unkontrollierten Sinne wollen. Das Spiel der Sinne mit dem Menschen kann zu weiteren seelischen Belastungen führen, sofern der Mensch sie nicht unter Kontrolle bekommt, da sie verstärkt auf die Empfindungs- und Gedankenwelt einwirken.

Wer also seinen Sinnen freies Spiel lässt, der nimmt viele Schwingungen auf, die seinen Entsprechungen gleichen oder ähnlich sind. Er begibt sich kraft seiner fünf Sinne – die ihn steuern und gängeln – einmal in diesen, dann in jenen Schwingungsbereich. Er ist also ein Spielball der Sinne. Wir Menschen sind so lange ein Spielball unserer Sinne, bis wir diese unter Kontrolle gebracht haben. Haben wir unsere Sinne und Gedanken veredelt, dann werden wir immer mehr von innen nach außen leben, denn das Ziel des Inneren Weges ist, von außen nach innen zum Königreich des Inneren zu wandern und sodann von dort aus zu empfinden, zu denken und zu handeln.

Sobald unsere Sinne, unsere Empfindungen und Gedanken veredelt sind und dem Inneren Leben gehorchen, werden wir nur noch betasten und anfassen, was notwendig ist – und wir werden das bewusst tun, das heißt, in der Gottverbundenheit, und dabei aus unserem Inneren heraus empfinden und denken.

Ist also unser Denken, Fühlen und Wollen dem Ewigen untergeordnet, dann sind wir auch gegen die vielen gegensätzlichen Schwingungen geschützt – auch gegen Viren und schädliche Bakterien, die in uns eindringen können, wenn wir weltbezogen sind.

Bruder Emanuel offenbarte Folgendes:

Unwissende Menschen betasten all das, wessen sie habhaft werden können – und was sie interessiert. Menschen betasten also Möbel, Stoffe, Kleider und viele andere Gegenstände. Überall lassen sie ihre Spuren, das heißt, ihre Schwingungen, zurück. An jedem Stuhl zum Beispiel sind unzählige Schwingungen der Menschen, die diesen Stuhl über Jahre hinweg benutzt haben. An allen materiellen Gegenständen sind Schwingungen aller Art. Wer also seinem Tastsinn nicht gebieten kann, da er seine fünf Sinne nicht weitgehend verfeinert und unter Kontrolle hat, wer also noch in und mit der Welt der Sinne lebt – und dadurch diesseitsbezogen und nicht gottbewusst ist –, der nimmt alle Schwingungen an und in sich auf, die auf seiner Bewusstseinsebene schwingen, und er infiziert und identifiziert sich damit.

Gabriele:

Die Schwingungen, die wir mit unserem Tastsinn, mit unseren Händen aufnehmen, fließen zuerst in unsere Aura. Unsere Aura ist der Spiegel unserer Seele und unseres Ober- und Unterbewusstseins.

Sowohl im Oberbewusstsein wie auch im Unterbewusstsein – und auch in den Seelenhüllen und in den Seelenpartikeln – befinden sich Entsprechungen und Erinnerungen und werdende Entsprechungen. All das sind Gedankenkomplexe, das heißt Energiefelder, die wir durch falsches Denken und Handeln geschaffen haben. Die einen sind mehr, die anderen weniger stark. Das sind unsere seelischen und physischen Belastungen, die, je nach Intensität des einzelnen Gedankenkomplexes, mehr oder weniger stark schwingen.

Hierzu unser Geistiger Lehrer,
Bruder Emanuel:

Ein Gedankenkomplex – auch Energiefeld genannt – kann sich verstärken und erweitern, wenn ein und derselbe Gedanke immer wieder gedacht wird. Ein Gedanke nach dem anderen reiht sich an die Entsprechung, die schon in der Seele liegt, oder an die werdende Entsprechung und bildet so ein immer größeres gegensätzliches Energiefeld, das in der Aura magnetisch wirkt und gleich oder ähnlich schwingende Gedanken aus dem Reich der Gedanken anzieht. Auch gesühnte Belastungen, die nur noch als Erinnerungen vorhanden sind, können durch erneutes Fehlverhalten angeregt und wieder zu Entsprechungen werden.

Gabriele:

Deshalb müssen wir uns täglich bemühen, unser Allzumenschliches unter Kontrolle zu bekommen. Das heißt nicht, dass wir uns kasteien sollen! Wir sollen uns allmählich – sukzessive – überwinden, das heißt das Allzumenschliche – nach und nach – abbauen und nicht mehr tun.

Die Entsprechungen, die also in unserer Aura magnetisch wirken, sind Energiefelder, die alles anziehen, das sich auf dieser Wellenlänge befindet. Durch unseren unkontrollierten Tastsinn nehmen wir solche Gedankenschwingungen auf, die an dem berührten Gegenstand haften, die unseren Entsprechungen gleichen.

Zuerst fließen diese Kräfte, die Gedanken, die Wünsche und Sehnsüchte anderer, die unseren Entsprechungen gleichen, in unsere Aura. Wird von uns dann Gleiches oder Ähnliches immer wieder gedacht oder besprochen, dann berühren diese Fremdkräfte unsere Entsprechungen, entweder im Ober- oder im Unterbewusstsein oder in den

Seelenhüllen, je nachdem, welche Entsprechungen in uns aktiv sind und welche Schwingungen wir aufnehmen.

Sind wir hartnäckig auf eine Sache bezogen und wollen wir unseren Willen durchsetzen, sind wir zum Beispiel neidisch, hasserfüllt und dergleichen, dann können wir Erinnerungen in unserer Seele wecken, indem wir Gegensätzliches hineinfließen lassen, das sodann wieder als Entsprechung auf uns zukommt. Erinnerungen der Seele sind Wirksamkeiten, die wir, entweder in diesem oder in einem der Vorleben, schon gesühnt haben, die also abgegolten sind. Achten wir also nicht auf unser Denken, Fühlen und Wollen und lassen wir unseren Sinnen freien Lauf, dann werden wir entweder die in uns wirksamen Entsprechungen von außen her verstärken und sogar vergrößern, oder Erinnerungen – das heißt Abgegoltenes – wieder wecken und zu Entsprechungen werden lassen.

Wir müssen also erkennen, dass ein Gedankenkomplex, eine Entsprechung, Zielscheibe verschiedener Kräfte ist, die wir von außen unkontrolliert aufnehmen.

Sind wir der Welt zugewandt, sind also unsere Sinne – unsere Antennen – nach außen gerichtet, in die Welt der Sinnesreize, dann sind wir Zielscheibe der verschiedenen Energiefelder, die sich sowohl in der Atmosphäre wie auch in den Stätten der Reinigung befinden. Auch Seelen, die ähnlich schwingen wie unsere Gedankenkomplexe, unsere Entsprechungen, können uns sodann beeinflussen. Auch Viren und schädliche Bakterien finden so Einlass in unseren Körper.

Strahlen wir zum Beispiel Gedanken der Furcht vor einer bestimmten Krankheit, vor bestimmten Erregern, aus, dann ist die Furcht der Magnet, der anzieht, wovor wir uns fürchten. Wer also unkontrolliert lebt, das heißt, wer seine Empfindungen, Gedanken, Worte, Werke und seine Sinne unkontrolliert lässt, der ist beständig den gegensätzlichen menschlichen und astralen Kräften ausgesetzt und auch den Viren und schädlichen Bakterien.

Die Aufgabe der Seele im Erdenkleid ist es, sich zu veredeln, um sich ihrem Ziel, der Göttlichkeit, zu nähern. Leben wir mehr in der Gottverbundenheit, kommunizieren wir mit den positiven Kräften in uns, in unserem Nächsten, in der Natur und in den Gestirnen, dann werden wir auch nur positive Kräfte aufnehmen – auch die positiven Kräfte, die an den materiellen Gegenständen haften, wie zum Beispiel an Möbeln, Stühlen, Stoffen, Kleidern usw. Die positiven Kräfte dienen uns, fördern das Geistige in uns und bereiten uns für Höheres vor. Positive Kräfte tragen zur seelischen und physischen Kräftigung bei und auch zur Stimulierung unseres Nervensystems. Sie halten in vielen Fällen Viren und schädliche Bakterien ab und beflügeln unser positives Empfinden, Denken und Fühlen.

Gabriele gab eine weitere Aufgabe:

Lieber Bruder, liebe Schwester, wenn wir also etwas betasten – sei es im Beruf, im Haushalt oder unterwegs –, *dann sollen wir es bewusst tun, von innen heraus, in der Verbindung mit dem Ewigen.*

Unsere geistige Schulung auf dem Inneren Weg bewirkt also, dass wir mehr mit unserem gefestigten und erweiterten Bewusstsein arbeiten, um so dem inneren Ziel, der Liebe, dem Frieden und der Harmonie, näherzukommen. Auf diese Weise tritt auch der Adel unserer Seele hervor, da sich unsere Seele reinigt und immer mehr Licht und Kraft empfängt, die Schönheit aus den Reichen ewiger Liebe.

Liebe Schwester, lieber Bruder, wir alle wissen, dass wir Menschen oftmals nicht verstehen können oder verstehen wollen, was uns aus der geistigen Welt gelehrt wird. Daher müssen wir in vielen Fällen die Wirkungen auf unser Fehlverhalten durchleiden und am eigenen Körper erfahren. Wir wollen uns jedoch bemühen, durch Selbsterfahrung und Verwirklichung geistig zu wachsen, um nicht alle von uns geschaffenen Ursachen durchleiden zu müssen.

Wenn wir selbst erfahren, wie die von Bruder Emanuel offenbarten Lektionen und Aufgaben in und an uns wirken, dann werden wir auch bereit sein, die gegebenen Aufgaben freudig zu erfüllen und sie in die Tat umzusetzen. Dadurch können wir uns viel Leid ersparen, denn rechtzeitiges Erkennen und Beheben der von uns geschaffenen Ursachen bringt Frieden.

Wir wollen also durch diese Übungen den Tastsinn schulen und an uns selbst erfahren, wie notwendig es ist, unsere Sinne zu verfeinern.

Wir werden also wieder zwei Tage von innen nach außen leben, dann wieder zwei Tage im Äußeren, also ohne Kontrolle unserer Sinne. Diese Wechselwirkung, zwei Tage von innen nach außen leben und dann zwei Tage ohne Kontrolle unseres Menschlichen, bewirkt, dass uns aus dem Unterbewussten einiges bewusst wird – eventuell Dinge aus der Vergangenheit, die wir dann mit der Kraft Christi umwandeln können.

An den ersten beiden Tagen, an den Innentagen, werden wir alles von innen heraus, von unserem Bewusstsein her, betasten, was notwendig ist. Wir betasten also alles bewusst, denn auf dem Inneren Weg heißt es: Was du tust, das tue ganz! Tue es also mit Bewusstsein, mit Konzentration.

Wir betasten an diesen beiden Innentagen nur das, was notwendig ist, und schalten die Neugierde aus. Das heißt, wir sollen uns nicht verkrampft geben, sondern einfach unseren Tastsinn in seiner üblichen Betätigung schulen. Wir müssen uns also nicht unbedingt da und dort anlehnen oder uns auf einen Tisch oder Stuhl stützen. Wir können auch gerade, das heißt, aufrecht stehen.

Gelingt es uns, den Tastsinn unter Kontrolle zu bekommen, dann werden wir alles, was wir betasten und wonach wir greifen, harmonisch vollziehen. Wir werden nicht hastig zugreifen und auch auf die Gegenstände und Dinge keinen übermäßigen Druck ausüben; wir werden uns nicht da und dort anlehnen oder da und dort aufstützen. Wir dürfen erkennen: Was von innen heraus, aus unserem erschlossenen Geistbewusstsein, geschieht, wird mit der Zeit harmonisch. Leicht, behend und beschwingt werden wir dann alles ausführen, was uns geboten ist.

An den beiden Außentagen lassen wir dem Tastsinn freien Lauf: Wir greifen fester zu und üben auf die Gegenstände und Dinge einen stärkeren Druck aus. Wir betasten also alles unkontrolliert, was das Auge wahrnimmt und der Tastsinn betasten möchte. Wir wollen aber auch hier keinen Fanatismus walten lassen, sondern es geschehen lassen, so wie es bisher geschah, in der Zeit, in der wir uns noch nicht bewusst auf dem Inneren Weg befunden haben. Was wir an den Innen- und Außentagen erleben, halten wir wieder in unserem Mystischen Tagebuch fest.

Lieber Bruder, liebe Schwester, halte im Mystischen Tagebuch nur das Wesentliche fest, das Wichtige der Innen- und Außentage. Was du an den Außentagen erlebst, das notiere in Stichpunkten auf die linke Seite deines Mystischen Tagebuches; was du bei den Innentagen erlebst, auf die rechte Seite. Für die Durchführung der Übungen ist dir keine Zeit gesetzt, das heißt keine Zeitspanne. Doch du sollst die Übungen nicht zu oft durchführen. Ein guter Rat: So jede dritte Woche kannst du an zwei aufeinanderfolgenden Tagen von innen heraus leben und anschließend zwei Tage lang im Äußeren (das heißt so, wie du vor dem Inneren Weg gelebt hast).

Lieber Bruder, liebe Schwester, den folgenden Satz nimm in dein Mystisches Tagebuch auf:

Menschen des Geistes sitzen, stehen und gehen aufrecht, da auch ihre Gesinnung aufrichtig ist.

Auch die folgenden Sätze wären eine Bereicherung für uns. Wer sie in sein Mystisches Tagebuch aufnehmen möchte, der kann dies tun:

Menschen des Geistes gehen nicht mit gesenktem Haupt, die Augen nur auf die Erde gerichtet, sinnend, ja nachsinnend – und grübelnd über die Vergangenheit und über die Zukunft.

Der nun weiter folgende Satz ist ebenfalls eine Perle, eine Bereicherung für unser Mystisches Tagebuch. Er lautet:

Je lichter die Seele ist, umso aufrechter ist der Mensch, da seine Gesinnung seiner lichten Seele entspricht, aus der positive Kräfte strömen.

Gabriele führte uns im geistigen Lehrstoff weiter:

Lieber Bruder, liebe Schwester, nun kommen wir zum übermäßigen Gestikulieren. Auch übermäßiges Gestikulieren führt uns nach außen; das heißt, es verändert unseren Körperrhythmus, wodurch sich unser Nervensystem verkrampft.

Menschen des Geistes sind verinnerlichte Menschen, die auch bei Gesprächen – gleich, welches Thema es ist – nicht übermäßig gestikulieren. Sie bleiben in der Harmonie.

Die Allharmonie ist ausgewogener Rhythmus und Klang. Geistige, verinnerlichte Menschen werden ihre harmonische Sprache – die trotz der Worte harmonischer Klang ist – mit anmutigen Gesten unterstreichen. Das ist kein Gestikulieren im üblichen Sinn, sondern ein harmonisches Mitteilen – das die geistige Sprache, die ein gehobenes Niveau hat, angenehm untermalt oder unterstreicht.

Menschen des Geistes stehen und gehen, wie dargelegt, aufrecht – so, wie ihre Gesinnung ist. Wenn sie stehen, sind die Arme nicht verschränkt und die Hände nicht ständig in Bewegung, sondern Arme und Hände gleichen sich der aufrechten Körperhaltung an. Sie hängen harmonisch nach unten oder sind in der Nähe des Gesäßes, wo sich das Ordnungszentrum befindet, ineinandergeschoben.

Unser Geistiger Lehrer, Bruder Emanuel, bemüht sich, uns hin zum wahren Gottmenschen zu führen, der sich immer mehr veredelt und das Göttliche, Reine und Schöne zum Ausdruck bringt. So sprach er zu uns – und das gilt auch heute ebenso wie damals, im Jahre 1985:

Die Hände sollten sich nicht in den Mantel- oder Rocktaschen befinden, außer es ist sehr kalt und ihr habt keine Handschuhe bereit.

Gabriele:

Hängen unsere Arme locker und harmonisch nach unten und schreiten wir harmonisch, dann beginnen die

Arme, sich rhythmisch zu bewegen. Diese Haltung bewirkt, dass sich der Körper automatisch aufrichtet. Der Blick ist nicht nur auf den Boden gerichtet, sondern auch in die Weite – um die Kräfte der Unendlichkeit aufzunehmen. Die lockeren, rhythmischen Bewegungen unserer Arme bringen für den Organismus auch vermehrt Energie. Dieser rhythmische Körpermechanismus führt tatsächlich zu vermehrter Kraft.

Lieber Bruder, liebe Schwester, versuche es! Du sollst es an dir selbst erfahren, was es bedeutet, die Hände in den Rock- oder Manteltaschen zu halten oder die Arme rhythmisch zu bewegen. Haben wir eine aufrechte Körperhaltung erlangt, dann haften, wie schon gesagt, unsere Blicke nicht nur am Boden und nehmen so nicht nur die Schwingungen auf, die am Boden dahinschwingen, die schweren, düsteren Gedanken unserer Mitmenschen –, sondern wir nehmen vor allem die Kräfte aus dem All auf, weil unser Blick in die Weite geht. In höheren Bereichen schwingen auch höhere Kräfte!

Unsere innere Haltung wirkt sich auch in unserer Sitz- und Gehhaltung aus. Eine aufrechte Sitzhaltung und ein aufrechter Gang bewirken eine innere Befreiung, ein Weitegefühl und ein Sich-bewusst-Werden: Ich bin ein Kind des Kosmos.

Bruder Emanuel sprach uns mit »Liebe Freunde« an und ermahnte uns, sowohl den Tastsinn als auch alle an-

deren Sinne zu veredeln, damit die Anmut des Inneren, die Anmut des Geistwesens, durch den physischen Körper schimmern kann.

Er ermahnt uns auch, uns im rechten, aufrechten Schreiten und in der gesitteten geistigen Bewegung zu üben:

Verschränkt nicht die Arme und Beine, und stützt auch nicht das Haupt in eure Hände.

Gabriele fuhr fort:

Diese Haltung deutet auf Pessimismus, Ablehnung und Nachlässigkeit hin. Eine verschränkte Körperhaltung deutet auch auf ein kompliziertes Denken hin, das einem Labyrinth gleicht. Die verschränkte Körperhaltung wirkt sich auch in der Aura des Menschen entsprechend aus: Eine nachlässige und lässige Haltung fördert und verstärkt den eventuell schon vorhandenen Pessimismus und die Überheblichkeit und Nachlässigkeit. Ein solches Verhalten kann, auf Dauer, weitere Spannungsfelder aufbauen, die sich ganz unterschiedlich entladen – je nach den Entsprechungen, die in Seele und Mensch vorliegen und wirksam sind.

Lieber Bruder, liebe Schwester! Unser Geistiger Lehrer, Bruder Emanuel, gab uns 1985 eine weitere Aufgabe. Sie hat auf dem Inneren Weg allezeit Gültigkeit, denn sie trägt wiederum zu unserer Veredelung bei.

Die nun folgende Aufgabe soll nicht nur als eine einmalige Aufgabe angesehen werden. Sie wird uns immer wieder dienen, wenn wir Gedanken oder Sorgen und Schwierigkeiten nicht bewältigen können. Schüler der Ordnungsstufe, die im Jahre 1985 diese Aufgabe ausgeführt haben, waren davon begeistert. Sie wandten diese Übung immer wieder an, wenn sie etwas nicht sogleich bewältigen konnten. Nun zu dieser Aufgabe.

Bruder Emanuel sprach:

So mancher unter euch ist noch mit Sorgen, Schwierigkeiten und Problemen behaftet. Solange ihr mitten in diesen schwingenden Komplexen lebt, glaubt ihr, sie wären wichtig und könnten nicht ohne weiteres übergeben werden.

Bruder Emanuel riet uns deshalb
zu folgender Übung:

Stellt euch empfindungsmäßig in das All, mitten in das Universum hinein. Schließt eure Augen, geht nach innen und seht euch schwebend oder stehend mitten in der Unendlichkeit, im All. Eure Schwierigkeiten und Probleme belasst auf der Erde, wo ihr sie bewegt habt oder wo ihr Ursprung ist. Schwingt euch also empfindungsmäßig empor und sprecht folgende hochschwingenden Worte, die euch beflügeln sollen, die Aufgabe leichter zu bewältigen. Sprecht diese positiven Kräfte in euer Inneres hinein:

»Ich bin ein kosmisches Wesen,
meine Heimat ist das Universum, das All.
Ich schwinge mich empor
zu den Sonnen und Welten der Unendlichkeit.
Meine Probleme und Schwierigkeiten
bleiben auf der Erde.«

Diese Worte sollen eins sein mit eurer Empfindungs- und Gedankenwelt; dann ist es euch auch möglich, diese Aufgabe erfolgreich durchzuführen.

Lieber Bruder, liebe Schwester! Befindest du dich nun empfindungsmäßig im All, dann blicke auf deine zurückgelassenen Schwierigkeiten und Probleme hinab, die im Zeitlichen, auf der Materie, haftengeblieben sind.

Gabriele:

Stehen wir über unseren Schwierigkeiten und Problemen, dann erkennen wir erst, dass sie nichtig und unwesentlich sind, dass ihnen keine allzu große Bedeutung beigemessen werden sollte. Vom Universum aus – wenn wir also einen großen Abstand zu unseren Schwierigkeiten und Problemen haben – sehen wir das Unwesentliche und Vergängliche. Von dort aus, vom All her, erkennen wir plötzlich, wie töricht es ist, sich mit belanglosen Dingen immer und immer wieder neu zu beschäftigen.

Dort im All, fern von den Problemen und Schwierigkeiten, erahnen wir, was kosmisches Bewusstsein bedeutet, was Leben in der Einheit mit dem Ewigen ist. Dort im All erahnen wir, was es bedeutet, in der Einheit mit allem Sein zu leben.

Können wir uns also empfindungsmäßig in das All hineinschwingen, in die Unendlichkeit, dann fühlen wir, dass wir Sonnen sind, die viel heller strahlen und leuchten als die unzähligen Sonnen der Ganzheit.

Lieber Bruder, liebe Schwester, diese Aufgabe ist wunderbar. Übe dich und vollziehe sie in Freude, dann wirst du das Niedere, die Schwierigkeiten und Probleme, rascher überwinden.

Bruder Emanuel ermahnt uns auch, in allem, was ist, das Schöne und Gute zu sehen. Auch im Negativen, so sagt er, ist der Keim des Positiven. Sieh bewusst hinein, und du wirst nicht nur Negatives sehen, sondern auch das Positive – und das bejahe! So wirst du allmählich ein positiv ausgerichteter Mensch.

In allem ist das Leben. Kommuniziere mit den positiven Kräften in den grünenden Büschen, in den Sträuchern und Bäumen, in den blühenden Blumen, in allem, was ist. Jede Jahreszeit hat ihre Schönheit. Du kannst die Kraft Gottes, das Positive, in allem finden, im Regen, im

Schnee, im Sturm und im Wind; in der Kälte, Wärme und Hitze.

Bruder Emanuel sprach:

Klage nicht, sondern nimm alles an, was der Tag bringt, und sieh in allem das Positive. Dann wird jeder Tag für dich ein ereignisreicher, gottgelebter Tag sein.

Gabriele:

Üben wir uns also, in allem das Gute zu sehen und mit den Kräften der Liebe zu kommunizieren, dann werden wir bewusst ein Teil des großen Ganzen sein.

Sind wir bereit, unsere menschlichen Schwierigkeiten, Probleme und Nöte abzulegen, dann werden wir auf dem Pfad nach Innen rascher vorankommen, weil sich auch unsere fünf Sinne schneller verfeinern und sich die Antennen, die Sinne, nach innen wenden, zum Wesenskern unserer Seele. Was sodann von innen nach außen strahlt, ist die Reinheit des Wesens, die lichte Seele, die Anmut des Geistwesens.

Liebe Schwester, lieber Bruder! Unser Geistiger Lehrer, Bruder Emanuel, stellte 1985 den Geschwistern der Ordnungsstufe einige Fragen. Diese Fragen betreffen wohl jeden. Er sprach:

Liebe Geschwister!

Nun möchte ich mich mit einigen Fragen vorsichtig an euch herantasten.

Ich möchte diese Fragen den weiblichen und männlichen Prinzipien, den Frauen und Männern, vorlegen und sie bitten, darüber nachzudenken und sich selbst die Antwort zu geben.

Behutsam gehe ich nun mit meiner Fragestellung auf die weiblichen Prinzipien zu:

Warum bekleiden sich viele Frauen mit langen Hosen? Ist das weiblich? Ist das schön? – Warum bedarf es des künstlich gelockten Haares? Warum der künstlichen Farbe auf dem Haar?

So viele Menschen tragen noch Masken. Warum muss eine zweite Maske aufgelegt werden, die durch verschiedene Pasten und Farben die erste überdeckt? – O erkennet, wenn die innere Anmut mit zarten Tönen unterstrichen wird, dann ist nichts einzuwenden. Doch eine zweite Maske ist allzu maskenhaft, wenn die erste noch nicht abgelegt ist.

Der Geist macht für die dreidimensionale Welt für jede Zeitepoche entsprechende Zugeständnisse, soweit sie mit dem ewigen Gesetz vereinbar sind. Deshalb sind lange Hosen bei großer Kälte oder im Garten, eventuell im Haus oder bei Wanderungen noch zu bejahen. Warum müssen es aber generell lange Hosen sein, die unsere weiblichen Prinzipien so streng und männlich machen?

Liebe Schwestern, ich lege euch die Fragen zur Beantwortung vor. Ihr könnt untereinander darüber sprechen. Ich weiß sehr wohl, weshalb ich meine Fragen so vorsichtig wähle. Mit den Fragen möchte ich euch zu nichts zwingen. Der Geist des Lebens möchte nur die Seele und den Menschen veredeln.

Liebe Geschwister, auch Farben, Formen und Töne wirken auf Seele und Mensch ein. Leichte Farben und harmonische Töne stimulieren die Seele und das Gemüt des Menschen.

Dazu erklärte Gabriele einige Jahre später aufgrund vieler Nachfragen:

Wie sollen wir uns denn verhalten, wenn wir gerne lange Hosen tragen, weil es nun mal dem Typ entspricht? Wenn die Hosen weiter nichts andeuten, dass wir zum Beispiel übermäßig männlich sein wollen oder durch die Hosen andere bestimmen wollen, wenn die Hosen nicht ausdrücken sollen, dass wir den Ton angeben wollen, wenn sie also zum Typ passen, dann erklärte mir Bruder Emanuel: Beinkleider können nach dem Gesetz Gottes bejaht werden. Er meinte damit längere weitschwingende Röcke und Oberteile oder lange weit schwingende Hosen und längere Oberteile. Das würde noch dem Gesetz der Harmonie, dem Gesetz der kosmischen Schwingung, entsprechen.

Bruder Emanuel sprach dann zu den
männlichen Prinzipien. Er sagte:

Ich will sie nicht verschonen:

Warum tragen einige unter euch langes Haar und einen Bart? Welche Idole habt ihr vor Augen? Oder wollt ihr euch hinter dem Bart verstecken? Was also wollt ihr sein, oder was wollt ihr verbergen?

Mit Recht sagt ihr: »Vor der Zeit des Jesus von Nazareth und in der Zeitepoche, in der Jesus gelebt hat, trugen die Männer auch Bärte und langes Haar.« Erkennt, meine Freunde, meine Brüder! Es gab damals aber auch die wallenden Gewänder, die wenig Ecken und Kanten aufwiesen. Haare, Bart und Kleidung war ein Fließen. An Ecken und Kanten bricht sich das Licht, die Schwingung.

Die vielen Ecken und Kanten, die eure Kleidung aufweist, führen zur Disharmonie. Das lange Haar bewirkt, dass die Spitzen des Haares mit den Ecken und Kanten der Kleidung in Berührung kommen, was eine Aufladung im gegensätzlichen Sinne bewirkt. Das Gleiche gilt für den Bart. Er reibt sich am Kragen der Jacke, des Mantels oder des Hemdes. – Außerdem gibt es jetzt die entsprechenden Instrumente nebst Zubehör, um kurzerhand – ohne Zeitverschwendung und größeren Aufwand – das Gesicht zu rasieren.

Liebe Brüder, ich möchte euch das lange Haar und den Bart nicht absprechen. Ich möchte euch nur auf die Wirkungen aufmerksam machen. Ich wiederhole noch einmal meine Frage: Wem eifert ihr nach? Was wollt ihr verbergen?

Liebe Brüder, betrachtet auch die allzu engen Hosen, die ihr – eventuell schmutzig und abgeschabt und mit Fransen versehen – tragt. Ist das die Anmut der Seele – oder ist das die Nachlässigkeit des Menschen? Ist es schön und angenehm, bewusst alte, zerschlissene Bekleidung zu tragen? Hier denke ich auch an eure sogenannten Pullover, Jacken und dergleichen.

Liebe Brüder! Wenn das Äußere auf das Innere einwirkt, was bewirkt eine solche Kleidung?

Wie schon offenbart: Ich rege nur zum Nachdenken an. Ich möchte euch nichts vorschreiben. Jeder hat den freien Willen. Doch erkennet: Formen, Farben, Töne und Düfte wirken auf das Innere ein. Das Äußere prägt das Innere und das Innere das Äußere! Sind die fünf Sinne dem Inneren, dem Göttlichen, zugewandt, ist die Seele licht und edel, dann wird sich auch der Mensch ordentlich und leicht und luftig kleiden – natürlich entsprechend der Jahreszeit.

Auch bei den Brüdern gab es viele Fragen.
Gabriele erklärte:

Nach dieser Offenbarung an unsere Brüder bat ich Bruder Emanuel, mir Auskunft zu geben, wie wir uns in unserer Zeit also kleiden sollen, z.B. auch die Brüder. Und so gab er mir folgende Antwort:

„Bei euch ist alles eckig und kantig. Und diese vielen Ecken und diese vielen Kanten stimmen euch auch unruhig, denn sie brechen das Licht.“ Das Licht kann also zu wenig an unserem Körper hinabfließen, es bricht sich.

Wir wollen uns mit unserer Kleidung auch nicht hervortun. Wir alle stehen mitten im Leben, und Bruder Emanuel rät uns immer wieder, das Maß in allen Dingen zu sehen, also die Mitte zu gehen.

Er rät den Brüdern weiter, etwas weichere Stoffe zu tragen, Hosen, die nicht zu eng sind, Jacken, die lang sind und für die Revers andere Möglichkeiten zu suchen. Er sprach zu ihnen: Warum müsst ihr eure Schultern aufpolstern und einiges mehr? Und er gab mir in mein Bewusstsein eine Kleidung für die Brüder, die nach meiner Vorstellung sehr schön war und die nach unserer herkömmlichen Mode nicht allzu sehr herausstach. Es sind also Sakkos, die fast bis zu den Knien gehen, es sind verdeckte Knopfleisten, es sind nicht wattierte Schultern, es sind leicht angedeutete Stehkrägen. Die Hosen sind etwas weiter, es ist mehr auf das Fließende ausgerichtet.

Bruder Emanuel:

Liebe Schüler, durch ordentliche, saubere Kleidung wird der Hochmut nicht gesteigert und die Gefallsucht nicht angeregt. Wer sich auf dem Weg nach Innen ordentlich kleidet, der bewirkt eher die Demut in seinem Herzen.

Erkenne, lieber Bruder, liebe Schwester: Die Natur schmückt sich in den herrlichsten Farben und Formen zur Ehre des Allerhöchsten. Die Natur schenkt sich in der Fülle, weil Gott die Fülle ist.

Betrachte des Öfteren die Farben und Formen der Blumen und Blätter, wie rein und zart die Blüten sind und wie schön geformt die Blätter, die sich grazil und harmonisch im Wind bewegen. Wer die Natur in der Einheit mit Gott betrachtet, der erkennt, dass sich alles zu Seiner Ehre schmückt.

Gabriele:

Unser Schmuck sollen edle und reine Gedanken sein und feine, harmonische Bewegungen; die Folge ist eine saubere, lichte und harmonische Kleidung. Denn so, wie es in unserem Inneren bestellt ist, so sieht unser Äußeres aus, und so ist letzten Endes auch unsere Umgebung.

Der Geist Gottes rät immer: Geht den goldenen Mittelweg! Das bedeutet: Alles Übertriebene ist von Übel. Das rechte Maß in allen Dingen bewirkt innere Zufriedenheit und führt so manchen aus Trübsal, traurigen Gedanken und menschlichen Zwängen heraus.

Unser Geistiger Lehrer, Bruder Emanuel, offenbarte:

Ein hübsches Kleid, ein sauberer Anzug wirken positiv von außen nach innen. Farben und Formen können niedere Gedanken herbeiziehen, können aber auch negative und grüblerische Gedanken verscheuchen. Es kommt auf die Form und Farbe der Kleidung an – und wie der Mensch darauf reagiert.

Die Reaktion ist verschieden, je nach Stimmung und Hemmung des Einzelnen. Lichte Farben, leichte Stoffe und saubere Kleidung verscheuchen oftmals trübe und traurige Gedanken.

Der Mensch kauft seine Kleidung und kleidet sich entsprechend seiner augenblicklichen Stimmung. Um das eventuell dunkle Gemüt aufzuhellen, sollten in diesem Zustand helle und leichte Kleidung getragen werden. Was licht, rein, sauber und hell ist, wirkt positiv auf die Gedankenwelt des Menschen. Dunkle Farben und schmutzige Kleidung können das Gegenteil bewirken.

Gabriele machte darauf aufmerksam:

Jeder von uns kann diese Darlegungen unseres Geistigen Lehrers als Spiegel für sich verwenden.

Bruder Emanuel gab auch einige Einblicke
in unsere ewige Heimat:

O sagt nicht, so sprach Bruder Emanuel, die geistige Welt hätte wenig Verständnis, wenig Dynamik!

Ich will ein Wort der Welt gebrauchen, auf dass ihr mich verstehen könnt. Ich nenne dieses Wort: Es heißt »Humor«. Das, was der Mensch »Humor« nennt, drückt sich in der göttlichen Welt als innere Freude, innere Dynamik, Selbstlosigkeit und Bereitschaft aus, alles zur Ehre des Allmächtigen zu tun. Wir können euer Wort »Humor« auch durch »freudige, kraftvolle Dynamik« ersetzen!

Seid getrost! In der ewigen Heimat ist es nicht so ernst, wie so mancher von euch glaubt. Auch wir schmücken uns zur Ehre des Vaters. Alles reine Sein, das Gott geschaffen hat, ist schön und strahlt selbsttätig von innen heraus; so auch jedes Geistwesen. Alles Reine ist selbsttätig leuchtend. Auch die schönen Gewänder der Geistwesen und der zarte, edle, feine Schmuck sind ein Zeichen geistigen Lebens, denn in Gottes Reich ist die Fülle, für alle offenbar und zugänglich.

Sowohl die männlichen als auch die weiblichen Geistwesen tragen – wie ihr schon gehört habt – lange, fließende Gewänder; sie tragen auch zierlichen Schmuck. Die Gewänder der männlichen Prinzipien sind weit fallend, die der weiblichen Wesen mit einem edlen Gürtel gehalten.

Im ewigen Sein, in eurer, in unserer Heimat gibt es auch Feste der Liebe: Die Geistwesen finden sich zu harmonischen Spielen und zu Geselligkeiten zusammen. Sie gestalten Reigentänze und vernehmen die zarten Töne, die von Geistwesen über Instrumente dargeboten werden.

Gabriele:

Bruder Emanuel erinnert uns, dass der Innere Weg eine Freude sein sollte. Frohgemut und dankbar gegenüber Gott, sollen wir unser menschliches Ich besiegen, um göttliche Kraft zu gewinnen. Der Innere Weg, erfolgreich gewandelt, bewirkt innere Dynamik und Selbstlosigkeit.

Lieber Bruder, liebe Schwester, durch die Worte von Bruder Emanuel haben wir uns nun wieder gestärkt. Beseelt mit der inneren Freude, dass Christus, das Licht der Erlösung, uns so nahe ist, dass wir Ihm entgegengehen dürfen – geschmückt mit der Zierde der Tugend und der Gewissheit, dass wir im Reich Gottes kein Fremdling sein werden –, beschreiten wir den Inneren Weg.

Nun möchte ich noch einmal die Lektionen und Aufgaben kurz zusammenfassen:

Der Tastsinn, der in dieser Lektion behandelt wird, gehört zu den fünf Sinnen des Menschen. Die vorhergehenden Aufgaben, die uns unser Geistiger Lehrer, Bruder Emanuel, übermittelte, dienten dazu, die anderen vier Sinne unter Kontrolle zu bringen.

Wenn wir nun die fünf Sinne in ihrer Gesamtheit nehmen und sie vom Geiste aus betrachten, dann erkennen wir: Was das physische Auge wahrnimmt, möchte in vielen Fällen die Hand betasten. Was die Nase an Gerüchen und Düften registriert, von dem will das Auge die Herkunft sehen; gleichzeitig reagiert der Tastsinn: Der Mensch greift zum Beispiel nach dem Fläschchen mit dem duftenden Inhalt und führt es zur Nase. Oder: Getrieben von den Küchendüften, geht er zum Herd, hebt die Abdeckung des Gefäßes hoch und steckt die Nase hinein, um den Geruch des duftenden Inhalts voll aufzunehmen.

Ein weiteres Beispiel: Der Mensch sieht einen hübschen Stoff, geht darauf zu, um ihn zu betasten. Oder er sieht verschiedene Formen und Farben von Möbeln. Er geht darauf zu, um sie zu betasten, um sie zu prüfen und sich darüber seine Gedanken zu machen. Er sieht zum Beispiel die schönen Blumen im Garten, auf dem Feld oder im Wald. Getrieben vom Seh-, Geruchs- und Tastsinn geht er darauf zu, um sie entweder zu betasten, daran zu riechen oder sie gar zu pflücken.

Wir sind also ständig bemüht, das, was wir registrieren, in die Hand zu nehmen oder betasten zu wollen. Auch unser Gehörsinn treibt uns Menschen an: Von der Neugierde getrieben, werden wir zu Lauschern, um zu erhorchen, was uns letzten Endes nicht betrifft und im Grunde nichts angeht.

Diese Regungen und Neigungen sind allzu menschlich und zeigen, dass die fünf Sinne nach außen gekehrt sind. Heftigkeit und Neugierde führen uns immer wieder in die Welt der Sinnesreize. Die unkontrollierten Sinne treiben unsere Wünsche und Vorstellungen an. Sie wollen sich verwirklichen.

Drängende Wünsche regen verstärkt das Denken an Besitzen-, Sein- und Habenwollen an. Daraus können sodann

Neid, Feindschaft und Missgunst entstehen, sofern unser Nächster besitzt, was wir nicht haben, und wir Gleiches oder Ähnliches wünschen.

Sind die fünf Sinne des Menschen der materiellen Welt zugewandt, dann möchte der Mensch, wenn möglich, alles sehen, alles erhorchen und angenehme Gerüche riechen, gute Speisen und Getränke kosten und alles, was er greifen kann, betasten. Diese menschlichen Züge des Ichs führen niemals zur inneren Stille.

Unsere fünf Sinne sind gleichsam die fünf Antennen des Menschen. Die fünf Sinne, die Antennen, sind beständig darauf bedacht, dem Empfänger Mensch alles zu übermitteln, was an Neugierde, Wünschen und Ansprüchen in ihm liegt. Unsere fünf menschlichen Sinne erfassen uns und machen uns zum Spielball irdischer Kräfte oder von Einflüssen aus den Seelenreichen.

Oftmals sind wir – unmerklich – ein willenloses Subjekt, das sich von den unbezähmten Sinnen treiben lässt. Das Spiel der Sinne mit dem Menschen kann zu weiteren karmischen Belastungen führen, weil der Mensch seinen Sinnen freien Lauf lässt. Dadurch nimmt er jede Schwingung auf, die ihm die Sinne übermitteln. Der Mensch ist also so lange ein Spielball seiner Sinne, bis er diese unter Kontrolle hat.

Ist unser Bewusstsein so weit ausgerichtet, dass wir vieles durch die Kraft Gottes vollbringen können, indem wir unser Denken, Fühlen und Wollen dem ewigen Willen unterordnen, dann sind wir nicht nur vor den Reizen der Sinne geschützt, sondern weitgehend auch vor den vielen gegensätzlichen Schwingungen – auch vor Viren und schädlichen Bakterien, sofern diese nicht durch eine wirksam gewordene seelische Ursache angezogen werden, die auf der Schwingungsebene eines Krankheitserregers schwingt.

Bruder Emanuel
sprach in seiner Offenbarung:

Menschen betasten Möbel, Stoffe, Kleider und viele andere Gegenstände. Überall hinterlassen sie ihre Spuren, das heißt ihre Schwingungen. An allen materiellen Gegenständen sind Schwingungen aller Art. Wer also seinem Tastsinn nicht gebieten kann, da er seine fünf Sinne nicht weitgehend verfeinert hat – weil er noch diesseitsbezogen und nicht allbewusst ist –, der nimmt viele Schwingungen auf, die auf seiner Bewusstseinsebene schwingen.

Gabriele:

Liebe Schwester, lieber Bruder, wir haben also gehört: Unsere Aura nimmt alle Schwingungen auf, die schwingungsmäßig unseren vorhandenen oder werdenden Entsprechungen gleichen. Die Kräfte, die wir aufnehmen, wirken wieder auf unsere Gedankenwelt ein.

Wird ein und derselbe Gedanke immer wieder gedacht, dann entsteht daraus ein Gedankenkomplex. Ein Gedankenkomplex ist mehr oder weniger eine größere oder kleinere Entsprechung. Die werdende Entsprechung kann im Oberbewusstsein oder im Unterbewusstsein liegen.

Die Entsprechung ist ein magnetisches Feld, das alles anzieht, was auf dieser Wellenlänge schwingt. Eine Entsprechung, ein Gedankenkomplex, ist deshalb Zielscheibe der verschiedensten Energiefelder, der Energiefelder in der Atmosphäre wie auch der Energiefelder in den Stätten der Reinigung oder der Energiefelder der Seelen, die ähnlich schwingen wie der Gedankenkomplex, die Entsprechung.

Einwirkende gegensätzliche Kräfte bewirken eine Zerrüttung und Verkrampfung des Nervensystems. Sie führen zu Nervosität und können im weiteren Verlauf Krankheiten bewirken. Positive Kräfte stimulieren das Nervensystem, entspannen den Körper und bewirken, dass Seele und Mensch in höhere, in feinere Schwingungen gelangen. Deshalb sollten wir alles bewusst tun! Wir sollten also konzentriert denken und leben und unsere Sinne, die Antennen, immer mehr auf das Schöne, Edle, Gute und Reine ausrichten, auf das Göttliche.

Ich darf noch einmal an die Übungen erinnern: Wir üben die Veredelung unseres Tastsinnes. Zwei Tage leben wir von innen heraus, ganz bewusst, und verfeinern so unseren Tastsinn. Zwei Tage leben wir so wie bisher, ohne uns zu kontrollieren. Dadurch regen wir unsere kleineren und größeren Entsprechungen an, die sodann emporsteigen und uns wieder zeigen, wo wir bewusstseinsmäßig noch stehen. Machen wir diese Übung ohne Fanatismus und nur etwa alle drei Wochen, dann steigt aus unserem Inneren nur das empor, was wir auch mit der Hilfe Christi bewältigen können.

Während der beiden Innentage geschieht das Betasten oder das Nach-etwas-Greifen von innen heraus. Dadurch wird es auch in Harmonie geschehen! Wir werden nicht hastig zugreifen und auf die Gegenstände und Dinge keinen übermäßigen Druck ausüben. Was also von innen heraus geschieht, ist harmonisch. Leicht, behend und beschwingt geht dies vonstatten.

Während der beiden Außentage greifen wir wie üblich zu, ohne uns Gedanken zu machen, und üben auf die Gegenstände den Druck wie bisher aus. Wir betasten alles, was uns in den Sinn kommt und was das Auge wahrnimmt und der Tastsinn betasten möchte. Doch wir üben dabei keinen Fanatismus; wir lassen es so geschehen, so wie es bisher geschah, als wir uns unserer Sinne noch nicht bewusst waren.

Lieber Bruder, liebe Schwester! Vergiss nicht, sowohl deine Erkenntnisse an den Innen- wie auch an den Außentagen in dein Mystisches Tagebuch einzutragen. So wirst du nach einer geraumen Zeit erkennen, welche Fortschritte du auf dem Inneren Weg gemacht hast, denn das

Tagebuch zeigt auf, was du überwunden hast und was noch zur Überwindung ansteht. Es zeigt dir auch dein menschliches und auch dein schon subtileres Leben auf.

Wir sollen uns auch nicht an alles anlehnen und an allem festhalten; wir sollten aufrecht stehen und sitzen. Den nun folgenden Satz hast du sicher schon in dein Tagebuch aufgenommen. Er lautet:

> *Menschen des Geistes sitzen, stehen und gehen aufrecht, da auch ihre Gesinnung aufrichtig ist.*

Wir haben gelernt, unseren Körperrhythmus zu beachten. Bei dieser Übung erfahren wir, dass auch übermäßiges Gestikulieren ein Zeichen innerer Unruhe, ein Zeichen unseres noch vorhandenen Ichs ist. Harmonische und ausgerichtete Menschen werden, während sie sprechen, ihre Worte nur anmutig untermalen, indem ihre Gesten, das heißt die Bewegungen der Hände, harmonisch verlaufen. Wir können aber auch unsere Hände vor dem Körper ineinanderschieben, in der Höhe des Ordnungszentrums. So stehen wir ebenfalls aufrecht und können dem Gespräch bewusst, das heißt ohne Gedankenabschweifungen, zuhören.

Wenn wir aufrecht stehen, hängen die Arme locker und harmonisch nach unten, und wenn wir gehen, dann beginnen die Arme, sich rhythmisch zu bewegen. Dadurch richtet sich der Körper noch mehr auf. Der Mensch blickt nicht nur zu Boden, sondern auch in die Weite, erfasst das Unendliche, die Kraft in allem Sein.

Das rhythmische Bewegen der Arme bewirkt vermehrt Energie für den Organismus. Wir erkennen, wie wunderbar der Mensch aufgebaut und geformt ist und dass er die Möglichkeit besitzt, durch bestimmte, rhythmische Bewegungen seinem Körper von außen her Lebensenergie zuzuführen.

Beim Sitzen sollen wir nicht die Arme und Beine verschränken oder unser Haupt in unsere Hände stützen. Diese Haltung, so sagt Bruder Emanuel, deutet auf Pessimismus, Ablehnung und Nachlässigkeit hin. Diese Haltung wirkt auch störend auf unser Nervensystem und auf das Energiefeld unserer Seele ein.

Liebe Schwester, lieber Bruder, ich darf dich an die weitere Aufgabe bezüglich unserer Schwierigkeiten und Probleme erinnern. Solange wir mitten in unseren Schwierigkeiten stehen, glauben wir, wir könnten sie nicht ohne weiteres Christus zur Auflösung übergeben. Die Übung von Bruder Emanuel will ich deshalb noch einmal kurz erwähnen:

Wir sollen uns empfindungsmäßig in das All stellen, mitten in das Universum hinein. Wir sollen uns also schwebend oder stehend mitten im Universum fühlen; unsere Schwierigkeiten und Probleme lassen wir hier auf der Erde. Dabei schließen wir die Augen und können uns mit folgenden Worten – die wir in unser Inneres hinein-

sprechen – leichter von unseren Schwierigkeiten und Problemen lösen. Ich wiederhole die kurzen Sätze:

»Ich bin ein kosmisches Wesen.
Meine Heimat ist das Universum,das All.
Ich schwinge mich empor
zu den Sonnen und Welten in der Unendlichkeit.
Meine Probleme und Schwierigkeiten
bleiben auf der Erde.«

Wenn wir diese Sätze sprechen, sollen wir jedes Wort mit unseren Empfindungen und Gedanken beseelen. Wir sollen also mit unseren Empfindungen und Gedanken bei unseren Worten sein, bei dem, was wir aussprechen. Dann erlangen wir die Kraft, um über unseren Schwierigkeiten und Problemen zu stehen und sie in rechter Weise zu betrachten.

Ist es uns möglich, uns empfindungsmäßig in das All zu stellen, dann blicken wir auf unsere Schwierigkeiten und Probleme hinab, die hier in der Welt, im Zeitlichen haften blieben. Von einer gewissen Entfernung aus erkennen wir, dass vieles, was uns tagtäglich beschäftigt, nichtig und unwesentlich ist. Von dort aus, vom All her, erkennen wir plötzlich, wie töricht es ist, sich mit belanglosen Dingen immer und immer wieder neu zu beschäftigen. Fern von den Problemen und Schwierigkeiten, ahnen wir, was kosmisches Bewusstsein bedeutet. Wir ahnen auch, was Einheit mit allem Sein bedeutet.

Lieber Bruder, liebe Schwester, denke auch über das von unserem Geistigen Lehrer, Bruder Emanuel, Offenbarte nach bezüglich unseres Äußeren, der Haar- und Barttracht, der künstlichen Farbe unseres Haares und unserer »Maske«, womit er das Ich meint, hinter dem wir unsere Gedanken verbergen.

Denke auch über deine Kleidung nach und über Farben und Formen. Alles ist Energie. Farben, Formen und Töne wirken auf uns ein. Sie stimulieren uns oder bewirken Niedergeschlagenheit und Aggressionen – je nachdem, was in uns selbst vorliegt. Vergiss auch nicht, die Harmonien und Symphonien der Natur zu beobachten, und beziehe dich, das Wesen Gottes, in die Symphonien und Harmonien, in die Farben und Formen der Natur mit ein.

Lieber Bruder, liebe Schwester! Der Innere Weg ist der Pfad der Liebe. Wir wandern ihn mit dir. Auch wir haben unsere Schwierigkeiten und Probleme, die wir mit der Hilfe Christi bemeistern werden. Du bist auf dem Inneren Weg nicht allein. Wer Gott und den Nächsten liebt, ist mit jedem verbunden, einerlei, wo dieser lebt.

Wahres Leben kennt keine Grenzen; es ist zeit- und raumlos. Wahre Liebe verbindet von Ort zu Ort, von Äon zu Äon; sie ist zeitlos, ewig strömend. In diesen Strom wollen wir uns begeben. Wir reichen uns die Hände und stützen uns gegenseitig. Gott hilft uns voranzukommen, um wieder zum Ursprung der Quelle zu gelangen.

Die Gleichgesinnten, alle, die gemeinsam mit dir ringen, um vom menschlichen Ich frei zu werden, wünschen dir die Einheit mit ihnen und den Frieden der Himmel.

Gott zum Gruß, lieber Bruder, liebe Schwester!
Friede

Gabriele

Selbstprüfung zum Übertritt in die Stufe des Willens

Bruder Emanuel,
unser Geistiger Lehrer, offenbarte:

Wer auf der Stufe der Ordnung seine Gedanken weitgehend unter Kontrolle bekam, der konnte und kann auch seine Sinne weitgehend beherrschen.

Wer aufgrund der Schulung auf der Stufe der Ordnung seine Rede zügeln konnte und kann, der ist schon ein kleiner Meister seines Ichs.

Wer auf der Stufe der Ordnung seine Vergangenheit, alles, was den Menschen immer und immer wieder beschäftigte, zurücklassen konnte, ja dem Ewigen übergeben konnte, der ist wahrlich gewachsen und bereit, die Stufe des Willens zu betreten.

Lieber Bruder, liebe Schwester, falls du die in diesem Buch gegebenen Aufgaben und Übungen täglich gewissenhaft durchgeführt hast, so dürfte es dir gelungen sein, in deiner Gedanken- und Empfindungswelt und in deinem Leben weitgehend Ordnung geschaffen zu haben.

Möchtest du nun die nächste Stufe, die Stufe des Willens, betreten, so kannst du dich anhand der folgenden Fragen selbst prüfen, ob du das dafür nötige Fundament auf der Stufe der Ordnung schon gelegt hast:

Ist es dir gelungen, auf der Stufe der Ordnung

- *deine Gedanken weitgehend zu kontrollieren,*
- *deine Rede weitgehend zu zügeln,*
- *deine Sinne weitgehend zu beherrschen?*

Die Gedanken zu ordnen und auf das geistige Ziel, Gott, auszurichten, ist nur demjenigen möglich, der Gott, seinen Vater, mehr liebt als diese Welt – und mehr als sich selbst, als sein Denken und Wollen.

Wer für sich selbst noch erhebliche weltliche Ansprüche geltend macht, wer also seine Gedanken um seine eigenen Belange kreisen lässt, indem er das noch besitzen und dies oder jenes noch sein und gelten möchte, dessen Herz ist noch nicht frei für den Inneren Weg.

Ist es dir gelungen, die Vergangenheit zu bereinigen, und ist sie nur noch als Erinnerung in deinem Bewusstsein?

Wer in seiner Vergangenheit lebt, kann das, was tagtäglich auf ihn zukommt, nicht meistern. Er wird sodann über sein Leben nicht die Meisterschaft erlangen, sondern wird seinem menschlichen Ich unterliegen.

Ist es dir gelungen, die ichbezogenen Aspekte, das Ich, Mein und Mir, weitgehend zu übergeben?

Dann erst kannst du die Konzentration erlernen, um auf der Stufe des Willens zu bestehen.

Auf der Stufe des Willens lernst du dich mehr und mehr zu erkennen und zu beherrschen. Dadurch wirst du sensitiver und durchlässiger für die geistigen Kräfte. Dein Gewissen reagiert intensiver, da auf der Stufe des Willens das Licht Christi in uns heller wird.

Wer den Pfad der Liebe gewissenhaft beschreitet, der wird sehr bald erkennen und verspüren, was sein Wollen, sein Wille, also der persönliche Wille, ist – und was der göttliche Wille, der unpersönliche Wille, ist.

In der Willensschulung soll das Wollen des Menschen mehr und mehr dem Ewigen übergeben werden.

Nicht wir wirken, sondern Gott wirkt durch uns. Dadurch erlernen wir die rechte Konzentration im Sinne des göttlichen Willens.

DER INNERE WEG

zum kosmischen Bewusstsein

Stufe des Willens

Inhalt

Hinweise zu Beginn der Stufe des Willens

Lieber Bruder, liebe Schwester, wer die Stufe des Willens betreten möchte, der sollte

- *die Kriterien für die Stufe der Ordnung erfüllen und*

- *seine Gedanken weitgehend kontrollieren können.*
  Unsere Gedanken zu ordnen und auf das geistige Ziel, Gott, auszurichten, ist uns nur dann möglich, wenn wir Gott, unseren Vater, mehr lieben als diese Welt und mehr als uns selbst, als unser Denken und Wollen.
  Wer für sich selbst noch erhebliche weltliche Ansprüche geltend macht, wer also seine Gedanken um seine eigenen Belange kreisen lässt, indem er das noch besitzen und dies oder jenes noch sein und gelten möchte, dessen Herz ist noch nicht frei für die Stufe des Willens.

- *Wir sollten unsere Rede weitgehend zügeln können.*
  Vermögen wir unsere Rede zu zügeln, dann haben wir gelernt, nichts Unwesentliches zu sprechen und nicht anders zu sprechen, als wir denken und empfinden.

- *Wir sollten unsere Sinne weitgehend bemeistern können.*

- *Wir sollten unsere Vergangenheit weitgehend bereinigt haben, so dass sie nur noch als Erinnerung im Bewusstsein ist.*

Leben wir noch in unserer Vergangenheit, so können wir das, was tagtäglich auf uns zukommt, nicht meistern. Vermögen wir im Augenblick zu leben, dann werden wir auch über unser Leben die Meisterschaft erlangen und die göttlichen Kräfte entfalten, die in uns liegen. So durchlichten wir mehr und mehr unsere Seele, wodurch wir innere Stabilität gewinnen und den Weg leichter und freudiger zu beschreiten vermögen.

Wer die genannten Kriterien weitgehend erfüllt, der wird wach und konzentriert in jeden neuen Tag gehen. Er wird die ihm von Gott geschenkten Energien gezielt einsetzen bei der Bewältigung der täglichen Übungen und Aufgaben.

Noch einmal möchten wir darauf hinweisen:

In der Zeit einer Schwangerschaft sollte der Kurs unterbrochen werden. Die werdende Mutter, die den heranreifenden Embryo trägt, sollte wohl aus der Tagesenergie Bereiche ihres Ichs erkennen und bereinigen, jedoch nicht durch Übungen intensiv ihre Ichphänomene analysieren, um deren Wurzel zu erfassen, und diese auf einmal heben. Für sie geht also während dieser Zeit der Innere Weg etwas langsamer, damit sich der Embryo in Ruhe auf die inkarnierende Seele vorbereiten kann.

Nach der Entbindung kann dort fortgesetzt werden, wo unterbrochen wurde. Es ist jedoch von Vorteil, wenn der oder die letzten Schritte noch einmal wiederholt werden.

Lieber Bruder, liebe Schwester, die zweite Stufe auf dem Inneren Weg, die Stufe des Willens, setzt sich zusammen aus einer Einweihungsoffenbarung sowie sechs aufeinanderfolgenden Kapiteln mit Lehren und Lektionen, die uns helfen, den Inneren Weg erfolgreich zu beschreiten.

Die in der Einweihung beschriebenen Aufgaben und Übungen sind die Grundlage für die Stufe des Willens; sie werden während des gesamten Kurses praktiziert. Die in den folgenden Kapiteln beschriebenen Aufgaben und Übungen sollen von uns so lange praktiziert werden, bis wir fühlen, dass wir sie weitgehend verwirklicht haben. Erst dann, wenn wir alle Aufgaben eines Teiles abgeschlossen haben, sollen wir zum nächsten Teil übergehen, da jeder Teil auf dem vorhergehenden aufbaut.

Lieber Bruder, liebe Schwester, auch für die Stufe des Willens gilt: Der Wanderer auf dem Inneren Weg bestimmt seinen Fortschritt selbst. Das erfordert allerdings ein gewisses Maß an Selbstdisziplin und Ehrlichkeit sich selbst gegenüber.

Aus eigener Erfahrung wissen wir, dass wir fallen, wenn wir versuchen, den zweiten Schritt vor dem ersten zu tun. So ist es auch auf dem Inneren Weg: Greifen wir den Aufgaben vor, ohne die vorausgegangenen im alltäglichen

Leben weitgehend verwirklicht zu haben, werden wir fallen. Sind wir aber ehrlich zu uns selbst, dann wird uns der Innere Weg viel Freude bereiten, und wir werden in uns Harmonie erfahren.

Gott zum Gruß!

1. Einweihung

Unser geistiges Erbe – Voraussetzungen für die Stufe des Willens: weitgehendes Erfüllen der Aufgaben der Ordnungsstufe (Gedankenkontrolle, Zügelung der Rede, Beherrschung der Sinne; Bewältigung der Vergangenheit, Seelengebet) – Gefahren durch Eigenwillen und Missbrauch geistiger Kräfte, Stimmenhören – Lauheit, Gemütsschwankungen, Stagnation – Überwindung statt Kasteiung – Persönlich und unpersönlich

Erste Aufgaben für die Stufe des Willens:
1. Konzentrationsübung
2. Gebete, Tagesablauf mit Seelengebet und Selbstbetrachtung – Zusammenfassung der Aufgaben

–

Gabriele begrüßte uns mit folgenden Worten:

Gott zum Gruß, lieber Bruder, liebe Schwester,
der Friede des Herrn möge mit uns sein!

Unser Geistiger Lehrer und Bruder, Emanuel, schenkte den Schülern, welche die Stufe des Willens betreten, eine Offenbarung zur Einweihung. Wir lernen hier, den göttlichen Willen in uns zu entwickeln und zu festigen und konzentriert und ausgerichtet auf das Göttliche in uns zu leben.

Auch die Lehren und Lektionen kommen aus der göttlichen Welt und wurden von Bruder Emanuel, dem Cherub der göttlichen Weisheit, gegeben.

Bruder Emanuel sprach:

Die Liebe des Ewigen verströmt sich unermüdlich. Die Liebe des Ewigen hat euch erfasst und auf den Pfad zur Liebe, zur Vollendung, geführt.

Aus dem absoluten Bewusstsein der Liebe und Weisheit strömt die Kraft. Diese ewige, heilige Kraft vertrete ich, euer Geistiger Lehrer und Bruder, Emanuel, auf dieser Erde.

Liebe Schüler, der Pfad zu Gott im Werk des Herrn ist der Pfad der Liebe. Diesen Pfad kann nur der beschreiten, der wahrlich die Liebe zu Gott erweckt, der mehr und mehr selbstlos wird. In der Selbstlosigkeit erwacht die Fülle aus Gott. Diese Fülle ist die Liebe des Vaters, euer, unser Erbe.

Gabriele stellte folgende Frage:

Liebe Schwester, lieber Bruder, was können wir unter unserem Erbe verstehen?

Unser Erbe ist das, was Gott uns eingehaucht hat: das Leben. Es ist die Essenz der Unendlichkeit.

Die Essenz der Unendlichkeit, die wir als reine Wesen sind, ist die gesamte kosmische Strahlung. Es ist die potenzierte Energie der Unendlichkeit; es ist die Essenz aus allen Gestirnen, die Essenz aller Mineral-, Pflanzen- und Tierreiche. Es ist die Essenz aller geistigen Wesen.

Das ist unser Erbe.

Dadurch können wir uns auch in der ganzen Unendlichkeit bewegen.

Kraft dieser potenzierten Energie, welche die Fülle ist, können wir als reine Wesen in uns selbst auch alles schauen, erkennen und erfassen.

Mit dieser potenzierten Energie können wir als reine Wesen in einer Geschwindigkeit, die wir als Menschen nicht zu fassen und auszudrücken vermögen, von einer Himmelsebene zur anderen gleiten.

Mit dieser potenzierten Energie ist es uns auch möglich, alles zu schaffen, was aufgrund der beständigen Ausdehnung der Unendlichkeit notwendig ist.

Mit dieser potenzierten Energie können wir alles beleben, vollbringen und steuern.

Diese potenzierte Energie, unser Erbe, die Fülle, ist in uns – auch jetzt, in der Daseinsform Mensch.

Wenn wir die Schatten, die Schleier, entfernen, welche diese Kraft überlagern, dann bricht durch uns die Fülle hindurch.

Wir können dann mit den Gotteskräften arbeiten, und es wird alles gelingen, was in Seinem Namen und in Seinem Willen geschieht. Mit dieser Kraft, unserem Erbe, *könnten wir aus der verunreinigten Erde eine blühende Oase machen. Wir würden dann in dieser Oase leben, und es würde uns an nichts mangeln.*

Wenn es uns an innerer Kraft mangelt, dann mangelt es uns auch im Äußeren, und wir selbst haben Mängel.

Ein großes Potential göttlicher Kraft haben wir in uns zurückgedrängt und mit unserem falschen Verhalten überlagert.

Ein Quantum dieser Lebenskraft haben wir heruntertransformiert für unsere Begierden und Leidenschaften.

Gott, unser Vater, in Jesus, dem Christus, ruft uns auf, umzukehren, die göttlichen Kräfte in uns zu aktivieren, so dass wir wieder bewusst unsere Kindschaft und unser Erbe antreten können. Deshalb weist Er uns durch Bruder Emanuel den Pfad der göttlichen Liebe.

Auf dem Pfad zur göttlichen Liebe wollen wir also gemeinsam diesen inneren Schatz, die Fülle aus Gott, das Erbe jeder Seele, heben.

Jeder darf sein Erbe neu erfahren und erkennen, der sich aufmacht, wieder ein Wesen der Unendlichkeit, ein bewusstes Kind des Allerhöchsten, zu werden.

Bruder Emanuel sprach:

Liebe Schüler! Gemeinsam wollen wir nun die positiven Aspekte der geistigen Schule betrachten.

Wer auf der Stufe der Ordnung seine Gedanken weitgehend unter Kontrolle bekam, der konnte und kann auch seine Sinne weitgehend beherrschen. Wer aufgrund der Schulung auf der Stufe der Ordnung seine Rede zügeln konnte und kann, der ist schon ein kleiner Meister seines Ichs. Wer auf der Stufe der Ordnung seine Vergangenheit, alles, was den Menschen immer und immer wieder beschäftigt, zurücklassen und dem Ewigen übergeben konnte, der ist wahrlich innerlich gewachsen und bereit, die Stufe des Willens zu betreten.

Gabriele gab
Anregungen zur Selbsterkenntnis:

Lieber Bruder, liebe Schwester, stelle dir selbst die Frage, ob du schon bereit bist, die Fülle, das Erbe aus Gott, wieder zu erschließen. Anhand der folgenden Fragen kannst du dich selbst prüfen, ob die Stufe des Willens für dich jetzt schon die richtige Stufe ist:

Konntest du auf der Stufe der Ordnung

- *deine Gedanken weitgehend kontrollieren,*
- *deine Rede weitgehend zügeln,*
- *deine Sinne weitgehend beherrschen?*
- *Ist die Vergangenheit mit ihrem Für und Wider bewältigt und nur noch als Erinnerung in deinem Bewusstsein?*

- *Hast du das Seelengebet so durchgeführt, wie es unser Geistiger Lehrer wünscht?*
- *Sind deine ichbezogenen Aspekte – das Ich, Mein und Mir – weitgehend übergeben?*

Hast du diese eben angeführten Kriterien auf der Stufe der Ordnung weitgehend erfüllt, dann erst kannst du die Konzentration erlernen, um auf der Stufe des Willens zu bestehen.

Wer auf der Stufe der Ordnung die Aufgaben nur nachlässig erfüllt hat, wird auf der Stufe des Willens Schiffbruch erleiden.

Vermögen wir noch immer nicht unsere Gedanken zu kontrollieren, plappern wir noch immer alles heraus, was uns so in den Sinn kommt, dann ist das ein schlechtes Fundament.

Das Gleiche gilt für die Sinne: Sind wir noch neugierig und wollen alles hören, drängt es uns, alles sehen zu wollen, treten bei jedem Geruch, gleich welcher Art, Gedanken und Wünsche auf, wollen wir alles betasten – dann sind das alles Dinge, die uns noch im Äußeren halten wollen.

Liebe Schwester, lieber Bruder, haben wir die Sinneslehre noch nicht weitgehend verwirklicht, dann können wir auch keine Herzenslehre üben; denn die Herzenslehre ist die Lehre der Toleranz und des Verstehens. Erst wenn wir selbst vieles durchlitten, überwunden und verwirklicht haben, dann erwachen in uns die Toleranz und das

Verständnis für unseren Nächsten. Das ist die Herzenslehre.

Toleranz und Verständnis, die aus uns selbst herauswachsen und die wir erlangt haben durch Leid, Überwindung und Verwirklichung, lassen uns in den Mitmenschen hineinblicken und ihn so erfassen, wie er ist, und nicht, wie er sich gibt.

Denn: Wie sollten wir auf der Stufe der Tat – der göttlichen Weisheit – Nächstenliebe üben können, wenn wir den Nächsten nicht kennen?

Haben wir selbst gelernt, unsere Gedanken zu kontrollieren, unsere Rede zu zügeln und unsere Sinne weitgehend zu beherrschen, dann ist es uns auch möglich, unserem Nächsten gegenüber Toleranz und Verständnis zu üben – weil wir selbst erfahren haben, wie schwer es uns fiel, unser menschliches Ich Christus zu übergeben und es bei Ihm zu belassen, um für Ihn frei zu werden. Verständnis, Toleranz und Wohlwollen lassen uns tiefer blicken.

Haben wir diese Übungen der Demut erfolgreich bestanden, sind wir also durch Erkenntnis, Verwirklichung und überwundenes Leid demütig geworden, dann erst können wir unserem Nächsten wirklich helfen und ihm dienen.

Verständnis, Toleranz und Wohlwollen schalten unsere Eigenliebe aus. Das ist ein erster Schritt zur Selbstlosigkeit.

Die Voraussetzung ist jedoch, dass auf der Ordnungsstufe ein gutes Fundament gelegt ist, also nicht auf Sand gebaut wird.

Solange unsere Vergangenheit uns noch sehr bewegt, ist in uns kaum ein geistiges Fundament.

Dann ist es uns auch sehr schwer möglich, die Schulung der Willensstufe durchzuführen, weil wir uns nicht konzentrieren können, da uns noch die Vergangenheit beschäftigt.

Lieber Bruder, liebe Schwester, jeder Tag zeigt uns, wo wir stehen und was wir zu bewältigen haben. Wir können dies nicht erkennen, wenn uns die Vergangenheit umwölkt, das heißt, wir können die Energie dieses Tages gar nicht nützen. Die Chance, die uns jeder Tag neu bietet, uns zu veredeln, lassen wir verstreichen,

- *weil wir uns mit unserer Vergangenheit beschäftigen,*
- *weil wir nicht loslassen können,*
- *weil wir noch etwas erwarten,*
- *weil wir noch etwas erreichen möchten,*
- *weil wir mit unserer Vergangenheit eventuell unseren Nächsten an uns binden und auch Druck auf ihn ausüben wollen,*
- *weil wir unnachgiebig sind, also nicht vergeben können.*

In all diesem wirkt die Vergangenheit weiter und beeinträchtigt unser Tagesbewusstsein. Wir sind davon umwölkt und leben dadurch gleichsam bewusstlos in die uns von Gott geschenkten Tage hinein.

Jeder Tag sagt uns, was jetzt und heute zu bewältigen wäre. Wir hören es nicht, weil wir immer noch von den

Geräuschen der Vergangenheit umgeben sind. Sie tönen in und um uns. Dadurch, lieber Bruder, liebe Schwester, nützen wir nicht unsere Inkarnation, die uns als Chance gegeben wurde, uns zu läutern und zu reinigen. Wir nehmen diese Möglichkeit nicht wahr. – Z.B.: Mein Nächster spricht mich an. Ich nehme es entweder nicht wahr, oder ich kann ihm auf seine Frage keine Antwort geben, weil ich »ganz woanders« bin. – Diese Inkarnationszeit ist somit vergeudete Energie. Kehren wir nicht um und machen es wieder gut, dann gehen wir mit mehr Belastungen in die Astralwelten, als wir in dieses Leben mitgebracht haben.

Gabriele sprach das Seelengebet an:

Auch das Seelengebet, das wir gelernt und eingeübt haben, gibt uns die Möglichkeit, den Tag, unseren Tag, richtig zu erkennen und zu leben.

Liebe Schwester, lieber Bruder, auf der Stufe der Ordnung wurden im Seelengebet die Seelenhüllen nur angesprochen und die positiven Aspekte in ihnen erweckt. In unseren Empfindungen glitten wir von einer Stufe zur anderen, von einem Bewusstseinszentrum zum anderen, hinab ins Sammelbecken und dann wieder empor zum Bereich der Ordnung. Dort verharrend, ließen wir unsere Seele beten.

Haben wir uns auf das Seelengebet richtig eingestimmt – in der Liebe zu Gott, um Ihm durch Verwirklichung der Gesetze näherzukommen –, dann beten wache Teilbereiche unserer Seele.

Wer die geistige Schulung jedoch nicht gewissenhaft durchgeführt hat, in dem steigen nur Gebete aus dem Ober- und Unterbewusstsein auf.

Das Seelengebet ist wichtig. Es führt uns nicht nur nach innen, sondern es hält uns auch in den inneren Bereichen, denn am Morgen kommen sehr viele Gedanken, die uns wegtragen wollen in die Vergangenheit oder in die Zukunft – oder in den Tag, der vor uns liegt.

Mit dem Seelengebet erlangen wir etwas Abstand von den Quälgeistern unserer Gedanken. Wir finden besser zur Stille, zur Ruhe. Wir sprechen das Göttliche in uns an.

Die kurze geistige Erholungspause um die Mittagszeit bringt wieder Verinnerlichung. Denn im Laufe des Vormittags gab es wohl viele Ereignisse, die uns nach außen geführt haben. Die kurze Atempause – um nach innen zu gehen – gibt uns wieder Kraft, Stabilität und Ruhe für den Nachmittag.

Das Seelengebet am Abend führt uns wieder nach innen, denn auch der Nachmittag hat uns durch vielerlei nach außen geführt.

Das Seelengebet ist also immer wieder ein Zurücknehmen unserer Sinne, die wir nach innen wenden, um sie durch hohe Gedanken und Worte zu verfeinern. Wir halten uns immer mehr im Inneren auf.

Das Ziel ist, dass wir im weiteren Verlauf unseres Weges beständig im Inneren verweilen – und aus unserem Inneren schöpfen und geben.

Auch das Gebet der Seele bedarf der Übung und der Konzentration. Wer jedoch von sich aus etwas will, wer in der Erwartung, eine Stimme in sich zu hören, das Seelengebet gebraucht, der befolgt nicht die Aufgabe des Geistes. Er geht damit seine eigenen Wege. Dann können aus anderen Bereichen und Kräften Impulse kommen, die er als Seelengebet deutet. Das jedoch ist die Folge seines Eigenwillens und nicht der Wille des Vaters.

Der Innere Pfad zu Gott, dem Ewigen, ist die Ausrichtung auf das Höchste.

Wir bemühen uns, unser niederes Ich zu besiegen, indem wir die uns gestellten Aufgaben und Lektionen gewissenhaft erfüllen.

Kasteien jedoch wollen wir uns nicht. Jede Kasteiung hat Auswirkungen, die in und an uns auftreten.

Konnten wir auf der Stufe der Ordnung unsere Gedanken nicht weitgehend ordnen, unsere Rede nicht weitgehend zügeln, unsere Sinne nicht weitgehend bemeistern, dann sollten wir die Stufe des Willens nicht betreten. Es wäre besser, die Stufe der Ordnung zu wiederholen.

Wir sollten nicht im Eigenwillen geistige Dinge und Stufen anstreben, auch nicht Stimmen hören wollen. Das birgt in sich gleich mehrere Gefahren, entsprechend dem Sender oder der Wellenlänge, auf die wir uns durch unser Wollen einstimmen.

Wer sich nicht auf den göttlichen Sender einstimmt, der läuft Gefahr, sich auf einen oder mehrere Astralsender *auszurichten, von denen er empfangen kann, sofern er sensitiv ist.*

Das Stimmenhören ist auf dem Inneren Weg nicht gut und wird nicht gefördert.

Ganz im Gegenteil: Wir bitten Menschen, die Stimmen hören, nicht den Inneren Weg zu gehen, da dieser Weg allein darauf ausgerichtet ist, uns wieder zu verfeinern, zu veredeln und wieder bewusst Kinder Gottes zu werden.

Wir lehnen daher jegliche Verantwortung ab, sofern der Innere Weg für persönliche Zwecke missbraucht wird oder Neugierde und Eigenwille die Triebkräfte sind. Das Werk des Herrn übernimmt keine Garantie, wenn auf der Stufe des Willens etwas geschieht, wodurch der Schüler seelisch-physischen Schaden erleidet, weil er geistige Kräfte missbraucht hat.

Ich wiederhole: In der Inneren Schule des Herrn ist die Stetigkeit der Ausrichtung auf das Höchste entscheidend.

Lieber Bruder, liebe Schwester, deshalb ist nicht nur wichtig, dass du das Seelengebet durchführst, sondern dass du es auch so hältst, wie es gelehrt wird.

Mit welchen Gedanken oder Wünschen gehst du noch an das Seelengebet?

Ist uns das Seelengebet kein Bedürfnis, sondern Zwang, oder werden wir gar unwillig, wenn uns plötzlich einfällt, jetzt wäre es eigentlich Zeit für das Seelengebet, dann fehlt es noch sehr an der Liebe zu Gott und damit auch zu unserem Nächsten.

Denn lieben wir Gott nicht, können wir auch unseren Nächsten nicht lieben. Und lieben wir unseren Nächsten nicht, können wir Gott nicht lieben; denn in unserem Nächsten ist auch Gott – ebenso wie in uns.

Was können wir tun, wenn wir erkennen müssen, dass wir unseren Nächsten nicht lieben?

Zunächst sollten wir Toleranz und Verständnis üben.

Dann sollten wir unserem Nächsten Empfindungen der Liebe senden. Denn auf der Willensstufe müssten wir ein gewisses Potential an selbstloser Liebe entwickelt haben.

Senden wir z.B. unserem Nächsten, der uns nicht gut gesonnen ist, einfach einmal selbstlose Liebe und versuchen, ihn zu verstehen, dann wandelt sich in uns die Gesinnung, und wir können unserem Nächsten aus unserem wieder etwas mehr erschlossenen Liebepotential schenken.

Bruder Emanuel wies auch
auf die Schwankungen hin. Er sprach:

Liebe Schüler! Im Leben jedes Einzelnen gibt es Gemütsschwankungen, ein Auf und Ab, Höhen und Tiefen. Nicht alle Tage sind in ihrem Ablauf gleich. Nicht jeder Tag ist ein Sonnentag.

Liebe Freunde, die Schwankungen zwischen Hoch und Tief müssen sein.

Sowohl in den Tagen der Hochstimmung als auch in solchen des Leides darf sich der Schüler selbst erkennen.

Ist ein Tag gleich dem anderen, dann ist die Seele noch erdverhaftet. Verzagt nicht, wenn Höhen und Tiefen euer Leben bestimmen! Durch diese Bewegungen des Lebens reinigen sich das Ober- und Unterbewusstsein und auch die Seelenhüllen.

Gabriele sprach in der Schulung:

Wir müssen jedoch wachen Sinnes sein und das, was uns die Gemütsschwankungen sagen, erfassen und, wenn es notwendig ist, analysieren, Christus übergeben – und ablegen, was allzu menschlich ist.

Liebe Schwester, lieber Bruder, gibt es in unserem Leben keine Höhen und Tiefen, weder Freude noch Leid, so ist unsere Seele noch nicht erwacht. Sie lebt noch mit dieser Welt. Auf dem Pfad der Liebe zu Gott bedeutet das Stagnation.

Die Bewegungen in unserem Leben – Freude und Leid, Höhen und Tiefen – sind reinigende Aspekte, sofern sie auch als Reinigungsprozess des Ober- und Unterbewusstseins und der Seele erkannt werden.

Wie das Meer in ständiger Bewegung ist durch Ebbe und Flut, so ist es auch das Gemüt des Menschen.

Die Seele ist ein Tropfen im Ozean Gott. Jedoch erst, wenn sie wieder vollkommen ist, kehrt das Kind des

Vaters wieder bewusst zurück in den geistigen Ozean göttlicher Liebe.

Auf der Stufe des Willens sollte Folgendes beachtet werden:

Fallen wir immer wieder sehr tief, »suhlen« wir uns tage- und wochen-, gar monatelang in unserer Vergangenheit, dann ist das kein Zeichen geistiger Entwicklung. Höhen und Tiefen sollen sich auf der Willensstufe mehr in Schwankungen unterschiedlichen Grades ausdrücken. Es sollte kein Gefälle mehr geben, das uns bis in Tiefen abgleiten lässt, in denen wir beispielsweise andere abwerten und verurteilen oder in unserer Vergangenheit graben oder alle erdenklichen Lieblosigkeiten über unseren Nächsten ausschütten oder ihn mit unseren Erwartungen überfordern.

Die Höhen auf dem geistigen Weg sind innere Freuden – dieses oder jenes bewältigt zu haben, oder die Freude am geistigen Tun mit Gleichgesinnten und die Freude an dem, was wir kraft des Geistes selbstlos vollbringen durften.

Die Höhe eines sogenannten euphorischen Höhenfluges ist hiermit nicht gemeint.

Lieber Bruder, liebe Schwester, schreibe bitte die folgenden Sätze in dein Mystisches Tagebuch, damit du sie immer wieder zur inneren Erweckung und zur Stärkung lesen kannst:

Die geistige Schulung ist nur beschwerlich, wenn ich nachlässig werde, wenn ich die Aufgaben und Lektionen des Geistes nicht gewissenhaft erfülle. Auf der Stufe des Willens wird es für mich dann problematisch, wenn ich die Aufgaben und Anweisungen nicht aus innerem Antrieb und mit innerer Freude erfülle.

Liebe Schwester, lieber Bruder, merke dir auch: Sobald die Trägheit einzieht, solltest du aussetzen.

Hast du dich gestärkt und bist du dir über deinen Weg klar geworden, dann solltest du eventuell noch einmal bei der Stufe der Ordnung beginnen oder erneut mit der Willensstufe.

Das Gesetz lautet:

Entweder – oder. Für oder wider.

Bitte beachte dies! Es ist notwendig für dein Seelenheil.

Bruder Emanuel offenbarte:

Um tatsächlich die Ordnungsstufe absolvieren zu können, bedarf es der innigen Liebe zu Gott.

Wer Gott über alles liebt, in wessen Leben Gott der Mittelpunkt geworden ist, der liebt wahrlich seine geistige Heimat mehr als sein irdisches Dasein, seine kurzzeitige Heimat auf dieser Erde.

Wer Gott mehr liebt als die materiellen Dinge, der wird opferfreudig. Er gab schon auf der Ordnungsstufe vieles hin, was ihn allzu menschlich machte, was ihn prägte.

Wer der inneren Liebe, der Gottesliebe, nähergekommen ist, der fühlt jetzt schon die inneren Kräfte – das Werden und Wachsen der Seele. Die innere Freude durchzieht den willigen, opferbereiten Schüler.

Die Liebe des Vaters ist dem nahe, der von Tag zu Tag sein Ich mehr aufopfert, indem er es Christus übergibt.

Solange der Schüler immer wieder die Worte »ich«, »mein« und »mir« im ichbezogenen Sinne gebraucht, so lange hat er den Pfad zur selbstlosen Liebe noch nicht erkannt.

Wer den Weg der selbstlosen Liebe wandeln möchte, der muss zielstrebig und bewusst, ausgerichtet auf Gott, seine Fehler und Neigungen bekämpfen, damit das Innere Licht, das Licht der Seele, größer wird und ihn mehr und mehr durchstrahlt. Wer den Pfad zur Liebe Gottes, den Pfad der Liebe, ernsthaft beschreitet, der gelangt zur inneren Freude und Seligkeit.

Dazu Gabriele:

Lieber Bruder, liebe Schwester, nimm bitte auch folgenden Satz in dein Mystisches Tagebuch auf. Er soll dir zur Bewusstseinsstütze werden, wenn dich das menschliche Ich wieder heimsuchen möchte:

Wer Gott mehr liebt als sich selbst, der wird zum Überwinder seines menschlichen Ichs.

Bruder Emanuel lehrte weiter:

Liebe Schüler, in der Willensschulung sollte das Wollen des Menschen mehr und mehr dem Ewigen übergeben werden.

Das Wollen ist das Drängen des menschlichen Ichs, etwas durchzuführen, das scheinbar keine Zeit mehr hat, das drängt, das sich bestätigt sehen möchte.

Gabriele sagte dazu:

Wir sollten also unseren Eigenwillen allmählich, Stück für Stück, Christus übergeben. Dann können wir gewiss sein, dass wir im Laufe der Zeit die vielen »Ichheiten« übergeben werden.

Bruder Emanuel sprach weiter:

Erkennt den tiefen Sinn meiner Darlegungen:

Unser aller Vater, der Geist Gottes in Christus, wünscht nicht die Kasteiung Seiner Kinder. Was dem Menschen heute noch anhaftet an Neigungen, Wünschen, Sinnlichkeit und anderem mehr, sollte nicht von einem zum anderen Tag abgelegt werden. Fanatismus ist nicht der Weg zu Gott.

Gabriele gab in der Schulung weitere Hinweise:

Liebe Schwester, lieber Bruder, wir können vieles überwinden, das uns immer wieder befällt, mit dem wir uns ständig von neuem beschäftigen, wenn wir uns bemühen, immer wieder unsere Gedanken zu Gott zu erheben oder das, was uns befallen hat – etwa eine Leidenschaft –, immer wieder Gott zu übergeben. Dann spüren wir, dass sich die Leidenschaft verringert. Und wir spüren mit der Zeit, wie weit wir ihr noch nachgeben müssen. Das werden wir dann auch tun.

Nicht kasteien und verdrängen, sondern das Gesetzwidrige Gott hintragen und dabei unsere Gedanken zu Gott erheben – das ist der Weg!

Dann kristallisiert es sich heraus, wie viel wir davon noch erleben müssen.

Bemühen wir uns immer wieder und gehen zu Gott hin, um unsere alten Leidenschaften zu überwinden, dann lieben wir Gott mehr als uns selbst, als unser menschliches Ich, als unsere Wünsche und Sehnsüchte! Das ist Überwindung.

Lieber Bruder, liebe Schwester, wende dich von dem Komplex deiner Wünsche und Sehnsüchte immer wieder ab und trage das Erkannte immer wieder Gott hin.

Was du daraus noch erleben musst, das kommt auf dich zu. Das erlebe sodann, denn dies trägt ebenfalls zur Überwindung bei.

Überwindung ist also nicht Kasteiung.

Kasteien würden wir uns, wenn wir sagen: »Herr, da hast Du alles« – und danach lassen wir weitere Gefühle und Empfindungen nicht mehr hochkommen, sondern verdrängen sie. Und dann loben wir uns selbst, wie gut wir sind – und werten gleichzeitig damit andere ab, die noch mit dem ringen, von dem wir meinen, es bereits überwunden zu haben.

Liebe Schwester, lieber Bruder, verurteilen wir einen unserer Nächsten, weil er dies oder jenes noch an sich hat, das wir scheinbar schon überwunden haben – dann können wir sicher sein, dass es nicht überwunden ist, sondern dass es nur in uns gebunden ist durch Kasteiung.

Je weniger wir verwirklicht haben, umso mehr neigen wir zum Verdrängen, zur Kasteiung.

Damit haben wir nur gebunden. Wo jedoch überwunden ist, da sind Toleranz, Verständnis, Wohlwollen und Freiheit.

Bruder Emanuel offenbarte dazu:

Wer Gott mehr liebt als sich selbst, der ist ein Überwinder seiner niederen Natur.

Wer sich in der rechten Willensschulung übt: »Nicht ich wirke, sondern Gott wirkt durch mich«, der erlernt auch die rechte Konzentration im Sinne des göttlichen Willens: Was ich tue, das tue ich ganz – mit meinen erschlossenen inneren Kräften, mit meinem Bewusstsein, das ich soweit erschlossen habe, wie ich die göttlichen Gesetze verwirkliche.

Wer mit der Kraft Christi die Seelenreinigung vornimmt, der wird im Laufe seiner geistigen Gratwanderung sämtliche allzu menschlichen Regungen und Neigungen übergeben können und dem Gottmenschen entgegenstreben.

Im gleichen Maße, in dem der Mensch dem Geiste, der Vollendung, entgegenstrebt, fällt von ihm das Allzumenschliche, das Ichbezogene, ab.

Auf der Stufe des Willens blickt der Schüler nicht nur auf das Allzumenschliche, auf seine Fehler und Schwächen; er empfindet tiefer und ahnt das Göttliche in sich und seinem Nächsten.

Liebe Freunde, die Konzentration, die rechte Willensschulung, in welcher der Mensch seine weiteren allzu menschlichen Gedanken meistert, seine Redeweise zügelt und seine Sinne verfeinert, richtet ihn auf das Höchste, auf die Quelle, auf Gott, aus.

Dann fällt von ihm ab, was allzu menschlich ist und nicht in das Reich Gottes eingehen kann.

Wer weiterhin jedoch mit seinen Leidenschaften und Neigungen liebäugelt und glaubt, die Schulung des Geistes nebenbei machen zu können, der wird im Geiste keinen Fortschritt erzielen. Im Gegenteil: Er kann unter Umständen vom Weg abgleiten und verstärkt von der Welt und auch von anderen Energiefeldern beeinflusst werden.

Wer nicht opferfreudig seine niedere Natur bekämpft, der unterliegt seiner Lauheit.

Bruder Emanuel
legte uns noch einmal ans Herz:

Lieber Schüler, jeder möge sich noch einmal Gedanken über das Offenbarte machen:

Wie schloss er die Ordnungsstufe ab? Hat er wirklich gewissenhaft an sich gearbeitet?

Nur wem es möglich ist, opferbereit und opferfreudig die zweite Stufe zu beschreiten, in der Liebe zum Vater, der wird auf der Wanderschaft zum absoluten Bewusstsein geistige Erfolge erzielen können.

Bruder Emanuel offenbarte weiter:

Auf der Stufe des Willens lernt der Schüler, sich mehr und mehr zu erkennen und zu beherrschen.

Dadurch wird er sensitiver und durchlässiger für die geistigen Kräfte. Das Gewissen reagiert intensiver, da auf der Stufe des Willens das Licht Christi im Schüler heller wird.

Wer den Pfad der Liebe gewissenhaft beschreitet, der wird sehr bald spüren und erkennen, was persönlicher Wille ist – sein eigenes Wollen, sein eigener Wille – und was der göttliche Wille, der unpersönliche Wille, ist.

Da die Selbstlosigkeit in ihm wächst, empfindet der Schüler sehr bald, was Persönliches und was Unpersönliches ist, was das Wollen des Menschen und was der Wille Gottes ist.

Gabriele sprach
über das unpersönliche Leben:

Was ist persönlich, was ist unpersönlich?
Persönlich ist,

- *wenn wir etwas aussprechen, das wir noch nicht überwunden haben,*
- *wenn wir von uns sprechen,*
- *wenn wir unserem Nächsten etwas sagen und zugleich Hintergedanken haben, z.B. wie er aussieht, wie er das, was wir sagen, aufnimmt, was er wohl von uns denkt usw.,*
- *wenn wir nur unsere Entwicklung im Auge haben und nichts darüber hinaus tun möchten.*

All dies ist Persönlichkeitsdenken.
Die Entwicklung und Entfaltung unseres Bewusstseins, bei der wir nur auf uns blicken, gilt hauptsächlich für die Stufe der Ordnung. Auf der Stufe des Willens sollten wir allmählich unpersönlich werden.

Auch die Konsumhaltung sollte auf der Stufe des Willens langsam beendet werden.

Wenn wir sagen: »Du und ich« – jedoch die anderen interessieren uns nicht –, so ist das ebenfalls persönliches Denken.

Haben wir Geheimnisse, die wir wahren, die wir nicht preisgeben können, dann sollten wir uns fragen:

- *Was will ich noch halten?*
- *Was oder wen will ich noch binden?*
- *Welche Sicherheit brauche ich noch im Materiellen? Hier ist auch das Streben der Persönlichkeit nach Ansehen, Geld und Gut gemeint.*

Unpersönlich ist,

- *wenn wir selbstlos reden,*
- *wenn wir geben und nichts erwarten,*
- *wenn unsere helfenden Worte und die helfende Tat mit unseren selbstlosen Gedanken übereinstimmen,*
- *wenn wir nicht an uns denken, sondern uns bemühen, Liebe auszustrahlen, die oftmals keine Worte hat, sondern nur Strahlung ist, die aus unseren selbstlosen Gefühlen, Empfindungen und Gedanken kommt.*

Das ist wortlos strahlende Liebe, das ist unpersönlich. Machen wir jedoch viele Worte um die Liebe, dann sind wir persönlich, weil wir damit etwas erreichen möchten.

Ein paar freundliche, selbstlose Worte, eine selbstlose Geste sind mehr wert und geben – als Strahlung – mehr als viele Worte um die Liebe, als viele Taten, in denen die Erwartungshaltung gleich mitgeliefert wird.

Selbstlose Liebe kann ein freundliches Lächeln sein, ein herzlicher Gruß, ein gütiger Blick – das ist unpersönlich!

Wer unpersönlich ist, der ist frei.

Er fragt nicht, was der Nächste über ihn denkt. Er erwartet keine Anerkennung, kein Lob und keinen Dank.

Die selbstlose Liebe ist die schöpferische Kraft. Sie gibt.

Haben wir jedoch noch keinen Schritt zu Gott in unserem Inneren getan, dann ist unsere Liebe die Eigenliebe, die erwartend, fordernd, bestimmend, anklagend und bindend ist. Wir erwarten etwas.

Jede Erwartungshaltung bewirkt Starrheit und Unklarheit im Denken und Handeln. Sie trennt. Selbstlose Liebe eint.

Unpersönliche Liebe ist unpersönliches Leben: Ich liebe alle gleich.

Wenn wir dann scheinbar jemanden bevorzugen, so nur deshalb, weil er unserer Schwingungsebene entspricht und wir dadurch eine intensive Verbindung herstellen können oder hergestellt haben.

Das Unpersönliche ist Liebe, Weisheit, Gerechtigkeit, Stille, Toleranz, Verständnis, Wohlwollen und Erkenntnis. Wir sehen den Menschen so, wie er wirklich ist, nicht, wie er scheint.

Lieber Bruder, liebe Schwester, mit den bisherigen Übungen, durch Selbsterkenntnis und Ausrichtung auf das Höchste wurde es jedem von uns gegeben, einen Teil der Selbstlosigkeit zu erlangen und unsere Seelenantenne – entsprechend unserer Seelenbelastung und Verwirklichung – auf höhere Kräfte auszurichten und zu stabilisieren.

Waren wir jedoch nachlässig, nahmen wir den Weg zu Gott bisher nicht ernst genug, dann konnten wir auch nicht den Grad unserer Selbstlosigkeit finden, der uns möglich gewesen wäre.

Wer noch wenig Selbstlosigkeit erlangt hat, der wird seinen Nächsten, der ihm nicht nach dem Munde spricht oder dessen Erscheinung ihm nicht angenehm ist, richten.

Wir müssen jedoch erkennen: Wer richtet, der richtet sich selbst. Das Richten des Nächsten ist also das eigene Gericht.

Liebe Schwester, lieber Bruder,
Bruder Emanuel gab uns die ersten Aufgaben
auf der Stufe des Willens. Er sprach:

Rechte Konzentration im Sinne des Geistes ist Willensschulung.

Wer sich zu konzentrieren lernt, der kann nach und nach alle menschlichen Regungen und Neigungen übergeben.

Die Konzentrationsübung lautet: Was ich tue, das tue ich ganz.

Dann sprach Bruder Emanuel
über den geistigen Tagesablauf:

Das Bestreben des Schülers soll sein, Gott wohlgefällig zu werden.

Das beginnt schon am frühen Morgen beim Erwachen: Gleich nach dem Erwachen verbindet sich der Schüler sofort mit der ewigen Kraft in sich. Er dankt für die Nacht.

Prasseln auf euch, liebe Freunde, Gedanken der Welt ein – z.B. was an diesem Tage zu tun wäre, was noch nachzuholen ist –, so nehmt sie nicht in euer Inneres auf. Weist die Gedankenvagabunden zurück.

Ist eine Sache sehr dringend, die euch in den Sinn kommt, dann haltet sie kurzerhand fest, notiert sie und geht wieder in die Stille.

Der Schüler auf der Stufe des Willens muss Herr über seine Gedanken werden.

Bedrängen euch trotz alledem unwesentliche und unwichtige Gedanken, beginnen sie, in euer Bewusstsein einzudringen, so befehlt den Eindringlingen, den Gedankenvagabunden, indem ihr sie mit der Kraft und Macht des Inneren ansprecht.

Sprecht sinngemäß:
»Ich bin ein Kind des Allerhöchsten.«

Setzt diesen Satz den Gedankenvagabunden entgegen und lasst ihn zugleich durch euer Inneres ziehen.

Ich wiederhole:

»Ich bin ein Kind des Allerhöchsten.«

Wer diesen Satz bewusst ausspricht, der identifiziert sich nicht mehr mit seinem Menschen – der Hülle.

Die Kraft des »Ich Bin« befiehlt den Gedanken zu weichen. Wer diese Kraft »Ich bin ein Kind Gottes« anwendet, dem werden mit der Zeit die Gedanken gehorchen.

Nach dem Erwachen betet also der Schüler, auf dem Rücken liegend. Dabei legt er die rechte Hand auf die Brust – auf das vierte Bewusstseinszentrum – und die linke Hand auf den Rücken der rechten.

Lasst eure Bitt- und Dankgebete in euer Inneres strömen, mit vollem Bewusstsein, ganz auf Gott ausgerichtet. Das fällt euch leichter, wenn ihr jedes Wort bewusst aussprecht und eure Gedanken bei euren Worten lasst.

Bruder Emanuel
offenbarte weiter:

Liebe Schüler, legt nach jedem Wort eine kleine Pause ein: Lasst das Wort in euch nachschwingen.

Durch das bewusste Nachschwingen eines Wortes oder eines Satzes gelangt ihr leichter zu der inneren Stille.

Zugleich bewirkt diese Übung eine verstärkte Konzentration.

Ihr könnt sinngemäß folgendes Gebet an Gott, unseren Vater, richten – ich bitte euch jedoch: Betet nur sinngemäß, nicht mit den Worten, die ich hier zu einem Gebet reihe:

»Vater,
(Dieses Wort ‚Vater' lasst nachschwingen.)
ich danke Dir für die Nacht!
(Lasst jetzt diesen Satz in euch nachschwingen.)
Großer All-Einer,
ich nehme den neuen Tag an.
(Lasst auch diesen Satz in euch nachschwingen.)
Ich bin stark in meiner Seele.
(Lasst auch diese Worte in euch nachschwingen.)
Gütiger Vater,
Dein Sohn, mein Erlöser, führt mich zu Dir.
An diesem Tag, in jeder Stunde, in jedem Augenblick wird Dein Wille geschehen.
(Mit folgendem Satz bejaht ihr den absoluten Willen in euch:)
Dein Wille geschieht jeden Augenblick in mir, in meiner Seele!«
(Lasst auch diesen Satz in euch nachschwingen.)

Nach dem kurzen Bitt- und Dankgebet steht der Schüler harmonisch auf.

Mit erhobenen Händen richtet er sich nach Osten aus.

Wieder erfolgt ein kurzes Gebet – diesmal an den Allgeist, an die Allkraft in allem Sein.

Jedes Seelen- oder Herzensgebet kann eine Meditation sein, so ihr bewusst, also selbstlos, redet und die Worte in eurem Inneren nachklingen lasst.

Mit erhobenen Händen, ausgerichtet nach Osten, betet der Schüler sinngemäß:

»Schöpfergeist, ströme in meine Zellen!
Schöpfergeist, durchpulse
mein Ober- und Unterbewusstsein,
jede Zelle meines Körpers!
Ihr unzähligen Kräfte der Gestirne, der Mineral-,
Pflanzen- und Tierreiche – durchströmt mich!
Ich bin ein Kind des Allgeistes.
Ich bin die Essenz in den Gestirnen.
Die Essenz der Gestirne ist in mir.
Ich bin die Essenz im Mineral-,
Pflanzen- und Tierreich.
Die Essenz dieser geistigen Kollektive ist in mir.«

Nach diesem kurzen Sonnengebet lasst ihr die Arme harmonisch sinken.

Einige Lockerungsübungen wären anzuraten.

Dann begebt euch in das Badezimmer, reinigt euren Körper. Dabei lasst die Kräfte nachschwingen, die beim Sonnengebet in eure Zellen, in euren Körper und in euer Bewusstsein eingeströmt sind.

Der Schüler bleibt auch beim Ankleiden in Harmonie.

Dann begibt er sich zum Seelengebet in einen ruhigen Raum, der nicht mit Alltagsschwingungen, Diskussionen und Sorgen erfüllt ist. Wenn ihr wollt, könnt ihr eine Kerze anzünden, das Symbol des Inneren Lichtes.

Liebe Schüler, setzt euch auf einen bequemen Stuhl, nicht in einen Sessel.

Nehmt die euch bekannte, aufrechte Sitzhaltung ein. Die Sitzhaltung sollte nicht verkrampft sein.

Mit einer aufrechten Sitzhaltung gibt der Mensch dem Geist die Möglichkeit, ihn intensiver zu durchströmen.

Mit einer aufrechten Sitzhaltung erweist der Mensch auch Gott die Ehre.

Eine aufrechte Sitzhaltung und ein aufrechter Gang weisen auf einen aufrichtigen Charakter hin, auf Disziplin und Tatkraft.

Nach dem Bitt- und Dankgebet und dem Sonnengebet wurde es stiller in euch.

Nun beginnt der Schüler, sich mit seiner Seele zu verbinden, wir nennen es das Seelengebet.

Liebe Schüler, lasst eure Empfindungen der Liebe zu Gott, zu dem Wesenskern der Seele, strömen und lasst die Gebetsworte wieder nachschwingen.

»Ewiger, unbelastbarer Geist!
Ich möchte die Himmel erschließen,
das Reich Gottes in mir.

Ich möchte die Stufen zum Leben emporsteigen,
zu Deinem Bewusstsein,
ewiger Geist.
Einst verließ ich die Herrlichkeit der Himmel,
Deine Liebe.
Mein Weg ging in die Tiefe.
Auf den Stationen hinab zur Materie hüllte ich mich
in die Gewänder der Fallreiche.
Ich kam als Mensch zur Erde,
ging nach geraumer Zeit wieder von der Erde
und kam erneut ins Erdenkleid.
Herr, dieses Kommen und Gehen will ich beenden.
Ich erwecke nun die göttlichen Kräfte in mir,
die zum großen Teil noch verborgen und inaktiv
in meinem Inneren schlummern.
Ich spreche sie auf jeder Stufe an.

Herr, so rege ich mit den veredelten Sinnen die Bewusstseinsbereiche der Barmherzigkeit an.
Einst ging ich durch das Tor der Barmherzigkeit
und gebar mich allmählich in die Materie ein.
Durch die erlösende Kraft Deines Sohnes gehe ich
wieder durch das Tor der Barmherzigkeit
in die Absolutheit zurück.«

Liebe Schüler, lasst mit Nachdruck die Gebetsempfindungen und die Weckimpulse in euer Inneres fließen, indem ihr das Absolute bejaht:

»Durch dieses Tor komme ich wieder zurück, mein Herr und mein Gott.«

Lasst diese kraftvollen Gebetsimpulse, diesen Weckruf, nachschwingen. Dann erlebt ihr die Macht des Gebetes in jedem Wort.

Die Kräfte Gottes strömen nun zum Bewusstseinszentrum der Liebe. Der Schüler begleitet sie mit seinen Empfindungen, die er in Worte kleidet.

»Ewiger, Deine Liebe ist das erhaltende Leben.
Ich bin aus Deiner Liebe;
daher bin ich Liebe.«

Das Liebezentrum ergießt sich nun in das Bewusstseinszentrum der Geduld:

»Herr, Du bist geduldig mit mir;
so werde ich bewusst Deinen Weg gehen.
Zu dem Bewusstseinsbereich der Geduld werde ich wieder emporsteigen durch Christus, meinen Erlöser.
In Dir, o ewiger Geist, bin ich Barmherzigkeit, Liebe und Geduld.«

Unser Geistiger Lehrer, Bruder Emanuel,
sprach weiter:

Nun, meine Freunde, bejaht wieder die absolute Kraft! Lasst sie verstärkt in die nun folgenden Stationen einströmen. Der Schüler begleitet also die strömende Gottesenergie zur Bewusstseinsstufe des Ernstes mit folgenden Gebetsgedanken:

»Christus, Du lebendiger Quell,
Du Zieh- und Schubkraft meiner Seele!
Dein Licht ist wirksam in mir!
Das Christusbewusstsein zieht mich empor
zum Allbewusstsein.
Ich eine mich mit dem göttlichen Ernst.
Christus, Dein Geist ist im Bewusstsein
des göttlichen Ernstes.
Göttlicher, ermahne mich und erfasse mich
immer wieder aufs Neue;
denn Dein ist die Kraft
und die Herrlichkeit!«

Der Wanderer auf dem Pfad zu Gott gleitet nun in Empfindungen allmählich zum Bewusstseinszentrum der Weisheit. Dort betet er sinngemäß:

»Mein Bestreben ist,
zu allen Menschen gerecht zu sein –
durch die Kraft der göttlichen Weisheit.
In mir ist die göttliche Weisheit.
Ich bin in Gott die absolute Weisheit.
Die Weisheit ist die Tat.
Sie wird mein Leben erfüllen.«

Der Schüler, der Wanderer auf dem Pfad zu Gott, gleitet nun in Empfindungen zum göttlichen Willen. Er betet sinngemäß mit Gedanken oder Worten:

»Göttlicher Wille!
Dir übergebe ich mein Wollen,
mein niederes Empfinden, Denken,
Reden und Handeln,
mein Persönliches, Einengendes
und Begrenzendes
in Wort und Tat,
meine menschlichen Gedanken des Ichs,
des Mein und Mir.
In mir vollzieht sich der Wille
des Herrn.«

Mit den inneren Empfindungen begibt sich nun der Wanderer auf dem Pfad zu Gott zur Bewusstseinsstufe der Ordnung. Er betet sinngemäß mit folgenden Worten:

»Die Ordnung ist lebendig in mir.
Meine Gedanken sind lauter,
meine Sinne geschult,
meine Empfindungen licht,
meine Worte getragen
vom Strom der Liebe
und der Ordnung.«

Gabriele unterwies uns weiter:

Wir empfinden uns in die Ordnungsstufe hinein und bejahen den emporsteigenden Strom aus dem Sammelbecken unterhalb des Ordnungszentrums, das an das Bewusstsein der Ordnung angeschlossen ist. Wir nehmen die göttliche Kraft im Ordnungszentrum in Empfang, danken und begleiten sie mit unseren Empfindungen zum Bewusstseinszentrum der Stufe des Willens.

Die Gebetsworte, die unser Geistiger Lehrer,
Bruder Emanuel, gab, lauteten:

»Himmlischer Vater,
das Erlöserlicht Deines Sohnes bestrahlt mich;
es kräftigt mich.
Ewiger, Dein heiliger Wille vollzieht sich in mir.
Den Bewusstseinsbereich des Willens darf ich nun
erschließen durch das Erlöserlicht in mir.

Großer, ewiger Gott,
bei der Reinigung aller Bewusstseinsbereiche
stehst Du mir bei.
Erfülle mich mit Deiner Kraft,
mit Deinem heiligen Gesetz!
Herr, durch die Verwirklichung Deines Lebens,
das auch mein Leben ist, komme ich Dir näher,
Dir, mein Herr und Gott.

Stille, unendliche Stille breitet sich in mir
und in meiner Seele aus.
Meine Seele betet.«

Gabriele sprach weiter:

Liebe Schwester, lieber Bruder, lasse es nun beten ...

Sind die Kräfte auf der Stufe der Ordnung weitgehend erschlossen, dann ist auch das Seelengebet kraftvoller. In ihm liegt mehr der Dank als die Bitte.

Wir sollten so weit kommen, dass wir in der beständigen Anbetung Gottes sind, das heißt, wir sollen im Laufe unseres Weges so weit kommen, dass unsere Empfindungen, Gedanken und Worte rein und edel sind. Dadurch sind wir in der ständigen Anbetung Gottes.

Bruder Emanuel offenbarte:

Das echte, tiefe Seelengebet ist kein Betteln, kein Jammern und kein Wehklagen. Die wahren, das heißt die gereinigten Aspekte der Seele danken, loben und preisen Gott.

Kommen jedoch Gebete des Wehklagens, des Jammerns, des Bettelns, so sind es noch belastete Aspekte des Unterbewusstseins oder der Seelenhüllen.

Nach dem Seelengebet, das aus dem Bewusstsein der Ordnung und des Willens emporsteigen sollte, geht der

Wanderer auf dem Weg zu Gott mit seinen Empfindungen weiter.

Der Schüler begleitet den göttlichen Strom zum Bewusstseinszentrum der Stufe der göttlichen Weisheit. Er betet:

»Göttliche Weisheit,
hilf mir bei der Reinigung meiner Seele.
Göttliche Weisheit, erleuchte mich!«

Mit dem göttlichen Strom begibt er sich sodann zum vierten Bewusstseinszentrum. Dort betet er wieder sinngemäß:

»Christus, ermahne mich!
Sei Du mein Gewissen.
Ernsthaft werde ich den Weg beschreiten,
hin zur Absolutheit.
Die Seelenhülle des Ernstes reinigt sich durch Christus,
der mir auf dem Weg zur Absolutheit beisteht.«

Der Schüler begleitet nun mit seinen Empfindungen den göttlichen Strom zur Geduld, Liebe und Barmherzigkeit. Er betet wieder sinngemäß:

»Gütiger Vater, stärke mich!
Ewiger Herr, Du liebst mich.
In Deiner Geduld, Liebe und Barmherzigkeit

fühle ich mich geborgen,
eingehüllt und getragen, bewusst als Dein Kind.
Ich darf die Heimat, das Reich Gottes,
in mir verspüren.«
Die geistigen Ströme fließen zurück zum Wesenskern.
Der Schüler betet sinngemäß folgendes Gebet:

»Vor Dir, o ewiger, absoluter Geist,
verneige ich mich, Dein Kind.
Großes hast Du durch Deinen Sohn vollbracht.
Durch die allmächtige Kraft führst
Du alle Seelen zurück ins Vaterhaus.
Herr, ich bin ein Wanderer auf dem Weg
zur ewigen Heimat.
Herr, Dank, Lob und Preis Deinem ewigen,
heiligen Namen!

Ewiger, allmächtiger Gott,
dieser Tag ist wiederum Dein Tag.
In Deinem Namen beginne ich
nun den neuen Tag.
Wo ich auch bin, da bist Du, meine Fülle,
Du, mein Herr und mein Gott!«

Liebe Schüler, verweilt noch einige Augenblicke in eurem Inneren. Dann öffnet eure Augen.

Erinnert euch immer wieder, dass ihr nicht von dieser Welt seid, sondern in dieser Welt, um geistig zu wachsen und zu reifen.

Erinnert euch immer wieder, dass ihr Wesen des Lichtes seid, eingekleidete Geistwesen.

Solange ihr mit den Augen der Welt die Dinge und Geschehnisse betrachtet, seht ihr nur die Welt, die Menschen, ihr Denken und Wirken.

Betrachtet ihr jedoch die Welt, eure Nächsten, ihr Denken und Tun mit den Augen des Geistes, dann durchströmt euch Mitgefühl, Wohlwollen, Verständnis und Liebe.

Verständnis, Toleranz, Wohlwollen, Mitgefühl und Liebe sind erwachte Seelenkräfte, die eine positive Verbindung zu eurem Nächsten, ja zu allem Sein herstellen.

Lasst es also durch euch geschehen.

Bemüht euch um Verständnis, Wohlwollen, Toleranz, Mitgefühl und Liebe.

Habt ihr diese inneren, positiven Kräfte im Menschen erschlossen, können sie sich nach außen offenbaren; dann kommunizieren sie mit der göttlichen Essenz, mit dem Geist in eurem Nächsten und in allem Sein.

Diese geistige Kommunikation erweckt weitere positive Kräfte in euch. Die Zellen des Leibes und die Partikel der Seele werden davon immer mehr berührt. Seele und Leib kräftigen sich durch die positive Kommunikation mit allem Sein.

Beginnt den Weg zur inneren Liebe! Werdet unpersönlich! Werdet selbstlos!

Bruder Emanuel fuhr fort mit der Darlegung
des geistigen Tagesablaufes:

Liebe Schüler, um die Mittagszeit entfällt das Seelengebet. Die Selbstbetrachtung sollte jedoch durchgeführt werden. Der Schüler überdenkt den Vormittag:

- Was war in den Vormittagsstunden positiv,
  was war negativ?
- Was bewegte mich immer und immer wieder?
- Welche Gedanken erregten mich?

Sowohl das Positive als auch das Negative notiert der Wanderer auf dem Inneren Weg in sein Mystisches Tagebuch. Auf die eine Seite das Positive, auf die andere Seite das Negative, alles das, was der Schüler noch nicht übergeben konnte.

Daraufhin möge der Schüler kurz in die Stille gehen.
Begebt euch wiederum in euer Inneres.
Bejaht die Absolutheit und sprecht sinngemäß:

»Ich bin ein Kind des Allerhöchsten.
Herr und Gott, Du mein Leben, Du meine Kraftquelle!
Ich bin, weil Du bist.«

Lasst diese Gedanken und Worte in eurem Inneren nachschwingen. Betet mit vollem Bewusstsein weiter und lasst Worte und Sätze in euch hineinfließen:

»Ich danke Dir, o Ewiger,
für die Höhen und Tiefen meines Lebens,
für die positiven und negativen Regungen
meiner Seele.
Ich danke Dir für mein reges Gewissen.
Herr, Du bist alles in allem.
Du bist auch das Licht am Nachmittag.
Auch diese Stunden lege ich Dir zu Füßen.
Mein Denken und Wollen lege ich in Dein Herz.«

Dann beschreitet den Nachmittag in dem Bewusstsein: Gott, die Liebe, wirkt in und durch euch.

Für die Abendzeit offenbarte Bruder Emanuel:

Wer von dem Tagwerk nach Hause kommt, möge sich vor der Abendmahlzeit in die Stille begeben. Die Hausfrau kann, wenn es ihr beliebt, danach die Stille aufsuchen.

In der Stille hält der Schüler die Selbstbetrachtung:
Er überdenkt den Tag, insbesondere den Nachmittag.
Er stellt sich sinngemäß folgende Fragen:

- War ich hektisch? Weshalb?
- Welche Gedanken und Kräfte brachten mich aus der inneren Ruhe?
- War meine äußere Haltung positiv und mein Körperrhythmus harmonisch?
- Wie war meine innere Haltung?
- Stimmten innere und äußere Haltung überein?

Sowohl das Positive als auch das noch vorhandene Negative notiert der Schüler in das Mystische Tagebuch. Er macht nur einige wenige Notizen, nur Stichworte.

Was der Schüler, der Wanderer auf dem Inneren Weg, an Gegensätzlichem nicht übergeben konnte oder woran er noch arbeiten muss, das überträgt er auf die nächste Seite seines Mystischen Tagebuches.

Nach dieser Selbstbetrachtung wird in der Familie das Abendessen harmonisch verlaufen; auch der Abend in der Familie oder in der Gemeinschaft wird unter positiven Zeichen stehen.

Am Abend sollte noch einmal das Seelengebet durchgeführt werden, je nach Jahreszeit während oder nach Sonnenuntergang, dann, wenn sich die Atmosphäre entspannt hat – das heißt, wenn die Menschen ruhiger geworden sind.

Das Seelengebet soll mit den persönlichen Worten des Schülers gebetet werden.

Der Schüler gleitet wieder mit seinen Empfindungen, vom Wesenskern ausgehend, zu jedem Bewusstseinszentrum bis hin zur Ordnungsstufe und zum Sammelbecken.

Dann geleitet er mit Gebetsempfindungen die göttlichen Kräfte zur Stufe des Willens. Er betet und geleitet danach wieder die göttlichen Kräfte bis zum Wesenskern, der unbelastbaren göttlichen Energie in der Seele.

Die weiteren Abendstunden sollten harmonisch verlaufen, einerlei, was der Schüler noch zu erledigen hat.

Hat der Schüler sein Nachtlager aufgesucht, so möge er vor dem Einschlafen sein Dankgebet an Gott, den ewigen Geist, richten, der in ihm und in allem Sein wohnt.

Liegend nimmt der Schüler wieder die aufrichtige, ehrfürchtige Gebetshaltung ein, ebenso wie beim morgendlichen Erwachen, und dankt dem Allgeist für den zur Neige gehenden Tag.

Die Gebetsgedanken oder Gebetsworte sollten wieder im Schüler nachschwingen, so dass noch tiefere Ruhe und Stille in Seele und Körper einkehren.

Nach dem Dankgebet begibt sich der Schüler in den Schoß des Allmächtigen. Zuversichtlich und geborgen gibt er sich dem kleinen Bruder des Todes hin, dem Schlaf.

Unser Geistiger Lehrer sprach weiter:

Liebe Schüler, ich gab euch einige Anregungen und Anweisungen. Noch einmal bitte ich euch, über euch selbst nachzudenken:

- Seid ihr wahrlich von innen her bereit und gefestigt, den Anforderungen auf der Stufe des Willens nachzukommen?
- Seid ihr gewillt, wahrhaft treu, bewusst und zielstrebig die Aufgaben und Lektionen zu verwirklichen?

Wenn ihr noch nicht so weit seid, liebe Brüder und Schwestern, wenn noch andere Dinge den Vorrang haben, dann quält euch nicht auf der Stufe des Willens.

Ich bitte euch, sodann auszusetzen und später noch einmal zu beginnen oder noch einmal die Stufe der Ordnung zu absolvieren.

Habt ihr erkannt, dass euch augenblicklich der Innere Pfad zu schwer erscheint, dann pausiert.

Glaubt ihr, für euer derzeitiges Bewusstsein einen anderen geistigen Weg, eine andere Richtung, einschlagen zu müssen, dann quält euch nicht auf diesem Weg.

Versucht, den eurer augenblicklichen Denkweise entsprechenden Weg zu erforschen. Dann wägt ab.

Die Freiheit ist jedem Schüler gegeben; denn jeder Mensch hat in sich die Freiheit Gottes, den freien Willen zur Entscheidung.

Doch ich bitte euch: Entscheidet euch! Das ist nur zu eurem Wohl; denn zwei Wege, gleichzeitig begangen, bringen Unruhe und Missverständnisse.

Möge die Liebe des Vaters jeden Einzelnen von euch immer mehr durchströmen! Möge Seine Kraft euch führen und geleiten!

Wer sich wahrlich als Kind der Liebe erkennt und erweist, der wird den Pfad der Liebe freudig und dankbar wandeln.

Wer Gott mehr liebt als sich selbst, der gibt sich Ihm hin, auch dann, wenn er gerade gefallen ist. Die Liebe hebt alle Kinder wieder auf, wenn sie aufstehen wollen. In der Liebe zum Vater wird der willige Wanderer auf dem Pfad zu Gott immer wieder aufstehen und aufs Neue weiterwandern, um die Selbstlosigkeit, das unpersönliche Leben, zu erlangen.

Unpersönliches Leben ist freies Leben.

Wer zum unpersönlichen Leben gefunden hat, der ist wahrhaft frei.

Wer zur absoluten Freiheit gefunden hat, der fühlt dies als Gottes großes Geschenk.

In der geistigen Freiheit besteht nicht mehr die Gebundenheit an äußere Dinge, an dies und jenes, an Besitzen-, Sein- und Habenwollen. Es besteht nicht mehr die Gebundenheit an das Ich, an Mein und Mir, an die Worte »Wenn« und »Aber«.

In Gott ist alles absolut. Gott ist vollkommen, Gott ist frei.

Wer wieder Sein absolutes Kind geworden ist, der ist unpersönlich, der ist frei!

Möge der Segen des Vaters jeden Einzelnen durchströmen! Möge jeder die Fülle des ewigen All-Einen, erkennen und in sich zur Wirkung kommen lassen, damit er wieder bewusst zum Ebenbild des Vaters wird.

Bruder Emanuel fuhr fort:

Liebe Freunde, liebe Schüler, möge der Friedensgruß bewusst und von innen her aus den erschlossenen Teilen des Bewusstseins gesprochen werden!

Verneigt euch vor der inneren Kraft, vor der Kraft Gottes in eurem Nächsten, mit dem Gruß des Friedens: »Der Friede des Herrn ist mit dir, mein Bruder, mit dir, meine Schwester.« Oder: »Der Friede des Herrn ist mit uns, mein Bruder, meine Schwester.«

Abschließend sprach Gabriele:

Liebe Schwester, lieber Bruder, ich fasse noch einmal kurz die Aufgaben zusammen, damit du es bei der Verwirklichung leichter hast.

Am Morgen:

Das Morgengebet, unmittelbar nach dem Erwachen, noch im Liegen; die Worte möglichst bewusst aussprechen. Die Worte nachschwingen lassen. Wir liegen auf dem Rücken, die Hände über unserer Brust gekreuzt.

Das Sonnengebet, an den Allgeist gerichtet, stehend, mit ausgebreiteten Armen, nach Osten ausgerichtet. Eventuell Körperübungen, frei gestaltet. Dann die Reinigung des Körpers.

Anschließend das Seelengebet, eventuell in einem hellen, lichten Raum und mit einer brennenden Kerze, in aufrechter, jedoch nicht verkrampfter Sitzhaltung.

Die Gebetsworte oder Gebetsgedanken in uns nachschwingen lassen und das Absolute bejahen.

Mit unseren Empfindungen gleiten wir die Bewusstseinsstufen hinab zur Ordnung und zum Sammelbecken.

Dann begleiten wir die heiligen Ströme vom Sammelbecken und der Ordnungsstufe aus mit unseren Empfindungen zur Bewusstseinsstufe des Willens. Dort betet es. Wir lassen es also beten.

Dann begleiten wir mit unseren Empfindungen die heiligen Ströme zur Stufe der Weisheit, des Ernstes, der Geduld, der Liebe bis zur Barmherzigkeit, zum Wesenskern.

Wir danken, gehen zum Frühstück und beginnen den Tag mit Gott, unserem Herrn.

Am Vormittag:

Wir sollten uns bemühen, eine positive Verbindung zu unserem Nächsten und zu allem Sein herzustellen. Wir bemühen uns, Verständnis, Toleranz, Wohlwollen und Liebe aufzubauen.

Zur Mittagszeit:

Kein Seelengebet, jedoch die Selbstbetrachtung: Den Vormittag überdenken. Die Tagebucheintragung nicht vergessen. Kurz in die Stille gehen; dabei wieder das Absolute bejahen.

Am Nachmittag:

Gott, die Liebe, wirkt in und durch uns.

Wir machen uns bewusst, dass alle Menschen Kinder Gottes sind, einerlei, was sie heute noch denken, fühlen und wollen. Wir bemühen uns wieder, Toleranz, Verständnis, Wohlwollen und Liebe zu üben.

Am Abend:

Nach dem Tagewerk in die Stille gehen. Selbstbetrachtung und Tagesanalyse.

Die Tagebucheintragung nicht vergessen.

Das Seelengebet, wenn die Atmosphäre ruhig geworden ist.

Vor dem Einschlafen dem Allgeist danken – in der liegenden Gebetshaltung, wie schon dargelegt.

Ständige Aufgabe der Willensstufe:

Was ich tue, das tue ich ganz; denn ich will Konzentration und Bewusstheit erlangen.

Lieber Bruder, liebe Schwester, noch einige zusätzliche Fragen zu unserer inneren Sicherheit:

- Ist es uns schon möglich, unsere Gedanken weitgehend unter Kontrolle zu halten, unsere Rede immer wieder zu zügeln, unsere Sinne immer wieder neu zu beherrschen?
- Ist unsere Vergangenheit schon weitgehend bewältigt? Mache dir auch Gedanken, liebe Schwester, lieber Bruder, was mit der Karenzzeit gemeint ist.

Einige weitere Fragen, die uns bewegen sollen, über uns selbst nachzudenken, damit wir unseren eigenen Bewusstseinsstand testen können:

- Können wir auftretende Probleme durch die Kraft Christi selbständig bearbeiten und meistern?
- Was ist der Körperrhythmus?
- Wodurch verändert sich der Körperrhythmus?
- Welche Folgen bewirkt der veränderte Körperrhythmus?
- Wo sind wir noch fanatisch?
- Woraus besteht die Kasteiung?
- Woraus bestehen unsere Höhen und Tiefen?
- Können wir uns konzentrieren, oder was hindert uns daran?

Ich wiederhole noch einmal den Merksatz für die Stufe des Willens:

Was ich tue, das tue ich ganz.

Gabriele gab uns zum Abschluss
noch als Ermutigung mit auf den Weg:

Lieber Bruder, liebe Schwester! Wir, die mit dir den Inneren Weg hin zum Bewusstsein Gottes wandeln, um wieder Ebenbilder des Vaters zu werden, wünschen dir die göttliche Kraft, Mut und Ausdauer.

Sei getrost, du gehst den Weg nicht allein!

Wir, die wir den Weg schon eine geraume Zeit wandeln, haben besonders für die ersten Schritte unserer Mitgeschwister großes Verständnis, denn wir haben selbst *erfahren, wie schwer für manchen die ersten Schritte sind.*

Verständnis, Liebe, Toleranz, Mitgefühl und Wohlwollen begleiten dich, liebe Schwester und lieber Bruder, auf deinem Weg, der unser aller Weg ist.

So wünschen wir uns den Frieden des Vaters, damit wir jeden Augenblick das erfassen können, was Er uns im Ablauf des Tages zu sagen hat.

Der Friede des Herrn ist mit uns!

Gott zum Gruß
Gabriele

2. Selbsterkenntnis und Überwindung aus Liebe zu Gott

Freudiges Erfüllen der Aufgaben und Lektionen aus Liebe zu Gott – Erwartungshaltung – Der Tagesablauf im Lichte der Tagesenergie – Ist die Vergangenheit bereinigt?

Aufgaben zur Selbsterkenntnis:
1. Wer oder was bin ich (in meiner feinstofflichen und grobstofflichen Form)? – Betrachten des Spiegelbildes; Äußeres und Inneres, Kleidung – Besteht die Bereitschaft, aus Liebe zu Gott die Aufgaben täglich in die Tat umzusetzen?

2. Das Aufsplitten eines Energiefeldes und rechtes Bewältigen – Sein und Schein – Konzentration – Die fünf geistigen Sinne

3. Aufsplitten der Gedankenkomplexe »Zweifel«, »Sorgen und Nöte«, »Leidenschaften und Begierden« mittels der Fragen: »Was willst du? Woher kommst du?«

–

Gabriele begrüßte uns:

Gott zum Gruß, lieber Bruder, liebe Schwester!
Der Friede des Herrn ist mit uns.

Möge Sein Wille in und durch uns geschehen, damit die Welt durch Menschen erhellt werde, die in sich den Frieden tragen und Frieden ausströmen.

Sie sprach weiter:

Liebe Schwester, lieber Bruder, in der zweiten Offenbarung zur Willensstufe am 6. Oktober 1984 sprach unser Geistiger Lehrer, Bruder Emanuel:

Die Liebe Gottes, unseres ewigen Vaters, strahlt durch den Christus Gottes in diese Welt. Wer von der ewigen Liebe erfasst wurde, der kann nicht anders, als Gott mehr zu gefallen als dieser Welt.

Bruder Emanuel stellte an die damaligen Schüler folgende Fragen, die heute noch Gültigkeit haben:

Seid ihr bereit, sämtliche Aufgaben aus Liebe zu Gott täglich in die Tat umzusetzen?
Ist jeder bereit, die Aufgaben und Lektionen aus dem Geiste Gottes freudig anzunehmen und zu erfüllen?

Gabriele führte weiter aus:

Wir wissen, lieber Bruder, liebe Schwester, dass der Mensch träge ist und sehr schnell wieder in die alten Gewohnheiten zurückfällt. Deshalb sollen wir uns auf dem Inneren Weg täglich neu bemühen, in unserem Denken, Reden und Handeln Gott die Ehre zu erweisen, indem wir uns bemühen, positiv zu denken, selbstlos zu sprechen und unsere Sinne zu zügeln. Dann erwacht in uns die Liebe zu Gott, und die Bereitschaft wird größer, die Aufgaben und Lektionen aus dem Geiste Gottes freudiger anzunehmen und auch zu erfüllen.

Sollte es manchem unter euch noch schwerfallen, die Aufgaben freudig zu verwirklichen, dann möge er sich selbst fragen, was ihn daran hindert, aus Liebe zu Gott die Aufgaben zu erfüllen.

Unsere Liebe zu Gott kann nur wachsen, wenn wir täglich unsere Gedanken und Worte veredeln und uns bemühen, selbstlos zu handeln.

Auch die Bewältigung der Vergangenheit ist ein wesentlicher Baustein auf dem Inneren Weg. Solange wir noch mit unserer Vergangenheit beschäftigt sind, ist die Liebe zu Gott noch klein, weil wir letzten Endes die Vergangenheit, die unter anderem auch unser Ich ist, nicht loslassen wollen. Sofern wir uns immer noch mit unserer Vergangenheit beschäftigen, stellen wir an uns selbst die Fragen:

- *Was wollen wir damit bezwecken?*
- *Wen wollen wir eventuell beherrschen, unter Druck setzen oder an uns binden oder wem ein schlechtes Gewissen einsuggerieren?*
- *Und wem können wir nicht vergeben?*

Auch unsere Eigenliebe ist ein Teil des mitgebrachten Gutes aus unserer Vergangenheit.

Wer sein Ich bemeistern möchte, um selbstlos zu werden, sollte jeden Tag das, was an Selbsterkenntnis auf ihn zukommt, Christus übergeben und mit seinem Nächsten das bereinigen, was noch ansteht.

Wollen wir jedoch unsere Eigenliebe und unsere Vergangenheit nicht bewältigen, dann wollen wir auch von Dingen und Geschehnissen nicht loslassen.

Wollen wir nicht vergeben und nicht um Vergebung bitten, wollen wir an unserer Eigenliebe nicht arbeiten, um davon frei zu werden, dann haben wir an unseren Nächsten Erwartungen. Wir erwarten, dass er dies und jenes tut. Wir erwarten, dass er sich zuerst bei uns entschuldigt und dass er sich ändert. Wir erwarten eventuell von unserem Nächsten auch Geschenke und Aufwertung in Wort und Tat.

Alle diese menschlichen Komponenten sind unser Ego. Wollen wir es behalten, dann stagnieren wir auf dem Inneren Weg oder machen sogar Rückschritte. Das bewirkt Trägheit, wodurch wir die Aufgaben und Lektionen aus dem Geiste Gottes nicht freudig erfüllen, ja, sie können uns sogar lästig werden.

Ändern wir unsere Gesinnung nicht und bekämpfen wir unser menschliches Ich nicht rechtzeitig mit der Kraft Christi, dann verlassen wir unter Umständen den Inneren Weg, weil er uns zu schwer erscheint, da das Allzumenschliche uns übermannt hat.

Das wäre schade! Denn unsere Seele hat den Ruf Gottes vernommen. Sonst hättest du, lieber Bruder, liebe Schwester, den Inneren Weg nicht begonnen.

Denn die Seele drängt in vielen Fällen den Menschen, Gottes Willen zu erkennen, ihn anzunehmen und den göttlichen Gesetzen Gehorsam zu leisten.

Wir wissen jedoch: So wie die Seele, so hat auch der Mensch den freien Willen. Oftmals wird der Wunsch der Seele vom Menschen unterdrückt, weil dieser sein Allzumenschliches behalten möchte.

Lieber Bruder, liebe Schwester, bejahe den Ruf deiner Seele und bemühe dich, dein menschliches Ich mit Christus, der inneren Kraft, zu besiegen, damit die selbstlose Liebe wächst und du den Weg zu Gott freudig gehen kannst in der Erfüllung Seines heiligen Willens, Seiner heiligen Gesetze.

Auch die Erwartungshaltung gegenüber unserem Nächsten gibt Aufschlüsse über uns selbst. Was ich nämlich von meinem Nächsten erwarte, das besitze ich selbst nicht oder nur in geringem Maße:

Erwarte ich von meinem Nächsten Liebe, dann ist meine Liebe noch klein.

Erwarte ich von meinem Nächsten, angenommen zu werden, dann habe ich ihn noch nicht angenommen.

Erwarte ich von meinem Nächsten Treue, so muss ich zuerst treu sein in Empfindungen, Gedanken, Worten und Handlungen.

Erwarte ich von meinem Nächsten Güte, dann muss ich zuerst gütig sein.

Legen wir diese und ähnliche Erwartungen nicht ab, dann sind unsere Empfindungen nicht bei Gott, unserem Vater, sondern immer wieder bei dem Menschen, von dem wir etwas erwarten.

Eine beständige Erwartungshaltung ist Schwäche der Seele. Solche Menschen haben wenig verwirklicht. Wer von seinem Mitmenschen etwas erwartet, dem werden mit der Zeit die Aufgaben der Schulung lästig, weil er erwartet und nicht verwirklicht. Er ist bei dem Menschen, von dem er etwas erwartet – und nicht auf dem Weg zu Gott, nicht in der Selbstlosigkeit; sondern er ist dem Ich verhaftet.

Lieber Bruder, liebe Schwester, die Frage an dich lautet: Wo befindest du dich mit deinen Empfindungen und Gedanken? Was willst du?

Bruder Emanuel offenbarte weiter:

Wer wahrlich aus der Liebe zu Gott sein derzeitiges Leben ändert, es vom menschlichen Denken zur Geistigkeit erhebt, der kann in Kürze die innere Reife erspüren.

Liebe Schwester, lieber Bruder, du stellst sicher die Frage, wie du die innere Reife erspüren kannst.

Die innere Reife ist das Empfinden der Freiheit. Der Mensch steht immer öfter über seinen menschlichen Regungen und Neigungen. Er wächst über Allzumenschliches hinaus.

Die innere Reife erspürst du auch dann, wenn du deine Vergangenheit im positiven Sinne bereinigt hast und immer mehr in der Gegenwart lebst.

Wer in der Gegenwart lebt, der lebt bewusster. Er lebt jeden Tag bewusst.

Jeder Tag ist Energie. Er sagt dem Menschen, was er heute, an diesem Tage, in diesen Stunden, zu bewältigen hätte.

Wer also nicht mehr dem Vergangenen nachhängt, sondern den Tag, der sein Tag ist, bewusst lebt – wer also konzentriert ist auf die Tagesgeschehnisse –, der kann sich Tag für Tag neu entdecken und das bereinigen, was heute ansteht, was ihm heute der Tag bringt.

Gabriele führte aus:

Die Tage sind uns also gegeben, damit wir sie nützen.

Der Tag bringt jedem das, was für ihn gut ist. Jeder Tag ist Energie. Er bringt jedem Menschen so viel Energie, wie er zur Bewältigung an diesem Tag braucht: die Tagesenergie.

Leben wir also bewusst, dann nützen wir die Tage – und unser Leben wird zu einer einzigen Offenbarung; denn der Tag in seiner Vielfalt ist immer eine Offenbarung Gottes. Wer also bewusst lebt, der lebt seinen Tag und wird nicht vom Tag gelebt.

Wer jedoch nicht wachsam ist, wer seine Gedanken nicht beim Tag hat, wer noch in der Vergangenheit lebt, der vergeudet die Tage und somit die Tagesenergie. Er vergeudet sein irdisches Leben. Er wird in vielen Fällen von den Kräften des Tages hin- und hergeschleudert, da er unkonzentriert ist, ja, nicht bewusst lebt. Er wird zum Spielball des Tages, zum Spielball der Tageskräfte.

Betrachten wir die Natur:

Jeder Tag bringt dem Baum, den Früchten, einen bestimmten Reifegrad.

Jede Pflanze, jede Blume reift in den Sommer hinein. Sie fragen nicht, was gestern war. Sie trauern nicht dem vergangenen Jahr nach. Jetzt ist für sie Reifezeit. Jetzt, an diesem Tag, ist für sie Gegenwart. Jetzt nehmen sie die Energien an und entwickeln ihre Blätter, Früchte und Blumen.

Richten wir uns also nicht auf den Tag aus, auf die Gegenwart, und nehmen wir den Tag nicht als ein Geschenk Gottes an und bewältigen wir das nicht, was uns der Tag zeigt, dann können wir auch geistig nicht reifen. Wir stagnieren oder machen Rückschritte auf dem Weg der Evolution.

Sind wir nicht bereit, die Vergangenheit zu bereinigen und den Tag zu nützen, dann ist unser Leben ein bloßes Vegetieren. Wir werden in diesem irdischen Leben keine Seelenfrüchte zeitigen und somit unsere Seele nicht zur Reife bringen.

Bruder Emanuel ermahnt uns auch immer wieder, das Seelengebet freudig zu erfüllen, aus Dankbarkeit zu dem, der alle Dinge weiß, der uns alle liebt.

Dankbar Gott gegenüber können wir nur dann sein, wenn wir den Tag aus Seiner Hand annehmen können, wenn wir alles in Seinem Lichte sehen und uns bemühen, das, was heute auf uns zukommt, zu erkennen und zu meistern. Das ist Leben im Jetzt.

Verwirklichen und erfüllen wir also, was uns der Tag bringt, dann leben wir in der Gegenwart, im Jetzt.

Planen wir für den nächsten Tag, für die nächsten Tage oder die nächste Zeit, so sollen wir gut planen und unseren Plan Gott übergeben. Das heißt, wir sollen uns keine Sorgen machen, ob dies oder jenes gelingen wird. Wir sollen fest an Gott glauben und von uns aus tun, was nötig und möglich ist. Wir sollten den Plan und das Gelingen in Gottes Willen legen und dort belassen.

Gott möchte uns zur Wahrheit führen, so dass wir Wissende werden. Der Innere Weg führt vom Glauben zum Wissen und vom Wissen zur Verwirklichung. Verwirklichung bringt Erleuchtung und führt zur inneren Wahrheit. Die innere Wahrheit macht den Menschen frei.

Jeder Tag ist also ein Geschenk Gottes.

Nützen wir den Tag, und nehmen wir ihn aus Seiner Hand an! Suchen und finden wir in den uns von Gott geschenkten Tagen das Positive, dann werden wir von innen heraus freudig gestimmt. Wir werden sodann Größeres erkennen und vollbringen.

In allem Negativen ist der Keim des Positiven. Haben wir den Keim gefunden und bejahen wir das Gute, dann werden wir positiv gestimmte Menschen werden. Dann werden wir auch die Aufgaben freudig erfüllen, weil wir erkannt haben, dass die Aufgaben, aus dem Geiste gegeben, Ausrichtung auf den Geist, auf das Reine und Edle, bedeuten.

Das Seelengebet bewirkt unter anderem die Ausrichtung auf den Geist. Das Seelengebet am Morgen ist die erste längere Ausrichtung auf Gott. Eine immer wieder erneute Ausrichtung auf das zentrale Licht, auf Gott, ist notwendig, da wir im Laufe des Tages wieder nach außen gleiten können: Unsere Sinne sind wieder in der Welt. Dabei verkrampfen wir unser Nervensystem; wir erregen uns – wodurch Ärger, Streit und dergleichen entstehen können.

Deshalb werden wir uns um die Mittagszeit wieder ausrichten und uns auf das Innere Licht besinnen. Wir nehmen unsere nach außen gekehrten Sinne zurück, besinnen uns auf unser Inneres und machen uns bewusst, wer oder was wir sind. Wir werden nach innen beten und um Führung aus dem Geiste bitten. Das bewirkt wiederum eine Stärkung und Beseelung aus dem Geiste für den weiteren Tag.

Am Abend werden wir dann wieder das Seelengebet durchführen und uns wieder ganz auf das Innere ausrichten. Auf diese Weise nehmen wir auch die positiven, kosmischen Kräfte des Abends auf. Erfüllt mit diesen kosmischen Kräften, gehen wir in die Nacht.

Durch das morgendliche Seelengebet kommt uns der Tag näher. Im Seelengebet ist es möglich, dass uns die Seele einiges sagt, was wir an diesem Tage verwirklichen sollen. Das tragen wir in das Mystische Tagebuch ein.

Wandeln wir gewissenhaft den Inneren Weg und führen wir auch unser Mystisches Tagebuch, dann wird es für uns interessante Ein- und Ausblicke geben:

Wir werden erkennen, was wir bewältigen konnten und was wir noch zu bewältigen haben. Wir werden aus dem Mystischen Tagebuch sowohl unsere Schwankungen als auch unsere Stabilität herauslesen. Das Tagebuch zeigt uns, wer wir waren und wer wir noch sind.

Führen wir das Mystische Tagebuch gewissenhaft, dann werden wir auch erkennen, dass uns jeder Tag etwas anderes sagen wollte. Im übertragenen Sinne könnten wir sagen: Jeder Tag ist eine Handreichung Gottes, damit wir Ihm näherkommen.

Nehmen wir den Tag dankbar aus Seinen Händen an und vollbringen alles, was Er uns bereitet. Bemühen wir uns also, in allem das Positive zu sehen und anzunehmen, dann wird jeder Tag erfolgreich sein.

Der Pfad zu Gott heißt:
Erkenne dich selbst – und überwinde dein Ich aus Liebe zu Gott!

Diesen Satz wollen wir ebenfalls im Mystischen Tagebuch festhalten.

Der Satz möchte uns sagen: Die Liebe zu Gott umfasst auch die Liebe zu unserem Nächsten – und umgekehrt: Die selbstlose Liebe zu unserem Nächsten ist zugleich die Liebe zu Gott, denn Gott, das Gesetz, ist selbstlos. Wie können wir Gott lieben, wenn wir unseren Nächsten nicht lieben?

Bruder Emanuel gab uns einen wichtigen Satz:
Die Liebe zum Ewigen lässt vieles überwinden.

Erst wenn unsere Vergangenheit bereinigt ist, wächst die selbstlose Liebe von innen heraus und führt uns Schritt für Schritt auf dem Inneren Weg weiter.

Haben wir schon Allzumenschliches überwunden und die Vergangenheit weitgehend bereinigt, dann ist es uns auch möglich, jeden Tag neu anzunehmen, um alles, was ansteht, zu überwinden aus Liebe zu Gott, dem Geliebten.

Auf dem Inneren Weg heißt es: Erkenne dich selbst – und überwinde dein Ich aus Liebe zu Gott!

Wir können unser Ich jedoch nur erkennen und aus Liebe zu Gott überwinden, wenn wir jeden neuen Tag bewusst leben.

Haben wir den Tag von innen heraus gelebt, dann ist unser Leben beseelt. Am Abend werden wir ihn dann zufrieden an uns vorbeiziehen lassen in der Erkenntnis: Wir haben heute gelebt und nicht vegetiert. Wir haben den Tag angenommen und das Beste daraus gemacht. Wir waren auf die Aufgaben konzentriert, die uns dieser Tag gestellt hat.

Verlaufen auch unsere Abendstunden ruhig, in dem Bewusstsein, dass sie ebenfalls ein Geschenk des Vaters sind, dann werden wir ruhig und dankbar den Schlaf empfangen, den kleinen Bruder des Todes.

Der kleine Bruder des Todes zieht unsere Sinne nach innen, und die Seele geht in andere Bereiche. Dorthin kann sie vieles mitnehmen, erkennt manches, erfasst es und bringt es mit in den neuen Tag.

Reinigen und veredeln wir die Sinne unseres irdischen Körpers, so bilden sie die Brücke zur Seele. Ist auch das Unterbewusste nicht allzu sehr belastet, dann kann unter Umständen die Seele über die Brücke der veredelten Sinne und über das gereinigte Unterbewusstsein dem Menschen aus höheren Bereichen vieles mitteilen.

Es ist für die Seele eine kleine Reinkarnation, wenn der neue Tag empordämmert und wir am Morgen erwachen. Die Seele ist wieder in den Körper zurückgekehrt; sie hat sich also wieder inkarniert.

Was die Seele uns heute an Negativem und an Positivem mitzuteilen vermag, fließt mit in das Geschehen unseres Tages ein. Es ist uns mit in den Tag gegeben, um es zu bewältigen – oder soweit die Weichen zu stellen, dass es in Kürze bereinigt werden kann. Die Seele kann über die gereinigten Sinne und das weitgehend gereinigte Unterbewusstsein auch viel Freude und Liebe aus höheren Bereichen mitbringen und dem Körper übertragen. Das zeigt sich beim Erwachen. Der Mensch ist freudig und positiv gestimmt und beginnt so auch den neuen Tag.

Lieber Bruder, liebe Schwester, es ist also sehr wichtig, die Vergangenheit rasch zu bereinigen. Falls dies noch nicht geschehen ist, so erledige es, damit die fünf Sinne und das Unterbewusste weitgehend frei werden und die Seele ihre lichten Eindrücke bewusst in das Erdenkleid spiegeln kann.

Auf dem Inneren Weg heißt es: Schließe jeden Tag ab, und beginne den nächsten wieder neu, denn jeder Tag ist ein neuer Anfang. Wer so denkt und lebt, nimmt wenig Tagesbelastung mit in die Nacht und wieder in den neuen Morgen. Wer bewusst lebt, der beginnt allmählich, göttlich zu leben.

Liebe Schwester, lieber Bruder, eine Frage an dich:

Wie weit ist es dir möglich, bewusst zu leben?

Kannst du schon so leben, wie eben dargelegt, dann sind auch deine Probleme weitgehend gelöst; du lebst bewusst und immer mehr in Harmonie.

Hast du noch Probleme und Schwierigkeiten, dann frage dich, mit wem und warum. Wer oder was hindert dich daran, sie zu bereinigen?

An jedem Tag können wieder Schwierigkeiten auftreten. Sie sollen jedoch nicht zu Problemen werden. Je öfter wir aber über unsere Schwierigkeiten nachdenken und sie nicht rechtzeitig bereinigen oder eine Lösung anstreben, umso komprimierter werden sie. Sie formieren sich zu Problemkomplexen, zu Gedankenansammlungen, die unter Umständen ganz massiv auf uns einwirken und uns sogar tätlich werden lassen.

Wichtige Hinweise aus der Offenbarung
von Bruder Emanuel:

Das irdische Leben hat so manchen von euch gezeichnet und geprägt. Schicksalsschläge, Nöte, Sorgen, Probleme, Leidenschaften und vieles mehr ziehen immer wieder durch eure Gedankenwelt und prägen euer Bewusstsein, eure Sinne. Der Schüler auf dem Pfad zu Gott sollte sich die Frage stellen: Woher kommen all die Probleme und Leidenschaften? Was wollen sie mir sagen?

Gabriele sprach weiter:

Liebe Schwester, lieber Bruder, bevor wir uns mit weiteren Aufgaben eingehend befassen, darf ich dir folgende Frage stellen:

Bist du noch der Mensch mit deiner ganzen Vergangenheit – oder was bist du?

Wir sind das, was wir denken, reden und tun!

Bruder Emanuel gab uns eine Aufgabe, die uns zeigen soll, wer oder was wir sind.

Der Schüler stellt nun an sich selbst die Frage:
Wer oder was bin ich?

Damit der Schüler eine richtige Antwort aus dem Reich seiner Empfindungs- und Gedankenwelt erhält, bedarf es der Konzentration, des Sammelns der Kräfte, die auf einen Punkt, nämlich auf die Frage, gelenkt werden.

Dabei splitten wir in uns einen Gedankenkomplex auf. Was wir darauf empfinden oder denken, halten wir schriftlich fest.

Haben wir z.B. empfunden oder gedacht: »Ich bin ein Kind Gottes«, so stellen wir uns weiter die Frage: »Bin ich schon bewusst ein Kind Gottes?» Hierbei legen wir auf »bewusst« besondere Aufmerksamkeit.

Bewusst ein Kind Gottes sein heißt: Ich bin mir bewusst, dass mein Denken und Leben gesetzmäßig verläuft, dass es der Kindschaft Gottes entspricht!

Ist das »bewusste Kind Gottes« noch ein Fernziel, dann streben wir die Kindschaft Gottes an und setzen uns mit dieser Bewusstseinsstütze das Ziel: »Ich bin meinem reinen Wesen nach ein Kind Gottes.« Dieses Ziel ist also anzustreben.

Wir sollten die Frage: »Wer oder was bin ich?« ehrlich an uns stellen und uns dabei von allen Vorstellungen und Wünschen befreien.

Liebe Schwester, lieber Bruder, beantworte also jetzt die Frage: Wer oder was bin ich?

Dämmert aus der Empfindungs- und Gedankenwelt die Antwort empor »Ich bin ein Kind Gottes«, dann lassen wir diese Antwort in unserem Inneren nachschwingen oder nachklingen.

Mit dieser Antwort tritt der Schüler vor einen Spiegel. Der Schüler betrachtet sein Spiegelbild. Gleichzeitig stellt er dabei seinem Innenleben die Frage: Entspricht mein Äußeres meiner Antwort? Wenn nein, dann stellt der Schüler die weitere Frage an sich: Was ist zu tun, damit das Äußere dieser großen Aussage »Ich bin ein Kind Gottes« entspricht?

Was sodann in unsere Gedankenwelt fließt, das halten wir wiederum im Mystischen Tagebuch fest.

Wir betrachten diese Antwort immer wieder, stellen sie in unser Denken und Leben und bemühen uns, die göttlichen Gesetze zu verwirklichen – um dieses hohe Ziel zu erreichen: Ich bin ein Kind Gottes.

Um wahrhaftig zu werden, sollten wir immer wieder die Frage an uns stellen: Wer oder was bin ich? Anschließend prüfen wir sodann die Antwort, ob sie tatsächlich unseren Empfindungen, Gedanken, unserem Reden und Handeln entspricht.

Sprechen wir unser Menschenbild an, dann betrachten wir uns wieder vor dem Spiegel. Der Spiegel sagt uns, wer wir im Inneren sind; denn das Äußere prägt das Innere, und das Innere prägt das Äußere.

Betrachten wir unser Spiegelbild, werden wir auch die Erfahrung machen, dass Farben und Formen auf unser Inneres einwirken und dass unser Inneres das Äußere, die Farben und Formen, die wir wählen, bestimmt.

Das Äußere, die Gestalt unseres Körpers, unsere Kleidung, unsere Schuhe, unsere Frisur und auch unsere Wohnung sind Spiegel unseres Inneren.

Das Gesicht, unsere innere und äußere Haltung deuten auf unser Inneres hin.

Auch unser Nächster ist unser Spiegel. Wie wir über ihn denken und sprechen, zeigt uns, wer wir sind.

Ebenso sind unsere Empfindungen, unser Sprechen und Handeln Spiegel für uns. Daher ist die Aussage sehr wesentlich:

> *Das Äußere prägt das Innere, und das Innere prägt das Äußere.*

Wir sollten diesen Satz in unserem Mystischen Tagebuch festhalten.

Bruder Emanuel
sprach in seiner Offenbarung Folgendes:

Obwohl sich viele Menschen hinter ihrer guten und teuren Kleidung zu verbergen suchen, bringen ihre Redeweise, ihr Gehabe und ihre Gesten jedoch an den Tag, wer sie sind. Diese geben Zeugnis, wes Geistes Kind in der guten und teuren Kleidung steckt.

Jeder Mensch ist für den wahren Erleuchteten ein offenes Buch.

Ein geistiger Mensch wird sich nicht wie ein Papagei kleiden. Seine innere Harmonie wird auch im Äußeren zum Ausdruck kommen. Wie also die Wesensart des Menschen ist, so sind auch die Farben und Formen, seine Kleidung und Wohnung. Die Frau z.B. wird auf dem Pfad zu Gott ihr Äußeres nur dezent unterstreichen. Eine zarte Unterstreichung des Äußeren ist zu bejahen, jedoch nicht Farbschichten, die verdecken sollen, was im Inneren noch vorhanden ist.

Gabriele:

Lieber Bruder, liebe Schwester, Bruder Emanuel meint mit dem Dezenten ein leichtes Make-up. Er sprach auch von einem dezenten Schmuck, von leichten, harmonischen Düften – also nicht von schweren Parfums.

Auch Schuhe sagen aus, was im Inneren des Menschen vorgeht; beispielsweise sind Schuhe mit »Pfennigabsätzen« nicht geistig. Sie deuten unter anderem auf nicht überwundene Sexualität hin. Abgetretene oder zerrissene Schuhe deuten auf innere Zerrissenheit, auf einen nicht einwandfreien Charakter hin.

Liebe Schwester, lieber Bruder, Bruder Emanuel stellte den Schülern zwischendurch zur Selbstbeantwortung immer wieder die Frage, ob der Schüler bereit ist, die Aufgaben und Lektionen aus Liebe zu Gott täglich in die Tat umzusetzen.

Diese Frage gebe ich weiter:

Bist du bereit, die Aufgaben und Lektionen aus Liebe zu Gott täglich in die Tat umzusetzen?

Sofern dir dies noch schwerfällt, dann frage dich: Weshalb? Was liegt vor, das noch unbewältigt ist und zur Bewältigung drängt?

Liebe Schwester, lieber Bruder, gelingt es dir schon, bewusst in der Gegenwart zu leben?

Wenn ja, dann kannst du ohne Selbsttäuschung die folgenden Aufgaben erfüllen.

Lebst du jedoch noch in der Vergangenheit oder ist aus der Vergangenheit vieles noch nicht bereinigt, dann frage dich: Warum lebst du noch mehr in der Vergangenheit als bewusst in der Gegenwart?

Was liegt zugrunde, dass die Vergangenheit immer noch deinen Tagesrhythmus stört, weil deine Gedanken in der Vergangenheit sind? Sofern du die Vergangenheit noch nicht bewältigt hast und den Tag, dein gegenwärtiges Leben, von der Vergangenheit überlagern lässt, kannst du die nun folgenden Aufgaben nicht so erfüllen, wie sie die Menschen erfüllen können, die bewusst auf der Stufe des Willens leben. Denn nur bewusste Konzentration auf den Tagesablauf, auf seine Geschehnisse, ermöglichen, auch das zu erfüllen, was der Tag bringt und was das Leben uns zeigt. Deshalb also stellte Bruder Emanuel die Frage, ob du bereit bist, die Aufgaben und Lektionen aus Liebe zu Gott täglich in die Tat umzusetzen.

Aus Liebe zu Gott heißt: Ich bemühe mich, in Gott zu leben. Und in Gott zu leben heißt, meinem Nächsten täglich aufs Neue zu vergeben und die Vergangenheit, alles Unschöne, zu bereinigen.

Wir beginnen nun mit der nächsten Aufgabe, dem Aufsplitten.

Aus der Offenbarung von Bruder Emanuel:

Sowohl das Ober- als auch das Unterbewusstsein und die Seelenhüllen sind Energiefelder. Sie bestehen aus den Vorstellungen, Wünschen, Neigungen, Regungen, Leidenschaften und Triebhaftigkeiten des Menschen. Verschiedene menschliche Ichheitskomponenten bilden ein Energiefeld. Diese Energiebündel, die menschlichen Ichheitskomponenten, können von disziplinierten, in der Konzentration geübten Schülern angesprochen werden.

Gabriele half uns beim Aufsplitten:

Wie splitten wir also ein Energiefeld auf?
Wir konzentrieren uns voll. Das heißt, wir sind durch und durch in Konzentration. Konzentration heißt: Sammeln der Energien.

Diese gebündelte Energie richten wir sodann auf das betreffende Energiefeld:

Ähnlich, wie z.B. die Sonnenstrahlen, durch eine Linse gebündelt, auf einen Gegenstand geworfen werden, so bündeln wir unsere Energien und konzentrieren diese auf das Energiefeld. Dadurch splitten wir das Energiefeld auf. Das heißt, dieser Komplex wird angesprochen, kommt in Bewegung und teilt sich uns über die Sinne mit. Die Mitteilung über die Sinne empfangen wir sodann über die Empfindungs- und Gefühlswelt oder sogar über Gedanken. Aus diesen können wir erkennen, wo wir stehen oder wo wir beginnen sollten oder was tatsächlich noch in uns liegt, das zu bewältigen ist, damit wir auf dem Inneren Weg weiterschreiten können.

Aus der Offenbarung
von Bruder Emanuel:

Das angestrahlte Energiefeld besteht unter Umständen aus Eitelkeit, Leidenschaft und Begierden. Diese verschiedenen menschlichen Ichheitskomponenten antworten dem Menschen über seine Empfindungs- und Gedankenwelt. Dem Schüler wird es im Laufe der Übung möglich sein, aus dem Energiefeld die unterschiedlichen Komponenten seines noch bestehenden menschlichen Ichs herauszulesen.

Gabriele wies auf Folgendes hin:

Das heißt also: Jedes Energiefeld besteht aus mehreren Ichheitskomponenten. Unsere konzentrierten Energien – die wir ähnlich wie Sonnenstrahlen durch eine Linse bündeln, mit denen wir die verschiedenen Komponenten des Ichs ansprechen – bewirken eine verstärkte Aktivität dieser Komponenten. Ein, zwei oder mehrere Ichheitskomponenten aus diesem Energiefeld teilen sich uns sodann mit, entsprechend unserer geistigen Entwicklung. Der Reifegrad unseres geistigen Bewusstseins entspricht unserer geistigen Entwicklung. Das richtige Aufsplitten dieser Ichheitskomponenten ist jedoch nur dann möglich, wenn der Schüler zu sich selbst ehrlich ist.

Von unserem geistigen Bewusstseinsstand aus – also von dem, was wir schon verwirklicht haben – blicken wir nun auf den Teil unseres menschlichen Ichs, den wir aufgesplittet haben. Wir betrachten ihn also von dem aus, was wir bereits verwirklicht haben: von unserem Unpersönlichen aus. Das heißt also, wir schauen nicht nur auf unsere negativen Seiten, sondern freuen uns an dem, was wir schon umgesetzt, also verwirklicht haben, an dem, was überwunden ist. Von unserem Unpersönlichen aus – von dem, was an und in uns selbstlos geworden ist – blicken wir auf das, was wir nun zu bewältigen haben, auf das, was wir durch das Aufsplitten an uns entdeckt haben. Das werden wir nun bereinigen – bevor wir in und an uns weiteres Menschliche aufsplitten.

Liebe Schwester, lieber Bruder, durch die Selbstkontrolle finden wir unser menschliches Ich, alles das, was uns bindet und unfrei macht. Mit der Kraft des Herrn können wir es allmählich ablegen, indem wir es Ihm übergeben.

Bitte splitte nur so viel auf, wie du verwirklichen, das heißt, in positive Energie umsetzen möchtest.

Wer nur aufsplittet und nicht umsetzt, der wird Schwierigkeiten bekommen, weil er dann nur noch auf sein Negatives sieht und ihm der Blick für das Positive verlorengeht. Er sieht nicht mehr das Positive, sondern nur noch das Negative. Er schaut nicht mehr über den Berg des Negativen hinüber, um das Positive wahrzunehmen.

Also bitte nur ein oder zwei Aspekte des Ichs aufsplitten und diese immer wieder Christus übergeben und um Vergebung bitten oder vergeben, je nachdem, was vorliegt.

Es ist auch möglich, dass wir einiges noch erleben müssen, damit wir es loslassen können. Bitte, lieber Bruder, liebe Schwester, dann kasteie dich nicht. Erlebe es, wenn du plötzlich empfindest, dass sich deine Sinne von den Gedanken an Menschliches umwölken, oder wenn du plötzlich nichts anderes mehr denken kannst, als dies oder jenes zu besitzen oder zu erleben.

Du fühlst es in und an dir selbst, wenn du es nicht übergeben kannst, weil dein Körper drängt, weil deine Sinne umnebelt sind. Dann gib so weit nach, wie du glaubst, dass es gut ist. Besser ist, es einige Male zu erleben, als dich zu kasteien.

Gehen wir unser Allzumenschliches an, um es mit Christus zu überwinden, dann werden wir zuerst auf unser schon Verwirklichtes schauen, indem wir die Kindschaft Gottes bejahen und von dieser Warte aus auf unser erkanntes Allzumenschliches blicken, das es jetzt umzusetzen gilt.

Lieber Bruder, liebe Schwester, auch unser Gebaren und unsere Gebärden wollen wir beobachten:

- *Wie geben wir uns, wenn wir mit weltbezogenen Menschen zusammen sind?*
- *Wie geben wir uns, wenn wir mit Bekannten zusammen sind?*
- *Und wie geben wir uns, wenn wir mit geistigen Menschen zusammenkommen?*

An dem, wie wir uns geben und wie wir leben, erkennen wir wiederum, was noch nicht verwirklicht ist.

Geben wir uns anders, als wir sind, dann bauen wir ein Scheingebäude auf, das auf die Dauer nicht haltbar ist: Wir scheinen anders, als wir sind.

Deshalb sollten wir das »sind« betrachten, also uns zuerst fragen:

- *Wie bin ich? Und dann:*
- *Wie scheine ich?*
- *Warum habe ich die Maske des Scheins aufgesetzt und mich anders gegeben, als ich wirklich bin?*

- *Was wollte ich damit bezwecken?*
- *Was wollte ich damit für mich und für meine Belange erreichen?*
- *Was wollte ich damit meinem Nächsten vorspielen?*

Wir sollen also unser »Sein« betrachten und unseren »Schein« analysieren.

Diese Aufgabe führt ebenfalls zur Selbsterkenntnis. Dadurch dringen wir in immer tiefere Schichten unseres menschlichen Ichs ein. Mit diesen Übungen wollen wir erreichen, dass wir uns in vielen Einzelheiten unseres Lebens erkennen, in unserem Denken und Reden, in unserer Gestik und Mimik und in unserem Verhalten dem Nächsten gegenüber.

Dadurch lernen wir auch, unseren Nächsten zu erkennen und ihn zu verstehen, denn er verhält sich in vielen Fällen und Situationen ähnlich, wie wir uns entweder noch verhalten oder verhalten haben.

Bruder Emanuel sprach weiter:

Hiermit gebe ich euch Anhaltspunkte zur Selbstprüfung, ob ihr den Weg nach Innen tatsächlich gehen wollt.

Will der eigensinnige Mensch sein Ich behalten, indem er sinngemäß spricht: »Ich möchte noch Mensch sein;

dies und jenes ist mir lieb und teuer«, dann sollte er vor den Spiegel treten, um sein Spiegelbild zu betrachten, und sich die Frage stellen, ob er mit seinem Spiegelbild zufrieden ist, mit seinem Menschen, so, wie er ist. Bejaht auch das Spiegelbild den Menschen, also die Regungen und Neigungen, Wünsche, das Äußere, die Gestik, die Mimik, das Gehabe – und will der Mensch das menschliche Ich, die alten Gewohnheiten behalten –, dann möge der Schüler über sich selbst nachdenken, ob er wahrlich schon reif ist für den Weg der selbstlosen Liebe.

Gabriele sprach:

Liebe Schwester, lieber Bruder, wenn wir in den Spiegel blicken, so bemühen wir uns, nicht die Details unseres Äußeren wahrzunehmen, sondern unsere Ausstrahlung zu erfassen. Wir versuchen, unsere Strahlung in uns zu registrieren. Dadurch sehen wir uns so, wie wir tatsächlich sind, und nicht, wie wir augenblicklich scheinen.

Der Weg zu Gott lautet: Erforsche und erkenne dich selbst!

Hast du dich selbst erforscht, erkannt und dein Allzumenschliches besiegt, dann wirst du auch deinen Nächsten erkennen, so, wie er ist, und nicht nur, wie er sich gibt.

Aus der Offenbarung von Bruder Emanuel:

Auf der Stufe der Ordnung wurde die Gedankenkontrolle geübt und den fünf Sinnen eine entsprechende geistige Ausrichtung verliehen.

Wer die Aufgaben auf der Stufe der Ordnung freudig und dankbar verwirklicht hat, dem wird auf der Stufe des Willens die Konzentration nicht schwerfallen, denn die gegebenen Aufgaben bedürfen der Konzentration.

Konzentration heißt: Einen Begriff ganz erfassen und die Aufmerksamkeit immer und immer wieder auf die gestellte Aufgabe oder Arbeit richten.

Dazu erläuterte Gabriele:

Lieber Bruder, liebe Schwester, es heißt also:

Was ich tue, das tue ich ganz – und zwar das, was augenblicklich wichtig ist.

Unsere Gedanken sollen bei unseren Worten und unsere Worte bei unserer Tätigkeit sein.

Das bedarf der ganzen Aufmerksamkeit.

Unsere Sinne sind also bei unserer Arbeit. Wir haben keine »Hintergedanken« während einer Arbeit, wie z.B.: Ich müsste dies und jenes noch vorbereiten oder vollbringen.

Führen wir etwas aus und unsere Gedanken sind woanders, wird die Ausführung mangelhaft sein. Legen wir das ganze Gewicht jedoch auf die Ausführung, dann wird sie auch gelingen.

Ähnliches gilt, wenn wir sprechen und nebenher anderes denken. Sind wir z.B. in einer wichtigen Besprechung oder müssen wir augenblicklich eine wichtige Arbeit ausführen und denken nebenher: »Ich muss jetzt nach Hause, weil mein Nachbar, meine Frau oder meine Kinder auf mich warten«, dann kommt kein klarer Fluss von Worten zustande, und die Arbeit geht nur schwer vonstatten. Die Fragen, die uns gestellt werden, können wir nicht präzise beantworten; unsere Antworten gehen an der Frage vorbei.

Unsere Sinne sollten gereinigt und unsere Gedanken geordnet sein, so dass wir richtig zu denken und zu handeln vermögen. Deshalb sollte auch die Vergangenheit weitgehend bereinigt sein, so dass wir Tag für Tag neu und mehr und mehr gesetzmäßig leben können, auf das konzentriert, was uns der Tag bringt.

Liebe Schwester, lieber Bruder, unsere veredelten äußeren Sinne sind die Brücke zu unseren geistigen Sinnen, zu den Sinnen der Seele. Die geistigen Sinne werden in dem Maße aktiv, wie wir unsere menschlichen Sinne veredeln.

Die geistigen Sinne sind die fünf geistigen Atomarten in unserer Seele, die sich immer mehr dem Wesenskern zuwenden und dann auch vom Wesenskern her mehr Energie erhalten, wenn wir uns von außen nach innen *reinigen und veredeln. Über die erwähnte Brücke der Sinne kommunizieren sodann unsere geistigen Sinne mit unseren gereinigten irdischen Sinnen, die gewissermaßen den Resonanzboden für unser stabiles erschlossenes geistiges Bewusstsein bilden.*

Haben wir unsere Sinne gereinigt, sind unsere Empfindungen, Gedanken, Worte und Werke selbstlos, dann ist die Brücke zu den Sinnen der Seele entstanden. Die Sinne der Seele, die fünf geistigen Atomarten, sind sodann auf den Wesenskern ausgerichtet und übermitteln uns die ewigen Gesetze, so dass wir immer mehr in das göttliche Gesetz gelangen und uns damit wieder unserer Göttlichkeit nähern.

In dem Maße, wie sich unsere Gehirnzellen von all dem Allzumenschlichen und von unserer Vergangenheit reinigen, fließen auch in die gereinigten Gehirnzellen die Gesetzmäßigkeiten Gottes ein. Über die eben besprochene geistige Brücke fließen sodann die göttlichen Kräfte zu unseren Gehirnzellen – und wir empfinden und denken, was Gottes Wille ist. Wir sind sodann wieder dem göttlichen Bewusstsein nahe.

Je weiter die menschlichen Sinne veredelt sind, umso breiter ist die geistige Brücke, umso breiter der geistige Strom, der unsere gereinigten Gehirnzellen belichtet. Dadurch können wir klarer denken. Wir erfassen alles rascher und präziser. Das bewirkt eine innere geistige Dynamik, eine innere Harmonie im Rhythmus der Unendlichkeit.

Bruder Emanuel gab eine weitere Aufgabe. Er sprach:

So mancher von euch macht sich über diese oder jene Dinge Sorgen. Immer wieder beschäftigt euch ein und dasselbe Problem. So mancher leidet unter diesen Sorgen und Nöten. Der willige und wissende Schüler vergeudet nicht die Zeit durch Nachgrübeln. Er stellt dem Energiefeld, das ihn ständig beeinflusst, die Fragen:

- Was willst du?
- Woher kommst du?

Wer freudig und bewusst die Stufe der Ordnung durchwandert hat, dem fällt es nicht schwer, den Gedankenkomplex von Sorgen und Nöten anzusprechen.

Wer auf dem Inneren Weg bewusst, freudig und zielstrebig voranstrebt, der wird über solche und ähnliche Gedankenkomplexe nicht lange nachgrübeln. Er beschäftigt sich nicht mehr mit Vergangenem, sondern stellt konzentriert die Frage nach dem Warum.

Dazu Gabriele:

Lieber Bruder, liebe Schwester, das heißt jedoch nicht, wir sollten jede Kleinigkeit, die uns in Gedanken anfliegt, gleich aufsplitten und in uns bewegen.

Wir sollen nur Gedankenkomplexe, das heißt schwerwiegende Sorgen, Schwierigkeiten oder Probleme aufsplitten, die immer wieder kommen und uns immer wieder erfassen und umwölken.

Gedankensplitter oder Restbestände aus der Vergangenheit, Erinnerungen, die uns nicht mehr oder nur noch am Rande bewegen, sollten wir nicht aufsplitten. Wir sollten sie belassen und unsere Gedanken unserem Positiven zuwenden, dem, was wir schon verwirklicht haben, um uns darüber zu freuen. Restbestände menschlichen Ichs, die uns nicht allzu sehr bewegen, lassen wir in uns austrocknen.

Wir stellen also nur einem sehr aktiven Komplex die Fragen: Was willst du? Woher kommst du? Damit splitten wir den Komplex auf. Die Funken, die wir erfassen, sind Antworten aus Teilen des Komplexes, oftmals aus einem nur geringen Prozentsatz unseres niederen Ichs, denn wir nehmen aus dem Gedankenkomplex nur die Aspekte wahr, die wir nach unserem augenblicklichen Bewusstseinsstand erfassen können. Wir sollten uns dann bemühen, das, was wir erfassen konnten, zu verwirklichen, und es der inneren Kraft, dem Leben, übergeben. Weiteres sollten wir erst dann aufsplitten, wenn wir das Erkannte bereinigt haben. Dann erst verringert sich der Komplex.

Der sich verkleinernde Komplex kommt zwar immer wieder auf uns zu. Er ist jedoch nicht mehr so schwerwiegend und problematisch, weil wir daran schon gearbeitet haben. Wir werden ihn erst dann aufsplitten und mit der Kraft Christi bearbeiten, wenn wir die ersten Teile des Komplexes bereinigt, also überwunden haben. Er kann also so lange in unserem Innersten an- und nachklingen, bis wir ihn ganz bearbeitet haben.

Klingen immer wieder Teilaspekte aus dem übergebenen und überwundenen Komplex an, umwölken uns jedoch nicht mehr, dann setzen wir ihnen sofort positive Gedanken entgegen. Dadurch verbleiben die Teile des Komplexes in Christus. Das ist uns jedoch nur dann möglich, wenn der Komplex nicht mehr schwerwiegend ist.

Christus die Gedankenkomplexe zu übergeben, heißt auch: Wir nehmen die immer wieder aufsteigenden Gedanken, die uns nicht allzu sehr beschäftigen, aber dennoch vorhanden sind, und weisen ihnen den Weg zu Christus: Wir können uns dabei z.B. das Christuslicht in unserem Inneren vorstellen. Die immer wiederkehrenden Gedanken – die uns nicht allzu sehr beschäftigen, aber dennoch vorhanden sind – unterdrücken wir nicht, sondern wir geben ihnen immer wieder den Befehl, sich in das Licht Christi zu begeben und dort zu bleiben. Anschließend denken wir sofort positive Gedanken, eventuell eine Bewusstseinsstütze, die ein weiteres Einströmen von Gedanken aus dem Gedankenkomplex verhindern.

Liebe Schwester, lieber Bruder, sofern du zweifelst, gleich, an wem und woran, so splitte das Wort »Zweifel« auf. Stelle die Fragen an den Komplex »Zweifel«:

Was willst du? Woher kommst du?

Wir splitten einen weiteren Komplex auf, um uns immer tiefer zu erkennen. Es ist der Komplex »Sorgen und Nöte«.

Weitere Komplexe zum Aufsplitten sind »Leidenschaften« und »Begierden«.

Wir stellen immer wieder an den Komplex die Fragen: Was willst du? Woher kommst du? Was sich dann aus diesem Komplex löst und emporsteigt – gleichsam wie Blasen im Wasser –, sind wieder Komponenten unseres menschlichen Ichs.

Bitte, lieber Bruder, liebe Schwester, die erkannten Splitter aus dem Komplex erst bereinigen, bevor du weiteres aufsplittest!

Erkennst du an dir nun wieder weitere Fehler, so begib dich nicht in diese Schwächen hinein:

Werde dir bewusst, dass du schon vieles verwirklicht hast, und freue dich darüber. Um das Überwundene zu erkennen, schaue in dein Mystisches Tagebuch. Dort soll auch das Verwirklichte aufgezeichnet sein. Freue dich darüber, und bejahe deine Kindschaft in Gott.

Von dieser Warte aus bemühe dich nun, das weitere erkannte Allzumenschliche mit Christus zu besiegen.

Lieber Bruder, liebe Schwester, fassen wir die Aufgaben noch einmal zusammen:

Wir fragen uns:

- Wer oder was bin ich in meiner feinstofflichen und grobstofflichen Form?
- Weshalb ist mir dieses oder jenes noch lieb und wert?
- Wie bin ich – und wie scheine ich?

Wir splitten folgende Komplexe auf:

1. *den Komplex »Zweifel«,*
2. *den Komplex »Sorgen und Nöte«,*
3. *den Komplex »Leidenschaften und Begierden«.*

Wir erhalten Antwort, wenn wir diese Komplexe aufsplitten durch die Fragen: Was willst du? Woher kommst du?

Wir machen uns auch Gedanken über »Leidenschaften« und »Begierden«. Welcher Art sind sie?

In der dritten Lektion zur Willensstufe werden wir dann Näheres über Sexualität und Körperlichkeit hören.

Abschließend sprach Gabriele
noch einmal verbindende Worte:

Liebe Schwester, lieber Bruder, wir wünschen dir die Kraft unseres himmlischen Vaters durch Christus, unseren Erlöser, all die Aufgaben richtig zu verstehen und dein Allzumenschliches zu bewältigen.

Gott zum Gruß!

Der Friede und die Liebe
unseres himmlischen Vaters
sind mit uns.
Gabriele

3. Partnerschaft – Karenzzeit – Vergangenheit

Fragen an die Partnerschaft – Erwartungshaltung Aufgabe: »Sinnlichkeit« aufsplitten – Was löst den Wunsch nach Sinnlichkeit aus? – Analysieren und Bekämpfen der Ursachen – Freudiges Überwinden statt Kasteien

Zurückgehen der Karenzzeit auf der Stufe des Willens: Gefahren bei Nichtverwirklichung – Der Weg zu selbstloser Liebe und innerer Freude: Suche in allem das Positive und freue dich daran! Sei dankbar in der Freude und im Leid – Unbewältigte Vergangenheit: Was sind die Ursachen? Was will ich? – Kritik als Möglichkeit der Selbsterkenntnis: Was möchte ich? Wer oder was möchte ich noch sein?

–

Gabriele
wandte sich mit folgenden Worten an uns:

Gott zum Gruß, lieber Bruder, liebe Schwester,
der Friede des Herrn ist mit uns.

Die Welt dürstet nach dem Licht aus Gott, das entfacht wird durch jene, die Seinen Willen tun. So wollen wir uns im Inneren weiter vorbereiten, damit der göttliche Wille mehr und mehr in uns und durch uns wirkt und wir mit Christus das Dunkel dieser Welt erhellen können.

Liebe Schwester, lieber Bruder, wir kommen jetzt zu den angekündigten Lektionen und Aufgaben zur Sexualität und Körperlichkeit.

Wenn wir »Leidenschaften« und »Begierden« hören, denken wir meistens an die Sexualität. Wir sollten uns fragen, ob es richtig ist, wenn wir diese Seite unserer Körperlichkeit – wir nennen sie die Sexualität – von heute auf morgen lassen.

Um diese Frage richtig zu beantworten, sollten wir zunächst an unseren Partner denken:

- *Wie groß oder wie klein ist die Liebe zu unserem Partner?*
- *Ist überhaupt noch eine Verbindung vorhanden?*
- *Oder ist es nur Bindung, indem ich z.B. von meinem Nächsten verlange, dass er das tut, was ich will?*
- *Sind noch Empfindungswellen da, die von Liebe getragen werden, die dem Partner Verständnis, Toleranz und Wohlwollen entgegenbringen?*

Ist in diesem Sinne nichts mehr vorhanden – oder nur Ablehnung –, dann können wir nicht sagen, wir haben unsere Sexualität überwunden oder wir haben die Leidenschaftlichkeit Christus übergeben.

Diese Aussage hören wir des Öfteren bei Menschen, die glauben, den Inneren Weg zu gehen. Diese Worte sind jedoch nur ein Ventil, weil sie dem Partner – gleich, auf welcher Ebene – nicht mehr begegnen wollen, auch hinsichtlich der Sexualität.

Ist diese Gemeinsamkeit nicht mehr vorhanden, ist also die Frau-Mann-Beziehung, die körperliche Beziehung, erheblich gestört, finden beide nicht mehr zusammen, dann sollten sie sich keine Vorwürfe machen, sondern die Partnerschaft, die Ehe, die Frau-Mann-Beziehung, in eine geschwisterliche Beziehung überführen, indem sie sich bemühen zu vergeben und indem sie miteinander den Weg zu höherer Geistigkeit anstreben.

Vergeben heißt: Was war, ist vorbei, ist abgelaufen.

Zu dem sexuellen und körperlichen Abstandnehmen haben sicher verschiedene Faktoren geführt. Vielleicht haben sich ungleiche Kräfte angezogen: Der Mann hat den Aspekt in der Frau gesucht, den er nicht hat, und umgekehrt. Daraus ergab sich eine gegenseitige Erwartungshaltung.

Lag oder liegt eine Erwartungshaltung vor und wird diese auf Dauer nur mangelhaft oder gar nicht erfüllt, dann kommt es zu Schwierigkeiten. Zwischen den Partnern ist das Verhältnis gestört. Daraus ergeben sich Streit, Zank, Vorwürfe und letztlich das Beherrschenwollen des anderen.

Wir sollten uns also prüfen, was uns zusammenfinden ließ:

Welche Entsprechungen waren es, die uns verbunden haben oder noch verbinden?

Bestand die gegenseitige Anziehung z.B. in erhöhter Sinnlichkeit beider Partner und sind diese Entsprechun-

gen weitgehend abgebaut, dann wächst ein gegenseitiges Verstehen, ein gegenseitiges Sich-Entgegenkommen; es ist nicht mehr Erwartungshaltung, sondern die Erkenntnis, dass jeder auf einer anderen Stufe steht. Was jeder verwirklicht hat, das wird er einbringen. Geschieht das gegenseitig, so ist wieder eine Basis vorhanden, auf die noch mehr Verständnis, Toleranz und geschwisterliche Liebe aufgebaut werden können.

Finden die Partner keine Gemeinsamkeiten mehr und können sie ihre Partnerschaft auch nicht auf eine geschwisterliche Ebene transformieren, dann können sie auch nicht sagen: Wir haben uns beide vergeben; wir können uns wieder an- und aufnehmen. Geschieht dies also nicht und die Partner gehen auseinander – gleich, aus welchen Gründen –, dann liegen in ihnen noch Ursachen vor, die früher oder später zur Wirkung drängen – und zur Wirkung kommen. Diese führen sie unter Umständen wieder zusammen, wenn nicht in diesem, dann in einem anderen Leben. Es wäre also unklug und ist nicht gesetzmäßig, den Partner auf Grund von Intoleranz und Verständnislosigkeit einfach abzuschieben. Was wir abschieben, läuft uns wieder nach, holt uns ein und bindet uns wieder an die nicht erledigte Angelegenheit.

Meint einer, die körperliche Verbindung nicht mehr mit seinem Partner vollziehen zu können, spürt jedoch, dass diese mit anderen durchaus möglich wäre, dann sollte er zunächst noch bei seinem Partner bleiben. Dort hat er es bisher ja auch ohne oder mit nur widerwillig hingenommener Körperlichkeit ausgehalten. Sind beide bezüglich der Körperlichkeit schon längere Zeit so verfahren, dann müsste es möglich sein, dass sie ihr Leben auch jetzt noch in geschwisterlicher Verbindung miteinander tragen. Dann ist es möglich, dass sich ihre Schwingungsebene wieder aufbaut, so dass eventuell beide erneut zueinander finden und die Körperlichkeit miteinander auf einer höheren, auf der selbstlos gebenden Ebene pflegen können.

Ist auch das nicht möglich, weil beide Partner nichts mehr füreinander empfinden, dann sollte nicht gleich wieder eine andere Partnerschaft angestrebt werden. Denn dann besteht die Gefahr, dass in der nächsten Partnerschaft Ähnliches geschieht wie in der verflossenen.

Zu diesem Komplex
gab Gabriele Aufgaben:

Die Sinnlichkeit ist häufig ein Punkt, an dem sich manches entzündet.

Deshalb stellen wir auch an den Komplex »Sinnlichkeit« – der Geist meint damit die Sexualität – die Fragen:
- *Was willst du?*
- *Woher kommst du?*

Zeigt sich also eine Reizüberflutung in unserem Körper an, steigt der Wunsch nach Sinnlichkeit empor, so stellen wir die Fragen:

Was willst du?
Woher kommst du?

Wir splitten dadurch auf, das heißt, wir finden heraus, was uns augenblicklich bewegt, was unseren Körper in Wallung bringt.

Wir fragen uns: Warum verlangt unser Körper die Sinnlichkeit?

Wir fragen uns: Was liegt vor, das die Wallung hervorbrachte?

Diese Erkenntnisse sind für den Einzelnen sehr wesentlich. Er kann erkennen, ob der Wunsch nach Körperlichkeit seiner Erwartungshaltung, seinem Ich, entspringt, das sich befriedigen, das sich abreagieren möchte – oder was sonst vorliegt. Auch die Verkrampfungen, die Verspannungen, die oftmals zu einem körperlichen Akt führen, geben uns in vielen Fällen Hinweise auf unser eigenes Denken, Fühlen und Wollen.

Aus unseren Antworten erkennen wir auch, wie groß inzwischen unsere Selbstlosigkeit geworden ist: wie viel wir noch für uns erwarten – oder was wir inzwischen einbringen, das heißt geben können. Aus unseren Antworten sehen wir auch, ob wir unseren Partner selbstlos lieben oder ob wir ihn nur für unsere Zwecke, für die Zwecke unserer Befriedigung, benützen.

Aus der Offenbarung von Bruder Emanuel:

Erkenne dich selbst in den Antworten!

Die vielen und verschiedenen Komponenten deines niederen Ichs solltest du in deinem Mystischen Tagebuch notieren. Bekämpfe sie mit heroischem Opfermut aus Liebe zu Gott; doch kasteie dich nicht.

»Bekämpfe sie mit heroischem Opfermut«, heißt auch nicht: Bekämpfe jetzt die Sexualität! Sage nicht: »Nein, es darf nicht sein.«

Sondern bekämpfe, was zur Sexualität geführt hat. Das ist ausschlaggebend!

Gabriele sprach:

Die Sexualität darf nicht verdrängt oder »abgewürgt« werden, sondern es sollen das Aufwallen, die Wünsche oder gar die Leidenschaften analysiert werden: was sie bezwecken wollen; woher sie kommen.

Es sind die Ursachen abzustellen – und nicht die Sexualität von einem Tag zum anderen!

Dabei kann die Sexualität etwas reduziert werden, so dass wir unsere Selbstverführung erkennen. Denn in vielen Fällen verführen wir uns selbst und bemerken es nicht.

Das menschliche Ich hat viele Windungen und Ausreden. Es kann uns sowohl zum Ausüben wie zum Unterdrücken der Sexualität veranlassen.

Die Stressüberflutung ist eine häufige Ursache verstärkter Körperlichkeit: Weil ich etwas für mich erreichen möchte, kann ich in eine Stresssituation kommen, in eine Überforderung, z.B. beruflich. Das führt zu Verkrampfungen, und diese wiederum lassen den Wunsch nach Entspannung entstehen. Dann drängt die Frau zum Mann und der Mann zur Frau.

Das jedoch ist nicht das gegenseitige Sich-Schenken – sondern das gegenseitige Einander-Benutzen, um die Spannungen scheinbar zu lösen.

Ich wiederhole:

Wie oft hören wir von Geschwistern auf dem Inneren Weg: »Ich brauche die Sexualität nicht mehr, und ich tue es nicht mehr, da ich ja auf dem Inneren Weg bin.« – »Ich brauche sie nicht mehr, gebe mich jedoch hin, weil es meine Pflicht ist dem Partner gegenüber, der unter Umständen noch sehr weltlich orientiert ist.«

Wir haben herausgefunden, dass dies häufig gebrauchte Ausreden sind, die nur kaschieren, dass die sexuelle Basis – die ja auch auf Schwingung beruht – nicht mehr vorhanden ist. Der Wunsch nach Körperlichkeit ist nach wie vor da, jedoch nicht mehr auf diesen Partner bezogen.

Deshalb müssen die Aggressionen und Aversionen untersucht und analysiert werden – nicht aber soll der eventuell gegenüber einem Dritten auftretende Wunsch nach Körperlichkeit bejaht werden. Die Ehrlichkeit ist auch hier wieder Voraussetzung für die Selbsterkenntnis.

Bruder Emanuel offenbarte
in diesem Zusammenhang:

Die Liebe zum Vater ist zugleich die Kraft zum Überwinden.

Werde ein Überwinder!

Was du überwunden hast, das streiche in deinem Mystischen Tagebuch aus. Was noch nicht überwunden ist, das übertrage auf die nächste Seite deines Mystischen Tagebuches. Glaubst du, trotz Anstrengung, vieles nicht überwinden zu können, so gib nicht sogleich auf:

Bündle immer wieder deine Gedankenkräfte und stelle an die immer wiederkehrenden Plagen die Fragen: Was willst du? Woher kommst du?

Wer seine niederen Neigungen ehrlich überwinden möchte, der wird auch die Antwort erhalten.

Ich darf hervorheben: Diese Aufgaben können nur erfolgreich bewältigt werden, wenn du, lieber Bruder, liebe Schwester, die Ordnungsstufe zielbewusst durchwandert hast.

Auch diese Aufgaben sind für alle Schüler auf der Stufe des Willens ein Kriterium. Wer die Aufgaben noch nicht meistert oder noch nicht angehen möchte, der ist für die Stufe des Willens noch nicht reif!

Ich wiederhole:

Lieber Bruder, liebe Schwester, die Art und Weise, wie du die bisher gestellten Aufgaben zu lösen vermochtest, zeigt deutlich, ob du die Stufe des Willens schon beschreiten kannst.

Wer sich selbst überschätzt, erweist sich einen schlechten Dienst.

Es muss immer wieder auf die Gefahren hingewiesen werden, in die sich diejenigen begeben, die glauben, im Eigenwillen den Pfad zu Gott wandeln zu können.

Erkennt auch die Gefahren auf dem Weg zu Gott. Auf der Stufe des Willens geht die Karenzzeit zu Ende.

Gabriele führte aus:

Die Karenzzeit, dieser besondere Schutz, der uns auf der Ordnungsstufe vom Gesetz, Gott, gewährt wurde, wird auf der Willensstufe langsam zurückgenommen, da wir auf der Stufe des Willens mehr und mehr in die Eigenverantwortung geführt werden. Wir haben geistiges Wissen, und dieses Wissen soll nun verwirklicht werden. So werden wir allmählich zu unserer Eigenverantwortung geführt.

Die Folge der zu Ende gehenden Karenzzeit ist, dass den Ursachen immer schneller die Wirkungen folgen. Das gilt insbesondere dann, wenn wir die geistigen Kräfte verschwenden, die uns geschenkt wurden und werden.

Nehmen wir die geistigen Kräfte auf und erkennen so manches, leben das Erkannte jedoch nicht, häufen wir nur Wissen an, verwirklichen es jedoch nicht, ändern wir also unser Leben, unser Denken, Fühlen und Wollen nicht, sondern leben wie bisher in den Tag hinein und vergeuden den

Tag, dann werden auf unsere Ursachen immer rascher die Wirkungen folgen.

Durch das Aufnehmen der geistigen Kräfte dringen jetzt die Ursachen, die Gesetzwidrigkeiten, viel schneller in die Seele ein und kommen auch wieder schneller zur Auswirkung.

Die Karenzzeit ist ein besonderer Gnadenschutz aus dem Geiste Gottes für die Menschen, welche die ersten Schritte auf dem Inneren Weg vollziehen.

Beschreitet der Mensch den Pfad zum Leben, so befindet er sich auf dem Weg der Verwirklichung.

Am Anfang ist er noch ein schwaches Pflänzchen, das der Stütze bedarf, an die es gebunden wird. Diese Stütze ist der Geist Gottes, der uns, wenn wir die ersten Schritte auf dem Inneren Weg tun, schützt und uns auffängt, ehe wir ganz fallen. In der Karenzzeit sind wir intensiver in der Einhüllung Gottes. Das bedeutet, dass die Energiefelder negativer Empfindungen, Gedanken, Worte oder Taten zunächst länger in unserer Aura bleiben und über Gedanken auf uns einwirken, uns ermahnen, das, was ansteht, zu bereinigen.

Nach dieser Zeit – in welcher der Geist Wissen, Aufklärung und Hilfe zur Verwirklichung gibt – muss das Pflänzchen soweit erstarkt sein, dass es allein zu stehen vermag. Haben wir in dieser Zeit das, was vom Geiste Gottes an Wahrheit gegeben wurde, weitgehend verwirklicht, dann sind wir gestärkt. Wir fallen nicht mehr so oft *in unsere alten menschlichen Gewohnheiten und Fehler zurück. Dann kann jedoch auch – ja, muss sogar – der bestehende Schutz allmählich zurückgenommen werden, damit das kleine Pflänzchen durch Bewährung in den Stürmen der Zeit erstarkt, noch weiter wächst und gedeiht.*

Haben wir jedoch nur Wissen angehäuft, fehlt aber weitgehend die Verwirklichung – dann bleibt das Pflänzchen schwach. Der zusätzliche Schutz wird dennoch zurückgenommen, weil die Zeit des verstärkten Angebundenseins an den Geist trotzdem zu Ende geht. Die Karenzzeit läuft langsam ab.

Waren wir nicht bereit, uns zu ändern, haben wir uns nur Wissen angeeignet, so ist es trotzdem möglich, dass sich die Seele weiterentwickelt hat. Der Mensch jedoch, das menschliche Bewusstsein, kam ins Hintertreffen. Dadurch entstand zwischen Seele und Mensch ein größeres Energiegefälle. Die Gefahr liegt darin, dass Seele und Mensch in ihrem Bewusstsein einen großen Abstand erlangt haben und die Seele daher nicht mehr bereit ist, die vielen menschlichen Unzulänglichkeiten – die Dissonanzen des menschlichen Ichs – aufzunehmen. Wehrt sich sodann die Seele gegen die Dissonanzen des menschlichen Ichs, dann zeigt sich diese Regung sehr rasch im Körper an. Entsprechende Unpässlichkeiten können die Folge sein.

Wer die Stufe der Ordnung nicht erfolgreich durchwandert hat – wer also die vom Geiste Gottes gegebenen Gesetzmäßigkeiten nicht weitgehend verwirklicht hat –, der kann unter Umständen aus verschiedenen Quellen der Atmosphäre und aus den Stätten der Reinigung negativ beeinflusst werden. Durch sein Fehlverhalten kann der Betreffende zur Zapfsäule gegensätzlicher Kräfte werden, die sich seiner Körperenergien bedienen, wodurch der Mensch immer schwächer wird.

Liebe Schwester, lieber Bruder, der Innere Weg ist der Pfad der Selbstüberwindung mit Christus aus Liebe zu Gott – und nicht der Pfad der Kasteiung! Aus Liebe zu Gott werden wir unser Allzumenschliches bereitwillig erkennen und Schritt für Schritt Christus übergeben, um so auch die noch vorhandene Vergangenheit zu bereinigen. Dabei wollen wir unser Ziel nicht gleich zu hoch stecken.

Kein Mensch, so sagt Bruder Emanuel, ist vollkommen; jeder hat wieder andere Schwächen, Vorstellungen, Wünsche und Neigungen. Die Liebe zum Vater jedoch lässt vieles überwinden. Überwinden heißt jedoch nicht kasteien.

Bruder Emanuel
sprach sinngemäß:

Überwinden heißt: allmählich, Schritt für Schritt, das Allzumenschliche abbauen, die Empfindungen, Gedanken und Worte veredeln. Nur so veredeln sich Seele und Mensch. Das ist sodann keine Kasteiung. Kasteiung führt niemals zur inneren Freude. Kasteiung kann zur Herrschsucht ausarten. Menschen, die sich kasteien, glauben, besser zu sein als alle anderen. Viele wollen auf diese Weise ihren Nächsten beherrschen.

Gabriele:

Hingegen ist Überwunden-Haben: beherrscht sein, das heißt Herr über sich selbst sein! Überwinder stehen über den menschlichen Dingen; sie urteilen nicht, denn sie haben erkannt, was es bedeutet, Schritt für Schritt zu überwinden. Sie wissen, wie schwer es manchem Menschen fällt, das Allzumenschliche zu lassen.

Jeder von uns hat Allzumenschliches, oftmals Gleiches oder Ähnliches, zu überwinden. Jeder von uns muss auf dem Pfad zu Gott sein Ich ablegen, um wieder zum reinen Wesen zu werden. Dabei werden wir auch von den Wesen der Himmel unterstützt, z.B. von unseren Schutzgeistern.

Lieber Bruder, liebe Schwester, frage dich, ob du schon ein freudiger Überwinder bist oder was du noch halten möchtest.

Wenn dir der Weg beschwerlich scheint, so frage dich, was du noch besitzen willst, was noch an dir haftet, warum du noch schwer überwinden kannst.

Schwer überwinden kann sich nur der, der wenig selbstlose Liebe hat.

Wie finden wir also zur selbstlosen Liebe?

Bruder Emanuel rät jedem Einzelnen von uns:

Suche in allem Negativen das Positive! Suche es ehrlich, dann wirst du es finden.

Hast du es gefunden, dann freue dich darüber, dass dein Nächster doch so viel Positives an sich hat. Auf diese Weise kannst du dein Mitgeschwister annehmen und das Positive an ihm in dich aufnehmen. Das vermehrt sodann in dir die Lebensenergie, das heißt, dein Bewusstsein stabilisiert und erweitert sich. Vermehrtes Licht ist die Folge.

Dazu Gabriele:

Seid dankbar in der Freude und im Leid!

Liebe Schwester, lieber Bruder, wir auf dem Inneren Weg haben selbst erfahren: Dankbar zu sein in Freude und Leid bedeutet geistige Größe. Die geistige Größe bewirkt weiteres geistiges Wachstum und innere Reife. Wenn wir für Freude und Leid dankbar sein können, dann erwachen in uns geistige Freude und geistiges Wachstum. Daraus ergibt sich ein harmonisches und dynamisches Leben, ein bewusstes Leben.

Die geistige Freude ist die stille Freude, das stetige positive Wachstum, das wir erlangen, wenn wir uns immer wieder bemühen, die Empfindungen, Gedanken und Worte zu überprüfen, um uns daran zu erkennen und sie sodann zu veredeln. Daraus ergibt sich die Selbstlosigkeit; aus ihr gehen Beherrschtheit, Güte, Verständnis, Wohlwollen und Toleranz hervor. Daraus wiederum erwächst das gute Gewissen, das uns die Kraft gibt, über dem Allzumenschlichen zu stehen und in allem das Positive zu sehen. Daraus ergibt sich Stärke, aus dieser Gleichmut und aus diesem die tiefe, innere Freude!

Solange die Berg- und Talfahrt, das Auf und Ab in unserem Leben, noch sehr große Schwankungen zeigt, haften wir noch an vielen äußeren Dingen. Deshalb ist es uns auch nicht möglich, für alles zu danken. Und doch sollten wir uns immer wieder darum bemühen. Unsere Bemühungen werden vom Geiste Gottes belohnt: Wir empfangen mehr Kraft, um in unserem Leben stetig zu werden, damit es uns möglich wird, uns im Tal zu erkennen und auch dafür zu danken.

Lieber Bruder, liebe Schwester, übe dich täglich aufs Neue, in allem, was dir begegnet, das Positive zu finden. Hast du es gefunden, dann freue dich darüber und bejahe es, denn daraus wächst die selbstlose Liebe. Dadurch erfassen und erfahren wir, dass das Reine der Seele jedes Menschen auch ein Teil von uns ist.

Bruder Emanuel offenbarte:

Das Wachsen der selbstlosen Liebe bringt dem Menschen die Kraft, zu hoffen und den Weg zuversichtlich zu gehen. Hoffnung und Zuversicht sind Kräfte, welche die Seele stärken und Mut schenken, das Allzumenschliche zu besiegen. Auch aus diesem Wachstum ergeben sich Freude und Dankbarkeit gegenüber Gott!

Liebe Schwester, lieber Bruder, bitte trage folgende Sätze in dein Mystisches Tagebuch ein:

Wer in seinem Leben alles annimmt, was ihm widerfährt, Freude und Leid, der wird dankbar auch für Schwierigkeiten und Probleme. Er erkennt darin das Gute. Dann ist er gewillt, sich Christus zu übergeben, und wird dadurch zum Sieger über sich selbst, über seine niedere Natur.

Gabriele sagte:

Solange wir mit unseren Gedanken in der Vergangenheit leben, haben wir noch häufig Schwierigkeiten, das anzunehmen, was uns im Augenblick geschenkt wird.

Mit einem Satz sprach Bruder Emanuel
unsere Vergangenheit an:

So mancher unter euch lebt noch in der Vergangenheit.

Gabriele:

Um herauszufinden, ob wir noch in der Vergangenheit leben, fragen wir uns: Was beschäftigt mich immer und immer wieder, was bewegt mein Herz und mein Gemüt?

Das Gemüt sind die Stimmungen und Hemmungen unseres menschlichen Ichs. Sie gehen aus den Empfindungen und Gedanken hervor. Ihre tieferen Ursachen können im Unterbewusstsein oder im seelischen Bereich liegen.

Was uns aus der Vergangenheit immer und immer wieder zuströmt und erregt, das haben wir noch nicht bewältigt! Es kann Verschiedenes sein: Neid, Feindschaft, Streit, Hass, Eigenliebe und anderes mehr.

Durch die Fragen, was unser Gemüt immer und immer wieder bewegt, finden wir heraus, was aus der Vergangenheit noch lebendig ist in uns; dann stellen wir wieder die Frage: Woher kommst du?

Haben wir den Grund erkannt, sind wir auf die Ursache unserer Gemütsschwankungen gestoßen, dann fragen wir uns: Was will ich?

Wir stellen also diesmal nicht die Frage: Was willst du?, sondern die Frage: Was will ich?

Aus der Offenbarung von Bruder Emanuel:

Wenn ihr den Grund erkannt habt, weshalb euch das Vergangene immer noch nicht loslässt, ihr also wisst, was ihr selbst wollt, dann bekämpft die Ursache, das niedere Ich, euren Eigenwillen, um von dem Vergangenen frei zu werden.

Habt ihr den Grund erkannt, weshalb ihr die Vergangenheit nicht loslassen wollt, dann müsst ihr euch fragen:

Will ich, oder will ich nicht?

Wollt ihr, dann bereinigt die Vergangenheit – so rasch wie möglich.

Wollt ihr jedoch die Vergangenheit festhalten, um eventuell dies oder jenes zu erpressen oder einem Menschen Schuldgefühle aufzuoktroyieren, dann wäre es besser, ihr würdet noch einmal die Stufe der Ordnung absolvieren.

Solange die Vergangenheit nicht ruht, solange diese nicht bewältigt ist, könnt ihr auch nicht in der Gegenwart leben und das bewältigen, was täglich neu auf euch zukommt.

Lieber Bruder, liebe Schwester, nimm folgende Worte als Merksatz in dein Mystisches Tagebuch auf:

> Habe ich die Vergangenheit weitgehend bewältigt, dann wird es auf dem Pfad zu Gott leichter, freudiger und dynamischer vorangehen. Mein Leben wird selbstloser, und meine Empfindungen und Gedanken werden edler.

Gabriele:

Oftmals werden wir von unserem Nächsten kritisiert. Auch anhand der Kritik unseres Nächsten dürfen wir uns selbst erkennen. Wenn unser Gemüt in Wallung kommt, dann sind wir getroffen. Wer in der Selbstkontrolle lebt, wird sofort erkennen, dass die Kritik ihm ein Anstoß war, um das zu erkennen, was noch in ihm vorliegt.

Werden wir also kritisiert und erregen uns, begehren wir innerlich gegen den Kritisierenden auf, so sollten wir an uns die Fragen stellen:

– Was möchte ich?

– Wer oder was möchte ich noch sein?

Auch in der Kritik unseres Nächsten können wir unser Allzumenschliches, unser Wollen, unsere noch vorhandenen Wünsche und Sehnsüchte erkennen.

Wir haben damit also eine weitere Möglichkeit, unser Ober- und Unterbewusstsein zu lüften und zu durchforschen und schließlich zu den Seelenhüllen vorzudringen, die die seelischen Belastungen ausstrahlen.

Im Leben gibt es keine Zufälle. Kritisiert uns unser Nächster, dann dürfen wir in diesem Augenblick erkennen, was wir jetzt und an diesem Tage bereinigen können. Was uns erregt hat, ist das, was wir jetzt und heute bereinigen sollen.

So wünschen wir uns den Frieden des Vaters, damit wir jeden Augenblick das erfassen können, was Er uns im Ablauf des Tages zu sagen hat.

Der Friede des Herrn ist mit uns!
Gott zum Gruß

Gabriele

4. Veredelung der Körperlichkeit

Allmähliches Veredeln der Körperlichkeit anstelle von Kasteiung bzw. Triebhaftigkeit – Hochtransformieren der Kräfte – Vertrauen und selbstlose Liebe als Voraussetzung – Leidenschaft ist Bindung – Ergründen und Überwinden der Ursachen der Sinnlichkeit – Die Bedeutung des offenen Gespräches – Der verhängnisvolle Kreislauf von Bindung, mangelndem Vertrauen, Angst, Haltenwollen, Besitzanspruch, gesteigerter Sexualität und wiederum Bindung – Der Partner als Tempel des Heiligen Geistes – Auf dem Weg zum mystischen Leben in der Gemeinschaft – Ursachen für die Verweigerung eines Partners – Zusammenfassung

–

Aus der göttlichen Weisheit sprach Gabriele:

Gott zum Gruß, lieber Bruder, liebe Schwester,
der Friede des Herrn ist mit uns.

Möge Sein Wille immer mehr durch uns geschehen, denn Sein Geist wirkt durch Menschen, die den Willen des Herrn tun.

Die Welt bedarf der Menschen des Geistes; deshalb wollen wir uns vorbereiten, damit wir mit Christus die Welt erhellen können.

Am 1. Dezember 1984 sagte unser Geistiger Lehrer,
Bruder Emanuel:

Liebe Schüler, nun komme ich wiederum zu dem heiklen Thema, über das nicht gerne gesprochen wird: Es ist die Sinnlichkeit. Auf der Stufe des Willens muss jedoch darüber gesprochen werden, denn dadurch verliert vor allem der Mann durch Ausschweifungen viel Lebenskraft. Der Mann soll jedoch seine Lebenskraft nicht vergeuden, denn die Manneskraft ist komprimiertes Leben. Wird diese Lebenskraft richtig angewandt, dann kann sie sowohl der Seele als auch dem Organismus Kräfte über Kräfte bringen.

Gabriele erklärte:

Lieber Bruder, liebe Schwester, mit der Sinnlichkeit meint der Geist die niedere Sexualität, die Vulgärsexualität mit allen ihren Ausschreitungen, ihren Stellungen, ihren Exzessen. Diese Sexualität ist Triebhaftigkeit. Wer sich ihr hingibt, ist noch von seinen Begierden getrieben.

Bruder Emanuel sprach in diesem Zusammenhang
auch von der Reizüberflutung:

Die Reizüberflutung bewirkt, dass die Gehirnzellen nicht mehr die Aktivität aufweisen, die ihnen ursprünglich vom Schöpfer zugedacht wurde – so wie es sein könnte, wenn sowohl die Frau als auch der Mann ihre Sinne veredeln würden. Ja, die Leidenschaft schafft wahrlich neue Leiden.

So mancher wird sagen: Nun wird das Thema angesprochen, vor dem ich mich schon längst fürchtete. Nun ist die Zeit da, wo ich alles lassen muss.

Liebe Freunde, auf dem Pfad zu Gott heißt es nicht: Du sollst alles lassen. Es heißt: Du sollst es allmählich überwinden. Auf dem Pfad zu Gott gibt es kein Verbot, sondern das Gebot, und wer es hält, der wird gehalten, getragen und geführt von der ewigen Kraft, Gott.

So gilt es nicht, von heute auf morgen das zu lassen, was so manchem von euch noch lieb und wert ist, sondern es langsam abzubauen. Die geistigen Kräfte helfen und dienen uns dabei, sofern wir Gott um Hilfe bitten. Denn es steht geschrieben: »Bittet, und es wird euch gegeben.«

Auf dem Pfad zu Gott heißt es also, die Triebhaftigkeit, die Vulgärsexualität, allmählich zu lassen und die Körperlichkeit so zu verfeinern, dass keine Nebenwirkungen entstehen.

Gabriele half uns zu erkennen:

Zuerst jedoch sollten wir gelernt haben, die Gedanken zu ordnen, dann wissen wir auch die Sinne zu zügeln.

Dieser erste Schritt der Veredelung wirkt sich auch auf die körperlichen Begegnungen zwischen Mann und Frau aus:

Die Triebhaftigkeit, die Sexualität mit all ihren Exzessen, fällt allmählich von uns ab; die Begegnungen werden feiner und werden uns dahin führen, dass der Mann nicht mehr seine Manneskraft verschleudert, da er infolge der Veredelung der Sinne seinen Partner als ein Gefäß Gottes sieht, als den Tempel des Heiligen Geistes. Sowohl dem Manne als auch der Frau wird es sodann öfter möglich sein, bei der körperlichen Verbindung die Kräfte hochzutransformieren, hin zum unbelastbaren Wesenskern der Seele, zum Göttlichen in uns.

Die Sexualität, gleich, welchen Grades, sollte nicht verdrängt werden – aus der Vorstellung heraus, man sei dann ganz ein geistiger Mensch. Echte Geistigkeit kommt aus der Umwandlung von Niederem zu Höherem, also aus der Verwirklichung, aus der das erfüllte Leben wächst. Kasteiung trennt – Verwirklichung verbindet.

Bruder Emanuel sprach sinngemäß:

Wer also gelernt hat, seine Gedanken zu ordnen und seine Sinne zu zügeln, der wird allmählich auch die Sexualität verfeinern und in der Körperlichkeit mit den Manneskräften haushalten, indem er sie so oft, wie es ihm möglich ist, zum Wesenskern der Seele, zum Göttlichen, hochtransformiert.

Diese hochtransformierten Kräfte, die er damit Gott weiht, bringen Seele und Körper mehr Energien; es sind selbstlose Liebe-Energien, die Mann und Frau in rechter, selbstloser und vertrauensvoller Weise, im Miteinander, verbinden.

Die Manneskraft hochzutransformieren heißt, die Empfindungen und Gedanken nicht bei der körperlichen Betätigung zu haben, sondern als Liebegedanken in der Seele beim Wesenskern:

Der Mensch denkt nicht mehr an seinen Körper und an seine Bedürfnisse. Er lenkt seine Gedanken auf das Göttliche in sich und in seinem Partner.

Das ist jedoch nur dann möglich, wenn zwischen Mann und Frau noch Liebe schwingt, die verbindenden Energien, die auch »Esprit« genannt werden.

Gedanken sind Kräfte. Wohin der Mensch denkt, dort verstärkt er die Aktivität.

Ist er mit seinen Gedanken bei der sexuellen Betätigung, dann verstärkt er diese. Die Folgen sind dann Reizüberflutung und Verlust der Manneskraft.

Ist der Mensch mit seinen Empfindungen und Gedanken jedoch beim Göttlichen, sendet er selbstlose Empfindungen und Gedanken zum Göttlichen in sich und in seinem Partner, dann reduziert er die körperliche Betätigung, und der Wunsch nach Reizüberflutung lässt nach. Das ist das Höhertransformieren der Manneskraft; das ist die allmähliche Veredelung der Sexualität in der körperlichen Vereinigung und – im weitesten Sinne – der Weg zur reinen, göttlichen Liebe.

Gabriele:

Es ist ganz wesentlich, dass beide Partner das Höhertransformieren der Kräfte zum Wesenskern anstreben. Dazu müssen beide Partner Vertrauen zueinander haben und eine tiefe Gottverbundenheit; denn ohne die Hilfe der inneren Kraft wird es kaum gelingen.

Die Grundlage ist also die selbstlose Liebe, die nur auf dem gegenseitigen Vertrauen aufgebaut werden kann und die nicht auf Besitzenwollen ausgerichtet ist.

Das Vertrauen soll nicht nur bezüglich der Körperlichkeit bestehen, sondern in jeder Lebenssituation soll der Mann der Frau vertrauen und die Frau dem Manne vertrauen können. Das gibt inneren Halt und Stärke – und eine echte Ehe und Partnerschaft im Sinne des Geistes.

Sind nicht das tiefe gegenseitige Vertrauen, die selbstlose Liebe und die Gottverbundenheit die Basis, so wird es kaum gelingen, die Kräfte hochzutransformieren.

Liebe Schwester, lieber Bruder, es wird immer wieder vom Verlust der Manneskraft gesprochen. Aber auch die Frau verliert durch die Sexualität Energie; sie gibt jedoch durch Empfindungen und Reizüberflutungen im Vergleich zum Manne weniger Kräfte ab.

Bruder Emanuel gab uns ein Wort mit auf den Weg, das wir in das Mystische Tagebuch eintragen wollen:

Jede Leidenschaft schafft wahrlich neue Leiden.

Unser Geistiger Lehrer belehrte uns:

Die Leidenschaft bindet den Menschen immer wieder an Menschen und äußere Dinge. Leidenschaftliche Menschen sind unfrei. Sie sind an ihre Leidenschaften gebunden.

Wer seine Leidenschaften überwindet, der wird Freude, Kraft und Freiheit erringen; er ist sodann ein Überwinder – aber kasteit sich nicht.

So manchem unter euch ist dieses Thema unangenehm. Er weiß, dass die Sinnlichkeit nicht geistig ist – und doch möchte er sie nicht aufgeben.

Wer jedoch die Sinnlichkeit immer mehr veredeln kann, der wird weit Größeres gewinnen.

Gabriele wies auf Folgendes hin:

Wir müssen also die Sinnlichkeit – der Geist meint damit die Sexualität – nicht von einem zum anderen Tag lassen.

Würden wir die Sinnlichkeit von einem zum anderen Tag aufgeben, uns also kasteien, dann gäbe es die allbekannten Nebentriebe. Sie sind u. a. Neid, Geiz, verstärkte Ichbezogenheit, Abwertung des Nächsten, um sich selbst aufzuwerten, Essenslust, Trinklust und vieles mehr.

Sind unsere Gehirnzellen mit sinnlichen Vorstellungen programmiert, dann reagiert unser ganzer Körper auf diese Programmierung. Je mehr also unsere Gehirnzellen auf die Sinnlichkeit ausgerichtet sind, umso mehr werden wir von diesbezüglichen Vorstellungen getrieben. Deshalb müssen wir die Sexualität langsam abbauen und uns auf das höhere Leben umprogrammieren.

Lieber Bruder, liebe Schwester, wir stellen uns die Frage:

Wodurch werden bei uns entsprechende Vorstellungen und Wünsche angeregt?

Zum Ersten durch äußere Bilder und Eindrücke. Im Weiteren durch entsprechende Gespräche, durch Eifersucht, durch Berührung, durch Alkohol, durch sehr scharfe Speisen, durch den übermäßigen Genuss von Fleisch und Fisch oder auch durch Übermüdung und anderes mehr.

Wir erkennen also daraus, dass verschiedene Entsprechungen, also Ursachen, zur Sinnlichkeit, der Sexualität, führen können.

Deshalb heißt es, nicht die Sinnlichkeit zu bekämpfen, sondern die Ursachen der Sinnlichkeit zu ergründen und diese zu überwinden.

Wir tragen folgenden Merksatz in unser Mystisches Tagebuch ein:

> *Es gilt, nicht in erster Linie die Sinnlichkeit zu bekämpfen; vielmehr sollen wir die Ursachen, die zur Sinnlichkeit führen, ergründen und diese überwinden.*

Unser Geistiger Lehrer gab uns in diesem Zusammenhang eine wesentliche Hilfe, damit wir die Sinnlichkeit nach und nach verfeinern, veredeln und im Laufe unserer Wanderschaft zu Gott gänzlich zu überwinden vermögen.

Bruder Emanuel erläuterte:

Sowohl beim Manne als auch bei der Frau entsteht in gewissen Zeitabständen, oftmals in einem gewissen Rhythmus, die sogenannte Reizüberflutung. Der Partner drängt zum Partner, um so, wie er glaubt, durch die körperliche Vereinigung wieder Ruhe und Stille zu finden. Der Schein jedoch trügt. Die kurzzeitige Entspannung der Seele und des Leibes ist nur eine Ermattung. Durch den körperlichen Akt wird der Mensch träge; seine Spannkraft lässt nach, die Dynamik erlischt.

Sind beide Partner auf dem Wege zu Gott, dann sollte es ihnen leicht fallen, die Ursachen dieser Leidenschaft zu ergründen:

Kommt also diese Reizüberflutung, kommt die Zeit, in der der Mann zur Frau und die Frau zum Manne drängt, dann nehmt euch Zeit. Setzt euch zusammen und sprecht darüber, ergründet die Ursachen dieser augenblicklichen Reizüberflutung. Führt dieses Gespräch auch dann, wenn es trotz der Erkenntnis zu einem körperlichen Akt kam.

Die Ursachen können Enttäuschung, Versagen und Ermüdung sein. Es können auch Bindungen an Menschen und Dinge sein, das Besitzen- und Habenwollen, wie z.B.: Du gehörst mir, und ich gehöre dir. Das unter anderem führt zur Sexualität, wobei sich der eine Partner oder beide nur abreagieren. Das nennen wir Triebhaftigkeit. Das ist Sexualität. Das ist der niedere Trieb, die Begierde. Frau oder Mann sind sodann nur Objekt.

Ist sowohl in der Frau als auch im Manne das verbindende Band der Liebe, auch »Esprit« genannt, vorhanden, ist also noch die Kommunikation beider Kräfte – der männlichen und der weiblichen Kraft – da, dann ist es auch möglich, dass beide Partner miteinander ein offenes Gespräch führen, auch hinsichtlich der Sexualität. Es wäre gut, wenn beide im Gespräch herausarbeiten würden, was das Motiv ist, warum sich die Frau dem Manne hingibt und warum der Mann in vielen Fällen einen gewissen Besitzanspruch an die Frau stellt.

Die Ursachen können, wie zum Teil schon dargelegt, Enttäuschung oder Leistungsschwäche sein, berufliches Versagen, aber auch Übermüdung oder dergleichen. Es kann auch eine Bindung an Menschen oder an Dinge sein oder an alte Gewohnheiten, hervorgerufen durch Besitzen-, Sein- und Habenwollen.

Gabriele wies auf Folgendes hin:

Im Gespräch erkennen wir Ursachen und Bindungen. Wir erkennen jedoch auch, was aus der Bindung entsteht: ein unheilvoller Kreislauf von Bindung, mangelndem Ver-

trauen, Angst, Haltenwollen, Besitzanspruch und wieder Bindung. Die Frau misstraut dem Manne. Sie befürchtet, er könnte nach einer anderen Frau Ausschau halten. Der Mann misstraut der Frau. Er befürchtet, sie könne sich für einen anderen Mann interessieren. Angst kommt auf, die wiederum verschiedene Ursachen haben kann. Einer versucht, den anderen zu halten, ja, an sich zu binden. So glauben beide in ihrem Unterbewusstsein, die Sexualität sei der Rettungsanker, und greifen danach. In Wirklichkeit jedoch greifen sie ins Leere.

Denn: Was wir halten wollen, werden wir verlieren.

Die Worte »Du gehörst mir, und ich gehöre dir« sind sodann eventuell der Anfang einer sexuellen Ausschreitung, und diese kann – da sie ja nicht auf gegenseitiger Liebe und Achtung aufgebaut ist, sondern lediglich auf Angst – zu Zank und Streit führen.

Die Worte »Du gehörst mir, und ich gehöre dir« rufen Einengung und Begrenzung hervor. Sie sind der Ausdruck einer Bindung, in der Unfreiheit liegt.

Unsere freie Seele sucht jedoch nach der inneren Freiheit, und sie wird so lange danach suchen, bis sie diese gefunden hat – bis sie in Gott, dem freien Geiste, ruht.

Da die Seele den freien, unbelastbaren Gottesfunken in sich trägt, der unermüdlich in ihr wirksam ist und sie zur selbstlosen Liebe, Einheit und Freiheit ermahnt, wird auch der Mensch keine Ruhe finden, bis er dem Pochen des Geistes folgt.

Deshalb geht der Mensch immer wieder auf Wanderschaft, immer wieder auf die Suche nach seinem Ideal, das im Grunde niemals eine andere Frau oder ein anderer Mann sein kann. Das Ideal des Geistwesens im Menschenkleid ist im reinen Sein: Es ist das Absolute, das Vollkommene. Danach sucht letztlich das reine Wesen im Menschen. Deshalb kann eine Bindung niemals von Dauer sein.

Das geistige Gesetz lautet: Was der Mensch halten möchte, das wird er verlieren.

Lieber Bruder, liebe Schwester, notiere dir bitte diesen Satz in dein Mystisches Tagebuch:

Was der Mensch halten möchte,
das wird er verlieren.

Auf der Basis »Angst« können wir keine selbstlose Liebe aufbauen. Auf dieser Basis können wir auch nicht frei werden. Deshalb sollen wir nicht nur die Sinnlichkeit bekämpfen, sondern vor allem die Ursachen der Sinnlichkeit ergründen und überwinden.

Bruder Emanuel gab folgende Hinweise:

Sobald sich Mann und Frau bemühen, im Gespräch die Ursachen zu ergründen, werden Verständnis, Achtung und selbstlose Liebe das Gespräch begleiten.

In einem selbstlosen Gespräch werden beide Partner das Motiv, die Ursache, ergründen und einander sodann entsprechend begegnen.

In einem selbstlosen Gespräch lässt sich auch in Erfahrung bringen, weshalb sich die Frau dem Manne hingibt und der Mann einen gewissen Besitzanspruch stellt.

Was entsteht aus Bindung?

Mangelndes Vertrauen – und aus dem mangelnden Vertrauen wieder Besitzanspruch.

Es ist ein Kreislauf der Bindung, des Haltenwollens, des Besitzenwollens.

Sobald ihr jedoch die Ursache erkannt habt, kann sie allmählich bewältigt werden.

Wenn ihr weiter erkannt habt, dass ihr euch gegenseitig Vertrauen schenken dürft, dass nicht der Mann nach einer anderen Frau ausschaut und die Frau nach einem anderen Mann, wenn beide den einen Wunsch, den einen Willen haben, die bestehende Sexualität, das Triebhafte, umzuwandeln, sie zu verfeinern und zu veredeln und höherzutransformieren, dann fällt auch die Bindung, das Besitzenwollen, ab. Finden Frau und Mann dann körperlich zusammen, so wird der Akt nicht mehr triebhaft sein. Die Frau denkt dabei nicht mehr an sich, an ihre körperlichen Wünsche, und der Mann ebenfalls nicht nur an seine Bedürfnisse.

Beide haben in Erfahrung gebracht, dass sie der Tempel des Heiligen Geistes sind. Beide werden sich dann die Liebe und die Gemeinsamkeit im Geiste des Herrn schenken und so im Göttlichen, im Wesenskern der Seele, verschmelzen.

Der Mann geht zur Frau in der inneren Überzeugung, dass sie ein Tempel des Heiligen Geistes ist, und umgekehrt: Die Frau hat erkannt, dass auch der Mann ein Tempel des Inneren Lebens ist. Keiner von beiden trachtet nur nach seiner Befriedigung, nach der Befriedigung seiner eigenen Lüste und Gelüste, sondern beide trachten danach, sich Gott zu schenken und sich gegenseitig zu schenken.

Kommt trotz aller Bemühungen immer wieder die Reizüberflutung, dann fragt immer wieder: Woher kommst du?

Sprecht miteinander, und ihr werdet über kurz oder lang Befreiung finden.

Auch bei der Sinnlichkeit heißt es: geduldig, doch zielbewusst voran.

Gabriele
erklärte in der Schulung:

Lieber Bruder, liebe Schwester, haben wir die Ursachen erkannt und überwinden wir diese Schwächen nach und nach, dann wird sich auch der körperliche Akt allmählich verfeinern, und die Abstände zwischen den körperlichen Vereinigungen werden größer.

Aus der Offenbarung von Bruder Emanuel:

Sobald die Begierde, die Leidenschaft, das Besitzenwollen abfallen, öffnen sich weitere Perspektiven – Dimensionen der Liebe, die ihr heute noch nicht erahnen könnt.

Veredelt ihr diesen Akt, dann findet ihr zum mystischen Leben und zum mystischen Erleben: Ihr erlebt die Gemeinsamkeit geistig.

Das mystische Leben setzt dann ein, wenn einer dem anderen vertraut, wenn sich beide wohl verbunden fühlen – doch vor allem mit Gott und mit allen Menschen.

Gabriele:

Wenn wir also die Ursachen für unser Besitzen-, Sein- und Habenwollen erkannt haben, die in unserer Partnerschaft zur Sexualität führten, und haben wir diese Ursachen weitestgehend überwunden, dann wird sich auch unser Verhältnis zueinander ändern:

Wir fühlen uns auf das innigste einander zugetan, miteinander verbunden – und auf diese Weise auch mit Gott und mit allen Menschen.

Bitte, liebe Schwester, lieber Bruder, notiere dir den folgenden Satz in dein Mystisches Tagebuch:

Das Leben im Geiste ist ein Miteinander, nicht ein Gegeneinander.

Bruder Emanuel offenbarte:

Aus diesem Miteinander entwickelt sich dann das mystische Leben, jedoch auch das tiefe Erleben in Ehe und Partnerschaft, nicht im Sinne des Niederen, sondern in der verfeinerten, zum Teil vergeistigten Liebe.

Das mystische Leben ist das Leben in der Gemeinschaft mit Gleichgesinnten, die miteinander selbstlos leben und somit der Göttlichkeit zustreben.

In dieser Gemeinschaft können Partnerschaften und Einzelpersonen leben, so wie es in manchen Gemeinschaften angestrebt wird. Es findet jedoch kein Partnertausch statt. Geistige Gemeinschaften, in denen Menschen zusammenfinden, die sich bemühen, nach den ewigen Gesetzen Gottes zu leben, sind keine Kommunen. Ihr Leben ist das mystische Leben, das Leben aus Gott – das Füreinander und Miteinander.

Auch in Ehe und Partnerschaft gilt bei geistigen Menschen die Lebensregel: Füreinander und in Reinheit zueinander. Die Partner oder Eheleute, die sich von Herzen zugetan sind, bleiben in Liebe und Selbstlosigkeit beisammen. Sie kapseln sich jedoch nicht ab, sondern sie sind ein Teil der Gemeinschaft der zu Gott Strebenden. Das ist der gewaltige Unterschied zwischen Partnern und Eheleuten dieser Welt und den Partnern und Eheleuten auf dem geistigen Weg.

Ich wiederhole: Geistige Menschen – auch in Partnerschaft und Ehe –, welche die geistigen Prinzipien der selbstlosen Liebe und der Verbundenheit anstreben, kapseln sich nicht ab, sondern bemühen sich, eine große Familie in Gott zu bilden.

Das mystische Leben in Ehe und Partnerschaft ist die Vereinigung zwischen Mann und Frau, eingetaucht in die selbstlose Liebe. Beide, sowohl der Mann als auch die Frau, weihen ihre menschlichen Gefühle dem Göttlichen, so dass der körperliche Akt ein Kräfteaustausch im positiven Sinne ist – eine körperliche Vereinigung in der tiefen Zuneigung und Einheit miteinander, in dem tiefen Empfinden, mit Gott verbunden zu sein. Keiner von beiden trachtet nach Befriedigung der eigenen Lüste und Gelüste, sondern beide sind bemüht, sich in ihrer Verbindung Gott, ihrem Herrn, zu schenken. Beide erleben den Höhepunkt im Geiste – und nicht in der körperlichen Ekstase.

Bruder Emanuel
gab folgende Hinweise:

Lässt trotz aller guten Vorsätze, Überlegungen und Gespräche die sogenannte Reizüberflutung nicht nach, dann stellt immer wieder die Frage:

Woher kommst du?

Ergründet die Ursache!

Sprecht darüber mit eurem Partner oder in der Gemeinschaft der Schüler auf dem Pfad zum Göttlichen. Sprecht über das immer wiederkehrende Verlangen nach der Sexualität.

Wer nicht aufgibt und die Ursachen immer wieder neu angeht, diese immer wieder bekämpft, der wird auch Befreiung finden.

Strebt allezeit nach höheren Idealen und Werten. Richtet euer Sinnen und Trachten auf Gott, auf das ewige Licht, aus.

In allem, was ihr tut, soll Gott, das Leben, im Mittelpunkt stehen, auch bei der Begegnung zwischen Mann und Frau. Findet eine körperliche Begegnung statt, dann geht kurz in das Gebet: Bittet um Beistand, bittet um Hilfe. Bittet, und es wird euch geholfen werden. Dann wird sich die körperliche Vereinigung allmählich verfeinern. Es wird ein Schenken sein und kein Binden und auch keine Befriedigung der aufgebrachten Sinne.

Wer sich ernsthaft bemüht, der wird empfangen. Dann wird es im weiteren Verlauf auch möglich sein, die Kräfte hochzutransformieren zum unbelastbaren Wesenskern der Seele. Das gilt nicht nur für den Mann, das gilt auch für die Frau.

Die Frau wird ebenfalls nicht mehr an sich denken, sondern in ihren Empfindungen im Wesenskern der Seele ruhen und den geistigen Höhepunkt anstreben: die Vereinigung mit Gott. Wer das ohne Fanatismus – aus reiner Liebe zu Gott und zu seinem Nächsten – allmählich vermag, der erlangt vermehrte Seelen- und Körperkraft; er erlangt innere Freiheit, Dynamik, Offenheit, Glück, Freude und selbstlose Liebe allen Menschen und Wesen gegenüber, ja, zu allem Sein.

Gabriele sprach:

Lernen wir, mit unseren Kräften hauszuhalten und richtig umzugehen, dann finden wir allmählich zur Einheit mit unserem Nächsten und mit unseren Übernächsten in den Reichen der Natur. Dann werden wir Kinder des Kosmos, die sich nicht nur als Menschen fühlen, sondern sich als eingekleidete Geistwesen erkennen.

Lieber Bruder, liebe Schwester, bitte beachte:

Befinden sich beide Partner auf dem Weg zum Göttlichen, dann wird es ihnen leichter fallen, die Ursachen, die zur Sexualität führen, zu ergründen und zu überwinden.

Ist jedoch nur ein Partner auf dem Weg zu Gott und der andere geht vielleicht den weltlichen Weg, dann wird es schwerer. Fordert derjenige, der nicht auf dem Weg zum Göttlichen ist, dass sich sein Partner ihm z.B. nicht versagen darf, dann sollte Folgendes beachtet werden: Verweigert der Partner auf dem geistigen Weg dem, der noch in der Welt lebt, jedes Mal den körperlichen Akt, so muss er sich die Frage stellen, ob die Ursache wirklich nur die geistige Entwicklung auf dem Pfad zu Gott ist – oder ob eventuell andere Gründe vorliegen.

Diese Gründe können z.B. sein,

- *dass wir nicht vergeben wollen, weil uns von unserem Partner Dinge gesagt wurden, die uns tief verletzt haben,*

- *oder dass unser Partner unser Vertrauen an ihn ins Wanken gebracht hat*
- *oder anderes.*

Das kann sodann der Grund für das Zurückziehen des einen Partners sein. Die Entwicklung auf dem Inneren Weg wird hier nur vorgeschoben, um dem Partner sexuell nicht begegnen zu müssen.

Deshalb bemühen wir uns, die wahren Ursachen zu finden und zu überwinden. Haben wir sie erkannt und weitgehend bemeistert, dann können wir auf unseren Partner, dem wir uns verweigert haben, zugehen und ihm mit rechten Worten nahebringen, was uns tatsächlich gehindert hat.

Dann können wir auch von unserem geistigen Wege sprechen und erklären, dass vulgäre Sexualität nicht das gemeinsame Leben zwischen Mann und Frau ist, sondern die körperliche Begegnung aus der Liebe zueinander. Ist noch eine verbindende Liebe zwischen den Partnern vorhanden – wir nennen diese »Esprit« –, dann wird sich der Mann oder die Frau nicht zurückziehen: Beide werden eine höhere Form der Liebe wählen und nicht im vulgären Ausleben bleiben.

Stellt jedoch z.B. der Mann unerfüllbare Forderungen an die Frau – oder umgekehrt die Frau an den Mann –, dann muss sich der Partner oder die Partnerin nicht zu allem hergeben, auch nicht in der Häufigkeit, wie es eventuell der Partner wünscht.

Jeder von uns ist ein Tempel des Heiligen Geistes. Wir sollen uns bemühen, diesen Tempel zu reinigen und auch rein zu halten, sowohl in Empfinden, Denken, Sprechen und Handeln als auch auf die Sexualität bezogen.

Bruder Emanuel gab uns folgenden Satz
mit auf den Lebensweg:

Durch gute, offene Gespräche, durch mehr Herzlichkeit und Selbstlosigkeit lässt sich vieles klären und bereinigen!

Gabriele:

Liebe Schwester, lieber Bruder, wir besprechen noch einmal kurz die Aufgaben, so dass du dir einprägen kannst, was wesentlich ist:

Was ist Sexualität? Was ist Sinnlichkeit? Was ist Körperlichkeit?

Wichtig: Auf dem Pfad zu Gott gibt es keine Verbote, sondern Gebote. Die Sexualität – gleich, welchen Grades – sollte nicht verdrängt werden mit dem Ziel, sich dann als geistiger Mensch zu fühlen. Die Verdrängung ist niemals geistig. Kasteiung trennt. Verwirklichung verbindet.

Wir bemühen uns, nicht mehr so oft an unseren Körper und an seine Wünsche zu denken, auch bezüglich der Sexualität.

Wir bemühen uns, die Kräfte, auch die der Manneskraft, allmählich hochzutransformieren, hin zum unbelastbaren Wesenskern der Seele. Die Sexualität kann nicht von einem zum anderen Tag aufgegeben werden; Gewöhnung und verschiedene Ursachen liegen hierfür zugrunde. Was wäre, wenn wir die Sexualität von einem zum anderen Tag einstellen würden?

Wodurch werden in uns – in Bezug auf die Sexualität – die Entsprechungen angeregt?

Wichtig ist: Es heißt nicht nur, die Sexualität zu bekämpfen – sondern die Ursachen zu ergründen und diese zu überwinden.

Die Einstellung »Du gehörst mir, und ich gehöre dir« führt zu Triebhaftigkeit und Bindung. Daraus entsteht ein verhängnisvoller Kreislauf von Bindung, mangelndem Vertrauen, Angst, Haltenwollen, Besitzanspruch, gesteigerter Sexualität und wiederum Bindung.

Unsere freie Seele sucht so lange nach der inneren Freiheit, bis sie diese gefunden hat. Deshalb kann eine menschliche Bindung niemals von Dauer sein. Was der Mensch halten möchte, wird er verlieren.

Das Leben im Geiste ist ein Miteinander und kein Gegeneinander.

Strebt allezeit nach höheren Idealen und Werten.
Veredelt die körperliche Nähe, und ihr werdet zum mystischen Erleben finden.

Lässt trotz aller Bemühungen der Drang zur Reizüberflutung nicht nach, fragen wir uns immer wieder: Woher kommst du?

Wer sich seinem Partner immer und immer wieder verweigert, sollte die wahren Ursachen ergründen und nicht glauben, das wäre nur auf seine Entwicklung und auf den geistigen Weg zurückzuführen.

Gute und offene Gespräche und mehr Herzlichkeit und Selbstlosigkeit klären und bereinigen vieles.

Lieber Bruder, liebe Schwester: Wir erkennen auf dem Inneren Weg die Freiheit. Es gibt kein Verbot, sondern nur das Gebot. Wann und inwieweit wir die Gebote halten, das obliegt unserem freien Willen – und unserer großen oder kleinen Liebe zu Gott. Auf dem Inneren Weg wird der Schüler zu nichts gezwungen: Jeder kann den Inneren Weg gehen oder nicht; er kann ihn beschreiten und wieder verlassen – doch er soll sich für einen Weg entscheiden. Haben wir uns für den Inneren Weg entschieden – dann begehen wir ihn freudig und erfüllen unsere Aufgaben; gehen wir den Inneren Weg noch nicht, dann bleiben wir vorerst in der Welt oder gehen einen anderen Weg. Das ist jedem überlassen. Doch die Entscheidung ist notwendig!

Freuen wir uns über die Freiheit, die uns Gott lässt! Wir haben gelernt, dass jeder für sein Leben selbst verantwortlich ist. Der Innere Weg wird dargereicht als ein Geschenk aus den Himmeln. Jeder kann wählen, ob er ihn beschreiten möchte oder nicht.

Liebe Schwester, lieber Bruder, so wünschen wir dir auf deinem Inneren Weg oder auf deinem weltlichen Lebensweg – einerlei, welchen Weg du wählst – Glück, Kraft und Zufriedenheit!

Möge dich die Liebe des Vaters durch Christus, unseren Erlöser, immer mehr hin zur Vollkommenheit führen!

Alle, die den Weg zu Gott gehen, sind dadurch im universellen Geist bewusst Brüder und Schwestern.

Gott zum Gruß, lieber Bruder, liebe Schwester.

Der Friede des Allmächtigen ist mit uns.
Gabriele

5. Geistige Dynamik erwächst

Das Wesen des Inneres Weges – Bewusstes Leben Aufgabe: Wechsel von zwei Innentagen und einem Außentag mit Bilanz – Das erkannte menschliche Ich bereinigen mit Fragen an unseren Ich-Komplex – Ehrlichkeit zu sich selbst und sofortiges Bereinigen – Tagesimpulse

Beten ohne Unterlass und Spüren der Nähe Gottes – Läuterung der Sinne – Weisheit ist selbstloses Tätigsein – Nochmalige Selbstprüfung – Der stille See des unpersönlichen Lebens – Erwartungshaltung, Gefallsucht, Selbstmitleid, Wünsche und Sehnsüchte bewirken innere Unruhe – Geistige Dynamik – Zusammenfassung

–

Wieder begrüßte uns Gabriele:

Gott zum Gruß, lieber Bruder, liebe Schwester,
der Friede des Herrn ist mit uns.

Der Wille unseres himmlischen Vaters wirkt durch Christus, unseren Erlöser; Er führt alle Seine Kinder heim in das universelle Herz der Liebe.

Alle Menschen sind eingekleidete Geistwesen, die sich immer mehr belastet haben – die meisten im Zusammenhang mit dem Fallgeschehen; viele, nachdem sie auf die Erde hinabgestiegen waren, um ihren Nächsten zu *helfen. Einige wenige von uns sind auf der Erde, um ganz im Dienste des Herrn zu stehen.*

So haben sich also viele Menschen an die Materie gebunden, entweder durch den Fall, oder weil sie die »Hilfsaktionen von oben« nicht durchgeführt haben, denn sie widerstanden der Verführung nicht.

Allein durch die Kraft unseres Erlösers finden wir wieder zurück an das Herz Gottes, zu der zentralen Macht der Liebe. Durch Christus kehren wir wieder zurück zum universellen Geist, zu unserem ewigen Vater, der uns geschaffen hat.

Unser Weg zum Herzen Gottes ist der Innere Pfad, denn das Reich des Herrn ist inwendig in uns.

Durch Erkennen, Erfahren, Erleben und Durchleiden werden wir unseres menschlichen Ichs gewahr, das uns und andere – durch unser Verhalten – in leidvolle Situationen gebracht hat, in Wirkungen, Geschehnisse und Wirren, unter denen viele leiden. Auf dem Inneren Weg erfahren und erleben wir die vielen Seiten unseres Ichs, die schon so manches in uns bewegt und bewirkt haben: Denken wir an unsere traurigen Stunden, an Schmerz, Not und Krankheit. Denken wir an die Stunden der Verzweiflung, an Herzeleid, Ängste und Sorgen. Denken wir an so manche Schicksalsschläge in unserem Leben, auch an unsere Depressionen und Aggressionen. Das alles bewirkte der Komplex unseres eigenen Ichs.

Nicht der Nächste, dem wir oftmals die Schuld gaben und geben, hat es verursacht, sondern wir selbst. Er hat in vielen Fällen nur das angesprochen und ausgelöst, was in uns lag und liegt. Deshalb sollten wir nicht unserem Nächsten die Schuld für die Umstände in unserem Leben geben. Wir sollten an unser eigenes Herz pochen; denn da liegt unser Vergehen, in der Herzlosigkeit unseren Mitmenschen gegenüber.

Auf dem Inneren Weg erleben und erfahren wir unser menschliches Ich. Wir sollen es Christus übergeben und alles bereinigen, was es zu bereinigen gilt. Dadurch wird unsere Seele lichter; unsere Gefühle werden heller, unsere Sinne reiner und unser Denken, Tun und Handeln selbstloser. Das ist sodann die Veredelung des Menschen, das Hineinwachsen in das Reich des Inneren oder das Hineinwandern in das Herz Gottes.

Auf dem Inneren Weg geht es schrittweise voran. Jeder Schritt, den wir auf dem Pfad nach Innen vollziehen, zeigt uns, wo wir stehen.

Wir sehen unseren Stand an der Skala unseres menschlichen Ichs. Täglich wird uns gezeigt, was wir überwunden haben und was wir noch überwinden dürfen. Ich sage bewusst »dürfen«, denn das Leben auf der Materie im Erdenkleid ist Gnade: In Tagen oder Jahren können wir hier bewältigen, was wir im Seelenreich unter Umständen in einem Äon nicht zu schaffen vermögen.

Auf der Erde ist uns durch den Rhythmus von Tag und Nacht die Möglichkeit gegeben, bewusster zu leben. In der

Nacht geht unsere Seele in höhere Gefilde, sofern sie licht ist und von dort angezogen wird. Sie nimmt von dort vermehrt Energien mit in den Körper, in den Tag. Dadurch ist es uns möglich, im Jetzt zu leben. Denn leben wir im Tag, das heißt im Heute – nicht in der Vergangenheit und nicht in der Zukunft, sondern im Heute, im Tag, in der Stunde, in der Minute –, dann erfahren wir unendlich viel über uns selbst.

Deshalb können wir auch an einem Tag sehr viel Christus übergeben und auch überwinden. Dadurch wird es in unserer Seele lichter und auch von Tag zu Tag heller in uns. Das bedeutet für uns Menschen: Wir werden klarer und können bewusster leben. Dann erst leben wir. Alles andere ist bloßes Vegetieren.

Haben wir gelernt, richtig zu leben – das heißt, leben wir den Tag, leben wir also im Jetzt, nützen wir die Stunden und die Augenblicke –, dann ist unser Leben interessant: Wir erfahren unser wahres Sein und unser noch bestehendes menschliches Ich. Täglich wird uns die Kraft gegeben, das, was uns der Tag an Allzumenschlichem bringt, zu überwinden und uns an Geistigem zu erfreuen.

Auf dem Inneren Weg werden auch die selbstlosen Freuden geweckt. Wir spüren, was wir schon überwunden haben. Das Überwundene macht uns selbstlos und schenkt uns Freude.

Auf dem Inneren Pfad erleben wir die wahren Freuden – die beglückende Freiheit, auf den Nächsten zugehen zu können, ohne von ihm etwas zu erwarten.

Erwarten wir nichts von unserem Nächsten, dann stellt sich die gebende Kraft ein. Sie äußert sich in einem herzlichen Lächeln, in einem lieben Gruß, in einer lieben Geste oder in der selbstlosen Hilfe. Das alles sind Liebeempfindungen aus dem Herzen Gottes, an uns – und durch uns für unseren Nächsten.

Liebe Schwester, lieber Bruder, wir wollen also bewusst leben. Bewusstes Leben heißt unter anderem, wach zu sein und nicht unseren alten Gewohnheiten und Gedanken nachzuhängen, nicht die Tage zu vergeuden, sondern in der Selbsterkenntnis zu leben.

Uns muss jeder Gedanke und jedes Wort bewusst sein; dann beginnen wir, allmählich bewusst zu leben.

Wir vollziehen nun auf dem Inneren Weg einen weiteren Schritt hin zu dem Ziel, wieder göttlich zu sein.

Haben wir den zurückliegenden Lehrstoff und die Lektionen angenommen und davon vieles verwirklicht, dann geht es wieder einen Schritt weiter auf dem Pfad zu Gott.

Ist also der Lehrstoff gründlich durchgearbeitet, insbesondere das, was Ehe und Partnerschaft betrifft, so können wir uns jetzt der nächsten Aufgabe zuwenden. Sie führt uns in die Erkenntnis tieferer Schichten unseres Wesens.

Bruder Emanuel gab uns für den weiteren Schritt auf dem Weg nach Innen eine weitere Aufgabe:

Im Wechsel von zwei Innentagen und einem Außentag werden das Ober- und Unterbewusstsein und die Seelen-

hüllen verstärkt in Aktion gebracht. Dadurch steigen Teile des noch in uns wurzelnden menschlichen Ichs empor, damit sie erkannt und Christus übergeben werden können.

Die Aufgabe lautet: An den beiden Innentagen leben wir bewusst nach innen.

Das Nach-innen-Leben geschieht wie folgt:

Was an diesen zwei Innentagen an Negativem – an Gegensätzlichem also – empordämmern möchte, das beachten wir nicht.

Dämmern aus dem Unterbewussten ichbezogene Gedanken herauf, wie Neid, Abwertung unseres Nächsten, Ängste und dergleichen, so bemühen wir uns, diese Ich-Aspekte nicht zu registrieren.

Wir versuchen an diesen beiden Innentagen, ganz bewusst und zielstrebig Gedanken der Liebe und des Wohlwollens ausströmen zu lassen. Jedes Wort sollte Wohlwollen, Frieden und Freiheit enthalten.

Gabriele erläuterte
den ersten Teil der Übung:

Sprecht von der Stille, von dem Frieden und von der ewigen Liebe.

Lieber Bruder, liebe Schwester, die Worte, die wir aussprechen, sprechen wir auch in unser Inneres hinein und empfinden sie in unserem Inneren, so dass dort die posi-

tiven Kräfte aktiv werden. Wir bemühen uns also, lautere Empfindungen und Worte in uns hineinströmen zu lassen. Unserem Nächsten denken wir Wohlwollen und Liebe zu.

Auch unsere Haustiere und alle Tiere, denen wir begegnen, werden wir aus unserem Inneren heraus ansprechen oder ihnen Liebeempfindungen zusenden.

Begegnen wir Menschen, die hektisch und hastig sind, dann senden wir ihnen Gedanken der Liebe und des Verstehens zu.

Aus der Offenbarung von Bruder Emanuel:

Versucht also an diesen beiden Innentagen, für alles, was ist, auch für euren Nächsten, der es euch oftmals sehr schwer macht, Verständnis zu haben.

Dankt Gott, dass euer Nächster euch ein Mahner ist und euch zeigt, woran ihr an euch selbst arbeiten könnt.

Was sich bei den Übungen nach innen herauskristallisiert, was ihr also in euch feststellt, wie es euch dabei ergangen ist und welche Erfahrungen ihr dabei gemacht habt, das notiert in das Mystische Tagebuch, sowohl das Gute als auch das weniger Gute. Die positiven Erfahrungen werden auf die rechte Seite des Mystischen Tagebuchs notiert, die gegensätzlichen links – so, wie ihr auch die

Resultate der schon offenbarten Aufgaben im Mystischen Tagebuch festgehalten habt.

Gabriele:

Liebe Schwester, lieber Bruder, es ist ganz wesentlich, dass wir auch das Positive, das, was wir schon überwinden konnten, notieren. Es gibt uns Freude und Zuversicht und die Gewissheit, dass wir auch das gerade Anstehende mit der Kraft Christi ebenfalls lösen können. Wir erkennen dann also, dass wir auf dem geistigen Wege vorankommen; denn der Innere Weg ist letzten Endes Freude.

Bruder Emanuel erläuterte
den zweiten Teil der Übung:

Nach diesen zwei Innentagen gibt es einen Außentag, also einen Wechsel: Zwei Tage nach innen, einen Tag nach außen.

An diesem Außentag lasst alle Gedanken kommen, sowohl die positiven als auch die gegensätzlichen. Sprecht das aus, was ihr gerade empfindet. Denkt nicht darüber nach, ob es wesentlich oder unwesentlich ist. Lasst euch an diesem einen Tag gehen.

Am Abend notiert das Resultat des Außentages in euer Mystisches Tagebuch.

Nach diesen drei Übungstagen zieht, wie folgt, Bilanz:
- Wie erging es euch an den beiden Innentagen?
- Was habt ihr erlebt?
- Wie habt ihr den Tag beendet?
- Was habt ihr also empfunden?

Dann notiert:
- Was brachte der Außentag?
- Waren die Körperenergien mehr oder weniger?
- Wart ihr am Außentag körperlich schwächer oder kräftiger?
- Was stimmte euch zufrieden?
- Was machte euch unzufrieden?
- Welche Empfindungen hattet ihr an dem Tag, an dem die Sinne, das Empfinden und die Gedanken ganz in der Welt waren?

All das, was euch beim Rückblick auf die Innen- und Außentage noch einfällt, das notiert in Stichpunkten in euer Mystisches Tagebuch.

Anhand der Tagebuchbilanz erkennt ihr, was euch noch menschlich bewegt und bei welchen Ereignissen ihr euch geistig verhalten habt.

Gabriele:

Wer den Inneren Weg im Alleingang beschreitet, sollte diese Übung »Zwei Tage nach innen, einen Tag im Äußeren leben« nicht zu oft durchführen. Es sollen ungefähr zehn Tage Abstand sein, bis die gleiche Übung wiederholt wird.

Wer in diesem Wechsel – zwei Tage nach innen, einen Tag nach außen – intensiv den Körperrhythmus verändert hat, dem ist einiges über sich selbst klar geworden. Er hat unter Umständen sein Ich deutlicher und tiefer erkannt.

Und: Was wir erkennen, das sollen wir bereinigen. Deshalb mindestens zehn Tage Abstand bis zur nächsten Übung. In dieser Zeit sollte das Erkannte bereinigt sein.

Die Resultate der drei Tage zeigen einen Teil unseres Lebens. Wir erkennen auch einen Teil unserer Empfindungs- und Gedankenwelt wesentlich deutlicher.

Letzten Endes dürfen wir immer mehr unser Leben erkennen, denn unsere Empfindungen und unser Körperrhythmus zeigen, wer wir noch sind.

Was wir erkannt und noch nicht bewältigt haben, das sollen wir bereinigen, bevor wir die nächste Übung durchführen!

Gabriele wies uns sodann
in die folgende Übung ein:

Wir wollen die Tiefen unseres menschlichen Ichs erkennen, um es mit der Wurzel ausreißen zu können.

Deshalb stellen wir an das, was wir an Allzumenschlichem erkannt haben und in der Tiefe erfassen wollen, um es zu bereinigen, die Frage:

Was will ich?

Oder: Was möchte ich noch sein?

Durch diese Fragen, die wir an unseren menschlichen Ich-Komplex stellen, bringen wir diesen stärker in Bewegung. Teile davon dringen in unser Oberbewusstsein: Was wir bereinigen sollen, wird uns sodann bewusst.

Mit dieser weiteren Übung werden wir allmählich unseren Ich-Komplex abarbeiten.

Entstehen auf die Fragen an unser Ich Vorstellungen oder wirken Geschehnisse aus der Vergangenheit auf uns ein, dann werden wir eine weitere Frage an unseren Ich-Komplex stellen:

Woher kommst du?

Mit der Frage – Woher kommst du? – berühren wir Teile dieses menschlichen Komplexes. Diese angesprochenen Aspekte aus dem Ich-Komplex gelangen dadurch in verstärkte Vibration und schwingen sodann in unsere Gedankenwelt ein. Sie teilen sich uns mit und lassen uns unter Umständen empfinden, woher die Geschehnisse kommen und welche Vorstellungen uns beeinflussen. Dann wird uns oftmals auch bewusst, wen wir um Vergebung bitten oder wem wir vergeben sollen – oder was zur Bereinigung ansteht, um uns von unseren menschlichen Vorstellungen und von der Vergangenheit zu befreien.

Haben wir die Ursachen unserer Vorstellungen oder der Geschehnisse aus der Vergangenheit ergründet und spüren wir, dass wir noch sehr daran gebunden sind, dann stellen wir an diesen Komplex – oder an diese Komplexe – wieder die Frage:

Was oder wer bin ich?

Oder: Was möchte ich noch sein?

Bruder Emanuel gab folgenden Satz als Hinweis:

Diese Aufgaben klingen sehr einfach, doch die Wirkung ist erheblich, sofern ihr zu euch selbst ehrlich seid und sie gewissenhaft erfüllt.

Gabriele:

Ehrlich sein heißt: sich über sich selbst nicht täuschen, nicht mit seinem menschlichen Ich Mitleid haben und dadurch vieles beschönigen, was bereinigt werden sollte.

Lieber Bruder, liebe Schwester, wir sollten mit innerer Festigkeit unser Allzumenschliches bereinigen, in der Gewissheit, dass der Christusgeist in uns wirkt und dass die ewige Liebe uns beisteht, unser Allzumenschliches zu besiegen.

Wir sollten uns freuen, wenn wir unser Ich entdeckt haben und gleichzeitig die Kraft spüren, es mit Christus, unserem Erlöser, zu bereinigen.

Wesentlich für uns ist, dass wir das Erkannte sofort erledigen, denn es möchte schon beim Erkennen bereinigt werden.

Solange wir zögern, verzögern wir die Bereinigung; gleichzeitig verringern wir die Kraft, die uns dabei helfen möchte.

Zieht sich die helfende Kraft zurück, da sie von uns nicht angenommen wird, so beginnen wir, wieder zu zweifeln und nachlässig zu werden – und wir versäumen, das Erkannte zu klären und zu beheben. Wir haben dann die uns von Gott gegebene Möglichkeit versäumt. Das Versäumte ist aber nicht aufgehoben, sondern nur zurückgeschoben. Es wirkt weiter oder kommt wieder, in diesem oder eventuell in einem anderen Erdendasein – oder in den Stätten der Reinigung, wenn wir uns dort als Seele befinden. Der Ich-Komplex kommt dann unter Umständen mit weit größerer Macht auf uns zu, weil wir ihn bis dahin mit gleichen oder ähnlichen menschlichen Energien genährt haben.

Uns muss immer wieder bewusst werden, dass wir selbst nichts vermögen: Allein durch die Kraft des Herrn vermögen wir alles.

Jede Erkenntnis birgt schon die Kraft in sich, das Erkannte in rechter Weise umzusetzen, es zu bereinigen, soweit dies sofort möglich ist.

Christus ist unser Erlöser. Er ist auch unser Helfer und Befreier in jeder Not. Jeden Augenblick steht uns der universelle Geist bei, damit wir uns von der Last unseres menschlichen Ichs befreien können, wieder bewusst als Kinder des Allerhöchsten leben und uns auch so geben – in unserer nächsten Umgebung und in der Welt.

Jeder Augenblick unseres irdischen Daseins ist kostbar; denn jeder Augenblick birgt die Kraft, uns zu erkennen, zu erfahren und zu erforschen. In jeder Erkenntnis, in jeder Erfahrung und in allem, was wir erforscht haben, liegt die göttliche Kraft, sofort das Gute zu tun.

Lieber Bruder, liebe Schwester, wir sprechen noch einmal die Ehrlichkeit an:

Die gegebenen Aufgaben können nur dann ihre Resultate bringen, wenn wir zu uns selbst ehrlich sind, wenn wir uns nichts vormachen, wenn wir nicht besser sein wollen, als wir sind, wenn wir nur das eine Bestreben haben, bewusst an uns zu arbeiten.

Aus der Offenbarung von Bruder Emanuel:

So mancher unter euch fragt sich: »Was kommt noch alles auf mich zu?«

Liebe Freunde, liebe Schüler, nur euer eigenes Ich kommt auf euch zu – damit ihr es erkennen und mit der Kraft eures Erlösers bewältigen könnt. Was ihr jetzt erkennt und nach und nach bewältigt, das zieht von euch. Diese gegensätzlichen Energien, die von euch ziehen, nimmt Christus auf und wandelt sie in positive Kraft um. Die positiven Energien fließen sodann demjenigen wieder zu, der seine negativen Energien bereitwillig Christus übergeben hat und auch in Christus lässt. Das heißt, sie in Gedanken nicht mehr herbeizuholen und auch nicht mehr darüber zu sprechen.

Würdet ihr euer Fehlverhalten nicht erkennen, dann würdet ihr an diesem Gedanken- und Schicksalsgebäude weiterbauen. Das heißt, ihr würdet weitere Ursachen schaffen, und die Wirkungen würden voll über euch kommen.

Gabriele wies auf Folgendes hin:

Liebe Geschwister, was sich also in uns auswirkt, das heißt, was sich als Ursache im Körper auswirken kann, das befällt unter Umständen schwache Organe. Der Körper erkrankt.

Gabriele sprach sodann über die Impulse aus der Tagesenergie:

Jeder Tag kommt als verschleierte Gestalt zu uns. Sobald das Licht des Tages zunimmt, entschleiert sich der Tag individuell für jeden Menschen. Er zeigt jedem, was er heute erkennen und bereinigen sollte. Er ermahnt uns durch Impulse, dies und jenes zu erledigen und zu bereinigen.

Impulse können unsere Empfindungen und Gedanken sein; Impulse können uns auch durch unsere Nächsten gegeben werden. Es können Menschen sein, mit denen wir reden oder denen wir begegnen. Allein schon durch die Begegnung können in uns Gedanken abgerufen werden, die uns sagen wollen, was wir heute bereinigen oder erkennen sollen. Jede Begebenheit des Tages, die unser Inneres bewegt, ist ein Impuls, damit wir bei uns selbst nachsehen.

Diese uns bewegenden Tagesimpulse können auch Vorboten einer sich anbahnenden Gefahr sein – wie Krankheit, Not, Schicksalsschläge –, Vorboten für alles, was aus unserer Seele hervorbricht, damit wir es rechtzeitig angehen. Hören wir aber nicht auf die unzähligen Impulse, die der Tag mit sich bringt, dann müssen wir erleiden, was wir verursacht haben.

Wir erkennen also, dass jeder Tag ein Geschenk des Herrn ist. Jeder Tag ist Seine Gnade. Leid, Not, Sorge, Krankheit und vieles mehr müsste der Körper nicht tragen, wenn rechtzeitig die Ursachen erkannt und bewältigt würden durch Reue und Vergebung – und durch Selbstbemeisterung.

Wer seine Fehler, seine Ursachen, rechtzeitig erkennt und Christus übergibt und sie auch bei Ihm lässt – und, so er um Vergebung bitten soll, um Vergebung bittet, und, so er vergeben soll, vergibt –, von dem ziehen die negativen Kräfte. Sie werden, wie schon dargelegt, vom ewigen Geist in positive Kraft umgewandelt. Diese positiven, göttlichen Energien verstärken sich sodann in der Seele und in unserem Körper. Die Seele wird dadurch lichter, der Leib gesünder, und der Mensch wird friedvoller, freudiger, von innen her glücklich, harmonisch, dynamisch, gottergeben – und letztlich frei von seinem niederen Ich.

Bruder Emanuel
ermahnte uns:

Liebe Freunde, beschäftigt euch immer weniger mit eurem niederen Ich! Werdet selbstlos; denkt immer weniger an euch, an eure eigenen Belange! Dann werdet ihr allmählich fühlen, was es bedeutet, Sohn und Tochter Gottes zu sein; denn die Liebe des Ewigen senkt sich mehr und mehr in die Herzen, die Ihn, unseren Vater, mehr lieben als diese Welt.

Wer auf dem Pfad zum Inneren Leben bewusst und zielstrebig an sich gearbeitet hat und arbeitet, der spürt jetzt schon die stärker strömende Kraft, die ewige Liebe, die sich dem immer mehr nähert, der zu Gott strebt. Dadurch wird seine Seele lichter, sein Körper frischer; seine Empfindungen und Gedanken werden edler und seine Worte und Handlungen selbstloser. Allmählich erkennt er sodann die Bedeutung des Gebotes: »Bete und arbeite!«

Was bedeutet: »Bete ohne Unterlass«?

»Bete ohne Unterlass« bedeutet: Liebevolle, selbstlose Empfindungen, Gedanken, Worte und Handlungen sind Gebet. Dieses Gebet besteht in der Erfüllung des ewigen Gesetzes.

Die Engel Gottes beten nicht mit den Lippen; sie verherrlichen Gott nicht mit Worten. Ihre Anbetung ist das Erfüllen der ewigen Gesetze.

Wer vom Leben der Liebe erfüllt ist, der ist mit Weisheit und Kraft gefüllt und ist das Gesetz, die Liebe, selbst.

Auf der Stufe des Willens sollte der Schüler schon die Nähe Gottes spüren.

Wer also gewissenhaft den Weg zum Bewusstsein Gottes geht, der spürt die Nähe Gottes, die unendliche, ewige Liebe, in seinen selbstlosen Empfindungen und Gedanken, denn jede Selbstlosigkeit ist getragen von der Liebe unseres himmlischen Vaters.

Das Gewissen des Schülers auf der Stufe des Willens sollte wach, rege und auch schon lauter sein. Erst dann wird Gott Sein Kind führen können, entsprechend dem erschlossenen Bewusstsein.

Der Mensch wird so lange durch das Gesetz von Ursache und Wirkung geführt – von seinem eigenen Gedankengut, von seinen eigenen Wünschen und Vorstellungen, von seinen Ich-Komplexen –, bis er einige Schritte auf dem Pfad zu Gott getan hat. Dann spürt er die Strahlen des ewigen Gesetzes, welche die lichter gewordenen Seelenhüllen durchdringen und ihn zu führen beginnen.

Gabriele sagte dazu:

Deshalb, liebe Geschwister, sollten wir uns freuen, dass wir auf dem Weg zu Gott schon einige Schritte getan haben. Je lichter unsere Seele wird, umso näher kommen uns die lichten Boten Gottes, die Helfer, die sich bemühen, damit wir auf dem Weg nach Innen vorankommen und vollkommen werden, wie der Vater im Himmel vollkommen ist. Jeder Schutzgeist ist bemüht, seinen Schützling zu leiten und auf das hohe Ziel auszurichten, auf Gott, die ewige Liebe. Nur der Mensch kann die präzise Führung aus der höchsten Quelle erlangen, der seine Sinne geläutert hat und sein Denken und Tun Gott weiht.

Die Sinne läutern heißt: Ich bemühe mich, in allen Menschen und in den Tagesereignissen stets das Gute zu finden und das Allzumenschliche Christus zu übergeben – und zu vergeben und um Vergebung zu bitten.

Das Gute finden heißt: das Negative wohl zu sehen, jedoch nicht im Negativen zu bleiben, sondern darin das Positive zu finden, um mit dieser Kraft das Negative anzugehen und zu überwinden.

Sind unsere Sinne weitgehend geläutert, dann wird z.B. unser Gehörsinn wohl das Negative hören, auch die Laute und Geräusche dieser Welt. Sie lenken uns jedoch nicht von der Verinnerlichung ab, weil unser Gehörsinn geschult ist und sich auf Höheres eingestimmt hat.

Auch unser geschulter Geruchs- und Geschmackssinn registriert wohl die vielen Geschmacks- und Geruchsnuancen. Es ist uns jedoch nicht mehr wichtig, die Düfte im Einzelnen zu ergründen – unsere Nase beispielsweise in die Kochtöpfe hineinzustecken. Gerüche, gleich, welcher Art, werden uns nicht mehr übermannen, weil auch der Geruchs- und Geschmackssinn geschult ist.

Das Gleiche gilt für den Tastsinn. Wir werden nicht mehr alles betasten wollen, weil wir mehr in uns ruhen.

Nur der Unruhige will alles sehen, hören, riechen, schmecken und betasten. Der Verinnerlichte ruht in sich.

Er registriert wohl alles, doch er bleibt in der Stille. Sind also unsere Sinne licht, dann bleiben wir verinnerlicht.

Liebe Schwester, lieber Bruder, wenn wir unseren geistigen Fortschritt täglich an uns selbst erfahren, dann sind unsere Tage lichter – wir sind glücklicher, und unser Leben ist gottbewusster.

Bruder Emanuel sprach:

Wer durch Beschreiten des Pfades zum Ewigen die kosmischen Kräfte entwickelt und speichert, der erfährt die dynamische Kraft – die Kraft der ewigen Liebe. Er wird ein disziplinierter und selbstloser Mensch, der kraft des entwickelten göttlichen Willens sensitiv ist und daraus die hohe Empfindungsgabe erlangt, zu erspüren und zu erkennen, was es bedeutet, selbstlos zu geben.

Wer die Stufe des Willens wahrhaft erschlossen hat, den drängt es auch zur selbstlosen Tat. Die göttliche Tat ist die göttliche Weisheit.

Weise Menschen sind nicht untätig. Sie spüren, dass ihre Hände Gottes Hände sein wollen und ihr Tun Gottes Weisheit sein möchte.

Auf der Stufe des Willens speichert der Wanderer zur Absolutheit noch ein Maß an geistigem Potential. Das geschieht durch Verwirklichung.

Auf der Stufe der Weisheit jedoch strahlt er die von ihm entwickelten göttlichen Kräfte aus. Er wird selbstlos tätig.

Der wahre Weise beginnt, allmählich von innen nach außen zu leuchten, das heißt, das göttliche Absolute Gesetz zu sein – in jeder Empfindung, in jedem Gedanken, in jedem Wort und in jeder Handlung. Das ist ein Schritt hin zur Absolutheit – jedoch noch nicht die Absolutheit selbst.

Das Speichern der inneren Kräfte erfolgt durch Disziplin – das heißt, durch bewusste Ausrichtung auf höhere Ideale und Werte, durch das stetige Sich-Zurücknehmen und das Bemühen, zu erkennen, was der Wille des Herrn ist.

Durch die geistigen Übungen und durch die Wachsamkeit, den Tag zu erfassen – das heißt zu erkennen, was er ihm zu sagen hat –, gelingt es dem Schüler, seine Gedanken weitgehend unter Kontrolle zu bekommen. Die Folge davon ist, dass er nur Wesentliches spricht und unwesentliche Gedanken nicht mehr ausspricht – weil er sich darin selbst erkennt, sein Ich, das sich nur darstellen wollte.

Wem es gelingt, das Unwesentliche zurückzunehmen, um nur Wesentliches auszusprechen – wer sich also bemüht, seine Gedanken, Worte und Handlungen und seine fünf Sinne immer mehr zu vergeistigen –, der wird auch die Nähe des Ewigen spüren. Auch sein Gewissen wird aktiver und klarer. Es vermittelt ihm sodann deutlich, was gut, was weniger gut und was gegen das ewige Gesetz ist. Die Regungen des Gewissens kommen sodann in vielen Fällen vom Schutzgeist, der seine Impulse in die Empfindungswelt des Menschen sendet, um diesen immer mehr nach innen zu führen, hin zu seinem wahren Wesen, das göttlich ist. Positive Regungen und Impulse können auch über die Seelenhüllen ausgelöst werden. Den Anstoß hierfür gibt das Göttliche in der Seele.

Wer noch unruhig ist, wer an Wünschen, Sehnsüchten, Leidenschaften und Begierden haftet, der gelangt nicht zur inneren Stille und kann auch nicht von höheren, lichteren Kräften geführt werden.

Gabriele sprach:

Lieber Bruder, liebe Schwester, um weitere Aufgaben zu erfüllen, bedarf es der Ausgeglichenheit und der inneren Harmonie.

Die Ausgeglichenheit erlangen wir nur dann, wenn wir unsere Vergangenheit bereinigt haben und in der Gegenwart leben; das heißt, wenn wir jeden Tag als unseren Berater erkennen und bejahen, der uns sagt, was heute und jetzt zu tun ist.

Wir erkennen, dass unser Lehrer, Bruder Emanuel, uns in immer tiefere geistige Gesetzmäßigkeiten einführen möchte. Das sollte uns zur Dynamik und Freude anregen.

Solange unser Bewusstsein jedoch noch unruhig ist, solange es ein wogendes Meer ist, aufgepeitscht von Wünschen, Sehnsüchten, Leidenschaften und Begierden, solange wir nicht vergeben können und nicht um Vergebung bitten wollen, kann keine präzise Führung durch den

Schutzgeist und durch höhere Kräfte einsetzen. Auch die geistigen Aufgaben können wir nicht erfüllen, weil unser Bewusstsein und unser Gewissen nicht aufnahmebereit und nicht aufnahmefähig sind.

Wir sollten uns abermals prüfen, ob wir schon die Reife erlangt haben, um weiteren Aufgaben gerecht zu werden.

Bruder Emanuel sprach zu den Schülern,
die ihn bei seiner Offenbarung im Jahre 1985
unmittelbar vernehmen durften:

Meine Freunde, bitte prüft, ob eure Vergangenheit weitgehend gemeistert ist, ob ihr schon mehr in der Gegenwart lebt, ob eure Empfindungen und Gedanken weitgehend lauter sind.

Weitgehend lauter sein bedeutet, dass euer Gewissen aktiv und klar ist und ihr schon über das Gewissen erinnert werdet, was gut, weniger gut oder gegen das göttliche Gesetz ist.

Wer die Kraft besitzt, seinen negativen Empfindungen, Gedanken und Worten positive, lautere Empfindungen, Gedanken und Worte entgegenzusetzen, der ist auf dem Weg der Lauterkeit. Und so ihr über euer Gewissen schon ermahnt werden könnt, bevor die menschlichen Empfindungen und Gedankenwogen einsetzen – und ihr daraufhin sofort in euer Inneres einkehrt –, habt ihr schon einen oder einige Grade der Lauterkeit erlangt. Auch die Sinne weisen sodann Grade der Veredelung auf, weil auf der Stufe des Willens die Veredelung der Gedanken und Sinne weitgehend parallel erfolgen soll.

Bitte beachtet: Der Schutzgeist sendet keine direkten Impulse wie z.B. »Du musst dies oder jenes tun«. Der Schutzgeist wahrt das ewige Gesetz des freien Willens des Einzelnen. Er ermahnt, gibt jedoch keine Anweisungen.

Wer die Vergangenheit weitgehend bewältigt hat, wer nicht mehr über Vergangenes nachgrübelt, sich nicht mehr über zurückliegende unschöne Ereignisse erregt, der ist ein Überwinder seiner niederen Natur.

Die Erinnerungen an die Vergangenheit bleiben jedoch. Wenn aber die Geschehnisse und Ereignisse nur noch Erinnerungen sind, ohne dass ihr euch erregt, wenn ihr durch äußere Umstände daran erinnert werdet, dann habt ihr die Vergangenheit weitgehend überwunden und befindet euch auf dem Wege zum bewussten Leben.

Eine Prüfung zur Selbsterkenntnis, die zeigt, ob sich der Mensch schon gewandelt hat:

Prüft gewissenhaft, ob ihr in euren Nächsten schon das Gute erkennt oder ob ihr über eure Brüder und Schwestern noch in Gedanken und mit Worten richtet, ob ihr euren Nächsten noch dieses oder jenes neidet.

Wer noch urteilt, richtet und neidet, der sollte sich selbst fragen, was bei ihm vorliegt, das sein Bewusstsein nicht still werden lässt.

Gabriele gab ein Bild:

Liebe Schwester, lieber Bruder, unser Bewusstsein kann mit einem großen See verglichen werden. Das Bewusstsein, der See der Seele, erlangt nur die tiefe Stille, wenn wir unser Allzumenschliches, unsere ichbezogenen Gedanken, Wünsche und Leidenschaften nicht mehr bewegen und sie Christus übergeben und auch in Ihm lassen.

Ist das Bewusstsein, der See des Inneren, schwankend, bewegt von unseren Menschlichkeiten, dann ist es den feinen geistigen Sinnen der Seele nicht möglich, sich auf den unbelastbaren Wesenskern, Gott, auszurichten, auf das unpersönliche Leben. Wir bleiben dann persönlich, also auf uns bezogen, und sind nicht unpersönlich, gottbewusst. Das Persönliche ist das menschliche Ich, das abwertet, um sich selbst aufzuwerten, das richtet, urteilt und verurteilt. Es ist der Besserwisser und der Besserkönner Mensch.

Unsere menschlichen Empfindungen, Gedanken, Worte und Handlungen sind also die Beweger unseres Bewusstseins.

Erst wenn unsere Sinne edel sind, unsere Empfindungen, Gedanken, Worte und Handlungen lauter, dann wird unser Bewusstsein ruhig. Es wird dann zu einem stillen See und zum Ozean des Lebens, worin sich die ewige Sonne der Gerechtigkeit und Liebe spiegelt. Dann erst werden wir das unpersönliche Leben widerspiegeln, das Göttliche, weil Gott unpersönlich ist.

Ein wesentlicher Hinweis aus der
Offenbarung von Bruder Emanuel:

Auf der Stufe des Willens sollte allmählich die geistige Dynamik einsetzen, die innere Freude und eine tiefe Selbstlosigkeit, die in sich den einen Wunsch birgt, Gott mehr zu gefallen als den Menschen.

Gabriele sprach:

Liebe Schwester, lieber Bruder, um diese geistige Dynamik, die innere Freude und die tiefe Selbstlosigkeit zu erlangen, müssen wir die uns schon offenbarten Lektionen und Anweisungen weitgehend bewältigt haben: die Veredelung der Sinne, die Läuterung der Empfindungen, Gedanken und Worte und das selbstlose Handeln.

Solange wir unseren Nächsten mit unseren Worten und Taten gefallen wollen und darauf ausgerichtet sind, Anerkennung und Bewunderung zu erhalten, bewegen wir uns auf dem Weg der Gefallsucht: Das Gefallen-Wollen um jeden Preis ist Sucht. Der Mensch sucht, wie und wodurch er Gefallen finden und für sich Applaus erlangen kann.

Das Suchen, Gefallen zu finden, wird sodann zur Sucht. Jede Sucht trägt in sich schon die Zucht. Und so der Mensch sich nicht rechtzeitig erkennt und besinnt und sein Wesen ändert, züchtigt ihn seine eigene Sucht. Unfall, Krankheit, Not, Einsamkeit können die Folge sein.

Solange wir also auf unser Ich blicken, leben wir beständig in Erwartungshaltungen. Von jedem Menschen, mit dem wir in Verbindung kommen, mit dem wir in Kommunikation treten, erwarten wir, dass er unser Denken und Wirken bejaht und uns Anerkennung und Lob zollt; darin liegt die Gefallsucht.

Unser Geistiger Lehrer gab uns hierzu folgende Erläuterungen:

Die Gefallsucht ist die Vorstufe zum Selbstmitleid. Wer bei seinem Nächsten nicht Gefallen findet, weder Anerkennung noch Lob erhält, der fällt in das Selbstmitleid, sofern sein Ego sehr groß ist. Er bemitleidet sich selbst, und wenn er von Zweiten und Dritten nicht bemitleidet wird, leidet er darunter und bedauert sich immer mehr. Je länger sich der Sich-Bedauernde bedauert, umso mehr Ursachen schafft er. Denn er bedauert sich nur, weil ihn seine Mitmenschen nicht anerkennen, nicht loben und nicht bedauern. Er glaubt so-dann, diese seien schuld an seinem Zustand, und er beginnt, über sie negativ zu denken, weil sie kein Erbarmen mit ihm haben und ihn letzten Endes verkennen. Das ist eine massive Ichbezogenheit, wodurch der Sich-Bedauernde immer mehr in das Kausalgesetz abgleitet.

Wer sich bedauert, kann den Tag nicht nützen, den Gott ihm geschenkt hat. Er lebt – und lebt doch nicht, da er sich einzig um sein kleines, niederes persönliches Ich dreht, mit dem er sich laufend beschäftigt. Wer im Zustand der Erwartungshaltung, der Gefallsucht, des Selbstmitleids und des Selbstbedauerns lebt, ist an die Menschen gebunden, von denen er das erwartet, was er selbst nicht hat. Denn nur der Mensch, der wenig verwirklicht hat, ist in Erwartungshaltung, möchte um jeden Preis gefallen, fällt in Selbstmitleid und in das Selbstbedauern. Das ist der unfreie Mensch, der die Weisungen des Tages nicht erkennt und somit auch nicht umzusetzen vermag. Er lebt im Fleische, ist aber geistig tot.

Gabriele sagte dazu:

Lieber Bruder, liebe Schwester, auch hier haben wir ein umfassendes und wichtiges Kriterium in der Hand, um unseren Fortschritt zu prüfen.

Das Bewusstsein der Seele kann nur still werden, wenn unsere menschlichen Gedanken, Wünsche und Sehnsüchte schweigen und wir immer mehr auf das Göttliche, Selbstlose, das Unpersönliche ausgerichtet sind. Wir können also nur aus unserem Bewusstsein schöpfen und geben, wenn es still geworden ist, wenn wir also mehr und mehr unpersönlich werden.

Liebe Schwester, lieber Bruder, das heißt jedoch nicht, dass wir uns keine Wünsche mehr erfüllen sollen. Jeder von uns hat noch kleinere und größere Wünsche. So mancher Wunsch, den wir uns erfüllen, bringt Freude. Wir sollten jedoch mit unseren Wünschen nicht über unsere Verhältnisse leben, und sie sollen unser Denken und Tun nicht beherrschen.

Ich wiederhole – damit wir die Aussagen bezüglich unserer Wünsche und Sehnsüchte richtig verstehen, damit wir uns nicht kasteien:

Alle Wünsche und Sehnsüchte, die uns ständig beschäftigen, umwölken uns also und bewirken Unruhe in unserem Bewusstsein. Wir dürfen uns Wünsche erfüllen, soweit sie im Rahmen des Möglichen sind und nicht über unsere Verhältnisse gehen. Solche kleineren und größeren Freuden tragen zur weiteren geistigen Dynamik bei. Denn Freude dynamisiert.

Ist Gott zum Mittelpunkt unseres Denkens, Fühlens und Wollens geworden, dann werden wir Ihm für Freude und Leid danken können. Haben wir uns dann kleinere oder größere Wünsche erfüllt, je nach unserer finanziellen Situation und unserem Bewusstseinsstand, dann sollten wir auch dafür Gott danken und uns daran erfreuen, uns jedoch gedanklich nicht daran binden.

Binden bedeutet, aufgrund des erfüllten Wunsches weitere Wunschgedanken zu fassen, die unsere Sinne wieder veräußerlichen und die Verbindung mit Gott trüben. Bauen wir auf erfüllte Wünsche weitere Wünsche auf, dann erwächst daraus das Besitzen-, Sein- und Habenwollen. Dies regt unter Umständen wieder ehemalige Begierden und Lei-

denschaften an. Auf diese Weise kann oftmals unmerklich wieder der Abstieg in das Tal menschlichen Ichs beginnen.

Deshalb müssen wir wachsam sein und die Tagesenergie nutzen, die uns Gott schenkt; das heißt bewusst und gegenwärtig leben, damit wir nicht in Versuchung fallen.

Obwohl der Geist unseres ewigen Vaters in jedem von uns stark ist, so ist das Fleisch doch immer wieder schwach. Solange wir uns im Kausalgesetz, im Gesetz von Saat und Ernte, bewegen, müssen wir täglich auf der Hut sein, denn der, der wider Gott und Seinen Weg zum Licht ist, schläft nicht. Daher sollte das Bestreben jedes Menschen sein, aus den gefährlichen Bereichen von Saat und Ernte herauszugelangen, hin zur Freiheit, dem Absoluten Gesetz. Das ist das Ziel auf dem Inneren Weg.

Lieber Bruder, liebe Schwester, fassen wir noch einmal kurz die Aufgaben zusammen:

Im Wechsel von zwei Innentagen und einem Außentag bringen wir unser Ober- und Unterbewusstsein und auch unsere Seelenhüllen in Aktion.

An den Tagen, an denen wir nach innen leben, bemühen wir uns, das Gegensätzliche, also unsere negativen Empfindungen, Gedanken und Gefühle, nicht zu beachten.

An den Außentagen lassen wir alle Gedanken kommen und sprechen auch unüberlegt; wir verhalten uns so, wie uns augenblicklich zumute ist.

Nach den zwei Innentagen ziehen wir am Abend Bilanz: wie es uns ergangen ist und was wir am Ende des Tages empfinden; wie unser Körperrhythmus ist, z.B. harmonisch oder hektisch; ob unser physischer Leib geschwächt und müde ist oder aktiv, freudig und noch dynamisch.

Auch am Ende des Außentages notieren wir selbstverständlich in das Mystische Tagebuch, wie es uns ergangen ist und wie wir am Ende des Tages empfinden: wie unser Körperrhythmus ist; ob wir freudig und harmonisch sind – oder ob unser Gewissen pocht. Wir arbeiten heraus, was wir in den nächsten Tagen bewältigen sollen.

Nach ungefähr zehn Tagen werden wir die Übung wiederholen. In Abständen von jeweils weiteren zehn Tagen können wir die Übung noch einige Male durchführen.

Danach sollten wir jedoch eine längere Pause halten, um all das Erkannte zu verwirklichen und das Positive zu praktizieren.

Haben wir eine gewisse Stabilität im Geistigen erlangt, dann werden wir uns immer weniger mit unserem niederen Ich beschäftigen, mit unseren menschlichen Gedanken und Wünschen und weiteren Belangen.

Zur Erinnerung: Wir prüfen uns auch, ob wir unsere Vergangenheit weitgehend bemeistert haben.

Wir prüfen uns, ob wir in unserem Nächsten schon das Gute zu erkennen vermögen.

Wir prüfen uns, ob allmählich die geistige Dynamik, die innere Freude und die tiefe Selbstlosigkeit einsetzen.

Lieber Bruder, liebe Schwester, die ihr auf dem Pfad zu Gott seid, unser Bestreben soll es sein, einander zu helfen und zu dienen. Ist es auch nicht immer mit lieben Worten und guten Taten möglich, da wir noch in Raum und Zeit leben, so sollte es jedoch mit selbstlosen, liebevollen Empfindungen und Gedanken geschehen, damit wir auf dem Weg zum Inneren Leben stetig vorankommen und hineinwachsen in die Fülle, die Gott denen bereithält, die Ihn lieben.

Abschließend ermunterte uns Gabriele:

Liebe Schwester, lieber Bruder, wir wünschen dir viel Kraft auf deinem Inneren Weg und allezeit die Hilfe unseres Herrn. Sind unsere Gedanken bei Ihm, unserem himmlischen Vater, dann spüren wir Seine führende Hand. Gott führt uns sodann auf dem Weg zu Ihm in Sein Reich, das unsere Heimat ist.

Aus dem Reich des Inneren strömt uns Sein Friede zu.

Der Friede Gottes ist in uns, und wir sind in Seinem Frieden.

Friede,
lieber Bruder, liebe Schwester.

Gabriele

6. Aufsplitten durch das entwickelte geistige Bewusstsein

Vorschau auf die Stufen drei und vier – Immer wieder aufstehen und an der Hand des Herrn weitergehen – Hinter die Worte schauen – Ich oder Gott – Abwerten – Gefahren bei nicht konsequentem Beschreiten des Inneren Weges – Den Tag entschleiern – Fragen zur Selbstprüfung

Aufgaben des Aufsplittens:
1. die Worte »Frau«, »Mann«, »Zuversicht«, »Hoffnung«; die Sätze: »Was möchte ich noch von meinem Leben?«, »Ich bin glücklich.«
2. Aufsplitten eines Briefes. Ermahnung, die Brille des Ichs abzulegen aus Liebe zu Gott – Innere Freiheit, Einheit und Reinheit – Zusammenfassung

–

Gabriele
sprach uns mit folgenden Worten an:

Gott zum Gruß, lieber Bruder, liebe Schwester,

auf dem Inneren Weg zum Reiche Gottes geht es stetig voran. Schritt für Schritt nähern wir uns dem ewigen Ziel, der Vollendung, und tauchen in den Ozean der göttlichen Liebe ein.

Aus dem Bewusstsein der göttlichen Weisheit darf ich dir wieder weitere Hinweise, Lektionen und Aufgaben übermitteln.

Wir freuen uns über deine Fortschritte und bitten dich, wenn du möchtest, uns zu schreiben, wie es dir auf dem Pfad nach Innen ergeht.

Sicher interessiert es dich auch, wie es uns auf dem Weg nach Innen ergeht, auf den Stufen drei und vier.

Liebe Schwester, lieber Bruder, es geht allen ähnlich wie dir. Jeder ringt auf eine andere Art und Weise mit seinem noch vorhandenen menschlichen Ich, um die Befreiung zu erlangen.

Wir spüren immer mehr die innere Freiheit und erfahren allmählich, was es bedeutet, unpersönlich zu sein, aus dem Herzen zu lieben, ohne zu fragen, was wir dafür empfangen.

Auf der Stufe drei bemühen wir uns unter anderem, die Weisheit unseres Inneren zu erwecken und zu leben. Wir üben uns, vor allem dem Gedanken Raum zu verleihen, der lautet:

Nimm dich zurück und reagiere göttlich!

Auf der Stufe vier des Inneren Weges lernen wir unter anderem die Absoluten Gesetze und wie wir diese anzuwenden haben. Wir erfahren das unpersönliche Leben in unserem Denken, Reden und Tun. Wir üben uns, so zu sein, wie uns Gott schaut.

Wichtig ist immer – das haben viele von uns erkannt: Fallen wir einmal hin, oder fallen wir gar zurück, dann sollten wir nicht liegen- oder stehenbleiben oder gar jam-

mern und aufgeben. Auch im Rückschritt oder im Fall sollten wir Gott danken und während des Dankens erneut Seine Hand ergreifen, aufstehen und weitergehen.

Aufstehen und an der Hand des Vaters in Christus weitergehen, das ist innere Stärke, das ist Mut, das schenkt Kraft, das ist Opferbereitschaft.

Wir opfern unser Ich, um selbstlos zu werden.

Tun wir dies freudig, so ist es ein freudiges Opfer, ein Hingeben an Gott. Stehen wir auf und gehen an der Hand des Herrn weiter, dann wirkt in uns die Hilfe durch die Gnade Gottes stärker.

Lieber Bruder, liebe Schwester, habe Mut, den Weg der Liebe zu wandern, um frei zu werden vom persönlichen Ich, um hineinzuwandern in das unpersönliche Leben, in Gott. Er spricht:

»Ich Bin von Ewigkeit zu Ewigkeit ein und derselbe – das Sein.«

In der Offenbarung vom 27. März 1985 gab uns unser Geistiger Lehrer, Bruder Emanuel, die letzten Aufgaben für die Willensstufe.

Bruder Emanuel sprach:

Der Lehrstoff auf der Stufe des Willens enthält unter anderem auch das Aufsplitten der Worte, Sätze und Briefe.

Lieber Schüler, in den Offenbarungen des Geistes Gottes habt ihr gehört, dass das Wort als solches wenig aussagt. Wer nur am Buchstaben haftet, der glaubt, in vielen Aussagen Widersprüche zu finden. So widersprüchlich, wie der Mensch ist, so sind auch seine Worte.

Deshalb sollte der Schüler auf dem Pfad zum Inneren Leben tiefer in die Worte, in die Sätze und Briefe hineinblicken lernen. Der Sprecher und der Schreiber teilen darin ihren Bewusstseinsstand unbewusst mit. Denn jedes Wort, ob es gesprochen oder geschrieben ist, offenbart den Bewusstseinsstand des Mitteilenden. Der erfolgreiche Wanderer auf dem Weg nach Innen lernt, das zu registrieren, was hinter den Worten steht, aber nicht ausgesprochen ist. Was der Mensch denkt, gibt er nicht immer in seinen Worten preis.

Wer jedoch ein klares Bewusstsein erlangt hat durch Verwirklichung, der schaut hinter die Worte und hinter das Geschriebene. Er erkennt das Bewusstsein des Sprechenden oder des Schreibenden – das heißt, wie er ist, und nicht, wie er sich gibt.

Gabriele sprach:

Liebe Schwester, lieber Bruder, wir erfahren und erkennen also, dass sowohl der Sprechende als auch der Schreibende in das Wort, in seinen Brief oder in seine Notizen einen Teil seines Bewusstseins legt.

Gesprochene und geschriebene Worte sagen sehr viel aus, wenn sie gedeutet werden können. Richtig deuten kann sie nur der, der seine Seele weitgehend gereinigt und zu Gott erhoben hat.

Sind wir auf dem Inneren Weg vorangeschritten, dann wird uns vieles offenbar: Wir schauen in vielen Fällen die Dinge anders, als sie scheinen.

Wer also auf dem Inneren Weg tatsächlich auf der Stufe des Willens steht und diese Stufe weitgehend absolviert hat, wird in vielen Fällen nicht mehr fragen, was ihm sein Nächster mit Worten oder durch einen Brief mitteilen wollte.

Das flexible Bewusstsein des Menschen, der die Worte oder den Brief liest, wird ihm durch entsprechende Impulse mitteilen, was die Worte oder das Geschriebene tatsächlich aussagen, aber das Wort oder das Schriftstück an der Oberfläche nicht ausdrückt. Das klare Bewusstsein dessen, der zuhört oder liest, übermittelt das, was ist, nicht, was der Sprecher oder Schreiber unter Umständen vorgibt.

Unser stilles und erweitertes Bewusstsein übermittelt uns also die Gesinnung unseres Nächsten.

Sind unsere Sinne lauter, dann hören wir mit den inneren Ohren das Unausgesprochene und lesen mit den lauteren Sinnen, was der Briefschreiber verbarg oder nicht ausdrücken wollte.

Um aus dieser Erkenntnis heraus unserem Nächsten die entsprechende, hilfreiche Antwort geben zu können, müssen wir also in das Wort, in das Schriftstück, in den Brief hineinblicken können.

Ist uns das nicht möglich, so urteilen wir eventuell über unseren Nächsten; wir beurteilen ihn so, wie er uns gerade erscheint, angenehm oder unangenehm, da wir nur auf das Äußere blicken und nur die Worte als solche registrieren.

Leben wir im Jetzt, das heißt, nützen wir jeden Augenblick, um in allem den göttlichen Willen zu erkennen, dann werden wir für das, was hinter der Materie steht, sensitiv und können die Wirklichkeit vom Anschein unterscheiden.

Wir merken sodann: Das Äußere ist nur Schein, das Innere ist Sein.

Wir erfahren unseren Nächsten im Gespräch oder den Briefschreiber in seinem Brief. Wir sehen nicht mehr auf den Schein, auf das, was der Mensch vorgibt, sondern schauen und hören, was tatsächlich ist.

Auf diese Weise lernen wir unseren Nächsten so kennen, wie er ist, und nicht, wie er sich gibt.

Das ist jedoch nur dann möglich, wenn unsere Vergangenheit bereinigt ist und unsere Empfindungen und Gedanken weitgehend lauter, also positiv sind und unsere Worte in Übereinstimmung mit unseren Empfindungen und Gedanken sind.

Aus der Offenbarung von Bruder Emanuel:

Die Folge dieser Übereinstimmung ist ein positives, gesetzmäßiges Leben und Handeln. Das ist wahres Leben.

Denn: Selbstloses Leben ist Leben aus dem Göttlichen. Was nicht selbstlos ist, kommt aus dem Schein, aus dem menschlichen Ich.

Das göttliche Bewusstsein ist das Leben. Wer aus dem Göttlichen, dem Unpersönlichen, zu geben vermag, der lebt wahrhaftig und lebt das Sein.

Das menschliche Ich ist die Überlagerung des Göttlichen. Es sind die Seelenhüllen des Geistleibes.

Wer aus seinem menschlichen Ich heraus denkt und spricht, der schöpft nicht aus dem Sein, sondern aus dem Schein, aus der Spiegelung seines Ichs.

Der Schein ist also nicht das Sein. Wer den Schein wahrt, sein Ich, der lebt nicht wahrhaftig, er lebt »scheinhaft« und nicht wahrhaft.

Menschen, die nur auf sich selbst blicken und ihr menschliches Ich wahren und pflegen, verlieren den Weitblick und den geistigen Kontakt mit ihren Mitmenschen und mit allen Lebensformen aus Gott und auch den Kontakt zum Göttlichen.

Gabriele sprach:

Erst wenn wir unser Leben geordnet, das heißt die Vergangenheit bereinigt haben und in der Gegenwart leben, den Augenblick also nützen, dann ist es uns auch möglich, den Willen Gottes zu erkennen und unseren Nächsten – so, wie er tatsächlich ist, und nicht, wie er sich gibt.

Wir erkennen unsere Nächsten erst dann, wenn wir uns selbst erkennen.

Haben wir uns weitgehend selbst erkannt und unser Allzumenschliches überwunden, dann werden wir auch unseren Mitmenschen verständnisvoll und tolerant begegnen.

Aus Verständnis und Toleranz erwächst die selbstlose Liebe. Aus der selbstlosen Liebe werden wir sodann hinter die Worte, die Sätze, die Gesten, die Mimik, hinter das Gesprochene und Geschriebene schauen.

Mit folgenden Worten
ermahnte uns Bruder Emanuel:

Das Aufsplitten der Worte ist nur dem möglich, der in der Schulung des Inneren Lebens Fortschritte gemacht hat und der weiterhin zielbewusst voranschreitet – der also gewissenhaft die Aufgabe erfüllt und auch weiterhin auf dem Weg zum ewigen Sein die Aufgaben bereitwillig annimmt, die ihm täglich neu gestellt werden, der also nicht mit sich selbst zufrieden ist.

Solange der Schüler sich nicht bemüht, seinen negativen Empfindungen, Gedanken und Worten positive Kräfte entgegenzusetzen – wie Verständnis und Wohlwollen –, ist er gegen das kosmische Gesetz. Er muss erleiden, was er gesät hat.

Wer für sein menschliches Ich ist, bleibt ichbezogen und ist gegen Gott.

Gabriele sprach:

Lieber Bruder, liebe Schwester, die letzte Aussage ist so wichtig, dass wir sie in das Mystische Tagebuch eintragen wollen:

> *Solange wir nicht gegen unser menschliches Ich sind, gegen unsere eigenen negativen Gedanken, gegen unsere unwesentlichen Worte, sind wir dafür.*
>
> *Wer für sein Ich ist, kann es niemals überwinden; er bleibt ichbezogen und ist gegen Gott, gegen das kosmische Gesetz der Liebe.*

Menschen, die nur auf sich selbst bedacht sind, sind auch mit sich selbst beschäftigt.

Sie werten ihre Mitmenschen ab, um sich selbst aufzuwerten. Von solchen Menschen sagen wir: Sie sind von ihrem eigenen Ich umwölkt.

Abwerten heißt: an unserem Nächsten nur Negatives sehen und darüber urteilen.

Abwerten kann auch so geschehen:

Wir sehen und erkennen an unserm Nächsten Seiten, die wir nicht haben, die uns jedoch angenehm und positiv erscheinen. Werten wir ihn sodann mit entsprechenden Argumenten ab, weil wir ihm diese Eigenschaften neiden, dann bedeutet das wiederum ein Aufwerten unseres Ichs, unseres Egos.

Liebe Schwester, lieber Bruder, versuchen wir aus der Umwölkung, aus unserem Ich heraus, das Aufsplitten der Worte unseres Nächsten, so wird es uns nicht gelingen.

Durch diese Umwölkung werden wir über unseren Mitmenschen richten und damit letzten Endes über uns selbst das Gericht sprechen; denn nicht unser geistiges Bewusstsein splittet die Worte oder Sätze auf, sondern unser Ober- oder Unterbewusstsein oder unsere Seelenhüllen, in denen unsere Entsprechungen liegen. Unser Ich, die Umwölkung also, splittet sodann Worte und Sätze auf. Unsere Entsprechungen spiegeln zurück und spiegeln uns das wider, was wir selbst sind, was wir aus den Worten und Sätzen unseres Nächsten herauslesen wollen – nicht, was uns unser entwickeltes geistiges Bewusstsein mitteilt.

Auch die Seelenhüllen sind Spiegelungen dessen, was die Seele an Gegensätzlichem aufgenommen hat.

Aus der Offenbarung von Bruder Emanuel:

Ist eure Gesinnung gegenüber eurem Nächsten noch nicht weitgehend lauter, könnt ihr in eurem Nächsten noch nicht das Gute schauen, dann werdet ihr bei den nachfolgenden Aufgaben sicherlich auch nicht das finden, was hinter den Worten und Sätzen steht. Eure noch nicht überwundenen Charakterschwächen werden sodann die Kräfte sein, welche die Worte, Sätze und Briefe aufsplitten oder aufzuschlüsseln versuchen.

Wer es trotz alledem tut, um sein menschliches Ich darzustellen, der kann unter Umständen Astralkräfte anziehen. Wer den geistigen Weg nicht gewissenhaft beschritten hat und trotzdem glaubt, ihn weitergehen zu müssen, der kann unter Umständen von Energiefeldern beeinflusst werden, die in der Atmosphäre und in den Reinigungsebenen aktiv sind. Diese Energiefelder – sowohl in der Atmosphäre als auch in den Reinigungsebenen – sind von Menschen geschaffen und können auch von Menschen und Seelen verstärkt werden.

Jeder Gedanke, jedes Wort und jede Handlung ist Energie, die nicht verlorengeht. Gleichschwingende Energie sammelt sich und wirkt als Komplex auf jene ein, die dem Komplex schwingungsmäßig gleichen. Wer also den Weg nach Innen nicht gewissenhaft geht, der kann von solchen Energiefeldern beeinflusst werden: Entsprechend seinen Neigungen und Wünschen empfängt er von dort Impulse.

Gabriele ermahnte uns:

Lieber Bruder, liebe Schwester, mit diesen Worten macht uns Bruder Emanuel auf die Gefahren aufmerksam, die auf den lauern, der den Inneren Weg nicht konsequent geht.

Den Weg konsequent gehen, heißt, ausgerichtet sein auf die höchste Kraft, auf Gott.

Bruder Emanuel ermahnt uns also immer und immer wieder.

In jeder seiner Offenbarungen sind Ermahnungen. Wir sollten sie nicht überhören oder überlesen, sondern uns damit auseinandersetzen, indem wir uns ernsthaft Gedanken über uns selbst machen.

Wir sollten uns prüfen, ob wir tatsächlich die Liebe zu Gott entwickeln oder nur aus der Eigenliebe heraus den Inneren Weg gehen, um etwas für uns selbst zu erreichen. Oder ob wir den Weg nur aus Neugierde gehen, um zu sehen, was sich in und um uns tut. Gehen wir den Inneren Weg aus unserem Ich heraus, dann sollten wir wissen: Der Weg geht auf Messers Schneide.

Wer den Weg nicht aus Liebe zu Gott geht, der wird abgleiten und sich selbst verletzen.

Wer sich jedoch Tag für Tag mehr auf Gott ausrichtet und den ewigen Geist in sein Leben einbezieht, der ist geschützt von Gott und wird freudig und zielstrebig den Weg vollenden. Er darf jeden Tag die Erfahrung machen, wie nahe ihm die göttlichen Kräfte sind und wie nahe ihm auch die göttliche Welt ist.

Jeder Tag ist ein Geschenk unseres himmlischen Vaters. Sein Licht zeigt uns, was wir bewältigt haben und was noch unbewältigt ist.

Wer den Inneren Weg bewusst wandelt, also ausgerichtet auf Gott, der erkennt, dass Gott ihn Tag für Tag, immer wieder aufs Neue, zur Selbsterkenntnis führt.

Betrachten wir am Morgen den Tag, so können wir sagen, er kommt als verschleierte Gestalt zu uns. Am Morgen ist er noch umhüllt und zeigt noch nicht, was er für uns birgt. Nehmen wir jedoch die verschleierte Gestalt, den neuen Tag, freundlich und gottbewusst an und sind für ihn dankbar, dann wird er sich mehr und mehr entschleiern, und wir werden gewahr, was er uns heute und jetzt zu sagen hat.

Verwirklichen wir, was uns der Tag bringt, und freuen uns an dem Positiven, das er uns auch schenkt, dann haben wir den Tag gelebt. Er hat sich entschleiert, und wir können am Abend den zur Neige gehenden Tag bewusst in Gottes Hände legen, denn wir haben den Tag gelebt.

Leben wir jedoch in der Vergangenheit und schauen wir nur auf unser menschliches Ich, dann bleibt der Tag für uns verhüllt. Er geht auch wieder verhüllt, so wie er kam – und nimmt auch wieder das mit sich, was wir heute hätten bewältigen dürfen, die Freuden und all das, was heute zur Bewältigung anstand. Was hinter den Schleiern des Tages bleibt, ist jedoch nicht aufgehoben, sondern nur aufgeschoben. Es kommt wieder auf uns zu, und es kann uns unter Umständen härter treffen, weil wir das, was wir heute an Allzumenschlichem übersehen haben, durch unser weiteres Denken und Handeln verstärken.

Im gleichen Maße, wie sich das Gegensätzliche, das nicht in positive Energie umgesetzt wurde, potenziert, verringert sich auch die Freude, welche die Tage uns schenken möchten.

Wer den Tag nicht bewusst lebt, wer mehr in der Vergangenheit lebt als in der Gegenwart, der wird von Zweiten oder Dritten gelebt – oder von seiner eigenen Gedankenwelt. Er ist nicht Herr über sich selbst. Er wird beherrscht von Dingen und Geschehnissen, die schon längst zur Bereinigung anstehen, oder von Menschen, denen er nicht vergeben kann oder die er nicht um Vergebung bitten möchte. Dadurch nimmt von Tag zu Tag die Seelenbelastung zu. Wir sind jedoch als Menschen in dieser Welt, um unsere Fehler und Sünden Christus zu übergeben, damit es uns von Tag zu Tag besser geht.

Bruder Emanuel brachte uns noch einmal nahe:

Wer Tag für Tag seine Fehler erkennt und annimmt und sie Christus übergibt oder sie durch Bitte um Vergebung bereinigt, der wird ein Meister über sich selbst, über seine eigene niedere Natur. Wer also seiner niederen Natur den Kampf ansagt und seine Fehler, Sünden und Schwächen mit der Kraft Christi besiegt und sich ehrlich bemüht, sein egoistisches Leben mehr und mehr zu erkennen und abzulegen, der wird auch auf dem Weg nach Innen unter der göttlichen Führung stehen. Die Stille seines Herzens gibt ihm sodann die Kraft, die weiteren Aufgaben durchzuführen.

Weiter sprach Gabriele:

Sind wir in unser Inneres eingekehrt, indem wir unsere Vergangenheit bereinigt, unsere Sinne geläutert und unsere Empfindungen und Gedanken veredelt haben, dann werden wir allmählich frei von all den äußeren Belastungen, von all dem, was uns halten und binden wollte.

Die innere Freiheit ist ein herrliches Geschenk Gottes. Sie lässt uns alles annehmen und gibt uns die Kraft, selbstlos zu lieben. Wer die Komponenten seines Ichs, seine Ichheiten, überwindet, erkennt an sich selbst den Grad seiner Selbstlosigkeit und den Fortschritt auf dem Inneren Weg.

Aus der Offenbarung von Bruder Emanuel:

Erst, wenn eure Gesinnung weitgehend lauter ist, wenn ihr durch die Selbstbeobachtung und Bemeisterung eures niederen Ichs von diesem immer mehr Abstand gewonnen habt – das heißt, wenn ihr nicht mehr selbstbezogen seid, sondern euch als Kinder des Allerhöchsten fühlt und euren Nächsten ebenfalls als Kind Gottes erkennt und annehmt, einerlei, was er denkt, was er spricht und wie er handelt –, dann steigen die gesetzmäßigen Antworten und Handlungen aus den tiefen Schichten eurer Empfindungswelt empor.

Gabriele gab uns einen Ausblick auf unseren weiteren Weg:

Liebe Schwester, lieber Bruder, fühlen wir uns von dem Inneren Leben, von der Liebe und Freiheit, an- und aufgenommen und von der Herrlichkeit des Herrn durchdrungen, dann werden die nachfolgenden Aufgaben eine Bereicherung und eine tiefe Beglückung für uns sein.

Durch diese Aufgaben nähern wir uns allmählich, doch stetig und bewusst, tieferen und noch ungereinigten Bereichen unserer Seele. Wir lernen, uns in diese Bereiche vorzutasten, um sie allmählich zu erschließen.

Dann werden wir uns nicht mehr als intellektuelle, abgegrenzte Menschen sehen, sondern als Menschen, die sich bemühen, in sich die göttlichen Kräfte zu entfalten.

Können wir aufgrund unserer Verwirklichung und geistigen Ausrichtung diese Aufgaben gewissenhaft und auch erfolgreich durchführen, dann ist es möglich, vieles richtig zu erkennen und einzuordnen und auf den weiteren Stufen zügig voranzuschreiten.

Bruder Emanuel bat uns, ehe wir mit den neuen Aufgaben beginnen, uns noch einmal zu prüfen, ob wir die Voraussetzung dazu schon erfüllen.

Unser Geistiger Lehrer fragte:

Wo euer Herz ist, da ist auch euer Schatz.
Deshalb fragt euch:
Ist euer Herz bei Gott?
Sind eure Sinne nach innen gerichtet?
Ist eure Vergangenheit weitgehend bewältigt?
Ist eure Gesinnung lauter?
Sind eure Gedanken weitgehend edel?
Entsprechen eure Worte euren Empfindungen und Gedanken?

Seid ihr in diesem Sinne weitgehend geistig gereift, dann könnt ihr ohne Bedenken die nun folgenden Aufgaben durchführen.

Gabriele sprach:

Lieber Bruder, liebe Schwester, können wir diese Fragen weitgehend positiv beantworten, weil wir weitgehend alles verwirklicht haben, so können wir auf dem Weg mutig voranschreiten. Durch die Verwirklichung wird unser Wesen dynamisch, weil wir durch unser positives Denken frei geworden sind. Seele und Körper werden beweglicher. Die Starrheit des menschlichen Ichs weicht. Unser stilles und erweitertes Bewusstsein beginnt zu sprühen, weil die Seele erwacht ist und ihren Herrn erkennt. Die Liebe der erwach-

ten Seele ist die Liebe zu allen Dingen, zu allen Menschen und Wesen. Daraus wächst das tiefe Einheitsbewusstsein.

Ob wir im Bewusstsein der Einheit leben, erkennen wir an uns selbst. Treten wir immer öfter in Kommunikation mit den Kräften der Natur und mit den Gestirnen, so fühlen wir, was Einheit mit allem Sein bedeutet.

Bruder Emanuel
gab folgenden Hinweis:

Wer immer mehr in der Kommunikation mit den positiven Kräften steht, wird nicht mehr über den Regen klagen oder über die Hitze im Sommer stöhnen. Er wird alles annehmen, so, wie es kommt, und Gott, dem Allmächtigen, danken. Er wird für den Sturm ebenso danken wie für den säuselnden, kühlen Wind, der im Sommer den Körper umschmeichelt. Er wird für das Leid ebenso danken wie für die Freude, da alles gut ist, so, wie es ist.

Im Annehmen empfangen wir Kraft. In ihr liegt unendliche, tiefe Freude. Die innere Freude bewirkt wiederum die innere Stille, die wonnevolle Beglückung.

Gabriele brachte uns
die neuen Aufgaben nahe:

Es folgen nun die Aufgaben des Aufsplittens:
Wir nehmen als erstes das Wort »Frau«.
Das Aufsplitten geht folgendermaßen vor sich:

Wir sprechen das Wort »Frau« laut aus. Im selben Augenblick, in dem der Laut nach außen schwingt, erfolgt sein Nachvibrieren im Ober- und Unterbewusstsein, in den Seelenhüllen und in den tieferen Schichten der Seele.

Die Vibrationen lösen Gedanken im Oberbewusstsein aus und Empfindungen in den Seelenbereichen, den Seelenhüllen. Auch sie und das Unterbewusstsein können uns Empfindungen übermitteln. Sie zeigen uns, was in diesen Bereichen lebendig ist. Die Empfindungen, die in uns aufsteigen, können sodann in uns Gedanken anregen.

Wie können wir nun die verschiedenen Aspekte voneinander trennen? Wenn wir das Wort »Frau« aussprechen, werden wir nicht auf unsere ersten Gedanken achten. Die Gedanken, die im Oberbewusstsein in Erscheinung treten, nehmen wir nicht mit nach innen, sondern nur den Laut, den Ton »Frau«. Wir lassen sodann den Ton in uns nachschwingen.

Was anschließend an Empfindungen aus den tiefen Schichten unseres Inneren emporströmt, das notieren wir in unser Mystisches Tagebuch. Es kann positiv oder negativ sein.

Wir lassen alles kommen, ohne es gleich zu werten, ohne darüber nachzudenken; wir unterbrechen den Strom oder das Fluidum der Empfindungen nicht!

Zur Erläuterung: Positive Dinge, die aufsteigen, können auch Erinnerungen aus vergangener Zeit sein, die uns je-

doch nicht mehr bewegen und erschüttern. Es sind also nur noch Geschehnisse, die wir schon überwunden haben.

Aufgrund dieser Erinnerungen, aus diesen Erfahrungen, werden wir in der weiteren Schulung unserem Nächsten dienen und helfen können.

Was nicht dem Gesetz entspricht – was also unserem Inneren entströmt und nicht gesetzmäßig ist –, das sind unsere Entsprechungen aus dem Unterbewusstsein oder in den Seelenhüllen.

Daran müssen wir arbeiten. Haben wir unsere Empfindungen erkannt – und, soweit es uns möglich war, verarbeitet –, dann gehen wir an die nun folgende weitere Aufgabe.

Liebe Schwester, lieber Bruder, damit keine Missverständnisse entstehen, bitte ich dich, folgenden Satz bewusst aufzunehmen:

> *Erst wenn wir die Entsprechungen erkannt und soweit wie möglich abgebaut haben – das heißt in positive Kraft umgesetzt haben durch Verwirklichung, Vergebung oder Bitte um Vergebung –, wenden wir uns der nächsten Aufgabe zu.*

Bis wir das Erkannte bereinigt haben, können unter Umständen mehrere Tage vergangen sein. Es kommt auf die Intensität unserer Entsprechungen an – und wie lange wir warten, bis wir sie angehen wollen.

Lieber Bruder, liebe Schwester, wann du also die nächste Aufgabe durchführen wirst, muss dir überlassen werden, da jeder von uns andere Seelenbelastungen aufweist.

In der nächsten Aufgabe splitten wir das Wort »Mann« auf. Wir sprechen das Wort wiederum laut aus.

Nicht die Gedanken im Oberbewusstsein, die dadurch entstehen, nehmen wir mit nach innen, sondern nur den Ton, den Laut, den wir nach innen schwingen lassen.

Wir warten wieder einige Augenblicke.

Was anschließend an Empfindungen emporsteigt, notieren wir in unser Mystisches Tagebuch, sowohl das Positive als auch das Negative.

Aus der Offenbarung von Bruder Emanuel:

Der geistig Wache, dessen Seele gereift ist, erkennt aufgrund dieser Übungen sehr genau, was noch in ihm wirksam ist, was noch bewältigt und besiegt werden muss.

Das Aufsplitten dieser beiden Worte »Frau« und »Mann« bewirkt, dass ihr euch noch mehr erkennt – und damit tiefere Selbsterkenntnis erlangt. Wer den Inneren Pfad gewissenhaft beschritten hat und weiterhin zielstrebig wandelt, der erfährt – zu seiner inneren Beglückung und Erbauung –, was ein Wort, was ein solcher Schwingungskomplex, ihm alles zu antworten vermag.

Es wird nicht nur Positives, Reines und Edles emporsteigen.

So, wie der Mensch ist, gibt er sich. In seinem Verhalten, das sein Innenleben ist, gibt er sich selbst zu erkennen. Wer sich selbst beobachtet, der erfährt sich selbst, auch in seinen Entsprechungen.

Gabriele erläuterte:

Wir ziehen also die Schwingung, den Ton – wie z.B. »Frau« oder »Mann« – durch unser Ober- und Unterbewusstsein und durch unsere Seelenhüllen tief in unser Inneres hinein. Die aufgenommene Schwingung löst in uns Reaktionen aus, die sich im Oberbewusstsein als Gedanken bemerkbar machen. Die Reaktionen in uns nehmen ein und denselben Weg zurück zur Bewusstwerdung. Das heißt, die Schwingungen des Wortes, die den Weg über das Ober- und Unterbewusstsein und über die Seelenhüllen zu den tiefen Schichten der Seele genommen haben, kommen auf dem gleichen Weg als entsprechendes Echo, als Gedanken, wieder zurück.

Bruder Emanuel machte klar:

Befinden sich im Ober- und Unterbewusstsein und in den Seelenhüllen noch erhebliche Entsprechungen, sind also noch dominierende Eindrücke, Wünsche oder Sehnsüchte vorhanden, dann werden diese die Mitinspiratoren sein. Das heißt, das Echo kommt nicht aus der Tiefe, aus den Seelenbereichen, die gereinigt sind, sondern aus dem Ober- oder Unterbewusstsein oder aus der Seelenbelastung.

Gabriele fasste es noch einmal in andere Worte:

Wir können auch sagen, der Ton »Frau« oder der Ton »Mann« macht die Musik: Was wir sind, das klingt in uns.

Bruder Emanuel wies auf Folgendes hin:

Sind das Ober- und Unterbewusstsein und auch die Seelenhüllen durchlichtet, dann wird auch das Echo – das sich in Gedanken Ausdruck verleiht – Wohlwollen, Verständnis, Toleranz und selbstlose Liebe sein.

Gabriele sprach weiter:

Liebe Schwester, lieber Bruder, wir bekamen von unserem Geistigen Lehrer, Bruder Emanuel, weitere Worte zum Aufsplitten.

Das eine Wort ist »Zuversicht«, das andere ist »Hoffnung«.

Wir splitten also zuerst das Wort »Zuversicht« auf.

Haben wir das Gegensätzliche, das sich durch das Aufsplitten des Wortes »Zuversicht« ergeben hat, weitgehend bewältigt, dann erst werden wir das nächste Wort »Hoffnung« aufsplitten.

Aus der Offenbarung von Bruder Emanuel:

Menschen des Geistes nehmen mit Freude und Dankbarkeit die Aufgaben an, um zu bewältigen und zu bemeistern, was noch nicht der ewigen Liebe, Treue und dem ewigen Gesetz entspricht, damit sie die Vollendung erlangen. Denn das ist das Ziel des Inneren Weges.

Gabriele fuhr fort:

Liebe Schwester, lieber Bruder, wir haben auch von unserem Geistigen Lehrer einen kleineren Satz zum Aufsplitten bekommen. Er lautet:

»Was möchte ich noch von meinem Leben?«

Auch diesen Satz sprechen wir wieder laut aus und lassen die Melodie, die dieser Satz enthält, nach innen schwingen.

Die aufsteigenden Empfindungen und Gedanken zeigen uns sodann, was bewältigt ist oder noch bewältigt werden sollte.

Beides, das Bewältigte und auch das Unbewältigte, dient uns zur Selbsterkenntnis: Das Bewältigte dient uns zur Erbauung; das Unbewältigte muss noch bemeistert werden.

Aus der Offenbarung von Bruder Emanuel:

Liebe Geschwister, wer auch diese Aufgaben gewissenhaft erfüllt und immer tiefer in die ewige Wahrheit hineinwandert, wird erkennen, dass Worte nur Symbole sind, dass sie in Wirklichkeit einen tiefen Inhalt bergen – für den, der sie, kraft seiner Selbstlosigkeit, richtig aufzuschlüsseln vermag.

Gabriele wandte sich weiter an uns:

Lieber Bruder, liebe Schwester, wir dürfen einen weiteren Satz aufsplitten:
»Ich bin glücklich.«

Was werden uns wohl diesmal die inneren Aspekte mitteilen?
Wir notieren wieder in das Mystische Tagebuch, was uns unsere Empfindungen und Gedanken übermitteln.

Bruder Emanuel stellte uns Aufgaben.
Er offenbarte:

Habt ihr die offenbarten Aufgaben bewusst und freudig erfüllt, seid ihr mit all dem, was noch allzu menschlich ist, zu Rate gegangen und habt ihr es weitgehend dem Ewigen übergeben, dann erst sollte die folgende Übung, die folgende Aufgabe, durchgeführt werden:

Ein Schriftstück, ein Brief kommt ins Haus.

Der auf die Welt bezogene Mensch, der nur die Worte liest, macht sich zuerst über den Absender des Briefes seine Gedanken: was dieser ihm wohl schreibt oder was er wohl von ihm möchte.

Damit findet die erste Programmierung statt – allein durch Vermutungen!

Während er den Brief liest, denkt er immer wieder an den Briefschreiber und bereits daran, was er ihm antworten werde. Die Beantwortung fällt sodann entsprechend der Vorprogrammierung und der Gesinnung des Empfängers aus.

Der geistig Erwachte jedoch schaut in jedem seiner Mitmenschen das Gute, den guten Kern. Er wird den Brief oder den Briefschreiber nicht sofort nach einer Vorprogrammierung bewerten oder gar abwerten.

Er nimmt den Brief, sieht auf den Absender, öffnet den Brief und liest ihn bewusst, Satz für Satz, ohne sich ein Urteil über den Schreiber zu machen.

Durch dieses bewusste Verhalten nimmt er die Essenz des Briefes in sich auf, einen Teil des Bewusstseins des Schreibers.

Gabriele sprach:

In uns aufnehmen heißt: in unser Bewusstsein aufnehmen, soweit es derzeit erschlossen ist.

Ist uns das möglich, dann kommuniziert der Teil des Bewusstseins des Absenders mit den Teilen oder dem Teil unseres Bewusstseins, das wir erschlossen haben. Das Echo dieser Kommunikation nehmen wir in unseren Empfindungen und Gedanken wahr.

Kam eine Kommunikation der beiden Bewusstseinsaspekte zustande, dann übermitteln diese uns die Antwort des Briefes – und zwar das, was der Absender zu seiner Erkenntnis und zu seiner geistigen Erbauung benötigt.

Liebe Geschwister, das ist eine wunderbare Aufgabe. Sie erspart uns nicht nur Zeit, sondern sie gibt uns auch die Möglichkeit, unserem Nächsten so antworten zu können, dass es ihm und seiner Seele hilft.

Liebe Schwester, lieber Bruder, diese Aufgabe wollen wir bewusst durchführen. Deshalb wiederholen wir das Wesentliche noch einmal:

Wir nehmen die Essenz eines Briefes, das heißt den betreffenden Teilaspekt des Bewusstseins des Schreibers, und legen diesen auf die Tiefenschichten unserer Seele.

Das bedeutet: Wir nehmen die Essenz, die Schwingung, ziehen sie durch unser Ober- und Unterbewusstsein bis hin zu den Tiefenschichten unserer Seele, zu unserem erschlossenen Bewusstsein.

Was dann als Antwort auf diesen Brief in uns aufsteigt, das schreiben wir in unser Mystisches Tagebuch. Die Schwierigkeiten, die uns bei der Erfüllung dieser Aufgabe im Wege standen, notieren wir ebenfalls.

Haben wir den Inneren Pfad freudig und dankbar beschritten und wandern wir ihn weiterhin dankbar und freudig, dann werden wir im Laufe unserer geistigen Wanderschaft in unserem Inneren Großes erfahren und erleben.

Eine Mahnung unseres Geistigen Lehrers –
Bruder Emanuel offenbarte:

Der Weg nach Innen kann jedoch auch Gefahren bergen, insbesondere für die noch nicht weitgehend auf Gott Ausgerichteten, die an ihrem Nächsten noch immer dieses und jenes auszusetzen haben.

Wer seine Gedanken noch nicht weitgehend ordnen und seine Rede noch nicht zügeln kann, der wird kaum Empfindungen aus den tiefen Schichten seiner Seele empfangen.

Sollte etwas aufsteigen, dann entströmt dies dem Intellekt oder kommt aus dem Unterbewusstsein oder aus den Seelenhüllen, da diese drei Aspekte noch erheblich verschattet sind. Das Unterbewusstsein reinigt sich in dem Maße, wie ihr die Vergangenheit bewältigt.

Lebt der Schüler in der Gegenwart und ist sein Denken, Fühlen und Wollen lauter und zielstrebig, ist ihm sein Nächster Bruder und Freund geworden, dann erkennt er in allem Leben das Walten Gottes.

Das Wesentliche auf dem Weg ist die Liebe zu Gott, unserem Herrn.

Kann der Schüler für alles danken, für Freude und Leid, dann erlangt er allmählich die Herrschaft und Meisterschaft über sich selbst. Wächst sodann die selbstlose Liebe von innen heraus, dann wächst auch die Liebe zu Gott und zum Nächsten. Je geringer die Liebe zu Gott ist, umso größer ist die Eigenliebe.

Wer in der Eigenliebe befangen ist, der kann auch im Nächsten nicht das Göttliche schauen. Er sieht nur durch seine eigenen Seelenhüllen, durch die Brille seines eigenen Ichs, und urteilt über seinen Nächsten gemäß seinen eigenen Entsprechungen.

Gabriele ermutigte uns:

Lieber Bruder, liebe Schwester, wir müssen also die Brille unseres eigenen Ichs, die zugleich unsere Maske ist, ablegen, um selbstlos zu werden.

Legen wir unsere menschliche Brille, das menschliche Ich, also unsere Maske, ab, dann werden wir offen und frei und können uns in unsere Mitmenschen hineinempfinden und auch Gottes Walten in allen Lebensformen erkennen. Denn wer eins mit Gott ist, wer sich also mehr und mehr durchlichtet und vergeistigt – durch Verwirklichung, nicht durch Wissen allein –, der erlebt, wie er aufgenommen ist in die große Allkraft unseres Vaters:

Wir sehen dann nicht mehr auf die Fehler des Nächsten, wir fühlen uns nicht mehr einsam, wir sind nicht mehr getrennt von Gott, sondern wir sind in Gott – und Gott wirkt durch uns. Das ist Einheit und Leben, das ist der Weg zum wahren Sein.

Liebe Schwester, lieber Bruder, zur Vertiefung sei wiederholt:

Je geringer die Liebe zu Gott ist, umso größer ist die Eigenliebe.

Wer sein Ich lebt, lebt nicht im wahren Sein: Er ist von seinem menschlichen Ich eingekapselt und ist gegenüber seinem Nächsten abgekapselt.

Wegen dieses Verhaltens dreht er sich nur um seine eigenen Belange; er dreht sich also um seine eigene Achse.

Diese Einkapselung des menschlichen Ichs kann nur durch die Verwirklichung der göttlichen Gesetze gesprengt werden.

Nicht das angelesene geistige Wissen macht uns zu wahren Weisen, sondern die Verwirklichung der ewigen geistigen Gesetze.

Wer in seiner Eigenliebe befangen ist, also eingekapselt in sein menschliches Ich, der kann auch im Nächsten nicht das Gute, das Göttliche, schauen. Er sieht nur durch seine eigenen Seelenhüllen, durch die Brille seines Ichs, durch seine Maske also, und urteilt über seinen Nächsten gemäß seinen eigenen Entsprechungen, seinen Seelenbelastungen.

Durch das, was wir denken und sprechen, geben wir Zeugnis von dem, was wir sind. Was wir also denken und sprechen, das sind wir selbst.

Aus der Offenbarung
von Bruder Emanuel:

Gott ist Liebe.

Je mehr ihr euch dieser inneren, selbstlosen, absoluten, ewigen Liebe nähert, umso reiner und edler ist euer Denken, Fühlen und Wollen.

Nehmt diese Darlegungen als Maßstab für euren Inneren Weg. Ich ermahne euch noch einmal, diese von mir offenbarten Aufgaben nur durchzuführen, wenn das Innere einigermaßen gediehen ist, wenn die Selbstlosigkeit spürbar, das heißt zu erkennen, ist und wenn das Gewissen aktiv ist.

Gabriele gab Hilfen
für unsere Selbsterkenntnis:

Lieber Bruder, liebe Schwester, der Maßstab auf dem Inneren Weg ist unser geistiger Fortschritt. Wie wir auf unseren Nächsten zugehen, was wir über ihn denken, was wir von ihm wollen, welche Ansprüche wir an das materielle Leben stellen, ob wir in der Vergangenheit leben oder die Augenblicke des Tages nützen, zeigt uns, ob wir uns auf dem Inneren Weg befinden und ob wir geistig wachsen.

Auch unsere Reaktionen auf Begebenheiten und Situationen zeigen uns, wer wir sind. Das ist der Maßstab für uns.

Bruder Emanuel gab hilfreiche
und trostreiche Worte,
die allezeit Gültigkeit haben. Er sprach:

Liebe Schüler, was ich euch wünsche, das wisst ihr sicher alle: den inneren Erfolg und die innere Kraft des Vaters, um den noch bestehenden Menschen, die niedere Natur, mit Christus zu besiegen, damit sich die innere Fülle öffnet, euer Erbe.

Wer sich der ewigen Wahrheit, dem Absoluten Gesetz, nähert, der erfährt wahrlich, was es bedeutet, in der Fülle aus Gott zu leben.

Der Mensch ist so lange an das Menschliche gebunden und unfrei, bis er sein Ich überwunden und abgelegt hat. Dann fällt seine Maske ab – und er steht im Glanze des Göttlichen, im Ich Bin.

Frei sein bedeutet, in Gott zu leben, so dass Gott durch euch zu leben vermag, so dass Er, der Allmächtige, euer Empfinden, Denken und Reden bestimmt. Das ist Freiheit! Die Freiheit bewirkt wiederum die Einheit, da ihr in jedem eurer Mitmenschen, in euren Nächsten, das Kind der Himmel erkennt und bejaht.

Die Einheit, die aus dem zentralen Licht herausstrahlt, aus der selbstlosen Liebe und Freiheit, birgt auch die Bruderschaft: Ihr alle seid Brüder und Schwestern, Kinder des einen Vaters.

Meine Freunde, meine Brüder und Schwestern, wir alle sind Kinder eines Vaters!

Wer seine Gedanken zum Himmel erhebt, dem kommt der Himmel immer näher. Und wer vom Himmel umgeben ist, der ist heimgekehrt. Er wird im ewigen Reich kein Fremdling mehr sein, da die Lieben aus der ewigen Heimat ihm nahe sind.

Wer in Gott und mit Gott lebt, der lebt wahrlich – er hat auch den Himmel um sich.

Meine lieben Geschwister, der Weg zu Gott ist Liebe.

Aus der Liebe zu Ihm, dem großen Geist unseres himmlischen Vaters, erwacht die Sehnsucht nach Reinheit, nach dem ewigen Ursprung, nach dem Göttlichen.

Die Sehnsucht ist die Triebkraft der Seele.

Je größer die Sehnsucht nach Gott ist, umso wacher ist die Seele.

Gabriele sprach:

Liebe Schwester, lieber Bruder, fassen wir die Aufgaben noch einmal kurz zusammen:

Der Lehrstoff auf der Stufe des Willens enthält auch das Aufsplitten von Worten, Sätzen und Briefen.

Derjenige, der die Worte spricht oder den Brief schreibt, legt in das Wort oder in das Schriftstück einen Teil seines Bewusstseins.

Unser Bewusstsein übermittelt uns die Gesinnung unseres Nächsten. Das Aufsplitten der Worte ist jedoch nur dem möglich, der in der Schulung des Inneren Lebens Fortschritte gemacht hat und der weiterhin zielbewusst voranschreitet.

Ist unsere Gesinnung gegenüber unserem Nächsten noch nicht weitgehend lauter, dann werden unsere noch nicht überwundenen Charakterschwächen die Kräfte sein, welche die Worte, Sätze und Briefe aufsplitten oder aufzuschlüsseln versuchen. Das ist eine Gefahr auf unserem Evolutionsweg zu Gott. Durch Lauheit und Nichtbeachten der göttlichen Gesetzekönnen wir Astralkräfte anziehen.

Ehe wir mit den neuen Aufgaben beginnen, fragen wir uns:

- *Ist unser Herz bei Gott?*
- *Sind unsere Sinne nach innen gerichtet?*
- *Ist unsere Vergangenheit weitgehend bewältigt?*
- *Ist unsere Gesinnung lauter, und sind unsere Gedanken weitgehend edel?*
- *Entsprechen unsere Worte unseren Empfindungen und Gedanken?*

Wer in diesem Sinne alles weitgehend verwirklicht hat, der schließt nun das Mystische Tagebuch ab, zieht also Bilanz.

Das Unerfüllte werden wir meistern, indem wir es freudig dem Ewigen übergeben und bei Ihm lassen. Christus, die erlösende Kraft, wandelt es sodann in positive Energie um.

Auf der Stufe des Willens setzt die geistige Dynamik ein.

Freude und zugleich tiefer innerer Friede strömen aus der Seele. Daraus erwächst das tiefe Einheitsbewusstsein.

Die innere Kraft macht uns fähig, für alles zu danken und alles anzunehmen, einerlei, was auch auf uns zukommt.

Wer von Herzen danken kann, der kann alle Dinge annehmen, so, wie sie sind. Er macht sich über das, was er erfährt, keine unnötigen, ichbezogenen Gedanken.

Es folgen nun die Aufgaben des Aufsplittens:

Das erste Wort: »Frau«

Das zweite Wort: »Mann«

Das dritte Wort: »Zuversicht«

Das vierte Wort: »Hoffnung«

Der erste Satz: »Was möchte ich noch
von meinem Leben?«

Der zweite Satz: »Ich bin glücklich.«

Wir splitten einen Brief auf.

Die Antworten notieren wir in unser Mystisches Tagebuch.

Es wird nicht nur Positives, Reines und Edles emporsteigen, denn so, wie wir sind, so geben wir uns immer wieder selbst zu erkennen – auch durch unsere Entsprechungen.

Die Schwierigkeiten, die uns bei der Erfüllung dieser Aufgaben im Wege standen, notieren wir ebenfalls in unser Mystisches Tagebuch.

Bruder Emanuel ermahnte uns noch einmal, diese von ihm offenbarten Aufgaben nur durchzuführen, wenn das Innere einigermaßen gediehen ist, wenn die Selbstlosigkeit spürbar, das heißt, zu erkennen ist – und wenn das Gewissen aktiv ist.

Wir werden frei, wenn wir unsere Maske zu lüften vermögen und damit das Niedere loslassen.

Frei sein bedeutet, in Gott zu leben, so dass Gott durch uns zu leben vermag.

Die Freiheit bewirkt die Einheit.

Die Einheit bewirkt die Bruderschaft in Christus und mit allen Menschen.

Wir alle sind Kinder des einen Vaters.

Wer seine Gedanken zum Himmel erhebt, dem kommt der Himmel immer näher.

Wer in Gott und mit Gott lebt, der lebt wahrlich, der hat auch den Himmel um sich.

Je größer die Sehnsucht nach Gott ist, umso wacher ist die Seele.

Lieber Bruder, liebe Schwester, die Aufgaben und Lektionen aus dem göttlichen Reich, gegeben von unserem Geistigen Lehrer, Bruder Emanuel, dem Cherub der göttlichen Weisheit, sind Perlen auf dem Inneren Weg.

Wer sie schätzt, der nimmt sie auf und lässt sie in sein Inneres strahlen, damit seine Seele immer mehr zum Göttlichen erwacht und sich die Sehnsucht nach Gott, nach Reinheit und Liebe, verstärkt.

Haben wir die geistigen Perlen auf dem Inneren Weg zu Gott in rechter Weise an- und aufgenommen und strahlt die Verwirklichung aus unserem Inneren, dann reihen sie sich aneinander und bilden ein Strahlenband, das uns mit allen Menschen und Wesen umschließt und das uns auch mit dem Himmel verbindet, weil wir den Himmel in uns erschlossen haben.

Gabriele schloss mit folgenden Worten:

Liebe Schwester, lieber Bruder, wir wünschen dir viel Licht und Kraft und die Verwirklichung vieler, vieler geistiger Perlen!

Wir wünschen uns im Herzen die geistige Verbundenheit und bleiben in Ihm als Seine Kinder.

Gott zum Gruß, lieber Bruder, liebe Schwester.
Des Herrn Friede ist in uns.

Gabriele

Selbstprüfung zum Übertritt in die Stufe der Weisheit

Wer die Stufe der göttlichen Weisheit betreten möchte, der muss weitgehend die Anforderungen der Willensstufe verwirklicht haben, das heißt:

- *Er kann seine Gedanken weitgehend ordnen:*
  Er hegt keine niederen Gedanken gegen seinen Nächsten; er pflegt also nicht Streit, Hass oder Neid; er kann sich ausrichten, hängt also seinen Problemen nicht nach; er lässt das Vergangene und frischt Gegenwärtiges nicht immer wieder auf; es dominiert nicht mehr der Intellekt. Pflegen wir unlautere Gedanken, hegen wir Zweifel, ist unsere Vergangenheit nicht bereinigt – also noch aktiv in unseren Gedanken –, dann ziehen diese Gedanken wiederum gleiche Gedanken an, also Energien, die sodann verstärkt auf uns einwirken. Es ist uns dann nicht möglich, den Willen Gottes zu erkennen, und daher auch nicht möglich, ihn zu befolgen.
- *Er kann seine Rede zügeln:*
  Er spricht nichts Unwesentliches und spricht nicht anders, als er denkt und empfindet.
- *Er kann seine Sinne weitgehend bemeistern.*

Wer die Stufe der Weisheit betreten möchte, sollte darüber hinaus

- *in der Lage sein, sich auf einen Gedanken, auf eine Arbeit ganz zu konzentrieren: Was er tut, das tut er ganz;*

- *frei sein von Erwartungen und Bindungen an seine Nächsten;*
- *sich nicht mehr um seine eigenen Belange drehen, sondern auftretende Schwierigkeiten unverzüglich bewältigen, das heißt ablegen, ohne immer wieder darüber nachzudenken und darüber zu reden;*
- *in der Lage sein, seinen Nächsten richtig zu erkennen, so, wie er ist, nicht, wie er scheint; er sollte in der Lage sein, aus dem, was sein Nächster spricht, herauszuhören, was dieser tatsächlich denkt und empfindet, und so auf ihn einzugehen, wie dieser es entsprechend seinem Bewusstsein benötigt.*

Das setzt voraus, dass wir weitgehend frei sind von Eigenliebe und Vorurteilen dem Nächsten gegenüber, von wertenden und abwertenden Empfindungen und Gedanken.

Bruder Emanuel, unser Geistiger Lehrer, offenbarte:

Überdenkt euer Leben, eure Empfindungen, euer Denken und Reden, eure Neigungen und Regungen, und seid ehrlich zu euch selbst!

Lieber Bruder, liebe Schwester, sind wir wahrlich ehrlich zu uns selbst, dann wird unser Gewissen uns zeigen, was verwirklicht ist und wo noch Schwachstellen sind, und wir werden in uns empfinden, welcher Schritt für uns der richtige ist.

Gott zum Gruß

DER INNERE WEG

zum kosmischen Bewusstsein

Stufe der Weisheit

Inhalt

Hinweise
zu Beginn der Stufe der Weisheit

Lieber Bruder, liebe Schwester!

Wer die Stufe der Weisheit betreten möchte, der sollte die Kriterien für die Stufe der Ordnung und für die Stufe des Willens erfüllen.

Ehrlichkeit zu uns selbst ist erforderlich, damit wir sicheren Schrittes, geführt von unserem Bruder, Führer und Erlöser Christus, auf dem Weg zu Gott voranschreiten. Fragen wir uns daher ernsthaft:

Haben wir die Aufgaben und Lektionen auf dem Inneren Weg ernsthaft und konsequent durchgeführt?

Wie weit sind wir in unserer Selbsterfahrung und Verwirklichung der göttlichen Gesetze gediehen?

Wie weit war es uns möglich, uns selbst zu erkennen?

Haben wir uns um Selbsterkenntnis bemüht?

Haben wir schon zur inneren Stille gefunden?

Haben wir die Stufen der Ordnung und des Willens erfolgreich durchschritten, dann sind auch unsere Gedanken, Gefühle und Sinne, unser ganzes Wesen weitgehend auf das Göttliche ausgerichtet.

Überdenken wir also unser Leben, unsere Empfindungen, unsere Gedanken und Reden, unsere Neigungen und Regungen:

Können wir unsere Gedanken ordnen, unsere Rede zügeln und unsere Sinne bemeistern?

Dominiert noch unser intellektuelles Denken? Sind wir schon zu Herzdenkern geworden, die mehr fühlen und erfassen als zerpflücken?

Haben wir auf der Stufe des Willens die rechte Konzentration – gemäß dem Wort: Was ich tue, das tue ich ganz – erlernt?

Ist die Vergangenheit weitgehend bereinigt? Oder leben wir noch in der Vergangenheit?

Haben wir noch Schwierigkeiten, das auszusprechen, was wir denken?

Sind wir schon weitgehend frei von wertenden und abwertenden Empfindungen und Gedanken?

Sind wir weitgehend frei von Bindungen und Erwartungen an unsere Nächsten? Oder dominiert noch unsere Eigenliebe?

Sind wir in der Lage, unseren Nächsten mehr und mehr zu erfassen – so, wie er ist, und nicht, wie er scheint?

Haben wir schon die Fähigkeit entwickelt, das herauszuhören, was unser Nächster tatsächlich empfindet und denkt, und haben wir durch die Verfeinerung unserer Sinne die Gabe, auf ihn weitgehend unpersönlich einzugehen, gemäß seinem Bewusstseinsstand?

Sind wir noch der alte Mensch, der sich nur um seine eigenen Belange dreht – oder leben wir schon weitgehend mit allen in innerer Verbundenheit und Harmonie?

Haben wir durch die Verwirklichung schon Teile unseres Bewusstseins, unseres wahren Seins, erschlossen?

Unterliegt unser Gemüt noch starken Schwankungen? Haben wir noch Zweifel, starke menschliche Gefühle, ungesetzmäßige Neigungen und Wünsche?

Pflegen wir noch unsere Probleme und Schwierigkeiten, indem wir immer wieder über sie reden oder über sie nachdenken?

Wer die oben genannten Kriterien weitgehend erfüllt, wer also bei der Beantwortung der vorstehenden Fragen mit einer positiven Bilanz abschließen kann, der wird, weitgehend unbelastet von größeren Schwierigkeiten oder gar Problemen, die Aufgaben des Tages mit der Kraft Christi anpacken. Er wird mehr das große Ganze im Bewusstsein haben, nicht seine persönlichen Belange. Er wird in das innere Gemeinschaftsleben eintreten und dem großen Ganzen dienen, da sein geistiges Bewusstsein mehr und mehr all-bewusst wird.

In der Zeit einer Schwangerschaft sollte der Kurs unterbrochen werden. Die werdende Mutter, die den heranreifenden Embryo trägt, sollte wohl aus der Tagesenergie Bereiche ihres Ichs erkennen und bereinigen, jedoch nicht durch Übungen intensiv ihre Ichphänomene analysieren, um deren Wurzel zu erfassen, und diese auf einmal heben. Für sie geht also während dieser Zeit der Innere Weg um einiges langsamer, damit sich der Embryo in Ruhe auf die inkarnierende Seele vorbereiten kann.

Nach der Entbindung kann dort fortgesetzt werden, wo unterbrochen wurde. Es ist jedoch von Vorteil, wenn der oder die letzten Schritte noch einmal wiederholt werden.

Lieber Bruder, liebe Schwester, die dritte Stufe auf dem Inneren Weg, die Stufe der Weisheit, setzt sich zusammen aus einer Einweihungsoffenbarung sowie zwölf aufeinanderfolgenden Kapiteln mit Lehren und Lektionen, die uns helfen, den Inneren Weg erfolgreich zu beschreiten.

Die in der Einweihung beschriebenen Aufgaben und Übungen sind die Grundlage für die Stufe der Weisheit, die während des gesamten Kurses praktiziert werden. Die in den folgenden Kapiteln beschriebenen Aufgaben und Übungen sollen von uns so lange praktiziert werden, bis wir fühlen, dass wir sie weitgehend verwirklicht haben. Erst dann, wenn wir alle Aufgaben eines Teiles abgeschlossen haben, sollen wir zum nächsten Teil übergehen, da jeder Teil auf dem vorhergehenden aufbaut.

Noch einmal sei gesagt:

Lieber Bruder, liebe Schwester, der Wanderer auf dem Inneren Weg bestimmt seinen Fortschritt selbst. Das erfordert allerdings ein hohes Maß an Selbstdisziplin und Ehrlichkeit sich selbst gegenüber.

Aus eigener Erfahrung wissen wir, dass wir fallen, wenn wir versuchen, den zweiten Schritt vor dem ersten zu tun. So ist es auch auf dem Inneren Weg: Greifen wir den Aufgaben vor, ohne die vorausgegangenen im alltäglichen Leben weitgehend verwirklicht zu haben, werden wir fallen. Sind wir aber ehrlich zu uns selbst, dann wird uns der Innere Weg viel Freude bereiten, und wir werden in uns Harmonie erfahren.

Gott zum Gruß!

Einweihung

*Voraussetzungen für die Stufe der Weisheit –
Geistiges Wissen ohne Verwirklichung macht nicht weise – Die positiven Gedanken, deine besten Mitarbeiter – In jeder Information, Situation oder Schwierigkeit ist die Lösung und die Antwort enthalten – Nimm dich zurück und reagiere unpersönlich!*

*Zusammenfassung der Kriterien und Aufgaben:
Der werdende Mystiker lebt von innen nach außen; hat Wissen und Verwirklichung; ist erfüllt von Weisheit und Liebe; schöpft aus seinem erschlossenen Bewusstsein; erkennt und versteht seinen Nächsten; gibt und dient seinem Nächsten selbstlos.*

*Aufgaben: Seelengebet und Gottnähe;
während des ganzen Tages Freude ausstrahlen; Aufsplitten von Schwierigkeiten, Wortkomplexen und alten Gewohnheiten; Konzentrationsübung*

–

*Gabriele begrüßte uns.
Sie sprach:*

Lieber Bruder, liebe Schwester!

Der Friede und die Liebe unseres himmlischen Vaters in Christus, unserem Erlöser, begleiten dich durch das Erdendasein. Der Sinn und Zweck des Erdenlebens ist die geistige Evolution, der Weg hin zum Sein. Stufe für Stufe führt uns der Evolutionsweg hin zu unserem wahren Ursprung, zu unserem wahren Sein.

Betrachten wir das Wort »Sein«, so erkennen wir: Es ist von Ewigkeit zu Ewigkeit – es kennt weder Vergangenheit noch Zukunft. Wir sind Wesen der Ewigkeit, das Sein im Sein. Auch die Wege unseres irdischen Daseins führen uns allmählich, Stufe um Stufe, zu unserem wahren Sein, zum Ursprung unseres Lebens.

Wenn wir für uns den rechten Weg erkannt haben, gehen wir auch keine Umwege. Den rechten Weg für uns erkennen wir dann, wenn wir die gesetzmäßigen Schritte verwirklichen und nicht nur über sie lesen. Die ersten gesetzmäßigen Schritte auf dem Weg nach Innen sind: die Ordnung der Gedanken, das Zügeln der Rede und das Beherrschen der Sinne.

Wenn wir lernen, die ersten Schritte zu gehen, werden wir die Zehn Gebote Gottes in ihrer Tiefe verstehen und uns bemühen, nach ihnen zu leben. Die Zehn Gebote sind die Essenz des Inneren Weges.

Haben wir die ersten Schritte bewältigt, dann werden wir still und friedvoll. Wir beginnen, mehr und mehr aus jenen Bereichen unseres Bewusstseins zu schöpfen, die wir durch Verwirklichung erschlossen haben, und nähern uns damit der unmittelbaren Führung durch den Geist Gottes im eigenen Inneren.

Ist es uns in jedem Augenblick bewusst, dass wir Kinder Gottes sind, so erkennen wir, dass wir dann auf unserem

Weg zur unmittelbaren Führung gelangen, wenn wir die Gebote des Herrn befolgen und die Aufgaben und Lektionen aus dem Geiste Gottes gern und bereitwillig annehmen und umsetzen.

Wenn wir die göttlichen Gebote verwirklichen, welche die Auszüge aus dem ewigen Gesetz sind, weicht nach und nach das, was uns bisher verschattete und bedrückte. So bringt uns die Verwirklichung innere Klarheit, Freiheit, Glück und Frieden.

Liebe Schwester, lieber Bruder, wir hören immer wieder das Wort »Verwirklichung«. Werden wir uns noch einmal darüber klar: Wenn wir auch viel Wissen über die Gesetze Gottes gesammelt haben, wenn wir z.B. über das Gesetz von Saat und Ernte Antwort geben können, wenn wir viele Bücher aus der göttlichen Weisheit gelesen haben – so sind wir doch noch lange nicht weise! Unzählige Menschen lesen geistige Bücher, auch Bücher z.B. über geistiges Heilen – und doch ist die Menschheit friedlos, und viele sind krank. All das angelesene geistige Gut bringt also weder Gesundheit noch Frieden. Dass wir – global gesehen – trotz vielen Wissens die gleichen bleiben, können wir an unserem Denken und Verhalten erkennen und am Leben und Streben vieler Menschen ablesen, die geistiges Wissen haben.

Einzig die Verwirklichung der geistigen Gesetze – das heißt die tägliche Anstrengung, sie zu erfüllen – und dann die Erfüllung bewirken in uns Gesundheit, Frieden, Glück, Freiheit und innere Liebe – nicht aber das Anhäufen von Wissen.

Daher sollten wir uns folgenden Satz merken:

Nur die Verwirklichung der Gesetze Gottes macht aus uns einen freien, frohen, gesunden und liebevollen Menschen.

Liebe Geschwister, ihr betretet nun die dritte Stufe des Inneren Weges, die Stufe der göttlichen Weisheit. Hierfür gab uns Bruder Emanuel am 1. November 1984 Aufgaben und Lektionen in seiner Offenbarung zur Einweihung.

Was Bruder Emanuel damals offenbarte, ist auch heute gültig. Es ist Gottes Wort durch Seinen Diener, den Gesetzesengel der göttlichen Weisheit. Er übermittelt uns über das Prophetische Wort die Aufgaben und Lektionen, die göttlichen Gesetze und Gebote, die uns – sofern wir sie befolgen – wieder zum göttlichen Sein finden lassen.

Wenn wir die göttlichen Gesetze befolgen, wird unsere Seele licht und unser Mensch edel, rein und aufnahmefähig für die göttliche Weisheit. Wer zuvor die Stufe der Ordnung und die des Willens gewissenhaft und erfolgreich absolviert hat und nun die Stufe der göttlichen Weisheit beschreitet, der wird weise. Entsprechend dem Maß seiner Liebe zu Gott, mit dem er die Stufe der Weisheit betritt und absolviert, wird er auch den »Stein der Weisen« finden: sein wahres, ewiges Sein.

Es folgen nun Auszüge aus der Offenbarung zur Einweihung, die Bruder Emanuel, der Cherub der göttlichen Weisheit, am 1. November 1984 in Würzburg gegeben hat.

Bruder Emanuel offenbarte:

Liebe Brüder und Schwestern im Herrn, Gottes Friede ist mit uns.

Es ist heute ein ganz besonderer Tag. Geschwister der Stufe des Willens betreten nun die Stufe der Weisheit.

Die Liebe des Ewigen hat euch hierher geführt, die Liebe des Ewigen wird euch allezeit und in alle Ewigkeit geleiten. Seid bestrebt, der Liebe Gottes gerecht zu werden – dann seid ihr auch euch selbst gegenüber gerecht.

Liebe Freunde, ihr wollt die dritte Stufe, die Stufe der Weisheit, die Stufe der Tat, betreten. Mancher unter euch macht sich Gedanken, ob er wohl für diese Stufe reif sei, ob er jetzt schon aus dem Gesetz der Weisheit, der Gerechtigkeit Gottes, schöpfen kann.

Liebe Freunde, ihr seid nicht mehr unwissend. Jeder von euch kann sein Gewissen fragen, ob er wahrlich für die göttliche Weisheit, für die Tat, reif geworden ist. Wer die Stufe der göttlichen Weisheit betreten möchte, der muss die Stufen der Ordnung und des Willens erfolgreich durchwandert haben. Und wer die Ordnungs- und Willensstufe weitgehend verwirklicht hat, der kann seine Gedanken ordnen, seine Rede zügeln und seine Sinne meistern.

Gabriele sagte hierzu:

Liebe Geschwister, wer von uns ist schon vollkommen? Auf dem Pfad der Verwirklichung und Erfüllung nehmen wir die Erinnerungen und auch Ermahnungen unseres Geistigen Lehrers Bruder Emanuel dankbar an. Sie kommen aus seinem fürsorglichen Herzen.

Als Schüler auf dem Inneren Weg wissen wir inzwischen, dass auf jeder Stufe Aufgaben gegeben werden, so auch auf der Stufe der Weisheit. Bruder Emanuel legt uns zunächst folgende Fragen vor, anhand deren wir ehrlich prüfen sollen, ob wir diese Aufgaben der Ordnungs- und der Willensstufe weitgehend erfüllt haben. Er sprach:

Könnt ihr weitgehend eure Gedanken ordnen? Wo befinden sich tagsüber eure Gedanken? Wie steht es mit eurer Vergangenheit? Ist diese weitgehend bereinigt, oder steht noch Wesentliches zur Bereinigung an, das euch immer wieder beschäftigt und mit dem ihr euch gedanklich auseinandersetzt? Was ist aus der Vergangenheit noch gegenwärtig?

Löst eventuell die Vergangenheit Genugtuung und Selbstzufriedenheit aus? Sind solche oder ähnliche Aspekte vorhanden, dann sollte sich der Betreffende die Frage stellen, was wohl zugrunde liegt. Es können z.B. ganz persönliche Erfolge sein, die unter Umständen auf Kosten von Mitmenschen erreicht wurden.

Sind wesentliche Dinge und Geschehnisse aus seiner Vergangenheit noch nicht bereinigt, dann werden sie den Schüler, den Wanderer auf dem Weg zum Göttlichen, auf jeder Stufe immer wieder einholen. Dann lebt der Mensch nicht im Heute – auf den jeweiligen Tag bezogen –, sondern er lässt vergangene Geschehnisse und Dinge durch gleiche oder ähnliche Gedanken immer wieder aufleben; er lebt also in der Vergangenheit. Infolgedessen ist es ihm nicht möglich, den gegenwärtigen Tag zu erkennen und das zu bewältigen, was dieser an Dingen und Geschehnissen bringt.

Jeder Tag ist das Heute – und jeder Tag hält für jeden Menschen das bereit, was er an diesem, dem gegenwärtigen Tag Stunde um Stunde, Minute um Minute erledigen sollte. Wer jedoch mit seinen Gedanken und Sinnen im Gestern lebt, der kann das Heute weder erkennen noch bewältigen. Wer sich mit Gestrigem beschäftigt, der lebt nicht – er vegetiert. Wer auf die Vergangenheit bezogen ist, lässt die Gegenwart an sich vorbeiziehen. Wer sich Sorgen um die Zukunft macht, der lässt ebenfalls die Gegenwart an sich vorbeiziehen.

Gabriele erläuterte:

Was an uns vorüberzog und nicht beachtet wurde, ist nicht aufgehoben. Nach dem Gesetz von Ursache und Wirkung kommt es in Zyklen – ähnlich wie im Rhythmus von Tag und Nacht – wieder auf uns zu!

Lieber Bruder, liebe Schwester, immer wieder hören wir von Geschwistern auf dem Inneren Weg, sie seien so sehr in die tägliche Arbeit eingespannt und haben keine anderen Gedanken als die an ihre Arbeit. Außerdem seien sie sehr in Stress und haben keine Zeit, über Vergangenes nachzudenken. Deshalb nehmen sie an, sie hätten die Vergangenheit bereinigt! Wir sollten uns hier die Frage stellen: Was ist das Motiv dieser Überaktivität, unseres Stresses?

Könnten wir unsere Gedanken ordnen, dann könnten wir auch den Tag planen. Überaktivität deutet z.B. darauf hin, dass wir unsere Gedanken nicht ordnen und daher auch unseren Tag nicht gut planen können. Wenn wir unsere Gedanken nicht ordnen können, so stellt sich wie von selbst die Frage: Wo sind unsere Gedanken? Eine Überaktivität kann auch Selbstaufwertung sein oder Flucht vor Problemen, die wir zwar erkannt haben, jedoch nicht angehen wollen. In jedem Falle fragen wir: Was sind die Motive?

Meldet sich die Vergangenheit mit Schuldgefühlen, schlechtem Gewissen oder Aggressivität, dann können wir sicher sein, dass Vergangenes noch lebendig ist in uns, also noch nicht bewältigt und bereinigt ist.

Solange wir an Zurückliegendes noch gebunden sind durch Gedanken, Schuldgefühle, Aggressionen und anderes mehr, können wir uns nicht auf unsere Tagesarbeit konzentrieren und auch nicht an uns selbst arbeiten. Bewusstes Arbeiten ist gedanklich ausgerichtetes Arbeiten – ist Konzentration.

Wer mit seinen Gedanken im Vergangenen lebt, der kann die Gegenwart nicht erkennen und nützen. Er lebt *nicht wach und bewusst, weil er weder Auge noch Ohr für die Tagesimpulse hat. Ist jedoch unsere Vergangenheit weitgehend bereinigt, so können wir in der Gegenwart leben. Unser Denken und Tun bezieht sich dann auf den Tag und auf die jeweilige Situation: Wir leben den Tag gesetzmäßig, und unsere Gedanken sind weitgehend klar und auf die jeweilige Situation des Tages bezogen. Unsere Arbeit verläuft gut und planmäßig.*

Sind wir konzentriert und in innerer Harmonie, dann werden wir auch von innen geführt. Der Innere Helfer und Ratgeber, unser ewiges Sein, kann dann auch – für uns bewusst – unser Denken und Tun kontrollieren. Das heißt: Aus unserem eigenen Inneren, dem erschlossenen geistigen Bewusstsein, fließen uns Rat und Hilfe beim Finden gesetzmäßiger Lösungen und Schritte zu.

Ein wesentlicher Merksatz:

Deine positiven Gedanken zu deiner Arbeit sind deine besten Mitarbeiter. Sie geben dir zusätzliche Kraft und bewirken, dass dir die Arbeit besser und rascher gelingt.

Lieber Bruder, liebe Schwester, mache dir bewusst:

»Deine positiven Gedanken sind deine besten Mitarbeiter« heißt: Wer seiner Arbeit gegenüber positiv eingestellt ist, wer seine Gedanken ordnen und seine Rede zügeln kann, der ist bei der Sache und wird nicht hektisch und nervös. Er setzt die Kräfte gezielt und maßvoll ein, bleibt gesammelt und lässt sich nicht ablenken.

Sind wir positiv gestimmt und vermögen wir konzentriert zu arbeiten, dann werden wir in kürzerer Zeit wesentlich mehr vollbringen als jene Menschen, die eventuell sogar sehr rasch arbeiten, jedoch ihre Gedanken nicht bei der Arbeit haben, sondern in der Vergangenheit oder in der Zukunft, die ihre Kräfte in Probleme und Schwierigkeiten, in negative Gedankenformen, fließen lassen.

Positive Gedanken sind positive Kräfte. Sie wirken sich positiv auf unsere Arbeit und auf unser Leben aus.

Sind unsere Gedanken nicht bei unserer Tätigkeit, dann arbeiten wir unkonzentriert, zerstreut; wir könnten hierfür das Wort »bewusst-los« gebrauchen. Wir arbeiten ohne Bewusstsein, ohne Bezug zu unserer Arbeit.

Unser Geistiger Lehrer, Bruder Emanuel, sprach:

Wer zerstreut ist, verfügt nicht über seine gesetzmäßigen Mitarbeiter, die positiven Gedanken, die in Kommunikation mit den positiven Kräften stehen. Wer zerstreut ist, wirkt auch auf seine Mitmenschen zerstreut und wird daher oftmals nicht ernst genommen. Das wirkt sich wiederum auf seine Arbeit aus.

Wer die Stufe der Ordnung und die des Willens erfolgreich absolviert hat, der ist in seinem Denken und Tun klar. Sofern ein Problem auftritt, kann er sich selbst einen Termin setzen, bis zu dem er dieses Problem bewältigt haben wird! Wer seiner Entwicklung nach auf die Stufe der Tat gehört, der wird auch eine auftretende Schwierigkeit oder ein Problem in der Frist bewältigen, die er sich dafür gesetzt hat. Er hat hierfür die Kraft, denn die von ihm erfolgreich absolvierten Stufen der Ordnung und des Willens sind erschlossene Lichtenergien, die ihm auf dem Weg zum wahren Sein beistehen.

Gabriele sprach:

Liebe Schwester, lieber Bruder, auf dem Inneren Weg gibt es immer wieder Schwankungen unseres Gemütes. Die Schwankungen sind Bewegungen unserer Seele, die sich im Körper auswirken. Sie sind positiv zu werten, denn sie befördern aus der Seele menschliche »Ichheiten« ins Oberbewusstsein. Daraufhin können wir die Mängel erkennen und sodann auch bereinigen. Die meisten von uns haben die Erfahrung gemacht, dass uns zum Beispiel an einem Tag vieles gelingt – an anderen Tagen hingegen geht uns Vergleichbares nicht von der Hand; wir fühlen uns gestresst und übermüdet.

Ähnliches stellen wir auch bei den Aufgaben und Lektionen aus dem Geiste fest: An manchen Tagen sind wir nach innen gewandt und erfüllen freudig die Aufgaben auf dem Inneren Weg. An anderen Tagen wiederum fällt es uns schwer, das Seelengebet zu machen und positiv zu denken.

Daher ist es wesentlich, dass wir uns am frühen Morgen auf Gott ausrichten und am Vorabend den Tag mit Gott abschließen. Wenn am Abend noch etwas vorlag, das uns aus dem Tagesrhythmus und auch aus dem Körperrhythmus, aus der Harmonie brachte, dann in vielen Fällen nur deshalb, weil wir über das Negative zu lange nachdachten. Erfassen wir die Schwierigkeiten und Probleme rechtzeitig, ordnen und bereinigen wir sie, dann können wir sie auch sehr rasch loslassen und Christus übergeben. Auf diese Weise halten wir unser Denken frei und sind bewusst auf den Tag bezogen.

In jeder Schwierigkeit und in jedem Problem ist die gesetzmäßige Lösung vorhanden. Auch alles, was wir von unseren Mitmenschen erfahren, birgt in sich eine Lösung. Wir hätten ein leichtes und angenehmes Arbeiten, wenn wir in unseren Schwierigkeiten und bei allen Informationen sofort die positiven Aspekte finden könnten – die Lösung. Wir können sie finden:

- *wenn wir die Gesetze Gottes verwirklichen, also im täglichen Leben befolgen;*
- *wenn wir unsere Mitmenschen nicht mehr abwerten, um uns aufzuwerten;*
- *wenn wir in unserem Nächsten das Gute bejahen;*
- *wenn wir unsere Mitmenschen annehmen und jedem die innere Freiheit der Entscheidung überlassen;*
- *wenn wir unseren Nächsten nicht gängeln wollen, ihn also nicht veranlassen, das zu tun, von dem wir glauben, dass es richtig sei;*
- *wenn wir stets in allem das Positive suchen; dann werden wir es auch finden und unsere Arbeit freudig und rasch erledigen.*

Liebe Geschwister, ich wiederhole: In jeder Schwierigkeit, in jedem Problem, in jeder Information ist die Lösung – ebenso wie in jeder Krankheit die Lösung, der Weg zur Gesundheit, liegt. Haben wir wirklich die Bewusstseinsstufe der göttlichen Weisheit erlangt, das heißt, gehören wir auf diese Stufe, weil wir die der Ordnung und des Willens erfolgreich absolviert haben, so wird uns allmählich das Finden der positiven Lösung möglich – nämlich von innen heraus, dank der unmittelbaren Führung durch unser wahres Sein.

Unser wahres Sein ist der Innere Helfer und Ratgeber, der um alle Dinge weiß und uns beisteht, in allem, was auf uns zukommt, die Lösung zu finden und sie auch umzusetzen. Denn es nützt nichts, die Lösung wohl zu wissen, jedoch wenig zu verwirklichen. Verwirklichen wir nicht, dann bleiben wir in unsere Schwierigkeiten und Problemen verstrickt – und jede Information, die wir erhalten, jedoch nicht beachten, wird uns neue Schwierigkeiten und Probleme bringen.

Wir sollten uns angewöhnen, alles, was der Tag bringt – an Positivem, jedoch auch an Schwierigkeiten und Problemen –, so weit zu besprechen und zu bereinigen, wie es uns möglich ist, um ruhig und besonnen in den Abend gehen und ohne Gewissensbisse einschlafen zu können.

Auf dem Inneren Weg eröffnen sich uns die Möglichkeiten, unser Leben so zu gestalten, dass wir trotz der Hektik um uns herum und trotz mancher Schwierigkeiten und Probleme ruhig und souverän bleiben können.

Wer zu sich selbst ehrlich ist, der ist auch seinem Nächsten gegenüber offen, tolerant, ehrlich und aufrichtig. Wenn z.B. Dinge und Geschehnisse zu besprechen sind, um Klarheit zu erlangen, dann sollten wir es, wenn möglich, sehr bald tun, damit wir nicht mit unseren Gedanken bei diesen Geschehnissen sind und somit unkonzentriert arbeiten. Wenn wir uns nicht bemühen, Unklares klarzustellen und anzusprechen, dann werden wir schwer einschlafen und auch unruhig schlafen – und wir nehmen es mit in den nächsten Tag, so dass wir beim Erwachen schon müde und lustlos, unter Umständen sogar aggressiv sind.

Wir sollten uns angewöhnen, Schwierigkeiten nicht als lästig fortzuschieben, sondern sie – wenn möglich heute noch – als Aufgaben annehmen, denn sie tragen ihre Lösung in sich.

Bruder Emanuel
sprach Folgendes:

Hat der Schüler weitgehend die Herrschaft über sich erlangt, dann ist er auch in jeder Situation beherrscht und auf dem besten Weg, ein Mystiker zu werden.

Ein werdender Mystiker schöpft aus seinem erschlossenen Bewusstsein. Wessen Bewusstsein sich mehr und mehr erschließt, der befindet sich auf dem Pfad zur Erleuchtung.

Gabriele erinnerte:

Lieber Bruder, liebe Schwester, um aus unserem wahren Selbst schöpfen zu können, müssen wir uns zurücknehmen, uns beherrschen. Unser Bewusstsein erschließt sich nur durch die Verwirklichung – nicht durch das Lesen über göttliche Gesetze.

Bemühen wir uns also, in jeder Situation beherrscht zu sein! Beherrscht sein heißt nicht, dass wir den Mund verschließen oder uns keine Wünsche mehr erfüllen; das wäre Unterdrückung, Kasteiung, und brächte uns auf dem Weg zu Gott nicht voran.

Beherrscht sein heißt, dass wir uns bemühen, alles aus einem gewissen Abstand zu sehen – unpersönlich. Wenn uns das gelingt, geht unser Allzumenschliches zurück. Wir empfinden dann noch das Negative, doch wir suchen und finden auch das Positive darin – den positiven Aspekt, den wir bejahen und den wir auch anzusprechen vermögen.

Erst wenn wir weitgehend unsere Gedanken geordnet, unsere Rede gezügelt und unsere Sinne bemeistert haben, werden wir zu höheren Bereichen der Verwirklichung gelangen. Haben wir unsere Sinne unter Kontrolle, dann sind wir auch bei unserer Arbeit und sind auf die jeweilige Situation ausgerichtet und erkennen infolgedessen rechtzeitig, wenn Schwierigkeiten auftreten wollen.

Das Gleiche gilt für unsere persönliche Entwicklung. Sind wir mit unseren Gedanken bei unserer Tätigkeit, dann *werden wir uns rechtzeitig bewusst, wenn wir in frühere menschliche Gewohnheiten und Muster abgleiten. Gleiten wir immer wieder in die Vergangenheit ab oder in kürzer zurückliegende Begebenheiten, dann haben wir unsere Sinne nicht unter Kontrolle; wir lassen es zu, dass sie uns ablenken. Wir sollten uns dann rechtzeitig zur Ordnung rufen und uns wieder neu orientieren.*

Sind es wesentliche Dinge, die in uns aufsteigen und uns beschäftigen wollen, dann halten wir sie schriftlich fest. Wir legen z.B. einen Merkzettel an unserem Arbeitsplatz vor uns hin, um dann, wenn die vor uns liegende Arbeit getan ist, das wiederkehrende Allzumenschliche zu analysieren und zu bereinigen.

Durch Verwirklichung empfangen wir immer mehr göttliche Kraft. Sie durchströmt uns und schenkt uns Klarheit und innere Stärke. Wir sind dann erfüllt von dem Leben in und aus Gott.

Liebe Schwester, lieber Bruder, wenn wir zu Recht auf der Stufe der Weisheit sind, also die Bereiche der Ordnung und des Willens in uns erschlossen haben, dann werden wir mehr und mehr das Bewusstsein unseres Nächsten erfassen können, weil wir nicht mehr urteilen und verurteilen, sondern aus der Kraft unserer Verwirklichung schöpfen. Dann erst ist es uns möglich, in die Worte, in die Gesten und in die Mimik des Nächsten hineinzuschauen.

Einzig durch die Verwirklichung der ewigen Gesetze finden wir zum unpersönlichen Leben in uns. Das unpersönliche, das Innere Leben ist der Stein des Weisen.

Das Unpersönliche ist immer verständnisvoll und gütig, weil es göttlich ist. Selbst wenn der Nächste uns abwertet oder beschimpft, können wir, wenn wir unpersönlich sind, z.B. zu ihm sagen: »Siehst du, das ist deine Meinung – vielleicht denkst du noch einmal darüber nach.«

Sprechen wir diese Worte aus unserem Herzen heraus, so liegen Wohlwollen und Verständnis darin.

Wer selbstlos, also unpersönlich, spricht, der ist unabhängig von dem, was sein Nächster denkt und was er spricht. Wer aus dem Göttlichen, aus der Wahrheit, gibt, der ruht in Gott und ist nicht von der Meinung und dem Denken seines Nächsten abhängig.

Bruder Emanuel sagte hierzu:

Der werdende Mystiker auf dem Pfad der Erleuchtung teilt sich seinem Nächsten nur so weit mit, wie dieser es aufzunehmen und zu verstehen vermag. Sein entwickeltes Feingefühl sagt ihm, wie weit er mit seinen Worten und Handlungen gehen darf.

Denn der werdende Mystiker erfasst das Bewusstsein seines Nächsten, weil er es in sich selbst, in seinem erschlossenen Bewusstsein, zu erfühlen vermag, da er klar und weitgehend frei ist von Entsprechungen, also von den Seelenhüllen, die das Geistbewusstsein überlagern.

Gabriele erläuterte:

Lieber Bruder, liebe Schwester, wir nehmen uns also zurück und reagieren unpersönlich, das heißt göttlich. Wir sind selbstlos und wollen nicht aus unserem Ich heraus geben. Wir wollen nichts für uns haben, sondern spüren, was der Nächste wirklich braucht. Vielleicht braucht er nur einen aufmunternden Impuls aus der Freude, die wir gerade empfinden, und nicht den ganzen Komplex der Freude. Unser erschlossenes geistiges Bewusstsein kennt die Dosis. Wer es erschlossen hat, der besitzt innere Werte und eine feine Antenne für seinen Nächsten.

Der Ablauf ist folgender: Wenn wir unser Menschliches zurücknehmen, also selbstlos ausstrahlen, nimmt unsere innere Empfindung – der schon erschlossene Teil unseres geistigen Bewusstseins – das Bewusstsein unseres Nächsten auf. Auf diese Weise treten wir mit dem geistigen Bewusstsein in unserem Nächsten in Kommunikation. Das Fließen dieser positiven Kräfte, der positiven Kommunikation, ist Offenbarung. In unserem Oberbewusstsein kommen dann aus unserem Geistbewusstsein die Impulse an: was wir sagen oder wie wir ihm helfen können.

Wir überlegen nicht und wägen auch nicht ab oder überdenken erst diesen Impuls des Inneren, sondern geben aus unserem Inneren. Oftmals genügt ein Lächeln oder die stille Kommunikation innerer Liebe.

Den werdenden Mystiker zeichnet die Verwirklichung aus. Durch die Verwirklichung finden wir zum wahren Sein, finden wir uns selbst. Wir sind; wir leben immer mehr im göttlichen Gesetz und leben zunehmend von innen nach außen, entsprechend den Worten:

Nimm dich zurück und reagiere unpersönlich! Werde göttlich, denn das Göttliche ist das Gesetz.

Bruder Emanuel offenbarte:

Menschen des Geistes leben mehr und mehr im Inneren und aus ihrem Inneren. Sie sind souverän. Die inneren Sinne eines geistigen Menschen, die Sinne der Seele also, sind weitgehend erschlossen. Er ist nicht mehr umwölkt von Problemen und Schwierigkeiten, von all dem, was die äußeren Sinne herbeiziehen und bewirken.

Der werdende Mystiker begegnet einem sich anzeigenden Problem oder einer aufkommenden Schwierigkeit sofort mit seinem erschlossenen geistigen Bewusstsein. Er stellt dem ihm bewussten Gedankenkomplex nicht mehr die Fragen: Was willst du? Woher kommst du? Oder: Wer bist du?

Mit seinem erschlossenen Bewusstsein geht er sofort den Gedankenkomplex an und schlüsselt das Problem oder die Schwierigkeit auf. Ein werdender Mystiker schaut also in dieses Energiefeld hinein, in die Schwierigkeit oder in das heraufziehende Problem.

Gabriele sprach:

Liebe Schwester, lieber Bruder, unser erschlossenes Bewusstsein ist ein Teil unseres wahren Seins. Unser Sein wird auch unser Selbst genannt. Es ist unser ewiges Leben – das Geistwesen, welches das göttliche Gesetz ist.

Das wahre Sein ist das göttliche Gesetz – und dieses Gesetz ist unpersönlich. Deshalb ist unser erschlossenes Potential – das, was wir verwirklicht haben – unpersönlich.

In das unpersönliche Leben, das in uns ist, können wir uns immer wieder zurückziehen:

Wenn einer unserer Mitmenschen z.B. mit Vorwürfen auf uns zukommt, so geht der Mensch, der auf sein Ich bezogen ist, in Abwehrhaltung und beginnt, sich zu rechtfertigen. Der geistige Mensch hingegen bleibt beherrscht. Er wird aus seinem erschlossenen Bewusstsein antworten, das unpersönlich ist.

Ist unsere Antwort unpersönlich, dann haben wir auch die positive Strahlung unseres Nächsten in unser erschlossenes Bewusstsein aufgenommen. Wir erspüren die positiven Aspekte unseres Gegenübers in uns, und es kommt eine herzliche, unpersönliche Antwort oder ein unpersönliches Gespräch zustande.

Entsprechend dem, was wir verwirklicht haben, wird uns gegeben. Wie von selbst strömt es aus unserer Seele in unser Oberbewusstsein und teilt sich uns mit. Aus uns strömen selbstlose Empfindungen des Wohlwollens, der Güte, der Liebe, der Harmonie. Gute Wünsche begleiten unseren Nächsten auch dann, wenn wir ihm im Äußeren nicht zustimmen oder er uns gar Vorwürfe gemacht hat.

Wir nehmen immer wieder unseren Menschen, das Menschliche, zurück und bemühen uns, unpersönlich zu reagieren.

Dazu eine Übung:

Wenn wir mit unserem Nächsten ins Gespräch kommen und unüberlegt oder aus dem Wissen, aus dem Verstand antworten wollen, dann nehmen wir uns zurück. Wir ziehen unsere Sinne nach innen und antworten aus unserem Inneren heraus – ohne zu überlegen, was wir antworten sollen. Sobald wir beginnen abzuwägen, was wir antworten sollen, verdrängen wir das, was aus unserem Inneren aufsteigen möchte.

Wenn wir die positiven Aspekte unseres Nächsten in uns noch nicht erschlossen haben, dann können wir ihm auch keine richtungweisende Antwort aus unserem Inneren geben – unsere Reaktion bleibt menschlich. Sind wir zu uns selbst ehrlich, werden wir unserem Nächsten gegenüber sodann zugeben, dass unsere Antwort unsere persönliche Meinung ist, aber noch nicht aus dem göttlichen Gesetz, da wir es selbst noch nicht verwirklicht haben.

Was der Mensch aus seinem Ich heraus spricht, ist persönlich.

Wenn wir eine Frage nicht gesetzmäßig beantwortet haben oder nicht beantworten konnten, dann sollten wir uns selbst fragen:

- *Was wollten mir die Äußerungen meines Nächsten sagen?*
- *Was ist nicht in Ordnung mit mir selbst?*
- *Welche Gedanken hatte ich, als ich meinen Nächsten sah oder als er mich ansprach?*

So können wir immer wieder unser noch vorhandenes Persönliches erkennen.

Merken wir uns Folgendes:

Wenn wir unserem Nächsten mit den äußeren Sinnen begegnen, nehmen wir nur das Menschliche auf. Begegnen wir ihm jedoch mit den inneren Sinnen, mit den Sinnen der Seele, indem wir nicht über ihn, über sein Menschliches, nachsinnen, sondern uns bemühen, seine gesamte Strahlung in uns aufzunehmen, dann strömt ihm aus unserem Inneren die selbstlose Empfindung zu, die Antwort aus unserem erschlossenen geistigen Bewusstsein.

Bruder Emanuel legte dar:

Wer bewusst in Gott und mit Gott lebt, wer also aus seinem erschlossenen geistigen Bewusstsein, aus seinem ewigen Sein, schöpft, dem wird auch das Bewusstsein – sein Sein – auf wesentliche Dinge Antwort geben. Es wird ihm einen Problemkomplex aufschlüsseln und die zugrundeliegende Ursache übermitteln.

Das ist jedoch nur dem Schüler möglich, der selbstlos ist, der sein Individuelles – seine menschlichen Ichheiten – weitgehend überwunden hat.

Menschen, die aus ihrem Inneren schöpfen, geben und leben, werden nicht mehr urteilen und verurteilen, sondern in ihrem Nächsten das Gute, das Positive, bejahen und ansprechen. Über die Bejahung der positiven Kräfte finden sie zu dem inneren Wesen ihres Nächsten, zu seinem wahren Sein.

Gabriele fuhr fort:

Die Übungen, die wir in dieser Schulung erhalten, sollen uns aus dem einengenden Ich herausführen in die Freiheit des unpersönlichen Lebens. Erst wenn wir die Zwangsjacke des menschlichen Ichs ausgezogen haben, erkennen wir, wie schön der Weg ist, der in die Freiheit führt. Dann erst können wir zügig auf dem Inneren Weg voranschreiten.

Wenn wir positiv denken, wenn wir die positiven Werte des Nächsten bejahen, wenn wir ihn immer wieder positiv sehen, ihn an- und aufzunehmen vermögen, dann kann er über uns sagen und denken, was er will – wir ruhen in uns!

Bruder Emanuel gab einen Ausblick
auf die Stufe der Weisheit:

Am Ende der Stufe der Weisheit heißt es nicht mehr: Erkenne dich selbst – sondern es heißt: Erkenne deinen Nächsten so, wie er wirklich ist; erkenne ihn in dir, in deinem geistig erschlossenen Bewusstsein, in deinem wahren Sein; denn alles, was wesentlich ist, zeigt dir dein Bewusstsein.

Erst also, wenn euer geistiges Bewusstsein frei und geschult ist, werdet ihr den Bewusstseinsstand eures Nächsten erfassen können.

Gabriele sprach:

Lieber Bruder, liebe Schwester, wir können dieses hohe Ziel, von dem Bruder Emanuel gesprochen hat, nur dann erreichen, wenn wir uns selbst erkannt und überwunden haben; vorher können wir auch unseren Nächsten nicht erkennen.

Bruder Emanuel offenbarte:

Wer sich selbst noch nicht erforscht und erkannt und sein Allzumenschliches noch nicht weitgehend bereinigt hat, der wird über seine Mitmenschen urteilen und sie auch verurteilen. Aufgrund dieses menschlichen Verhaltens wird er nicht mit den Bereichen seines erschlossenen

Bewusstseins in Kontakt treten können – und auch nicht mit denen seines Nächsten.

Dem werdenden Mystiker sagt sein wahres Sein, das erschlossene Bewusstsein seiner Seele, mit wes Geistes Kind er es zu tun hat. Wenn der Erleuchtete das Bewusstsein, den Entwicklungsstand, seines Nächsten in sich wahrnimmt, weiß er auch gleichzeitig, was er ihm sagen und wie weit er ihm behilflich sein kann. Er schaut auch das menschliche Ich seines Nächsten. Da er die Gesetze Gottes kennt – auch das Gesetz von Saat und Ernte –, weiß er, wie weit er seinen Nächsten aufklären darf über das, was er schaut, oder wie weit er seinem Nächsten helfen darf. Er wird seinen Nächsten nicht überfordern, um ihn nicht zu weiteren Ursachen anzuregen.

Gabriele machte uns bewusst:

Auf unserem Lebensweg sollten wir immer wieder folgende Hinweise unseres Bruders Emanuel beachten, sie können uns immer wieder zur Selbsterkenntnis anregen:

Wer seinen Nächsten in sich selbst erkennt, wer friedvoll und ohne Erregung sagen kann: »Die Eigenschaften und Neigungen, die mein Nächster noch an sich hat, hatte ich einst auch; mit viel innerer Not und oft großem Herzeleid musste ich meine Schwierigkeiten und Probleme überwinden!« – wer so empfindet, der hat sich wahrlich überwunden; in ihm liegt diesbezüglich keine Entsprechung mehr vor. Nur wer sich selbst bemeistert hat und über den niederen Eigenschaften und Neigungen seines Nächsten steht, der wird selbstlos antworten und seinem Nächsten gegenüber verständnisvoll, tolerant und wohlwollend sein.

Über den niederen Eigenschaften und Neigungen seines Nächsten zu stehen heißt nicht, sich über den Nächsten zu stellen und ihn abzuqualifizieren, sondern: nicht mehr die gleichen Entsprechungen zu haben. Es heißt, verständnisvoll am Nächsten zu erkennen, was dieser noch zu überwinden hat und was er, der darübersteht, selbst schon überwunden hat.

Gabriele fuhr fort:

Liebe Geschwister, was wir an uns selbst erkannt und verwirklicht und damit überwunden haben, macht uns sanftmütig, demütig und barmherzig; denn dann wissen wir aus eigener Erfahrung, was es bedeutet, mit sich selbst zu ringen und zu kämpfen, um das menschliche Ich zu besiegen. Dann können wir auch auf unseren Nächsten entsprechend zugehen, weil nichts mehr von Mensch zu Mensch zu bereinigen ist; es ist dann das Verstehen von Seele zu Seele.

Solange wir jedoch noch sagen: »Ich muss bereinigen«, sind wir betroffen, wenn unser Nächster unsere Entsprechungen getroffen hat. Wer nur von der Bereinigung spricht, der hat noch nicht viel Allzumenschliches über-

wunden. Dann ist es uns auch nicht möglich, die Worte und Gesten unseres Nächsten zu durchschauen, da wir nicht deren Hintergründe erfassen können, den Sinngehalt. Wenn wir noch sagen: »Ich muss mit meinem Nächsten etwas bereinigen«, müssen wir uns zuerst fragen, was uns an ihm missfällt, und dann, ob wir nicht doch Gleiches oder Ähnliches an uns feststellen können.

Wenn wir kein Verständnis für den anderen haben, wenn er uns innerlich nicht nahe ist, dann können wir ihn auch nicht verstehen. Wenn wir also kein Verständnis für ihn aufbringen, ihm nicht näherkommen, dann wollen wir ihn auch gar nicht verstehen – dann wollen wir, dass er uns so entgegenkommt, wie wir es uns vorstellen. Dann gehen wir keinen Schritt auf ihn zu, weil wir der Ansicht sind, er müsste den ersten Schritt tun. Wir können so lange von unseren Mitmenschen nichts annehmen, solange wir glauben, dass wir alles besser wissen und dass unsere eigenen Vorstellungen der Maßstab aller Dinge sind.

Wenn wir noch dominieren und unsere Mitmenschen beherrschen wollen, dann müssen wir uns fragen: Wen oder was wollen wir noch beherrschen – und warum?

Solange wir noch beherrschen wollen, sind wir unbeherrscht und fühlen uns als die Unterlegenen. Der Unterlegene möchte etwas für sich persönlich. Wer von seinem Nächsten dies und jenes erwartet – wie Anerkennung, Aufwertung und dergleichen –, der ist noch geistig verarmt. Er möchte, weil er nicht hat.

Hierzu Bruder Emanuel:

Wer im Göttlichen lebt, der ist genügsam. Er hat, was er benötigt, und sogar darüber hinaus. Einerlei, an welchem Platz er steht, in welcher Position er sich befindet, auch in Politik oder Wirtschaft – ihm wird alles gelingen, weil er die positiven Kräfte, das Gute, einsetzt für das Wohl aller.

Wer die positiven Kräfte entwickelt hat, wird auch, auf Dauer gesehen, nicht der Unterlegene sein. Der Unterlegene ist der Persönlichkeitsdenker, der beständig mit sich selbst unzufrieden ist. Der Unterlegene ist der Unzufriedene, der groß sein möchte und es doch nicht ist. Daher ist er dauernd unzufrieden. Der Unzufriedene ist unermüdlich bestrebt, sich bei seinen Mitmenschen aufzuwerten. Deshalb schiebt er, so oft es geht, seinem Nächsten die Schuld an seinem eigenen Versagen zu und urteilt und verurteilt seine Mitmenschen.

Gabriele sprach weiter:

Liebe Geschwister, werden wir wachsam, um in allem, was gesagt und getan wird, das Fünkchen Wahrheit zu finden! Darauf lässt es sich dann auch positiv aufbauen. Das gelingt uns, indem wir uns immer wieder zurücknehmen. Wir ziehen uns in unser Unpersönliches zurück; das heißt: Wir werten und urteilen nicht. Dann ist es uns auch möglich, die Ansichten unseres Nächsten zu durchschauen, um das Fünkchen Wahrheit zu finden, auf welchem wir dann aufbauen können. So entsteht die Kommunikation der positiven Kräfte. Daraus kann sich dann auch ein fruchtbringendes Gespräch ergeben.

Weitere Hinweise unseres Geistigen Lehrers,
Bruder Emanuel, zur Selbsterkenntnis:

Wer seine niedere Natur, das niedere Ich, überwunden hat, wird seinen Nächsten nicht mit einem Redeschwall überfordern. Er geht so weit auf ihn ein, wie dieser es verstehen und annehmen kann.

Gabriele:

Das heißt also: Habe ich mich selbst erkannt und überwunden, dann bin ich feinfühlig und weiß, was ich meinem Nächsten sagen darf und was nicht. Ich weiß dann auch, wie ich es ihm sagen muss, damit er es an- und aufzunehmen vermag.

Die Voraussetzung hierfür ist jedoch, dass es der Nächste an- oder aufnehmen möchte. In ein verschlossenes Herz gehen weder Weisheiten ein, noch gehen Weisheiten von ihm aus. Was in selbstloser Liebe gesprochen oder getan wurde, wird jedoch nicht verlorengehen. Deshalb sollten wir nicht fragen, ob es unser Nächster an- oder aufgenommen hat, sondern dies Gott überlassen. Unser Gespräch soll nicht allein dem Menschen dienen, sondern vor allem seiner Seele.

Liebe Schwester, lieber Bruder, solange wir noch sehr schwankend sind – das heißt, dass wir heute himmelhochjauchzend und morgen zu Tode betrübt sind –, haben wir noch nicht allzu viel verwirklicht; dann ist es uns auch nicht möglich, unseren Nächsten zu erkennen und aus unserem Bewusstsein, aus unserem Sein, zu schöpfen. Sehr starke Schwankungen treten dann auf, wenn noch starke menschliche Gefühle, Neigungen und Wünsche vorhanden sind.

Bruder Emanuel sprach weiter:

Wer sich noch nicht selbst erforscht hat, der kennt sich selbst nicht – und wer sich selbst nicht erkennt, der hat seine menschlichen Gefühle und Neigungen noch nicht weitgehend bemeistert! Deshalb kennt er auch seinen Nächsten nicht, dessen Neigungen und Eigenschaften. Wer noch in der Sinneswelt lebt – das heißt seinen Sinnen freien Lauf lässt –, der wird richten, urteilen und verurteilen.

Dazu erläuterte Gabriele:

Liebe Geschwister, auf dem Inneren Weg hören wir immer wieder, dass Geschwister sagen: »Ich habe dieses oder jenes überwunden.«

Ob wir etwas schon überwunden oder wir uns nur kasteit haben, erkennen wir sehr rasch daran, ob wir in der gleichen Sache über unseren Nächsten richten, über ihn urteilen oder ihn verurteilen. Haben wir also gewisse Menschlichkeiten noch, sind aber der Annahme, wir hätten sie überwunden, dann haben wir uns in diesen Fällen nur kasteit, also etwas nur weggeschoben, demnach verdrängt und nicht überwunden.

Geistig entwickelte Menschen beurteilen ihre Nächsten aufgrund ihres erschlossenen Bewusstseins, verurteilen sie jedoch nicht!

Bruder Emanuel sagte:

Liebe Freunde, es ist ein großer Unterschied zwischen beurteilen und verurteilen. Wer seinen Nächsten aus seinem geistig erschlossenen Bewusstsein beurteilt, der richtet nicht; denn das Sein schaut die Dinge, wie sie sind – und nicht, wie sie scheinen. Das geistige Bewusstsein urteilt und verurteilt nicht – es ist weise. Menschen des Geistes sehen die Dinge so, wie sie sind; und sie wissen auch, wie schwer es ist, bis der Mensch sein Ich überwunden hat, denn sie haben sich selbst überwunden und mit sich selbst gerungen und gekämpft.

Ein Urteil ist es, wenn ihr z.B. sagt: »Dieser hat gestohlen; er ist ein Dieb.« Verurteilen ist, wenn ihr eine Strafe festlegt, wie z.B.: »Er müsste mit 50 Tagen Haft bestraft werden.«

Jesus sprach sinngemäß: »Was ihr dem Geringsten Meiner Brüder antut, das habt ihr Mir angetan!«

Der Mensch belastet sich, wenn er seinen Nächsten verurteilt. Auch jede Täuschung ist eine Belastung. Täuscht ihr euren Nächsten, indem ihr etwas vorgebt, das in euch noch nicht Gestalt angenommen hat, so schöpft ihr aus dem Wissen, nicht aus der Weisheit; ihr gebt etwas vor, was nicht ist. Das graviert sich als Gegensätzliches in die Seele ein. Nur jener Mensch kann aus seinem Inneren schöpfen, der weitgehend sich selbst bemeistert hat!

Dazu gab Gabriele folgenden Rat:

Liebe Geschwister, wir sollten also nicht Wissen vermitteln, sondern aus unserer Verwirklichung sprechen. Sofern wir Wissen vermitteln, sollten wir offen sagen: »Ich weiß es; doch ich habe es selbst noch nicht verwirklicht.« Das ist Ehrlichkeit. Wer zu sich selbst ehrlich ist, der ist auf dem Weg zum Herzen seines Nächsten und auf dem Weg zu Gott, unserem Vater.

So können wir uns auch ehrlich die Frage beantworten, die uns unser Geistiger Lehrer, Bruder Emanuel, stellt:

Seid ihr noch individuell, das heißt seid ihr noch Individuen, die sich tagtäglich mit sich selbst beschäftigen, die ihr eigenes Ich noch pflegen, die ihre Probleme und Schwierigkeiten Tage, Wochen, ja Monate mit sich herumtragen? Die Antwort möge sich jeder selbst geben!

Bruder Emanuel offenbarte weiter:

Der werdende Mystiker lebt mehr von innen nach außen. Er sieht sein Äußeres, seinen Menschen, nur als das Gefährt der Seele.

Die fünf Sinne des werdenden Mystikers bilden die Brücke zum Wesenskern, Gott. Dadurch ist der geistige Mensch, der werdende Mystiker, weitgehend lauter in Gedanken und Worten, weil seine Sinne veredelt oder gar schon vergeistigt sind. Kommen sodann von außen auf ihn Schwierigkeiten und Probleme zu, dann wird er in jeder Schwierigkeit und in jedem Problem die Lösung suchen und finden und darauf aufbauen. Dadurch wird er diese auf ihn zukommenden problematischen, schwierigen Angelegenheiten binnen kurzer Zeit meistern.

Wer im Geiste so weit gediehen ist, der ist auch auf dem Weg zur Erleuchtung. Ein Erleuchteter steht nicht mehr im Schatten seines Ichs; er ist nicht mehr umwölkt von all dem, was ihn noch vor Jahren beschäftigt hat – er ist frei und bereit, aus der göttlichen Weisheit zu schöpfen und damit seine Tätigkeit und Arbeit zu beseelen.

Die Stufe der Weisheit ist die Stufe der Tat. Der werdende Mystiker, der sich auf der Stufe der Weisheit befindet, wird nunmehr als selbstloser Diener seinen Mitmenschen auf mannigfache Art und Weise beistehen. Dadurch kommt er mit Menschen verschiedener Bewusstseinsstufen in Verbindung. Vieles wird ihm von Menschen und über Menschen zugetragen. Ist der werdende Mystiker nicht frei von Eigenliebe, von Vorurteilen, dann wird er sich doppelt belasten, denn er gibt nur vor, ein selbstloser Diener des Ewigen zu sein.

Ein werdender Mystiker ist also ein Mensch mit lichtem Bewusstsein. Er schöpft nicht mehr aus dem Wissen und aus Büchern, sondern er schöpft aus der göttlichen Wahrheit, der Gerechtigkeit Gottes, aus seinem wahren Sein. Ist der werdende Mystiker zu sich selbst gerecht, dann wird er auch zu seinem Nächsten gerecht und liebevoll sein. Macht der Schüler, der sogenannte Mystiker, sich selbst etwas vor, so wird er auch seinen Nächsten täuschen.

Gabriele stellte die Frage:

Lieber Bruder, liebe Schwester, was bedeutet eigentlich Weisheit?

Weisheit bedeutet: Ich habe das Wissen umgesetzt, also verwirklicht. Dadurch bin ich erfüllt von der göttlichen Kraft und Weisheit.

Erfüllt sein heißt, auch gefüllt sein. Wenn wir von der göttlichen Kraft gefüllt sind, dann drängt diese auch nach außen. Sie will geben, sich selbstlos verschenken.

Weisheit ist zugleich Tat. Das heißt, der Wille Gottes wird in der Weisheit aktiv und bewirkt, dass wir das, was wir verwirklicht haben – wovon wir also erfüllt sind –, in die Tat umsetzen.

Daher können wir uns fragen und uns dadurch bei ehrlicher Beantwortung wieder ein Stück selbst erkennen: Woraus schöpfe ich, woraus gebe ich – aus dem Wissen oder aus der Weisheit? Aus meiner erfüllten Liebe?

Der Wissende sprudelt nur sein Wissen heraus, ohne seinen Nächsten aufnehmen zu können. Er kann ihn deshalb nicht aufnehmen, weil sein geistiges Potential – das heißt der noch geringe, von ihm erschlossene Aspekt der Weisheit – wieder überlagert wurde mit Wissen, Wissen, Wissen.

Dann kann Folgendes geschehen: Derjenige, der viel Wissen hat, überfordert seinen Nächsten mit Aussagen, die diesen augenblicklich mehr belasten als befreien. Wer viel geistiges Wissen hat, der ist oftmals wie getrieben, seinem Nächsten das aufzuzwingen, wovon er überzeugt scheint. Wer so handelt, der ist jedoch von dem, was er sagt, nicht überzeugt. Er möchte es von seinem Nächsten bestätigt wissen.

Wer von seinen Mitmenschen für sein Denken und Tun Bestätigung erwartet, der glaubt selbst nicht so recht an das, was er sagt.

Glauben heißt »nicht wissen«. Glauben ist der erste Schritt hin zum Inneren Licht. Der Glaubende weiß noch nicht, was das Licht ihm bringen wird. Glauben ist nicht Weisheit.

Was nur aus Büchern geschöpft, jedoch von uns nicht durchlebt ist, bewirkt selten eine positive Resonanz im

Nächsten. Wer das selbst nicht lebt, was er vorgibt, ist kein wahrer, also selbstloser Diener. Er dient auch nicht dem Ewigen.

Menschen des Geistes bleibt nichts verborgen. Wer sein geistiges Bewusstsein erschlossen hat, der schaut in die sogenannten »Geheimnisse Gottes«. Denn alles, was ist und was für die Unerleuchteten als die Geheimnisse Gottes gilt, ist im lichten, aktiven geistigen Bewusstsein des Erleuchteten zu schauen und zu erfassen. Daher ist den Menschen des Geistes der Nächste ein offenes Buch. Sehr rasch erkennen sie, wen sie vor sich haben.

Bruder Emanuel sprach:

Nun, liebe Freunde, komme ich zu den Aufgaben, die der werdende Mystiker auf der Stufe der Weisheit verwirklichen, ja erfüllen sollte.

Verwirklichen heißt: Arbeite an dir selbst!

Erfüllt sein heißt: weitgehend in den geistigen Gesetzen leben und aus dem erfüllten Herzen geben.

Wer aus dem Herzen gibt, der bringt Freude. Die eigene Freude, die er dem Nächsten schenkt, fällt wieder in den Schenkenden zurück. Aus der Erfüllung geben heißt also: das erfüllte Herz, die erfüllte Seele, sprechen lassen.

Erfüllt sein heißt: gefüllt sein von Weisheit und Liebe. Der werdende Mystiker sollte gefüllt sein von Weisheit und Liebe, damit er erfüllen kann.

Ein werdender Mystiker lebt fortan mehr und mehr von innen nach außen.

Was er spricht, das spricht er aus innerer Überzeugung, aus dem Verwirklichten, mit Überzeugungskraft.

Der werdende Mystiker blickt immer weniger auf seine eigenen Belange; er beschäftigt sich immer weniger mit sich selbst. Wer die Stufe der Weisheit beschreitet, hat Wissen und Verwirklichung. Er lebt schon teilweise in der Erfüllung.

Gabriele erläuterte:

Lieber Bruder, liebe Schwester, wir müssen also zuerst unser Gefäß von allem Allzumenschlichen entleeren und es dann mit Göttlichem füllen, so dass wir erfüllt sind. Ist unser Gefäß von dem Göttlichen, von der göttlichen Weisheit und Liebe, gefüllt, dann werden wir aus unserem Inneren schöpfen und geben.

Unser Geistiger Lehrer,
Bruder Emanuel, fuhr fort:

Wie offenbart, lebt der Mystiker fortan mehr von innen nach außen. Was er spricht, das spricht er aus innerer Überzeugung, aus dem Verwirklichten: mit Überzeugungskraft.

Aus Überzeugung kann nur der sprechen, der schon mehr in der Erfüllung als in der Verwirklichung lebt. In einem erfüllten Herzen und in der erfüllten Seele spiegelt sich die Dynamik des Geistes wider. Der Erfüllte ist der Erleuchtete. Er blickt nicht mehr auf seine eigenen Belange; er beschäftigt sich auch immer weniger mit sich selbst. Er ist zum sprudelnden Quell geworden, der vom Ursprung, Gott, empfängt.

Wer in der tiefen inneren Freude, in dem Erfülltsein von Gott, lebt, der teilt sich aus seiner gottnahen, erfüllten Seele mit. Aus Liebe zu Gott wird er seinem Nächsten selbstlos dienen, ohne nach Lohn und Anerkennung zu trachten.

Bruder Emanuel kam nun zu weiteren Aufgaben und Lektionen.

Das *Seelengebet* soll am Morgen zur gewohnten Zeit erfolgen.

Zur Erinnerung: Nach dem morgendlichen Erwachen das Sonnengebet nicht vergessen; auch an die Lockerungsübungen und an die bewusste Ausrichtung bei der morgendlichen Toilette denken. Wenn möglich, sollte sich der zu Gott Strebende in einen ruhigen Raum begeben, dessen Ausstattung schlicht, jedoch harmonisch sein sollte. Ruhig und auf Gott ausgerichtet, beginnt er mit seinem Seelengebet.

Der Wanderer auf dem Weg zur Absolutheit wird in der Anrufung des Allmächtigen die einzelnen Stufen hinabgleiten, bis zur Stufe der Ordnung. Auf jeder Stufe ruft er den allmächtigen Geist an, der die Erfüllung seines Lebens ist.

Dies geschieht folgendermaßen:

Der werdende Mystiker verbindet sich mit der Urkraft, dem Wesenskern der Seele. Dann gleitet er mit seinen Empfindungen zum Bewusstsein der Barmherzigkeit, verweilt dort einige Zeit, dankt und begibt sich dann mit seinen Empfindungen auf die Stufe der Liebe. Mit Worten, sinngemäß wie die folgenden, spricht er das Bewusstsein der Liebe, Gott, die Liebe, an:

»Ich, Dein Sohn, Deine Tochter,
komme Dir nahe.
Lass mich zur Liebe werden!
Ich bin bereit.«

Der werdende Mystiker, der Wanderer zum Göttlichen, gleitet sodann mit seinen Empfindungen zum Bewusstseinszentrum der Geduld und ruft wiederum Gott an, sinngemäß mit solchen Worten:

»Ewiger,
in meinem Herzen spüre ich Deine Nähe.
Herr, schenke mir Kraft,
dass ich auch diese Stufe erreiche
und nach Deinem Willen durchwandere.«

Dann gleitet der Wanderer sinngemäß mit solchen Worten zum Bewusstsein des Ernstes:

»Ewiger,
Du regst Dich in mir
und ermahnst mich zur rechten Weisheit und Tat.«

Der werdende Mystiker gleitet sodann mit selbstlosen Empfindungen zur göttlichen Weisheit. Er betet sinngemäß:

»Ewiger,
ich erwache und erblühe in Dir,
in Deiner Weisheit, in Deiner Tat.
Stärke mich,
damit ich diese Stufe nach Deinem Willen
und mit Deiner Führung in mir erfülle.«

In der Anrufung Gottes gleitet der werdende Mystiker mit seinen selbstlosen Empfindungen den geistigen Lebensbaum hinab bis zu der Stufe der Ordnung. Auf jeder Stufe betet er und ruft selbstlos, ohne Erwartung, Gottes Kraft und Liebe an. Er nimmt die göttliche Kraft aus dem Sammelbecken auf und gleitet von Stufe zu Stufe, von Station zu Station, betend wieder empor: Er bejaht die ewige Kraft im Bewusstsein der göttlichen Ordnung, im Bewusstsein des göttlichen Willens, im Bewusstsein der göttlichen Weisheit. Hier betet der Wanderer zu seinem wahren Sein:

»Herr, gib mir Kraft,
damit ich die göttliche Weisheit erkenne,
diese Kraft in mir verwirkliche
und mit erfülltem Herzen meinem Nächsten diene.«

Auf der Stufe der göttlichen Weisheit verharrt der werdende Mystiker, der Schüler Christi, still. Er lässt seine Seele beten. Die dynamische, auf Gott ausgerichtete Seele betet sodann. Das Gebet ist selbstlos, ohne Erwartung. Es formt sich in der Seele und im Menschen wie von selbst. Das ist dann das Gebet des Seins.

Wer Weisheit erlangt hat, dessen Seele wird Gott danken, loben und preisen. Gotterfüllte Menschen werden immer weniger bitten, weil ihr Herz gefüllt ist vom Gesetz des Lebens.

Nach dem Gebet der Seele auf der Stufe der Weisheit gleitet der werdende Mystiker dankbar und freudig, erfüllt von der Gebetskraft, mit seinen selbstlosen Empfindungen die weiteren Bewusstseinsstufen bis zum Wesenskern empor und verbindet sich wieder im Gebet mit der Urkraft, Gott, mit dem Wesenskern der Seele, und dankt dem Allmächtigen für Seine Liebe und Seine Führung.

Liebe Freunde, das Seelengebet wird nur einmal täglich durchgeführt, und zwar am Morgen, zur gewohnten Zeit. Da der werdende Mystiker mehr und mehr von innen nach außen lebt, bedarf es keines weiteren Seelengebetes mehr.

Wer sich auf dem Weg zur inneren Erleuchtung befindet, ist – wie der Erleuchtete selbst – nicht nur im Gebet mit dem inneren Strom verbunden, sondern während des ganzen Tages. Er ist in der ewigen Kraft verwurzelt; einerlei, was der Tag auch bringt – er schöpft aus dem Brunnquell, aus seinem lichten Bewusstsein.

Für den werdenden Mystiker ist die Gottnähe kein Begriff mehr, sondern Wirklichkeit. Gott lebt bewusst durch ihn, und er lebt bewusst in Gott. Für diese Gottnähe dankt er jeden Augenblick, indem er die heiligen Gesetze verwirklicht und erfüllt durch selbstlose Tat in jeder Stunde, jeder Minute und in jedem Augenblick.

Gabriele
gab folgende Impulse für den Tag:

Liebe Schwester, lieber Bruder, nach dem morgendlichen Seelengebet beginnt der Tageslauf. Menschen des Geistes bemühen sich, aus ihrem Inneren zu leben, um aus der ewigen Quelle zu schöpfen. Wer aus dieser Quelle schöpft, bleibt im Tagesgeschehen in Harmonie – was auch immer auf ihn zukommt.

Während des Tages verwirklichen wir auch die Empfindungen, die uns am Morgen bewusst werden.

Der Tag bringt auch Prüfungen, z.B. Schwierigkeiten in der Familie oder im Beruf. Dann können wir uns prüfen, ob wir trotz alledem die innere Freude bewahren; oder ob wir uns von den Schwierigkeiten herunterziehen lassen.

Wenn ich aus dem Gleichgewicht komme, dann sollte ich mir die Frage stellen: Was liegt in mir noch zugrunde?

Waren wir am Morgen z.B. besonders sensitiv, so können wir uns fragen: Was war der Grund? Wir halten Rückschau:

- *Wie war der Abend vorher?*
- *Wie verlief der gestrige Tag und vielleicht auch der vorgestrige Tag?*

Wir können erkennen, dass wir zu dieser geistigen Durchlässigkeit gewissermaßen einen Anlauf brauchten, dass wir schon Tage vorher an uns gearbeitet haben, uns immer wieder zurücknahmen und das erkannte Allzumenschliche jeweils Christus zur Umwandlung übergeben haben. So erreichten wir allmählich eine höhere Schwingung, aus der heraus wir sensitiver, also durchlässiger für das Göttliche, wurden.

Bruder Emanuel offenbarte:

Menschen des Geistes sind dynamische Menschen. Sie nützen die Tagesenergie, indem sie klar und konzentriert arbeiten. Damit erreichen sie am Tage wesentlich mehr als der veräußerlichte Mensch, dessen Gedanken da und dort sind – überall, nur nicht bei seiner Tätigkeit. Wer nicht klar im Denken ist, kann sich auch nicht konzentrieren. Deshalb wird seine Arbeit nicht immer zufriedenstellend ausfallen.

Menschen des Geistes sind schöpferische, kreative Menschen. Sie erfüllen auch das Gebot »Bete und arbeite« gewissenhaft.

Am Abend, wenn das Tagewerk getan ist, werden sie für den Tag Gott danken, der für sie der Kraftquell und der Innere Helfer und Ratgeber ist.

Hierzu Gabriele:

Lieber Bruder, liebe Schwester, viele von uns haben die Erfahrung gemacht: Wenn wir am Abend nicht von innen heraus für den Tag danken, für Freud und Leid, dann bleibt vieles, was der Tag brachte, im Unterbewusstsein aktiv. Das Unterbewusstsein stört dann den Schlaf, und wir sind am Morgen »gestört«, das heißt, unsere Empfindungen bilden dann keine Brücke zum Göttlichen – oder eine nur schwache Brücke, so dass die Impulse des Inneren nur noch schwach in unsere Gehirnzellen vordringen können oder überhaupt nicht. Kaum sind wir dann erwacht, so bestürmen uns schon die Gedanken aus dem zurückliegenden Tag oder aus Vortagen. Das deutet darauf hin, dass sich unsere Seele wegen massiver Gedankenbewegungen des Nachts nicht weit von unserem Körper entfernen konnte. Außerdem schläft der Mensch auch unruhig, weil diese Gedankenaktionen das Unter- und Oberbewusstsein nicht zur Ruhe kommen lassen. Am Morgen, gleich nach dem Erwachen, zeigen uns dann diese Gedankenbewegungen, was wir noch nicht bereinigt haben.

Danken wir jedoch für den Tag – auch für das Negative, in welchem wir so manches entdeckten –, dann wird der Geist Gottes vieles umwandeln, was sich im Unterbewusstsein angesammelt hat, so dass die Nacht ruhiger ist. Dann kann sich unsere Seele in höhere Sphären begeben und am Morgen mit vermehrter Energie wieder in ihren Körper zurückkehren. Durch dieses bewusste Leben erlangen wir Souveränität und Klarheit.

Unser Dank sollte jedoch eine Herzensbewegung sein, eine liebevolle Herzensempfindung zu Gott. Gott lässt nicht auf sich warten: Aus unserem Innersten, aus dem Urempfinden, dem Göttlichen in uns, strömt uns dann als feines Echo Freude, Geborgenheit, Glück und Wärme zu. Versuchen wir, diese feinen Empfindungen, die uns emportragen und uns für einige Augenblicke Seligkeit empfinden lassen, in Worte auszudrücken, so merken wir, wie armselig unsere Sprache ist. Versuchen wir dennoch, das in Worte zu kleiden, was wir als Augenblicke der Seligkeit empfanden, dann ist es möglich, dass ein schales Gefühl zurückbleibt.

Gott schenkt Freude. Gerade dieser warme selige Hauch, dieses unbeschreibliche Etwas, das nicht in Worte zu fassen ist, ist ein Kraftquell auf dem Inneren Weg.

Innere Freude ist wesentlich auf dem Weg nach Innen.

Nehmen wir folgende Aufgaben in unser Mystisches Tagebuch auf:

Wir strahlen Tag für Tag mehr Freude aus.

Denken wir daran:

Um Freude ausstrahlen zu können, muss uns zuerst etwas erfreuen. Was erfreut uns? Wenn selbstlose Menschen auf ihren Nächsten zugehen, ihm selbstlos etwas Freundliches, Aufmunterndes sagen oder ihm ein kleines, selbstloses Geschenk machen.

Dies zu erleben, erfreut ein selbstloses Herz.

Wenn wir in unserem Nächsten das Positive bejahen, ihm vergeben oder ihn um Vergebung bitten, so ziehen auch in unser Herz Dankbarkeit und Freude ein.

Auch das Gezwitscher der Vögel, die Natur in ihrer Vielfalt, das Betrachten der Gestirne, die Erfüllung eines kleinen oder größeren Wunsches – all das und vieles mehr bewirkt in uns Freude. Innere Freude bewirkt wiederum Dynamik auf dem Weg zum Herzen Gottes.

Geben wir uns in solchen positiven Situationen der selbstlosen Liebe hin, indem wir uns in das, was wir sehen und hören, durch Betrachtung hineinempfinden, dann entwickeln wir in uns immer tiefere Freude, die wir dann auch ausstrahlen. Das Echo unserer Freudestrahlung, das, was in der Betrachtung uns zuströmt, notieren wir sodann in unser Mystisches Tagebuch.

Die rechte Betrachtung dessen, was um uns ist, bewirkt eine positive Kommunikation. Dadurch werden wir auch im Alltag und im Berufsleben rascher die positiven Aspekte erkennen, die eine positive Antwort auf eine Frage geben oder uns auch den Weg aus einer verfahrenen Situation weisen oder uns die Lösung einer Schwierigkeit zuspiegeln. Dann ist der Tag ein positiv genützter Tag, der für den positiven, freudigen Menschen auch eine ruhige Nacht bringt.

Bruder Emanuel sprach:

Nach den erholsamen Abendstunden kommt die Zeit des Schlafengehens. Nimmt sodann der Schlaf den Rechtschaffenen in seine ruhigen und erholenden Kräfte auf, so werden die letzten Gedanken eines geistigen Menschen Gott, das Leben, sein.

Gabriele gab weitere Hinweise:

Denken wir daran: Jeder neue Tag hat seine eigenen Freuden und Lasten. Treten aus verschiedenen Ursachen Schwierigkeiten und Probleme an den geistigen Menschen heran, so wird der zu Gott strebende Mensch sie ruhig betrachten und dann nach bestem Wissen und Gewissen handeln.

Wer jedoch die Schwierigkeiten und Probleme aufnimmt und sie zu seinen Problemen und seinen Schwierigkeiten macht, indem er sich darüber ärgert oder vor Erregung außer sich gerät, der umwölkt sich mit diesen negativen Kräften. Unter Umständen beschäftigen sie ihn sodann nicht nur Stunden und Tage, sondern Monate und noch länger.

Schwierigkeiten und Probleme kommen entweder aus unserem Inneren, oder sie finden von außen Einlass in unsere Gedankenwelt, weil Gleiches oder Ähnliches – das, was den Schwierigkeiten und Problemen entspricht – noch in uns liegt.

Bruder Emanuel offenbarte:

Der werdende Mystiker, der seine Gedanken geordnet, seine Rede gezügelt und seine Sinne bemeistert hat, der aus sich heraus schöpft und lebt, wird mit der göttlichen Willenskraft seine erschlossenen Bewusstseinsaspekte einsetzen und damit der Schwierigkeit oder dem Problem entgegentreten.

Wer seine Gedanken zu kontrollieren und zu ordnen gelernt hat, der ist auch in der Lage, den gegensätzlichen Kräften positive Energien entgegenzusetzen: Wer nicht mehr urteilt oder verurteilt, dem gelingt es, mit seiner gebündelten Gedankenenergie Komplexe wie Schwierigkeiten und Probleme aufzusplitten. Daraus wird ersichtlich, wo die Ursache des Problems oder der Schwierigkeit liegt. Wird die Ursache behoben, dann werden sich auch die noch vorhandenen Randerscheinungen bald lösen.

Der werdende Mystiker, der geistig Erwachte also, der Schwierigkeiten oder Problemen entgegentritt, handelt wie folgt:

Er bündelt seine positiven Gedankenenergien, die ein Teil seines geistigen Bewusstseins sind, und wirkt mit diesen Kräften auf die Schwierigkeit oder das Problem ein.

Wie das Licht durch einen Scheinwerfer strahlt, ähnlich wirkt der geistige Mensch auf die Schwierigkeit oder das Problem ein, um darin die Ursache oder Lösung zu finden.

Wer mit dem Aufsplitten dieser Komplexe in seine eigenen Schwierigkeiten und Probleme hineinschaut, der findet die *Ursache*.

Wem Schwierigkeiten und Probleme zufliegen, sei es am Arbeitsplatz oder bei einer anderen Gelegenheit, der findet durch das Aufsplitten die *Lösung*.

Werden die gebündelten Kräfte auf den Komplex gerichtet und bleibt der geistige Mensch konzentriert, dann splitten also die Aspekte seines geistigen Bewusstseins, die er durch Verwirklichung erschlossen hat, den Komplex – die Schwierigkeit oder das Problem – auf.

Schwierigkeiten und Probleme sind also Komplexe. Jeder Komplex ist gebundene Energie. Alles, was gebunden ist, entstand durch das Fehlverhalten des oder der Menschen. Jede Schwierigkeit oder jedes Problem besteht also aus ungesetzmäßigen Gedanken, Worten und Handlungen.

Gott ist fließende Energie. Alles, was gebunden ist, bedarf der Auflösung. Das geschieht durch Umwandlung der gebundenen Energie.

Hierzu unterwies uns Gabriele:

Liebe Geschwister, wir lösen die gebundenen Energien, die Komplexe, auf bzw. wandeln sie um, indem wir sie aufsplitten und so die Ursache oder die Lösung in ihnen finden.

Wenn wir sodann die Ursachen bereinigen, indem wir die erkannte Lösung durchführen, so aktivieren wir die positiven Kräfte im Komplex. Dadurch löst sich dieser negative Komplex allmählich auf: Die gebundene, negative, niedrigschwingende Energie wird frei und durch den Geist Gottes in positive, hochschwingende Kraft umgewandelt. Dadurch bringen wir auch die umgewandelte, die ehemals gebundene Energie zum Fließen. Was fließt, das durchströmt uns. Diese strömende positive Energie bewirkt in Seele und Leib Freiheit, Frische und Tatkraft.

Noch eine weitere Stufe des Aufsplittens beim Erfassen der Gedanken:

Wenn wir z.B. etwas sagen, das nicht unserem Inneren entspricht, wenn wir bemerken, dass wir anders denken, als wir sprechen, dann konzentrieren wir uns und splitten auf, was wir gesagt haben. Wir erfahren sodann, warum wir es gesagt haben.

Anschließend können wir uns auf unsere Gedanken, die anders als unsere Worte waren, konzentrieren und sie fragen: Warum dachte ich anders, als ich sprach? Dann können uns eventuell noch tiefere Wahrnehmungsschichten, das heißt tiefer liegende Kommunikationsfelder, antworten als beim Aufsplitten des Wortkomplexes.

Ertappen wir uns bei alten Gewohnheiten, dann sollten wir nicht einfach sagen: »Nun, diese Gewohnheit habe ich noch!« Wir fragen uns stattdessen:

- *Warum habe ich diese Gewohnheit noch?*
- *Was will ich damit bezwecken?*
- *Warum habe ich mir diese Gewohnheit noch aufgehoben?*

Die Frage an unsere alten Gewohnheiten setzt Energie frei. Das heißt, die Frage, ob in Gedanken oder mit Worten gestellt, ist Energie, die von uns, dem Fragenden, ausgeht. Damit wirken wir wie automatisch auf den Komplex – z.B. unsere Gewohnheit – ein und bringen ihn in Bewegung; wir splitten ihn auf. Dadurch stellen wir eine Kommunikation zwischen unserer Frage und dem nun aktiven Komplex her. Die Kommunikation enthält Frage und Antwort. Die Antwort oder die Lösung aus dem Komplex »Gewohnheit«

schwingt sodann zu unserem Oberbewusstsein. Dort erfolgt das »Aha, ich hab's!«: Die Antwort oder die Lösung ist in unserem Oberbewusstsein angekommen – wir haben diese Kommunikation wahrgenommen. Diese untrügliche Bewusstwerdung ist nur dem gegeben, der immer mehr in seinem Inneren, im wahren Sein, lebt.

Wer also immer mehr in seinem wahren Sein lebt und aus seinem wahren Sein, seinem erschlossenen Bewusstsein, schöpft und gibt, dem wird allmählich offenbar, was die Ursache der anstehenden Schwierigkeit oder des Problems ist – und wie er sie beheben kann. Die erkannte Ursache stellt dem Menschen zugleich die Aufgabe, sie zu lösen. Dann kann, je nach Größe des Komplexes, ein Teil der Ursache oder die ganze Ursache behoben werden.

Ein großer Komplex aus verschiedenen Komponenten kann allmählich erkannt und behoben werden durch das Aufsplitten – auch dann, wenn die Aspekte in anderer Verkleidung erneut auf den Menschen zukommen, sei es in Gedanken oder von außen. Es kommt also auf den Grad der Schwierigkeit und des Problems an.

Diese Aufgaben können nur jene bewältigen, die gelernt haben, sich zu konzentrieren. Wer auf der Stufe des Willens die Konzentration nicht geübt und gelernt hat, der wird sich auch auf der Stufe der Weisheit schwertun. Wer die Konzentration auf das wahre Gute, auf das Göttliche in allem, gelernt hat, der lebt auch immer mehr im wahren Sein und steht mit dem Göttlichen in Kommunikation.

Bruder Emanuel
gab weitere Aufgaben:

Wer täglich mehr in seinem Inneren lebt und aus seinem erschlossenen Bewusstsein, aus seinem Sein, schöpft und gibt, dem ist es jeden Augenblick möglich, äußere Dinge, irdische Gegenstände, tiefer zu betrachten.

Nehmt euch einen beliebigen Gegenstand vor – so ihr wollt, eine brennende Kerze, oder legt das Buch vor euch auf den Tisch. Dann wendet euch nach innen und bündelt die inneren Lebensenergien. Dabei konzentriert ihr euch auf den Gegenstand. Die Augen bleiben dabei offen.

Die gebündelten positiven Energien wirken auf den betreffenden Gegenstand ein. Wenn Gedanken die Konzentration durchkreuzen – einerlei, ob sie positiv oder negativ sind –, so entlasst sie sofort, das heißt, schickt sie sogleich weg, und beginnt von neuem.

Um die gebündelte Kraft auf einen Gegenstand zu richten, muss der werdende Mystiker die Gedankenleere anstreben. Gelingt ihm die volle Konzentration, dann wird die positiv gebündelte Gedankenenergie ungehindert auf den Gegenstand, z.B. auf die Kerze oder auf das Buch, einwirken. Diese Konzentrationsübung sollte einige Minuten anhalten, also auf den Gegenstand gerichtet bleiben.

Durch diese Übung lernt der Wanderer auf dem Weg zu Gott, der werdende Mystiker, sich immer länger kontinuierlich zu konzentrieren, und auch seine Gedanken werden vom Wesentlichen immer weniger abschweifen. Außerdem lernt er dabei, Unwesentliches sehr rasch zu erkennen und abzulegen, um wesentlichen Gedanken Raum zu geben.

Diese Übung ist zudem eine der besten Möglichkeiten, euch auszurichten und ruhig zu werden.

Gabriele
erläuterte hierzu:

Liebe Schwester, lieber Bruder, wir bemühen uns, etwas zu betrachten, ohne uns Gedanken zu machen. Es muss nicht eine Kerze oder ein Buch sein. Es kann jeder Gegenstand sein, der gerade vor uns liegt und unsere Aufmerksamkeit erregt.

Bruder Emanuel sprach von Kerze und Buch, weil diese Gegenstände bei seiner Offenbarung im Unterbewusstsein der Schüler vorhanden waren. Wir können die Übung beispielsweise auch mit einem Stein wiederholen. Wir konzentrieren uns auf einen Stein: Was sagt uns der Stein jetzt – im Unterschied zu früher?

Ebenso können wir uns auch auf eine Frucht konzentrieren, auf eine Kirsche, auf einen Apfel oder auf eine Banane. Alles ist Energie. Jeder Gegenstand ist ein schwingender Energiekomplex, auf den wir uns konzentrieren und den wir dann mit unseren Sinnen wahrnehmen.

Zum besseren Verständnis
erklärte Bruder Emanuel:

Ein negativer Energiekomplex ist gebündelte Energie.

Die grobstofflichen Naturreiche und Gestirne hingegen sind positive Energieverdichtungen. Es sind heruntertransformierte und komprimierte Gottesenergien, also materielle Substanz für den Schwingungsbereich der Materie, der dazu da ist, Menschen als Lebensraum zu dienen.

Gabriele erklärte:

Auf dem Inneren Weg ist die Konzentration auf das Göttliche von wesentlicher Bedeutung. Durch die positive Kommunikation, also durch die Ausrichtung auf das Göttliche, rufen wir mehr und mehr positive Energien ab, um sie wieder für positive, selbstlose Zwecke einsetzen zu können.

Bauen wir eine gegensätzliche Kommunikation auf, kommunizieren wir also mit Gegensatzenergien im Gesetz von Ursache und Wirkung, dann rufen wir auch diese ab. Eventuell steuern sie uns sodann, indem sie für uns schaffen, was uns heute angenehm ist. Ist die Zeit jedoch gekommen, dann müssen wir diese Kräfte wieder dort einlösen, woher sie kamen – und eventuell für die Urheber, die uns das ermöglicht haben, arbeiten, bis wir aus dem

Rad der Wiedergeburt und des Gesteuertwerdens herauskommen durch die Ausrichtung auf das göttliche, ewige Gesetz, auf Gott.

Haben wir die Konzentrationsübung einige Minuten erfolgreich gemacht, dann dehnen wir sie auf ungefähr zehn Minuten aus.

Wir können diese positive Übung öfter am Tag machen und sie im Laufe der Schulung immer wieder durchführen, damit unser Leben bewusst verläuft – das heißt, dass wir uns unserer Gedanken, unseres Redens und Handelns bewusst sind.

Falls immer wieder ein und dieselben Gedanken unsere Konzentrationsübung stören, dann halten wir diese Störenfriede in unserem Tagebuch fest. Die gegensätzlichen Gedanken schreiben wir auf die linke Seite unseres Tagebuches, die positiven, die Gedanken, von denen wir glauben, sie seien selbstlos, auf die rechte Seite.

Diesen Gedanken – seien sie negativ, oder, wie wir glauben, positiv – liegt einiges zugrunde, das von uns noch nicht verarbeitet ist; es schwingt noch im Unter- oder im Oberbewusstsein. Von dort rufen wir es durch die Konzentrationsübung ab. Gedanken, die uns unruhig stimmen, also stören wollen, haben immer eine negative Neigung in sich – wenn wir auch glauben, sie seien positiv.

Lieber Bruder, liebe Schwester, noch einmal richte ich die Bitte an dich: Führe diese Übung nur dann durch, wenn du über andere nicht mehr urteilst und sie verurteilst – also nur dann, wenn dein Leben und Denken weitgehend ausgewogen ist und du verständnisvoll und tolerant geworden bist.

Haben wir uns in dieser Hinsicht weitgehend stabilisiert, dann werden wir unser Denken und Handeln immer mehr auf Gott ausrichten, jedoch nicht mehr auf gegensätzliche Energiefelder, die uns infolge früheren Fehlverhaltens noch beeinflussen und uns unter Umständen wieder Schwierigkeiten bereiten. Sie beeinträchtigen unsere Übungen und können uns so intensiv beeinflussen, dass unsere Verhaltensweise gestört wird.

Wenn wir also die Bewusstseinsstufen der Ordnung und des Willens noch nicht erfolgreich durchwandert haben und trotzdem diese Übungen durchführen, dann können wir uns solchen oder ähnlichen Gefahren aussetzen!

Solange wir nicht die notwendige Stabilität erreicht, also noch wenig verwirklicht haben, sollten wir diese Übungen nicht durchführen!

Das Gleiche gilt für das Seelengebet. Wer sich nicht für Gott entschließt und wer glaubt, den Pfad zu Gott nebenbei gehen zu können, der sollte auch vom Seelengebet Abstand nehmen.

Haben wir jedoch die Stufen der Ordnung und des Willens erfolgreich durchschritten, dann sind auch unsere Gedanken, Gefühle und Sinne, unser ganzes Wesen, weitgehend auf das Göttliche ausgerichtet.

Hierzu sprach Bruder Emanuel:

Liebe Freunde, ich appelliere an eure Ehrlichkeit. Erkennt: Die Stufe der Weisheit bringt dem Schwierigkeiten, der sich selbst überschätzt!

Wenn noch das Oberbewusstsein dominiert, der Mensch also sein Individuelles, sein niederes Ich, seine alten Gewohnheiten beibehalten möchte, dann sollte er von diesen Übungen Abstand nehmen!

Jeder möge ernsthaft über sich selbst nachdenken!

Bruder Emanuel ermahnte uns noch einmal:

Überdenkt euer Leben, eure Empfindungen, eure Gedanken und Reden, eure Neigungen und Regungen! Seid ehrlich zu euch selbst!

Gabriele gab hierzu folgenden Rat:

Liebe Geschwister, diese Ermahnungen sollten wir nicht überhören, sondern uns ernsthaft prüfen, ob wir den gestellten Aufgaben gerecht werden können.

Wir fassen noch einmal die Prüfungskriterien zur Selbsterkenntnis zusammen, die uns für die Stufe der Weisheit offenbart sind:

Sind wir bestrebt, der Liebe Gottes gerecht zu werden, dann sind wir auch uns selbst gegenüber gerecht.

Jeder möge sein Gewissen befragen, ob er wahrlich für die Stufe der Tat reif ist:

- *Können wir unsere Gedanken ordnen, unsere Rede zügeln und unsere Sinne meistern?*
- *Ist die Vergangenheit weitgehend bereinigt? Oder leben wir noch in der Vergangenheit?*
- *Ist aus der Vergangenheit noch etwas gegenwärtig, das uns eventuell Genugtuung und Selbstzufriedenheit bringt?*
- *Was ist das Motiv einer eventuell vorhandenen Überaktivität?*
- *Wo und warum haben wir noch Schwierigkeiten, das auszusprechen, was wir denken?*
- *Haben wir durch die Verwirklichung schon Teile unseres Bewusstseins, unseres wahren Seins, erschlossen?*
- *Unterliegt unser Gemüt noch starken Schwankungen? Haben wir noch starke Gefühle, Neigungen oder Wünsche?*
- *Pflegen wir noch unsere Probleme und Schwierigkeiten, indem wir immer wieder über sie reden oder über sie nachdenken?*

Der werdende Mystiker sollte erfüllt sein von Weisheit und Liebe, damit er erfüllen kann.

Der werdende Mystiker lebt mehr von innen nach außen.

Der werdende Mystiker blickt immer weniger auf seine eigenen Belange.

Der werdende Mystiker auf der Stufe der Weisheit hat Wissen und Verwirklichung. Er lebt mehr und mehr im göttlichen Gesetz; er ist davon erfüllt.

Wir fassen auch noch einmal die in dieser ersten Lektion der Stufe der Weisheit offenbarten Aufgaben zusammen:

Das Seelengebet vollziehen wir nur einmal am Tage, und zwar morgens.

Wir konzentrieren uns und lenken unsere positiven Energien auf Schwierigkeiten oder Probleme, die uns von außen zufliegen oder noch aus unseren Seelenhüllen aufsteigen.

Wir führen die sogenannte Kerzenübung durch.

Auch die Eintragungen ins Tagebuch sollten wir nicht vergessen.

Bruder Emanuel sprach sinngemäß: Überdenkt euer Leben, Empfinden, Denken und Reden, die Neigungen und Regungen, ehe ihr euch an weitere Aufgaben heranwagt. Seid ehrlich zu euch selbst!

Liebe Schwester, lieber Bruder, Gottes Wort und der offenbarte Innere Weg sind Geschenke aus dem Himmel in unserer Zeit. Nehmen wir sie dankbar an! Verwirklichen und erfüllen wir, was uns als Gabe der Liebe gereicht wurde, dann nähern wir uns unserem wahren Ursprung, unserem ewigen Sein.

Wer Gottes Liebe nahe ist, der ist glücklich, freudig, dankbar und friedvoll.

Wir wünschen dir, liebe Schwester, lieber Bruder, die Gaben aus dem ewigen Geist: Harmonie, selbstlose Liebe, Glück, Frieden und Gesundheit.

Friede

Gabriele

1. Kapitel

Tragen wir noch Masken? – Der Weg zu Gott geht über uns und über unseren Nächsten – Sind wir noch »Doppelwesen« oder schon »Einwesen«? – Ehrlichkeit, die Sicherheit vor Gefahren – Wer bin ich, und wer ist mein Nächster wirklich?

Kleine Übungen zum Erkennen und Überwinden unseres menschlichen Ichs auf dem Weg vom Menschlichen zum Geistigen – Der Nächste, mein Spiegel – Wir fragen nach den Unterkommunikationen hinter unseren Empfindungen und Gedanken – Antwort aus Intellekt oder Geistbewusstsein? – Gesteuert vom Ober- und Unterbewusstsein und den Seelenhüllen oder geführt vom Geistbewusstsein, dem Inneren Helfer und Ratgeber?

–

Gabriele wandte sich an uns
mit folgenden Worten:

Gott zum Gruß, lieber Bruder, liebe Schwester!

Am 30.12.1984 gab uns Bruder Emanuel in seiner Offenbarung weitere Aufgaben und Lektionen, damit wir, die Schüler, in das ewige, göttliche Gesetz gelangen können.

Die meisten Menschen stehen im Gesetz von Saat und Ernte; es ist das Gesetz, das sich Seele und Mensch geschaffen haben durch ungöttliches Empfinden, Denken, Reden und Handeln. Dieses Gesetz, das Kausalgesetz, hat so lange Gültigkeit, wie es Menschen gibt – und Seelen in den Stätten der Reinigung.

Die Darlegungen von Bruder Emanuel zeigen uns den Evolutionsweg unserer Seele: Erst dann, wenn alle Seelen wieder göttliche Wesen sind, ist die Evolution hin ins reine Sein abgeschlossen. Wir sind dann zum ewigen Gesetz Gottes geworden. Solange Menschen und Seelen noch im Gesetz von Saat und Ernte leben, reicht das ewige Gesetz, Gott, die Liebe, Seine Hand Seinen Menschenkindern über das Kausalgesetz, um sie zu lehren, bis sie wieder die Reinheit erlangt haben, bis sie wieder so sind, wie Gott sie immerdar schaut: vollkommene Wesen des Lichts – das Gesetz selbst.

Alle Menschen sind Wanderer zum ewigen Sein. Auf Erden gehen sie unterschiedliche Wege, entsprechend ihren Vorstellungen, Wünschen und Leidenschaften. Doch immer und immer wieder mahnte und mahnt der ewige Geist, den Weg der Vollendung und Verfeinerung des Wesens zu gehen, um wieder göttlich zu werden. Denn die reinen Wesen sind das ewige Gesetz, das edel ist: Reinheit, Schönheit, Feinheit, innere Größe und selbstlose Liebe. Zu dem makellosen, also vollkommenen Wesen sollen wir wieder werden. Auf dem Inneren Weg erfahren wir uns allmählich selbst: Wir erkennen unser noch bestehendes menschliches Ich – wir erspüren und erfahren jedoch auch mehr und mehr, was unser wahres Selbst ist. Somit ist jeder Mensch ein Wanderer hin zur Vollendung.

Früher oder später wird jede Seele – vielleicht schon im Erdenkleid – den unmittelbaren Weg finden, der sie ohne große Umwege näher zu Gott führt – um dann als reines Wesen in den Ozean Gott einzutauchen, in das ewige Licht, um im ewigen Sein, im Lichte Gottes in Reinheit und Schönheit zu leben; im ewigen Gesetz, Gott, das Licht, Liebe, Einheit, Freiheit und Geborgenheit ist. Dies ist der unmittelbare Christusweg. Christus sprach: »Ich Bin der Weg, die Wahrheit und das Leben.«

Lieber Bruder, liebe Schwester, wir befinden uns auf dem unmittelbaren Christusweg, dem Weg der Liebe zu Gott und zum Nächsten. Stufe um Stufe gehen wir diesen Weg. Auf diesem lichten, inneren Weg reift ganz allmählich das Innere des bewussten Wanderers. Nur durch die bewusste Gratwanderung gelangt der zu Gott Strebende in das kosmische Bewusstsein und taucht als Tropfen in den Ozean Gott ein, von wo er nicht wiederkehrt, um in der Welt des Scheins zu leben, da er nicht mehr scheint, sondern ist.

Der Schein ist das Trügerische im Menschen, mit dem der Mensch sich oftmals selbst betrügt, sich selbst etwas vormacht, um sich nicht ansehen zu müssen. Wer sich von seinem eigenen Schein und dem seines Nächsten nicht blenden lässt, der strebt nach der Wahrheit, die ihn frei macht. Dann wechselt er ganz allmählich vom Schein zum Sein und wird fortan in Gott, dem Sein, leben – im Gesetz, welches das Sein ist, das ewig währt und das die Ewigkeit ist.

Der Weg zum Bewusstsein Gottes geht also über uns selbst und über unseren Nächsten. Wenn wir unseren Nächsten nicht annehmen und nicht unpersönlich aufnehmen, dann werden wir auch nicht göttlich.

Ihn nicht annehmen heißt, ihn abzuwerten, über ihn negativ zu reden, ihn von sich zu weisen.

Ihn annehmen heißt, ihm Verständnis und Toleranz entgegenzubringen, ohne ihn abzuwerten – jedoch auch standhaft zu bleiben und seine Eigenheiten nicht zu den unseren zu machen.

Ihn nicht aufnehmen heißt, die positiven Seiten unseres Nächsten nicht zu sehen, ihn nicht als Kind Gottes, als Teil unseres wahren Seins, in uns zu schauen.

Ihn aufnehmen heißt, ihn als Wesen in Gott zu sehen und ihn in uns selbst zu bewahren: das Reine unseres Nächsten in unserem Reinen, tief in unserer Seele. Das heißt: das Göttliche in der Seele unseres Nächsten in unserer Seele zu tragen; in ihm ein Kind Gottes zu sehen, das als Mensch ebenso den Weg geht wie wir, um die Vollendung zu erlangen.

Auf unserem Weg zu Gott haben wir die Ordnung Gottes und Seinen Willen weitgehend erkannt und verwirklicht und erfüllen dadurch in unserem Leben täglich mehr und mehr die Gesetzmäßigkeiten der sieben Grundkräfte des Seins.

Wir befinden uns nun auf der Stufe der göttlichen Weisheit. Auf unserem weiteren Weg erlangen wir den göttlichen Ernst, die göttliche Geduld, welche die Güte Gottes ist, die ewige Liebe und Seine Barmherzigkeit, welche die Sanftmut des Unendlichen ist. In Gott ist Vollendung.

Unser Lehrer aus dem Geiste Gottes, Bruder Emanuel, lehrt uns nun die Evolutionsschritte auf der Stufe der Weisheit.

Bruder Emanuel offenbarte:

Durch eigene Erfahrung und Verwirklichung wird der Mensch sensitiv und aufnahmefähig für höhere Schwingungen. Menschen, die verwirklicht haben, sind verständnisvoll, tolerant und wohlwollend, weil sie sich an ihre ehemaligen Belastungen erinnern und sich erinnern, welche Kämpfe es sie gekostet hat, bis sie davon frei wurden. Wer vom Allzumenschlichen weitgehend frei geworden ist, dem erschließt sich die innere Gabe, tiefer zu blicken, als der »Oberflächenmensch« es vermag, der nur auf das Äußere bedacht ist und daher auch nur Äußeres sieht und hört.

Auf der Stufe der Weisheit lehre ich die Schüler, ihre Nächsten so zu schauen, wie sie sind, nicht, wie sie sich geben, und das zu hören, was der veräußerlichte Mensch nicht erhorcht. Das ungeschulte menschliche Auge blickt auf Einzelheiten, wenn es den Nächsten wahrnimmt. Das geschulte Auge jedoch sieht wohl den Nächsten, blickt aber nicht auf die Einzelheiten, sondern erfasst dessen Gesamtstrahlung.

Um den Nächsten ohne Maske zu erkennen, so also, wie er ist, und nicht, wie er sich gibt, muss der, der seinen Nächsten in Erfahrung bringen möchte, sich selbst erfahren haben. Dadurch kennt er sich selbst. Wer sich selbst noch nicht kennt, weil er zu wenig verwirklicht hat, der kann auch seinen Nächsten nicht erkennen. Nur aus der Verwirklichung heraus – welche Erinnerungen an das Überwundene hinterlässt – wird der Mensch seinen Nächsten tiefer erfassen und ihn schauen, wie er ist, nicht, wie er spricht und sich gibt.

Wer noch wenig oder gar keine Verwirklichung der ewigen Gesetze erlangt hat, der ist noch von seinen Gefühlen, Wünschen, Vorstellungen und Meinungen und von menschlichen Gedanken »umhangen«. Dies sind die Masken, welche die Menschen tragen; mit ihnen bilden sie ihr Ich.

Wer nur durch seine Masken sieht, durch die Brille seines menschlichen Ichs, der sieht auch nur auf die Masken seines Nächsten und lässt sich von seinen Mitmenschen blenden und täuschen. Die unzulänglichen Gespräche, die sich daraus ergeben, dass jeder lediglich sein Ich darstellt, sind meist unfruchtbar. Oftmals sprechen beide aneinander vorbei und glauben doch, sie hätten einander alles gesagt.

Wer sein Ich darstellen möchte, spricht über den Schein und nicht über das, was tatsächlich zugrunde liegt und hätte angesprochen werden sollen. Daraus resultieren Missverständnisse, Fehlentscheidungen und oftmals Mehrarbeit, weil beide aneinander vorbei sprachen und jeder etwas anderes verstanden hat.

Auf der Stufe der Weisheit sollte der werdende Mystiker, der Schüler auf dem Weg nach Innen, keine Masken mehr tragen. Ab und zu kann wohl ein dunkler Schleier über ihn fallen, durch kurzzeitige Schwierigkeiten oder einzelne Gedankenkomponenten. Diese werden jedoch rechtzeitig erkannt, analysiert und übergeben, weil der Schüler auf der Stufe der Weisheit mehr in seinem Inneren lebt und infolgedessen äußeres Fehlverhalten, also das Sündhafte, rascher erkennen und ablegen, das heißt Christus zur Umwandlung übergeben kann. Aufgrund seiner raschen Auffassungsgabe und seiner Kraft, das Ungesetzmäßige sofort dem Ewigen zu übergeben oder dem Ungesetzmäßigen Positives, also Gesetzmäßiges, entgegenzusetzen, entstehen keine schwerwiegenden Probleme mehr.

Zu unterscheiden sind Schwierigkeiten von schwerwiegenden Problemen. Eine Schwierigkeit ist das, was augenblicklich auftritt und rasch bereinigt werden kann. Ein Problem besteht aus vielen Gedankenkomponenten, die sich zu einem Komplex zusammengefunden haben, der eventuell schon viele Jahre genährt wurde. Solche Gedankenkomplexe, also Probleme unterschiedlichen Schwierigkeitsgrades, werden hervorgerufen durch jahrelang gepflegte ähnliche und gleiche Gedanken, ähnliche und gleiche Wünsche, Vorstellungen und Neigungen.

Gabriele führte hierzu weiter aus:

Liebe Schwester, lieber Bruder, wir sollten uns folgende Fragen stellen:

- *Trage ich noch eine Maske oder gar mehrere Masken?*
- *Bin ich noch von meinen Vorstellungen und Meinungen umhangen, von Wünschen, Leidenschaften und menschlichen Gefühlen?*

Wir stellen weitere Fragen an uns, die wir uns selbst ehrlich beantworten sollten:

- *Wie weit gelingt es mir, die noch bestehenden Masken zu analysieren und abzulegen?*
- *Wie weit bin ich also in der Selbsterfahrung gediehen?*

Masken entstehen durch unser Verhalten unseren Mitmenschen gegenüber, z.B. wenn wir anders sprechen, als wir empfinden und denken, oder anders denken, als wir empfinden, oder anders handeln, als wir empfinden, denken und sprechen.

Diese Verhaltensweisen führen zu Maskentragen und in der Folge zu Unflexibilität in unserem Denken und Handeln. Jede Unflexibilität, einerlei, worauf sie bezogen ist, führt letztlich zu Starrheit in unserem Denken und Tun: Wir beharren dann auf unseren Meinungen und lassen nichts anderes mehr gelten. Daraus entstehen Aufwertung unseres menschlichen Ichs und Abwertung unseres Nächsten.

Infolgedessen ist der Mensch unfrei und an sein Ich gebunden. Er ist auch an seinen Nächsten insoweit gebunden, als er das bejaht, was dieser für gut und richtig hält, obwohl er erkennt, dass das, was sein Nächster sagt und auch tut, gegen das Gesetz der Toleranz und Menschenwürde ist. Der »Jasager« macht sich damit von seinem Nächsten abhängig.

Menschen mit einem überaus starken Ich sind von Anerkennung, Lob und Bewunderung abhängig. Wer die ichbezogenen Menschen trotz besseren Wissens unterstützt, der bindet sich an diese Menschen, weil er wie automatisch ihre Ichbezogenheiten annimmt. Durch die Bejahung ihres Menschlichen, durch Lob und Bewunderung, übernimmt er Teile dieser Ich-Aspekte seines Nächsten und wird ihm ähnlich – und somit ist er an ihn gebunden. Er bindet sich also an den Anerkennungs-, Lob- und Bewunderungssüchtigen und ist auch als Seele an ihn gebunden.

Jede Sucht sucht sich ein Opfer, um sich daran zu bestätigen. Wer zum Opfer wird, der opferte sich seinem Nächsten, indem er dessen Ich unterstützte und selbst ein Teil dessen wurde, der im Rausch der Süchte lebt. Beide berauschen sich dann gegenseitig, indem sie voneinander die Seelen- und Körperenergien nehmen und weitere Süchtige suchen, die sich ebenfalls durch Anerkennung, durch Lob und Bewunderung aufwerten lassen wollen. Einer stillt dann dem anderen die Sucht durch Anerkennung, Lob und Bewunderung. Auf diese Weise kann ein Gruppenkarma entstehen. Wie die Glieder einer Kette verbunden sind, ähnlich sind die Süchtigen aneinander gebunden.

Wer also die Masken seines Nächsten durchschauen möchte, darf selbst keine Masken mehr tragen. Wessen Empfindungen, Gedanken und Worte rein und somit im Gleichklang, also gleichschwingend, sind, der ist frei, unkompliziert und gegenüber seinem Nächsten offen. Er ist dann der Tatmensch, der alles konzentriert und gewissenhaft durchführt. Er hat gelernt, was er auch tut, ganz zu tun.

Bruder Emanuel gab noch eine wesentliche Hilfe zur weiteren Selbsterkenntnis:

Einige unter euch fühlen sich in manchen Stunden einsam und allein, fern von der Einheit und der Gemeinschaft. Sie glauben, wenn sie die äußere Gemeinschaft nicht haben, dann wären sie in der Gottferne. Das ist nur dann der Fall, wenn der Intellekt herrscht und der einzige Ratgeber ist, wenn also nur der Verstand sich mitteilt, der vollgestopft ist mit Meinungen und Theorien. Wer alles mit dem Intellekt allein betrachtet, der sieht nur auf das Äußere und nimmt seinen Nächsten lediglich mit Abstand wahr.

Wer nur mit sich selbst beschäftigt ist und seinen Nächsten weder an- noch aufzunehmen vermag, der ist getrennt von der Einheit und steht am Rande des fließenden Stromes, der Menschen in sich eint, gleich, wo sie sich befinden. Wer nur mit sich selbst beschäftigt ist und sein Ich wahrt, der kann auch nicht zu Menschen geführt werden, die miteinander aus der Kraft der selbstlosen Liebe leben. Wer am Rande des fließenden Stromes steht, der alle Herzen verbindet, der fühlt sich einsam und allein, weil er seinen Nächsten nicht an- und aufzunehmen vermag.

Wer jedoch in seinem Nächsten den Mitwanderer, den Bruder und die Schwester aus dem Licht, schaut, wer Verständnis und Wohlwollen seinem Nächsten gegenüber hat, der wird im Strom des Lebens stehen und nie einsam und allein sein, weil Gott jene Menschen zusammenführt, welche von Herz zu Herz miteinander schwingen. Wer jedoch seinen Nächsten nicht an- und aufzunehmen vermag, hat auch noch nicht zu seinem Innersten, dem geistigen Bewusstsein, dem kosmischen Sein, gefunden.

Gabriele erläuterte:

Liebe Geschwister, wenn wir unseren Nächsten mit menschlichen Augen sehen, ihn aburteilen, ihn abqualifizieren und uns gleichzeitig noch über sein Äußeres, sein Denken und Handeln, erregen, dann haben wir unser Inneres noch nicht so weit erschlossen, dass unser Geistbewusstsein aktiv ist und sich uns mitteilt. Dann können wir uns auch nicht in der Gemeinschaft und in der Einheit mit Gleichgesinnten fühlen.

Wenn wir unseren Nächsten abwerten und über ihn gegensätzlich denken und reden, dann werden wir uns auch nicht in der Gemeinschaft fühlen, wenn wir von Menschen umgeben sind. Wir kommen nicht in die Einheit, weil wir uns durch unsere Verhaltensweise außerhalb stellen.

Dazu offenbarte Bruder Emanuel:

Wer nicht *mit* seinem Nächsten ist, ist gegen ihn. Wenn er auch unter vielen Menschen ist, so ist er doch einsam und allein, da er seinen Nächsten nicht an- und aufzunehmen vermag, sondern ihn von sich schiebt – durch sein Denken und Verhalten ihm gegenüber.

Unser Geistiger Lehrer sprach noch einige Worte zur Gemeinschaft und Einheit:

Eine Gemeinschaft ist ein Zusammenschluss von Menschen, die Gemeinsames durchführen oder gemeinsam leben. Das Streben nach Einheit mit Gott führt den zu Gott Strebenden immer über seinen Nächsten; denn wer seinen Nächsten nicht an- und aufzunehmen vermag, der gelangt auch nicht in die Einheit mit Gott.

Die Einheit in Gott ist eine Gemeinsamkeit aller Menschen und Wesen, gleich, was sie denken, reden und tun. Wer in Gott lebt, der ist *für* seinen Nächsten, da sein Empfinden, Denken, Sprechen und Handeln im Göttlichen ist.

Für den Nächsten zu sein, heißt: das Gute, das sich in jedem Menschen befindet – denn der Mensch besteht aus Geist, Seele und Leib –, zu bejahen und in sich, in seinem Inneren, zu bewahren; jedoch nicht für das Allzumenschliche zu sein, dieses zu bejahen und den Menschen darin zu bestärken.

Gabriele erklärte:

Die Einheit mit unserem Nächsten entsteht also dann, wenn wir den positiven Teil unseres Nächsten bejahen, seine menschlichen Reaktionen verstehen, ihn trotz eventueller negativer Äußerungen uns gegenüber nicht abwerten, sondern das Positive in ihm sehen – einerlei, wie er denkt, wie er spricht und wie er handelt. Dann vermögen wir ihn an- und aufzunehmen.

Das ist der Weg zu Gott; er geht ausschließlich über uns und über unseren Nächsten, denn Gott ist auch in unserem Nächsten. Wer seinen Nächsten im Inneren nicht an- und aufzunehmen vermag, kommt Gott nicht näher.

Zur Einheit gehört auch, dass wir jedem Menschen selbstlose, positive Gedanken senden können. Die Voraussetzung hierfür ist die Ehrlichkeit zu uns selbst. Wenn wir nämlich positive Gedanken senden, zugleich jedoch negativ empfinden, dann sind unsere Gedanken kraftlos, denn es steht noch ein Maß von Ablehnung dahinter. Wer seinem Nächsten mit offenem Herzen begegnen kann, mit positiven, lauteren Empfindungen und Gefühlen, einerlei, was dieser denkt und spricht, der steht über dem Menschlichen.

Wir müssen erkennen: Was wir aussenden, kommt auf uns zurück, denn jeder Gedanke ist zugleich Sender und Empfänger. Dadurch geht das, was wir aussenden, wieder in uns ein. Jeder Gedanke trägt also gleich die Rückantwort in sich. Was wir senden, das empfangen wir. Unsere Gedanken sind nur dann positive Kräfte, wenn sie von unseren positiven, gesetzmäßigen Empfindungen und Gefühlen durchdrungen, also beseelt sind. Sie sind jedoch negative Kräfte und schwächen uns, wenn vordergründig zwar Positives schwingt, wir jedoch anders denken, als wir empfinden, oder anders sprechen, als wir denken.

Schauen wir in diese Vorgänge tiefer hinein: Wir können uns unsere Empfindungen, Gedanken und Worte als kleine Wesenheiten vorstellen, die wir aussenden, welche wiederum gleichgesinnte Wesenheiten suchen, sich mit ihnen verbinden und verbrüdern und als Energiekomplex wieder zu uns zurückkommen.

Wenn wir in Einheit, also in gesetzmäßiger Übereinstimmung mit unseren Empfindungen, Gedanken und Worten sind, so beseelen wir diese kleinen Wesenheiten mit kraftvollen, selbstlosen, göttlichen Gesetzeskräften. Ebenso kraft- und machtvoll, wie sie nun sind, kommen sie wieder auf uns zu und verleihen uns positive Lebensenergien.

Wenn wir zwar positiv denken, gleichzeitig jedoch negativ empfinden, dann sind die Empfindungen maßgebend; sie suchen sich ebenfalls entsprechende Wesenheiten und kommen wieder auf uns zurück. In diesem Fall waren unsere positiven Gedanken nur Schein. Unsere Empfindungen hingegen sagen uns, wer wir noch sind und was wir in Wirklichkeit über unseren Nächsten denken.

Beseelen heißt: Wir sind in selbstloser, positiver Übereinstimmung mit unseren Empfindungen, Gedanken, Worten und Handlungen.

Positiv geladene Energien bewirken in dieser Welt viel Positives.

Alles Positive, das ohne Nebenempfindungen und Gedanken ist, ist selbstlos, ist unpersönlich. Alle kleinen Wesenheiten – also Empfindungen, Gedanken, Worte und auch Handlungen, die wir positiv, also selbstlos beseelen, kommen wieder auf uns zurück, bauen uns auf und kräftigen uns.

Selbstlos sein heißt, weder eine Anerkennung noch eine Wertung zu erwarten.

Da sich die von uns ausgehenden beseelten Wesenheiten Gleichgesinnte suchen und sich mit diesen verbinden, kommen auf uns wesentlich mehr positive Energien zurück, als wir ausgesandt haben.

Umgekehrt gilt das Gleiche, wenn wir unsere Empfindungen, Gedanken, Worte und Handlungen mit negativen Kräften aufladen. Negative Kräfte sind ichbezogene Kräfte, *also alles, was auf meine Person bezogen ist. Z.B. wenn ich sage: »Das ist mein Verdienst. Das habe ich geleistet. Das Lob und die Anerkennung gebühren mir.« Oder: »Das ist mein Besitz, mein Gut und mein Geld. Mir, mir – alles nur für mich!« Auch die negativen Kräfte suchen sich Gleichgesinnte, verbinden sich mit diesen, verstärken sich ebenfalls und kommen wieder auf uns zurück. Diese negativen, also ichbezogenen, niedrigschwingenden Energien schwächen sodann den Absender und bewirken unter Umständen Fehlentscheidungen, Schicksalsschläge und Ähnliches.*

Bruder Emanuel sprach:

Die positiven Wesenheiten bewirken Klarheit im Menschen und auch in seinem Umfeld. Die negativen Energien umwölken ihn, weshalb der Betreffende nicht sieht, was auf ihn zukommt oder welchen ersten Schritt er vor dem zweiten oder gar dritten machen sollte.

Gabriele erinnerte:

Lieber Bruder, liebe Schwester, wir erkennen also die Gefahren im Gesetz von Ursache und Wirkung, im Gesetz von Saat und Ernte. Wir erkennen, dass nicht unser Nächster die Gefahrenquelle oder der Gefahrenherd ist, sondern wir selbst – denn was von uns ausgeht, kommt wieder auf uns zurück. Wir sollten immer bedenken, dass jeder Gedanke

Energie ist und dass keine Energie verlorengeht. Das gilt nicht nur für die Gedanken, sondern auch für Empfindungen, Worte und Handlungen.

Allein die Ehrlichkeit zu uns selbst bildet die Sicherheit vor vielen Gefahren, die auf dem Weg zu Gott lauern. Deshalb möchte ich die schon öfter gestellten Fragen wiederholen:
- *Wie weit sind wir in unserer Selbsterfahrung und Verwirklichung der göttlichen Gesetze gediehen?*
- *Wie weit war es uns möglich, uns selbst zu erkennen?*
- *Haben wir uns um Selbsterkenntnis bemüht?*
- *Ist unser Intellekt immer noch der Reiter des Pferdes?*
- *Können wir unsere Mitmenschen an- und aufnehmen, oder werten, urteilen und verurteilen wir noch?*
- *Sind wir noch das Einzelwesen, der Mensch also, der sich nur um seine eigenen Belange dreht – oder sind wir das »Ein-Wesen«, das mit allen in innerer Verbundenheit und Harmonie lebt?*

Bruder Emanuel offenbarte:

Solange ihr noch den Intellekt als Maßstab habt, fühlt ihr euch auch als *Einzelwesen*, als Mensch auf dieser Erde, der Raum und Zeit als das Wesentliche betrachtet. Wer sich als Einzelwesen sieht, der fühlt sich getrennt von Gott und von der Einheit mit seinem Nächsten. Wer jedoch die Seele als geistiges Wesen im Menschen bejaht, der erkennt das *Doppelwesen* an – es ist: der Mensch und das Geistwesen.

Die Seele trägt das Geistbewusstsein, der Mensch das Verstandesbewusstsein, den Intellekt. Intellekt ist Verstandesbewusstsein, das sich von Andersdenkenden abgrenzt, das sich auf seine Meinungen und Vorstellungen stützt und diese als wahr und gegeben betrachtet.

Vom Intellekt geprägte Menschen vergessen meist, dass sie eine Seele besitzen, in der sich das Allbewusstsein widerspiegelt. Sie fühlen sich als Einzelwesen, die nur ihre persönlichen Ziele verfolgen und die selten in der Gemeinschaft zu leben vermögen.

Menschen hingegen, die auf das Allbewusstsein, auf Gott, bauen, streben die Gleichheit und Brüderlichkeit an, die in der großen Familie Gottes die Vollendung findet.

Menschen, die von Verstandeswissen geprägt sind, werden Intellektuelle genannt. Sie sehen ihre Mitmenschen – und schauen sie doch nicht. Sie erhorchen deren Worte – und hören sie doch nicht. Sie sehen deren äußere Wesensart und Benehmen – und können die Gesamterscheinung doch nicht deuten.

Wer mit seinem Ich, seinen Masken, umhangen ist, sieht wiederum auf Masken. Er sieht den Schein und nicht, was ist. Daher steht er nur mit dem Schein in Verbindung und erfasst die Wirklichkeit nicht. Er spricht durch seine Maske mit der Maske seines Nächsten oder fühlt sich mit jener Maske des Nächsten eins, die seiner eigenen Maske entspricht.

Das kosmische Gesetz lautet: Gleiches zieht Gleiches an. Das gilt auch im Gesetz von Saat und Ernte.

Menschen mit gleicher Wesensart, also mit gleichen Merkmalen und Wesenszügen, ziehen wieder Gleichgesinnte an. Wer ausschließlich durch seine eigene Maske, seine eigene Brille, schaut, sieht lediglich sich selbst – erwartet jedoch, dass sein Nächster die Meinungen und Vorstellungen annimmt, welche er selbst als Wahrheit darstellt und vertritt. Dabei verkennt der Intellektuelle oftmals seinen Nächsten, weil er ihn bloß aus den Perspektiven seines eigenen Denkens und Wollens betrachtet, weil er ihn nur von außen abschätzt und ihn nach Herkunft, Können, Besitz und Titel einstuft. Auf diese Weise entstehen Vorurteile und Urteile.

Wer nur durch seine eigenen Masken und seine eigene Brille schaut, der stuft seine Mitmenschen meist falsch ein. Solche Menschen sind Einzelwesen. Aufgrund ihres Einzellebens sind sie im Inneren allein und fühlen sich in vielen Fällen unverstanden – auch dann, wenn sie mit anderen Menschen zusammen sind, selbst in ihrer eigenen Familie.

Es kommt immer auf die Einstellung des Einzelnen an. Wer nur seine eigene Meinung gelten lässt und als Wahrheit vertritt, wer seinen Nächsten nicht toleriert und annimmt, der verarmt im Inneren und wird einsam.

Hierzu legte Gabriele dar:

Liebe Schwester, lieber Bruder, zur Vertiefung sei noch einmal wiederholt: Solange wir unseren Nächsten als geistiges Wesen und als Mensch nicht annehmen können, urteilen wir noch und distanzieren uns von ihm. Wir fühlen uns so lange unverstanden, wie wir an unserer Meinung festhalten und erwarten, dass auch unser Nächster sie annimmt und so denkt und lebt, wie es unserem Denken entspricht.

Erst wenn wir gelernt haben, den positiven Teil, das Geistige, in unserem Nächsten zu finden und anzunehmen, werden wir mit unserem Nächsten in Frieden leben. Der positive Teil unseres Nächsten, das Göttliche, ist ein Teil von uns, weil auch das Göttliche unseres Nächsten ein Teil des Göttlichen in uns ist. In allem Positiven, ob groß oder klein, ist alles enthalten: die Essenz der ganzen Unendlichkeit.

Wenn wir unseren Nächsten nicht annehmen können, weil wir in ihm die positiven Kräfte nicht suchen und somit auch nicht finden, können wir ihn auch nicht selbstlos lieben.

Wenn wir jedoch erkannt haben, dass der positive Teil unseres Nächsten auch in uns – als ein Teil unseres wahren Selbst – ist, dann werden wir ihm freundlich und positiv begegnen, weil wir uns dadurch in ihm auch selbst begegnen.

Wer diese Facette der Wahrheit gefunden hat und danach handelt, wird erkennen: Was ich meinem Nächsten tue, das tue ich mir selbst. Dann werden wir nicht nur freundlich scheinen, sondern wir werden ehrlich, offen, frei und unseren Mitmenschen von innen her gewogen sein. Die folgenden Übungen sollen uns dabei helfen:

Wir denken an einen Menschen, den wir gern haben, mit dem wir vertraut sind. Welche Gedanken kommen uns? – Wir notieren diese Gedanken auf.

Wir können sagen: Wenn wir den Nächsten annehmen, dann nehmen wir auch uns an; mit anderen Worten: Der Teil unseres Nächsten, den wir an ihm selbstlos schätzen, ist gewiss auch schon ein Teil von uns geworden. Können wir den Nächsten ganz annehmen, so, wie er ist, dann sind wir auf dem Inneren Weg wieder ein Stück weitergekommen.

Nun vollziehen wir die gleiche Übung, denken jedoch diesmal an einen Menschen, den wir nicht mögen, gegen den wir Vorurteile haben. Welche Gedanken kommen nun? – Wieder notieren wir unsere Gedanken.

Diese einfachen Übungen zeigen uns, dass wir ein Doppelwesen sind, denn bei diesen Übungen antwortet uns sowohl unser menschliches Bewusstsein als auch unser geistiges Bewusstsein. Das menschliche Bewusstsein, das Verstandesbewusstsein, antwortet in unseren Gedanken, das geistige zuerst in unseren Empfindungen. Die Gedanken, die wir aufnotiert haben, sagen uns, wer wir noch sind. Sie teilen sich jedoch nur dann mit, wenn wir zu uns ehrlich waren, wenn wir nicht Gedanken unterdrückt haben.

Wesentlich ist auch, dass wir ebenso auf unsere Empfindungen achten, denn sie ermahnen uns unter Umständen, die Gedanken noch einmal zu überprüfen, ob sie den Empfindungen entsprechen.

Lieber Bruder, liebe Schwester, wenn wir das Erkannte nicht übergeben, weil wir damit z.B. unserem Nächsten dies oder jenes beweisen wollen, ihm schaden oder uns rechtfertigen wollen, bleiben wir ein Doppelwesen, das an seinem Allzumenschlichen festhält und das Geistige lediglich bejaht, jedoch nicht verwirklicht.

Solange wir also unser Ich nicht loslassen, sondern es pflegen, indem wir immer wieder über Menschliches grübeln und unserem Nächsten gegenüber gehässig und abwertend reagieren, bleiben wir zerrissen und somit das Doppelwesen.

Solange wir Geist, Seele und Körper nicht zur Einheit erheben, sind wir mit uns selbst uneins, also zerrissen. Wir denken anders, als wir sprechen. Wir empfinden anders, als wir denken, und wir reden und handeln wiederum anders, als unsere Empfindungen, Gedanken und Worte sind. Dieser Zerrissenheit liegt Folgendes zugrunde:

Der Geist Gottes in unserer Seele ist das Leben der Seele und des Leibes. Er ist das Absolute Gesetz der Liebe; Er ist von Ewigkeit zu Ewigkeit unwandelbar.

In den Partikeln der Seele und in den Seelenhüllen sind unsere Belastungen gespeichert. Einige davon sind aktiv *und wirken auf den Menschen, auf sein Denken, Fühlen und Wollen ein.*

In unserem Gehirn, dem Ober- und Unterbewusstsein, lagern unsere Meinungen, das Angelernte – alles Wissen, das wir uns in den vielen Jahren angeeignet haben. Daraus können sich unterschiedliche Resonanzen ergeben. Der Geist, Gott, strahlt positiv. Unsere menschlichen Belastungen hingegen strahlen negativ. Alles, was auf Äußeres bezogen ist, hat seine eigene Strahlung, auch unser Angelerntes, unsere Meinungen und Vorstellungen. Daher sind oft unsere Gedanken anders als unsere Empfindungen und unsere Worte wiederum anders als unser Handeln. Das ist die Zerrissenheit. Wir wissen zuletzt selbst nicht, wer wir tatsächlich sind: Sind wir unsere Empfindungen, sind wir unsere Gedanken, sind wir unsere Worte – oder sind wir unsere Handlungen?

Solange wir also unsere Empfindungen, Gedanken, Worte und Handlungen nicht in Übereinstimmung bringen, wissen wir selbst nicht, wer wir sind. Diese Diskrepanzen bewirken im Laufe der Zeit Unpässlichkeit und Krankheit. Erst wenn wir unsere Empfindungen, Gedanken und Worte unter Kontrolle haben – das heißt, wenn diese weitgehend in Übereinstimmung mit dem Unpersönlichen, dem Göttlichen sind, dann haben wir damit den ersten Schritt getan und die Voraussetzung dafür geschaffen, weise zu werden. Dadurch werden wir zum Ein-Wesen, das verbunden ist mit allen Wesen und mit den Kräften der Unendlichkeit. Wer zum Ein-Wesen geworden ist, bemüht sich täglich, stündlich und minütlich, die Einheit mit Gott zu erlangen, indem er die Gesetze Gottes verwirklicht und sie in seinem täglichen Leben erfüllt.

Das Leben nach dem Gesetz unseres himmlischen Vaters ist unser wahres Erbe, und dieses allein macht uns frei. Das erkennen wir allmählich auf dem Weg nach Innen. Wir werden uns immer mehr unseres wahren Wesens bewusst und erfüllen jetzt schon Gottes Willen.

Lieber Bruder, liebe Schwester, wer von uns möchte nicht die innere Freiheit? Wer von uns möchte nicht glücklich und freudig sein? Wer von uns möchte nicht geliebt werden? Wir alle möchten es! Glück, Freude und Liebe empfangen wir nur aus der inneren Freiheit.

Diese innere Freiheit erlangen wir nur durch die Überwindung des menschlichen Ichs, das heißt, indem wir die göttlichen Gesetze verwirklichen und unseren Nächsten annehmen, indem wir das Gute in ihm bejahen und darauf aufbauen. Das führt uns zur Einheit mit unserem Nächsten und mit den positiven Kräften der Unendlichkeit.

Wir hören immer wieder vom geistigen Bewusstsein des Inneren, vom wahren Sein. Wir hören jedoch auch vom Intellekt, vom Verstandesdenken. Verdeutlichen wir uns den Unterschied: Das geistige Bewusstsein, das wahre Sein, ist das Geistbewusstsein, das reine Wesen in uns. So weit, wie dieses geistige Bewusstsein erschlossen, also freigelegt ist, ist unser inneres Wesen licht und rein.

Das Bewusstsein des Menschen ist das Ober- und Unterbewusstsein, das Verstandesdenken. Wenn der Verstand allein geschult wird, dann wird nur der Intellekt geprägt und das Gehirn mit weltlichen Erkenntnissen programmiert.

Das geistige Bewusstsein, das Göttliche in uns, ist unser wahres Sein. Solange dieses von den Seelenhüllen ummantelt ist, werden wir in vielen Situationen von unserem wahren Sein, dem Geistbewusstsein, mittelbar, also über die Seelenhüllen, über die Schatten unseres Ichs, ermahnt, das Sündhafte zu lassen und uns in der Selbstlosigkeit zu üben. Die Aufgabe in unserem irdischen Leben ist, dass wir unser wahres Sein, das Geistbewusstsein, freilegen, also durch Verwirklichung das Sündhafte Christus zur Umwandlung übergeben und nicht mehr sündigen. Auf diese Weise legen wir mehr und mehr unser geistiges Bewusstsein frei, unser wahres Sein, welches das Absolute Gesetz ist.

Immer wieder werden wir von innen ermahnt, unser Allzumenschliches Christus zur Umwandlung zu übergeben und den Schritt zu Christus in uns zu vollziehen. Erst wenn wir diesen Schritt getan haben und unseren Willen dem Willen Gottes unterordnen, erfahren wir den Inneren Helfer und Ratgeber, unser wahres Sein, unser wahres Wesen, das Geistbewusstsein. Dann sind wir nicht mehr die Doppelwesen, die anders empfinden, als sie denken und sprechen.

Der Mensch, in welchem das Geistbewusstsein so aktiv ist, dass er die innere Führung spürt, der empfindet sich *als eingekleidetes Geistwesen, als Ein-Wesen. Er ist kein Doppelwesen mehr; er bemüht sich, fortan den Willen Gottes zu erkennen und zu erfüllen.*

Liebe Geschwister, solange wir uns noch im Gesetz von Saat und Ernte bewegen und weiter sündigen und nicht an uns arbeiten, um Christus näherzukommen, kann das Geistbewusstsein in uns also nur mittelbar durch uns wirken: über unsere Entsprechungen, also Belastungen, und über die Tagesenergie.

Wenn wir allmählich zu unserem wahren Sein finden, dann wirkt sich die Strahlung auch positiv in uns und an unserem Körper aus. Unser Blick ist dann offen, weil wir frei sind. Unser Herz ist selbstlos, weil wir selbstlos empfinden, denken, sprechen und handeln. Unsere Verhaltensweisen drängen uns nicht mehr, unseren Willen, unser Menschliches, durchzusetzen. Wir sind verständnisvoll, tolerant und wohlwollend. Wir verkörpern allmählich das wahre Sein, das auch das Selbst genannt wird.

Wir werden durch ein Leben im Geiste Gottes und aus dem Geiste Gottes zum Ein-Wesen. Dann können wir vom Göttlichen in uns, von dem Inneren Helfer und Ratgeber, von unserem wahren Sein, unmittelbar geführt werden.

Liebe Schwester, lieber Bruder, Wiederholungen dienen unserem besseren Verständnis. Deshalb möchte ich unser ewiges Sein noch einmal von einer anderen Seite her beleuchten:

Die Schaltstelle in unserem Geistbewusstsein ist der unbelastbare Wesenskern, Gott. Je mehr sich unser Geistbewusstsein erweitert – indem sich die Schatten auflösen, die über unserem wahren Sein liegen –, umso aktiver und strahlender wird der Wesenskern.

Das Geistbewusstsein ist das Gesetz Gottes. In komprimierter Form ist es auch unser geistiger Leib. Dieser setzt sich aus geistigen Partikeln zusammen, in denen die fünf geistigen Atomarten wirksam sind. Der Wesenskern, die aktive, unbelastbare Schaltstelle unseres geistigen Leibes, zieht die Gottesenergien aus der Unendlichkeit an und strahlt sie in unseren geistigen Körper. Er strahlt diese reinen, kosmischen Energien zu den geistigen Atomen, die in den geistigen Partikeln unseres geistigen Leibes aktiv sind. Dadurch bleibt der geistige Körper beständig im kosmischen Rhythmus.

Solange die geistigen Atome in den geistigen Partikeln auf den unbelastbaren Wesenskern Gott ausgerichtet sind, empfangen sie die gesamte Allstrahlung.

Durch unser Sündhaftes verändern wir die Ausrichtung der geistigen Atome und belasten die geistigen Partikel. In der Weise, wie wir sündigen, verändern wir die geistigen Atome in ihrer Lage in den Partikeln der Seele. Durch unser Sündigen wenden sie sich wie automatisch ab vom Wesenskern Gott, der ewigen Strahlenquelle in uns. Das bedeutet, dass wir dadurch immer weniger Gottesenergie empfangen. Dort, wo Gottesstrahlung sein sollte, bilden sich sodann die Seelenhüllen – gemäß unserem menschlichen Denken, Reden und Handeln.

Wenn wir jedoch unser irdisches Leben nützen und Tag für Tag an uns selbst arbeiten, indem wir umdenken – vom Menschlichen zum Göttlichen – und uns weiter bemühen, Gottes Willen in allem zu erkennen und zu tun, dann richten sich auch diese geistigen Atome in den geistigen Partikeln unseres geistigen Leibes wieder mehr und mehr auf den göttlichen Wesenskern aus.

Infolgedessen werden die Seelenhüllen lichter, und die geistigen Partikel werden von Belastung frei; auch der Wesenskern pulsiert intensiver und zieht mehr göttliche Energien an. Dieses vermehrte Energiepotential strahlt sodann in die Seele und über die Seele in unseren Leib. Dadurch verstärkt sich also die Christus-Gottesstrahlung in uns.

Man kann einen Partikel unseres geistigen Leibes mit einer Körperzelle vergleichen. In jeder Körperzelle befinden sich viele Anlagen und Informationen, die – entsprechend den Kommunikationen – über die Sinne aktiv werden.

Ähnlich, wie in jeder Körperzelle des Menschen viele Kommunikations- und Informationsvorgänge ablaufen, geschieht dies auch in den Partikeln der Seele. In den Partikeln eines reinen Wesens der Himmel ist das Kommunikations- und Informationssystem allumfassend und absolut, weil alles Reine das Gesetz selbst ist.

In jedem geistigen, also reinen Partikel ist die Essenz der ganzen Unendlichkeit wirksam; sie ist das reine und voll entwickelte Bewusstsein. Wir erfahren es in uns, wenn wir – der Mensch also – still geworden sind, wenn wir zur Harmonie in Gott gefunden haben, weil wir unsere negativen Empfindungen und Gedanken weitgehend überwunden haben. Dann beginnen wir, mehr und mehr in Gott, unserem Herrn und Vater, zu ruhen. Wir werden zum Gesetz Gottes.

Wenn unsere Gedanken, Worte und Handlungen geläutert sind, dann ist unser geistiges Bewusstsein klar; die vielen Hüllen sind abgebaut und durchlichtet – unsere Seele ist ruhig und still wie ein See in der Abendsonne. Die Sonne der Gerechtigkeit spiegelt sich sodann auf dem ruhigen See, dem Bewusstsein unserer Seele. Die stille Seele und der ruhige Mensch empfinden die Widerspiegelung des Geistes als Freude, Harmonie und Liebe.

Wir müssen also erkennen, dass die positiven, selbstlosen Empfindungen, Gefühle und Gedanken aus dem Geistbewusstsein kommen – die negativen Empfindungen, Gefühle und Gedanken hingegen aus den Seelenhüllen.

Solange der Mensch sein Eigenleben führt, abgewandt von seinem Nächsten, wird er von Gott mittelbar geführt und ist das Doppelwesen.

Wenn sich jedoch unser gereinigter Verstand, der sich Gott, der Intelligenz, dem Geistbewusstsein, zuwendet, indem der Mensch die göttlichen Gesetze mehr und mehr verwirklicht – wenn sich also das Trennende, das menschliche Denken und Wollen, abbaut –, dann tritt unser wahres Sein, das geistige Bewusstsein, hervor, das uns Ratgeber und Helfer ist. Es ist die Intelligenz, Gott. Wenn der Verstand nur noch das Instrument des Inneren Helfers und Ratgebers, der allweisen Intelligenz, Gott, ist, dann sind wir die Ein-Wesen: Wir sprechen und handeln gemäß dem göttlichen Bewusstsein, dem Inneren Helfer und Ratgeber, der ewigen, allumfassenden Intelligenz.

Bruder Emanuel offenbarte hierzu:

Arbeitet der Mensch jedoch nur mit seinem Verstand, mit seinem Intellekt und gibt er sich mit seinen Vorstellungen und Meinungen zufrieden – so prägt er auch seine Gehirnzellen entsprechend. Dann ist das Gehirn der Inspirator; es ist der Intellekt, der wieder zu entsprechenden intellektuellen Energiefeldern Kontakt hat. Von dort kann der Mensch Weisungen erhalten und auf Fragen Antwort bekommen. Dann antwortet der Intellekt – und nicht das Geistbewusstsein, der Innere Helfer und Ratgeber. Dadurch entsteht keine Wechselwirkung, keine Kommunikation, zwischen Geistbewusstsein und den Gehirnzellen, da die intellektuellen Abläufe über das Gehirn – und eventuell über Energiefelder – erfolgen.

Gabriele ermahnte uns:

Die Antworten aus dem Intellekt kommen aus der eigenen Speicherung oder Programmierung – das heißt: So, wie wir unsere Gehirnzellen mit unseren Vorstellungen,

Wünschen, Leidenschaften und Begierden gespeichert haben, so werden wir denken, reden und handeln – mit gleichen und ähnlichen Kräften treten wir in Kommunikation.

Da alles auf Kommunikation, das heißt auf Information, aufgebaut ist, bedarf es zuerst des Kontaktes, bevor eine Information fließt, bevor wir eine Antwort erhalten oder geben oder eine Frage stellen können.

Wir haben schon darüber gelesen: Wohin wir senden, von dort werden wir auch empfangen. Wenn wir Kopfdenker und nicht Herzdenker sind, erhalten wir also über unsere gespeicherten Programme, über unser Verstandesbewusstsein Antwort – und nicht vom Geistbewusstsein, weil wir mit dem Geistbewusstsein nicht kommunizieren. Anders gesagt: Der Intellekt stellt sich selbst die Frage und gibt sich selbst die Antwort. Stets jedoch liegt eine Kommunikation zugrunde: Der Intellekt ruft, wie dargelegt, die Antworten von Energiefeldern in der Atmosphäre ab, die mit der eigenen intellektuellen Speicherung gleichschwingen; das bedeutet dann, dass der Mensch über seinen Intellekt gesteuert ist. Ein starkes Ich des Menschen kann auch mit Seelen in Verbindung treten, die sodann die Inspiratoren sind. Sie wirken auf das Verstandesbewusstsein ein, auf die menschliche Programmierung im Gehirn.

Wir erkennen also die unterschiedlichen Gefahren, die auf jene Menschen lauern, deren Denken und Handeln sich nur um sie selbst dreht und die der Ansicht sind, der Intellekt sei der Maßstab aller Dinge. Wir sind so lange Sender *und Empfänger für alle möglichen Vorstellungen und Richtungen, also für die unterschiedlichsten Energiefelder und Einsprachen von Seelen, bis wir unser Allzumenschliches abgelegt haben und unsere Seelenantenne, unser Empfinden, Denken, Sprechen und Handeln, auf Gott ausgerichtet ist. Dann ist das Göttliche in uns, unser wahres Sein, der Sender – und wir, der Mensch also, sind der Empfänger.*

Wir müssen uns bemühen, unser inneres Wesen zu ergründen, das rein und edel ist. Wir müssen uns bemühen, mehr und mehr mit dem Geistbewusstsein, mit der ewigen Intelligenz, Verbindung zu erlangen. Dadurch werden wir souverän und sind auf unser Innerstes ausgerichtet, auf unser wahres Sein. Wer sich immer mehr nach innen orientiert und seine Empfindungen, Gedanken, Worte, Handlungen und Sinne veredelt, der legt sein maskenhaftes Ich ab.

Menschen des Geistes sind gütige, liebevolle und wohlwollende Menschen. Sie weisen jedoch auf Unrecht hin und bieten dem Satan der Sinne die Stirn. Sie lassen sich nicht verführen, denn sie durchschauen auch die kühnsten Künste der dunklen Mächte.

Liebe Geschwister, der Geist Gottes ist die Wahrheit. Wenn wir uns bemühen, mehr und mehr zur Wahrheit zu finden, wird allmählich unser Geistbewusstsein, unser wahres Sein, aktiver und dominiert über das Ober- und Unterbewusstsein – und somit über unseren Intellekt. Ober-

und Unterbewusstsein sind dann nur noch Instrumente, ausführende Kräfte des Geistbewusstseins. Der Verstand ist dann nur noch Instrument des Inneren Helfers und Ratgebers, der ewigen Intelligenz. Dadurch werden die Gehirnzellen von negativen, gesetzwidrigen Vorstellungen und Meinungen befreit: Wir finden vom menschlichen Ich zum göttlichen Ich Bin, zur Selbstlosigkeit.

Haben wir diese Umwandlung vom Menschlichen zum Geistigen erlangt, so weit es uns als Mensch möglich ist, so wird sich allmählich unsere geistige Mentalität, die Wesenheit oder Eigenschaft unseres Seins, in uns spiegeln. Allmählich beherrscht der Geist die Materie, und das menschliche Ich stirbt – aus dem Doppelwesen entwickelt sich das Ein-Wesen.

Lieber Bruder, liebe Schwester, denke über dich selbst nach und ergründe, wie du am raschesten zu deinem wahren Sein findest, zu deinem ureigenen Wesen.

Eine kleine Hilfe ist, unseren Nächsten als unseren Spiegel zu sehen. Wie wir über unseren Nächsten denken und sprechen oder uns erregen, so sind wir selbst. Das Erkannte sollen wir sodann an uns bereinigen.

Jesus sagte sinngemäß: Ziehe zuerst den Balken aus deinem eigenen Auge; danach sieh zu, wie du den Splitter aus deines Bruders Auge ziehst. – Wenn wir uns also über unseren Nächsten ärgern, sollten wir uns stets fragen: Was will mir das sagen? Wir schauen in unseren eigenen Spiegel, weil der Nächste uns Spiegel ist.

Auch laute Freude will uns etwas sagen. Was sagt uns dazu der Spiegel?

Laute Freude ist allzu menschlich. Geistige Freude hingegen ist beglückendes, dankbares Empfinden.

In vielen Fällen können wir auch an uns feststellen, dass wir in Erwartungshaltung sind, dass wir dieses und jenes von unserem Nächsten erwarten.

- *Was wollen wir von unseren Mitmenschen?*
- *Warum sind wir in Erwartung?*
- *Was ist das?*
- *Woher kommt unsere Einstellung?*

Was wir dabei in unserem eigenen Spiegel geschaut und dabei über uns selbst erfahren haben, das sollten wir bereinigen.

Wenn wir wachen Geistes sind und die Tage nützen, dann wird sich Gott auch über die Tagesereignisse uns mitteilen und uns zeigen, was heute zu bereinigen ist. Was wir erkannt haben, sollten wir in unserem Tagebuch festhalten. Das Tagebuch dient uns nicht nur dazu, darin Unerledigtes nachzulesen, sondern wir sollten darin auch Erledigtes streichen. Das Verwirklichte, das heißt das Abgelegte, das Hinter-uns-Gelassene, bringt uns innere Freude und die Erkenntnis, dass wir auf dem Inneren Weg vorankommen.

Wir halten also sowohl die positiven als auch die gegensätzlichen Erkenntnisse im Mystischen Tagebuch fest.

Das Tagebuch sollte aussagekräftig sein. Auch in hektischen oder lethargischen Phasen sollten wir uns fragen:

- Warum bin ich hektisch oder lethargisch?
- Warum bin ich übermäßig müde und fühle mich wie abgeschlagen?
- Was lag oder liegt zugrunde?

Die Ursachen unseres hektischen oder lethargischen Verhaltens oder der Übermüdung, der Abgeschlagenheit, ergründen wir, indem wir bei unserer Selbstbefragung nicht auf unsere Gedanken achten, sondern auf unsere Empfindungen, die aus den tiefen Schichten unseres Bewusstseins kommen.

Eine weitere Übung:

Oftmals drängt es uns, etwas sagen zu müssen. Auch diesem Drängen wollen wir in der Frage nachgehen: Warum möchte ich dies unbedingt aussprechen?

Wenn wir uns diese Frage stellen, dann wollen wir eine kurze Zeit innehalten. Wir bemühen uns, still und demütig zu werden, nichts zu wollen und bereit zu sein, alles dankbar anzunehmen, was in uns aufsteigt.

Solange wir noch etwas wollen, laufen wir Gefahr, mit fremden Kräften zu kommunizieren.

Sind wir bereit, alles dankbar anzunehmen, ohne für uns etwas zu wollen, dann steigt in uns aus den tiefen Schichten unserer Empfindungswelt ein Ahnen empor. Folgen wir diesem Ahnen, dann kommt die Bestätigung; ein positives, freudiges Empfinden, eine Erleichterung. Kommt das Ahnen dagegen aus den Seelenhüllen, dann erhebt sich in uns ein Zweifel, es könnte so oder auch anders sein.

Sind wir jedoch den gesetzmäßigen Impulsen gefolgt, dann steigt in uns ein Gefühl der Dankbarkeit gegenüber Dem empor, der alles lenkt und weise führt, der uns die Selbsterkenntnis schenkt und die Kraft zur Überwindung des Erkannten, der uns befreit von dem, was uns in dieser Situation noch allzu menschlich sein ließ.

Zum besseren Verständnis sei wiederholt:

Wir nehmen also unsere Sinne zurück und auch eventuelle Gedanken des Zweifels an die Übung; auch das eventuelle Auftreten von Wollen und Wünschen, von Vorstellungen und Meinungen darüber, was sich wohl einstellen müsste, um diese Übung erfolgreich durchgeführt zu haben. Erst wenn wir uns selbst zur Ordnung rufen und dem Allzumenschlichen nicht nachgeben, dann richten sich unsere Antennen, die Sinne, nach innen und bilden eine Brücke zum Wesenskern. Über diese Brücke können dann Impulse aus dem Wesenskern kommen. Dann steigt ein Ahnen aus dem Urgrund der Seele empor, das ganz allmählich in unsere Empfindungs- und Gedankenwelt einschwingt. Wir sollten deshalb kurz abwarten und die Gedankenleere beibehalten. Dann beachten wir das, was in uns emporsteigt. Was wir ergründet haben, halten wir im Mystischen Tagebuch fest, um es zur gegebenen Zeit zu analysieren.

Das Drängen, dies oder jenes unbedingt sagen zu müssen, deutet auf unser menschliches Ich hin. Diese drän-

genden Bewegungen kommen entweder aus unseren Seelenhüllen oder aus dem Ober- und Unterbewusstsein. Was uns also im Übermaß drängt, also gleichsam bedrängt, das sind wir noch selbst.

Liebe Geschwister, wenn wir uns in diesem Sinne überwinden und nicht alles aussprechen, was uns auf die Zunge fließen möchte, dann ist innere Freude die Folge. Solche Übungen, die manche von uns für unscheinbar halten, können unter Umständen einen noch massiven Ichkomplex zum Vorschein bringen, nämlich dann, wenn die Bedrängnisse so stark werden, dass uns unsere Gedanken beherrschen, wir also gedanklich gleichsam ins Rotieren kommen.

Massive Ichkomplexe sollten rechtzeitig erkannt und abgebaut werden, bevor sich daraus ein Schicksal ableitet. Massive Ichkomplexe, die nicht sogleich zu überwinden sind, müssen wir analysieren. Viele kleine menschliche Ichheiten, die unaufhörlich drängen, gehören oftmals zu großen Komplexen. Sprechen wir sie an, so ist es uns möglich, dass ein ganzer Komplex zum Schwingen kommt und wir mit Christus einen Aspekt nach dem anderen abarbeiten können.

Liebe Geschwister, wenn wir uns erregen, besonders dann, wenn uns Menschen Dinge sagen, die uns unangenehm sind, oder wenn wir diese Dinge anders sehen, weil sie nicht unseren Vorstellungen entsprechen, dann wollen wir oft sehr schnell antworten oder handeln.

Auch daraus ergibt sich eine Übung für uns, durch die wir erkennen, wer oder was wir noch sind:

Wollen wir ärgerlich – also aus unserem Allzumenschlichen heraus – Antwort geben oder handeln, dann sollten wir uns die Frage stellen:

- *Was bringt es mir, wenn ich nun emotional spreche oder handle?*
- *Würde Gott ebenso reden und handeln?*
- *Was liegt also zugrunde?*

Liebe Geschwister, solche kleinen Übungen zur Selbsterkenntnis zeigen uns, wie oft noch unser Mensch reagieren möchte und bei welcher Gelegenheit er sich aufbäumt.

Zur weiteren Erkenntnis sprach Bruder Emanuel:

Euer Nächster stellt euch eine Frage, und euer Intellekt hat sofort eine Antwort parat. Was sagt dies aus?

Ist der Mensch, während sein Nächster spricht, nur auf sich bezogen – das heißt, macht er sich über ihn Gedanken und ein Bild und legt er sich dabei bereits eine Antwort zurecht –, dann kommt diese sicher aus dem Intellekt.

An der Spontanität des Antwortgebenden und an der Antwort selbst und auch an der Mimik und Gestik erkennt der wahre Erleuchtete, woher die Antwort kommt: aus dem Intellekt – oder vom Inneren Helfer und Ratgeber, vom Geistbewusstsein.

Der geistige Mensch wird seine Antwort nicht zurechtlegen, während sein Nächster noch spricht. Er denkt nicht nach, welche Antwort er ihm wohl geben wird, um ihn von der eigenen Meinung zu überzeugen. Der wahre Erleuchtete ruht in sich, ist jedoch hellwach, um die Essenz des Gesprochenen in sich aufzunehmen. Dabei erfasst er den gesamten Menschen und verschafft sich dadurch einen Gesamteindruck.

Wessen geistiges Bewusstsein aktiv ist, der empfängt von innen – aus seinem wahren Sein – die richtige Antwort. Dazu bedarf es allerdings gereinigter Gehirnzellen, die keine Vorstellungen und Wünsche mehr gespeichert haben, sondern göttliche Gesetzmäßigkeiten. Dann dienen die Gehirnzellen dem Inneren Helfer und Ratgeber als Instrument.

Ein gesunder, ausgewogener Verstand – das heißt ein Mensch, dessen Gehirnzellen nicht mehr von menschlichem Tand, von Meinungen und Vorstellungen belastet sind, dessen Denken und Wirken gerecht, weise und gütig ist – schöpft aus dieser nie versiegenden Quelle, dem Bewusstsein Gottes. Er befindet sich in Kommunikation mit seinem Inneren Helfer und Ratgeber, mit seinem wahren Sein. Auf diese Weise wird der menschliche Verstand zum Instrument Gottes.

Der Intellekt ist, wie schon dargelegt, eine Speicherung von angeeignetem und angelerntem Wissen sowie von Meinungen und Vorstellungen. Wie reagiert der Verstandesmensch, der Intellektuelle?

Menschen, deren Lebensinhalt die Selbstdarstellung ist, sprechen viel und Unwesentliches. Ohne zu prüfen, was sie sagen, reden sie von sich selbst. Für sie ist wichtig, dass ihnen nach dem Munde gesprochen wird und sie Zustimmung erhalten. Fühlen sie sich geschmeichelt, dann sprechen sie noch mehr und trumpfen mit ihrem Wissen auf.

Menschen des Geistes jedoch achten auf ihre Empfindungen, auf ihr Denken und Handeln.

Wer erkennen möchte, wie klein oder wie stark sein menschliches Ich noch ist, der achte auf seine Empfindungen.

Gabriele wies auf Folgendes hin:

Liebe Schwester, lieber Bruder, die tiefen Schichten unserer Empfindungswelt teilen sich uns sehr klar und präzise mit. Sie übermitteln uns z.B., weshalb wir auf Schmeicheleien reagieren und was wir noch von unseren Mitmenschen erwarten, das sie für uns tun sollten.

Die tiefen Schichten unserer Empfindungswelt teilen uns auch mit, in welchen Bereichen unseres Lebens wir uns immer wieder selbst darstellen.

Jede von uns erwartete Schmeichelei zeigt uns, dass wir uns selbst betrügen, denn wir reden um unserer selbst willen, um gelobt zu werden und Schmeicheleien zu erhalten.

Wollen wir uns selbst erkennen, dann gibt es viele Wege, die zur Selbsterkenntnis führen.

Ein Weg z.B. ist unser eigener Spiegel.
Bruder Emanuel sprach:

Betrachtet euer Spiegelbild. Seid ihr damit zufrieden? Wenn ja: Was befriedigt euch? Wenn nein: Was schaut aus euch heraus?

Eine schlichte Übung:

Jeden Morgen steht ihr vor dem Spiegel, um für den Tag Toilette zu machen. Auf die Frage, weshalb ihr diese eventuell aufwendige Toilette macht und für wen, werdet ihr sinngemäß folgende Antwort erhalten: Weil es so üblich ist. Oder: Weil ich ordentlich aussehen möchte.

Wer jedoch auf die tiefen Schichten seiner Empfindungswelt achtet, der kann über sich selbst mehr erfahren.

Gabriele erklärte:

Liebe Geschwister, wir schauen also in den Spiegel und fragen uns:

Warum und für wen mache ich das?

Zuerst richten wir diese Frage an unseren Menschen, dann an das Geistbewusstsein. So können wir wieder uns selbst erfahren, Selbsterkenntnis erlangen und auch zur Erkenntnis des Nächsten finden.

Bruder Emanuel offenbarte:

Gerade der morgendlichen Toilette – wie sie durchgeführt wird und mit welchen Künsten sie abgeschlossen wird – liegen sehr viele menschliche Wünsche zugrunde. Es können Gefallsucht, Hochmut, Begehren und Begierden dahinter verborgen sein. Es können Erwartungshaltungen darin liegen, Wünsche nach einem bestimmten Partner oder einer bestimmten Partnerin oder Künste der Verführung.

Sie kann jedoch auch Reinheit der Sinne und des Gemüts zum Ausdruck bringen. Denn wer im Inneren rein und in seinen Gedanken sauber und edel ist, der wird auch auf die Körperpflege Wert legen und sich entsprechend kleiden.

Gabriele gab Hinweise:

Liegen z.B. Gefallsucht und Verführungskünste zugrunde, dann sollten wir uns die Frage stellen:

- *Wem möchte ich gefallen – und warum?*
- *Oder: Wen möchte ich verführen – und warum?*
- *Oder: Was erwarte ich von meinem Nächsten?*

Bei Hochmut stellen wir die Fragen:

- *Wen will ich abwerten, um mich aufzuwerten – und warum?*
- *Über wen mache ich mich lustig – und warum?*
- *Was fehlt mir (noch)?*

Eine weitere Möglichkeit zur Selbsterkenntnis: Wir befinden uns in einer Gesellschaft von Menschen. Wer sich selbst zu beobachten gelernt hat, kann z.B. feststellen, dass seine Körperbewegungen ganz anders sind als üblich. Er reagiert z.B. hektisch oder gespreizt oder gibt sich jovial, obwohl es im Inneren brodelt und kocht. Wir reagieren also anders als sonst.

Wer das an sich selbst feststellt, der sollte in den tieferen Schichten seiner Empfindungswelt forschen. Dort erfährt er, was die Reaktionen ihm sagen wollen, weshalb seine Gesten anders sind, als wenn er sich unbeobachtet fühlt oder wenn er allein ist.

Wir fragen immer: Was geht hinter unseren Empfindungen, Gedanken, Worten, Handlungen und spontanen Bewegungen vor sich? Durch die Frage »Warum« blicken wir tiefer, so dass wir schließlich die Wurzel zu erfassen vermögen.

Befragen wir nur das Oberbewusstsein, also unseren Intellekt, dann könnten wir getäuscht werden, denn der Intellekt bestätigt allzu gern sich selbst.

Die tiefen Schichten, die Kommunikationen hinter unserer Empfindungs- und Gedankenwelt und hinter unseren

Worten, Handlungen und Gesten, sagen uns etwas anderes als der Intellekt. Darin liegt keine Täuschung, denn sie werden vom Inneren Helfer und Ratgeber berührt.

Es gibt keine Zufälle! Alles, was wir tun, ist entweder von innen her geführt, oder es ist gesteuert: Die Führung kommt aus unserem wahren Sein – die Steuerung über unsere Seelenhüllen oder über unser Unter- und Oberbewusstsein. Was wir empfinden, denken, sprechen und tun, ist also kein Zufall. Es ist Führung – oder Steuerung.

Wenn unsere Seelenhüllen licht sind und immer lichter werden, dann kommt die Führung von innen, von Gott, dem Inneren Helfer und Ratgeber. Verdunkeln wir jedoch unsere Seelenhüllen mehr und mehr durch unser sündhaftes Leben, indem wir uns wie ein Boot ohne Steuer und Ruder treiben lassen, dann werden wir gesteuert werden. Das Steuer und das Ruder nehmen dann entsprechende Kräfte in die Hand, solche Kräfte, die unserer Seelenschwingung entsprechen. Oder wir werden von Seelen gesteuert, die ihre ehemaligen menschlichen Wünsche – die sie als Seele noch nicht abgelegt haben – durch uns leben.

Wir können also das in uns vorhandene Allzumenschliche weiter ausbauen und uns damit weiter belasten und dadurch auch entsprechende weitere gegensätzliche Kommunikationen und Steuerungen auslösen. Wir können jedoch auch unsere positiven Kommunikationen ausbauen, indem wir das Steuer und das Ruder unseres Erdenlebens fest in die Hand nehmen und einen positiven Kurs einschlagen und das immer wiederkehrende Allzumenschliche nicht mehr zulassen. Dann werden wir frei von menschlichen Energiefeldern und kommen Gott näher. Bauen wir auf den positiven Kräften auf – das heißt: bauen wir sie aus –, dann fällt es uns leichter, unser Allzumenschliches anzusehen und es Schritt für Schritt zu überwinden.

Auch jede Bewegung unseres Körpers und der Sinne ist kein Zufall, auch nicht das Greifen, z.B. nach Süßigkeiten. Das sind alles Reflexe, die ihren Auslöser haben. Zum Beispiel das hurtige Zupacken und das Es-sich-munden-Lassen, das Genießen, zeigt uns, was wir verbergen oder unterdrücken. Der Unwissende und der Intellektuelle haben dafür Erklärungen wie: Ich greife nur zu, weil die Süßigkeiten hier stehen. Oder: Ich nehme sie mir aus Langeweile.

Es gibt viele Möglichkeiten, weshalb wir nach Süßigkeiten greifen. Wollen wir uns selbst erfahren, dann sollten wir auf die tiefen Schichten unserer Empfindungswelt achten. Sie können uns entsprechende Signale geben und Impulse übermitteln, damit wir aus unserem Verhalten das herauslesen, was an Allzumenschlichem in uns ist.

Lieber Bruder, liebe Schwester, es wurden uns also mehrere kleine Übungen offenbart, die uns große Erfolge bringen können, wenn wir uns selbst erkennen und unser menschliches Ich mit seinen vielen Ichheitskomponenten überwinden wollen. Erst wenn unsere Regungen und

Neigungen lauter und unsere Körperbewegungen harmonisch sind – gleich, mit wem wir auch zusammentreffen oder wo wir uns befinden –, dann sind wir in Harmonie und still geworden. Erst dann ist es uns möglich, tiefere Schichten unseres Wesens zu erfahren und unseren Nächsten allmählich so zu schauen, wie er ist – und nicht, wie er sich gibt.

Unser Geistiger Lehrer,
Bruder Emanuel, sprach:

Wer an sich selbst arbeitet, um Gott näherzukommen, wird sich selten einsam fühlen. Wer sich bemüht, in den göttlichen Strom einzumünden, der wird sowohl in der Natur als auch in den Gestirnen den Universellen Geist erkennen und in Kontakt mit den kosmischen Kräften sein. Wer göttliche Weisheit erlangt hat, in dem erwacht Ehrfurcht vor Gottes allgegenwärtigem Walten.

Wer in Gott erwacht ist, wird sich bemühen, Gott in seinem Denken, Sprechen und Handeln die Ehre zu erweisen.

Menschen des Geistes finden vom Bitten zum Danken und vom Erwarten zum Dienen.

Menschen des Geistes sind verständnisvoll und tolerant, denn sie haben gelernt, zu sehen *und* zu schauen. Sie sehen, wie sich der Mensch gibt, und schauen zugleich, wie er wirklich ist.

Gabriele führte aus:

Die Blicke des Nächsten, seine Gesten, seine Redewendungen und Körperbewegungen, seine Kleidung, sein Schuhwerk, seine Frisur, der Ausdruck seines Gesichts, die Form seines Antlitzes – dies alles und einiges mehr sagt dem geistigen Menschen, wie und wer sein Nächster in Wirklichkeit ist. Denn unsere Empfindungen, Gedanken sowie unser Verhalten den Mitmenschen gegenüber zeichnen uns.

Der Mensch ist also das Bildnis seiner Gefühle, Empfindungen, Gedanken, Worte und Handlungen. Das ist sein Leben. Unsere Gefühle, Empfindungen, Gedanken, Worte und Handlungen sind vergleichbar mit einem Meißel oder Pinsel. Mit dem Meißel arbeiten wir die Skulptur unseres Menschen heraus, oder wir malen mit dem Pinsel das Bild unserer Gefühle, Empfindungen, Gedanken, Worte und Handlungen.

Oftmals sehen wir uns selbst nicht im Licht – bzw. in den Schatten – unseres Tuns. Was wir selbst nicht sehen, das schaut jedoch der Erleuchtete.

Hierzu offenbarte Bruder Emanuel:

Dem Erleuchteten, dem Reinen, ist alles offenbar. Gott hat keine Geheimnisse. Der Reine schaut in die sogenannten Geheimnisse Gottes, weil er selbst keine Geheimnisse mehr hat. Viele glauben, vor den Menschen dieses und jenes verbergen zu müssen, obwohl vor Gott doch alles offenbar ist. Da vor Gott alles offenbar ist, so wird auch vor den Menschen oder Seelen alles offenbar werden – nämlich dann, wenn der Horizont ihres geistigen Bewusstseins weiter geworden ist, entweder in den Seelenreichen oder wenn sie mehr und mehr göttlich geworden sind. Es kommt nur auf den Zeitpunkt und die Stunde an. Diese allein kennt Gott. Nur dem Unreinen ist das Reine verschlossen, da die Schatten seines menschlichen Ichs sich vor der Wahrheit auftürmen.

Bruder Emanuel bat uns,
über folgende Gesetzmäßigkeit nachzudenken:

Gleiches zieht nicht nur Gleiches an, sondern Gleiches sieht auch Gleiches. Das heißt: Jeder kann nur so weit sehen und hören, wie sein geistiges Bewusstsein erschlossen ist. Wenn sich dann gleiche Bewusstseinskräfte verbinden, so sehen und hören beide nur das, was ihrem Bewusstseinsstand entspricht. Deshalb sind sich oftmals zwei oder mehrere Menschen einig, wenn es um die eigenen Belange geht, um den eigenen Vorteil.

Menschen mit höherem Bewusstsein sehen und hören mehr und verhalten sich auch deshalb anders als Menschen mit noch niederem Bewusstsein. Meist wird dann das höhere Bewusstsein vom niederen abgewertet und eventuell der Unwahrheit bezichtigt, weil der Scheinwerfer des niederen Bewusstseins das höhere nicht erreicht. Oder das niedere Bewusstsein spricht von den Geheimnissen Gottes, weil das kleine Licht, der schwache Scheinwerfer, das Göttliche nicht zu erreichen vermag, weil seine eigenen Schatten die Wahrheit verdecken.

Wer dem Inneren Licht, der inneren Wahrheit, nähergekommen ist, aus dem leuchtet das Innere Licht, die Wahrheit, und sie leuchtet auch alles aus, so dass er das zu schauen vermag, was der an Licht Arme nicht sieht.

Wer fern der Wahrheit ist, dem sind die göttlichen Dinge verschlossen. Deshalb spricht er von den Geheimnissen Gottes. In Wirklichkeit gibt es keine Geheimnisse Gottes. Gott ist offenbar für jeden, der im Lichte der Wahrheit steht. Wer also in der Erkenntnis und in der Erfüllung des Göttlichen lebt, der lebt in der ewigen Wahrheit. Er weiß, wen er jeweils vor sich hat, was er ihm sagen kann und wie weit er mit seinen Darlegungen und Reden gehen darf.

Gabriele erläuterte:

Wenn wir uns selbst bezwungen haben, dann empfinden, denken, sprechen und handeln wir aus der göttlichen Wahrheit; dann ist uns alles offenbar, was der Unwissende als Geheimnis bezeichnet.

Bruder Emanuel wiederholte:

Wer sich weitgehend besiegt hat, der ist auf dem Weg, ein Mystiker zu werden. Hat der werdende Mystiker weitgehend sich selbst erkannt, seine Sinne, sein Denken, Reden und Handeln unter Kontrolle und weitgehend besiegt, dann ist es ihm auch möglich, seinen Nächsten so zu erfassen, wie er ist, und nicht, wie er scheint. Er erfasst den gesamten Menschen, den Gesamteindruck, und weiß, woran er ist.

Da alles Energie ist, so ist auch der Mensch ein Energiebündel, das entsprechend seiner Seelenbelastung schwingt und strahlt. Der Mensch ist so lange ein doppelzüngiges Wesen, also ein Doppelwesen, solange er sich selbst nicht erforscht und erkannt hat und nicht die Gesetze verwirklicht.

Gabriele stellte folgende Frage an uns:

- *Sprechen wir noch doppelzüngig?*
- *Und wenn ja: Warum?*

Nun werde ich kurz die Aufgaben zusammenfassen, damit du, liebe Schwester, und du, lieber Bruder, sie in wenigen Sätzen vor dir liegen hast:

- *Wie weit gelingt es mir, augenblickliche Schwierigkeiten zu erfassen, zu analysieren und zu übergeben?*

- *Warum bin ich hektisch oder lethargisch?*
- *Warum will ich etwas unbedingt sagen?*
- *Warum greife ich nach Süßigkeiten oder anderen kulinarischen Genüssen?*
- *Wenn ich dieses oder jenes tue, stelle ich dann an mich selbst die Frage, ob Gott, das Gesetz, auch so denken und handeln würde?*
- *In welchen Angelegenheiten möchte sich mein Mensch durchsetzen – und weshalb?*
- *Trage ich noch eine Maske oder Masken – und weshalb?*
- *Spreche ich noch doppelzüngig – und warum?*
- *Bin ich noch ein Doppelwesen – und weshalb?*
- *Bin ich schon das Ein-Wesen?*
- *Was habe ich überwunden auf dem Weg zum geistigen Lebensrhythmus, der selbstlose Liebe, Harmonie und Friede ist?*
- *Habe ich noch Erwartungen an meinen Nächsten?*
- *Welcher Art sind diese?*

Wir schauen bei der morgendlichen Toilette in den Spiegel und fragen zunächst unseren Menschen, dann unser Geistbewusstsein:

- *Warum und für wen mache ich das?*
- *Wem möchte ich gefallen – und warum? Was will ich damit bezwecken?*
- *Wen werte ich ab? Über wen mache ich mich lustig?*

- *Warum verändern sich meine Körperbewegungen, wenn ich in Gesellschaft bin?*

Lieber Bruder, liebe Schwester, wir freuen uns am Inneren Weg! Wer verwirklicht, der wird weise. Weise Menschen sind unabhängig vom Denken ihrer Nächsten und unabhängig von Meinungen und Theorien. Sind wir immer mehr in Gott, dann erwacht unser Sein, und wir sind das Ein-Wesen im Erdenkleid, kraft- und machtvoll, das aus der göttlichen Weisheit schöpft.

Friede, liebe Schwester, lieber Bruder

Gabriele

2. Kapitel

Nur verwirklichtes Wissen weitergeben – Was sind Unterkommunikationen? – Systematische Führung in der Schulung durch Bruder Emanuel – Warnung vor scheinbaren geistigen Lehrern – Negativprogramme und Fremdsteuerung – Der Schlüssel für dieses und weitere Erdenleben

–

Aus der göttlichen Weisheit sprach Gabriele:

Gott zum Gruß, liebe Schwester, lieber Bruder!

Im Februar, März, Mai und Juni 1985 gab uns Bruder Emanuel, der Cherub der göttlichen Weisheit, in seinen Offenbarungen weitere Aufgaben und Lektionen. Auf der Stufe der Weisheit werden wir Schüler auch »werdende Mystiker« genannt, denn wir reifen nun ganz allmählich in das ewige Gesetz hinein, in die Verbindung mit dem Göttlichen in uns.

Auf der Stufe der Weisheit empfinden wir immer mehr, dass wir nicht getrennt sind von unseren Nächsten. Sie werden ein Teil von uns und werden uns damit als unsere Brüder und Schwestern bewusst.

Einerlei, wie sich unser Nächster noch gibt, ob er uns wohlgesonnen ist oder nicht – wir haben uns den »tiefen

Blick« erarbeitet und schauen immer mehr das Innere unseres Mitmenschen im Lichte Christi und in der Einheit mit allem Sein.

Da wir unseren Nächsten an- und aufnehmen, haben wir mit der Hilfe Christi das Urteilen und Verurteilen weitgehend überwunden. Mit unserer zunehmenden Vergeistigung, die eine Verinnerlichung ist, wurden viele unserer Belastungen zu Erinnerungen, da wir sie mit Christus umwandeln konnten. Die Erinnerungen aus dieser Einverleibung und die Erinnerungen aus unseren Vorleben, die unsere Seele schon mitbrachte – also das, was an Allzumenschlichem überwunden ist –, sind zum »Schöpfungspotential« der Seele und des Menschen geworden.

Die gegensätzlichen Energien wandeln sich in positive Lebenskraft um, wenn das menschliche Ich mit Christus überwunden ist. Die positiven Kräfte sind Gotteskräfte. Sie sind unpersönlich. Was also umgewandelt ist, was nur noch Erinnerung und nicht mehr Entsprechung ist, das ist unpersönlich.

Aus diesem Schöpfungspotential des Unpersönlichen schöpfen wir, wenn z.B. unser Nächster Hilfe braucht. Aus unserer Verwirklichung sprechen wir dann unpersönlich das Allzumenschliche an und stehen unserem Nächsten – so dieser es wünscht – mit Rat und Tat zur Seite.

Wer sich rechtmäßig auf der Stufe der Weisheit befindet, der spricht immer weniger aus seinem angelesenen geistigen Wissen. Er spricht aus dem Schatz seiner eigenen Erfahrungen – aus dem, was er überwunden hat. Gleichzeitig gibt er immer mehr aus dem Gesetz des Ewigen.

Auf unserem Weg zum unpersönlichen Leben, zu Gott in uns, werden also unsere Empfindungen, Gedanken, Worte und Handlungen unpersönlich. Dadurch leben wir in Gott, und Gott kann durch uns wirken.

Das Unpersönliche, das wir geben, das wir mit jeder Empfindung, jedem Gedanken, jedem Wort aussenden, ist das Lebendige, durch unsere eigene Erfahrung und unsere Verwirklichung Belebte. Es ist die Gabe, die wahrlich aus dem Herzen – und nicht nur aus dem Verstand – kommt. Das Unpersönliche ist das, was der selbstlosen Liebe entspricht, die nichts für sich will, die nicht Anerkennung und Bestätigung erwartet.

Lieber Bruder, liebe Schwester, ist dieser Anspruch zu hoch für einen Menschen: unpersönlich zu leben, so dass er in Gott leben und Gott durch ihn wirken kann?

Wenn wir uns nur als Menschen sehen und unser bisheriges Denken und Leben vom menschlichen Standpunkt aus betrachten, dann ist die Frage zu Recht mit Ja zu beantworten.

Sehen wir uns jedoch nicht nur als Menschen, sondern erfassen wir uns als Wesen aus Gott und betrachten wir die Frage von unserer Verwirklichung und von der Stufe der Weisheit her, dann können wir sie mit einem entschiedenen Nein beantworten.

Bruder Emanuel offenbarte:

Wer geistiges Wissen verwirklicht hat, der hat göttliche Weisheit erlangt und fühlt sich mehr und mehr dem hohen Anspruch gewachsen: in Gott zu leben, so dass Gott durch ihn zu wirken vermag. Er erkennt, dass er auf dem besten Weg ist, ein Weiser zu werden. Denn wer auf dem Weg der Verwirklichung schon einige Stufen vorangegangen ist, der schöpft aus jenem Teil seines geistigen Bewusstseins, den er – durch Verwirklichung – bereits erschlossen hat. Er gibt nicht mehr aus dem angelesenen Wissen. Sein Wissen ist bereits durch die rechte – das heißt selbstlose – Tat lebendig geworden.

Bei einem Menschen, der nur angelesenes Wissen besitzt, hat der geistige Reifeprozess noch nicht begonnen. Er hat deshalb noch nicht die innere Reife für die Stufe der Weisheit.

Gabriele ermutigte uns:

Wenn wir die Stufe der Ordnung und des Willens gewissenhaft abgeschlossen, das heißt die geistigen Aufgaben und Übungen umgesetzt haben, dann haben wir auch viel geistiges Wissen verwirklicht und so die Voraussetzungen geschaffen, den Schritt auf die Stufe der göttlichen Weisheit zu tun.

Für den Inneren Weg zum unpersönlichen Leben bekamen wir vom Geiste Christi und unserem Geistigen Lehrer,

Bruder Emanuel – gleichsam als innere Landkarte – das Wissen, das uns zur ewigen Wahrheit finden lässt. Für die Stufe der Ordnung und für die Stufe des Willens erhielten wir Lehren, Lektionen, Anweisungen und Aufgaben. Immer wieder ermahnte uns Bruder Emanuel, das, was wir an uns an Allzumenschlichem erkannt haben, mit der Kraft Christi anzugehen und es Christus zu übergeben – er mahnte uns also, zu verwirklichen und uns nicht nur geistiges Wissen anzueignen.

Bruder Emanuel sprach des Öfteren sinngemäß:

Wer sich nur geistiges Wissen aneignet, weiß zuletzt nicht mehr, ob er nur geistiges Wissen hat oder schon weise ist. Darin liegt für den Einzelnen eine große Gefahr.

Unser Geistiger Lehrer
legte dar:

Wenn der Mensch geistiges Wissen als seine Verwirklichung weitergibt und sich als weise darstellt, belastet er seine Seele. Denn das göttliche Gesetz lautet: Nur der Mensch soll die ewige Wahrheit weitergeben, der sie auch im Alltag lebt. Und nur derjenige kann seinem Nächsten gesetzmäßig – also selbstlos – dienen und helfen, der sein geistiges Wissen auch verwirklicht hat. Alles andere kommt aus dem Willen des Menschen – und nicht aus der Tat, der Weisheit Gottes.

Viele Menschen leben in der Illusion, vieles schon überwunden zu haben. Sie drängen ihr Ich zurück und sprechen von Verwirklichung. Das ist jedoch Kasteiung!

Wer sich kasteit, will den Anschein erwecken, weise zu sein. Er gibt sich ruhig und gelassen. Mit seinen Gedanken jedoch wertet er seine Mitmenschen ab, verurteilt sie, stellt sich selbst auf den Sockel und blickt auf seine Nächsten herab. Solches und Ähnliches Verhalten lässt auf Kasteiung schließen, nicht jedoch auf Verwirklichung.

Wer sich prüfen möchte, ob er sich kasteit, der kontrolliere seine Unterkommunikationen, das heißt jene Empfindungen und Gedanken, Sehnsüchte und Wünsche, die im Laufe des Tages immer wieder in ihm aufsteigen.

Auch jede Abwertung des Nächsten zeigt dem Menschen seinen Bewusstseinsstand; die Abwertung eines anderen ist gleichzeitig eine Selbstaufwertung, die Aufwertung des eigenen menschlichen Ichs. Auch Zweifel an Gottes Hilfe, auch Neid, Feindschaft, Streit, Intoleranz und Hochmut zeigen den derzeitigen Bewusstseinsstand des Menschen an.

Wohl spricht der Mensch eventuell von selbstloser Liebe, vom tiefen Verstehen des Nächsten, von Wohlwollen und Toleranz – doch was sagen seine Unterkommunikationen? Was sagen die Empfindungen und Gedanken – das, was hinter den ausgesprochenen Worten abläuft, eventuell auch hinter den Gedanken? Wer große Worte macht, um sich darzustellen, der gibt nur etwas vor, was er nicht ist.

Gabriele sprach:

Liebe Schwester, lieber Bruder, Unterkommunikationen sind fließende Kräfte. Jede Kommunikation geht von einem oder von mehreren Programmen aus, entweder vom Unterbewusstsein oder von den Seelenhüllen. Alle von uns geschaffenen Programme enthalten den entsprechenden Sender und Empfänger.

Jedes Programm besteht aus gleichen oder ähnlichen Komponenten. Es enthält auch die Wurzel von dem, was wir meist nur an der Oberfläche sehen. Wir sagen z.B.: Es liegt ein Wunschprogramm vor. Doch woraus besteht das Wunschprogramm, und worin wurzelt es? Was sind also die Wurzeln dieses Programmes?

Wir sprechen von Wunschprogrammen, von Körperprogrammen, von Aufwertungsprogrammen, von Sexualprogrammen, von Selbstmitleidsprogrammen oder von Hass-, Neid-, Feindschafts- und Streitprogrammen und vielen mehr. Die Wurzeln dieser Programme reichen oftmals in Vorinkarnationen hinein.

Unsere Seele bringt also aus Vorinkarnationen das mit, was sie als Mensch nicht verwirklicht und erfüllt hat. In diesem irdischen Leben werden jene Programme aktiv, welche die Seele als Mensch in dieser Zeit ihres irdischen Lebens erkennen und abbauen sollte. Hierzu verhilft die Tagesenergie, das, was an Impulsen vom Tag kommt und auch über Impulse vom Schutzgeist. Oftmals liegen solchen Programmen massive Minderwertigkeitskomplexe zugrunde. Meist schlägt der »Minderwertige« wie ein Ertrinkender um sich. Daraus ergeben sich dann Neid-, Feindschafts- und Streitprogramme oder Wunschprogramme, Aufwertungs- und Sexualprogramme und dergleichen.

Bruder Emanuel erläuterte:

Aktive Programme senden und empfangen. Das, was gesendet wird, nimmt mit einer gleichen oder ähnlichen Frequenz Kontakt auf. Diese Frequenz strahlt sodann zurück, und der Mensch empfängt – verstärkt – das wieder, was er ausgesandt hat.

Was vom Sender zum Empfänger und ebenso in umgekehrter Richtung – vom Empfänger zum Sender – fließt, sind energetische Abläufe; es sind die Kommunikationen.

Ich wiederhole:

Jedes Programm ist zugleich Sender und Empfänger. Somit ist auch jeder Mensch gleichzeitig ein Sender und ein Empfänger. Jeder Mensch sendet fortlaufend, denn er empfindet und denkt unermüdlich. Je nachdem, was er sendet, nimmt es ein entsprechender Empfänger auf und sendet wieder zurück. Was dazwischen liegt, ist Kommunikation – der Energiefluss.

Gabriele
wies darauf hin:

Die von uns erstellten Programme bestehen aus Gefühlen, Empfindungen, Gedanken, Worten und Handlungen. Somit kann gesagt werden: Jede Empfindung, jeder Gedanke, jedes Wort und jede Handlung trägt in sich Sender und Empfänger. Für das ganze Programm gilt: Die Stärke des Empfängers entspricht der Stärke des Senders.

Unsere menschlichen Programme sind auch in den Seelenpartikeln gespeichert; sie entsprechen unseren Gefühlen, Empfindungen, Gedanken, Worten und Handlungen. In den Seelenhüllen können auch Wissensprogramme gespeichert sein. Die Programme aus unseren Anlagen und Fähigkeiten – seien sie erworben oder mit in dieses irdische Leben gebracht – liegen in den Genen und auch im Ober- und Unterbewusstsein.

In der Seele des Menschen können viele Programme unterschiedlichen Schwingungsgrades aktiv sein, also viele Sender und Empfänger.

Wenn in unserer Seele sehr viele menschliche Programme aktiv sind, dann sind wir auch mit entsprechend vielen Empfängern verbunden. Dann bestehen also viele Kommunikationen. Davon ist uns nur ein Teil bewusst. Die unbewussten Kommunikationen nennen wir die Unterkommunikationen oder die tiefer liegenden Kommunikationen.

Wenn wir ehrlich zu uns selbst sind und uns bemühen, die von uns erkannten menschlichen Kommunikationen zu beheben, dann erfahren wir ganz allmählich, was noch in den tieferen Schichten des uns noch Unbewussten gespeichert liegt. Dann wird uns allmählich bewusst, welchen Programmen wir noch unterliegen, die uns zeichnen und prägen. Wer also zu sich selbst ehrlich ist, der erfährt und erkennt sich allmählich selbst bis hinab zu den tieferen Schichten seines menschlichen Ichs. Dann erkennt er auch, ob er nur geistiges Wissen gespeichert hat oder ob er schon von der Weisheit Gottes erfüllt ist.

Gabriele fuhr fort:

Auf der Stufe der Ordnung, auf der Stufe des Willens und nun auch zu Beginn der Stufe der Weisheit hören wir immer wieder von der Ordnung der Gedanken, der Zügelung der Rede und der Bemeisterung der Sinne. Sicher macht sich mancher von uns Gedanken darüber, warum Bruder Emanuel uns diese Grundaufgaben immer wieder einprägt. Ebenso werden wir immer wieder daran erinnert, die Sinne zu schulen, damit wir über die Verfeinerung der Sinne zu »Herzdenkern« werden.

Bruder Emanuel erinnert uns auch immer wieder daran, die Vergangenheit zu bewältigen. Und immer wieder heißt es sinngemäß: Sind eure Worte auch eure Gedanken und Empfindungen? Sind eure Gedanken auch eure Empfindungen und Gefühle?

Damit hat uns Bruder Emanuel systematisch zu unseren Unterkommunikationen geführt. Er zeigte uns so, dass alle Seelenhüllen mit entsprechenden Kräften in Kommunikation stehen. Unsere Unterkommunikationen sind Programme und wirken als Sender und Empfänger in unserer Seele.

Hin und wieder sprach und spricht Bruder Emanuel, fast beiläufig, von den Kommunikationen, die uns bis jetzt noch unbewusst waren. Durch die Lehren, Lektionen, Anweisungen und Aufgaben, die wir verwirklichen sollten, führte er uns schrittweise an diese Kommunikationen heran, die in tieferen Seelenschichten liegen. Sie zu ergründen und zu erfassen ist uns erst dann möglich, wenn wir durch die Ordnung unserer Gedanken, durch das Zügeln der Rede und durch das Bemeistern der nach außen gekehrten Sinne zur »Herzenslehre« gefunden haben – zu Güte, Sanftmut und Wohlwollen.

Bruder Emanuel führt uns also systematisch von der Lehre der Sinne über die Herzenslehre zu der Lehre der Programme und zu den tieferliegenden Kommunikationen, den Unterkommunikationen.

Wenn wir einen großen Teil unseres menschlichen Ichs überwunden haben, sind wir ruhiger und aufnahmefähiger für das Göttliche geworden.

Für einen Menschen, der noch ganz in den Abläufen seiner menschlichen Kommunikationen lebt und sich viel Wissen angeeignet hat, gibt Bruder Emanuel folgende Aufklärung:

Menschen, die viel geistiges Wissen haben, doch wenig Weisheit, schaffen »Wissensprogramme«. Sie geben oftmals ihr geistiges Wissen als Weisheit weiter und üben damit Druck auf ihre Mitmenschen aus. Solche Wissensvermittler umranken ihr Allzumenschliches mit geistigem Wissen und werten sich damit auf. Dann werden die Wissensprogramme zu Entsprechungen. Wegen dieser geschickten Täuschung glauben Unwissende, einen Weisen vor sich zu haben, und werden ihm dann hörig.

Wer jedoch hinter die Fassade eines solchen scheinbaren geistigen Lehrers zu schauen gelernt hat, der erkennt dessen unterdrückte Aggressionen und seinen Aufwertungsdrang. Solche scheinbaren geistigen Lehrer sind Verführer. Sie binden ihre Nächsten, die noch unwissend und ihnen hörig sind, an sich und entziehen ihnen Lebensenergie. Daher lehre ich die Schüler auf dem Inneren Weg das Schauen, das Hören und das Hinterfragen dessen, was gesagt wird.

Menschen, die ihr Allzumenschliches mit viel geistigem Wissen umranken, sprechen sehr viel von göttlicher Liebe und werten ihre Mitmenschen mit Worten wie »lieblos, hartherzig und unchristlich« ab.

Achtung also, wenn ihr solche Phrasen vernehmt! Das ist nicht die göttliche Liebe. Hier möchte sich das menschliche Ich darstellen!

Gabriele gab folgenden Hinweis:

Lieber Bruder, liebe Schwester, wir wollen darauf achten – und dabei vor allem uns selbst betrachten, ob wir nicht gleich oder ähnlich reagieren.

Wer sich selbst besser und vollkommener darstellt, indem er seinen Nächsten als lieblos bezeichnet, der hat wenig Weisheit.

Wer geistiges Wissen für eigennützige Zwecke speichert, der programmiert damit seine Seele und schafft Entsprechungen. Das heißt: Wer sein geistiges Wissen für eigennützige Zwecke verwendet – zur Aufwertung seines menschlichen Ichs oder um sich damit auf verschiedene Weise energetisch, auch materiell, zu bereichern –, der ist in Gefahr, von gegensätzlichen Kräften beeinflusst zu werden.

Wenn wir also geistiges Wissen zur Aufwertung benutzen, dann belasten wir uns, weil wir etwas vorgeben, das wir nicht sind. Wer geistiges Wissen als seine Verwirklichung ausgibt, der kann von Gegensatzkräften in ähnlicher Weise benutzt werden, wie er das geistige Wissen als seine Verwirklichung benutzt und weitergibt.

Bruder Emanuel wies darauf hin:

Die An- und Aufnahme von geistigem Wissen bringt die Verantwortung für die rechte Verwendung dieses Schatzes mit sich. Wer auf geistige Belehrung – eventuell über Jahre – nicht die Verwirklichung folgen lässt, wer möglicherweise sogar bewusst im Widerspruch zu dem handelt und lebt, was er weiß – der schafft neue Ursachen. Er wird auf dem Inneren Weg nicht nur stagnieren, sondern er liefert sich den Gegensatzkräften aus.

Handeln wider besseres Wissen ist Sünde wider den Heiligen Geist. Vor den Folgen kann der inkonsequente, laue Mensch auch vom Gottesgeist nicht bewahrt werden, denn er hat durch sein Tun dem Widersacher die Hand gereicht.

Hierzu Gabriele:

Es ist ebenfalls eine Gefahr für uns, wenn wir trotz jahrelanger Schulungen unsere alten Ichprogramme, unser menschliches Ich, beibehalten und weiterhin pflegen.

Dadurch erweitern wir nicht nur unsere bestehenden Negativprogramme, sondern schaffen noch zusätzliche – und zugleich die entsprechenden Kommunikationen.

Machen wir uns bewusst:

Jeder ungöttliche Gedanke ist negativ. Er kann sich zu einem Programm aufbauen, das sich dann wieder gegen uns richtet.

Diese Negativprogramme sind also Entsprechungen, das heißt Belastungen, die wir durch unser gegensätzliches Denken, Sprechen und Handeln in unsere Seele eingegeben haben. Entsprechend haben wir uns also programmiert. Wir können sagen: Unsere Gefühle und drängenden Wünsche, unsere Leidenschaften, unser Empfinden, Denken und Handeln entspricht uns selbst. Das sind wir. Denn das, was wir in unsere Seele eingegeben haben, das strahlt auch wieder aus. Die Ausstrahlung unserer Seele bildet unsere Aura.

Beachten wir: Unsere Seele ist mit einem Buchungsautomaten zu vergleichen. Exakt und ohne sich zu täuschen und zu irren, verbucht sie alle Nuancen unseres Verhaltens. Jede Regung, die aufgrund innerer Abläufe geschieht, sowie alle – für uns eventuell unscheinbaren – Gefühle, Gedanken, Worte, Handlungen und Neigungen registriert unsere Seele ganz exakt.

Wenn wir in diese Welt kommen – das heißt in dem Augenblick der Geburt unseres Leibes, dann, wenn sich die Seele mit ihrem kleinen Erdenleib verbindet, um nun als Mensch zu leben –, bringt sie schon vom ersten Schrei des Säuglings an ihre Lebensprogramme für dieses Erdenleben mit. Dann, wenn das Kind zwischen Gut und Böse zu unterscheiden vermag, beginnen auch weitere Lebensprogramme aktiv zu werden. Tag für Tag, Stunde um Stunde, Minute um Minute wird dann schon dem Kind offenbar, wie es sich verhalten soll.

Im Augenblick der Geburt übernehmen die Eltern vor dem Gesetz Gottes die Verantwortung für ihr Kind. Ihnen obliegt die Pflicht, ihr Kind so zu führen, dass es von klein an das Gute erkennt und bewahrt, um als Jugendlicher und Erwachsener ein positiver Mensch zu sein, der die Tagesenergie nützt und gottverbunden lebt. Denn das Kind, das ein Kind Gottes ist, kam zu Kindern Gottes, die es seine Eltern nennt und die dem heranreifenden Körper und der wachen Seele Vorbild sein sollten. Jeder Mensch wird wie automatisch von den mitgebrachten gegensätzlichen Programmen jeden Tag aufs Neue in die Pflicht genommen, dass er sie mit der Kraft Christi umwandelt. Dabei sollte einer dem anderen behilflich sein – auch die Eltern ihren Kindern.

Gabriele führte weiter aus:

Wenn wir jedoch über Jahre hinweg unsere menschlichen Programme – jene, die wir für dieses Erdenleben mitgebracht haben, und solche, die wir in diesem Erdenleben neu geschaffen haben – immer wieder mit Gleichem oder Ähnlichem nähren, anstatt sie mit Christus umzuwandeln, dann ist es möglich, dass über diese Negativprogramme Fremdprogramme in uns eingegeben werden. Diese kommen entweder von Energiefeldern, hinter denen Interessengruppen von Seelen stehen, oder von Seelen selbst. Unmerklich fließen sie über unsere drängenden Wünsche, negativen Gedanken, Worte und Handlungen, über unsere Leidenschaften und Aggressionen in uns ein. Die Folge davon ist, dass wir ganz oder teilweise fremdgesteuert werden – und dadurch nicht mehr wir selbst sind. Wenn wir uns nicht Christus zuwenden, um mit Ihm unser Allzumenschliches zu lassen, dann kann Er uns auch nicht beistehen, weil wir nicht zu Ihm kamen, um das Gegensätzliche mit Ihm zu beheben. Und so können wir auch mit der Kraft Christi unserem Nächsten nicht helfen, auch nicht unseren Kindern, die uns von Gott anvertraut sind.

Wenn ein Mensch jahrelang seine negativen Eigenschaften pflegt, so kann eine Seele, die gleiche oder ähnliche Entsprechungen, also Programme, hat, z.B. über seine Programme auf ihn Einfluss nehmen oder sich sogar in seine Aura einnisten. Der Mensch merkt dies kaum, weil sich die fremde Seele über die ähnlich schwingenden Programme des Menschen einschleicht. Im weiteren Verlauf können ihn sogar mehrere Seelen beeinflussen, die ähnliche oder gleiche Wünsche und Neigungen ausstrahlen, wie er, der Sender, selbst. Denn dieser Mensch hat durch sein jahrelanges bewusstes Fehlverhalten, das sich immer wieder auf ein und dieselben Angelegenheiten, Wünsche und Neigungen bezog, solchen Seelen die Einstrahlung möglich gemacht.

Die Einstrahlung solcher Seelen ist eine »Einspritzung« von Energie in die Kommunikationen des betreffenden Menschen. Wenn dadurch eine Fremdsteuerung eintritt, dann wird die Seele des betroffenen Menschen unter Um-

ständen mehr oder weniger ausgeschaltet, das heißt, seine Seele ist nur noch teilweise oder gar nicht mehr tätig.

Einem solchen Menschen ist es nur noch mit äußerster Disziplin und Anstrengung möglich, diese Fehlsteuerungen auszuschalten, das heißt, dem Negativen zu widersagen. Dabei hilft das tiefe Gebet zu Christus. Dazu sollten wir zugleich in unserem Gehirn ein positives Gegenprogramm erstellen und uns selbst immer wieder die positive Richtung vorgeben. Das heißt, wir sollten uns umprogrammieren, um damit die Fremdprogramme auszuschalten. Fremdeinflüsse entstehen durch massive Aggressionen, immer wiederkehrende massive Wutausbrüche, durch Nichtvergeben und Nicht-um-Vergebung-bitten-Wollen, durch immer wiederkehrende Tätlichkeiten, durch Zank, Streit und Feindschaft.

Wenn durch ein positives Gegenprogramm und durch die allmähliche Bereinigung all dessen, was zur Fremdsteuerung geführt hat, diese nicht mehr wirksam werden kann, dann geben die Seelen auf und verlassen das Haus, also den Körper. Dann können eventuell wieder die eigenen Lebensprogramme aktiv werden.

Die eigenen Lebensprogramme beginnen jedoch nicht von der Zeit an, als sie ausgeschaltet wurden. Die kosmische Uhr lief weiter, und so liefen auch für den Menschen seine Lebensprogramme weiter. Von dem Tag an, an dem die Lebensprogramme im Menschen wieder aktiv werden, beginnt wieder sein Leben. In der Zeit der Fremdsteuerung konnte er die Tagesenergie nicht nützen und seine Lebensprogramme nicht erkennen. Unmerklich nahmen die Tage sie wieder mit sich, um sie dann in diesem Erdenleben noch einmal zu bringen oder in anderen Erdenleben oder in den Seelenreichen als bewusste Bilder, in denen dann die Seele lebt, als wäre alles gegenwärtig. Diese unerkannten Lebensprogramme, die auch als Folge einer Fremdsteuerung vom Tag unerledigt wieder mitgenommen wurden, können von einem unerwachten oder von einem fremdgesteuerten Menschen, der weitere Ursachen schafft, noch mehr belastet werden. Er kann auch weitere Negativprogramme in seiner Seele aufbauen – je nachdem, wie der Mensch sich tagtäglich verhält.

Um einer solchen Fehlentwicklung entgegenzuwirken, mahnt uns Bruder Emanuel immer wieder, die geistigen Lehren, Lektionen, Anweisungen und Aufgaben zu erfüllen – und auch die Tagesenergie zu nützen.

Tritt das eben Geschilderte ein und der Mensch wird durch Fremdprogramme gesteuert, dann ist die eigene Seele nicht mehr Herr in ihrem Haus, im Menschen. Sie wurde entweder von Energiefeldern, hinter denen Interessengruppen von Seelen stehen, oder von einer – oder sogar von mehreren – Seelen aus ihrem Haus teilweise oder zeitweise gänzlich verdrängt. Die eigene Seele bleibt jedoch durch das Lebensband mit ihrem Körper verbunden.

In diesem Zusammenhang wies uns eines unserer Geschwister auf eine Bibelstelle hin:

»Wenn aber der unreine Geist von dem Menschen ausgefahren ist, schweift er durch wasserlose Gegenden, sucht einen Ruheplatz und findet ihn nicht. Da sagt er: Ich will in mein Haus zurückkehren, das ich verlassen habe; und er kommt, findet es leer, gefegt und geschmückt. Dann geht er hin und nimmt sieben andere Geister mit sich, die noch schlimmer sind als er, und sie ziehen ein und wohnen darin, und die letzten Dinge jenes Menschen werden ärger sein als die ersten.« (Matth. 12, 45)

Liebe Schwester, lieber Bruder, wenn wir uns bemüht haben und uns weiterhin bemühen, unser irdisches Leben als Lebensschule anzusehen, in der wir auf vielerlei Art und Weise Lehren, Lektionen und Hilfen bekamen und bekommen, um unser Allzumenschliches zu erkennen und zu bereinigen, dann sind wir in unserem Haus, das heißt: Unsere Seele ist in unserem Körper.

In dieser Bewusstheit befinden wir uns, wenn wir vergeben und um Vergebung bitten; wenn wir das wieder gutmachen, was wir verursacht haben; wenn wir uns täglich bemühen, Feindschaften in Freundschaften und Lieblosigkeiten in selbstlose Liebe umzuwandeln; wenn wir auf alle Fingerzeige achten, die uns aus dem Geiste Gottes, vom Schutzgeist und von der Tagesenergie, gegeben werden, und wenn wir ehrlich zu uns sind – wir also wir selbst sind.

Dann kommen wir auf dem Inneren Weg zu Gott voran und werden über die von uns bereinigten menschlichen

Oberkommunikationen zu den tieferen Kommunikationen finden und zu den Programmen, von denen die Kommunikationen ausgehen.

Wir wissen nun: Jedes Programm wirkt als Sender und Empfänger; das heißt, jedes Programm kann gleichzeitig senden und empfangen – und umgekehrt. Wir wissen, dass jede menschliche Kommunikation – sei es eine Ober- oder eine Unterkommunikation – aus einem oder mehreren Programmen kommt und dass jedem menschlichen Programm in der Seele eine oder mehrere Ursachen zugrunde liegen.

Bruder Emanuel sprach:

In euren Seelen liegen auch schon die Programme für weitere Inkarnationen!

Gabriele:

Lieber Bruder, liebe Schwester, wir leben also, um zu lernen – und wir lernen, um zu leben. Wahres Leben ist das Leben in und mit Gott, das Leben nach den ewigen Gesetzen.

Wir haben von Bruder Emanuel auch gehört: Wenn wir unsere mitgebrachten menschlichen Programme – also die Fehlverhalten und Belastungen, die wir in diesem Erdendasein zu bereinigen haben – mit der Kraft des Herrn in positive Energie umwandeln, dann wird die Gnade des Ewigen unsere Erdenjahre verlängern, damit wir mit Christus noch weitere menschliche Programme umwandeln, die eventuell für künftige Inkarnationen zur Abtragung vorgesehen waren. Wir können diese dann noch in diesem Erdenleben entweder teilweise beheben oder ganz umwandeln, um nicht mehr inkarnieren zu müssen. Sind dennoch weitere Inkarnationen vorgesehen, dann werden diese lichter und somit leichter sein.

Wir haben also den Schlüssel für unser Leben in unserer Hand. Der Schlüssel heißt Christus!

Wir haben den Schlüssel in der Hand, den Inneren Weg mit Christus ernsthaft zu wandern, um auch die uns noch unbekannten Kommunikationen und Programme erschließen zu können und uns somit einige weitere Erdenleben zu ersparen. Nach dem Leibestod wird dann unsere Seele in höheren, also lichteren Regionen leben.

Es ist wesentlich, dass wir jeweils die Schritte tun, die für uns gemäß unserem Entwicklungs- und Bewusstseinsstand anstehen. Deshalb sollten wir uns auf dem Inneren Weg nur auf diejenige Stufe der geistigen Schulung begeben, die unserem Bewusstsein entspricht. Welche für uns die richtige ist, das kann jeder nur selbst entscheiden, denn nur er kennt seine Empfindungen, Gedanken, Worte und Handlungen und die darunterliegenden Kommunikationen. Auch das wache, sensitive Gewissen zeigt es uns an.

Am 25.2.1985 sprach Bruder Emanuel:

Jeder Baum wächst von Jahr zu Jahr und trägt nach einer geraumen Zeit die ersten Früchte.

Wer auf der Stufe der Ordnung und auf der Stufe des Willens geistige Früchte gebracht hat, der wird reif für die Stufe der Weisheit. Wer in Gott verwurzelt ist, ähnlich wie ein Baum, der Regen, Schnee, Wind und Sturm standhält, der hat die Gesetzesstufe der Ordnung und des Willens weitgehend erfüllt und hat die Tage genützt – und deshalb erkannt und bereinigt, was ihm die Tagesenergie mitgeteilt hat in Ereignissen, Situationen und in seinen eigenen Gedanken.

Gabriele fuhr fort:

Lieber Bruder, liebe Schwester, erst wenn wir dies erfüllt haben, dann stehen wir fest verwurzelt in Gott und werden weiterhin dem standhalten, was uns die Tage bringen.

Wer in Gott lebt, empfängt auch Kraft von Gott. Er wird wie ein Baum Jahr für Jahr reicher blühen und immer mehr und immer schönere und größere Früchte tragen.

Die Weisheit ist die Tat. Sie ist es, welche die großen und schönen Früchte hervorbringt. Wenn wir allmählich weise werden, dann zeigen sich die geistigen Früchte in unserem Leben – es sind die selbstlosen Taten. Wer die selbstlosen Taten vollbringt, der erfüllt auch das Gebot »Bete und arbeite«; nur wer dieses verwirklicht, der ist richtig auf der Stufe der Weisheit.

Wer auf der Stufe der Weisheit steht, der steht auch fest in Gottes Allmacht. Er behält die innere Ruhe und die geistige Stille – auch mitten im Trubel der Welt.

Nur im Vertrauen auf Gott und in der inneren Stille entfalten sich Seele und Mensch. Nur in der Stille sind geistiges Wachstum und geistiges Reifen möglich.

Gabriele wandte sich zum Abschluss
noch einmal an jeden Einzelnen von uns:

Liebe Schwester, lieber Bruder, so freuen wir uns darauf, immer tiefer in die Allmacht Gottes hineintauchen zu dürfen. Fest verwurzelt in Ihm, leben wir sodann aus dem Inneren und schöpfen mehr und mehr aus der göttlichen Fülle. Geführt von Ihm, dem großen All-Einen, vollbringen wir sodann die Taten des Geistes in dieser Welt, die der Früchte vom Baume der göttlichen Weisheit so dringend bedarf.

Im Inneren mit euch verbunden, verbleibe ich
eure Schwester

Gabriele

Friede

3. Kapitel

Erlange innere Stille und geistige Souveränität
Übungen: Tiefenkonzentration, Körperhaltung
Lebe in großen Gedanken – Wachsen der inneren Stärke, des Vertrauens und der Festigkeit in Gott trotz Gemütsschwankungen und immer wiederkehrender Schwierigkeiten

–

Gabriele begrüßte uns und sprach:

Liebe Schwester, lieber Bruder!

Das Thema der dritten Offenbarung unseres Geistigen Lehrers Bruder Emanuel lautet: Schule dein Bewusstsein! Lebe so, dass sich dein Bewusstsein stetig erweitert und du still bleibst oder wirst wie ein ruhiger See in der Abendsonne!

Bruder Emanuel legte dar:

Wer sich auf der Stufe der Weisheit befindet und es noch schwer hat, in die innere Stille zu finden, der sollte Folgendes beachten: Innere Ruhe und Stille erlangt der Mensch erst dann, wenn er die oberen Schichten seines menschlichen Ichs, die das geistige Bewusstsein überlagern, mit der Kraft Christi in positive Energie umgewandelt hat.

Der Mensch vermag aus sich selbst nichts. Nur durch eiserne Disziplin, die er sich selbst abverlangt, und mit der Kraft Christi wird er seine menschlichen Programme und Kommunikationen umwandeln und so zum Geist des Inneren finden, zu seinem geistigen Bewusstsein.

Gabriele
wies darauf hin:

Wenn unser Leben diszipliniert verläuft und wir unserem menschlichen Ich keine Möglichkeit geben, sich durch Selbstdarstellung und Selbstmitleid aufzuwerten – z.B. in Diskussionen über die Wahrheit oder in langen, zeitraubenden Problemgesprächen –, und wenn wir auch nicht mehr über unsere eigenen Probleme sprechen, dann werden wir allmählich geistig souverän. Dadurch überwinden wir unser Ich am raschesten.

Bruder Emanuel sprach:

Wer gelernt hat, in allem Negativen das Positive zu finden und in allem die Antwort und Lösung, der wird sehr rasch die Wurzel seines Problems erkennen und es bereinigen. Er wird die Probleme seiner Mitmenschen unpersönlich ansprechen und – wenn es gut für den Nächsten ist – unpersönlich Antwort geben oder die entsprechende Lösung vorschlagen. Dann werden lange Diskussionen und Gespräche überflüssig. Nur dem Weisen strömt aus der göttlichen Weisheit die Kraft zu, Probleme so anzusprechen, dass die Antwort unpersönlich, also gesetzmäßig ist und ebenso der Vorschlag für eine Lösung.

Ob der Nächste die unpersönliche Hilfe annimmt oder ablehnt, das liegt in seinem freien Ermessen. Der wahre Weise fragt nicht danach – er gibt. Wer sich gesetzmäßig verhält, lässt sich nicht auf Diskussionen ein und lässt sich auch nicht in lange, zeitraubende Gespräche verwickeln. Nur der Unwissende möchte diskutieren.

Wer diskutiert, der möchte, dass seine Theorie oder Meinung angenommen wird. Er will sich darin selbst bestätigen. Wer die Selbstbestätigung braucht, der glaubt selbst nicht so recht an das, was er als Theorie oder Meinung vertritt, und beginnt deshalb zu diskutieren. Wer sich seiner Sache sicher ist, der diskutiert nicht: Er erklärt, worum es geht; er wird sich jedoch nicht in eine Diskussion einlassen.

Ichbezogene, rechthaberische, überhebliche Menschen brauchen die Diskussion – weise Menschen diskutieren nicht. Sie haben auch keine Probleme mehr. Die Schwierigkeiten, die an sie heranschwingen, meistern sie in kurzer Zeit mit der Kraft des Ewigen. Nur *der* Mensch hat Probleme und hält sie fest, der davon nicht frei werden möchte.

Gabriele erläuterte:

Lieber Bruder, liebe Schwester, innere Ruhe, innere Stille und geistige Souveränität erlangen wir nur durch die göttliche Weisheit.

Weise Menschen plappern nicht. Sie sind besonnen. Sie schauen in die Dinge und Ereignisse hinein und erfassen, was dahinter wirkt. Daher bleiben sie ruhig, auch in den Stürmen der Zeit. Die Sinne eines geistigen Menschen sind feine Antennen: Sie schauen und hören, was der nach außen gerichtete Mensch nicht sieht und nicht hört. Aus dem Gesprochenen hören sie den Sinn heraus und erkennen die Gedanken und Unterkommunikationen ihrer Nächsten.

Wir müssen von unserem Ich frei werden – zu einem klaren Kristall, in dem sich die Menschen und die Umgebung so spiegeln, wie sie sind, und nicht, wie sie schillern. Der klare Kristall, der erschlossene Teil unseres Bewusstseins, ist der Innere Helfer und Ratgeber, gleichsam ein geistiger Seismograph; er spiegelt dem Unvoreingenommenen das wider, was der Voreingenommene nicht zu erfassen vermag. Das Göttliche im Menschen teilt sich nur dem mit, der weitgehend selbstlos reagiert.

Wenn wir uns dem göttlichen Sender zuwenden und zum Empfänger des Göttlichen werden, dann stehen wir in Kommunikation mit dem erschlossenen Teil unseres geistigen Bewusstseins, mit unserem wahren Sein.

Ich wiederhole: Unser erschlossenes geistiges Bewusstsein ist der Innere Helfer und Ratgeber und wird auch der Seismograph genannt. Es ist das Göttliche, das Reine, Klare in uns.

Erst wenn wir – durch die Kommunikation mit dem göttlichen Sender – zu schauen und zu hören gelernt haben, erfassen wir die Gedanken und Unterkommunikationen unseres Nächsten. Dann schauen wir auch die Dinge und Ereignisse, wie sie sind, und nicht, wie sie scheinen. Das führt zur inneren Sicherheit und zur Festigkeit in Gott, aus der die innere Stille erwächst.

In der inneren Stille, in der sich die Gott zugewandte Seele und der Mensch befinden, reift und erweitert sich stetig das geistige Bewusstsein.

Der wahre Weise ist offen, ehrlich und aufrichtig. So ist auch sein Charakter.

Menschen im Geiste leben in großen Gedanken, da sie in allem bestrebt sind, zuerst Gottes Willen zu erkennen und zu erfüllen. Sie werten nicht und werten nicht ab. Sie urteilen nicht und verurteilen nicht. Sie bleiben besonnen. Sie sind mit ihrem Nächsten, weil sie gelernt haben, ihn an- und aufzunehmen.

In einer Seiner Offenbarungen sprach Christus: Hast du deinen Bruder, deine Schwester wahrlich gesehen, in dir erfahren, dann hast du den ewigen Vater geschaut, denn du und dein Nächster tragen tief in sich das Ebenbild Gottes.

Damit meinte unser Herr: Wenn wir unsere Nächsten an- und aufnehmen, wenn wir nicht mehr urteilen und verurteilen, dann kommt uns der Ewige durch unseren Nächsten näher, und wir sehen unseren Bruder und unsere Schwester im Gotteslicht – so, wie uns der ewige Vater schaut: vollkommen, als Sein Kind.

Sehen wir uns als Geschwister in Gott, dann schauen wir den Vater im Nächsten, das Strahlenwesen aus Gott.

Wir wissen: Empfindungen, Gedanken, Worte und Handlungen prägen den Charakter des Menschen. Der Charakter wiederum prägt das äußere Erscheinungsbild des Menschen.

Aufrichtige Menschen, die in großen Gedanken leben, haben eine natürliche, ungekünstelte, aufrechte Haltung. Ihre Bewegungen und Gesten sind harmonisch, weil sie in der inneren Harmonie leben.

Solche Menschen strahlen innere Größe aus. In ihren Worten ist Klarheit und Souveränität.

Sie sind verständnisvoll und wohlwollend, jedoch unbeeinflussbar. Sie lassen sich den Willen ihres Nächsten weder durch viele Worte noch durch Versprechungen oder Gesten aufdrängen.

Sie haben die göttliche Weisheit entfaltet. Diese strahlen sie auch klar, souverän, ruhig und besonnen aus.

So, wie sie sind, ein Strahlenwesen in Gott, bejahen sie auch das Strahlenwesen in ihrem Nächsten – auch dann, wenn sie das Gegensätzliche am Nächsten ansprechen. Sie *sprechen unpersönlich und somit gesetzmäßig. Sie verletzen ihren Nächsten nicht durch Worte, verurteilen ihn nicht und werten ihn nicht ab.*

Liebe Schwester, lieber Bruder, wir haben gelernt: Das Innere prägt das Äußere. Jedoch wirkt auch das Äußere auf das Innere ein. Wir können also ebenso vom Äußeren auf das Innere schließen wie vom Inneren auf das Äußere.

Wir wissen: So, wie der Mensch empfindet, denkt und spricht, ist seine Ausstrahlung. Wir haben schon gelernt, dass auch die Kleidung auf das Innenleben des Menschen schließen lässt. Eine saubere und in den Farben abgestimmte Kleidung entspricht einer inneren Ausgewogenheit.

Wir haben an uns selbst schon erfahren, dass rasches, unkontrolliertes Sprechen Unruhe erweckt, bewusstes Sprechen hingegen Ruhe und Sicherheit bringt. Ähnlich wirkt die äußere Haltung auf unser Bewusstsein ein.

Lieber Bruder, liebe Schwester, nun folgen weitere Übungen zur Selbsterkenntnis:

Wir nehmen bewusst eine aufrechte Sitzhaltung ein und wenden uns nach innen. Wir stellen uns das Innere Licht vor. Wir konzentrieren uns auf dieses Licht. Dabei schalten wir bewusst unsere Gedanken aus. Nach einigen Minuten der Konzentration lassen wir Empfindungen und Gedanken zu.

Welche Empfindungen und Gedanken steigen in uns auf?

Sind es gotterfüllte Gedanken, dann beflügeln sie uns und hüllen uns gleichsam in den weiten Mantel der Geborgenheit in Gott ein. Sind es lastende Empfindungen, grüblerische und ziellose Gedanken? Sind es negative, also gesetzwidrige Empfindungen und Gedanken – oder sind es gar Gedanken an die Vergangenheit, z.B. an das, was wir glaubten, schon bereinigt zu haben? Oder spüren wir so etwas wie Unbehagen, etwas Undefinierbares, aus unserem Inneren emporsteigen, das unser Gemüt bewegt, ohne dass wir es recht erfassen können? Dann sind das tiefer liegende Kommunikationen, die von selbstgeschaffenen Programmen, von Ursachen also, ausgehen. Diese noch nicht erfassbaren Kommunikationen kommen noch nicht in unserem Oberbewusstsein an. Wenn wir auf solche vagen, noch nicht erfassbaren Unterkommunikationen stoßen, dann sollten wir nicht sofort abbrechen und uns wieder mit den uns schon bewussten Kommunikationen beschäftigen, mit dem Oberbewusstsein: Wir sollten einige Zeit in dieser Haltung inneren Erspürens verharren, um das, was aus der Tiefe der Seele emporsteigen möchte, eventuell doch erfassen zu können.

Sind wir geistig gereift, dann werden wir sicher einiges aus den tieferen Schichten unserer Seele in unserer Empfindungs- und Gedankenwelt erfahren, damit wir es, so es allzu menschlich ist, bereinigen können. Wenn es uns jedoch nicht gelingt, zu diesen tiefen Unterkommunikationen zu gelangen, so sollten wir es lassen. Zu einer anderen Zeit, dann, wenn wir eventuell in einer besseren *seelischen Verfassung sind, werden wir möglicherweise tiefer empfinden können. Aus tiefen Bereichen der Seele kann noch Allzumenschliches emporsteigen, denn es können noch immer Bereiche unseres geistigen Bewusstseins mit Allzumenschlichem überlagert sein. Solche Programme können entweder aus diesem irdischen Leben sein oder aus Vorinkarnationen – oder aus beidem.*

Wenn wir eines Impulses gewahr werden, der uns völlig unbekannt ist, dann denken wir wohl: »Diese Empfindung oder dieser Gedanke gehört doch nicht zu meinem Wesen« – denn an solches oder Ähnliches können wir uns nicht erinnern, weil es uns bisher nicht bewusst wurde. Deshalb glauben wir, es sei uns fremd. Und doch können das Impulse sein, die einem oder auch mehreren Programmen entspringen, die uns bisher unbewusst waren oder deren Aktivwerden erst für weitere Erdenleben vorgesehen war. Diese Programme lagen bisher latent und wurden nun durch das Abtragen der uns bewussten Fehler und Schwächen, durch die Verwirklichung des ewigen Gesetzes, in Bewegung gebracht, damit wir sie bereinigen.

Somit wird uns schon jetzt, also im derzeitigen Erdenleben, die Möglichkeit gegeben, tiefere Programme – eventuell schon Programme für weitere Erdenleben – anzuschauen und mit Christus umzuwandeln. So können wir eventuell, wie schon offenbart, weitere Inkarnationen schon jetzt, also in diesem irdischen Leben, bereinigen oder die kommenden Einverleibungen lichter gestalten.

Wir kommen in Verbindung mit solchen tiefen Kommunikationen und Programmen, wenn wir uns tief verinnerlichen, das heißt unsere Empfindungen und Sinne nach innen wenden und uns längere Zeit ohne Gedanken nach innen konzentrieren.

Bevor wir eine solche, einfache Übung eventuell mit dem Argument abtun, es sei doch einerlei, wie unsere Körperhaltung bei der Tiefenkonzentration ist, sollten wir zuerst erproben und erfahren, wie die Körperhaltung und die Verinnerlichung auf unser Gemüt und unsere innere Einstellung wirken.

Wir nehmen zunächst eine lässige Sitzhaltung ein. Wir lehnen uns zurück, rutschen mit unserem Körper nach unten, so dass wir im Sessel liegen. Wir schlagen die Beine übereinander und kreuzen die Arme. Nun beobachten wir unseren Atem. Dazu schließen wir die Augen und achten darauf, dass äußere Geräusche nicht störend auf unser Inneres wirken. In dieser lässigen Sitzhaltung denken wir sodann an Gott, den Geist des Lebens in uns, und daran, dass wir ein Sohn oder eine Tochter Gottes sind – aufrichtig, offen und wohlwollend dem Nächsten gegenüber.

Nun fragen wir uns: Wie sieht es in dieser Sitzhaltung in unseren Unterkommunikationen aus? Wir wollen sie ansehen. Wie ist unsere Atmung? Auch die Atmung lässt Rückschlüsse auf unsere Unterkommunikationen zu!

Können wir in dieser lässigen Haltung von dem erhabenen Wesen sprechen, das in uns ist, von der selbstlosen

Liebe, die in uns wirkt und uns aufrichtet? Können wir unserem Nächsten Wohlwollen und Toleranz entgegenbringen – oder nur Gleichgültigkeit? Können wir unseren Nächsten an- und aufnehmen?

Eine nachlässige Sitzhaltung oder eine generell nachlässige Körperhaltung lässt uns nicht in tiefere seelische Schichten gelangen. Eine lässige Haltung deutet auch auf Verachtung des Nächsten hin. Vom Gesetz Gottes aus gesehen, stellt sie eine Missachtung des echten Menschentums und der Kindschaft Gottes dar. Eine nachlässige Haltung deutet auf Inkonsequenz, Intoleranz, Unaufrichtigkeit, Abwertung des Nächsten und auf Überheblichkeit hin – der Charakter ist nicht einwandfrei.

Wenn wir uns ehrlich erforschen wollen, dann werden wir uns auch erfahren! Diese Erfahrungen über uns selbst und die eventuell daraufhin erkannten Unterkommunikationen und Programme halten wir im Mystischen Tagebuch fest – um sie, nach und nach, mit Christus umzuwandeln, sie also aufzuheben.

Ich gebe noch eine weitere Übung:

Wir wissen: Die Unendlichkeit ist Gleichklang der Kräfte, ist Symphonie und Harmonie. Die Kräfte des Alls bewegen sich in einem vorgegebenen, ewigen Rhythmus. In diesem harmonischen Rhythmus der Symphonie verschiedener Klänge der Ewigkeit bewegen sich die reinen Wesen. Und wie bewegen wir uns?

Wir stellen beim Gehen eine Selbstanalyse an:

Wir machen zuerst übergroße Schritte. Dabei neigt sich unser Oberkörper nach vorn, unsere Augen haften mehr am Boden. Welche Gedanken kommen? Können wir in dieser Haltung unsere Unterkommunikationen und deren Programme erfassen und analysieren?

Wir erfahren uns in dieser Übung. Was wir dabei beobachtet und analysiert haben, notieren wir in unser Mystisches Tagebuch.

Dann bewegen wir uns mit kleineren Schritten, trippeln jedoch nicht. Wir machen die kleineren Schritte so, dass unser Atem tiefer, ausgewogener und harmonischer wird, dass sich unser Oberkörper aufrichtet und unsere Blicke nicht nur am Boden haften, sondern immer wieder auch in die Weite gehen; dann werden unsere Empfindungen und Gedanken feiner.

Dabei können wir unter Umständen tiefere Unterkommunikationen erfassen und sogar zu deren Programmen finden. Denn wir befinden uns in einer höheren Strahlung, auch weil wir unsere Augen immer wieder vom Erdboden erheben und in die Weite blicken, in der – im Gegensatz zur Erdstrahlung – höhere und somit reinere Schwingungen wirken. Was wir bei dieser Übung erfahren und analysieren, halten wir wieder im Mystischen Tagebuch fest.

Wir stellen die Erkenntnisse beider Übungen einander gegenüber und erfahren, dass eine aufrechte Haltung eine wesentliche Rolle in unserem Leben spielt.

Die Erkenntnisse sollten wir im Mystischen Tagebuch nicht nur festhalten, sondern wir sollten Gegensätzliches so rasch wie möglich mit der inneren Kraft angehen und diese Programme umwandeln. Dabei helfen uns wieder die bewusste, aufrechte Körperhaltung und der harmonische, tiefe Atem und auch die lichteren und freien Gedanken.

Bruder Emanuel offenbarte:

Wenn der Mensch vor seinem eigenen Leben Achtung hat – weil er die feinen Zusammenhänge zwischen Geist, Seele und Mensch kennt und sich auch bemüht, Gottes ewige Weisheit anzustreben, um Gott näherzukommen –, dann wird er sich auch im Alltag so geben und bewegen, wie es geistige Menschen an sich haben. Sie haben Achtung vor dem Leben ihrer Mitmenschen. Sie sprechen nicht negativ über ihre Mitmenschen und unterstellen ihnen nichts Gegensätzliches, denn sie haben Achtung vor ihrem Leben.

Diese Haltung wirkt zurück auf das eigene Leben; denn was der Mensch über seinen Nächsten denkt oder ihm unterstellt, das wirkt entsprechend auf sein eigenes Leben ein.

Edles und selbstloses Empfinden, Denken, Sprechen und Handeln entwickelt im Menschen eine geistig-ethische und geistig-moralische Grundhaltung. Diese Einstellung verändert auch die Körperhaltung. Sie wirkt sich sodann auf seine gesamte Körperstruktur aus.

Menschen des Geistes haben eine feinere Körperstrahlung und daher auch eine feine Körperstruktur. Ihre Gesichtszüge sind edler, weil der Mensch Aufrichtigkeit und Ehrlichkeit ausstrahlt und Achtung vor seinen Mitmenschen hat.

Das Empfinden, Denken und Sprechen geistiger Menschen ist weitgehend unpersönlich. Sie sind nicht nachtragend. Sie sind besonnen. Sie bemühen sich, Toleranz, Wohlwollen und Verständnis zu üben und ihre Mitmenschen an- und aufzunehmen.

Wer diese inneren Schritte getan hat, der lebt immer mehr in großen Gedanken. Dadurch werden Seele und Mensch still; sie ruhen in Gott. Wer immer mehr in seinem Inneren lebt und aus seinem Inneren zu geben vermag, der spürt allmählich, was es bedeutet, in Harmonie mit Gott zu sein: Er ist ruhig, wenn andere hektisch sind. Er schweigt, wenn andere Unwesentliches sprechen. Er ist in sich gekehrt, wenn andere veräußerlicht reagieren.

Auf der Stufe der Weisheit sollte der Schüler, der werdende Mystiker, seine Empfindungen und Gedanken weitgehend bei Gott haben; dann kann er aus der Allmacht schöpfen und geben.

Wer diese innere Haltung erlangt hat, der ist mit den Bereichen seines geistigen Bewusstseins verbunden, die er durch Verwirklichung erschlossen hat. Von dort, vom

Inneren Helfer und Ratgeber, empfängt er die Impulse für sein Denken, Sprechen und Handeln.

Gabriele sprach:

Lieber Bruder, liebe Schwester, das geistige Bewusstsein sendet beständig Impulse, um uns zu helfen, zu dienen und zu führen. Der Innere Helfer und Ratgeber, das Göttliche in uns, weiß alle Dinge.

Wenn sich ein Mensch durch die Reinigung seiner Seele dem Inneren Helfer, dem Göttlichen in sich, zugewandt hat, dann kommt auch in seinem Unter- und Oberbewusstsein das an, was der Innere Helfer und Ratgeber aussendet. Dann schaut der Mensch, was andere nicht sehen, und er hört, was andere nicht erhorchen können. Denn dem Reinen dient das Reine.

Deshalb ist für uns die innere Stille wichtig. Denn nur in der Stille können wir die Impulse von innen empfangen.

Wenn wir Schüler auf dem Inneren Weg jedoch trotz aller Weisungen und trotz unseres Wissens in Hektik geraten, dann bemühen wir uns, sofort umzuschalten: Wir denken in unser Inneres »Friede« und »Stille« hinein. Auch unserem Nächsten, mit dem wir eventuell gerade zusammen sind, senden wir bewusst Gedanken des Friedens und der Stille zu.

Wir hören so oft das Wort »Friede«. Was bedeutet das Wort »Friede« für uns? Friede in uns selbst, um auch mit unserem Nächsten in Frieden leben zu können – haben wir schon dieses Bewusstsein erlangt?

Wer friedlos ist, kann mit seinen Mitmenschen nicht in Frieden leben. Denn was der Mensch selbst ist, wie er sich verhält und was er ausstrahlt, das glaubt er auch an seinem Nächsten zu sehen.

Zum inneren Frieden gelangen wir nur durch das Vertrauen zu Gott.

Wenn wir uns in jeder Situation Gott in uns zuwenden und unsere Angelegenheiten mit Gott besprechen, indem wir zu Ihm sprechen und Ihm alles sagen, was uns bewegt, dann erleben wir das Innere Licht und gewinnen Vertrauen zu Gott und innere Festigkeit. Denn Gott allein ist der wahre Friede und die innere Stille. Wir haben die Aufgabe, uns bewusst Gott zuzuwenden – denn Er ist und bleibt beständig uns zugewandt.

Wenn wir Gottes Willen bejahen, dann wachsen wir im Geiste – und jeder Tag ist Evolution für Seele und Mensch. Wir leben Gott zugewandt und bewusst in Seinem Geiste. Leben wir in und aus dieser inneren Haltung, so erwachen in uns immer mehr Stärke, Friede, Stille, Festigkeit, Sicherheit und Geborgenheit in Gott. Daraus wachsen die geistigen Gaben der Liebe und Weisheit. Dann schöpfen wir aus Gott und können selbstlos geben, weil wir in der Liebe und Weisheit Gottes leben. Dann ist in uns die Gewissheit, dass alles so, wie es ist oder wie es kommt, gut ist, da wir uns in Gottes Hand wissen.

Treten trotz geistigen Wachstums immer wieder Schwankungen unseres Gemüts auf, dann helfen uns ein inniges Gebet zu Gott, unserem Vater, und eine Bewusstseinsstütze.

Liebe Schwester, lieber Bruder, wenn du in Gemütsschwankungen kommst, dann lasse die Gebetsgedanken oder die Gebetsworte tief in dir nachschwingen. Denke jeden Gebetsgedanken oder jedes Gebetswort ganz bewusst in dich hinein und lausche nach innen, um die Resonanz deines Gebetes in dir zu erfahren. Du kannst spüren, was deine Gebete in dir bewirken!

Solche tiefen, innigen Gebete geben uns Kraft, uns wieder auf Gott auszurichten und uns Ihm erneut anzuvertrauen, um wieder den inneren Frieden und die innere Stille herzustellen.

Wenn du auf dem Weg nach Innen hin und wieder in deine alten Gewohnheiten zurückfällst, dann bleibe nicht liegen und jammere nicht! Steh auf! Christus nimmt dich an die Hand und führt dich heraus – und über weitere Klippen hinweg.

Wenn du auf diese Weise eine Hürde des Zweifelns oder des Misstrauens überwunden hast, dann hast du wieder einen Schritt auf dem Weg zum Inneren Leben getan – und es scheint wieder die Sonne. Solche oder ähnliche Einbrüche in unser Leben müssen immer wieder sein, damit wir für eventuell noch tiefer liegende Kommunikationen und Programme sensitiv werden.

Auch immer wiederkehrende Schwierigkeiten können uns zur Selbsterkenntnis hilfreich sein. Sie zeigen uns, was wir eventuell nicht loslassen wollen.

Wenn wir jedoch trotz der immer wiederkehrenden Schwierigkeiten nicht an Gott zweifeln, sondern sie immer wieder mit Christus angehen, dann wird dieser Komplex unserer Schwierigkeiten kleiner und verschwindet allmählich.

Immer wiederkehrende gleiche oder ähnliche Schwierigkeiten können auch Hinweise dafür sein, dass noch tiefere Kommunikationen zugrunde liegen. Eventuell gehen sie von Programmen aus, die erst für ein weiteres irdisches Leben vorgesehen sind. Stoßen wir auf solche tieferliegenden Programme, dann haben wir die Chance, Aufgaben zukünftiger Inkarnationen bereits in unserer jetzigen Einverleibung zu bereinigen.

Um in solche tiefen Bereiche unseres Seelengrundes vorstoßen zu können, müssen wir zuerst die oberen Schichten unseres menschlichen Ichs erkennen und mit Christus abtragen. Das ist uns nur möglich, wenn wir die ersten beiden Stufen des Inneren Weges – Ordnung und Wille – weitgehend erfolgreich abgeschlossen und wir gelernt haben, uns zu konzentrieren durch die Ordnung der Gedanken, die Zügelung der Rede und durch die Bemeisterung der Sinne.

Lieber Bruder, liebe Schwester, so sehen wir also, welch eine Befreiung der Innere Weg uns bringt, wenn wir diesen wirklich ernsthaft beschreiten, wenn wir also die Aufgaben und Lektionen, die uns aus dem Geiste gegeben werden, dankbar und freudig annehmen und erfüllen. Dann werden wir auch zunehmend frei von tiefliegenden Programmen – und wir heben uns empor in die Höhen des geistig erschlossenen Bewusstseins, wo die wahre Freiheit ist.

Friede

Gabriele

4. Kapitel

In allem, was auf uns zukommt, ist die Antwort und Lösung

Übung:
Das Äußere und das Innere eines Menschen wahrnehmen

Alles ist Bewusstsein, ist Strahlung – Alles ist in allem enthalten – Der Mensch erfasst nur entsprechend dem Entwicklungsstand seines Bewusstseins – Der Weise schaut alles im Lichte der Wahrheit – Das Gericht des Menschen ist sein Ich

–

Zu Beginn der Lektion aus dem Geiste Gottes begrüßte uns Gabriele. Sie sprach:

Lieber Bruder, liebe Schwester!

Wie wir wissen, liegt in allem, was auf uns zukommt, zugleich die Antwort und die Lösung. Wir können sie jedoch nur dann von Gott, dem ewigen Sein in uns, gesetzmäßig empfangen, wenn die Seelenhüllen und die Seelenpartikel lichter geworden sind. Dann erst kann eine bewusste Kommunikation stattfinden, in der wir Antwort und Lösung von Gott, dem ewigen Sein in uns, in unserem Oberbewusstsein erhalten.

Ich wiederhole: Unsere Gedanken und Worte, Bitten und Fragen an den Geist Gottes, an das kosmische Bewusst-

sein in uns, treten nur dann in Kommunikation mit Ihm, und Seine Antwort kommt nur dann in unserem Oberbewusstsein an, wenn wir die nötige Vorbereitung getroffen haben: wenn wir mit der Kraft Christi Schritt für Schritt von außen nach innen die Seelenhüllen und die Seelenpartikel durchlichtet haben.

Sind die Seelenhüllen und die Seelenpartikel gereinigt und durchlichtet, dann wenden sich die geistigen Atome, die in den Partikeln der Seele aktiv sind, mehr und mehr der unmittelbaren Strahlung Gottes zu. Dann werden wir im Oberbewusstsein und in unseren Empfindungen und Gedanken die Impulse aus dem Göttlichen in uns empfangen.

Das Göttliche in uns ist unser geistiges Erbe; es ist das ewige Gesetz, das geistige Bewusstsein. Es ist unser göttliches Sein – es sind wir selbst, das reine Wesen; es ist unser reiner Geistleib. Finden wir allmählich zu unserem wahren Sein, zu unserem wahren, göttlichen Wesen, dann empfangen wir auf alle unsere reinen Empfindungen, Gedanken, Worte, Handlungen und Fragen die gesetzmäßige Antwort und Lösung – jedoch nicht auf Ichbezogenes. Die gesetzmäßige Antwort entströmt der ewigen Quelle in uns, der ewigen Wahrheit, dem Göttlichen, weil wir wahrhaftig geworden sind.

In allem, was auf uns zukommt, sind zugleich Antwort und Lösung enthalten. Darüber wurde schon berichtet. Es soll hier jedoch noch einmal wiederholt werden, denn es ist für uns sehr wesentlich, dies zu wissen, um uns selbst und unseren Nächsten zu erkennen und um ihm auch eine gesetzmäßige Antwort geben oder eine gesetzmäßige Lösung vorschlagen zu können.

In allem ist die positive Kraft. Wenn wir positiv, also selbstlos, ausgerichtet sind und in Kommunikation mit den positiven Kräften stehen, dann werden wir auch das empfangen, was gesetzmäßig ist; es wird auf uns zukommen. Denn die positive Kraft wirkt in jeder Empfindung, in jedem Gedanken, in jedem Wort und in jeder Handlung.

Jede Frage, die uns gestellt wird, enthält zugleich die gesetzmäßige Antwort oder Lösung. Und in jeder Antwort, die uns gegeben wird, liegt die Wahrheit – ob offen oder verborgen. Wir finden sie, wenn wir wahrhaftig geworden sind, das heißt, wenn wir der Wahrheit die Treue halten.

In jeder Schwierigkeit und in jedem Problem – ob es uns selbst betrifft oder unseren Nächsten – liegen Antwort und Lösung. Wenn wir still geworden sind, wenn wir in Gott ruhen, wenn wir nicht mehr werten oder unseren Nächsten bewerten, sondern ihn annehmen und sodann die positiven Seiten unseres Nächsten in uns aufnehmen – wenn wir also Toleranz, Wohlwollen und Verständnis üben –, dann stehen wir in Kommunikation mit den positiven Kräften in ihm und in uns und werden die geistige Gabe, die gesetzmäßige Antwort oder Lösung, empfangen.

Um diese Geistesgaben zu erlangen, bedarf es der beständigen Schulung unseres Bewusstseins und des Hineinwanderns zu unserem wahren Sein.

Bruder Emanuel gab uns eine weitere Aufgabe, damit jeder von uns erkennen kann, ob seine Empfindungen und Gedanken schon weitgehend bei Gott sind. Denn erst dann kommen wir mit Gott, dem kosmischen Bewusstsein in uns in Berührung, also in Kommunikation.

Denn nur, wenn wir in Gott leben – das heißt Sein ewiges Gesetz erfüllen –, können wir die Dinge so schauen, wie sie sind, und das hören, was das irdische Ohr nicht vernimmt; nur in Gott empfangen wir die gesetzmäßige Lösung und Antwort.

Bruder Emanuel offenbarte:

Alles ist Bewusstsein, alles ist Strahlung.

Wer weitgehend im Bewusstsein, in Gott, lebt, der ruht in Gott. Er wird von Gott geführt werden und von Ihm empfangen.

Ich gebe eine Übung zur Selbsterkenntnis:

Lasst eure Blicke auf einem eurer Mitmenschen ruhen und nehmt zuerst nur sein Äußeres wahr.

Der Sehsinn wirkt auf die Gehirnzellen ein und ruft dort die Gedanken ab, die zum Äußeren passen, zu dem, was der Sehsinn signalisiert hat.

Die Gedanken, die der Schüler daraufhin im Oberbewusstsein erfasst, sagen aus, was in ihm noch vorgeht, und auch, was noch in tieferen Schichten abläuft.

Dieses notiert auf die linke Seite eures Mystischen Tagebuches.

Und nun nehmt dieselbe Person in eurem Inneren auf.

Das heißt, nehmt ihre Gesamtstrahlung in euch auf und zieht sie nach innen. Dabei nehmt ihr nicht mehr äußere Details auf, sondern den gesamten Menschen, seine Ausstrahlung. Ich wiederhole: Nehmt nicht die Details eures Nächsten wahr, sondern die Gesamtstrahlung, also den Gesamteindruck.

Wenn die positiven Aspekte eures Nächsten mit eurem geistigen Bewusstsein in Kontakt treten können, dann kommen auch vom Inneren Helfer und Ratgeber Impulse in eurem Oberbewusstsein an. Diese Empfindungen oder Gedanken notiert auf der rechten Seite eures Mystischen Tagebuchs. Nun vergleicht die beiden Gedankenströme!

Prüft dabei, ob ihr noch urteilt oder verurteilt, noch wertet oder abwertet, ob euch Aspekte eures Nächsten noch erregen – oder ob Verständnis, Toleranz und Wohlwollen in euch aufsteigen.

Wenn ihr imstande seid, mit den positiven Energien in eurem Nächsten zu kommunizieren, dann habt ihr auch Wertung und Verurteilung abgelegt. Dann wird euch der Innere Helfer und Ratgeber vermitteln, wie euer Nächster im Inneren und im Äußeren ist, was ihr beachten und wie ihr euch ihm gegenüber verhalten sollt. Wer frei ist von ichbezogenem Verhalten, der weiß um alle Dinge und schaut, was dem Ichbezogenen verborgen ist.

Gabriele gab folgende Hinweise:

Das Wort »werten« bedeutet, die Menschen in verschiedene Klassen einzustufen, dem einen wohlgesonnen zu sein, dem anderen Unverständnis entgegenzubringen. Oder: den einen schätzen, den anderen abwerten. Oder: den einen lieben und dem anderen gleichgültig gegenüberstehen.

Das ist persönliches Denken und Verhalten, also: Werten.

Das Leben im Kausalgesetz ist ein einziges Werten, Urteilen und Verurteilen. Dadurch ergibt sich die Einstufung der Nächsten in Klassen oder Kategorien.

Liebe Schwester, lieber Bruder, ein wichtiger Satz unseres Geistigen Lehrers lautet:

Wer wenig Verständnis für seinen Nächsten hat, für den gibt es auch keinen Weg zum Bruder und zur Schwester – und auch keine Kommunikation mit Gott.

Bruder Emanuel sprach weiterhin:

Alles ist Strahlung, ist Energie.

Jede Energiequelle ist Bewusstsein. Jeder Gegenstand, sowohl der immaterielle als auch der materielle, ist Bewusstsein. Die vielfältigen Lebensformen der Natur sind Bewusstsein. Die Seele – ob einverleibt oder entkörpert –

ist Bewusstsein. Die Gestirne sind Bewusstsein. Die Elementarkräfte Feuer, Wasser, Erde und Luft sind Bewusstsein. Jeder Mensch ist Bewusstsein.

Das Haus, der Stuhl, der Tisch, der Schrank – alles, was der Mensch sieht und auch was er nicht schaut – ist Energie und ist Bewusstsein. Alles strahlt aus und teilt sich mit.

In jeder materiellen Form ist ein reiner, geistiger Bewusstseinsaspekt, der ausstrahlt und mit gleichschwingenden Energien in Verbindung steht. Auch jede materielle Form ist Bewusstsein, das mit gleichen oder ähnlichen Frequenzen kommuniziert.

Die materiellen Formen strahlen auch das Denken und Verhalten aus, das ihnen Menschen übertragen haben, die mit ihnen Kontakt hatten. Denn wenn der Mensch einen Gegenstand in die Hand nimmt oder diesen bearbeitet, dann hinterlässt er daran seine Spuren. An diesem Gegenstand sind sodann Aspekte von ihm – und von all den Menschen, die mit dem Gegenstand in Berührung kamen.

Jede geistige und jede materielle Form besteht aus Atomen: Jede geistige, also immaterielle, Form besteht aus geistigen Atomen – und jede materielle Form aus materiellen Atomen. In jedem materiellen Atom sind jedoch geistige Atome, welche die Materie zusammenhalten. Daher ist in der Materie der Geist, Gott.

Jede geistige Form strahlt das universelle Bewusstsein aus. Jede materielle Form strahlt ihren geistigen Bewusstseinsaspekt aus und auch die Bewusstseinsaspekte, die der Mensch, der den betreffenden Gegenstand bearbeitet oder benützt hat oder noch benützt, an diesem hinterlässt.

Alles ist Bewusstsein.

Das Materielle, die Materie, ist heruntertransformierte geistige Energie.

Sowohl die Seele als auch der Mensch und alle Lebensformen, die materiellen und die immateriellen, stehen in beständiger Kommunikation mit den Bewusstseinsbereichen und Bewusstseinsaspekten, die sie entwickelt haben: Das Unbelastbare der Seele kommuniziert wieder mit dem unbelastbaren Geist in allen Dingen. Alles, was außerhalb des Gesetzes lebt – also Seele und Mensch –, steht mit gleichen oder ähnlichen Bewusstseinsbereichen und Aspekten in Verbindung.

Das Göttliche in der Seele und dem Menschen steht also mit dem Göttlichen in Verbindung, das Menschliche mit dem Menschlichen und die Materie wieder mit der Materie. In allem ist jedoch die positive Kraft, die alles zusammenhält, der unbelastbare Geist.

Erkennt also: Alles lebt, weil das Allbewusstsein, Gott, alles durchdringt.

Wer mit dem Göttlichen, dem Allbewusstsein, in Kommunikation steht, der wird alle Dinge des Lebens in der Tiefe schauen und alles so schauen, wie es ist, und nicht, wie es scheint. Er wird das hören, was ist – und nicht nur, was tönt.

Deshalb muss der Mensch mit Gott in Kommunikation kommen, um alles gesetzmäßig schauen und hören zu können. Die Bedingung hierfür ist, dass sein Denken, Sprechen und Handeln den Gesetzen Gottes entspricht. Dann erst lebt der Mensch in Gott, und Gott wirkt durch den Menschen.

Möchte der Mensch Gott näherkommen, dann muss er sich bemühen, von außen, vom Menschlichen her, nach innen zum Göttlichen zu gelangen, zu Gott, dem kosmischen Bewusstsein.

Das bedeutet, das abzulegen, was allzu menschlich ist. Das heißt, mit Christus jede wesentliche, also intensive negative Kommunikation zu erfassen, sie zu ergründen – indem der Mensch den Ausgangspunkt findet, die Ursachen, das Programm oder die Programme – und sie sodann mit Christus in positive Energie umzuwandeln. Dann wird die Seele allmählich frei von schwerwiegenden Ursachen und von äußeren Einflüssen.

Bruder Emanuel offenbarte weiter:

Gott ist Bewusstsein. Gott, das Bewusstsein, strahlt in unzähligen Facetten die Wahrheit aus, die in mannigfachen geistigen Bewusstseinsaspekten schimmert, in den reinen und in den materiellen Formen. Da jedoch alles in allem enthalten ist, so ist im Kleinsten, in einer Facette, die ganze Wahrheit, das ganze göttliche Bewusstsein – und im Ganzen ist jede Facette, das Kleinste, enthalten.

Es strahlt jedoch der Bewusstseinsaspekt nur in dem Grad aus, in dem er entwickelt ist, das heißt, soweit er eine entfaltete Facette der Wahrheit ist. In jedem Staub- oder Sandkorn ist somit das große Ganze enthalten. Das, was im Staub- oder Sandkorn entfaltet ist, das strahlt aus. Das ist dann sein Entwicklungsstand.

Im Kleinsten ist also auch das große Ganze enthalten. Weil alles in allem enthalten ist und gemäß dem Gesetz Gottes aktiviert, das heißt in Bewegung gebracht werden kann – um damit zu gestalten und zu formen –, nennt der ewige Geist das ganze Sein die kosmische Fülle.

Das kosmische Ganze, alles Sein, ist das Erbe der Kinder Gottes.

Damit besitzt jedes Geistwesen das große Ganze als Essenz. Alle geistigen Aspekte der Unendlichkeit, also jede einzelne Bewusstseinsstrahlung, ist im reinen Geistwesen aktiv. Das ist das ewige Gesetz der Unendlichkeit, das ist die kosmische Fülle in jedem reinen Geistwesen.

Wenn Seele und Mensch mit dem Christusgeist die Schichten menschlichen Ichs in positive Kraft umgewandelt haben, dann ist in der Seele des Menschen die geistige Fülle, das geistige Erbe, weitgehend offenbar. Dann haben sowohl die Seele als auch der Mensch Einblick in die sogenannten geheimsten Dinge des Lebens und auch jedes Menschen.

Ist Gott jedoch für den Menschen fern und fremd, dann kann der Mensch nur so viel erfassen, wie sein geistiger

Bewusstseinsstand zu erfassen vermag. Alles darüber hinaus ist ihm dann fremd oder unwirklich.

In allem wirkt das geistige Bewusstsein, das Gute, das Absolute. In allem wirkt der Lebensträger, Gott, das Geistbewusstsein – auch in dem, was der Mensch mit seinem menschlichen Wahrnehmungsvermögen nicht sieht, weil es feinstofflich ist und nur für das geistige Auge und nur für die geistigen Sinne wahrnehmbar ist.

Der Mensch ist die Hülle der Seele. Er strahlt seine Empfindungen und Gedanken aus – alles das, was er noch als Programm in seiner Seele trägt.

Wer nur auf das Äußere seines Nächsten zu sehen vermag, der registriert auch nur Äußeres, die materielle Strahlung, das, was die Hülle, der Mensch, ist: seine Empfindungen, Gedanken, Worte und Handlungen.

Der Mensch und sein Verhalten sind jedoch von dem geprägt, was in ihm vorgeht, was also aus ihm herausstrahlt.

Deshalb kann sich der Mensch nur vor seinesgleichen verbergen und nicht vor jenen Menschen, die Gottes Gesetze erfüllen; denn diese registrieren beides: das, was der Mensch nicht preisgibt, und das, was er vorgibt.

Erkennet: Dem wahren Weisen dient das Reine, weil er rein, edel und gut denkt, also weitgehend rein geworden ist.

In der geistigen Fülle zu leben heißt, in Gott zu leben. Wer in Gott lebt, ist unpersönlich; er wertet nicht.

Wer Weisheit erlangt hat, ist nicht mehr geistig blind. Er spricht auch nicht mehr von der Wahrheit – er ist die Wahrheit. Aus ihr heraus schaut er seine Mitmenschen mit ihren positiven und negativen Seiten und auch alle Dinge und Geschehnisse im rechten Licht.

Sind die Sinne des Menschen jedoch noch getrübt, so sieht der Mensch sogar die Dinge nicht, die ihm ins Gesicht starren – bis seine Sinne lichter sind. Dann sieht er das, was schon immer da war, was seine getrübten Sinne jedoch nicht registrieren konnten.

Die Sinne des Menschen werden durch seine eigene Täuschung gehalten: Wer im Nebel wandelt, sieht nur, was unmittelbar um ihn ist. Haben sich die Nebel aufgelöst, dann sieht er weiter.

Das Seelenlicht des Menschen reicht also nur so weit, wie das Bewusstsein der Seele entwickelt ist: So spricht der Mensch, der nur im Keller lebt und noch nie das Sonnenlicht sah, nur von dem, was im Keller ist. Kommt ein anderer und spricht von der Sonne, von dem Licht, das außerhalb der Kellerwände strahlt und leuchtet, und von dem Leben, das die Sonne hervorbringt, dann blickt ihn das Kellerkind mitleidsvoll an und glaubt, einen Sonderling oder Irren vor sich zu haben.

Ähnlich ist es, wenn ein Mensch mehr Geistigkeit empfindet und in dem Gesetze Gottes lebt. Auch er wird vom Kellerkind, das nur begrenzt zu denken und zu leben vermag, mitleidig belächelt. Es sieht also nur so weit, wie der erschlossene Teil seines Bewusstseins zu sehen vermag.

Der Mensch richtet sich selbst in dem Maße, wie er gegen das göttliche Gesetz empfindet, denkt, spricht und handelt, und mit diesem Maßstab lebt er auch. Mit den gehaltenen Sinnen erblickt und erfasst er nur das, was er selbst ausstrahlt: sein Ich.

Das Gericht des Menschen ist sein Ich.
Jeder allzu menschliche Gedanke ist ein Bumerang.

Was der Mensch an Allzumenschlichem aussät, das kommt auf ihn zurück und engt sein Bewusstsein ein und damit auch sein Blickfeld. Wer gegen seinen Nächsten handelt und auch gegen die Natur, der handelt gegen sich selbst und ist ein Gefangener seines Ichs.

Wer also gegen das Gesetz Gottes handelt, der schafft sein eigenes Ichgesetz. Unter diesem leidet er dann auch – entsprechend dem, was er durch sein Denken und Verhalten geschaffen hat und schafft.

Der göttliche Gedanke jedoch weitet sein Bewusstsein, und der Mensch vermag allumfassender zu sehen, zu erkennen und zu erfassen.

Gabriele schloss mit folgenden Worten:

Lieber Bruder, liebe Schwester, so wollen wir täglich in großen Gedanken denken. Dann tauchen wir mehr und mehr in das Gesetz, Gott, ein, in das unpersönliche Leben, das beständig aus dem Füllhorn gibt. Schreiten wir also hinein in die göttliche Fülle, die in uns liegt! Dann werden wir auch unserem Nächsten wahrhaft dienen können.

Friede
Gabriele

5. Kapitel

Merksätze als Maßstab für die Stufe der Weisheit – Wiederholungen. Was ihr aussendet, kommt auf euch zurück – Vielfältige Mahnungen, bevor das Schicksal wirksam wird – Der Unpersönliche reagiert besonnen, hat die Lösung und gibt von innen – Das Heute, den Tag, nützen: In jede Sache sofort Bewegung bringen; nicht gedanklich verfestigen und vergrößern; Vergleich: Tümpel – Der Stein der Weisen

–

Gabriele sprach:

Lieber Bruder, liebe Schwester!

Auf der Stufe der Weisheit erlangen wir immer tiefere Klarheit. Wir werden allmählich der ruhige See in der Abendsonne, welcher die kosmische Strahlung ruhig und bewusst aufnimmt.

Bruder Emanuel ermahnt uns immer wieder, unsere Empfindungen, Gedanken und Worte zu prüfen, damit wir daraus erkennen, ob wir tatsächlich schon im Begriff sind, weise zu werden. Wir hören stets von neuem die mahnenden Worte unseres Geistigen Lehrers.

Bruder Emanuel offenbarte:

Immer wieder geht die Bitte an meine Schüler, sie mögen sich prüfen, ob sie zu Recht auf der Stufe der

Weisheit stehen. Wer rechtmäßig der Stufe der Weisheit angehört, der denkt, spricht und handelt so, wie es das Gesetz Gottes will.

Er kann sagen: »Ich habe zwar einen menschlichen Körper – er bestimmt jedoch nicht mehr über mich.«

Diesen Satz sollte der Schüler im Mystischen Tagebuch festhalten. Er kann ein Maßstab sein für seine Denk-, Rede- und Handlungsweise:

> Ich habe zwar einen menschlichen Körper; er bestimmt jedoch nicht mehr über mich!

Durch die geistige Haltung, durch das bewusste Leben, wird das noch vorhandene Allzumenschliche immer unscheinbarer und dadurch unwesentlich. Mit der rechten Geisteshaltung können auch weitere Inkarnationsprogramme abgebaut werden, so dass die Seele immer mehr aufatmet.

> Ich gebe weitere Merksätze:
> Weise Menschen erwarten weder Lob noch Anerkennung. Nur derjenige Mensch heischt nach Lob und Anerkennung, der im Inneren noch arm ist. Er hat den »Stein der Weisen«, die Wahrheit in sich selbst, noch nicht gefunden, die ihn frei und wahrhaft reich macht.

Liebe Freunde, auf jeder Stufe sind Wiederholungen notwendig, damit ihr immer wieder an die Gesetzmäßigkeiten erinnert werdet und eventuell an die alten Muster, die sich in euren Tagesablauf einschleichen wollen.

Diese Stufe kann als Einheit gesehen werden. Sie gibt dem Wanderer auf dem Weg nach Innen einen Einblick auch in die Lehrsätze dieser Stufen.

Ich gebe wiederum einen Merksatz:
Der Mensch ist zugleich Sender und Empfänger. Was ihr sendet, das strahlt wieder auf euch zurück.

Der Mensch empfängt von Gott für menschliche Wünsche, Sehnsüchte, Leidenschaften, für unwesentliches Reden keine Energie. Deshalb zehren ziellose Gedanken, unwesentliche Gespräche, menschliche Sehnsüchte und Leidenschaften an der seelischen und physischen Kraft. Damit überschattet der Mensch das geistige Bewusstsein, so dass ihn der Innere Helfer und Ratgeber, der Geist des Lebens, nicht mehr unmittelbar führen kann.

Die unmittelbare Führung ist, wie ihr schon gehört habt, die Führung durch das ewige Gesetz, Gott.

Die mittelbare Führung ist die Führung durch Gott – z.B. über Menschen, die ihrem Nächsten dieses oder jenes sagen oder übermitteln. Der Angesprochene spürt z.B. plötzlich über seine Empfindungen ein Unbehagen, oder er erkennt über seine Gedanken, dass in seinem Leben dies oder jenes noch nicht bereinigt ist. Die mittelbare Führung geschieht auch über die Tagesenergie, über Ereignisse am

Arbeitsplatz, über Begegnungen mit Mitmenschen und anderes mehr.

Erkennt der Mensch durch mittelbare oder unmittelbare Führung, was an ihm noch allzu menschlich ist, dann sollte er sich mit dieser Erkenntnis nicht begnügen, sondern das erkannte Allzumenschliche mit Christus bereinigen.

Geschieht dies nicht, dann kommen weitere Mahnungen. Wenn auch diese überhört werden, wird schließlich das Schicksal wirksam. Schicksalsschläge wie Krankheit, Not, Leid, Sorgen, Unfälle und dergleichen treten also erst ein, wenn der Mensch die vielfältigen Mahnungen übersehen und überhört hat.

Der Mensch wird also wochen-, monate- oder sogar jahrelang immer wieder ermahnt, bevor das Schicksal seinen Lauf nimmt. Die Mahner sind der Innere Helfer und Ratgeber, das Schutzwesen, die Ereignisse, die sich tagsüber ergeben, und die Tagesimpulse.

Sie alle sind also Mahner, bevor den Menschen das trifft, was er gesät hat.

Gabriele sagte dazu:

Lieber Bruder, liebe Schwester, wir danken unserem Geistigen Lehrer, dass er das immer von neuem wiederholt, was uns schon gegeben wurde, und es aus einer anderen Perspektive, das heißt aus einer anderen Facette der göttlichen Wahrheit, beleuchtet, damit wir daraus lernen und unser Leben erkennen. Denn die Gestaltung unseres irdischen Daseins hängt allein von uns ab, von dem, was wir selbst gesät haben im Gesetz von Saat und Ernte.

Sind wir still geworden und ruhen immer mehr in unserem Inneren, dann sind wir wachsam allem gegenüber, was uns an Gedanken und Worten anfliegt, und wir empfinden, welche Resonanz sie in uns auslösen.

Zur inneren Stille finden wir nur, wenn wir unsere lauten Sinne verfeinern, indem wir uns überlegen, was wir sprechen, und indem wir unsere menschlichen Gedanken nicht mehr annehmen oder aber sie analysieren – je nachdem, was vorliegt. Erst wenn das Getöse des menschlichen Ichs abnimmt, finden wir zur Stille.

Wir haben ein großes Spektrum von Möglichkeiten, um uns selbst zu erkennen. Wir könnten sagen: Wir haben die besten Werkzeuge, um uns bis in den tiefsten Seelengrund zu erforschen durch die Kommunikationen, die Abläufe im Ober- und Unterbewusstsein, und durch die tieferen Unterkommunikationen.

Dazu müssen wir allerdings wachsam sein. Uns selbst zu erforschen heißt nicht, dass wir ständig in unserer Vergangenheit forschen sollen, was dort eventuell noch verborgen liegt.

Wenn wir die Tage, die uns Gott schenkt, bewusst nutzen, indem wir uns auf das konzentrieren, was der Tag an Situationen bringt, dann werden wir – bei der Arbeit an *uns selbst – erkennen, was wir schon bereinigt haben und was noch zu bereinigen ist.*

So will uns alles, was uns begegnet, etwas sagen:

Zum Beispiel will rasches, unkonzentriertes oder unkontrolliertes Essen oder Trinken uns sagen: Wir essen und trinken schneller, weil wir von unseren Gedanken und Wünschen angetrieben werden. Rasches, unkonzentriertes Sprechen oder ein undiszipliniertes Verhalten gegenüber unseren Mitmenschen sagt uns, dass in uns noch menschliche Komponenten wirken.

An all unseren Verhaltensweisen können wir ablesen, was oder wer wir noch sind.

Wenn wir auf alles, was auf uns zukommt, besonnen und überlegt reagieren, dann werden wir nicht herausplappern, was uns gerade in den Sinn kommt. Wir werden uns zuerst nach innen wenden, um mit dem Inneren Helfer und Ratgeber in Kontakt zu kommen. Das können wenige Augenblicke sein. Danach können wir ruhig und besonnen reagieren.

Der »Stein der Weisen« leuchtet in uns. Haben wir ihn auf der Stufe der Ordnung und des Willens »poliert«, dann strahlt er uns in jedem Augenblick und in jeder Situation das zu, was wir sagen oder tun sollen. Sind wir weise geworden, dann sind unsere Gehirnzellen Speicherzellen des göttlichen Gesetzes. Wir brauchen dann nicht mehr zu rätseln – »des Rätsels Lösung« strahlt uns zu. Dann sind wir unpersönlich.

Werden wir also besonnen, damit wir jeden Tag mit Christus meistern können!

Das unpersönliche Leben verläuft besonnen und ruhig. Der Mensch ist in sich gekehrt. Er gibt von innen. Er spricht bewusst, besonnen und konzentriert. Er wertet nicht und möchte auch weder Anerkennung noch Lob. Er steht im Energiestrom des kosmischen Seins: Wer in sich den inneren Reichtum besitzt, der erwartet nichts mehr, denn er besitzt alles.

Wer den Stein der Weisen gefunden hat, der beschäftigt sich nicht mehr lange mit den Schwierigkeiten, die sich im Alltagsleben zutragen. Er hat sich selbst bemeistert und ist in der Lage, jede Situation durch den Kristall des Lebens, durch den Stein der Weisen, zu erfassen und das Richtige zu tun.

Bruder Emanuel offenbarte:

Auf der Stufe der Weisheit sollt ihr Folgendes beachten:

Einerlei, was auf dich zukommt, seien es Schwierigkeiten oder üble Reden, seien es familiäre Unstimmigkeiten oder geschäftliche Sorgen – z.B. Mitarbeiter, die unzufrieden sind, oder Andeutungen des Arbeitgebers, die dich als Arbeitnehmer beunruhigen –, lasse es nicht stundenlang in dir nachschwingen. Sprich auch nicht stunden- und tagelang darüber und male dir dazu auch keine Bilder in deiner Vorstellungswelt aus. Dies alles trägt nur dazu bei, dass sich die Situation verschärft.

Merke dir: Eine Angelegenheit, in die nicht sogleich Bewegung gebracht wird, ist mit einem Tümpel zu vergleichen. Jeder, der über die Sache oder Angelegenheit gehört hat, macht sich Gedanken.

Gedanken sind Energien. Sie ziehen dorthin, wo die Schwierigkeit steckt – ja, richtig: steckt. Sie ist also festgefahren. Nun wird immer wieder dorthin gedacht. Dadurch kommen alle möglichen und unmöglichen Vorstellungsbilder hinzu. Denn die Sache, die Angelegenheit, die Schwierigkeit, ist wie ein Magnet, der alles das anzieht, was gleich oder ähnlich schwingt.

Das bedeutet, dass sich das Potential dieser Schwierigkeit vergrößert und auch entsprechend ausstrahlt.

Wird sie dann nach Tagen bearbeitet, dann zeigt sich all das Wenn und Aber, das Vielleicht, das Nein und Ja.

Mit all dem Hinzugedachten oder Hinzugesprochenen haben nun jene zu ringen, welche die Schwierigkeit, die Angelegenheit oder die Sache, angehen müssen.

Dadurch kann ein Misserfolg auftreten, oder der Aufwand für die Lösung kann beschwerlich oder unvorstellbar groß werden. Allein tagelanges Abwarten, darüber Nachdenken, Sprechen und Grübeln bewirkt, dass eine Art Tümpelleben entsteht. Die Situation kann dann mit einem Tümpel verglichen werden, in den tagelang alles Mögliche hineingegossen wurde wie Gedanken, Gespräche, Für und Wider.

Menschen der Tat lernen, dass sie heute und jetzt handeln sollen, wenn etwas auf sie zukommt oder ihnen zugetragen wird.

Die Schüler auf der Stufe der Weisheit, die werdenden Mystiker, erfahren und lernen jetzt, dass sie in eine Angelegenheit sofort Bewegung hineinbringen sollen. Gleichzeitig schaffen sie damit einen Abfluss für den Tümpel, so dass sich nicht Weiteres – wie z.B. verschiedene Meinungen, Vorstellungen, Wenn und Aber – ansammeln kann.

Liebe Schüler, es ist wesentlich, dass in jede Situation am gleichen Tag – also noch heute – Bewegung gebracht wird!

Heute ist euch eine Angelegenheit zugetragen worden, ihr habt heute von der Situation erfahren, oder heute ist die Unstimmigkeit in der Familie oder im Betrieb aufgetreten: Heute also – und nicht morgen!

Der morgige Tag bringt wieder andere Sorgen. Deshalb das Heute.

Heute und jetzt sollt ihr die Weichen stellen: Ein Anruf, ein Gespräch, eine Klärung der Situation oder eine Richtigstellung dessen, was an Unrichtigem euch zugetragen wurde – dies bringt Bewegung.

Merkt euch: Alles, was heute auf euch zukommt, soll heute bereinigt oder in die Wege geleitet werden.

Es soll also gehandelt werden! Es soll sich sofort etwas bewegen, bevor sogenannte Gedankenbakterien und

Gedankenviren in den Vorfall hineinschwingen – das heißt hineinfließen – und das Milieu sauer oder bitter machen.

Der Weise also, der Schüler auf der Stufe der Weisheit, ist klar. Er weiß zu handeln. Er hat in sich den geschliffenen Stein der Weisen, der ihm zustrahlt und beisteht.

Gabriele gab abschließend noch einige Impulse:

Liebe Geschwister, spüren wir schon die innere Klarheit und die Kraft der Tat, die aus dem Inneren strömt? So wollen wir lernen, im Heute, in der Gegenwart, zu leben – und so die Augenblicke, die Sekunden, Minuten und Stunden des Tages bewusst nutzen. Dann ist unser Tag erfüllt und unendlich reich; denn jeder Augenblick will uns unendlich viel sagen und Wege weisen. Nichts bleibt sodann ungelöst stehen; vielmehr suchen und finden wir sofort in allem die Lösung und leiten die rechten Schritte ein, um diese herbeizuführen.

So erwachen wir in der inneren Klarheit – und der geschliffene Stein der Weisen strahlt uns in allem die Lösung und Antwort zu – es ist der Innere Helfer und Ratgeber, die Intelligenz, Gott, der den Weisen führt und leitet.

Friede

Gabriele

6. Kapitel

Gefahren bei Überaktivität und Erschöpfungszuständen – Wer andere manipuliert, wird selbst von negativen Kräften gesteuert – Unmerkliche »Einspritzungen« und Fremdeinflüsse – Bewusstseinsstützen, wenn wir aus dem Gleichgewicht geraten sind

–

Wieder begrüßte uns Gabriele und sprach:

Lieber Bruder, liebe Schwester!

Sicherlich haben wir schon den Unterschied erfahren zwischen der Müdigkeit, die nach einem arbeitsreichen Tag entsteht – es ist eine »wohlverdiente« Müdigkeit, die mit einer inneren Zufriedenheit einhergeht – und jener Müdigkeit, die ein Ausgelaugtsein, eine völlige Ermattung und Erschöpfung ist.

Liebe Geschwister, ist ein Geistwesen erschöpft? Nur wenn wir mit den uns von Gott für den Tag geschenkten Energien nicht auf rechte Weise umgehen, das heißt diese Energien nicht nach Seinem Willen einsetzen, geraten wir in den Zustand völliger Ermattung und Übermüdung – dann also, wenn die göttlichen Energien nicht oder nur wenig durch uns strömen können. Was sind nun die

Ursachen für eine solche Energiearmut, die zu den Erschöpfungszuständen führt?

Bruder Emanuel offenbarte hierzu Folgendes:

Liebe Schwester, lieber Bruder! Ich möchte auch einiges über die Ursachen einer eventuellen Ermüdungserscheinung hier offenbaren: Jeder Mensch hat für jeden Tag ein bestimmtes, vorgegebenes Energiepotential aus dem irdischen Naturgesetz, das in sich Aktivität und Ruhe birgt.

Achtet darauf, dass ihr nicht in Phasen der Übermüdung oder der völligen Ermattung geratet. Denn durch eine große Überanstrengung, die bis zur Erschöpfung führt, können Erinnerungen oder alte menschliche Gewohnheiten wieder geweckt werden, die schon im Austrocknen sind.

So können Gedanken an Menschen, an Dinge oder an Lebensgewohnheiten, die ihr scheinbar schon abgelegt habt, wieder auftreten und euch dazu bringen, wieder so zu denken, wie ihr es ehemals getan habt. Gebt ihr diesen alten Gedankengängen und Verhaltensmustern nach, dann können sie unter Umständen wieder zu Entsprechungen werden. Deshalb solltet ihr gerade bei einer sehr großen Übermüdung oder bei einer Ermattung wachsam sein und hinterfragen, wo die Ursache dieser Überanstrengung und Erschöpfung liegt.

Eine solche Übermüdung oder eine Erschöpfungsphase kann sich eventuell dann einstellen, wenn ihr z.B. euren Eigenwillen durchsetzen wollt und euch verausgabt, um Persönliches zu erreichen oder um recht zu bekommen. Durch dieses Verhalten verliert ihr viel Lebenskraft, und dann ist Erschöpfung die Folge.

Auch diese Situation will euch etwas sagen. Prüft, welche Gedanken in diesem Zustand großer Ermüdung oder Erschöpfung auftreten. Sind es bedrängende Gedanken, die euch beschäftigen oder gar verärgern, dann solltet ihr sie analysieren, um eventuell noch vorhandene tiefere Unterkommunikationen zu erfassen. So gelangt ihr an die Programme, in denen die Ursachen für die Kommunikationen liegen.

Ihr erkennt also immer wieder, dass in allem Gegensätzlichen auch das Positive ist. Selbst im Zustand des Erschöpftseins findet ihr zu den tieferen Schichten des menschlichen Ichs.

So können sich Hinweise ergeben, die eventuell auf Unterkommunikationen hindeuten, wenn ihr beispielsweise in der Erregung oder Verärgerung zur Zigarette oder zum Alkohol greift oder unkontrolliert und rasch esst und trinkt.

Was also liegt zugrunde?

Schon die Worte: »Was liegt zugrunde?« sagen es: Zugrunde liegen bedeutet: Welche Kommunikationen laufen in tieferen Bereichen des menschlichen Wollens ab?

Wollt ihr z.B. recht bekommen?

Wollt ihr einen eurer Nächsten in seinem freien Denken und Leben hindern?

Wollt ihr ihm die Freiheit einschränken, indem ihr geschickt argumentiert, damit er so denkt oder so lebt, wie ihr es wollt? Das ist dann ein Verstoß gegen das Gesetz der inneren Freiheit.

Das ist persönlich und somit allzu menschlich.

Wenn ihr mit einer solchen Rechthaberei euch immer wieder unnachgiebig in den Vordergrund drängt, könnt ihr Menschen an euch binden, die euch eventuell nur deshalb recht geben, damit ihr sie nicht mehr bedrängt. Binden heißt: sich am Nächsten schuldig machen. Diese Schuld kann erst gelöst werden durch die Bitte um Vergebung, durch Wiedergutmachen und durch die Vergebung seitens des Betroffenen.

Wer seine Mitmenschen beeinflusst – einerlei, auf welche Art und Weise und mit welchen Methoden –, der ist selbst beeinflusst! Denn durch solche oder ähnliche Verhaltensweisen öffnet der Mensch Tür und Tor für negative Energiefelder, die in der Atmosphäre wirken und hinter denen Interessengruppen von Seelen stehen, oder für die unmittelbaren Einflüsse von Seelen.

Steht der Mensch über seine aktiven Entsprechungen mit solchen Kräften in Kommunikation, dann wird er von diesen Kräften über seine eigenen Entsprechungen beeinflusst und in eine Richtung gedrängt, die nicht auf seiner

Lebensbahn liegt, sondern der Wille derer ist, denen er die Möglichkeit gab, ihn zu steuern.

In den seltensten Fällen erkennt dies der Gesteuerte, weil die Steuerungsvorgänge über seine eigenen aktiven Entsprechungen einfließen. Sie bringen ihn dann, kaum merklich, von seiner vorgegebenen Lebensbahn ab. Dadurch wird der Mensch Mittel zum Zweck fremder Seelen.

Achtet also darauf, dass ihr jede Überaktivität vermeidet, die zu Erschöpfungszuständen führt. Überall, wo das menschliche Ich beteiligt ist, wirkt nicht Gottes Kraft.

Wer seine Seelen- und Körperkräfte durch gegensätzliches Denken, Sprechen und Handeln, durch Eigenwillen, Rechthaberei, Neid, Feindschaft und Streit bis hin zur Erschöpfung vergeudet, der ist in Gefahr, außer sich zu geraten oder alte Gewohnheiten und alte Verhaltensmuster wieder aufleben zu lassen.

Erschöpfungszustände haben jedoch nichts mit »müde sein« zu tun. Wenn ein Mensch tagsüber konzentriert und bewusst gearbeitet und gewirkt hat, dann ist er rechtschaffen müde.

Bruder Emanuel beleuchtete
diese eben von ihm dargelegten Gesetzesverstöße
noch einmal aus einer anderen Blickrichtung:

Wenn der Mensch auf Grund seines menschlichen Ichs – das viele Variationen und Facetten hat wie z.B.: Eigenwille, Rechthaberei, viele unwesentliche Worte, negatives

Denken, Gehässigkeit, Neid, Feindschaft und dergleichen – seine seelischen und physischen Lebenskräfte vergeudet, dann ist es möglich, dass Seelen über Energiefelder – oder Seelen direkt – in Kommunikationen sogenannte Einspritzungen vornehmen.

»Einspritzungen« sind Eingaben in Kommunikationen: Seelen lassen ihre Wünsche in die fließenden Energien – das heißt in die Kommunikationen – mit einfließen. Dadurch ist es ihnen möglich, allmählich den Menschen zu steuern und auch Einfluss auf seine Programme, auf seine Ursachen, zu nehmen.

Gleiches zieht Gleiches an. Die aktiven Entsprechungen des Menschen, die Programme also, sind Sender und Empfänger. Sie ziehen gleiche oder ähnliche Schwingungskräfte an und treten mit diesen in Kommunikation.

Seelen, die noch ähnliche Entsprechungen haben, können dann durch »Einspritzungen« auf diese Kommunikationen einwirken. Das geschieht dann, wenn der Mensch sein menschliches Ich einsetzt, um damit ein bestimmtes Ziel zu erreichen. Auch wer mit seinem Nächsten in Feindschaft lebt und vom Streit nicht lässt, kann unter solche Einflüsse kommen. Ähnliches kann auch geschehen, wenn sich der Mensch dem Genuss hingibt. Unmerklich können dann in die Kommunikation, in eine aktive Entsprechung also, eine oder mehrere »Einspritzungen« – von Seelen direkt oder von Seelen über Energiefelder – einfließen. Es müssen jedoch gleiche oder ähnliche Schwingungen sein; das heißt, das Energiefeld oder die Energiefelder oder die

Seelen müssen gleiche oder ähnliche Interessen und Wünsche verfolgen.

Es gibt also mehrere Möglichkeiten, die in diesen Zustand des Nicht-mehr-selbst-Seins hineinführen können. Besonders dann, wenn der Mensch seinen Willen und seine Wünsche durchsetzen will, können Fremdeinflüsse die Folge sein.

Diese sogenannten Einspritzungen gehen, wie offenbart, oftmals unmerklich vor sich, weil die Wünsche, die mit einfließen, den Wünschen – also den Entsprechungen – des Menschen gleichen. Zielbewusst, doch unmerklich für den Betroffenen, kann dieser über seine eigenen Entsprechungen in eine andere Richtung des Lebens gedrängt werden, nämlich in jene, die astrale Kräfte wünschen – nicht der Mensch selbst. Auch das merkt der Betroffene nur selten, weil er oftmals keine eigene Zielrichtung hat.

Auf diese und ähnliche Weise kann der Mensch seine Persönlichkeit verlieren – das heißt: Sein eigenes Programm oder seine eigenen Programme, die er für dieses irdische Leben mitgebracht hat, werden teilweise ausgeschaltet. Denn die Seelen, die hinter atmosphärischen Energiefeldern stehen, oder die Seelen, die unmittelbar einwirken, geben dann ihre Programme in den Menschen ein und leben so durch den Menschen.

Ich wiederhole: In vielen Fällen wird das vom Betroffenen nicht erkannt, weil er sein Leben und Denken nicht kontrolliert und sich von seinen Empfindungen, Gedanken, Wünschen, Sehnsüchten und Leidenschaften treiben lässt.

Gabriele erklärte:

Lieber Bruder, liebe Schwester, deshalb ermahnt uns Bruder Emanuel immer wieder, unsere Vergangenheit zu bereinigen und unsere Gedanken, Worte und Handlungen zu kontrollieren.

Wenn wir den Ausführungen unseres Geistigen Lehrers zu den »Fremdeinspritzungen« gefolgt sind, dann könnten wir diese Vorgänge mit dem Verhalten des Kuckucks vergleichen, der seine Eier in fremde Nester legt. Ähnlich wollen die verhaltensgestörten Seelen ihre Programme in jene Menschen eingeben, die ihrem Wesen, ihrem Denken und Tun entsprechen. Spätestens dann, wenn »das Ei ausgebrütet« ist, erkennt allerdings der betroffene Mensch, dass dies nicht sein Programm oder seine Programme waren, sondern die eines anderen.

Lässt sich ein Mensch sein ganzes irdisches Leben lang treiben, kontrolliert er also nicht seine Gedanken, seine Sinne, seine Neigungen und Regungen und behebt er nicht, was nicht der göttlichen Ordnung entspricht, so wird seine Seele spätestens in den Stätten der Reinigung erkennen, dass sie ihre Programme, die sie für dieses Erdenleben mitgebracht hatte, weder gelebt noch in positive Energien umgewandelt hat. Sie muss dann feststellen, dass sie im Erdenkleid gelebt wurde.

Deshalb nützt es wenig, zu Christus nur zu beten – wenn wir nicht gleichzeitig bereit sind, Ihm näherkommen zu wollen durch die Verwandlung des menschlichen Ichs in den göttlichen Willen. Und auch die bloße Bereitschaft, der gute Wille, der gute Vorsatz fruchten nichts – es will vollbracht, also verwirklicht sein. Nur durch den Vollzug, nur durch die Tat, werden wir frei.

Bruder Emanuel gab sehr bedeutungsvolle Sätze,
die uns Mut machen, unser Leben in die Hand
zu nehmen. Er offenbarte:

Geistig groß ist *der* Mensch, der seinen Eigenwillen mit der Kraft Christi besiegt hat und Gottes Willen erfüllt.

Er ist dann Instrument Gottes – und nicht Werkzeug negativer Kräfte.

Die wahre Größe zeichnet sich durch wahre Bescheidenheit aus, durch wahre Selbstlosigkeit und selbstloses Dienen.

Gabriele ging auf uns ein:

Wie oft hören wir, dass ein Mensch sagt: »Ich bin außer mir.« Was soll uns dies sagen?

Nehmen wir den Sinn der Worte, so können wir sagen, dass sie bedeuten: »Ich bin außerhalb meines Hauses – ich bin nicht in meinem Menschen.« Durch einen massiven Ärger, in welchem der Mensch sozusagen kopflos handelt, oder durch aggressive Streitigkeiten geraten wir »außer uns«. Das heißt: »Ich bin außer mir.« Ich bin also nicht in meinem Menschen, nicht in meinem Haus.

Von selbst stellt sich dann die Frage: Wer oder was ist dann in mir? Wer ist in das leere Haus eingezogen? Oder: Wer oder was steuert in solchen Situationen den Menschen?

Lieber Bruder, liebe Schwester, da wir alle noch nicht vollkommen sind, so liegt es nahe, dass wir hin und wieder aus unserem positiven Lebensrhythmus fallen. Sind wir aus dem Gleichgewicht geraten und wollen sich wieder alte Gewohnheiten einschleichen, dann können wir uns durch folgende Bewusstseinsstützen wieder fangen:

Zum Beispiel:
Ich bin still.
Meine Nerven sind in Harmonie.
Meine Atmung ist harmonisch und tief.
Mein Atem geht ruhig.
Ich atme bewusst ein und aus.
Ich bejahe den Odem Gottes in meinem Atem.

Oder:
Ich bin in Harmonie.
Ich bin ausgewogen und friedvoll.

Oder:
Selbstlose Gedanken ziehen in mich ein.
Ich bin ein Kind Gottes und lebe in großen Gedanken.
In meinen Gedanken ist der ewige Geist.
Ich lasse Ihn in mir wirken.

Meine menschlichen Gedanken ziehen von mir.
Gottesgedanken bauen mich auf.

Oder:
Ich spüre, wie die Kraft Gottes in mein Inneres hineinschwingt, mich frei, glücklich und froh macht.

Oder:
Ich nehme diesen Tag an, wie er ist.
Ich bin in Gott, und Gott wirkt durch mich.

Diese Gedanken der Bewusstwerdung müssen wir mit unserer Bejahung füllen, das heißt, wir müssen ihnen Kraft und Leben verleihen. Sie wirken dann dort, wo sich zweiflerische, ziellose Gedanken aufbauen wollen oder uralte Muster wieder aktiv werden wollen.

Die Gedanken mit Bejahung füllen heißt: bewusst alle uns verfügbaren positiven Kräfte in die Gedanken legen.

Wenn wir uns sodann bemühen, in großen – also selbstlosen – Gedanken zu leben und uns nicht immer wieder von den alten Programmen treiben zu lassen, dann wird sich unser Leben verändern.

Wir merken dies dann auch an unseren Gebeten: Es sind dann keine flehentlichen Bittgebete mehr, sondern Dankgebete.

Haben wir Gott in uns bewusst an- und aufgenommen, dann werden wir Ihm für jede Situation danken, weil wir in allem Seine Führung erkennen und Sein Leben, das unser geistiges Leben ist.

Jeder Tag bringt unterschiedliche Situationen und fordert Entscheidungen. Sie sind uns gegeben, damit wir uns für Gott entscheiden, für Seinen Willen.

Gottes Geist ist uns in allen Situationen nahe. Er ist in jeder Empfindung, in jedem Gedanken, in jedem Wort, in jeder Handlung, in jeder Situation, in jedem Problem und in jeder Entscheidung. In allem ist Gott.

Wir erfahren Ihn, indem wir immer wieder in unser Inneres einkehren und uns als Kinder Gottes für Gott entscheiden. Und dann hilft uns auch der Innere Helfer und Ratgeber, die Intelligenz, Gott. Er wird dann unser Oberbewusstsein erreichen, und wir können erfassen, was Er uns in unseren Empfindungen und Gedanken und auch durch äußere Begebenheiten sagen möchte. Wir können sicher sein: Dann wird es an jedem Tag in uns freundlicher und heller, weil es auch in unserer Seele mehr und mehr tagt.

Liebe Schwester, lieber Bruder, lassen wir es also Tag werden in uns, indem wir unsere Schatten mit dem Licht Christi mehr und mehr durchlichten, so dass unsere Seele und unser Bewusstsein hell und klar werden.

Friede, Gabriele

7. Kapitel

Dauerübungen zur Verinnerlichung –
Kannst du schon in allem den guten Kern sehen?

Der Mensch auf der Stufe der Weisheit
wirkt selbstlos als geistiger Tatmensch; denkt und plant klar,
betrachtet alles aus seinem erweiterten Bewusstsein und
erhält zunehmend Impulse aus seinem Inneren, die unmittelbare
Führung, die gesetzmäßige Antwort und Lösung;
hat keine Maske mehr, sondern ist wie ein klarer Kristall –
Ein praktisches Beispiel zur Selbsterkenntnis.

Verschiedene Aufgaben zur Selbsterkenntnis und
Schulung des geistigen Bewusstseins – Sätze zum Nachdenken –
Mahnung zu gewissenhafter Erfüllung aller Aufgaben

–

Zu Beginn wandte sich Gabriele
an uns Schüler, um uns zu erinnern:

Lieber Bruder, liebe Schwester!

Wir haben gehört, dass das Gesetz von Ursache und Wirkung ein Bumerang ist:

Was wir säen, ernten wir. Auf jede Aktion erfolgt eine Reaktion, sowohl im Positiven als auch im Gegensätzlichen.

Es ist uns geboten, unsere Seele zum Leuchten zu bringen, damit sie eine Sende- und Empfangsstation für die positiven Energien wird, die ausstrahlen und wieder positive Energien anziehen.

Der ewige Geist hilft uns auf dem Inneren Weg, dem Weg hin zu Ihm, dass wir Licht aus Gottes Licht werden. Durch die Lehren und Anweisungen unseres geistigen Bruders Emanuel erfahren wir uns selbst und bekommen zugleich das Werkzeug in die Hand, mit dessen Hilfe wir das erkannte Allzumenschliche meistern können.

Bruder Emanuel
offenbarte hierzu:

Die Willensstufe strahlt in die Weisheitsstufe ein. Deshalb gebe ich auf der Weisheitsstufe auch wieder Anweisungen und Lehren aus der Willensstufe, denn Wiederholungen sind zum besseren Verständnis notwendig.

Auf der Stufe der Weisheit sind die Lehren und Anweisungen gezielt auf die Entfaltung des geistigen Bewusstseins ausgerichtet. Das tägliche Bemühen, das Denken und Leben im Lichte der Wahrheit zu betrachten und abzulegen, was noch persönlich – also ichbezogen – ist, bewirkt dann die Bewusstseinserweiterung.

Die Bewusstseinsentfaltung bringt den geistigen Tatmenschen hervor. Evolution bedeutet ständiges Wachstum.

Die Zeichen inneren Wachstums sind zunehmende Ausgeglichenheit und innerer Friede. Daraus gehen innere Stille und Harmonie hervor.

Die wachsende Selbstlosigkeit bringt zugleich eine innere, eine geistige Größe mit sich. Der werdende Mystiker kann seine Nächsten an- und aufnehmen, denn geistig große Menschen denken immer weniger an sich. Sie leben und wirken für ihre Mitmenschen und erfüllen damit den Willen des Herrn: Einer diene dem anderen selbstlos!

Wer die Verinnerlichung erlangen möchte, der sollte sich – als Dauerübung – vornehmen, öfter am Tage mit dem erschlossenen Teil seines Bewusstseins Kontakt aufzunehmen. Das kann geschehen mit kurzen Dankgebeten nach innen und mit Übergabe der menschlichen Gedanken an Gott.

Auch dann nimmt der Mensch Kontakt mit dem Innengott auf, wenn er sich nach innen zum ewigen Bewusstsein wendet, bevor er zu sprechen beginnt. Dann werden seine Worte von der Kraft Gottes erfüllt sein. Auch die Verinnerlichung durch das Seelengebet kann eine Hilfe sein, eure Gedanken und Worte zu beseelen, wenn ihr im Seelengebet nur das zulasst, was aufsteigt, ohne mit dem Verstand nach entsprechenden Gedanken und Worten zu suchen.

Durch die Verinnerlichung, durch das Sich-immer-wieder-nach-innen-Wenden, werden eure Gespräche auch produktiver, denn ihr könnt euch in jeder Situation zurücknehmen, um nur Wesentliches auszusprechen. Dieses geistige Verhalten bewirkt, dass ihr eure noch bestehenden unwesentlichen und menschlichen Gedanken rascher erfassen könnt und auch tieferliegende Kommunikationen erkennt. Dann gelangt ihr allmählich in lichte Schwingungsbereiche, in denen ihr Impulse aus eurem erschlossenen Bewusstsein empfangen, also wahrnehmen, könnt.

Durch diese Dauerübungen wandelt sich allmählich das Negative zum Positiven – und das Verstandeswissen zur Herzensweisheit. Dann findet der Mensch in seinen Mitmenschen den guten Kern und schaut auch das Gegensätzliche, ohne zu werten oder gar abzuwerten.

Ich stelle eine Gewissensfrage an jeden Schüler, an jeden werdenden Mystiker auf der Stufe der Weisheit: Ist es dir schon möglich, in allem, was auf dich zukommt – seien es Menschen oder Geschehnisse – den guten Kern zu sehen? Wenn dir dies noch Schwierigkeiten bereitet, dann frage dich, woran du immer wieder scheiterst. Halte es in deinem Mystischen Tagebuch fest, damit du dich immer wieder erinnerst, was du noch zu bemeistern hast.

Bemüht euch, alles, was täglich auf euch zukommt, vertrauensvoll in Gottes Hand, in Seine Führung, zu legen. Dann könnt ihr getrost sagen: »Der Geist Gottes geleitet meine Seele und führt mich, den Menschen.«

Wenn der Wanderer die Bewusstseinsstufen der Ordnung und des Willens weitgehend erschlossen hat und auf dem Weg ist, weise zu werden, dann beginnt allmählich die unmittelbare Führung durch den Geist Christi.

Der Wanderer auf dem Inneren Weg hat nun ein großes Spektrum seines menschlichen Ichs mit der Kraft Christi überwunden. Dadurch hat sich sein geistiges Bewusstsein erweitert; es ist ihm möglich, konsequent zu planen und zu arbeiten, weil der Innere Helfer und Ratgeber, die Intelligenz, Gott, ihm bewusst zur Seite steht. Der Mensch wird zum geistigen Tatmenschen für Gottes Werke.

Spätestens auf der Bewusstseinsstufe der Weisheit setzen die selbstlosen Taten für Gott ein. Der Mensch erwartet dafür weder Lohn noch Anerkennung. Der geistige Tatmensch wirkt selbstlos im Dienste der Nächstenliebe. Erst dann, wenn er diese Schritte selbstlosen Wirkens getan hat, wird ihn Gott auch zu höheren Stufen des Inneren Lebens weiterführen.

Wenn der Mensch selbstlos in den Dienst Gottes tritt, dann wird ihn der Ewige auch, dem ewigen Gesetz entsprechend, nach seinen irdischen Fähigkeiten und Talenten einsetzen.

Wenn also Seele und Mensch weitgehend selbstlos, also weise, geworden sind, dann schwinden nicht die Fähigkeiten, Talente und Qualitäten des Menschen. Ganz im Gegenteil: Das geistige Bewusstsein im Menschen aktiviert sie. Dabei kommt auch seine geistige Mentalität zum Vorschein – die himmlischen Fähigkeiten, die ihm als Geistwesen im Himmel eigen sind.

Die geistige Mentalität, die himmlische Fähigkeit also, wirkt dann durch die Eigenschaften des Menschen, denn Gott bedient sich ihrer für Seine Werke auf Erden.

Wer an sich selbst gearbeitet und weitgehend den Sieg über sein Ich errungen hat, der wird aus dem Schatz seiner reichhaltigen Erfahrungen, aus den Verwirklichungen, schöpfen und selbstlos geben.

Dadurch erweitert sich, wie offenbart, kontinuierlich sein geistiges Bewusstsein, und als Folge davon setzt allmählich die unmittelbare Führung durch den Geist Christi ein.

Erkennt euch selbst in folgenden Aussagen:

Der wahre Weise ist ein klarer und rascher Denker.

Er betrachtet jede Situation und Angelegenheit aus seinem sich ständig erweiternden geistigen Bewusstsein.

Dadurch empfängt der werdende Mystiker immer öfter Impulse aus seinem Inneren, vom Inneren Helfer und Ratgeber, dem Geist Christi in Gott, dem ewigen Bewusstsein.

Bruder Emanuel
offenbarte weiter:

Wer auf der Stufe der Weisheit Schritte erfolgreich getan hat, in dem wirkt die ewige Intelligenz, Gott. Er ist nicht nur ein konzentrierter Arbeiter geworden, sondern auch ein guter Planer, da er sein Denken, Leben und Arbeiten in Gottes Willen legt, auch seine Planung für den Tag, die Woche, den Monat und für das Jahr.

Der Mensch auf der Stufe der Weisheit hat viele seiner menschlichen Programme mit Christus in positive Energien umgewandelt, so dass seine Seele lichter und sein Verhalten edler geworden sind. Dadurch erlangt er vom ewigen Gesetz, dem Inneren Helfer und Ratgeber, immer mehr unmittelbare Führung. So empfängt er von Ihm auch auf Fragen und Begebenheiten die Antwort und die Lösung.

Der wahre Weise muss also nicht mehr in seinem Intellekt forschen, welche Antwort er wohl auf diese oder jene Frage geben kann oder was er gesetzmäßig antworten soll; ihm wird gegeben. Denn so, wie der Mensch selbstlos gibt, so wird auch ihm gegeben.

Menschen auf der Stufe der Weisheit haben keine Masken mehr. Sie sind offen und klar, weil ihre Empfindungen und Gedanken rein sind.

Menschen im Geiste sind wie Kristalle. Sie spiegeln das Licht Christi wider in ihren Empfindungen, Gedanken, Worten und Handlungen.

Wer jedoch sein Denken und Leben noch verschleiert, weil er noch anders spricht, als er denkt und empfindet, der trägt noch seine Maske, das menschliche Ich, und er wird auch nur auf die Masken seiner Nächsten blicken. Deshalb kann er nicht sehen, was sich dahinter verbirgt, weil er sich selbst noch nicht kennt und sich selbst noch hinter seiner Maske verbirgt.

Wer Angst hat, dass sein Nächster hinter seine Maske oder seine Masken blicken könnte, um eventuell das aufzudecken, was er verbergen möchte, der wird auch die Masken seines Nächsten nicht ansprechen, um sich selbst nicht zu verraten.

Eine menschliche Redensart heißt: Ich tue dir nichts, tue du mir auch nichts. Hier heißt das: Lasse du mir meine Maske, ich schaue auch nicht hinter die deine. Das ist ein individuelles Verhalten. Es bringt auf dem Inneren Weg keinen Fortschritt, sondern Stagnation, in welcher der Rückschritt schon vorprogrammiert ist.

Wer also seine Individualität – seine Maske oder seine Masken – wahren möchte, der ist und bleibt umwölkt: Er sieht nicht, woran es bei ihm selbst mangelt – und erkennt deshalb auch nicht, woran er mit seinem Nächsten ist.

Wer also noch seine Individualität wahren möchte, der will sich nicht mitteilen. Er betrachtet sich als unteilbar – das heißt als Individuum – und grenzt sich deshalb ab; er verbirgt sich hinter der Maske und erwartet dies auch von den Mitmenschen.

Ein Individuum gibt es im Geiste des Ewigen nicht, da Gott Liebe und Einheit ist. So ist auch jedes reine Wesen ein durchsichtiger Kristall der ewigen Liebe und Einheit, das strahlende Gesetz selbst, welches das All, also alles Sein, ausstrahlt. Wer sich dem kristallenen Leben nähert, der bringt in seinem Leben die Offenheit und die Klarheit des Kristalls zum Ausdruck.

Wer noch eine Maske oder gar Masken trägt, der ist zu Unrecht auf der Bewusstseinsstufe der Weisheit.

Masken sind unsichtbare Energiegebilde; sie setzen sich aus Meinungen, Vorstellungen, Theorien, Philosophien,

Wünschen, Leidenschaften und ähnlichem zusammen. Sie prägen den Menschen und sein Verhalten. Kommen zwei Individualisten, also Maskenträger, miteinander ins Gespräch, so wird jeder nur von sich selbst sprechen und dabei von seinen Meinungen ausgehen. So spricht jeder nur von dem, was ihn selbst betrifft und bewegt, wie er denkt und wie er es sieht. Daraus ergeben sich sodann schwierige Gespräche und oftmals lange Diskussionen. Die Resultate solcher Gespräche sind meist sehr spärlich.

Daher kann mit Recht gesagt werden: Wer sich selbst nicht kennt, der kennt auch seinen Nächsten nicht und spricht an ihm vorbei.

Solange das Empfinden, Denken, Sprechen und Handeln noch in diesem, eben geschilderten Rahmen abläuft, hat der Mensch noch viele menschliche Unterkommunikationen und auch entsprechend viele Programme.

Gabriele wies auf immer wiederkehrende Gewohnheiten hin:

Liebe Schwester, lieber Bruder, jeder Tag ist ein neuer Anfang, und jeder Tag sagt uns, wo wir stehen und was wir heute bewältigen können, damit es morgen besser wird.

Ein praktisches Beispiel zur Selbsterkenntnis: Ein Bekannter kommt auf uns zu und klagt über seine Sorgen.

Können wir ihm zuhören, oder fallen wir ihm ins Wort und sprechen sodann von unseren eigenen Sorgen?

Solange das so ist, sind wir noch nicht erfüllt von Gottes Weisheit und Kraft, sondern noch mit unseren eigenen Schwierigkeiten, Problemen und Sorgen beschäftigt. Wir sind also noch umwölkt von unserem Allzumenschlichen und können daher unserem Nächsten weder zuhören noch ihm eine brauchbare Antwort oder Lösung geben.

Wir werden unserem Nächsten sicherlich nicht helfen können. Ganz im Gegenteil. Mit unserem Verhalten laden wir ihm unter Umständen auch noch unseren Problemberg auf. Ein labiler Mensch, der bei uns eventuell Hilfe suchte und sich zu seinen Problemen auch noch die unseren anhören musste, kann durch unser einseitiges, ichbezogenes Verhalten depressiv werden. Depressionen sind Gedankenkomplexe und verschlimmern bestehende Sorgen oder Ängste. Das kann bis zur Zerrüttung des Nervensystems führen.

Durch solche und ähnliche Verhaltensweisen wird unter uns Menschen oftmals viel Unheil angerichtet.

Nur wer seine Probleme, Schwierigkeiten und auch seine Vergangenheit mit Christus weitgehend bereinigt hat, dem ist es auch möglich, seinen Mitmenschen zuzuhören. Und wer vom Geist des Ewigen erfüllt ist, der wird auch für seinen Nächsten eine hilfreiche Antwort oder Lösung erhalten, die diesem auf seinem Lebensweg weiterhelfen kann.

Gabriele gab Hilfen zur Selbsterkenntnis:

Wollen wir nur über unsere eigenen Probleme und Schwierigkeiten sprechen und über unsere Vergangenheit – und möchten diese gar nicht bereinigen –, dann werden wir immer wieder mit solchen Menschen zusammentreffen, die uns ins Wort fallen und uns weder helfen noch einen gesetzmäßigen Rat mitgeben können. Daraus ergeben sich dann Diskussionen, die nur Zeit und Energie kosten.

Liebe Schwester, lieber Bruder, nun folgen allgemeine Aufgaben zu unserer weiteren Selbsterkenntnis. Wir können sie jeden Tag anwenden, besonders jedoch dann, wenn wir in der Gefahr sind, wieder in unsere alten, menschlichen Muster und Gewohnheiten zurückzufallen.

Auf der Stufe der göttlichen Weisheit schulen wir täglich unser geistiges Bewusstsein und bemühen uns, so zu leben, dass sich dieses stetig erweitern kann und wir immer tiefer in den Ozean innerer Stille eintauchen können.

Deshalb bemühen wir uns, unsere Empfindungen, Gedanken und Worte mit Gottes Kraft, Liebe und Weisheit zu beseelen:

Das heißt, wir achten darauf, dass alles, was in uns schwingt, unsere Empfindungen und Gedanken, und ebenso alles, was an Worten von unserem Munde ausgeht, unpersönlich ist.

Wir achten auf eventuell noch bestehende tiefere Unterkommunikationen, um an deren Programme zu gelangen, an die Ursachen also, die wir dann mit der Kraft des Christusgeistes bereinigen. Wir beobachten uns auch, wenn unsere Blicke auf bestimmte Menschentypen fallen, welche Empfindungen oder Gedanken sie in uns auslösen.

Solange unsere Reaktionen noch allzu menschlich sind, das heißt, wenn wir abwerten, wenn sich unsere Nerven verkrampfen, wenn die Röte ins Gesicht steigt – wir uns also erregen –, dann können wir sicher sein: In uns liegen noch Programme, also Ursachen, die noch zur Bereinigung anstehen.

Wir denken auch über folgende Sätze nach:

- Was wir unserem Nächsten antun, das tun wir uns selbst an.
- Jeder allzu menschliche Gedanke ist ein Bumerang.
- Für Allzumenschliches und Unwesentliches – ob im Denken, Reden oder im Handeln – spendet Gott keine Energie.
- Ziellose Gedanken und Worte überschatten unser geistiges Bewusstsein; sie führen zu Disharmonien, so dass wir nicht mit dem Inneren Helfer und Ratgeber, mit der ewigen Intelligenz, in Kommunikation treten können.
- Wenn wir die Verbindung zum Geist Gottes durch falsches Verhalten unterbrechen, dann sollten wir sofort die Ursache feststellen und diese bereinigen.
- Nur der Mensch lebt in großen Gedanken, der innere Größe hat.
- Innere Größe erlangen wir nur, indem wir unser Allzumenschliches, das niedere Ich, besiegen.

Außerdem möchte ich euch noch erinnern: Erfüllt alle schon gegebenen Aufgaben und Lektionen gewissenhaft und zielbewusst!

Denkt auch daran, dass in jedem Menschen Gottes Liebe wohnt. Nehmt also jeden an und auf, und sucht das Positive in ihm zu finden und zu bejahen. Denn: Ausschließlich dadurch gelangt der Mensch zur Gottesliebe und zur echten inneren Wahrnehmung. Denn das Positive unseres Nächsten ist ein Teil unseres wahren Selbst.

Zu unseren täglichen Aufgaben gehört auch, dass wir unser geistiges Bewusstsein aktivieren und erweitern, indem wir unser Menschliches zurücknehmen und das bereinigen, was wir erkennen. Dann finden wir allmählich zum Brunnquell innerer Wahrnehmung und können daraus schöpfen.

Wenn wir trotz allen Bemühens immer wieder an gleichen oder ähnlichen Situationen scheitern, dann sollten wir hinterfragen, was zugrunde liegt.

Einige weitere Erinnerungen:
Bitte die Eintragungen in das Tagebuch nicht vergessen.
Beim Seelengebet lassen wir es beten.

Der Geist Gottes kann sich unserer Fähigkeiten, Talente, Qualitäten und Eigenschaften nur dann bedienen, wenn diese gesetzmäßig sind und wir uns Seinem Willen unterordnen!

Liebe Schwester, lieber Bruder, erfüllen wir also die aus dem Geiste gegebenen Aufgaben gewissenhaft. Dann werden wir zu dem leuchtenden Kristall, der das Licht Christi widerspiegelt. Alle unsere Fähigkeiten und Talente erstrahlen dann in Seinem Lichte. So können wir unseren Mitmenschen wahrhaft Leuchte sein auf ihrem Weg.

Friede

Gabriele

8. Kapitel

Zusammenfassung und Wiederholung des bisher offenbarten Lehrstoffes – Impulse aus der reinen Quelle oder Impulse aus der Astralwelt und aus der Atmosphärischen Chronik – Das hohe Ziel des wahren Mystikers: das unpersönliche Leben

Übung: Zuerst das äußere Erscheinungsbild, dann die Gesamtstrahlung eines Menschen aufnehmen

–

Gabriele begrüßte uns:

Liebe Schwester, lieber Bruder!

Bruder Emanuel, der Cherub der göttlichen Weisheit, beleuchtet oftmals den Lehrstoff aus verschiedenen Perspektiven, um uns damit die Möglichkeit zu geben, uns die Gesetzmäßigkeiten des Lebens noch besser einzuprägen.

Weil uns manche Gesetzmäßigkeiten noch nicht geläufig sind, sprach der Ewige zu uns: »Wiederholungen sind zum besseren Verständnis notwendig.«

Bruder Emanuel fasste das bisher schon offenbarte Gut noch einmal zusammen, damit es uns eine weitere Stütze auf unserem Lebensweg ist.

Die Liebe unseres ewigen Vaters ist allwaltend und allgerecht. Wer ganz im Strom der ewigen Liebe stehen möchte, im Glanz der ewigen Herrlichkeit, der muss beständig sein Bewusstsein schulen, damit er aus dem ewigen Sein schöpfen kann, aus seinem erschlossenen Bewusstsein, das alle Dinge schaut und das um alle Dinge weiß.

Auf der Stufe der Weisheit heißt es: Schule immer mehr dein Bewusstsein, und arbeite mit den geistigen Kräften, die du schon erschlossen hast. Lebe so, dass sich dein geistiges Bewusstsein stetig erweitert und still wird wie ein See in den ruhigen Abendstunden.

Ist das Bewusstsein der Seele still geworden, dann ruhen Seele und Mensch weitgehend in Gott; dann sind Seele und Mensch in das Innere eingekehrt, in das Königreich Gottes, das inwendig in jedem Menschen ist. Es ist das ewige Sein.

Dem Wanderer zum Königreich des Inneren ist es erst dann möglich, bewusst Impulse aus der ewigen Wahrheit zu vernehmen, wenn er weitgehend unpersönlich denkt und lebt. Dann erst kann der Mensch von Christus, dem inneren Geist des Lebens, Impulse empfangen. Diese Impulse sind nur für ihn allein bestimmt und dienen zur weiteren Festigung und Vertiefung seines inneren Potentials. Das ist dann der Beginn der unmittelbaren Führung.

Solange der Mensch noch Persönliches an sich hat wie intensive Wünsche, Aufwertung, Abwertung, Neid, Feindschaft oder Unnachgiebigkeit, empfängt er und spricht er auch aus entsprechenden Bereichen. Diese Impulse, die sein menschliches Ich empfängt, verwechselt oder verbrämt er unter Umständen mit dem Ich Bin des Urewigen.

Allein der Mensch kann aus dem reinen Christusbewusstsein Impulse empfangen, der rein geworden ist, sein Herz rein hält und dadurch zur Wahrheit geworden ist.

Nicht durch die Lehre und das Wissen der Wahrheit kann der Mensch den Geist des Lebens empfangen, sondern allein durch die Verwirklichung der Gesetze, der ewigen Wahrheit; denn nur die Verwirklichung führt zum Leben in der Wahrheit. Nur wer die Wahrheit erfüllt, ist in der Wahrheit und schöpft aus der Wahrheit; denn er ist zur Wahrheit geworden.

Bruder Emanuel
nennt uns immer wieder seine »Freunde« und
»werdende Mystiker«. Er sprach:

Meine Freunde, die Gedanken der wahren Mystiker sind bei Gott. Wahre Mystiker schöpfen aus der ewigen Quelle und begnügen sich nicht mit Impulsen aus den Astralwelten oder aus der Atmosphärischen Chronik, die sie durch Kommunikation mit deren Energien abrufen.

Wahre Mystiker wandern in der Quelle zum Ursprung der Quelle, um sich mit dem Vater-Mutter-Gott zu vereinen und in Ihm zu leben.

Wenn ein Gedanke selbstlos ist, das heißt, wenn er durchdrungen ist vom Geist des Ewigen, dann ist der Gedanke aus Gott und somit göttlich.

Selbstlose Gedanken sind ohne Wertung und Abwertung. Ein selbstloser Gedanke hat nichts Drängendes in sich. In ihm ist weder Erregung noch Erwartung. Selbstlose Gedanken drängen auch nicht nach Bestätigung und Zuneigung.

Menschen, die selbstlos sind, streben dem Unpersönlichen zu, dem Leben in Gott – denn Gott ist unpersönlich. Selbstlose, das heißt absolute Gedanken haben keine Unterkommunikationen. Sie kommen aus dem ewigen Gesetz und sind unpersönlich: Sie stehen in der »Gesetzeskommunikation«.

Wer unpersönlich empfindet, denkt, spricht und handelt, der steht im ewigen Gesetz Gottes, in der Liebe. Unpersönliches Leben heißt: das Absolute Gesetz leben.

Wer dieses hohe Ziel erreicht hat, der liebt alle Menschen gleich; er liebt alles Sein. Er macht keine Unterschiede.

Gott ist! Jeder Gedanke aus Gott ist göttlich, weil er aus Gottes Gesetz ist, also absolut. Das Gleiche gilt für die Worte und Handlungen jenes Menschen, der das hohe Ziel des unpersönlichen Lebens erreicht hat: Jedes selbstlose Wort entströmt Gottes Gesetz. Jede selbstlose Handlung ist Gottes Werk.

Alles, was wahrlich selbstlos ist, das ist gesetzmäßig, das ist göttlich. Wer in Gott lebt, der schöpft aus Gottes ewigem Gesetz, weil sein geistiges Bewusstsein in Gottes Liebe ruht und aus Gottes Liebe empfängt.

Damit der Wanderer zum Ursprung der Quelle findet und aus dem klaren Quell zu trinken vermag, bedarf es also der beständigen Bewusstseinsschulung.

Wenn der Mensch in der hohen Lebensschule den letzten Teil der Stufe der Weisheit wahrhaftig erreicht hat, dann kann er sicher sein, dass er seine tiefen, gegensätzlichen Unterkommunikationen, die ihre Programme in der Seele haben – und die eventuell auf weitere Inkarnationswege hindeuten –, mit der Kraft Christi weitgehend umgewandelt hat. Er steht sodann im Licht der Wahrheit und ist auch vom Licht der Wahrheit durchdrungen.

Wer in der Wahrheit lebt, der schöpft aus der Wahrheit und gibt aus dem Ursprung allen Seins.

Die beste Kontrolle, ob der werdende Mystiker die hohe Lebensstufe, die Stufe der Weisheit, weitgehend absolviert hat, ist der Umgang mit seinen Mitmenschen: Wenn er seine Mitmenschen an- und aufzunehmen vermag und keine Unterschiede macht zwischen Hoch und Nieder, wenn er nicht mehr den einen bevorzugt und den anderen übersieht, dann ist er weitgehend unpersönlich und ist dabei, wahrhaft weise zu werden.

Gabriele gab eine Übung,
die dem Schüler auf dem Weg zu Gott
immer wieder aufs Neue sagt, wo er steht:

Wir richten unsere Blicke auf unseren Nächsten und nehmen zuerst sein äußeres Erscheinungsbild auf. Wenn bereits beim Hinsehen Menschliches reagiert, dann fließen zugleich schon menschliche Unterkommunikationen.

Wenn wir diese nicht unterdrücken, sondern sie analysieren, dann kommen sie über die Empfindungen oder Gedanken in das Oberbewusstsein. Allein ein Gefühl des Unbehagens oder ein Druck auf das Gemüt lässt erkennen, dass Unterkommunikationen fließen und dass der Mensch noch nicht frei ist von Wertung, Abwertung, Urteil und Verurteilung.

Wenn wir solche Unterkommunikationen spüren, dann bitten wir den Inneren Helfer und Ratgeber, die Intelligenz, Gott, um Beistand. Dann werden wir so manche Unterkommunikationen erfassen können! Was wir erkannt haben, notieren wir in unser Mystisches Tagebuch und arbeiten das allmählich auf, was noch nicht behoben ist.

Wenn es uns möglich ist, dann nehmen wir vom gleichen Menschen die Gesamtstrahlung auf. Das heißt, wir sehen nicht auf äußere Details, sondern lassen den Gesamteindruck auf uns einwirken. Nun gehen wir auf Empfang und lassen in uns »hochperlen«, was sich mitteilen möchte.

Wir bitten in jeder Situation den Inneren Helfer und Ratgeber, den Geist Gottes, um Beistand und Hilfe. Dann wird sich unser geistiges Bewusstsein immer mehr erweitern, und wir werden mit dem Impulsgeber – mit Gott – in Verbindung stehen.

Wer zu Recht auf der Stufe der Tat steht, der wird Impulse als feine Empfindungen wahrnehmen oder bereits als Gedanken empfangen, was der Impulsgeber, das geistige Bewusstsein, ihm persönlich mitteilt.

Auch das kann im Mystischen Tagebuch festgehalten werden. Anhand der Notizen im Mystischen Tagebuch können wir immer wieder prüfen, ob und wie unsere geistige Entwicklung voranschreitet – aber wir können daraus auch sehen, was noch zur Bereinigung ansteht.

Wir denken jedoch daran: Gott ist das Unpersönliche. Das Unpersönliche geht nicht auf Persönliches, auf unsere Wunsch- und Vorstellungswelt, ein.

So schreitet der werdende Mystiker auf der Stufe der Tat Schritt für Schritt voran – hinein ins unpersönliche Leben in Gott. Er tritt wieder sein geistiges Erbe an, das ihm von Ewigkeit an geschenkt ist: die bewusste Kindschaft Gottes.

Friede
Gabriele

9. Kapitel

Bindung und Verbindung – Bindungen entstehen aus persönlichen Motiven, machen unfrei und stehen unter dem Gesetz von Ursache und Wirkung – Der Unpersönliche ist frei, verantwortet sein Tun vor Gott, lässt in jeder Situation seinem Nächsten die Freiheit und lebt mit Gott und seinem Nächsten in Verbindung

–

Zu Beginn machte uns Gabriele bewusst:

Lieber Bruder, liebe Schwester!

Auf dem Inneren Weg begegnen wir manchen Ausprägungen unseres Ich nicht nur einmal.

Deshalb sprach Bruder Emanuel:

In allen Offenbarungen werden die Lektionen wiederholt und aus einer anderen Perspektive beleuchtet, damit ihr euch immer wieder an die Aufgaben und Übungen erinnert und sie auch durchführt, sofern immer wieder das Allzumenschliche aufsteht.

Die Lektionen und Anweisungen über Verbindung und Bindung, An- und Aufnehmen des Nächsten, Werten und Abwerten sind ein umfangreicher Lehrbereich, der von der Stufe der Ordnung an über die Stufen des Willens und der

Weisheit immer wieder angesprochen werden muss. Denn wer in Gott leben möchte, der muss unpersönlich werden, da Gott, das Gesetz der Liebe, unpersönlich ist.

Menschen auf der Stufe der Weisheit sollten sich an nichts und niemanden binden, sondern mit allen Menschen verbunden sein – das heißt: alle selbstlos lieben. Jeder Mensch und jede Seele muss früher oder später den Halt in sich selbst finden – und jeder wird einst die Erfahrung machen, dass Hilfe und Heilung nur aus Gott kommt. Menschen können dabei Handlanger Gottes sein.

Jede Bindung entsteht aus persönlichen Wünschen, die der Mensch an einen Nächsten hat. Persönliche Wünsche wollen durch Menschen oder Dinge erfüllt werden. Das Persönliche hat aus sich kein Leben, es braucht einen äußeren Gegenpol – einen ähnlich schwingenden Energiekomplex –, um sich ausdrücken und verwirklichen zu können.

Wer sich mit Wünschen und Erwartungen, mit »Mein« und »Mir«, an Menschen oder an Dinge bindet, der ist auch an diese gebunden. Mit Gleichem oder Ähnlichem steht er in Kommunikation.

Menschen, die sich von und an Mitmenschen binden lassen, haben wenig geistige Kraft. Sie tun das, was ihre Nächsten von ihnen erwarten.

Binden und binden lassen heißt: keinen eigenen Lebensinhalt haben. Nur der Mensch bindet sich an Menschen und Sachwerte, der nicht auf Gott baut. Er sucht im

Äußeren, was er im Inneren noch nicht hat. Ein solcher Mensch sucht bei seinen Mitmenschen Liebe, Geborgenheit, Geld und Gut, Vertrauen, Toleranz, Wohlwollen, Sicherheit und vieles mehr.

Allein der lebt in Gott und Gott durch ihn, der in jeder Lebenssituation auf Gott baut und nicht von Menschen erwartet, dass sie ihm dies oder jenes tun, ihn loben oder sich ihm gar verpflichten.

Gabriele legte dar:

Wir nehmen die folgenden Worte in unser Mystisches Tagebuch auf und erkennen daran, dass wahre Hilfe und echter Reichtum nur von innen kommen:

Suche nicht das Gestern!
Warte nicht auf morgen!
Finde dich im Heute –
und du findest in dir Gott, das Leben.

Bruder Emanuel führte aus:

Menschen, die im Geiste des Herrn leben, spüren den inneren Reichtum. Sie streben nicht nach äußerem Ansehen, nach Reichtum und persönlichen Gütern. Wer in Gott lebt, lebt in der inneren Fülle. Es wird ihm dann auch im Äußeren an nichts mangeln. Wer im Äußeren alles besitzt – wie Geld, Gut und Ansehen – dem fehlt im Inneren oft alles, was zum Leben in Gott gehört.

Wer nicht mehr nach äußerem Reichtum und Ansehen, nach materieller Sicherheit durch Geld und Besitz trachtet, der hat sein inneres Erbe angetreten, die Strahlung der Unendlichkeit. Er ist im Inneren reich. Gott wird diesen Menschen unmittelbar führen und ihm alles zuführen, was er als Mensch benötigt – und darüber hinaus.

Menschen, die den inneren Glanz ausstrahlen, behängen sich auch nicht mit viel Schmuck und leben auch nicht in Prunk und Luxus. Ihnen ist das Wertvollste eigen: Gottes Liebe und Weisheit, denn sie leben in Gott.

Wer jedoch noch arm an innerer Kraft ist, der versucht, im Äußeren zu kompensieren, was er im Inneren noch nicht entfaltet hat, also mit Hab und Gut und Ansehen.

Wem es an geistiger Kraft fehlt, der veranlasst seine Mitmenschen, so zu denken, zu handeln und zu leben, wie er glaubt, dass es richtig sei. Damit entzieht er denen Energie, die ihm hörig wurden.

Menschen, die ihre eigenen Meinungen zum Maßstab aller Dinge machen oder auch Meinungsbildnern beipflichten, sind unfreie Menschen.

Wer seine Mitmenschen tyrannisiert, um von ihnen das zu erhalten, was er glaubt, haben zu müssen, ist unfrei, also gebunden. Wer also seine Mitmenschen unterdrückt oder gar als Werkzeuge benützt, der ist weder weise, noch gehört er auf die Stufe der Weisheit.

Gabriele sprach:

Lieber Bruder, liebe Schwester, wir haben gehört: Wer zu Recht auf der Stufe der Weisheit ist, schöpft aus dem reichen Schatz der Verwirklichung und gibt auch selbstlos.

Wer sich täglich bemüht, die Gesetze Gottes zu erfüllen, der empfindet sich als geistigen Teil in seinem Nächsten – und der geistige Teil seines Nächsten lebt in ihm. Der geistige Teil ist das Göttliche. Das ist Verbindung.

Wer jedoch nur mit dem Menschlichen im anderen kommuniziert, der sieht auch nur Menschliches. Daraus entwickelt sich sodann das Sein- und Habenwollen: Der Mensch möchte, was sein Nächster hat und er selbst nicht besitzt. Das deutet auf mangelnde Seelenkraft hin.

Menschen, die fordern, erwarten von ihren Mitmenschen Aufwertung durch Anerkennung und Lob, weil sie sich geringer fühlen als ihre Nächsten. Das alles führt zu Bindung.

Wer von einem Mitmenschen für sich persönlich etwas erwartet, der ist an ihn gebunden. Und wer das erfüllt, was von ihm erwartet wird, der ist wiederum an den gebunden, der erwartet.

Dies bezieht sich auf das rein menschliche Miteinander, nicht auf die Verhältnisse am Arbeitsplatz oder in der Schule, denn dort ist der Mensch verpflichtet, zu geben und auch anzunehmen.

Jede Bindung ist persönlich und muss – nach dem Gesetz von Saat und Ernte – erkannt und auch behoben werden! Wenn wir einen Menschen bevorzugen, dann lieben wir ihn mehr als den anderen. Das ist ebenfalls persönliches Verhalten.

Das unpersönliche Leben liebt alle gleich; es macht keine Unterschiede. Ist ein Mensch jedoch einem anderen von innen her besonders zugetan, so stehen diese beiden auf der gleichen geistigen Ebene und können sich deshalb besser austauschen. Solche Menschen wirken oftmals gemeinsam – jedoch nicht für sich selbst, sondern für das Gemeinwohl im selbstlosen Dienst am Nächsten.

Liebe Geschwister, beachten wir doch folgenden Merksatz:

> *Wer Gott, unserem Herrn, in Christus, unserem Erlöser, ganz dienen möchte, der muss sich von allem Bindenden lösen.*

Das heißt: Er selbst darf seine Mitmenschen nicht gängeln und von ihnen für persönliche Zwecke etwas verlangen.

Die Pflichterfüllungen am Arbeitsplatz und in der Schule sind wiederum von dieser Aussage nicht betroffen: Wer eine Arbeit angenommen hat, gleich, in welchem Betrieb, an welchem Platz und an welchem Ort, verpflichtet sich, gewissenhaft durchzuführen, was ihm aufgetragen wurde – es sei denn, es ist gegen das göttliche Gesetz.

Wenn jemand das ewige Gesetz nicht im Einzelnen kennt, so kann er sich dennoch nicht damit entschuldigen, er hätte es nicht besser gewusst. Denn jeder Christ kennt die Auszüge aus dem Gesetz Gottes: die Zehn Gebote und die Bergpredigt.

Zur Bindung sei noch Folgendes ergänzt: Wenn wir von unserem Nächsten für uns persönlich etwas verlangen und erwarten, dann sind wir durch diese Gedankenenergien an ihn gebunden, weil sich unsere Gedanken auf die Person beziehen und nicht auf Gott. Jede Bindung ist Trennung von Gott.

Wenn wir unseren Nächsten bestimmen möchten, dass er dies und jenes für uns persönlich tut – also etwas, was wir wollen –, dann liegt eine Bindung vor. Ebenso, wenn wir hörig sind und das tun, was unser Nächster für sich persönlich von uns erwartet; dann sind wir an ihn gebunden und er an uns.

Wenn wir von unserem Nächsten etwas Persönliches erwarten und er dies nicht erfüllt, so sind wir dennoch an ihn gebunden – er jedoch nicht an uns.

Wenn wir unseren irdischen Geburts- oder Wohnort als unsere Heimat sehen, dann sind wir daran gebunden und können das große Ganze nicht erfassen.

Wenn sich unser ganzes Sinnen und Trachten auf unseren Körper bezieht, auf dessen Wohlbefinden, dann sind wir an unseren verweslichen Leib und an das Erdreich gebunden.

Wenn wir nach äußerer Sicherheit trachten, sind wir an Geld und Gut gebunden.

Bindung ist Unfreiheit. Auch Unschlüssigkeit macht unfrei und bindet. Schuldgefühle, die nicht bereinigt werden, machen unfrei und binden.

Wenn wir vom Denken und Tun unseres Nächsten abhängig sind, sind wir unfrei und an ihn gebunden. Eine Bindung liegt auch dann vor, wenn wir unwillig das tun, was unser Nächster haben möchte. Wenn wir es darüber hinaus nur tun, um ihn in Stimmung zu halten, dann liegt natürlich ebenfalls Bindung vor.

Alle Bindungen machen uns unfrei und führen zu innerer Zerrissenheit und zu äußeren Zerwürfnissen.

Jede Unfreiheit – gleich, welches Motiv zugrunde liegt – führt zu ungesetzmäßigen Gedanken. Je öfter ein und derselbe Gedanke gedacht wird, umso größer ist seine Macht über uns.

Auch dann besteht eine Bindung, wenn wir den Inneren Weg nicht gehen mit der Entschuldigung, die Gesetze nicht erfüllen zu können, weil äußere Dinge und Umstände – wie Haus oder Garten oder Familie – uns abhalten, das heißt, uns wichtiger sind als der Weg zum Inneren Leben.

Wenn wir Unannehmlichkeiten dadurch aus dem Weg gehen, dass wir tun, was unser Nächster von uns verlangt, so sind wir an ihn gebunden; z.B. wenn wir schweigen, um nicht getadelt zu werden.

Dies alles und noch vieles mehr bewirkt im Menschen einen Zwiespalt, ein Für und Wider: Der Mensch ist hin- und hergerissen und weiß zuletzt nicht mehr, wer er ist – und wohin er tatsächlich gehört.

Bruder Emanuel offenbarte:

Menschen im Geiste des Herrn sind weitgehend unpersönlich. Dadurch werden sie zu Menschen, die klar und logisch denken, die statt intellektuellen Wissens Weisheit besitzen, statt Engstirnigkeit Größe und statt Ichbezogenheit Lebensweisheit.

Der unpersönliche Mensch ist der Tatmensch, durch den das ewige Gesetz, Gott, wirkt. Er steht seinem Nächsten wohlwollend gegenüber. Er wird nur das tun, was er vor Gottes Gesetz verantworten kann.

Unpersönliches Denken, Sprechen und Handeln heißt: seinem Nächsten in jeder Situation die Freiheit lassen.

Menschen im Geiste des Herrn, die das Gesetz der Liebe und Weisheit verkörpern, sind unpersönlich. Sie sagen ihrem Nächsten klar und zuvorkommend, was zu sagen ist – jedoch unpersönlich, so dass dieser selbst entscheiden kann, ob er annehmen oder ablehnen möchte.

Solche Menschen sind frei und ungebunden. Sie leben in der Verbindung mit Gott und mit ihren Nächsten.

Der Gegensatz zur Bindung ist also die Verbindung.

Miteinander verbunden sind jene Menschen, die sich im Geiste des Herrn zusammenfinden, ihre menschlichen Belange und Wünsche in das umwandelnde Licht Christi stellen und ein gemeinsames Ziel haben: Gott, dem Ewigen, zu gefallen und zu dienen. Denn innere Werte und umwandelnde Kräfte hat nur jener Mensch entfaltet, der allmählich zur selbstlosen Tat, zur Weisheit Gottes, wird.

Die Verbindung solcher Menschen nenne ich auch die geistige, selbstlose Freundschaft.

Echte Freunde dienen einander und erwarten voneinander nichts. Sie erkennen in ihrem Denken und Leben das hohe Ziel, das sie gemeinsam anstreben: die Vereinigung mit dem Höchsten. Dadurch treten Seele und Mensch in Kommunikation mit dem ewigen Sein.

Zum Abschluss fasste Gabriele
noch einmal zusammen:

Liebe Geschwister, Menschen auf der Stufe der Weisheit sind also frei und im Inneren verbunden mit ihren Mitmenschen und mit Gott. Sie haben die menschlichen, persönlichen Belange abgelegt und mit Hilfe des Christuslichtes umgewandelt in das unpersönliche Leben in Gott, in die geistige Verbindung.

Friede, Gabriele

10. Kapitel

Erkenne die Gnade Gottes:
Wer ernsthaft und konsequent den Inneren Weg geht, hat Zugang zu den tieferen Programmen, die für weitere Inkarnationen vorgesehen waren und erhält Verlängerung des irdischen Lebens – Lebens- und Todesspanne

–

Gabriele begrüßte uns.
Sie begann mit folgenden Worten:

Liebe Schwester, lieber Bruder!

Wer sich zur Aufgabe gemacht hat, die Verbindung mit dem Höchsten zu erlangen, der findet allmählich Zugang zu den noch bestehenden Unterkommunikationen und Programmen – und über diese eventuell sogar zu den tieferen Programmen, die für eine oder mehrere weitere Inkarnationen, also weitere irdische Leben, vorgesehen sind.

Bruder Emanuel sprach:

Wer den Inneren Weg konsequent geht und die Vereinigung mit dem Höchsten anstrebt, in dem wirkt zunehmend die Gnade des Herrn. Gott in Christus schenkt dem Wanderer zum Inneren Leben mehr Kraft, damit er auch jene Programme erkennt und mit Christus bereinigen und beheben kann, die bereits für weitere Inkarnationen in der Seele gespeichert sind. Wer konsequent den Inneren Weg geht, dem zeigt auch die Tagesenergie, was noch zu bereinigen ansteht.

Erkennt die Gnade Gottes! Jedem Menschen, der ernsthaft den Inneren Weg zum Bewusstsein Gottes beschreitet, wird durch die Gnade Gottes eine Verlängerung des irdischen Lebens gegeben, damit er Aufgaben für weitere Inkarnationen schon in diesem irdischen Leben lösen kann.

Hierzu führte Gabriele nun aus:

Lieber Bruder, liebe Schwester, aus den göttlichen Offenbarungen wissen wir, dass jeder Mensch den freien Willen hat. Wir haben jedoch zu entscheiden, ob wir dieses irdische Leben mit Christus meistern oder ob wir es vergeuden wollen oder ob wir es durch unser menschliches Verhalten selbst abbrechen – also den irdischen Tod herbeiführen –, weil die Programme für dieses irdische Dasein nicht mehr greifen, das heißt keine Kommunikation mehr zustande kommt.

Jede Seele, die sich im Seelenreich für eine weitere Inkarnation vorbereitet, schaut in sich die Lebens- und die Todesspanne für ihr Erdendasein als Mensch.

Sie schaut, welche Ursachen in der Lebensspanne und in der Todesspanne aktiv werden können. Sie schaut auch die Möglichkeiten, diese rechtzeitig zu beheben oder sie in der Kürze der Zeit ihres Erdendaseins durch Leid, Krankheit oder andere Schicksalsschläge bereinigen zu können – was ihr im Seelenreich in dieser Kürze nicht möglich ist. Sie schaut auch die Hilfen, die sie als Mensch erhalten würde, und auch die Hilfen für ihre Seele, falls sie im Seelenreich bleibt. Sie schaut auch alle weiteren Möglichkeiten – zum Beispiel, dass sie sich als Mensch aufgrund ihrer mitgebrachten Ursachen noch mehr belasten kann und dass die neugeschaffenen Ursachen wiederum Lasten, also Erdentrübsale, für weitere Inkarnationen sein können. Sie schaut auch die Möglichkeit, aus dem Rad der Wiedergeburt herauszukommen; zugleich schaut sie auch die Gefahr, noch mehr in die Tiefen des Gesetzes von Saat und Ernte abzugleiten. Sie schaut auch die Gefahr, von Seelen, deren Schwingung ihren aktiven Ursachen gleichen, beeinflusst zu werden oder von Interessengruppen von Seelen über Energiefelder.

Die irdische Lebensspanne und die irdische Todesspanne ergeben sich also aus den in der Seele liegenden Ursachen, die im Erdendasein aktiv werden können. Was in der irdischen Lebens- und Todesspanne an Für und Wider enthalten ist, bildet die Ausstrahlung der Seele, die Aura des Menschen.

Aus den sieben Grundkräften der Schöpfung, des ewigen Seins, die jeweils in sich wieder alle anderen Grundkräfte als Unterregionen enthalten, gingen die ewigen Himmel hervor. Es ergeben sich also siebenmal sieben Kräfte. Diese Schöpfungskräfte brachten siebenmal sieben Himmel her-

vor. Es sind neunundvierzig Himmelsregionen mit ihren mächtigen geistigen Sonnensystemen, die in elliptischen Bahnen um die Urzentralsonne kreisen.

Der Leib der reinen Geistwesen ist gebildet aus der Essenz der siebenmal sieben Gotteskräfte, die er auch ausstrahlt: Es ist das Gesetz, Gott. Diese siebenmal sieben Gotteskräfte durchströmen die ganze Unendlichkeit und auch alle Geistwesen.

Die Seele ist durch ihre Schuld, durch die Sünden, belastet. Diese Belastungen gehen in die Partikel der Seele ein. Die Partikel der Seele strahlen diese Ursachen, insbesondere die aktiven, aus. Dadurch ergibt sich die entsprechende Aura der Seele und des Menschen. Die Aura der Seele durchdringt den physischen Leib und fließt in elliptischen Bahnen und in unterschiedlichen Farbnuancen – je nach Belastung der Seele – um den irdischen Körper. Die belastete Seele hat sich von der reinen kosmischen Strahlung entfernt und durch die Sünden, durch die Belastungen, ihr eigenes Gesetz, ihr Gesetz von Saat und Ernte, geschaffen. Es wird das Persönlichkeitsgesetz oder auch das Ichheitsgesetz genannt. Die Ursachen des Menschen sind die Belastungen der Seele. Diese Belastungen strahlt sie aus.

Es strahlen also die Gotteskräfte und die Belastungskräfte durch Seele und Leib. Die Gotteskräfte sind die positiven, die aufbauenden, die führenden und die bewahrenden Kräfte. Die negativen Kräfte, die Belastungen, sind zehrende, herabziehende, steuernde und zu weiteren Sünden anregende Energien. Beides strahlt durch Seele und

Leib. Welcher Kraft wir Gehör schenken, obliegt unserem freien Willen.

In den Partikeln der Seele sind das Für und Wider, das Positive und das Negative, gespeichert, ihre Licht- und Schattenseiten. Dieser gesamte Strahlenkomplex durchdringt den Menschen. Somit ist in der Aura, in diesen elliptischen Bahnen, auch das Für und Wider aufgezeigt.

Geht die Seele bewusst zur Einverleibung, um ihre Schuld abzutragen, oder geht sie unbewusst, also traumwandlerisch, zur Inkarnation, um wieder als Mensch zu leben, dafür alle Risiken in Kauf nehmend – dann sind in beiden Fällen immer in mehreren Ellipsen verschiedene Ursachen aktiv. Es sind jene Belastungen, die für die einverleibte Seele in dem bevorstehenden Erdendasein zur Bereinigung vorgesehen sind.

Im Augenblick der Einverleibung der Seele begibt sich der kleine Erdenbürger schwingungsmäßig auf eine erste vorgegebene elliptische Bahn. Sie ist eventuell für einige Erdenjahre ausschlaggebend – so lange, bis sich der heranreifende Mensch dann wieder auf eine weitere elliptische Bahn begibt. Hat das Menschenkind die Reife, zwischen Gut und Böse zu unterscheiden, dann beginnt intensiv der Lebenslauf der einverleibten Seele. Im Laufe des Erdenlebens, dann, wenn der Mensch mehr und mehr die Verantwortung für sein Leben selbst zu übernehmen vermag, entscheidet er sich auch für die Grundrichtung seines weiteren Lebens. Er trifft nun seine eigene Lebensentscheidung: Begibt er sich auf die materialistische Seite –

oder strebt er dem lichten Quell, Gott, zu? Es ist entscheidend, wie er empfindet, denkt, spricht und handelt. Mit den Werkzeugen der Empfindungen, Gedanken, Worte und Handlungen steuert er sein Leben. So, wie er entscheidet, begibt er sich auf die entsprechenden Ellipsen – oder er bleibt sein ganzes irdisches Leben lang im Schwingungsbereich seiner Geburtsellipse.

Jede elliptische Bahn besteht aus einer Grundbahn, die wiederum alle anderen Grundbahnen als Unterregionen in sich birgt. Jede Grundbahn besteht also aus sieben fließenden Kräften, das heißt Energien. Manche Menschen wechseln kaum von einer elliptischen Bahn in eine andere; sie wechseln nur in dieser einen Ellipse von einer Unterregion zur anderen – und finden sich zuletzt wieder in der Geburtsellipse ein, auf welche sich die Seele bei der Einverleibung begeben hat. Das bedeutet, dass die Seele im Erdenkleid, der Mensch also, sich nur in einem engen Lebensbereich aufgehalten hat – und in dieser Ellipse kaum etwas abgetragen, eher noch weitere Ursachen hinzugefügt hat. Dann kann gesagt werden: Der Mensch hat sein Erdenleben nicht genützt.

Ähnlich, wie die Gestirne um die Sonne kreisen, so zieht auch der Mensch seine Lebensbahn um den Wesenskern, Gott, der im Innersten der Seele wirksam ist, die Seele im geistigen Sein bewahrt und den Menschen am irdischen Leben erhält.

Entwickelt sich der Mensch geistig nicht oder nur wenig, dann kann er auch auf keine höherschwingende Ellipse überwechseln, die ihn näher an Gott, das Innere Licht, heranführt. Entweder bleibt er dann auf der einen elliptischen Bahn, auf die sich die einverleibte Seele, der Mensch, bei der Geburt begeben hat – oder die Seele und der Mensch fallen in äußere Ellipsen und entfernen sich durch die Sünde noch mehr von Gott.

Nähert sich der Mensch von Ellipse zu Ellipse Gott, dann tritt er in die Gnadenstrahlung Gottes ein. Gott, das Innere Licht, führt dann Seele und Mensch. Dann wird die Gnade, so es gut ist für die Seele, die irdische Lebensspanne verlängern – was jedoch nur innerhalb der Lebensspanne erfolgen kann. Dann fließen die Lebenskräfte vermehrt in die Seele und in den physischen Leib ein, und die Todesspanne verkürzt sich. Die Seele benötigt dann nur einige wenige Erdenjahre, um sich allmählich aus dem Körper zurückzuziehen.

Bei einer belasteten Seele hingegen, die sich mehr und mehr von Gott, dem Inneren Leben, entfernt, kann die Todesspanne zehn, zwanzig oder noch mehr Jahre währen. In der Todesspanne fließen die Gotteskräfte nicht mehr in dem Maße wie in der Lebensspanne in die Seele ein. Je mehr Ursachen die Seele trägt, umso geringer fließen in der Todesspanne die Gotteskräfte in Seele und Mensch ein. Der Mensch leidet unter Umständen durch Siechtum, Schicksalsschläge, Krankheiten und vieles mehr – dann, wenn in dieser irdischen Lebensphase diese Ursachen aktiv werden.

Wir müssen erkennen: Das Sterben, also das Hinscheiden, jedes Menschen vollzieht sich individuell. Jeder Mensch stirbt also anders. Deshalb kann auf die Einzelfälle nicht näher eingegangen werden.

Wechselt der Mensch zum Beispiel kaum von seiner Geburtsellipse, hält er sich weitgehend in dieser auf oder fällt er nach geringen Abweichungen immer wieder auf diese zurück, dann ist es möglich, dass der Mensch entweder unmittelbar nach der Lebensspanne – dann also, wenn die Todesspanne einsetzt – hinscheidet oder während der Phase der Todesspanne oder erst am Ende der Todesspanne, je nach Belastung der Seele. Dabei kommt es darauf an, wie lange die von ihm geschaffenen menschlichen Programme für sein Erdendasein noch zu senden und zu empfangen vermögen. Gehen diese für dieses irdische Dasein zu Ende oder auch durch die Erschöpfung des Körpers, durch Krankheit oder andere Schicksalsschläge, dann bleibt die Lebensuhr für die Erdenzeit innerhalb der Todesspanne stehen.

Fällt der Mensch durch gravierende weitere Ursachen immer tiefer und ist er durch Aggressionen, Hass, Hochmut oder Abwertung seines Nächsten außer sich und ist dadurch seine Seele nicht mehr ganz im Körper, dann überlässt er seine Lebensprogramme anderen Kräften. Dann wird er von diesen beherrscht und so lange benutzt, bis er kaum mehr über Lebensenergie verfügt – oder so lange, wie diese ihn für ihre egoistischen Zwecke gebrauchen können.

Interessengruppen von Seelen – die meist über Energiefelder wirken – oder auch Seelen, die unmittelbar auf den Menschen Einfluss nehmen, sind dabei bestrebt, den Menschen, den sie beeinflussen können, an eventuell wirksam werdenden Ursachen vorbeizuführen, indem sie dem Menschen entweder Energie zuführen oder entziehen, so dass der Mensch von einer Ellipse zur anderen wechselt.

Diesen Vorgehensweisen liegen ausgeklügelte Pläne der Seelen zugrunde, die sich eines irdischen Körpers bemächtigt haben, um auf dieser Erde das noch zu bewirken, was sie als Menschen nicht vollbringen konnten. Sie steuern also den Menschen, so dass dieser von einer zur anderen elliptischen Bahn überwechselt. Dadurch übergehen sie zum Beispiel auch Möglichkeiten des Hinscheidens während der Todesspanne, so dass sie den Körper so lange benutzen können, bis das Ende der Todesspanne erreicht ist und der Körper dann hinscheiden muss.

Das bedeutet, dass die Seelen, die einen Körper besetzt halten, entweder Wirkungen von Ursachen, die auf den Menschen zukommen würden, oder innerhalb der Todesspanne Zeitpunkte von Hinscheidungsmöglichkeiten umgehen, indem sie den Menschen beeinflussen und ihn dadurch von einer zur anderen Belastungsellipse schieben. Das kann jedoch nur von der Ellipse aus, in der er sich augenblicklich bewegt, hin in äußere Ellipsen geschehen, die immer mehr vom Göttlichen hinwegführen.

Es gibt Interessengruppen von Seelen, welche die Gesetzesfolge in dem Gesetz von Saat und Ernte kennen, die von den Ellipsen wissen – und, wie sie Menschen steuern können, die sich dem Negativen verschrieben haben oder trotz besseren Wissens immer wieder die gleichen Sünden begehen. Über solche steuerbaren Menschen vollziehen sie dann in der Welt, was ihren Interessen entspricht. Über die Programme der Seele und des Menschen steuern sie sodann den Menschen so geschickt, dass er immer wieder rechtzeitig eine Ellipse verlässt, bevor auf dieser Ellipse, auf der er sich gerade bewegt, Ursachen ausbrechen.

Unter Umständen kann auf diese Weise ein solcher Mensch sein ganzes irdisches Leben lang gut leben – ohne allzu große Krankheiten, ohne Leiden und Sorgen. Seine Ursachen, welche durch die Manipulationen der Gegensatzkräfte nicht zur Wirkung kommen konnten, trägt er jedoch weiterhin als Belastung in seinen Seelenhüllen. Sie verschatten und umnachten die Seele und führen zu weiteren schattenreichen Inkarnationen.

Wollen die Interessengruppen von Seelen, dass der gesteuerte Mensch von einer zur anderen Ellipse wechselt, dann lassen sie in die Kommunikationen seiner Programme Energien einfließen, also »Einspritzungen« von Energien – oder sie entnehmen Energie, so dass Seele und Mensch sich dann auf eine andere Ellipse begeben.

Die Energien, welche auf diese Weise einem Menschen zufließen können, sind nicht die hochschwingenden, reinen

Gotteskräfte. Sie entsprechen den menschlichen Programmen, deren Kommunikationen sie beigemischt werden.

Diese Einspritzungen in fließende Programme bewirken die Interessengruppen der Seelen, indem sie die Werkzeuge des Menschen benutzen, seine Empfindungen, Gedanken, Worte und Werke, oder indem sie auf seine Leidenschaften, Wünsche und dergleichen Einfluss nehmen. Auch über Aggressionen, Hass und Tätlichkeiten können solche Steuerungen erfolgen. Dadurch beginnt der Mensch, in eine bestimmte Richtung zu denken, zu sprechen, zu handeln oder seinen Leidenschaften zu frönen – wie übertriebene Sexualität, Trunksucht, Essensgier, Streit, Hass und vieles mehr. So gelangen Seele und Mensch in einen entsprechenden Körperrhythmus. Sie gelangen entweder in eine depressive oder in eine erregende Vibration. Dadurch begeben sich sodann Seele und Mensch auf eine andere Ellipse, auf eine andere Schwingungsebene.

Für die jenseitigen Interessengruppen gibt es also unzählige Varianten, um den Menschen zu beeinflussen, um solche und ähnliche Eingriffe in das persönliche Leben eines Menschen vorzunehmen.

Der Mensch jedoch hat den freien Willen, sich für gut, weniger gut oder böse zu entscheiden. Entscheidet er sich für das Gute, dann nähert er sich dem Wesenskern, Gott. Gott, das Ewige Licht, steht sodann der Seele und dem Menschen mehr und mehr bei, weil sich der Mensch Gott zuwendet. Seele und Mensch haben dann auf ihrem

Lebensweg so manche Ursache nicht zu tragen, weil der Ewige das Gegensätzliche, das der Mensch Ihm rechtzeitig übergibt, umwandelt – als Folge des lauteren Lebens des Menschen.

Der Mensch entscheidet über sein irdisches Leben selbst. Jede Entscheidung hat Folgen: entweder hin zum Positiven, zum Göttlichen – oder heraus aus dem Strom des Lebens, hin zum Menschlichen, zum Gegensätzlichen.

Meistern wir diese Inkarnation mit Christus, dann können tiefere Programme aktiv werden, und dieses Erdendasein setzt sich fort, das heißt, es kann durch die Gnade Gottes die Lebensspanne verlängert werden. Die verstärkte Gnadenstrahlung des Ewigen gibt uns dann die Möglichkeit, in diesem irdischen Leben die Ursachen für weitere Inkarnationen aufzuheben; ein weiteres Geborenwerden und wieder Sterben müssen wir dann nicht mehr erfahren. Oder wir bekommen die Möglichkeit, aus der Kette von Inkarnationen einige Glieder – also Einverleibungen – in diesem Erdenleben abzutragen. Sofern dann doch noch Inkarnationen vorgesehen sind – gleich, welche Gründe hierfür vorliegen –, können sie lichter sein: Ein oder mehrere irdische Leben verlaufen dann harmonischer. Wir können in ihnen eventuell für unsere Mitmenschen da sein und inkarnieren nicht nur, um mit ihnen Allzumenschliches zu bereinigen.

Der Mensch also wirkt selbst auf seine Inkarnation ein – oder er lässt sich steuern: Er selbst bestimmt, ob die göttliche Gnade sein irdisches Leben verlängert, damit er mit Christus, der erlösenden Kraft in ihm, noch einige Programme umzuwandeln vermag, die für weitere Inkarnationen vorgesehen waren.

Dazu ein Beispiel: Hat der Mensch z.B. bis zu seinem vierzigsten oder fünfzigsten irdischen Lebensjahr an sich gearbeitet, um Gott näherzukommen, und hat er schon viele der mitgebrachten Programme durch die Kraft Christi umgewandelt, dann kann sich das irdische Leben, also die irdische Lebensspanne, um fünf, zehn, zwanzig oder noch weitere Jahre verlängern, weil ihm durch Verwirklichung die Lebenskräfte vermehrt zufließen, da er sich durch ein positives Leben dem Wesenskern, Gott, immer mehr nähert.

Der Mensch kann dann in diesen weiteren Gnadenjahren Programme und Kommunikationen, die für weitere Inkarnationen vorgesehen waren, mit der Kraft Christi erkennen und bereinigen, so dass entweder gar keine Einverleibungen mehr nötig sind oder dass ein oder zwei Inkarnationen aufgehoben werden oder dass sich die noch verbleibenden Inkarnationen lichter gestalten.

Ich wiederhole: Das ist jedoch nur dann möglich, wenn der Mensch in diesem irdischen Leben seine menschlichen Programme, die für dieses Leben vorgesehen waren, konsequent mit Christus bereinigt.

Wenn der Mensch seine mitgebrachten Ursachen, die in diesem Leben wirksam wurden, jedoch vergrößert und vielleicht noch weitere Ursachen schafft und diese dann für dieses irdische Leben keinen Gegenpol mehr haben, welcher derzeitig sendet und empfängt, so endet das irdische Leben dann, wenn die Programme für dieses irdische Dasein keine Kommunikation mehr haben, entweder gleich nach der Lebensspanne oder innerhalb der Todesspanne oder an deren Ende.

Durch gegensätzliches Verhalten, das in ungesetzmäßigem Denken, Reden und Handeln seine Wurzeln hat, erstellt der Mensch weitere Negativprogramme. Diese Programme gehen in seine Seele ein, und gleichzeitig speichert sie der Kausalcomputer, das heißt die entsprechenden Gestirne.

Über die Gestirne wird sodann die nächste Einverleibung in die Seele vorgegeben. Deshalb ist bereits beim Eintritt in das nächste irdische Leben schon das Ende der Todesspanne vorprogrammiert.

Liebe Geschwister, streben wir also danach, die mitgebrachten Programme aufzuarbeiten, also die in unserer Seele gespeicherten Ursachen zu bereinigen! Dann kann die Gnade Gottes verstärkt in uns einstrahlen – und wir haben die Möglichkeit, schon in dieser Inkarnation Weiteres umzuwandeln, so dass unsere Zukunft lichter und feiner wird.

Friede
Gabriele

11. Kapitel

Was ist selbstloses Lieben und Dienen? – Der werdende Mystiker ist nicht mehr mit sich selbst beschäftigt; er kennt seinen Nächsten und gibt ihm, was gut für ihn ist – Richtlinien für selbstloses Dienen – Gott ist Liebe und Einheit – Einsiedelei ist gegen das Gesetz – Leben in der Bruderschaft Christi – Der Vater-Mutter-Gott, Polarität und Mentalität der geistigen Wesen – Unser Ziel auf der 4. Bewusstseinsstufe

–

Gabriele sprach:

Lieber Bruder, liebe Schwester!

Wir haben viele Möglichkeiten, unser Leben zu gestalten, denn Gott gab uns den freien Willen.

Wollen wir die Selbstlosigkeit und das hohe Ziel, die Vereinigung mit Gott, erreichen, dann müssen wir uns täglich bemühen, das Gebot der Nächstenliebe zu halten; es ist zugleich das Gebot der Gottesliebe.

Denn wenn wir unseren Nächsten nicht selbstlos lieben, den wir sehen, wie können wir dann Gott, unseren Vater, lieben, den wir nicht schauen?

Von Liebe wird sehr viel gesprochen – wird jedoch selbstlos geliebt?

Ein Gradmesser der selbstlosen Liebe ist beispielsweise, ob ich meinem Nächsten ein gutes Vorbild bin – ohne viele

Worte zu machen. Oder: Ob ich meinen Nächsten selbstlos liebe und ihn achte, obwohl ich erkenne, dass er bewusst oder unbewusst gegen das Gesetz Gottes verstößt. Habe ich die Kraft, ihm selbstlos, ohne Abwertung, zu begegnen und ihn, wenn möglich, in unpersönlicher Weise – das heißt, ohne dass er mir gleichgültig ist und ohne ihn bestimmen zu wollen – aufzuklären, dann habe ich selbstlose Liebe praktiziert.

Sage ich jedoch, mein Nächster sei lieblos, weil er dies oder jenes getan hat oder weil er nicht so handelt, wie ich es mir vorstelle, dann mache ich mich am Gesetz der Liebe schuldig.

Wer seinen Nächsten der Lieblosigkeit beschuldigt, hat selbst wenig Liebe und will damit zeigen, dass er besser ist. Nach dem Gesetz Gottes darf der Mensch seinen Nächsten nicht der Lieblosigkeit beschuldigen; er sollte durch sein Leben beweisen, was selbstlose Liebe ist.

Eines sollte uns bewusst sein: Menschen, die wirklich selbstlos lieben, werden niemals ihre Nächsten der Lieblosigkeit bezichtigen; denn da sie Gottes Liebe verkörpern, schauen sie und sehen nicht nur.

Bruder Emanuel offenbarte:

Auf dem Inneren Pfad zum höchsten Ziel ist es dem Wanderer geboten, aus seiner Verwirklichung allen suchenden und willigen Menschen das geistige Brot, die selbstlose Liebe, zu reichen in Wort und Tat.

Jeder, der wahrhaft zu Gott strebt, kann sich in seinen Nächsten hineinempfinden. Deshalb wird er ihm nur so viel an geistiger Speise reichen – also sagen und geben –, wie dieser verstehen und auch verarbeiten kann.

Gabriele sprach:

Liebe Schwester, lieber Bruder, das bedeutet für uns alle: Zuerst müssen wir uns in unsere Mitmenschen hineinempfinden und hineinfühlen, bevor wir ihnen echte, selbstlose Hilfe bringen können. Das ist uns nur dann möglich, wenn wir selbst verwirklicht haben und weitgehend in der Erfüllung des ewigen Gesetzes leben.

Auf der Stufe der Weisheit müssen wir den Maßstab an uns anlegen mit der Frage: Sind wir wahre, selbstlose Tatchristen, die weitgehend das Gesetz Gottes erfüllen und die sich in ihre Mitmenschen hineinempfinden und hineinfühlen können?

Ein Hinweis von Bruder Emanuel:

Wahre werdende Mystiker sind nicht mehr mit sich selbst beschäftigt. Sie haben ihr menschliches Ich weitgehend überwunden durch die erlösende Kraft Christi, dem sie nachfolgen.

Gabriele machte uns bewusst:

Lieber Bruder, liebe Schwester, das ist eine hohe Anforderung an uns! Doch wenn wir uns als Kinder Gottes fühlen, dann haben wir auch die Pflicht, die Gesetze der Liebe zu erfüllen. Denn ohne die Erfüllung der Gesetze Gottes werden wir niemals bewusst Wesen aus Gott.

Wer bewusst – das heißt ohne Kompromisse – in der Nachfolge des Nazareners steht, der wird auch, wie offenbart, aus dem inneren Schatz seiner Verwirklichung schöpfen und seinem Nächsten das sagen und geben, was für diesen gut ist und ihm bei der Entfaltung seines Inneren Lebens hilft. Der wahre Weise kennt seinen Nächsten, weil er sich selbst kennt; entsprechend wird er ihm auch begegnen.

Der wahre Weise schaut die positiven und auch die negativen Seiten seines Nächsten, jedoch wertet er nicht mehr und urteilt nicht mehr.

Er hat die Innenschau. Sie ist das geistige Empfinden, die Wahrnehmung aller Dinge im Lichte der Wahrheit. Diese geistige Gabe empfängt nur der Mensch, der frei ist von menschlichen Gedanken, niederen Gefühlen und Leidenschaften und vom Werten und Urteilen.

Bruder Emanuel
prägte einen entscheidenden Satz:

Menschen in der Nachfolge Christi sind zum selbstlosen Dienen aufgerufen.

Gabriele:

Liebe Schwester, lieber Bruder, lassen wir diesen Satz in uns nachschwingen, dann erkennen wir, dass wir unseren Mitmenschen nur dann dienen können, wenn wir den Weg zum Inneren Leben erfolgreich gewandelt sind oder erfolgreich wandeln.

Schon am Ende der zweiten Stufe des Inneren Weges zu Gott beginnt ganz allmählich das selbstlose Dienen. Auf der Stufe der Weisheit, die auch die Stufe der Tat genannt wird, wird der Mensch umfassend selbstlos tätig für das Gemeinwohl im Dienst der kosmischen Liebe. Auf der Stufe der Weisheit heißt es: Einer trage des anderen Last – einer helfe dem anderen.

Damit wir uns hierfür wichtige Aussagen besser einprägen können, wiederhole ich diese noch einmal:
- *Will der Mensch seinem Nächsten dienen, dann muss er sorgenfrei sein.*
- *Solange wir an äußere Dinge oder an Meinungen und Vorstellungen unserer Mitmenschen gebunden sind und solange wir mit Gewissensbissen beladen sind, können wir auf das Bewusstsein unseres Nächsten nicht eingehen, da wir selbst noch von unseren eigenen menschlichen Gedanken und Sehnsüchten umwölkt sind.*
- *Wer immer noch mit sich selbst beschäftigt ist, wer seine Mitmenschen abwertet und gegensätzlich denkt, der kann sich nicht in seine Mitmenschen hineinfühlen*

und hineindenken. Die Folge ist, dass er nicht selbstlos dienen kann.

- *Wer mit eigenen Problemen und Sorgen beladen ist, der spricht nur von dem, was ihn selbst beschäftigt.*
- *Wer mit seinen Meinungen und mit seinen menschlichen Gedanken, Schwierigkeiten und Problemen beschäftigt ist, der spricht an der Frage seines Nächsten vorbei. Seine Antwort ist von seinen Meinungen und Problemen gefärbt. Wer also selbst sorgenbeladen und unfrei ist, kann seinen sorgenbeladenen und hilfesuchenden Mitmenschen nicht dienen.*
- *Wenn z.B. ein Mensch kommt und Hilfe erbittet, der andere jedoch nur von seinen eigenen Sorgen spricht – was geht wohl in dem Menschen vor, der sich hilfesuchend an seinen Nächsten gewandt hat? Er fühlt sich unverstanden und bleibt unzufrieden. Vielleicht fühlt er sich auch noch zusätzlich mit den Sorgen dessen beladen, den er um Rat und Hilfe bat.*

Bruder Emanuel sprach auch kurz über
das Leben eines Einsiedlers:

Mancher Mensch glaubt, er müsse sich von den Menschen zurückziehen und in der Einsamkeit leben, um Gott näherzukommen. Die Zurückgezogenheit, die Einsamkeit, die sogenannte Einsiedelei, ist gegen das göttliche Gesetz, da Gott Liebe, Leben und Einheit ist.

Das Leben in Gott ist Einheit. Und Einheit bedeutet Kommunikation mit allem Leben, also auch mit dem Nächsten. Jeder Mensch ist der Nächste.

Der Mensch gehört zu dem großen Ganzen, dem kosmischen Leben. Wer seine Mitmenschen meidet und von ihnen Abstand nimmt, der distanziert sich damit vom großen Ganzen und somit von Gott – weil Gott das Ganze ist, das Leben. Es gibt kein Leben außerhalb von Gott.

Wer also keinen Zugang zum Inneren des Menschen findet, der hat auch keinen Zugang zum Herzen Gottes, weil im Inneren jedes Menschen der Geist Gottes wohnt.

Das heißt jedoch nicht, dass der Mensch die menschlichen Vorstellungen seines Nächsten erfüllen und auf seine Lebensgewohnheiten und Eigenheiten – das heißt auf sein menschliches Ich – eingehen soll. Er soll in seinem Nächsten das göttliche Wesen bejahen und vor dem Leben im Menschen Achtung haben. Dann wird er auf die Eigenheiten eines Mitmenschen zwar nicht herabblicken, jedoch auch nicht auf sie eingehen. Die Distanz zum menschlichen Ich des Nächsten schließt also die innere Verbundenheit mit dem geistigen Bewusstsein des Nächsten nicht aus.

Wer seine Mitmenschen meidet, dem fehlt die Möglichkeit, sich selbst zu erkennen, denn gerade sein Nächster kann ihm in vielen Situationen Spiegel sein. Jeder Sünder kann sich in seinem Nächsten erkennen durch das Gesetz der Entsprechung.

Menschen, die sich in die Einsiedelei zurückziehen, können niemals die ganze Tagesenergie nützen, da zu der Tagesenergie auch die Menschen gehören und die Begegnung mit Menschen.

Gott ist Liebe und Einheit. Einheit bedeutet: Gemeinsamkeit mit allen Menschen und Wesen und mit allen Reichen der Natur. Die Einheit ist die All-Liebe Gottes. Wer in Christus lebt, der lebt in der Einheit mit allem Sein und schöpft auch aus dem ewigen Quell. Er lebt in der Bruderschaft Christi.

Die Bruderschaft in Christus beinhaltet auch: Alle Menschen sind vor Gottes Angesicht gleich. Gott macht keinen Unterschied zwischen dem Sünder und dem Seligen.

Die Gleichheit und Einheit führt in die Bruderschaft im Geiste Christi. Die Bruderschaft im Geiste des Herrn kann deshalb nur der erlangen, der mit seinem Nächsten in Einheit und Frieden lebt, und nicht derjenige, der sich von seinen Mitmenschen zurückzieht. Der Rückzug des Menschen von seinen Mitmenschen bedeutet, sich von Gott zu distanzieren.

Allein selbstloses Dienen schafft echte Freundschaft und echtes Miteinander. Menschen im selbstlosen Dienst sind nicht einsam und allein, da Gleiches immer wieder Gleiches anzieht.

Menschen im Geiste des Herrn finden immer wieder zueinander. Sie leben gemeinsam in Christus und für

Christus und für ihre Nächsten. Aus ihnen gehen die wahren Weisen hervor.

Wer wahrlich zu Recht auf der Stufe der Weisheit ist, der lebt weitgehend in Christus und mit seinen Nächsten. Den wahren Weisen zieht es in die Bruderschaft Christi, da er erkennt, dass die nächsthöhere Stufe, die Stufe des Ernstes, nur in der Gemeinschaft mit seinen Nächsten und in der Einheit mit Gott erreicht werden kann.

In der Bruderschaft Christi zu leben heißt, weitgehend im Gesetz Gottes zu leben und mit seinen Nächsten – nicht ohne diese.

Gabriele unterwies uns:

Liebe Schwester, lieber Bruder, wenn wir diese Darlegungen unseres Geistigen Lehrers, Bruder Emanuel, erfüllen, nähern wir uns mit unserem Bewusstsein der vierten Stufe des Inneren Weges, der Stufe des Ernstes.

Wir wissen: Wer sich auf der Stufe des Ernstes befindet, ist weitgehend erlöst von allem, was allzu menschlich ist. Die Seele des Menschen ist weitgehend frei. Sie lebt sodann bewusst in der Bruderschaft Christi.

Wer in der Bruderschaft Christi lebt, hat keine Einverleibungen mit schwerwiegenden Belastungen mehr vor sich. Es ist jedoch möglich, dass er im Auftrage Christi steht und in weiteren Inkarnationen seinen Auftrag in dieser Welt erfüllt. Wer die Stufe des Ernstes absolviert hat, für den ist Christus nicht mehr Erlöser, sondern sein göttlicher Bruder, da die Seele vom Rad der Wiedergeburt befreit ist.

Wir müssen erkennen, dass es in der göttlichen Welt nichts Statisches gibt. Alles ist fließende Energie. Die Verwirklichung unseres Lebens zeigt sich jedoch in Evolutionsschritten auf. Gerade wenn vom Beschreiten der drei letzten Evolutionsphasen, Geduld, Liebe und Barmherzigkeit gesprochen wird, heißt es oftmals »die weitgehend reine Seele« oder »das reine Wesen«. In diesen Aussagen müssen die Übergänge beachtet werden. Vom Ernst zur Geduld und von der Geduld zur Liebe kann das Wesen als »weitgehend rein« bezeichnet werden, denn das Geistwesen bringt den Funken der Erlösung ein und lernt mehr und mehr die Anwendung der ewigen Gesetze. Am Ende der siebten Stufe, der Barmherzigkeit, ist die Seele rein und somit zum Geistwesen geworden, das in die Absolutheit eingeht.

Wir müssen lernen, in die Begriffe hineinzuspüren, um in den Worten des Lebens zu erkennen, dass es nichts Statisches gibt, sondern auf dem Weg Übergänge und im ewigen Gesetz das fließende Ich Bin.

Bruder Emanuel legte dar:

Geht die Seele jedoch zu weiteren Einverleibungen, um in dieser Welt das ewige Leben in Christus zu verkörpern, so kommt sie im Auftrage des Herrn und ist nicht mehr an das Rad der Wiedergeburt gebunden. Sie kann sich allerdings in diesem Erdenleben erneut belasten, wenn der Mensch gegen die göttlichen Gesetze verstößt.

In den Offenbarungen aus dem Geiste Gottes wird immer wieder von dem Vater-Mutter-Gott gesprochen. Gott-Vater hat in sich auch die Mutteraspekte, das heißt: In Ihm wirken die positive, die gebende, und die negative, die empfangende, Kraft, das Vater- und das Mutter-Prinzip in einem. Deshalb ist Er der Vater-Mutter-Gott.

Mit dem Wort »negativ« ist nicht der Wertbegriff negativ, das Ungesetzmäßige, gemeint, sondern die Polung.

Im Vater-Mutter-Gott ist sowohl die Polarität als auch die Mentalität; beide hat Gott, der Ewige, auch den Geistwesen übertragen: Zwei Wesen mit ähnlichen Wesenskräften verbinden sich. Sie werden zu *einer* – gebenden und empfangenden – Kraft.

Die Polarität und die Mentalität wirken im weiblichen wie im männlichen Prinzip.

Verbinden sich im reinen Sein diese beiden Pole – männlich und weiblich –, dann ist ihre Polarität und Mentalität weitgehend in Übereinstimmung. Aus dieser Gleichschwingung der Kräfte werden sodann die geistigen Kinder geistig »geboren«.

Gabriele ermutigte uns:

Lieber Bruder, liebe Schwester, wenn wir das Wiedergeburtsrad verlassen haben, das bis zur vierten Bewusstseinsstufe reicht, dann sind wir weitgehend von unseren

Belastungen befreit. Wir werden mit unserem Nächsten die innere Verbindung halten, jedoch sehnen wir uns nicht mehr nach irdischen Bindungen.

Unser höchstes Ziel ist die Vereinigung mit dem Ursprung der Quelle und mit dem Dual. Die Dualverbindung ist aus Gott und lebt in Gott. Sie geht aus dem Ursprung der Quelle hervor, aus dem Ur-Vater-Mutter-Prinzip, Gott. Auch die innere Verbindung mit unserem Nächsten ist eine Verbindung mit Gott.

Haben wir die vierte Bewusstseinsstufe erreicht, dann ist die Sehnsucht nach der Vereinigung mit Gott und nach der Dualverbindung größer als nach der körperlichen Vereinigung mit einem Menschen. Wer weitgehend im Gesetz Gottes lebt, der ist verbunden mit allen Menschen, weil er bewusst in der Kommunikation mit dem ewigen Gesetz, Gott, steht. Sein Streben ist auch nicht mehr auf den Erwerb persönlichen Eigentums gerichtet. Er ist um das Wohl aller Menschen bemüht und dient dem Gemeinwohl ohne Besitzanspruch.

Liebe Geschwister, sind wir also frei von allen menschlichen Bindungen und haben wir diese mit Christi Kraft in innere Verbindungen umgewandelt, so sind wir auch verbunden mit Gott und schreiten der Vereinigung mit Ihm entgegen. Wir kommen dann der geistigen Welt näher und leben bewusst in der Bruderschaft in und mit Christus.

12. Kapitel

Weitere Fragen und Aufgaben – Aufsplitten üben – Stärke zur Überwindung durch die Christuskraft in uns

–

Bruder Emanuel stellte uns folgende Fragen
und gab uns auch wieder Aufgaben:
Seine Fragen lauteten:

- Was könnt ihr noch nicht loslassen? Oder: Was wollt ihr noch nicht loslassen? Wer nicht loslassen kann, ist noch gebunden.
- Woran seid ihr noch gebunden?
- Aus welchen Ursachen und Beweggründen könnt ihr noch nicht loslassen?
- Könnt ihr euren Nächsten so annehmen, wie er ist? Wenn dies noch nicht der Fall ist: Warum nicht?

Wenn der Mensch nur auf das Negative seines Nächsten blickt und darüber nachdenkt oder spricht, so verstärkt er dieses Negative zuerst in sich selbst und dann auch in seinem Nächsten, wenn dieser dafür empfänglich ist.

Wer über seinen Nächsten immer wieder gegensätzlich denkt oder spricht, findet nur sehr schwer den Zugang zu dessen Positivem. Deshalb macht er sich ein falsches Bild von seinem Nächsten; er ist dann an ihn gebunden – so lange, bis er vergibt und Vergebung erlangt hat.

Weitere Fragen von Bruder Emanuel:

- Sind eure Empfindungen, Gedanken und Eindrücke rein oder umwölkt? Rein sein bringt innere Freude und Freiheit. Umwölkt sein bewirkt Trauer, Freud- und Friedlosigkeit.
- Welche Empfindungen und Gedanken erwachen, wenn ihr bestimmten Menschentypen begegnet, wenn ihr sie seht, wenn ihr mit ihnen ins Gespräch kommt?
- Was hindert euch noch, mit eurem Nächsten, der auf der gleichen geistigen Stufe steht wie ihr, eine geistige Freundschaft zu pflegen?
- Wie steht es mit der Konzentration? Könnt ihr euch auf eine Sache konzentrieren? Wie lange könnt ihr die Konzentration aufrechterhalten?
- Prüft auch eure Unterkommunikationen! Liegt noch Allzumenschliches zugrunde? Wenn ja, dann geht auf dem Weg der Kommunikation zu dem Programm, das sendet. Christus hilft euch dabei. Betet!

Bruder Emanuel offenbarte:

Wer Christus von Herzen bittet, dem wird gegeben. Das heißt, ihm wird geholfen, alles zu bereinigen, was ansteht. Wer eine gesetzmäßige Bitte ausgesprochen hat, der hat in der Seele bereits empfangen. Deshalb sollt ihr die Bitten nicht wiederholen, sondern euch vertrauensvoll in die Hände des Allmächtigen begeben und das, was ihr für eure Nächsten erbittet, auch selbst verwirklichen.

Christus hilft. Habe Geduld, und sei zuversichtlich! Was von Gott kommt, das wird im Menschen oder in seiner Umgebung erst dann offenbar, wenn es gut ist für den Menschen, für seinen Nächsten und für seine Umgebung.

Prüft euch, ob ihr nicht doch immer wieder um ein und dasselbe bittet. Wenn ja, dann fragt euch: Weshalb? Habt ihr genügend Vertrauen zu Gott? Wenn ihr immer wieder um ein und dasselbe bittet, so erhebt sich die Frage, ob ihr Gott damit zwingen wollt, dass Er euch das erfüllt, was ihr euch wünscht.

- Übt euch immer wieder im unpersönlichen Denken und Sprechen!
- Sind eure Sinne veredelt? Reagieren sie gesetzmäßig?

Zur Ermahnung sei dargelegt: Wer »außer sich« ist, das heißt, wer mit seinen Sinnen immer noch in der Welt sucht und somit nach der Welt trachtet, der ruht nicht in Gott. Er ist auch nicht in seinem Inneren zu Hause. Er ist immer noch zerrissen und uneins mit sich selbst und mit seiner Umwelt.

Wer über längere Zeit hinweg sein inneres Wesen verlassen hat, indem er sich ausschließlich mit unwesentlichen, menschlichen Dingen beschäftigt und auch seine Mitmenschen verurteilt und abwertet, der begibt sich in den Einfluss ungesetzmäßiger Kräfte.

Daher sollte das Mystische Tagebuch auch ein sogenanntes *Gewissensbuch* sein. Schaut immer wieder in euer Mystisches Tagebuch hinein, um zu prüfen, was ihr schon erfüllt, also überwunden habt – oder was noch zur Bewältigung ansteht.

Zieht auch des Öfteren Bilanz. Streicht mit einer bestimmten Farbe das aus, was überwunden ist, und unterstreicht mit einer anderen Farbe, was noch zu bereinigen ist.

Bruder Emanuel offenbarte weiter:

Der werdende Mystiker sollte am Ende der zweiten und ganz sicher auf der dritten Stufe das Bewusstsein seines Nächsten erkennen und mit diesem in Kommunikation stehen. Denn erst, wenn der Mensch in das Innere, zu den positiven Kräften, seines Mitmenschen gefunden hat und in allem Gottes Wirken erkennt – sowohl in jedem Ereignis als auch in Freude und Leid –, findet er zu Gott, da Gott, der Ewige, in allem die Kraft und die Quelle der Kraft ist.

Erkennet: In allem, was der Mensch sieht, und auch in allem, was er nicht schaut, ist Gott, die positive Kraft.

Ohne die positive Kraft könnte selbst das Negative nicht bestehen.

An dieser Stelle fügte Gabriele hinzu:

Lieber Bruder, liebe Schwester, Bruder Emanuel sprach in einer Schulung sinngemäß:

Wenn wir das geistige Bewusstsein unseres Nächsten erfassen wollen, dann dürfen wir an unserem Nächsten weder das Negative bejahen, noch dürfen wir Vorurteile gegen ihn haben. Wenn wir nicht lauter sind, werden unsere Vorurteile zu unseren Inspiratoren. Unsere Vorurteile zeichnen ein falsches Bild von unseren Mitmenschen!

Bruder Emanuel gab weitere Fragen. Er sagte:

Ist es euch schon möglich, Worte, Begriffe, Sätze, Briefe, Schwierigkeiten und Probleme aufzusplitten?

Gabriele:

Bruder Emanuel wies darauf hin, dass wir das immer wieder üben sollten. Diese Übungen gelingen uns nur dann, wenn wir vorurteilslos die Worte, Sätze, Begriffe, Ereignisse, Schwierigkeiten und Probleme in den erschlossenen Teil unseres geistigen Bewusstseins aufnehmen können.

Der Spiegel für unsere Erkenntnis bezüglich unserer Vorurteilslosigkeit ist unser Nächster. Schauen wir uns in unserem Nächsten an! Prüfen wir uns: Wenn wir unseren Mitmenschen begegnen, was empfinden und denken wir?

Liebe Schwester, lieber Bruder, unser Geistiger Lehrer, Bruder Emanuel, ermuntert uns abschließend mit folgenden Worten. Er offenbarte:

Nun, meine Freunde, arbeitet täglich an euch, um das noch bestehende Allzumenschliche zu überwinden! Nur dadurch kommt ihr dem hohen Ziel, Gott, näher.

Der Geist Gottes beflügelt alle willigen und suchenden Menschen.

In Seinem Namen darf ich, Bruder Emanuel, euch weiterhin zur Seite stehen, damit ihr euch auf dem Pfad zum Inneren Licht immer mehr erkennt und das mit Christus bereinigt, was noch menschlich ist.

Gabriele ermahnte
und ermunterte uns zugleich:

Liebe Schwester, lieber Bruder, so heißt es für uns alle auf dem Inneren Weg: Arbeit an uns selbst. Und auf der Stufe der Weisheit heißt es: Wir arbeiten an uns selbst, und wir geben die Kristalle Inneren Lebens – das, was durch Verwirklichung durch uns strahlt – selbstlos weiter.

Weisheit heißt weise sein. Gehen wir als werdende Mystiker, als werdende Weise, an unser noch bestehendes Allzumenschliches heran! Erkennen wir uns durch die Kraft Christi und beheben, was täglich ansteht!

Wir haben die Stärke zur Überwindung des Allzumenschlichen in uns: Es ist Christus, es ist die Kraft unseres göttlichen Bruders.

Lieber Bruder, liebe Schwester, weise Menschen kennen keine Trennung, auch wenn sie viele Kilometer voneinander entfernt sind.

Im Geiste unseres ewigen Vaters ist alles Einheit und ein Ganzes. In Ihm gibt es keine Entfernung: Alles, was im Geiste ist, wirkt auch in uns.

Das ist unser geistiges Erbe: Wir sind in Ihm, und Er ist in uns. Das verbindet und eint uns mit allen Menschen und mit allem Sein.

In dieser tiefen geistigen Einheit und Verbundenheit leben wir im inneren Frieden – und bringen so den Frieden in diese Welt.

Liebe Geschwister, die Weisheit Gottes ist die dienende Liebe. Ohne die Weisheit Gottes erschlossen zu haben, gibt es auch kein selbstloses Dienen.

Bruder Emanuel führte dazu aus:

Der Mensch, der selbstlos dienen möchte, muss in sich selbst die göttliche Weisheit aktiviert haben. Das geschieht nicht durch Hören allein oder durch das Lesen über die Weisheit Gottes. Wer Weisheit erlangen möchte, der muss den Inneren Weg konsequent gehen, damit sich sein geistiges Bewusstsein erschließt, wodurch er dann das Sein von dem Schein zu unterscheiden vermag. Nur auf der Grundlage von umfassender Verwirklichung und Erfüllung kann der Mensch das Sein und den Schein klar erkennen.

Wer die Weisheit Gottes noch nicht erschlossen hat, der ist selbst noch ein Trugbild und sieht daher auch nur auf die Trugbilder, die er als Wahrheit und Gegebenheit bejaht.

Daher ist offenbart, dass der Mensch zuerst den Inneren Weg für sich ganz persönlich geht, um sein Persönliches, sein Allzumenschliches, zu erkennen und um es zu beheben. Erst wenn er das Persönliche, das menschliche Ich, seine niedere Natur, erkannt hat und täglich mit Christus bereinigt, lernt er das unpersönliche Leben kennen und auch die Sprache des Unpersönlichen.

Hat der Mensch dann das Unpersönliche erlangt, dann weiß er auch, was selbstloses Dienen bedeutet. Er erkennt immer klarer die Schatten- und Lichtseiten seiner Mitmenschen; daraus ergibt sich das selbstlose Dienen. Er schreitet aus der Enge des »Mein« und »Mir« heraus in die Weite des Gemeinwohls.

Der Mensch ist dann nicht mehr für sein persönliches, kleines Ich da, für das er bisher lebte, dachte und arbeitete. Er tritt aus dem *menschlichen* Leben in das Leben, Gott – als der erfüllte Mensch, der aus dem Füllhorn des Geistes Gottes schöpft und selbstlos gibt. Er weiß als Weiser, der weitgehend in der Wahrheit lebt, wie er seinem Nächsten begegnen soll, was er sagen und was er nicht sagen darf und wie viel er aus dem Füllhorn Gottes geben kann, damit sein Nächster nicht überfordert wird.

Der Weise hat die Weisheit Gottes erschlossen. Er ist nicht mehr der Intellektuelle, sondern der Weise, das heißt der Intelligente, der aus dem Logos, Gott, gibt und spricht. Er ist das Wort der Wahrheit, und seine Taten sind selbstlos.

Der Weise hat den Inneren Weg, den er zuerst einzig für sich persönlich ging, verlassen – auf welchem er nur sein Persönliches, sein kleines Ich, in Augenschein nahm, um es abzulegen. Er hat es abgelegt und hat sich dadurch auf den unpersönlichen Inneren Weg begeben – auf dem er wohl an sich selbst weiterarbeitet, jedoch vorwiegend in selbstloser Weise für seinen Nächsten, seine Mitmenschen, da ist.

Der Weise schaut in seinem Nächsten seinen Bruder und seine Schwester und schaut in ihnen das Ebenbild des ewigen Vaters, das Vater- und Mutter-Prinzip.

Wer wahrlich die Weisheit aus Gott erlangt hat, der bemüht sich mit Gleichgesinnten, die Bruderschaft in und mit Christus anzustreben. Daraus ergibt sich die Familie Gottes auf Erden. Nur wer diesen hohen Reinheitsgrad erlangt hat, ist auch befähigt, die nächste Stufe zu beschreiten, die Stufe des Ernstes, die den Menschen zur Seligkeit in Gott geleitet, um die ewigen Gesetze Gottes mehr und mehr anzuwenden.

Abschließend gab Gabriele wegweisende Worte:

Lieber Bruder, liebe Schwester, dieses hohe Ziel zu erreichen, ist unsere irdische Lebensaufgabe. Mit Christus und durch Christus werden wir wieder zum ewigen Gesetz, Gott, das uns bewusst mit dem Vater eint.

Friede

Gabriele

Selbstprüfung zum Übertritt in die Stufe des Ernstes

Wer die Stufe des göttlichen Ernstes betreten möchte, der muss weitgehend die Anforderungen der Stufe der Weisheit verwirklicht haben:

Sein geistiges Bewusstsein ist weitgehend erschlossen und entfaltet. Sein inneres Wachstum zeigt sich in Ausgeglichenheit und innerem Frieden: Er lebt in innerer Stille und Harmonie.

Er ist in jeder Situation beherrscht und souverän. Er ist frei und strahlt innere Freiheit aus.

Durch Verwirklichung verwandelte sich sein geistiges Wissen in göttliche Weisheit – der Intellekt ist sekundär, weil er die göttliche Intelligenz, die göttliche Weisheit, entfaltet hat. Sein Verstand ist nun das Instrument seines weitgehend erschlossenen geistigen Bewusstseins.

Da der Gottzustrebende durch Selbstlosigkeit geistige Größe entwickelt hat, denkt er nur noch wenig an sich. Er kann alle seine Nächsten an- und aufnehmen. Er macht keine Unterschiede.

Er lebt und wirkt für seine Mitmenschen und erfüllt den Willen des Herrn, der durch ihn wirkt.

Er arbeitet konzentriert und umsichtig; er plant gut.

Er denkt, spricht und lebt weitgehend unpersönlich.

Er ruht in Gott.

Er ist frei von Gewissensbissen, von Zweifeln, von Vorurteilen, von drängenden menschlichen Gedanken, Wünschen und Sehnsüchten sowie von Meinungen, Problemen und Sorgen.

Weil er nicht mehr wertet, bewertet, urteilt und verurteilt, schaut er den Dingen und Menschen auf den Grund. Er schaut, was wirklich ist, und sieht zugleich, was noch nicht gesetzmäßig ist. Er erkennt den geistigen Bewusstseinsstand seines Nächsten und steht mit diesem in Kommunikation.

Der Weise ist mit allen Menschen verbunden und dient ihnen selbstlos.

Er lebt in der Gemeinsamkeit – in Einheit – mit allen Menschen und Wesen, mit allen Reichen der Natur – mit allem Sein.

Er ist frei von menschlichen Bindungen, die er mit der Kraft Christi in Verbindungen umgewandelt hat. So ist er auch verbunden mit Gott und lebt bewusst in der Bruderschaft in und mit Christus.

DER INNERE WEG

zum kosmischen Bewusstsein

Stufe
des Ernstes

Inhalt

Hinweise zu Beginn der Stufe des Ernstes

Lieber Bruder, liebe Schwester!

Bevor wir die vierte Stufe beginnen, sollten wir uns noch einmal den Verlauf des gesamten Inneren Weges ins Bewusstsein rufen.

Wer die Stufe des Ernstes betreten möchte, der sollte die Kriterien für die Stufe der Ordnung, für die Stufe des Willens und für die Stufe der Weisheit erfüllen.

Ehrlichkeit zu uns selbst ist erforderlich, damit wir sicheren Schrittes, geführt von unserem Bruder, Führer und Erlöser, Christus, auf dem Weg zu Gott voranschreiten. Fragen wir uns daher gewissenhaft:

Haben wir die Aufgaben und Lektionen auf dem Inneren Weg ernsthaft und konsequent durchgeführt?

Sind wir über Selbsterfahrung und Verwirklichung der uns gelehrten göttlichen Gesetze in die Erfüllung eingetreten?

Leben wir schon in der inneren Stille und Harmonie?

Haben wir die Stufen der Ordnung, des Willens und der Weisheit erfolgreich durchschritten, dann sind auch unsere Gedanken, Gefühle und Sinne, unser ganzes Wesen weitgehend auf das Göttliche ausgerichtet.

Überdenken wir also unser Leben, unsere Gefühle, unsere Empfindungen, unsere Gedanken und unsere Reden, unsere Neigungen und Regungen:

> *Können wir mühelos unsere Gedanken ordnen, unsere Rede zügeln und unsere Sinne bemeistern?*
>
> *Stützen wir uns noch auf unser intellektuelles Denken? Sind wir zu Herzdenkern geworden, die mehr fühlen und erfassen als zerpflücken?*
>
> *Haben wir auf der Stufe des Willens die rechte Konzentration – gemäß dem Wort: Was ich tue, das tue ich ganz – erlernt?*
>
> *Ist unsere Vergangenheit bereinigt? Oder beschäftigen uns noch Aspekte aus der Vergangenheit?*
>
> *Haben wir noch Schwierigkeiten, das auszusprechen, was wir denken?*
>
> *Stimmen unsere Worte mit unseren Empfindungen und Gefühlen überein?*
>
> *Sind wir frei von wertenden und abwertenden Empfindungen und Gedanken?*
>
> *Sind wir frei von Bindungen und Erwartungen an unsere Nächsten?*

Erfüllen wir Tag für Tag in allen Situationen die uns gelehrten Facetten des göttlichen Gesetzes?

Sind wir in der Lage, unseren Nächsten zu erfassen – so, wie er ist, und nicht, wie er scheint?

Haben wir schon die Fähigkeit entwickelt, das herauszuhören, was unser Nächster tatsächlich empfindet und denkt, und haben wir durch die Verfeinerung unserer Sinne die Gabe, auf ihn weitgehend unpersönlich einzugehen, gemäß seinem Bewusstseinsstand?

Leben wir schon weitgehend mit allen in innerer Verbundenheit und Harmonie?

Pflegen wir immer noch unsere Probleme und Schwierigkeiten, indem wir über sie reden oder über sie nachdenken?

Haben wir vom Wissen zur Weisheit gefunden?

Ist unser Bewusstsein ein leuchtender Kristall?

Wer die genannten Kriterien weitgehend erfüllt, wer also bei der Beantwortung der vorstehenden Fragen mit einer positiven Bilanz abschließen kann, der wird weitgehend unbelastet die Aufgaben des Tages mit der Kraft Christi erfüllen. Er wird mehr das große Ganze im Bewusstsein haben, nicht seine persönlichen Belange. Er wird in das innere Gemeinschaftsleben, in die Bruderschaft Christi, eintreten und dem großen Ganzen dienen, da sein geistiges Bewusstsein mehr und mehr allbewusst ist.

Gott zum Gruß!

Zum Geleit

Erkenne dich selbst.

Wer die vorausgehenden Bewusstseinsstufen des Inneren Weges (die Stufen der Ordnung, des Willens, der Weisheit) zum Reiche Gottes, das inwendig in jedem Menschen ist, beschritten hat – oder wer aufmerksam die entsprechenden Bücher des Inneren Weges gelesen hat –, der weiß, welche Gefahren das irdische Leben mit sich bringt – dann, wenn der Mensch nicht konsequent sein Dasein in der Lebensschule auf dieser Erde meistert. Jeder gottferne Gedanke birgt Gefahr in sich, denn er zieht Gleiches und Ähnliches an. Der Mensch, der diese negativen Kräfte aussendet, kann von gleichen und ähnlichen Kräften beeinflusst werden.

Jede Inkonsequenz hat also ihre Folgen, ob es im Alltag ist – z.B. in der Familie oder im Beruf, am Arbeitsplatz – oder auf dem Inneren Weg; denn auch auf diesem lauern Gefahren, wenn der Mensch den Pfad zu Gott nicht konsequent und gewissenhaft beschreitet.

Das Absolute Gesetz beruht auf dem Prinzip »Geben und Empfangen«, auch »Senden und Empfangen« genannt.

Der Widersacher verwendet das gleiche Prinzip, nur umgepolt. So entstand das Kausalgesetz, das Gesetz von Saat und Ernte. Es lautet: Was der Mensch sät – gleich sendet –, das erntet, das empfängt er.

Da also der Mensch das empfängt, was er zuvor ausgesendet hat, rate ich, Bruder Emanuel, der Cherub der göttlichen Weisheit, der Verantwortliche im Werke des Herrn, jedem Menschen, auf seine Empfindungs- und Gedankenwelt ebenso zu achten wie auf seine Worte und Handlungen.

Die Gefahren lauern im Leben jedes Menschen in der Welt seines ichbezogenen Fühlens, Empfindens, Denkens, Sprechens und Handelns. Das gegensätzliche Prinzip, der Widersacher, ist in ständiger Warteposition, um die Menschen zu verführen. Er schleicht sich geschickt, oftmals mit logischen Argumenten in die Gefühle, Empfindungen, Gedanken, Worte und Handlungen des Menschen, auch in die menschlichen Sinne, ein, um über sie Einfluss zu nehmen.

Durch den Inneren Weg – den der Mensch konsequent gehen muss, um aus der Gefahrenzone der Beeinflussung herauszugelangen – verwandelt sich sein Leben: Der Mensch wird positiv, weil er sich auf den Christus-Gottesgeist ausrichtet, der in jedem Menschen wohnt; somit widersagt er den Einflüssen. Diese Ausrichtung auf den Geist des Lebens bewirkt, dass der Mensch die Gesetze des Inneren Lebens kennenlernt und sie an sich selbst anwendet. Durch die konsequente Hinwendung zu dem Inneren Licht ordnet der Mensch sein Leben, um den Willen Gottes zu erfüllen; er reinigt seine Seele und gelangt so aus der Gefahrenzone heraus, in welcher er von negativen Kräften beeinflusst wird.

Von einem Evolutionsschritt zum anderen reifen sodann Seele und Mensch dem Inneren Leben entgegen. Dadurch wird der Mensch von Zwängen, Abhängigkeiten und von Intoleranz frei.

Wer auf dem Inneren Weg die Bewusstseinsschritte von der Ordnung zum Willen und zur Weisheit noch nicht getan hat, dem rate ich ab, das Buch der Bewusstseinsstufe des Ernstes durchzuarbeiten. Es ist möglich, dass er die Zusammenhänge, die Lehren und Lektionen der Bewusstseinsstufe des Ernstes nicht erfasst und demzufolge Kräfte anzieht, die ihn dann beeinflussen.

Da ich, Bruder Emanuel, der verantwortliche Diener im Werk des Herrn bin, mahne ich immer wieder und weise ganz besonders auf die Gefahren hin, die entstehen, wenn der Innere Weg nicht konsequent beschritten wird und wenn die ersten drei großen Schritte – Ordnung, Wille und Weisheit – noch nicht vollzogen sind.

Jeder kann sich im Buch des Ernstes, das den vierten großen Schritt hin zum ewigen Gesetz beinhaltet, informieren. Er sollte jedoch keine Übungen durchführen, bevor er die erforderliche geistige Reife erlangt hat.

Zur weiteren Erkenntnis: Das Lesen des Inneren Weges führt den Menschen nicht in den Himmel, in das Innere Leben, in das Gesetz, Gott. Nur die Selbsterkenntnis, das Ablegen des Sündhaften und die Verwirklichung der ewigen Gesetze erschließen der Seele und dem Menschen die Himmel. Nicht das Lesen, sondern das Tun ist entscheidend.

Mögen viele Menschen die Schritte hin zum Königreich des Inneren vollziehen, auf dass es auf Erden ähnlich wie im Himmel werde.

Gott zum Gruß
Bruder Emanuel

Jetzt ist Friede in uns, weil Gottes Ordnung, Wille und Weisheit uns durchglühen

Gabriele begrüßte uns:

Gott zum Gruß, lieber Bruder, liebe Schwester, Friede!

Wahrhaft Friede in uns und durch uns!
Friede mit unserem Nächsten, mit unserer Umwelt, mit der ganzen Schöpfung!

Liebe Geschwister, ist wahrhaft Friede, innerer Friede, in uns, dann strahlen wir ihn auch aus. Über den inneren Frieden und mit dem inneren Frieden treten wir mit dem Sein, mit der Unendlichkeit, in Kommunikation.

Um diesen allumfassenden Frieden zu erlangen, müssen wir Frieden mit unserem Nächsten haben in unseren Gefühlen, Empfindungen, Gedanken, Worten und Taten. »Friede mit unserem Nächsten« bedeutet: Das Göttliche unseres Nächsten – seine positiven Aspekte – ist in unserem Seelengrund lebendig. Wir sehen nicht nur auf unseren Nächsten – wir nehmen ihn in uns auf und erleben ihn tief in unserem Seelengrund.

Verwirklichen und erfüllen wir den Frieden mit unserem Nächsten, so weitet sich der Horizont unseres geistigen Bewusstseins. Wir erfahren den Frieden mit unserer Umwelt und sind erfüllt.

»Friede mit unserer Umwelt« heißt: Friede mit allen Menschen, mit der Natur und aller Kreatur. Alle Menschen sind Gottes Kinder. Jeder trägt in sich den göttlichen Funken. Ist der göttliche Funke unseres Nächsten auch in uns lebendig, dann haben wir zu unseren Mitmenschen – ob wir sie im Äußeren kennen oder nicht, ob sie uns im Äußeren nah oder fern sind – eine positive, friedvolle Kommunikation. Wir sehen sie als einen Teil von uns.

Zur Umwelt gehören auch die Tiere, die Pflanzen, Bäume, Sträucher, alle Arten von Naturformen, auch die Steine. In der uns sichtbaren materiellen Hülle einer irdischen Lebensform ist deren Geistkörper. Dieser geistige Teil – das Bewusstsein des Tieres, das Bewusstsein der Pflanze oder des Steines – ist ein Baustein unseres geistigen Leibes. Denn das Geistige in allen Lebensformen ist als Strahlung wiederum ein Teil unseres geistigen Leibes.

Diese geistigen Aspekte unseres Wesens sind noch durch unser menschliches Ich verschattet. Sie müssen in uns offenbar werden. Dann haben wir die tiefe, geistige, göttliche Kommunikation, die tiefe Verbindung zu unserem Nächsten und zu Tieren, Pflanzen und Steinen. Nur dann sind wir mit der Umwelt in Harmonie – letztlich mit der ganzen Schöpfung, auch mit den Gestirnen. Auch sie sind Schöpfungskräfte Gottes, deren Essenz ein Teil unseres Geistleibes ist.

Alles in allem – das ganze All, als Essenz gesehen – muss in uns aktiv sein. Dann ist Friede in uns.

Sind die Aspekte des Universums in uns aktiv, dann stehen wir in Kommunikation mit allem Sein, mit dem Göttlichen in jedem Menschen, in den Tieren, den Pflanzen, in den Mineralien und auch in den Gestirnen. Wir werden dann das ewige Sein in allem erfühlen und wahrnehmen, denn alles Reine ist eine Offenbarung Gottes, die sich dem Gottzustrebenden offenbart. Diese Wahrnehmung aus dem Seelengrund ist die Sprache Gottes aus Menschen, Tieren, Pflanzen, Mineralien, Steinen und Planeten. Dann ist Friede in uns!

Das Wort »Friede« hat in sich das große Ein- und Durchatmen und ein Ausatmen all dessen, was uns belastet und somit gebunden hat.

Menschen, die den inneren Frieden haben, sind diszipliniert und konzentriert und jeweils auf die Situation bezogen. Dadurch werden sie weder von ihrer noch bestehenden Menschlichkeit noch vom Äußeren, von der Welt her, gedrängt. Sie lassen sich auch nicht drängen, denn was wesentlich ist, das tun sie. Menschen im Bewusstsein der göttlichen Kraft leben mehr und mehr in der Erfüllung der ewigen Gesetze. Ihr Atemrhythmus ist ruhig und harmonisch, denn sie haben ihre Belastungen – all das, woran sie gebunden waren – weitgehend bereinigt, gleichsam ausgeatmet.

Ist der Mensch weitgehend frei von drängenden Belastungen, dann ist er still geworden. Er atmet ruhig und tief, weil der innere Friede in ihm lebendig ist.

Es ist Friede in uns, weil Gottes Ordnung, Gottes Wille und Gottes Weisheit uns durchglühen.

Die innere Glut ist die Bewusstheit des gotterfüllten Menschen, die alles, was er fühlt, empfindet, denkt und spricht, in die Ordnung Gottes stellt und in Seinen heiligen Willen. Dadurch erlangt er Weisheit. Denn wer sich täglich bemüht, das, was er denkt, was er spricht, was er tut, in die Ordnung und in den Willen Gottes zu stellen, der wird sehr bald Gottes Führung erkennen, der ihn zur Bewusstseinsstufe der göttlichen Weisheit geleitet. Dann wird ihm mehr und mehr die göttliche Intelligenz zugänglich. Der Intellekt und das Verlangen nach immer mehr Wissen schwinden, weil in ihm Gottes Weisheit aktiv wird.

Ist der Mensch durchglüht von der Ordnung und dem Willen Gottes, dann ist ihm auch vieles bewusst, weil ihm Gott nahe ist. Durch Gott, das innere Glühen, kann ein Mensch zum Leuchtturm für viele werden. Gottes Ordnung, Gottes Wille und Gottes Weisheit strahlen durch ihn – und der Nächste, der sich ebenfalls nach der Erfüllung der Gesetze Gottes sehnt, nach Seiner Ordnung, nach Seinem Willen und nach Seiner Weisheit, kann sich an einem solchen Menschen entzünden.

Den Menschen auf der Stufe des Ernstes kennzeichnen Offenheit, Souveränität, Geradlinigkeit und Ernsthaftigkeit

Gabriele:

Wir haben nun die Stufe des göttlichen Ernstes betreten.

Die Masken unseres menschlichen Ichs, das Wechselspiel zwischen äußerer Freude und Trübsal, Enthusiasmus und bitterem Ernst sind von uns abgefallen. Unser Antlitz strahlt Offenheit und Souveränität aus.

Der Mensch des Geistes braucht keine Masken mehr; das heißt, er muss seine Gedanken nicht verschleiern, weil sie gesetzmäßig, also göttlich sind und jedem offenbar sein können.

Ist der Mensch in dieses Bewusstsein eingetaucht, in die Offenheit und die Souveränität, dann strahlt er die innere Freude aus. Trübsal, Enthusiasmus und der bittere Ernst sind von ihm gewichen, weil er in der Gottnähe lebt. Und Gott ist Freude. Gott ist Friede. Gott ist Liebe. Er ist Gleichmaß. Er ist auch die Ernsthaftigkeit.

Mit der Ernsthaftigkeit erfassen wir alle Dinge des Lebens. In der Ernsthaftigkeit liegt auch die Geradlinigkeit. Wir denken nicht mehr da- und dorthin; unsere Gefühle,

Empfindungen, Gedanken und Worte sind in Übereinstimmung, so dass wir konzentriert denken, sprechen und somit leben können.

Die geistige Souveränität ist das Zurücknehmen des Menschlichen: Wir antworten nicht gleich spontan, sondern nehmen uns zuerst zurück, verweilen in unserem Inneren und geben aus unserem Inneren heraus die Antwort. Dadurch lernen wir, mehr und mehr über den Dingen des Alltags zu stehen und die Schwierigkeiten oder Probleme – einerlei, was auf uns zukommt – mit unserem erschlossenen Bewusstsein anzugehen und zu bereinigen.

Offenheit besagt: Wir brauchen nichts zu verschleiern. Warum auch? Erfüllen wir mehr und mehr die Gesetze Gottes, beziehen wir Seine heilige Ordnung, Seinen Willen und Seine Weisheit mehr und mehr in unser Leben ein, in unser Fühlen, Empfinden, Denken und Wollen, dann können wir auch alles unpersönlich ansprechen und aussprechen.

Souveränität und Offenheit gebieten, dass wir uns zurücknehmen – dass wir zuhören, um dann auch die richtige Antwort oder die richtige, also gesetzmäßige Frage formulieren zu können. Mit der Zeit werden wir die entsprechenden Formulierungen finden; denn der geistige Mensch hat eine ganz andere Sprache als der nach außen gerichtete Mensch; sie ist unpersönlich.

Der geistige Mensch stellt zu Situationen Fragen; er sagt dem Nächsten nicht auf den Kopf zu, was bei ihm nicht in Ordnung ist. Die Worte des geistigen Menschen sind ein Hineinfühlen, ein Einfühlen in den Nächsten, auch zuerst einmal ein vorsichtiges Abtasten, bis der Nächste durch Fragen oder durch ein Gespräch sich so weit öffnet, dass der geistige Mensch ihn dann tief zum Wurzelwerk der Situation führen kann, so der Nächste dies wünscht.

Obwohl unser Leben ernsthaft ist, erfasst uns doch nicht mehr der bittere Ernst, den wir mit einem aufgesetzten Lächeln überspielen wollten.

Menschlicher Ernst präsentiert sich in Verbitterung, Verbissenheit und Unnachgiebigkeit, weil wir, die Menschen, nicht das erreicht haben, was unseren Vorstellungen entsprach:

Der Mensch stellt sich etwas vor, das er dann in Gedanken bewegt und dem er mit aller menschlichen Kraft nachgeht. Das heißt, er möchte seine Vorstellungen unter allen Umständen und trotz aller Widrigkeiten verwirklichen. Gelingt ihm dies nicht, dann stellt er sich selbst ein Bein und fällt darüber. Das Resultat ist dann Enttäuschung, Verbitterung und Verbissenheit. Das alles hat mit wahrer Ernsthaftigkeit nichts zu tun.

Wollen wir unter allen Umständen und trotz aller Widrigkeiten unsere Vorstellungen verwirklichen, dann wird unsere Atmung kurz, weil unsere Wunschwelt uns bedrängt. Wir haben dann keinen inneren Frieden, denn wir haben noch wenig Verwirklichung. Wir sind also noch nicht auf der Stufe der Tat, der Weisheit, angelangt, geschweige denn auf der Stufe des Ernstes.

Unpersönliches Leben ist Selbstlosigkeit, Achtung, innere Stärke und innere Freude

Gabriele:

Der Ernst als göttliche Wesenheit zeigt sich in einem geistig ernsthaften, klaren, lichten und von innerer Freude durchdrungenen Leben. Er macht Menschen souverän: Sie haben innere Stärke; ihr Wesen ist unpersönlich; es wird nicht überzeugen, es wird nicht kommandieren, es wird die Mitmenschen nicht umstimmen wollen. Es ist eine überirdische Sicherheit, die von innen kommt, ein Gleichklang der Kräfte. Ein weltbezogener Mensch kann solche Menschen nicht erfassen, sie sind für ihn unergründbar.

Freude durchdringt den Menschen, der sich der Stufe des Ernstes nähert oder auf der Stufe des Ernstes lebt, weil er das Leben durchdringt. Das bedeutet: Der geistige Mensch durchschaut seine Mitmenschen, denn er erkennt alle Dinge und Geschehnisse in der Tiefe. Er schaut die Wurzel, weiß also, woher die Dinge und Geschehnisse kommen, was zugrunde liegt. Ihm ist nichts fremd und nichts verborgen. Er weiß, er lebt in Gottes Hand, geführt vom Licht der Liebe. Das bewirkt die innere Freude und macht den Menschen souverän.

Solche Menschen haben innere Stärke. Warum? Weil ihnen nichts mehr verborgen ist, weil sie in die Tiefen der Probleme und Schwierigkeiten blicken, weil sie den

Menschen durchschauen, weil sie nichts und niemanden mehr abwerten, sondern in allem den göttlichen Wert und den göttlichen Funken erkennen, die Gesetzmäßigkeit, die allem, was auf den Menschen zukommt, zugrunde liegt. Daraus ergibt sich die Achtung vor dem Nächsten und die Hochachtung vor dem Göttlichen in ihm.

Menschen im Geiste Gottes sind unpersönlich. Ein geistiger Mensch, der sich der Stufe des Ernstes nähert oder auf der Stufe des Ernstes lebt, kann deshalb unpersönlich sein, weil er sein Persönliches, das niedere Ich, weitgehend überwunden hat. Er lebt mehr und mehr das Gesetz Gottes, das unpersönlich ist. Seine Gefühle, Empfindungen und Gedanken sind göttlichen Ursprungs.

Der geistige Mensch, dessen Leben unpersönlich ist, wird niemals andere – z.B. von seinem Glauben – überzeugen wollen; er will sie nicht davon überzeugen, dass das, was er in der Tiefe gefunden hat, die Wahrheit ist. Er weiß, dass er in der Wahrheit lebt und dass er die Wahrheit spricht – und die Wahrheit gibt Zeugnis, will jedoch nicht überzeugen.

Der wahre Weise wird auch seinen Nächsten nicht kommandieren, weil jeder Mensch den freien Willen besitzt. Der geistige Mensch wird den freien Willen seines Nächsten wahren. Er hat die Sprache des Geistes und wird kurz erklären, was entsprechend den Gesetzmäßigkeiten gut wäre. Doch was gut ist, muss der Nächste nicht tun. Der Weise lässt ihm den freien Willen, die freie Entscheidung.

Er will auch keinen Menschen umstimmen, um nicht in das Gesetz des freien Willens einzugreifen. Es ist ihm ein

Anliegen, dass sich seine Mitmenschen auf Gott einstimmen – so, wie er auf Gott eingestimmt ist. Deshalb wird er Vorbild sein und niemals kommandieren und umstimmen wollen.

Eine überirdische Sicherheit geht von einem Menschen aus, der im Göttlichen lebt. Diese überirdische Sicherheit ist die Selbstlosigkeit, die von innen kommt. Der geistige Mensch ist in Einklang und Gleichklang mit den kosmischen Kräften. Das heißt, er steht in beständiger Kommunikation mit dem ewigen Gesetz, aus dem er spricht, aus dem er gibt.

Für einen nach außen gerichteten Menschen sind solche Menschen unergründbar. Er kann sie nicht verstehen – sie sprechen eine andere Sprache. Der auf die Welt bezogene Mensch kann sie kaum fassen, weil er erlebt, dass sie keine drängenden Gedanken haben, frei sind von den menschlichen Regungen, Wünschen und Sehnsüchten, die den weltbezogenen Menschen bewegen und sein Leben so unruhig gestalten. Gotterfüllte Menschen ruhen in Gott und stehen in Gott – das ist für so manchen Menschen unfassbar.

Aus dem engen Gesichtskreis des nach außen orientierten Menschen gesehen, erscheint der geistige Mensch offen, unnahbar, oft auch lieblos, denn das Unpersönliche dient und schmeichelt nicht dem Menschlichen; der geistige Mensch begibt sich nicht auf die Kommunikationsebene des menschlichen Energieaustausches. Der nach außen gerichtete Mensch würde sagen: Ein solcher Mensch ist mir nicht geheuer.

Der im Geiste Gereifte lebt und wirkt mit den Kräften Inneren Lebens, mit seinem geistigen Bewusstsein

Gabriele:

Menschen, die den göttlichen Ernst in sich erschlossen haben, strahlen aus, was sie denken und leben: die Facetten des ewigen Gesetzes, Gott, die für sie offenbar sind. Sie müssen nicht mehr glauben, denn sie haben das geistige Wissen über die ewigen Gesetze so weit verwirklicht, wie sie ihnen dann auch offenbar sind. Sie erfassen diese in den wesentlichen Abläufen des irdischen Lebens.

Was diese Menschen erspüren und schauen, vollzieht sich in ihrem Inneren. Ihren inneren Erkenntnissen folgend, handeln sie auch. Sie kennen also weitgehend das Wirken der ewigen Gesetze in allen Dingen und Geschehnissen des Lebens und auch deren Anwendung. Ihr Bewusstsein ist wieder so weit erschlossen, dass sie dem universellen Gesetz, Gott, nahegekommen sind.

»Sie strahlen aus, was sie denken und leben« heißt: Ihre ganze Erscheinung ist offen, klar und souverän. Ihre Worte sind durchdrungen von der Strahlung Gottes. Sie handeln konzentriert und bewusst. Ihre Bewegungen sind harmonisch. Sie stehen in Gleichklang mit den kosmischen Kräften.

Jeder Mensch strahlt aus, was er denkt und lebt. Denn: Was wir denken und reden, wie wir also leben, das zeichnet uns. Wer die Körpersprache zu erfassen gelernt hat, der weiß, was Menschen empfinden und denken, denn die Sprache des Körpers ist der Spiegel der Empfindungen und Gedanken.

So strahlt der Mensch auch die Kräfte seiner Verwirklichung aus, die Klarheit in seinem Denken, Reden und Tun. Hat er die Gottnähe erlangt, dann spiegeln sich im Menschen die Facetten des ewigen Gesetzes, Gott, wider.

Wer über die Gesetze Gottes hört und sie in seinem Leben noch nicht anwendet, der muss sagen: »Ich glaube daran« oder: »Ich glaube nicht.« Glauben ist etwas Vages. Der Mensch kann es nicht erfassen, er muss es so nehmen, wie es gesagt ist.

Wer hingegen die göttlichen Gesetze – z.B. die göttliche Ordnung, den göttlichen Willen, die göttliche Weisheit – weitgehend verwirklicht hat, braucht nicht mehr zu glauben; er lebt in dem, was er verwirklicht hat, und das ist für ihn Realität. Er hat es im täglichen Leben erprobt und weiß, dass die geistigen Gesetze dem Menschen dienen. Er braucht also nicht mehr zu glauben – er weiß.

Doch das, was ein Mensch weiß, kann er seinem Nächsten niemals »weismachen«, so dass dieser weise wird. Er kann wohl von sich sprechen: dass er die ewigen Gesetze erfüllt und dass es ihm dadurch gutgeht; dass er freudig ist; dass er glücklich und dankbar ist; dass er die Tiefen in allen Dingen schaut; dass er erfasst, was im Problem oder in einer Schwierigkeit oder in Gesprächen zugrunde liegt. Doch er kann es nicht auf seinen Nächsten übertragen – dieser muss es erlernen, so, wie er selbst es auch erlernt hat. Auch der Nächste muss vom Glauben zur göttlichen Weisheit gelangen – eben durch die schrittweise Verwirklichung.

Der im Geiste Herangereifte wendet also die ewigen Gesetze an. Mit den Kräften Inneren Lebens lebt und wirkt er, auch im täglichen Leben, an seinem Arbeitsplatz.

Kommt auf einen noch weltbezogenen Menschen eine Arbeit zu, dann wird er sie nach seinem menschlichen Wissen und nach seinen menschlichen Fähigkeiten ausführen. Der geistige Mensch jedoch wird sich zurücknehmen; er wird mit den ewigen Gesetzen diese Arbeit erfüllen. Dann erfasst er auch Details und führt sie aus, die ein anderer, der nur mit seinen menschlichen Fähigkeiten an die Arbeit geht, gar nicht sieht. Er findet in dem Werkstück, in dem, was vor ihm liegt, viel mehr Aspekte als ein Mensch mit engem Bewusstsein; er arbeitet sie heraus. Der weltbezogene Mensch wird gleichsam einen groben Meißel nehmen, der geistige Mensch einen feinen Meißel.

Ich wiederhole: Der nach außen gerichtete Mensch wird oftmals nach seinen gewohnten Programmen verfahren. So, wie diese ihm geläufig sind, wird er immer wieder die Arbeit durchführen, seinen Programmen entsprechend. Der geistige Mensch wird mit den positiven

Kräften in der Arbeit kommunizieren, auf die Situation eingehen und das herausholen, was momentan angemessen und möglich ist.

Das Gleiche gilt, wenn ein Schriftstück zu erfassen und zu beantworten ist. Der Mensch, der sich an der Welt orientiert, überfliegt es, und er bleibt an den Passagen haften, die ihn erregen oder die ihn ansprechen. Der geistige Mensch arbeitet mit seinem geistigen Bewusstsein – er sieht viel tiefer. Er holt ganz andere Aspekte heraus; er wird auch den Brief oder das Schriftstück anders bewerten und die Antwort entsprechend verfassen.

Was der geistige Mensch erspürt und schaut, vollzieht sich immer im Inneren. Der nach außen orientierte Mensch blickt nur auf die Schale – der geistige Mensch erfasst den Kern.

Das heißt also: In allem, was auf uns zukommt, blicken wir entweder auf die Schale, oder wir erfassen den Kern. Blicken wir nur auf die Schale eines Problems, dann wird es schal. Blicken wir in den Kern, dann wird das Problem lebendig und zeigt uns auf, wie wir es lösen können.

Da der geistige Mensch immer auf den Kern und nicht auf die Schale blickt, kann er nicht getäuscht werden.

Die Voraussetzung, um auf den Kern der Probleme, Schwierigkeiten und Angelegenheiten zu kommen, ist, in Gott zu leben. Wir leben dann in Gott, wenn wir die Weisheit Gottes erschlossen haben. Die Weisheit Gottes im Menschen weiß um alle Dinge. Daher weiß der Mensch, der in der Weisheit Gottes lebt, um viele Dinge; denn er erfasst den Kern in allem – und der Kern ist das Göttliche, mit dem er in Kommunikation steht.

Der geistige Mensch weiß um die geistigen Gesetzmäßigkeiten in den Dingen, in den Situationen, die sodann im Äußeren, entsprechend den Möglichkeiten des irdischen Lebens, angewandt werden können. Dazu braucht er unter Umständen das Fachwissen eines Menschen, z.B. über die Wirtschaftlichkeit im Betrieb. Er braucht das Fachwissen eines Arztes, eines Technikers, eines Ingenieurs. Diese Fachleute setzen die geistige Erkenntnis, den geistigen Impuls, in die menschliche Sprache, in die Gegebenheiten unserer Zeit, in unser Leben, in die Materie um. Das Geistige jedoch ist das Aktive in dem, was nun der Handwerker, der Ingenieur, die Fachkraft ausführt.

Der geistige Mensch ruht in Gott, im ewigen Gesetz. Der Kampf mit dem menschlichen Ich ist beendet

Gabriele:

Menschen auf der Stufe des göttlichen Ernstes ruhen weitgehend in Gott, dem ewigen Gesetz. Ihr Inneres – ihre Seele – beginnt nicht nur täglich mehr zu erblühen, es zeigt auch auf mannigfache Art und Weise die Früchte innerer Reife. Der Mensch ahnt es, und die Seele in diesem Bewusstsein weiß zugleich, dass sie als Wesen aus Gott immer mehr in das absolute, ewige Gesetz eintaucht, in den allumfassenden Ozean, Gott. Von dort ist sie als Wesen aus Gott gekommen, dorthin kehrt sie als Tropfen zurück, als Sein im Sein, als Wesen aus Gott.

Mit der Kraft Christi haben sich Seele und Mensch weitgehend besiegt. Der Kampf mit dem menschlichen Ich ist beendet; Seele und Mensch haben Gott erwählt; Gott ist ihr Leben. Sie ruhen in Ihm.

Wir ruhen dann in Gott, wenn wir uns der Allgegenwart Gottes sicher sind, Seiner Gegenwart in uns: Wir wissen, dass uns der Geist Gottes durchglüht. Wir wissen, dass uns der Geist Gottes führt und dass die sprudelnde Quelle, Gott, immer bereit ist, uns zu helfen und zu dienen – wie auch wir bereit sind, in jedem Augenblick Gottes Willen zu erfüllen.

Dann erblüht unsere Seele; sie öffnet sich mehr und mehr. Das geistige Leben, die geistige Dynamik, das Schöpferische, wird mehr und mehr aktiv. Der Mensch reift heran.

Die innere Quelle ist ein ewig sprudelnder Quell mit unzähligen Weisheiten, die der reifende Mensch Tag für Tag neu entdeckt und wieder aus einer ganz anderen Perspektive kennenlernt.

Ein geistiger Mensch ist dynamisch. Er ist sich der inneren Kraft sicher. Er bekommt auf alles Antwort, weil die Antwort in allem ist. Er braucht nicht zu fragen, was ihm der Tag bringt. Er weiß: In allem, was ihm der Tag bringt, ist wieder Gott – er steht somit mit dem, was der Tag bringt, schon vorher in Kommunikation. Er wird dann keine Überraschungen erleben – er ist in Gott.

Der geistige Mensch zeigt die Früchte innerer Reife – im geistigen Tun, in der Erfüllung des Gesetzes Gottes.

Dieser Mensch ist immer schöpferisch für seinen Nächsten tätig – sei es als Lehrer, sei es, dass er etwas schreibt, etwas gestaltet und formt oder etwas anregt und in die Wege leitet. Immer wirkt er für den Nächsten, auf das Gemeinwohl bedacht und auf Gott ausgerichtet. Er kennt keine Trägheit, keine Stagnation, keinen Müßiggang, keine Nachlässigkeit. Tagtäglich bringt er das in das Leben ein, was aus ihm hervorquillt.

Sein Nächster ist ihm wertvoll; er achtet ihn genauso, wie er sich selbst als Kind Gottes achtet. Er wird niemals eine ernsthafte, ehrliche Frage unbeantwortet lassen.

Dies alles ist nur dann möglich, wenn sich Seele und Mensch mit der Kraft Christi weitgehend besiegt haben. Das heißt: Die Seele ist von Belastungen weitgehend frei. Dementsprechend fühlt, empfindet, denkt, spricht und handelt der Mensch. Die freie Seele strahlt Dankbarkeit, Frieden und Glück aus. Das wirkt sich dementsprechend im und am Menschen aus; er ist hilfsbereit, freudig, selbstlos, souverän und friedvoll.

Ist der Kampf mit dem menschlichen Ich weitgehend beendet, dann ist Ruhe in der Seele eingekehrt. Das Drängende, Leidenschaftliche ist umgewandelt in Selbstlosigkeit, in die Kräfte der Unendlichkeit.

Wer Gott erwählt hat, der liebt Gott und achtet seine Mitmenschen und alle Lebensformen, weil Gott in allem ist.

Lieber Bruder, liebe Schwester, wenige Schritte noch, und wir haben den Berg Golgatha erreicht. Christus in Jesus ging uns den Weg nach Golgatha voraus. Er zeigte uns den Weg der Kreuzigung des menschlichen Ichs. Die Kreuzigung Jesu wurde dadurch für uns zum Symbol. Er jedoch musste Sein Ich nicht kreuzigen, Er lebte ein Leben in Gott, Seinem Vater.

Der Leidensweg des Herrn ist also ein Symbol für uns Menschen. Er ging für uns Menschen diesen Weg.

Der Mensch hat eine belastete, also mehr oder weniger verschattete Seele und geht daher den Weg nach Golgatha.

Für den einen sind das Kreuz und der Kreuzweg sehr schwer, für den anderen etwas leichter, entsprechend dem Umfang seiner seelischen Belastungen.

Ob unsere Belastungen groß oder gering sind – wir brauchen uns nicht zu ängstigen. Wer Christus bewusst erwählt hat, indem er Gottes Gebote mehr und mehr erfüllt, der spürt, dass Christus in jeder Situation mitträgt. Die mit Seiner Kraft umgewandelte Belastung strahlt Er uns dann als positive Energie zu, als Lebenskraft, damit wir rascher und auch leichter den Weg nach Golgatha gehen können und so zur Vollendung finden.

Auf der Stufe des Ernstes spüren wir das tiefe Aufatmen unserer Seele, die sich im Lichte Christi bewegt. Auch der Mensch atmet tief durch, denn er hat ebenfalls erkannt, dass er sein menschliches Ich mit Christus weitgehend überwunden hat. Das drängende und hartherzige Ich ist gekreuzigt. Es ist weitgehend vollbracht.

Wir ergründen das noch vorhandene Maskenbild unseres Ichs. Wir finden in allem das Göttliche und wenden es an

Gabriele:

Wir wissen: Um auf dem Inneren Weg voranzuschreiten, müssen wir den Schulungsstoff nicht nur lesen, sondern vor allem leben, das heißt umsetzen. So sind jene Aspekte, die in uns Bewegung hervorrufen, unsere persönlichen Aufgaben, die wir ernst nehmen und bereinigen sollten.

Folgende Aufgaben sollen uns helfen, unser Denken und Leben weiter umzugestalten und weiter in das Innere Leben hineinzufinden:

Wird uns bewusst, dass wir eine Maske tragen – bei Gesprächen, in Situationen des Tages –, so analysieren wir dieses Maskenbild unseres Ichs kurz und bereinigen.

Wir überprüfen uns in unserem Verhalten gegenüber unserem Nächsten:

Wollen wir noch überzeugen?

Wollen wir unseren Nächsten noch kommandieren?

Wollen wir ihn umstimmen?

Wann wurden wir persönlich?

Wann konnten wir unpersönlich sein?

Wie verhalten wir uns an unserem Arbeitsplatz, gegenüber unserem Werkstück? Arbeiten wir mit unseren menschlichen Kräften und Fähigkeiten, oder arbeiten wir mit unserem geistigen Bewusstsein?

Liebe Schwester, lieber Bruder, üben wir uns, in wesentlichen Abläufen des Tages, in dem also, was auf uns zukommt, die zugrundeliegenden Gesetzmäßigkeiten zu finden. Wir finden sie ausschließlich in uns selbst; denn der Gottesfunke in uns steht in Kommunikation mit dem Gottesfunken in dem, was der Tag uns bringt – seien es Aufgaben, seien es Arbeitsabläufe, seien es Fragen, seien es Prüfungen, seien es Schwierigkeiten oder Probleme.

Fragen wir uns zum Abschluss des Tages: Wie haben wir das Göttliche in allem gefunden, und wie haben wir gehandelt?

Kurzer Rückblick auf unseren bisherigen Evolutionsweg. Sieg über unseren Menschen einzig durch Christus. Leben aus dem Bewusstsein der beginnenden Vereinigung mit Ihm

Gabriele:

Von der Evolutionsstufe des Ernstes aus blicken wir nun kurz zurück und überdenken unser bisheriges Leben:

Wie schwer war es doch für manchen von uns, sich immer und immer wieder in die göttliche Ordnung einzufügen! Immer wieder aufs Neue ordneten wir unsere Gedanken; immer wieder mussten wir unsere Rede zügeln und unseren Sinnen das Zaumzeug anlegen. Wie schwer fiel es uns doch immer wieder, uns dem Willen Gottes unterzuordnen. Immer wieder brach unser menschliches Ich durch in alten Gewohnheiten, Vorstellungen und Meinungen – und dennoch war immer wieder die Hoffnung in uns, das Ziel zu erreichen.

Obwohl wir immer wieder in unsere alten Schwächen zurückfielen, siegte letzten Endes doch Christus in uns. Er machte uns Mut, immer wieder aufzustehen. Er hob uns auf, wenn wir gefallen waren, und stärkte uns mit Seinem Geiste, so dass wir dann wieder mit Ihm Schritt für Schritt weiter auf dem Weg ins Licht gingen. Einzig durch Seine Hilfe betraten wir dann die Evolutionsstufe der göttlichen Weisheit.

Immer mehr begann unsere Seele durch die Verwirklichung der geistigen Lehren und Lektionen zu leuchten, denn das geistige Wissen wandelte sich in göttliche Weisheit. Unter der Sonne der göttlichen Weisheit schmolz allmählich der Intellekt dahin, und im gleichen Maße erweiterte sich unser geistiges Bewusstsein. Aus ihm strahlt uns die Intelligenz zu, Gott, das ewige Gesetz. So fanden wir durch die Verwirklichung der geistigen Gesetze zur göttlichen Weisheit.

Auf dem Inneren Weg erfuhren und erfahren wir die beständige Erweiterung des Bewusstseins, bis wir in den großen Ozean, Gott, eintauchen.

Blicken wir zurück auf die Stufen der Ordnung, des Willens und der Weisheit, so dürfen wir heute sagen: Danke, Herr, dass Du uns geführt hast und weiter führst. Danke, dass Du unablässig an unser Inneres pochtest – auch dann, wenn wir gefallen waren. Du pochtest an unsere Sinne, wenn sie sich ungezügelt gebärden wollten. Du warst es, der uns immer wieder Mut machte, und Du bist es, der uns zur Vollendung führt.

Wir können wahrlich von Herzen danken, wenn wir auf den Inneren Weg zurückblicken, auf die Stufen, die wir gegangen sind, auf die Evolutionsschritte, die wir getan haben. Und wie sieht unser Leben heute aus?

Sowohl auf der Stufe der Ordnung als auch auf der Stufe des Willens blickten wir immer noch auf die Menschen um *uns. Wir wollten Anerkennung von ihnen. Wir wollten uns im Lichte der Menschen sonnen, in ihrem Blick. Heute sind wir geradlinig geworden. Wir bewegen uns mehr und mehr im Lichte Gottes. Wir blicken nicht mehr auf Menschen in der Frage: Wie denken sie über uns? Wir blicken mehr und mehr auf Christus in dem Bewusstsein: Herr, die Einigung mit Dir ist für mich das Höchste, das Eine, das Ziel, die Sonne, das Licht.*

Wir schöpfen jetzt mehr und mehr aus dem Bewusstsein der beginnenden Vereinigung mit Christus. Wir brauchen nicht mehr die menschliche Anerkennung – wir richten uns mit allem, was wir denken, reden und tun, auf Christus aus, auf Seine Kraft.

Aufgerichtet betraten wir die Stufe des Ernstes, dankbar, dass wir nun weitgehend frei sind – frei von dem drängenden menschlichen Ich, das oftmals die Atmung blockierte, das den Atem kurz hielt, weil wir ständig gedrängt waren, zu wollen und uns im Lichte der Menschen zu sonnen. Heute atmen wir freier, ausgerichtet auf Christus. Wir spüren in jeder Situation, dass wir uns zurücknehmen können im Bewusstsein: Herr, Dein Wille geschehe!

Unsere Planung geschieht im Willen Gottes. Sie ist durchzogen von den Schritten, die wir auf der Stufe der Weisheit getan haben. Unsere Tat ist klar, weil Christus, der Geist des Lebens, durch uns tätig ist. Wir sind konzentriert, auf das bezogen, was wir augenblicklich verrichten, weil wir gelernt haben und wissen, die Kommunikation mit den höchsten Kräften ist die Vereinigung mit dem

Absoluten. In dieser sich in uns aufbauenden Kommunikation, in dieser immer bewusster werdenden Vereinigung, vollbringen wir, soweit unser Bewusstsein reicht, unsere Werke, die Aufgaben, die uns tagtäglich gestellt werden, denn wir bemühen uns, in dem großen Bewusstsein zu leben: Gott ist alles in allem.

Damit es uns immer selbstverständlicher wird, uns jederzeit mit Gott, der inneren Kraft, zu verbinden, sollten wir uns darin üben, uns in jeder Situation zurückzunehmen, einzutauchen in die Kraft Gottes mit der Bejahung »Herr, Dein Wille geschehe!«

Auf dem Inneren Weg erschloss sich mehr und mehr unser geistiges Bewusstsein, und wir werden weiterhin die Erweiterung des Bewusstseins erfahren, weil wir mehr und mehr in den großen Ozean, Gott, eintauchen, in unser geistiges Erbe, das unser Leben ist.

Dem sei Ehre, Lob, Preis und Dank, der uns bis zu dieser Stufe führte und der uns weiter führt, hin zum Herzen Gottes, Christus, unser Bruder.

Unter der Sonne der göttlichen Weisheit schmolz unser Intellekt dahin. Immer dann, wenn wir intellektuell an eine Aufgabe, an eine Arbeit, an ein Gespräch herangehen wollten, nahmen wir uns zurück: »Nein, Herr, nicht so – einzig Dein Wille geschehe!« Dadurch, dass wir lernten, uns immer wieder zurückzunehmen, kamen und kommen wir immer mehr in Kommunikation mit der höchsten

Kraft. Wir wurden zum Herzdenker, der in seinem Inneren lebt und aus dem Inneren schöpft. Will uns nun hin und wieder der Intellekt übermannen, dann gehen wir unverzüglich zurück zu Dem, der um alle Dinge weiß, der in uns lebendig geworden ist.

Das göttliche Bewusstsein in uns ist der Stein des Weisen. Er ist nun so weit geschliffen, dass das Innere Leben in mehreren Facetten durch uns hindurchzustrahlen vermag.

Das Allzumenschliche, das den inneren Kristall umhüllt hat, ist von uns weitgehend abgefallen, weil wir durch Verwirklichung der Gesetze Gottes unser Leben auf das Innere Licht ausgerichtet haben, auf das göttliche Bewusstsein, auf unser geistiges Erbe, unseren geistigen Leib.

Der Stein des Weisen ist also unser geistiges Erbe. Strahlt das Innere Leben in mehreren Facetten durch uns hindurch, so bedeutet das: Die sieben Grundkräfte Gottes leuchten mehr und mehr in unserem Inneren auf, weil das Dunkle, das, was den Kristall, das Licht, überschattet hat, weitgehend abgefallen ist.

Das Innere Leben besteht aus den sieben Grundkräften Gottes von der Ordnung bis zur Barmherzigkeit. Also müssen wir auf dem Weg zum Bewusstsein Gottes alle sieben Grundkräfte erschließen und somit freilegen – von der Ordnung bis zur Barmherzigkeit. Stufe für Stufe, Schritt für Schritt ging es voran: Wir haben die Stufe der Ordnung weitgehend erschlossen, das Licht der Ordnung freigelegt – die eine Facette strahlt mehr und mehr. Wir haben die zweite Stufe, die Stufe des Willens, weitgehend erschlossen und freigelegt – die Facette des Willens strahlt mehr und mehr. Ebenso geschah es mit der dritten Stufe, der Stufe der Weisheit. Die Facette der göttlichen Weisheit strahlt nun mehr und mehr in uns.

Nun gilt es, die vierte Stufe zu erschließen und freizulegen, die Stufe des Ernstes. Auch diese Facette muss durch uns hindurchstrahlen, auf dass wir immer mehr in das Leben der Vereinigung mit Gott in Christus eintauchen können – als Kind des Ewigen, das in Gott, im Ozean der Liebe, lebt.

Wer sich wahrhaft auf der Stufe des Ernstes befindet, der steht mit seinem hohen Grad an Verwirklichung über dem Allzumenschlichen. Er hat das niedere Ich weitgehend überwunden.

Mit den Worten »der hohe Grad an Verwirklichung« ist das angezeigt, was wir bis zur Stufe des Ernstes an Allzumenschlichem abgelegt haben. Vergegenwärtigen wir uns noch einmal: Betreten wir zu Recht die Stufe des Ernstes, so haben wir die drei ersten Grundkräfte Gottes weitgehend aktiviert. Wir kommunizieren mit der göttlichen Ordnung, dem göttlichen Willen und der göttlichen Weisheit, und beginnen nun, mit der vierten Stufe, mit der vierten Grundkraft, in Kommunikation zu treten.

Das bedeutet: Die vier Wesenheiten Gottes, die vier Schaffungskräfte Gottes, sind in unserem Inneren weitgehend aktiv. Wir könnten sagen: Wir sind schöpferisch, wir sind kreativ geworden. Unser Bewusstsein leuchtet in die verschiedensten Dinge und Begebenheiten des Lebens hinein und holt die göttlichen Gesetzmäßigkeiten heraus, um sie dann in die Welt zu bringen.

Das ist der Beginn des schöpferischen Lebens, das möglich wird durch den hohen Grad an Verwirklichung, durch diesen der Mensch über dem Allzumenschlichen steht. Er geht die Schritte hin zum Gottmenschen, der das Menschliche weitgehend überwunden hat und der aufgrund der Überwindung seines Allzumenschlichen, das ja als Erinnerung in ihm liegt, seinem Nächsten selbstlos dient und beisteht.

So ist der hohe Grad an Verwirklichung die Voraussetzung für das unpersönliche Leben.

Christus selbst offenbarte: Vor dem Sieg steht der Kampf. – Wir haben an uns selbst erfahren: Es war ein Kampf mit unserem menschlichen Ich. Doch mit Christus haben wir die hartnäckigsten Ichheiten besiegt.

Dies trifft zu für den Wanderer auf dem Weg zu Gott, der sich zu Recht auf der Stufe des Ernstes befindet, da er auf den Stufen Ordnung, Wille und Weisheit intensiv an sich gearbeitet und den entsprechenden geistigen Fortschritt erzielt hat. Wie weit wir – jeder Einzelne – in unserer Verwirklichung und Erfüllung des göttlichen Gesetzes gediehen sind, können wir erkennen, wenn wir uns selbst prüfen. Dies geschieht, indem wir die hier dargelegten zahlreichen Aspekte Inneren Lebens als Kriterien anwenden und das Maß an uns selbst anlegen.

Erkennen wir, wo wir dem hohen Anspruch der geistigen Evolutionsstufe des Ernstes noch nicht voll genügen, so werden wir die Schulung auf der Stufe des Ernstes nicht fortsetzen, sondern, je nach den erkannten Mängeln, auf die Stufe der Ordnung oder des Willens zurückgehen und die dort gegebenen Lektionen erfüllen.

Der Gottmensch meistert das Leben, denn er schöpft aus Gott, der unerschöpflichen Quelle

Gabriele:

Da im Gesetz Gottes alles in allem enthalten ist, so sind die Kräfte des göttlichen Ernstes auch in der Stufe der Ordnung, des Willens und der Weisheit enthalten. Wir haben also schon Aspekte des Ernstes erschlossen und können ernsthaft an die Dinge des Lebens herangehen. Es ist nicht der bittere Ernst, es ist nicht die Traurigkeit – es ist die Entschlossenheit; es ist die Klarheit und das Bewusstsein, in Gott und mit Gott zu wirken.

Die hartnäckigen Ichheiten sind nun besiegt. Es werden immer noch verschiedene Komponenten menschlichen Ichs auftreten. Doch mit der schöpferischen Kraft, die wir auf den Stufen von der Ordnung bis zur Stufe des Ernstes entwickelt haben, werden wir auch die weiteren Ichheiten besiegen. Sie werden uns nicht mehr plagen. Sie werden uns nicht mehr in das Tal der Bitternis hinabziehen. Sie zeigen sich uns, um aufgeschlüsselt und besiegt zu werden.

So wandelt sich Menschliches in Göttliches – der Mensch wird mehr und mehr zum Gottmenschen.

Der werdende Gottmensch wird in jeder Lebenssituation auf das Innere Leben zurückgreifen, weil er mehr und mehr im Ozean des Lebens ruht. Er wird in jeder Situation auf Gott in seinem Inneren zugehen, weil er gelernt hat und weiß, dass er nur mit Gott alles im rechten Maße zu vollbringen vermag.

Er ist bestrebt, in allem, was auf ihn zukommt, auch im Bereich der Arbeit, die Gesetzmäßigkeiten des Lebens zu erkennen und anzuwenden. Auch Gespräche wird er nie führen, ohne sich vorher mit Gott verbunden zu haben.

Kommen Schwierigkeiten und Probleme auf ihn zu, sei es, dass sie aus ihm selbst hervorbrechen oder von anderen an ihn herangetragen werden – er ist immer bereit, mit der schöpferischen Kraft das zu lösen, was ansteht, einerlei, ob es eine Schwierigkeit ist oder ein Problem, ob sein eigenes oder das seiner Nächsten. Sein eigenes wird er in Kürze bewältigen; für Probleme und Schwierigkeiten seiner Nächsten wird er gerechte, gesetzmäßige Lösungen finden und diese ihnen unpersönlich nahebringen.

Der Gottmensch meistert das Leben mit der inneren Kraft: Gleich, was auf ihn zukommt – bevor er spricht, bevor er handelt, taucht er bewusst in den Ozean Gott ein, in die schöpferische Kraft, um von dort aus zu schöpfen und zu geben, in Gesprächen, in Handlungen und in der Bewältigung seiner Aufgaben.

Die beständige Kommunikation mit der göttlichen Kraft und das Handeln aus dem göttlichen Bewusstsein, dem Absoluten Gesetz, sind die wesentlichen Schritte hin zum Gottmenschentum.

Lieber Bruder, liebe Schwester, schauen wir in das Wort »Gottmensch« hinein; es besagt: Gott ist im Menschen aktiv. Gott im Menschen wirkt und vollbringt, was der Tag dem werdenden Gottmenschen zuspiegelt; er ist Handschuh an der Hand des Herrn.

Den Gottmenschen prägt der freie Geist. Er, der Mensch, ist nicht mehr der engstirnige Zeitgeist, der nur an sich und für sich denkt – er ist weitgehend frei von den Fesseln der Ichbezogenheit; er ist der selbstlose, freie, geistige Mensch, der Freiheitsdenker in Gott.

Ein Gottmensch ist jeder Situation gewachsen – auch wenn sie unvorhergesehen eintritt –, weil er die schöpferischen Kräfte weitgehend entwickelt hat. Gott, die schöpferische Kraft, gibt und gibt. Wer in den Ozean Gott einzutauchen vermag, der kann jeden Augenblick aus der Quelle des ewigen Lebens schöpfen; denn diese Quelle ist unerschöpflich.

Nur durch solche Menschen kann das Reich Gottes auf die Erde kommen. Denn wer den inneren Reichtum erschlossen hat, der wird auch das Reich Gottes, den inneren Reichtum, auf die Erde bringen.

Wer dem inneren Reichtum zustrebt, wird nie darben. Die Erde birgt die schöpferische, gebende Kraft, Gott; sie ist eine Quelle Gottes, aus der wir empfangen dürfen. Wer in Gott lebt, der steht auch in Kommunikation mit der Erde, und die Erde wird geben und geben – so, wie Gott ewig gibt; denn Gott ist das Leben der Erde.

Uns ist geboten, mit allen Kräften des Alls, auch mit den Kräften und den Lebensformen unserer Mutter Erde, in positive Kommunikation zu treten. Dann wird das Reich Gottes auf Erden entstehen.

Wer nicht mehr auf sein Persönliches bezogen ist, ist allbewusst; er ist unparteiisch, souverän und selbstlos

Gabriele:

Nun gehen wir den Inneren Weg nicht mehr vorwiegend für uns selbst, um unser Ich abzubauen, um es zu besiegen. Wir gehen ihn vor allem für unseren Nächsten, dem wir entsprechend unserer eigenen Verwirklichung unpersönlich beistehen können; denn durch die Verwirklichung der Gesetze Gottes wird der Mensch unpersönlich. Das heißt, wir denken immer weniger über unser Persönliches nach – über die Person, die in den Ichheiten gefangen war. Wir erwarten weder Anerkennung noch Dank. Dank und Lob gebühren einzig Gott, denn Er wirkt durch die lichte Seele und den freien Menschen. Wir lassen Gott durch uns wirken.

Wer zum Gottmenschen geworden ist, der geht also den Inneren Weg nicht mehr für sich allein. Der Gottmensch begleitet seine Nächsten zu höheren Stufen des Lebens und geht dabei zugleich seinen Weg weiter, bis er die Vollendung in Gott erlangt hat. Er hat sich dann besiegt. Der Sieg über sein niederes Ich bleibt jedoch in ihm bestehen – es sind die Erinnerungen an das Allzumenschliche, an das, was er besiegt hat. Aus diesem Erinnerungspotential schöpft er und gibt seinen Nächsten, die er auf dem Weg zum Allerhöchsten begleitet. Der Gottmensch gibt selbstlos – so, wie Gott, die unerschöpfliche Quelle, selbstlos gibt.

Er hilft den Wanderern, die auf Stufen kämpfen, die er bereits bewältigt hat, klärt sie auf und steht ihnen bei, auf dass sie aus dem Kampf mit ihrem niederen Ich siegreich hervorgehen können.

Doch nicht nur bei Fragen des Inneren Weges, nicht nur in Schulungen wird der Wanderer auf der Stufe des Ernstes seinen Nächsten zur Seite stehen, sondern auch sonst im täglichen Leben, am Arbeitsplatz – überall, wo er mit Menschen in Berührung kommt und in Kommunikation tritt. Er hat durch die Verwirklichung Weisheit, das heißt

Menschenkenntnis, erlangt und ist so in der Lage, seine Mitmenschen gesetzmäßig anzuleiten, so dass diese ihre Aufgaben leichter und besser erfüllen können.

Das ist unpersönliches Leben. Das ist Leben im Gesetz Gottes. Unpersönliches Leben ist Dienen. So, wie Gott, der Ewige, uns allen dient, so wird jeder Einzelne, der dem Gottmenschentum zustrebt, unpersönlich dienen.

Eine Aufgabe für uns:

Wir erwarten weder Anerkennung noch Dank. Dank und Lob gebühren einzig Gott.

Üben wir uns in diesem hohen Bewusstsein, von unserem Nächsten nichts zu erwarten, weder Anerkennung noch Dank! Dankt uns ein Mitmensch, so geben wir den Dank an Gott weiter. Erhalten wir Anerkennung, so geben wir diese Anerkennung an Gott weiter.

Üben wir uns in den nächsten Tagen darin, dann werden wir erkennen, welch eine Kraft und Macht uns zuströmt.

Eine weitere Aufgabe:

Unpersönliches Leben ist Dienen.

Üben wir uns darin, uns über unser noch vorhandenes Allzumenschliches zu stellen in dem Bewusstsein: Gott ist größer als mein Gedanke, als mein Wollen und Tun. In dieses Bewusstsein, Gott, erheben wir uns, und von dieser Perspektive aus wirken wir.

Ein Leitsatz, um ihn zu verwirklichen:

Selbstlosigkeit ist Souveränität.
Wer selbstlos ist, der ist unpersönlich; er ist souverän. Souverän sein heißt: Ich bin nicht ich, sondern ich bin das Du, das Göttliche im großen Du, Gott.

Ein weiterer Merksatz:

Wer nicht mehr auf sich bezogen ist, der ist allbewusst. Durch einen solchen Menschen wirkt Gott.

Menschen auf der Evolutionsstufe des Ernstes haben erkannt und an sich selbst erfahren, dass sie nicht mehr einzig die Person oder gar ihr Körper sind, sondern dass in ihnen das ewige Sein wirkt. Das ewige Sein ist unparteiisch, daher selbstlos. Und alles, was selbstlos ist, ist unpersönlich. Soweit es dem Gott zugewandten Menschen möglich ist, hilft und dient er allen Menschen, die wirklich der Hilfe bedürfen.

Die Person besteht aus unserer Gedankenwelt. Die Person ist der Mensch, der aus den verschiedensten Ichheiten besteht. Das Menschliche ist das Persönliche, das die Person im Denken, Sprechen und Handeln prägt. In diesem Persönlichen sind wir so lange gefangen, bis wir es schrittweise ablegen und unpersönlich, göttlich, werden.

Dann lenken wir auch unsere Aufmerksamkeit nicht mehr auf das Persönliche, die Person, und nehmen auch unseren irdischen Namen nur als äußeren Ausweis – doch *wir identifizieren uns nicht mehr mit diesem Schwingungsgrad, weil Namen auf den Schwingungsgrad der Person bezogen sind. Wir identifizieren uns immer seltener mit der Hülle, der Person; wir ruhen in uns, das heißt, wir stehen in Gott. Das lichte Wesen im Menschen durchstrahlt die Hülle, die Person, so dass dieses lichte Wesen im Menschen die Dinge tut – und nicht das Ich, das Persönliche, die Person.*

Wir hörten: Wer nicht mehr auf sich, sein Persönliches, bezogen ist, der ist allbewusst. – »Allbewusst« heißt: Wir stehen mehr und mehr in Kommunikation mit allen Lebensformen – mit jenen, die uns umgeben, und mit jenen, die fern von uns sind. Dadurch wird uns alles nahe, unmittelbar. Treten wir mit den Gestirnen in Kommunikation, dann sind sie nicht mehr fern – wir erleben sie als Kraft und als Quelle der Kraft in uns. Treten wir mit den positiven Aspekten unseres Nächsten in Kommunikation, dann erleben wir unseren Nächsten als einen Teil von uns in uns.

Einerlei, wohin wir unsere Gedanken senden – sind sie positiv, also selbstlos, dann erleben wir die Rückstrahlung dieser positiven Kräfte in uns. Dadurch spüren wir, dass es in Gott kein Oben und Unten gibt, kein Rechts und Links, kein Vorn und Hinten – es ist alles in allem in uns.

Der ernsthaft Gott Zustrebende, der Gottmensch, ist unparteiisch. Er ergreift nicht für den einen Menschen Partei und lässt den anderen links liegen. Er weiß: In Gott sind alle Menschen gleich, weil in jedem Menschen das Göttliche wohnt, und das Göttliche beinhaltet alle Aspekte der Unendlichkeit.

Würden wir einen bevorzugen, dann würden wir den anderen abwerten und vergessen. Würden wir einen höherstellen, dann würden wir den anderen erniedrigen. Dann wären wir parteiisch. Da Gott unparteiisch ist und wir Gott zustreben, müssen wir also unparteiisch werden.

Der werdende Gottmensch macht sich weder von Menschen noch von Dingen abhängig. Er steht in Kommunikation mit den positiven Kräften in den Menschen, in den Dingen, in den Geschehnissen. Er braucht keine Abhängigkeit.

Erwarten wir von unseren Mitmenschen, dass sie dieses oder jenes für uns tun, dann werden wir zu Abhängigen. Stehen wir jedoch mit den positiven Kräften in Kommunikation, dann ist es ein fließender Austausch. Wir erwarten nichts – wir haben es. Nur der erwartet von seinen Mitmenschen Anerkennung, Lob, Dank und Aufwertung, der schwächer ist als sie. Selten wird er empfangen, und wenn er empfängt, dann ist das, was er empfängt, wiederum geprägt von Erwartungen von Lob und Anspruch auf Dank.

Üben wir uns in der Aufgabe, unparteiisch zu sein. Nehmen wir uns immer wieder zurück, wenn wir Gespräche führen, wenn wir unseren Mitmenschen begegnen, wenn uns einer von ihnen mehr gewogen ist als der andere. Bejahen wir das unpersönliche Leben, Gott, in jedem Bruder, in jeder Schwester. Erwecken wir auf diese Weise in uns das Unparteiische, das Selbstlose.

Das Leben im Bewusstsein des ewigen Seins. Das Äußere ist nur der Abglanz des Inneren. Hineinspüren in die fließenden Rhythmen der göttlichen Dimensionen

Gabriele:

Im ewigen Sein gibt es kein Oben und Unten, kein Rechts und Links, kein Vorne und Hinten. Lebt ein Mensch im Bewusstsein des ewigen Seins, ruht er in seinem Innersten, so gibt es auch für ihn kein Oben und Unten, kein Rechts und Links, kein Vorne und Hinten.

Dies gilt auch für den Gottmenschen. Da er nun mal noch Mensch ist, muss er mit den Begriffen »oben, unten, rechts, links, vorne, hinten« leben. Diese Begriffe sind jedoch für ihn nicht die Absolutheit oder die Realität in Gott. Er verwendet die Begriffe, um als Mensch auf dieser Erde leben zu können. Aber alles, was er betastet, was er betrachtet, was er hört, was er sieht, gleich, was er tut, mit dem steht er in Kommunikation und erlebt es in sich selbst. Und aus sich, dem wahren Selbst, denkt, spricht und handelt er.

Um zu erahnen, wie der geistige Mensch und vor allem das Geistwesen das Leben in sich erlebt, stellen wir uns eine durchsichtige Glaskugel vor, die sich ständig bewegt. Versetzen wir uns als Lichtstrahl in diese Glaskugel hinein. Da sich die Kugel ständig bewegt, können wir nun sagen: »Dieser Lichtstrahl, der ich bin, ist oben, unten, rechts, links, vorne, hinten«?

Wir können es nicht sagen. Es gibt kein Oben, Unten, Rechts, Links, Vorne und Hinten. Diese Begriffe sind nur Orientierungshilfen für das menschliche Bewusstsein im Bereich des Dreidimensionalen, des Materiellen.

Als geistiger Mensch auf der Stufe des Ernstes leben wir mehr und mehr von innen nach außen. Rufen wir alles, was wir sehen, womit wir uns umgeben, was wir tun, zuerst in unserem Inneren wach, erwecken es also in uns, dann spüren wir, dass es kein Oben und kein Unten gibt, weil es aus uns selbst kommt. Es projiziert sich nur nach außen, hat aber nicht die Wertung vorne, hinten, rechts, links, oben, unten.

Diese Wertung hat nur der Mensch, weil er den Eigenwert als Kind Gottes verloren hat. Er hat seine eigene Mitte, sein Selbst, seine geistige Identität, verloren. Er hat keine bewusste Verbindung mehr zu seinem Selbst, dem Göttlichen in ihm.

Hat der Mensch sich nach außen begeben, hat er seinen unpersönlichen Schatz des Inneren, den Stein des Weisen, abgedeckt, dann will er im Äußeren haben, was er verlor; es ist im Inneren zwar weiterhin vorhanden, er besitzt es; doch ist es ihm nicht mehr erfahrbar nahe, da es abgedeckt, also latent ist.

Das äußere, das menschliche Leben und das Innere Leben, das geistige Leben, sind zwei unterschiedliche Welten mit ganz anderen Dimensionen, anderen Maßstäben, anderen Werten und Wertungen. Das Äußere ist nur ein Abglanz des Inneren.

Der Mensch will das Licht; dann sucht er nach entsprechenden äußeren Quellen, weil ihm im Inneren das Licht verlorenging. Er braucht viel Nahrung, wenn er nur mit der physischen Kraft und wenn er nur mit dem Intellekt arbeitet. Wer von innen nach außen lebt, braucht auch Nahrung, braucht Getränke, doch niemals in dem Maße wie ein nach außen gekehrter Mensch.

Wir Menschen schufen uns Fahrzeuge. Warum? Weil wir die Kommunikation, die innere Verbindung, zu unserem Nächsten verloren haben – weil der göttliche Teil unseres Nächsten nicht mehr in uns lebendig ist. Deshalb müssen wir uns zu ihm hinbewegen. Wir brauchen das Telefon, um aus der Ferne mit unserem Nächsten zu sprechen, weil uns die Fähigkeit der Telepathie verlorenging.

Wir malen Bilder von Landschaften und Bildnisse von Menschen – warum? Weil wir die Essenz dieser Lebensformen nicht in unserem Inneren tragen. Wir brauchen immer etwas, woran wir uns im Äußeren festhalten können. Weil wir das Innere durch die Sünde abgedeckt haben, projizierten und projizieren wir unsere Wunschbilder nach außen und halfen und helfen mit, dass sie Form und Gestalt annahmen und annehmen. Deshalb gibt es die Dichte; die Begriffe oben, unten, vorne, hinten, rechts, links kennzeichnen sie.

Die drei Dimensionen mit ihren Wertungen haben wir uns selbst geschaffen, weil wir aus den göttlichen Dimensionen herausgefallen sind.

Die Dimensionen der Materie haben ihre Abgrenzung und ihre Gewichtung. Die göttlichen Dimensionen hingegen fließen durch alle Reiche des Seins, durch alle göttlichen Wesen und durch alle reinen Formen. Es ist ein Fließen der dimensionalen Rhythmen.

Um uns in diese himmlischen Gesetzmäßigkeiten hineinzuspüren, folgende Übung:

Wir schließen die Augen.

Wir beobachten den Atem.

In uns ist es still.

Wir lassen keine Empfindung, keinen Gedanken zu.

Wir atmen.

Nun schalten wir harmonische Musik ein.

Wir hören.

Wir lassen nun die Musik durch unsere Gehörgänge in unser Inneres einfließen.

Durch uns fließen nun die Melodien.

Wir spüren: Unser Körper wird zum Klangkörper – ähnlich wie der Körper eines reinen Geistwesens ein Klangkörper ist. Denn im göttlichen Sein sind die Dimensionen Farbe, Form und Klang.

Eine weiterführende Übung:

Wir hören ein disharmonisches Geräusch, z.B. das der Autobahn. Diese Dissonanz ist unangenehm.

Wir lassen nun dieses Geräusch durch uns hindurchklingen in dem Bewusstsein: Gott ist alles in allem. So ist auch in dieser Dissonanz der Ton des Göttlichen.

Wir erfassen nun das, was rauscht und das, was klingt, mit der inneren Wahrnehmung. Wir werden merken, dass feine Töne in dieser disharmonischen Geräuschkulisse schwingen, die sogar harmonisch und beruhigend zusammenklingen.

Es ist uns also möglich, dem unangenehmen Geräusch, das uns unruhig stimmt, das Positive abzugewinnen, wenn wir es in uns hineinzunehmen vermögen. Die Voraussetzung ist, dass uns bewusst ist und dass wir damit auch leben, dass in allem Negativen, auch in den lauten, schrillen, disharmonischen Tönen, in jedem unangenehmen Geräusch, die Symphonie und die Harmonie Gottes ist. Nehmen wir in diesem Bewusstsein die lauten Töne, das Geräusch, in uns auf, dann gewinnen wir dem Geräusch Töne der Sphärenmusik ab.

Der Gottmensch kann in den größten Turbulenzen des Alltags stehen – er gewinnt jeder menschlichen Turbulenz die Sonnenseite ab. Gewinnen wir also einem Autogeräusch, dem Geräusch von Maschinen – jedem Geräusch – das Positive ab, denn in allem ist der Klang, Gott.

Bei dieser Übung ist es wichtig, dass wir nicht abwerten. Durch eine gedankliche Wertung – z.B. »das ist ein Autogeräusch« – verschließen wir uns vor dem, was als Wahrnehmung und Erfahrung in dem Geräusch für uns enthalten ist.

Auch hier können wir die Erfahrung machen: Finden wir in allem das Göttliche, so stehen wir über dem Negativen, über jeder Situation.

Merken wir uns folgende Sätze:

Ich bin nicht nur mein Körper und mein kleines,
niederes Ich.

Ich, das Sein, lebe in meinem physischen Körper.
Der Körper ist das Gefährt meiner erwachten und strahlenden Seele, die zum Geistwesen heranreift und die Früchte Inneren Lebens gemäß dem Reinheitsgrad der Seele ausstrahlt: das Gesetz, Gott.

Die leuchtende Seele, der durchglühte Mensch stehen nun über den menschlichen Meinungen, Wünschen, Leidenschaften und Gewohnheiten. Wir wachsen in die unmittelbare Führung durch Christus hinein

Gabriele:

Wer ernsthaft vorangeschritten ist auf dem Evolutionsweg, der von der Ordnung bis zur Barmherzigkeit führt, der befindet sich nun zu Recht auf der Evolutionsstufe des Ernstes. Er atmet jetzt die innere Freiheit. Sein Atem geht ruhig und tief; er ist entspannt. Er strahlt Souveränität und Überzeugungskraft aus, da er Gott und seinem göttlichen Wesen nahegekommen ist.

Die Worte eines beseelten Menschen lauten sinngemäß:

Christus, in Deinen Händen ruht mein Leben.
Dir habe ich mich anvertraut und übergeben.
Es ist weitgehend vollbracht.
Du bist zu meinem göttlichen Bruder geworden.
Führe mich nun weiter in das ewige Gesetz, Gott, hinein. Denn mit meinem ewigen Vater möchte ich ganz verschmelzen – so, wie ich mit Dir, meinem göttlichen Bruder, verschmolzen bin.

Das ist mein sehnlichster Wunsch,
das ist das Verlangen meiner Seele und auch meines Menschen.

Sobald die Seele im Menschen mehr und mehr zu leuchten beginnt, spürt auch der Mensch, dass sich die Pforten zum inneren Tempel, zum Heiligtum Gottes, mehr und mehr öffnen. Die leuchtende Seele und der durchglühte Mensch haben das Blendwerk dieser Welt, ihre menschlichen Meinungen, Vorstellungen, Wünsche, Leidenschaften und Gewohnheiten mit Christus weitgehend überwunden. Aus dem inneren Heiligtum Gottes strahlt dann durch die verwirklichten Facetten der selbstlosen Liebe das Licht durch Seele und Mensch hinaus in diese Welt, zu den Menschen, die sich nach dem Lichte der Wahrheit sehnen.

Vermag unsere Seele im Lichte der Wahrheit zu leuchten, dann spüren wir innere Freude und tiefe Beglückung. Die Allkräfte der Liebe strömen in unsere Seele und in unseren Leib. Das ist auch die Antwort unseres göttlichen Bruders Christus, der durch uns für unsere Mitmenschen wirkt.

Haben wir unsere menschlichen Meinungen und Vorstellungen weitgehend überwunden, dann haben wir Weisheit erlangt; wir brauchen nichts mehr zu meinen. Wir müssen uns nicht etwas vorstellen: Es könnte so oder so sein. Wir wissen es, weil wir weitgehend die Weisheit Gottes, die göttliche Tat, erschlossen haben. Meinungen und Vorstellungen haben jene Menschen, die noch auf dem Weg zur Weisheit Gottes sind. Sie meinen – und wissen nicht. Sie stellen sich etwas vor – und kennen es nicht. »Wir stellen uns etwas vor« heißt: Es steht etwas vor uns, das wir nicht durchschauen können.

Wir haben die drängenden menschlichen Wünsche überwunden. An der Stelle der drängenden menschlichen Wünsche steht der innere Reichtum der Seele, das Bewusstsein, dass wir um vieles reicher sind als all jene, die sich ihre drängenden Wünsche erfüllen.

Das heißt nicht, dass wir uns als geistige Menschen keine Wünsche erfüllen dürfen. Gemäß unseren Möglichkeiten erfüllen wir uns angemessene Wünsche, sofern sie gesetzmäßig sind. Wir machen uns selbst hin und wieder eine kleine Freude – das gehört zum Menschsein. Doch sich mit aller Macht und mit aller Kraftanstrengung drängende Wünsche zu erfüllen, ist Kleingläubigkeit, ist innere Armut und inneres Verwaistsein.

An der Stelle der Leidenschaften steht nun das erfüllte Leben, das Gesetz Gottes. Nur der ist leidenschaftlich, dem es an göttlicher Energie mangelt; er leidet, weil er nicht erfüllt ist. Strahlt die göttliche Energie durch den Gott zugewandten Menschen, dann sind von ihm die Leidenschaften gefallen – er hat wieder sein inneres Erbe erlangt, die göttliche Kraft, und hat zur Quelle der Kraft gefunden. Er braucht nicht mehr da und dort zu suchen. Er braucht sich nicht mehr leidenschaftlich diesem und jenem zuzuwenden – er ist reich geworden, reich an Kraft. Das bringt wiederum die Souveränität. Er steht über der Leidenschaft;

denn er hat sie – unter Umständen durch Leid und Leiden – überwunden.

Er steht auch über den Gewohnheiten. Gewohnheiten sind etwas Gewöhnliches. Gott ist nicht gewöhnlich – Er ist groß. Alles Gewöhnliche ist etwas Niederes. Wer in Gott lebt, hat die Gewohnheiten überwunden, z.B. die Angewohnheit, bei Tisch Zeitung zu lesen, täglich vor dem Fernseher zu sitzen, sich zu Hause gehenzulassen, zu einer bestimmten Zeit immer ein Glas Bier zu trinken oder eine Zigarette zu rauchen.

Das Gewöhnliche ist das Unästhetische: Schmatzen, geräuschvolles Kauen, lautes Sprechen, schrilles Lachen. Wir könnten auch sagen: Das Gewöhnliche ist das Würdelose, das Unbewusste, das wir oftmals vollziehen, ohne uns unseres wahren Seins, unseres göttlichen Wesens, bewusst zu sein.

Unser göttlicher Bruder und Geistiger Lehrer – auf Erden Bruder Emanuel genannt – gab uns immer wieder Lektionen, Lehren und Aufgaben, damit wir unser Allzumenschliches besser und auch vielfältiger erkennen können. Er ermahnte uns immer wieder, die Wurzeln des menschlichen Ichs zu ergründen und diese mit Christus aus dem Acker der Seele zu entfernen. Nur wer selbst erfahren hat, was es bedeutet, das menschliche Ich zu besiegen, kann seinem Nächsten auch selbstlos dienen und helfen.

Ganz allmählich führte uns unser Geistiger Lehrer zur Evolutionsstufe des Ernstes. Wir wissen sehr wohl, dass es auch auf dieser Stufe – der vierten Stufe – noch einiges zu *erkennen und zu bereinigen gibt. Wir werden uns jedoch nicht mehr in der Talsohle des menschlichen Ichs aufhalten.*

Damit das geistige Wachstum in uns fortschreitet, schenkte uns Bruder Emanuel weitere Lektionen, Lehren und Aufgaben, so dass wir auf die innere Quelle, Christus, ausgerichtet bleiben und immer klarer – das heißt unmittelbarer – geführt werden können.

Wir wachsen nun in die unmittelbare Führung durch Christus hinein. Unser Geistiger Lehrer, der Cherub der göttlichen Weisheit, wird uns am Ende der Stufe des Ernstes unserem göttlichen Bruder Christus übergeben. Dann wird Christus jeden von uns auf dem siebenstufigen Pfad führen und jedem Einzelnen individuell die Anweisung und Lektion geben, die er noch benötigt, um ganz in das Gesetz des Lebens eintauchen zu können.

Ernste Mahnung: Nicht auf die vierte Stufe ohne die entsprechende Reife

Gabriele:

Bruder Emanuel kennt jeden von uns. Er schaut die Schüler auf dem Inneren Weg und weiß, wie es um einen jeden bestellt ist. Er ermahnt jene, die sich der Lehren, Lektionen und Aufgaben der vierten Evolutionsstufe bedienen, hierfür jedoch noch nicht die Reife erlangt haben.

Jedes Geistwesen lebt frei im Willen Gottes. So hat auch jeder Mensch von Gott den freien Willen zur freien Entscheidung über sich selbst. Deshalb sind wir für unser Denken und Handeln selbst verantwortlich.

Damit sich jeder Schüler selbst erkennt und sich auch seiner Verantwortung sich selbst gegenüber bewusst ist, gab Bruder Emanuel immer wieder Hinweise, Ermahnungen, Lehren, Lektionen und Aufgaben. Auf jeder Stufe wiederholte er die wichtigsten Merksätze zur Selbsterkenntnis – so dass kein Schüler sagen kann, das habe er nicht gewusst.

Auch auf der Evolutionsstufe des Ernstes ermahnte uns Bruder Emanuel, damit wir keinen Täuschungen unterliegen und nicht mit Astralkräften in Berührung kommen.

Der Unerleuchtete vermag schwerlich zu unterscheiden, ob ein Gedanke, ein Impuls aus dem göttlichen Bewusstsein ist oder ob er vielmehr den Verschattungen der Seele *entspringt, dem angelesenen Wissen entstammt oder gar von niederen Seelen oder Gegensatzkräften eingespiegelt wurde. Daher ist diesbezüglich Vorsicht geboten. Nur das konsequente Beschreiten des Inneren Weges schützt vor diesen Gefahren.*

Es ist wesentlich für uns, die Hilfen, Hinweise und Darlegungen aus dem Gottesgeist, die uns führend und wegweisend sein wollen, nicht nur anzunehmen, sondern sie auch aufzunehmen, indem wir sie zu einem Teil unseres Lebens werden lassen.

Haben wir dies so gehalten, so werden wir die Worte, die unser Geistiger Lehrer, Bruder Emanuel, offenbarte, in ihrer Tiefe zu erfassen vermögen.

Umgang des werdenden Mystikers mit Schwierigkeiten und mit noch vorhandenen menschlichen Programmen

Bruder Emanuel offenbarte
auf der Stufe des Ernstes:

Wer wahrhaft auf der Stufe des Ernstes lebt, der hat zu seinem wahren Sein gefunden und ruht gemäß seinem hohen Verwirklichungsgrad in sich, im Sein. Seine Gedanken sind vorwiegend von der Kraft Gottes durchdrungen. Infolgedessen wertet der Mensch nicht mehr. Er bleibt weitgehend unparteiisch, das heißt unpersönlich, weil er mehr und mehr die Dinge und Geschehnisse im Lichte der Wahrheit erkennt.

Es wird wohl immer wieder zu Schwankungen im Leben des Einzelnen kommen. Es gibt jedoch kein Abgleiten mehr von der göttlichen Weisheit wieder zurück in die Materie, in das Tal der Bitternis, des Besitzen-, Sein- und Habenwollens, der Leidenschaften und der Triebhaftigkeit.

Der wahrhaft weise werdende Mensch wird jede Schwierigkeit – auch wenn sie von der Welt her an ihn heranschwingt – gesetzmäßig zu analysieren wissen, und er wird sie auch gesetzmäßig beheben.

Die leuchtende Seele, der innere Kristall, der Stein des Weisen, strahlt in das Oberbewusstsein des Menschen ein – in die vom menschlichen Ich gereinigten Gehirnzellen, die auf die höchste Kraft, auf Gott, ausgerichtet sind. So empfängt der werdende Weise, der vom göttlichen Ernst beseelte Mensch, die göttlichen Impulse aus seinem weitgehend erschlossenen geistigen Bewusstsein, um in dieser Welt nach Gottes Gesetzen zu leben – also Gottes Willen zu erfüllen – und auch den Menschen das zu bringen, was sie erfassen und gesetzmäßig anwenden können.

Sollten in der Seele noch menschliche Programme vorhanden sein, dann sind es entweder Komponenten des menschlichen Ichs, die sich im Prozess der Umwandlung befinden, oder Ichkomponenten allgemeiner Art oder Programme, die sich erst in den Stätten der Reinigung bereinigen lassen. Deshalb heißt es auch in dieser Schrift »weitgehend bereinigt«. Es können auch noch Programme vorhanden sein, die für bestimmte Zwecke gebraucht werden, z.B. für einen Auftrag, der in die Seele eingegeben wurde, damit sie zu einer bestimmten Zeit, eventuell in einer weiteren Inkarnation, den Menschen den Weg zu Gott weist. Solche Programme wühlen jedoch den Menschen nicht auf, da sie weitgehend ruhen.

Sollten jedoch noch Programme als Entsprechung zur Umwandlung anstehen und aktiv sein oder aktiv werden, dann wird der weise Mensch sie nicht mehr auffrischen, indem er sich gehenlässt und wieder Gleiches oder Ähnliches denkt wie in der Vergangenheit und auch dementsprechend handelt. Er wird sie sofort mit der Kraft Christi beheben, so dass sie bald nur noch Erinnerungen sind.

In der Kommunikation mit dem Inneren Christus erfolgt die Bewusstseinsschau, die innere Wahrnehmung

Bruder Emanuel:

Der wahre Weise wird in jeder Situation, was auch immer auf ihn zukommt, das Göttliche in ihm, den Inneren Helfer und Ratgeber, die ewige Intelligenz, um Rat und Hilfe bitten – und auf diese Weise mit seinem göttlichen Bruder, Christus, im Innersten seiner Seele in Kommunikation treten.

Gabriele:

Wo des Menschen Gefühle, Empfindungen und Gedanken sind, von dort empfängt er.

Haben wir die Stufe der Ordnung, des Willens und der Weisheit absolviert, haben wir also diese göttlichen Grundkräfte in uns entfaltet, dann sind wir dem Wesenskern Gottes, dem Christus-Gottesbewusstsein, nahe, weil die schweren Belastungen, welche den Wesenskern abgedeckt haben, von uns mit Christus umgewandelt sind.

Dann erst nehmen wir Verbindung, also Kommunikation, mit Christus in unserem Innersten auf. Er ist dann nicht mehr unser Erlöser, sondern Er ist unser göttlicher

Bruder, weil wir die Erlöserkraft mit Hilfe des Christus in die Urkraft erhoben haben.

Nehmen wir uns als Aufgabe mit:
Fragen wir uns: Inwieweit sind wir dem Christus-Gottesbewusstsein nahe?

Bruder Emanuel
offenbarte:

Kann diese selbstlose göttliche Kommunikation hergestellt werden, dann erfolgt eine unmittelbare Bewusstseinsschau, das heißt, der Mensch erfasst und weiß sofort, wie er zu denken und zu handeln hat. Als Hilfe ist auch die Lösung in der Bewusstseinsschau und in den Bewusstseinsimpulsen vorhanden. Wer in dieser himmlischen Kommunikation mit dem Inneren Christus lebt, der hat den Stein des Weisen gefunden, das im Glanze Gottes leuchtende geistige Bewusstsein im Menschen. Es ist die Seele, die heimgefunden hat.

Gabriele:

Die Bewusstseinsschau ist die innere Wahrnehmung – die Kommunikation mit dem positiven Kern im Problem; es ist die Kommunikation mit dem Innersten des Menschen;

es ist die Wahrnehmung von all dem, was auf den werdenden Weisen zukommt. Im Innersten seiner Seele erfasst er wiederum das Innerste von allem, was ihm im Äußeren begegnet. Das heißt, er nimmt mit dem Göttlichen all dessen, was im Äußeren ist, Kommunikation auf und erfasst im selben Augenblick, was z.B. der Mensch denkt, was er fühlt, welches Problem zugrunde liegt, welche Schwierigkeiten oder Situationen. Er erfährt sofort im Inneren die Lösung – von jedem Problem, von jeder Schwierigkeit, von jedem Gedanken, von allem, was ihm begegnet, weil er weitgehend eins mit den ewigen Gesetzen ist, die unermüdlich geben.

Die Bewusstseinsschau ist also die Wahrnehmung mit den Kräften des geistigen Bewusstseins; in dieser Wahrnehmung liegt das Erfassen aller Dinge. Es ist auch möglich, dass sich Bilder auftun und der werdende Weise im Bild die Lösung schaut; doch es muss nicht immer so sein.

Die Bewusstseinsschau ist die innere Wahrnehmung, die sofort dem Oberbewusstsein des Menschen Impulse gibt, so dass dieser die Lösung mit seinen Worten wiederzugeben vermag, oder er gibt Hilfen, Anweisungen oder Hinweise, je nachdem, was aus der Bewusstseinsschau, aus der geistigen Wahrnehmung in das Oberbewusstsein des wahren Weisen steigt.

Die Bewusstseinsimpulse sind Strahlung aus der Bewusstseinsschau. Diese Strahlung formiert sich in uns zuerst einmal als Gefühl, dann als Empfindung, dann als

Gedanke. Denn als Menschen müssen wir das, was uns das Göttliche übermittelt, mit unseren Worten ausdrücken.

Eine Aufgabe für die Schüler der Stufe des Ernstes:

Werden wir still. Vertrauen wir uns Christus in unserem Inneren an. Nehmen wir das, was uns heute beschäftigt, mit in unser Inneres und bitten den Inneren Helfer und Ratgeber, Christus, um Führung.

Erhalten wir nun Impulse, dann müssen wir abwägen: Sind sie göttlich oder ungöttlich? Es kommt also auf unsere geistige Entwicklung an.

Vorsicht ist dann geboten, wenn der Wanderer auf dem Weg zur Einswerdung mit Gott wenig geistige Schritte getan hat. Dann nimmt er nur von dem auf, was er über das Göttliche gestülpt hat, nämlich aus seinem niederen Ich, seinem Allzumenschlichen, also aus seinem Sündhaften; denn alles sendet.

So kann der Mensch seine eigenen Ursachen, seine menschlichen Gedanken, Erwägungen und Trugschlüsse abrufen und als vermeintliche Hilfe an seine Nächsten weitergeben. Das ist dann die Fehlleitung unserer Nächsten, weil wir nicht erkennen konnten, was sie in dieser Situation gebraucht hätten. Wir geben dann nur unser menschliches Ich mit.

Bruder Emanuel:

Zu Beginn der vierten Stufe hat noch nicht jeder wahrhafte Wanderer zum reinen Sein das göttliche Erfassen und Wissen um die Dinge, Geschehnisse und Ereignisse der Außenwelt, also um das, was auf ihn zukommt, in sich erschlossen. So mancher ist noch ein Erforscher und Erhorcher seines inneren geistigen Bewusstseins.

Gabriele:

Müssen wir uns noch erforschen, dann müssen wir noch Programme, die das Göttliche überlagern, abarbeiten. Erforschen heißt: Wir wissen es noch nicht; wir sind noch nicht am Ziel; wir müssen uns durch den Weg der Verwirklichung noch einiges erarbeiten.

Erhorchen wir noch, was unser Inneres uns mitteilen möchte, so ist noch nicht das Eins-Sein mit dem Göttlichen gegeben. Jeder Seele im Menschen ist die Einswerdung mit Gott möglich – wohlgemerkt: nicht dem Menschen, sondern der Seele im Menschen. Denn der Mensch, der in sich den Stein des Weisen erschlossen hat, braucht noch die Programme für diese Welt. Infolgedessen muss er immer wieder mit diesen Programmen leben – mit den Programmen der Sprache, der Orientierung in Zeit und Raum, den Programmen, die sich aus seiner Umgebung, der Familie, dem Berufsleben ergeben, den Programmen der Sitten und Gebräuche seiner Zeit, den Programmen der handwerklichen Fähigkeiten, der Gesprächsführung, den Programmen der Mathematik und vielen weiteren.

Mit diesen Programmen ist auch der Weise ein Mensch unter anderen Menschen – seine Seele jedoch ist eins mit dem Strom Gottes, eingetaucht in den Ozean der Liebe.

Ist die Seele noch nicht als Tropfen im Ozean Gott, dann muss die Seele in den Ozean hineinhorchen, um zu erhorchen, was Gott sagt. Die Seele selbst spricht dann noch nicht das Gesetz, Gott, weil sie noch nicht im Ozean Gott, im Gesetz, lebt.

Wir könnten sagen: Seele und Mensch stehen unmittelbar am Rand des Stromes und horchen in den Strom hinein. Die Seele ist aber noch nicht im Strom; Seele und Mensch erhorchen also das Göttliche, das Bewusstsein, die Sprache Gottes. Das Erhorchen des Wortes Gottes ist jedoch nur dem möglich, der die Stufe der Weisheit weitgehend absolviert hat und dabei ist, die vierte Stufe, die Stufe des Ernstes, zu betreten.

Das Ziel jedes Wanderers auf dem Inneren Weg ist es, eins zu werden mit Gott, eins zu werden mit dem Strom, als Tropfen einzutauchen in den Ozean Gott, so dass die Seele dann die Sprache Gottes, das göttliche Selbst, spricht.

Bruder Emanuel:

Je mehr sich der Mensch der fünften Stufe nähert, umso unmittelbarer kann er auch empfangen. Denn die Seele taucht ganz allmählich als Tropfen wieder in den Ozean Gott ein. Das Rauschen der Seelenhüllen hat dann aufgehört, weil die Belastungen der Seele, welche Sender und Empfänger sind, mit Christus weitgehend umgewandelt wurden.

Der gotterfüllte Mensch lebt in der Bruderschaft Christi

Bruder Emanuel:

Kehrt der Tropfen, die lichte Seele, allmählich zurück zum Ozean Gott, dann begibt sich der Mensch in die Bruderschaft Christi. Die lichte Seele hat wieder ihren göttlichen Bruder gefunden, der sie erlöst hat. Die Seele hat sich mit Christus geeint, und der erfüllte Mensch wird auch auf Erden in der Bruderschaft mit Christus leben.

Gabriele:

»Bruderschaft Christi« heißt die Einheit mit Christus, das Leben in Christus und mit Christus für das Gemeinwohl, für alle Menschen und Seelen, die guten Willens sind.

Ein Mensch in der Bruderschaft Christi erfüllt den Willen Gottes, denn er lebt weitgehend im Gesetz, Gott, das heißt, er gibt aus der selbstlosen, göttlichen Liebe.

Ein Mensch in der Bruderschaft Christi lebt auch nicht mehr die Parzelle; denn die Parzelle ist nicht göttlich, sondern menschlich.

Im ewigen Sein gibt es nicht die Kleinfamilien – es gibt die Familien in der Großfamilie Gottes. Sie grenzen sich untereinander nicht ab – sie leben mit allen Familien in der großen Einheit, in der bewussten Kommunikation.

Im ewigen Sein ist nichts verborgen; alles ist offen, weil alles gesetzmäßig ist. Nur der Mensch, der einiges zu verbergen hat, der also noch sündigt, schafft sich eine Parzelle, in die andere nicht oder nur teilweise hineinblicken dürfen.

Der Weg zu Gott führt über die Einheit, denn Gott ist die Einheit. Infolgedessen kann der Mensch, der sich aus der Einheit fernhält, nicht zu Gott gelangen.

Wer sich in die Einsiedelei zurückzieht, der lebt nicht die Einheit – er grenzt sich von den Menschen, von seinen Brüdern und Schwestern, ab. Der Einsiedler lebt meist nur in seiner Einsiedelei, weil er von der Welt und von den Menschen enttäuscht ist. Jede Enttäuschung aber ist menschlich und nicht göttlich.

Da der Einsiedler keine Kommunikation zu seinen Mitmenschen und zu seiner Umgebung hat, kann er sich nicht erkennen. Er glaubt sich dadurch Gott nahe – näher als seine Mitmenschen.

Das Leben in Gott ist nicht ein Leben der Enttäuschung, eventuell der Verbitterung, wodurch sich der Mensch in die Einsiedelei begibt. Zum Einsiedler kann der Mensch auch dann werden, wenn er glaubt, das Göttliche nur durch die äußere Stille erfahren zu können. Das Zurückziehen in die äußere Stille der Einsiedelei ist nicht die Stille im Herzen des Menschen, die fern ist von dem Getöse der niederen Gedanken und Wünsche.

Der wahre Weise durchschaut die Gefahren weltbezogenen Lebens, die »Brille der Täuschung«

Bruder Emanuel offenbarte:

Taucht die Seele allmählich in den Ozean Gott ein, dann hat die Erlösung in ihr den Abschluss gefunden. Dann ist auch das Leben des weisen Menschen weitgehend unpersönlich, denn er hat das Persönliche, vor allem das Niedere, Allzumenschliche, überwunden. Der wahrhaft weise Mensch, der zu einem klaren Denker geworden ist, hat an sich selbst erfahren, dass das Allzumenschliche, die drängenden Wünsche und Leidenschaften, nur Schatten, Blendwerk dieser Welt sind. Sie sind die »Brille der Täuschung«, durch welche die Realität, das wahre Leben, nicht erkennbar ist.

Gabriele:

Das Eintauchen der Seele in den Ozean Gott bedeutet, dass das Erlöserlicht der Seele auf dem Weg zur Vollendung ganz allmählich wieder in das Urlicht einfließt. Nach der siebten Stufe ist es vollbracht: Der Tropfen, die Seele, hat wieder heimgefunden; sie ist eingetaucht in den Ozean, Gott.

Schon ab der vierten Stufe geht das Erlöserlicht schrittweise ins Urlicht zurück, bis der Tropfen ganz im Urlicht wirksam ist. Dann ist auch das Leben des weisen Menschen weitgehend unpersönlich; er ist nicht mehr auf die Person bezogen, sondern gottbewusst.

Der Mensch wird erst dann zum wahrhaft klaren Denker, wenn er seine Verschattungen, das menschliche Ich, mit Christus weitgehend umgewandelt hat. Er weiß sich durch das göttliche Band verbunden mit allen Lebensformen und mit seinen Mitmenschen. Er hat seinen Nächsten in sich selbst gefunden, denn jeder Mensch ist ein Teil seines Nächsten.

Da alles in allem enthalten ist, so ist die positive Kraft unserer Nächsten auch in uns – und somit sind wir in ihnen. Wer in diesem Bewusstsein lebt, der richtet und urteilt nicht mehr; denn er weiß: Richtet und verurteilt er seinen Nächsten, so richtet und verurteilt er sich auch selbst, da sein Nächster ein Teil von ihm, dem wahren Selbst, ist.

Bruder Emanuel sprach:

Der wahre Weise richtet und urteilt nicht mehr, denn er hat an sich selbst erfahren, dass ein Mensch, der sein Denken, Sinnen und Trachten einzig auf die Materie ausgerichtet hat, wie im Traum lebt, eingesponnen in die Trugbilder seines Ichs. Mit den Facetten seines menschlichen Ichs, die sein Bewusstsein einengen, macht er sich dann etwas vor, das er für gut, angenehm und real ansieht und sein Leben nennt. In Wirklichkeit ist es nur die Wunschwelt seiner Gedanken, die sich eventuell für kurze Zeit erfüllt. Ist ein solcher Wunschtraum vorbei, hat der auf die Materie ausgerichtete Mensch also ausgeträumt, dann baut er sich in Gedanken eine weitere Traumwelt auf. Wird ihm das erfüllt, was er sich gedanklich zurechtgelegt hat, dann ist er wieder eine geraume Zeit glücklich und zufrieden – so lange, bis er wieder erwacht und erkennen muss: Es ist vorbei; dies alles sind Täuschungen, es sind Begriffe, Spiegelungen von Realität, die, von der Wirklichkeit, vom Geistigen, her betrachtet, nur ein Aufblitzen des menschlichen Ichs sind.

Solche Täuschungen sind oftmals Einspiegelungen von Seelen oder Energiefeldern, die dem Menschen über seine Gedanken und die vorübergehende Erfüllung seiner Wünsche eine Wirklichkeit vorgaukeln. In dieser scheinbaren Realität ist nicht nur der Mensch für kurze Zeit glücklich und zufrieden, sondern auch die Seelen, die eventuell an diesem Traumleben des Menschen teilhaben, da sie

Gleiches oder Ähnliches auch noch in sich tragen und sich dies durch den traumwandlerischen Menschen erfüllen. Eine solche Energieabgabe an niedere Seelen, die dadurch von ihrer geistigen Weiterentwicklung abgehalten werden, ist gegen das Gesetz und den Willen Gottes.

Mit der Zeit werden solche Menschen zu Schauspielern: Sie machen sich etwas vor, was sie selbst gar nicht sind. Im weiteren Verlauf ihres Erdendaseins leben sie dann in den Träumen der Vergangenheit und übersehen dabei ihr gegenwärtiges Leben. Sie sind Tag um Tag, Stunde um Stunde mit ihrem Ich beschäftigt, so dass sie kaum mehr Zugang zu der Wirklichkeit des Inneren Lebens haben.

Der weise Mensch, der vom Traum zur Wirklichkeit gefunden hat, schaut seine Mitmenschen so, wie sie sind, nicht, wie sie schillern.

Jeder Mensch war einmal mehr oder weniger ein Schauspieler. Wer das erkannt hat und mit Christus seine hartnäckigen Trugbilder überwinden konnte, der hat zur inneren Freiheit und zur inneren Klarheit gefunden. Durch seine Verwirklichung und durch die Erfüllung der ewigen Gesetzmäßigkeiten, die ihm dadurch bewusst wurden, fielen seine Masken. Aus der Perspektive seiner Reifegrade schaut er nun die Masken seiner Mitmenschen und blickt auch hinter diese Maskerade. Er durchschaut sie also, weil er zu sich selbst gefunden hat und in seinem Innersten auch zu seinem Nächsten.

Vom Sein, dem Gesetz Gottes, aus, erkennt der Weise, dass die Menschen, die nur ihrem intellektuellen Hang nachgehen, ihre Meinungen und Vorstellungen mit allen ihnen verfügbaren Kräften verteidigen und das Fähnchen ihres Ichs nach dem Wind richten. Damit sind sie der Welt, die viele Gefahren birgt, schutzlos ausgeliefert. Solche Menschen wurden und werden zum Spielball ihres eigenen Ichs und zum Spielball astraler Kräfte. Diese wirken auf die Menschen über deren Wünsche, Leidenschaften und Triebe ein – und bewirken durch sie wiederum viel Allzumenschliches. So wird der Weltbezogene zum Abhängigen und Sklaven seines eigenen Ichs; ein solches Leben des Getriebenseins nennt er »das Leben«.

Unsere Masken, den Schein, erkennen

Gabriele:

Besitzen wir innere Freiheit, dann lehnen wir uns an keinen Menschen an, weil wir die Dinge durchschauen, weil wir den inneren Reichtum entfaltet haben. Nur derjenige lehnt sich an seinen Nächsten an, der von seinen Mitmenschen etwas erwartet. Er erwartet, dass ihm sein Nächster dies oder jenes erfüllen und geben soll – das, was er selbst nicht besitzt. Das ist Unfreiheit und Unklarheit. Ein solcher Mensch hat keine Standfestigkeit, weil er auch seinen eigenen Bewusstseinsstand noch nicht kennt.

Die innere Klarheit ist der Stein des Weisen, der in vielen Facetten leuchtet und der Seele und dem Menschen ständig Impulse sendet. Diese Klarheit ergibt sich aus der unmittelbaren Verbindung mit dem Christus-Gottesgeist – es ist das Leben in Christus und mit Christus.

Wenn wir von Masken sprechen, dann meinen wir das, was der Mensch zu verbergen hat. Mit vielen Worten verbirgt er, was er nicht preisgeben möchte, was ihm jedoch aus dem Gesicht strahlt. Er setzt ein Lächeln auf; hinter dem Lächeln strahlen die Aggressionen, der Neid, der Hass und die Feindschaft hervor. Das zeichnet ihn, und das wird auch vom wahren Weisen geschaut.

Wer seine Masken abgelegt hat, der wird sich nicht mehr anlehnen; er wird nichts mehr erwarten – er wird geben, denn er hat den inneren Reichtum erlangt. Ein solcher Mensch hat zur inneren Klarheit gefunden; er steht mit dem Kristall Inneren Lebens, dem Stein des Weisen, in Kommunikation. Die Facetten des Kristalls – die Aspekte des Göttlichen, die Gesetzmäßigkeiten des absoluten Seins – sind freigelegt und geschliffen.

Die inneren Reifegrade sind Aspekte des Göttlichen in uns. Es sind die aufblitzenden Facetten aus dem Stein des Weisen. Mit diesem Licht schauen wir tiefer und blicken hinter die Masken und hinter die Maskerade des menschlichen Ichs.

Aus der Perspektive unserer Reifegrade, also mit dem, was wir verwirklicht haben, können wir die Masken unserer Mitmenschen schauen und sie somit durchschauen.

Blicken wir noch durch die Schleier unseres Ichs, unserer Entsprechungen, Wünsche, unserer Ichbezogenheiten, dann werden wir werten und urteilen. Wer aus der Perspektive seiner Verwirklichung Menschen oder Dinge und Geschehnisse, die auf ihn zukommen, betrachtet, der wertet und urteilt nicht; der Stein des Weisen wird ihm immer die Lösung zuspiegeln oder das rechte Wort zur rechten Zeit.

Prüfen wir uns selbst:

Haben wir geistige Reifegrade erlangt? Können wir Menschen, Dinge und Geschehnisse im göttlichen Licht und mit dem göttlichen Licht erkennen?

Solange sich der Mensch mit Meinungen und Vorstellungen begnügt, so lange meint er – und weiß nicht. Er stellt sich selbst etwas vor und erkennt sich darin nicht.

Vorstellen heißt, etwas vor sich hinzustellen und es nicht selbst zu sein. Wer nicht ist, der will sein und scheinen. Er richtet das Fähnchen nach dem Wind, er redet süß und denkt doch sauer. Er hat noch nicht zur Aufrichtigkeit und schon gar nicht zur Gerechtigkeit gefunden. Wer so denkt und handelt, der sollte sich fragen, ob er überhaupt lebt.

Nehmen wir uns die Spiegelbetrachtung als Aufgabe:

Betrachten wir uns im Spiegel. Schauen wir uns kritisch an. Strahlt aus uns die Klarheit oder die Verschlagenheit?

Auch unser Nächster ist unser Spiegel. So, wie wir ihm begegnen, so reagiert er.

Wie reagieren wir auf seine Reaktionen? Bleiben wir im Äußeren freundlich? Sind unsere Gedanken unfreundlich? Was will uns das sagen?

In vielen Fällen zeigt auch unser Nächster, wer wir sind.

Prüfen wir uns, wo wir stehen. Der Spiegel zeigt es uns.

Täuschen wir uns selbst, indem wir uns nur vormachen, auf der vierten Stufe zu sein? Oder sind wir von unserem Ich so geblendet, dass wir uns selbst nicht mehr erfassen können? Dann sind wir gute Maskenbildner und Schauspieler, die sich täglich mühen, nicht aus der Rolle zu fallen, und sich bald selbst nicht mehr spüren, weil ihre Gefühls- und Empfindungswelt taub geworden ist.

Das Sein in uns ist Klarheit, ist Offenheit, ist Geradlinigkeit, ist Selbstlosigkeit, Souveränität, Dynamik und unpersönliche Liebe in jeder Situation.

Der wahre Weise lebt mit seinem Nächsten in Harmonie und Frieden

Bruder Emanuel offenbarte:

Wer jedoch zum Unpersönlichen, zum Inneren Christus, gefunden hat, der ist auch von Christus, vom Gesetz des Lebens, geschützt. Menschen auf der Evolutionsstufe des Ernstes sind weitgehend in das unpersönliche Leben hineingereift: Sie fühlen, empfinden, denken, sprechen und handeln gemäß ihrem hohen Verwirklichungsgrad selbstlos. Dies bewirkt in ihnen die Kraft Gottes, die denjenigen einhüllt und schützt, der dem unpersönlichen, selbstlosen Leben zustrebt und mit seinem Nächsten in Frieden lebt, anstatt mit ihm in Gedanken oder Worten zu ringen.

Wer wahrhaft die Bewusstseinsstufe des Ernstes erreicht hat, der lebt mit allen Menschen in Harmonie und Frieden. Mit allen Menschen in Frieden zu leben heißt, jeden Menschen anzunehmen und das Positive, das Geistige, im Nächsten aufzunehmen, so dass die positiven Kräfte seines Nächsten in ihm lebendig sind. Mit diesen positiven Kräften hat er auch Zugang zu seinem Nächsten.

Gabriele:

Oft ist zu hören: »Es ist schwer, mit seinen Mitmenschen in Harmonie und Frieden zu leben.« Unser Geistiger Lehrer, Bruder Emanuel, sprach: »Wer wahrhaft die Bewusstseins-

stufe des Ernstes erreicht hat, der lebt mit allen Menschen in Harmonie und Frieden.« Was will uns dies sagen?

In Harmonie und Frieden mit den Mitmenschen zu leben heißt, mit ihnen nicht zu streiten, nicht zu zanken und nicht in Unfrieden zu leben.

Der wahre Weise streitet und zankt nicht; er strahlt Harmonie und Frieden aus. Er wirkt nicht bestimmend auf seinen Nächsten ein; er lässt seinen Nächsten so, wie er ist, sofern dieser in seinem Menschlichen leben möchte. Er bewahrt die Kommunikation, indem er mit ihm in seinem Innersten verbunden bleibt; denn das Innerste jedes Menschen strahlt Harmonie und Frieden aus, weil es das Unbelastbare, das Göttliche, ist.

Ich wiederhole: Der wahre Weise streitet und zankt nicht. Er lebt mit seinem Nächsten in Frieden. Wer streiten und zanken möchte, der hat den freien Willen, dies zu tun. Mit einem wahren Weisen jedoch kann er nicht zanken und streiten. Der wahre Weise wird ihn aufklären, und so sein Nächster die Aufklärung nicht annimmt, wird er ihn so belassen, wie er ist; denn jeder hat den freien Willen. Jeder kann sich frei entscheiden, in Frieden oder in Unfrieden zu leben.

Gleiches zieht immer wieder zu Gleichem. Die positiven Kräfte im Menschen sehnen sich nach Harmonie und Frieden. Infolgedessen kann auch ein streitsüchtiger Mensch zu einem friedvollen Menschen geführt werden, damit er von diesem Impulse des Friedens und der Wegweisung zur Reinigung seiner Seele erlangt.

Gegenwärtiges Leben ist selbstloses Geben. Wer im Gesetz Gottes, der fließenden Energie, lebt, dem dient das Gesetz. Weise sind gute Planer

Bruder Emanuel offenbarte:

Der wahre Weise, der Mensch auf der Stufe des Ernstes also, hängt nicht mehr seiner Vergangenheit nach. Er sorgt sich nicht um die Zukunft. Er lebt bewusst im Jetzt. Da er konzentriert und auf das Wesentliche bezogen ist, plant er mit Christus, dem Inneren Helfer und Ratgeber, und führt den Plan auch mit dem Geiste Christi aus. Er hortet weder Geld noch Gut. Er wird sich nicht im Materialismus, im äußeren Reichtum und Luxus ergehen, da er den inneren Reichtum der Seele erschlossen hat.

Menschen mit entfalteten inneren, geistigen Werten werden keine Bettler sein. Was sie benötigen – und auch darüber hinaus –, schaffen sie durch die Kraft des Geistes. Menschen im Geiste Christi sind Menschen der Tat. Sie legen ihre Hände nicht in den Schoß. Sie erfüllen das Gesetz »Bete und arbeite« und wirken im Gemeinwohl für ihre Nächsten.

Wessen Seele reich ist, der lebt auch nicht in äußerer Armut. Steht die Seele im Glanze Gottes, dann wird auch der Mensch nicht darben. Sein niederes Ich ist umgewandelt in die Macht des Ich Bin.

Der Mensch auf der vierten Stufe kann mit Recht sagen: »Ich bin in Gott erblüht, und Gott wirkt durch mich.«

Gabriele:

»In Gott erblüht« ist der Mensch, der aus dem Inneren Leben schöpft. Er ist die Rebe am Weinstock des Herrn.

Der wahre Weise braucht sich um die Zukunft keine Gedanken zu machen; denn die Glut seines Inneren ist die Glut der göttlichen Liebe. Aus dieser Glut schöpft und empfängt er. Er wird alles empfangen, was er benötigt – und er wird weit mehr erhalten; denn er ist der Mensch der Gegenwart, der auch entsprechend selbstlos gibt.

Jeder Mensch soll planen. Ein Plan bezieht sich immer auf die Zukunft. Der Weise wird sich jedoch nicht darum sorgen, ob er in der Zukunft das erhält, was er für die Zukunft geplant hat. Er legt den Plan in Gottes Hand und lebt in der Gegenwart, im Jetzt. Er lässt sich auch im Plan führen, so dass Tag für Tag der Plan korrigiert oder erfüllt werden kann.

Der Mensch des Geistes braucht weder Geld noch Gut zu horten, weil er im Inneren reich geworden ist, weil er durchglüht ist von dem Geist der Liebe. Nur der Mensch, der im Materialismus schwelgt, in Reichtum und Luxus, der sorgt sich um das Morgen, weil er im Heute keine Beständigkeit findet. Die Angst um das Morgen wischt das Heute aus. Er ist getrieben und gejagt, unablässig besorgt, seine Güter zu vermehren und sie zu bewahren. Nach dem Gesetz von Saat und Ernte werden sie ihm aus den Händen rinnen, in gleicher Weise, wie er sie vermehrt hat und bewahren wollte – entweder in dieser oder in einer seiner nächsten Einverleibungen. Er verliert, was er hortet.

Wer durch die Erfüllung im Gesetz Gottes lebt, das fließende Energie ist, dem dient, dem gibt und den erhält das Gesetz. Wer den Kreislauf des Lebens, der in Geben, Empfangen und Weitergeben besteht, unterbricht und blockiert, indem er die göttlichen Energien heruntertransformiert und an sich bindet, der arbeitet gegen das ewige Gesetz.

Wer im Äußeren für sich persönlich Besitz und Reichtum schafft, der ist schon im Inneren verarmt. Der wahre Weise ist der im Inneren Reiche. Er setzt seine Tatkraft für das große Ganze ein, für das Wohl aller.

Der wahre Weise lebt nicht in den Tag hinein – er plant die Tage und die Stunden. Er gibt sich einiges vor, doch er klammert sich nicht daran.

Prüfen wir uns, ob wir gute Planer sind. Wenn nicht, dann nehmen wir uns dies zur Aufgabe: Wir planen unsere Tage und unsere Stunden, legen den Plan in das Bewusstsein Christi und lassen uns von Ihm Tag für Tag führen, so auch durch unsere Planung.

Durch Bewusstseinserweiterung wächst der werdende Weise in das Gemeinwohl hinein und trägt Verantwortung für das Wohl aller

Bruder Emanuel sprach:

Ich wiederhole:

Wer sich zu Recht auf der Stufe des Ernstes befindet, der spürt in sich die Nähe Gottes. Die Nähe des Ewigen ist das unpersönliche, selbstlose Fühlen, Empfinden, Denken, Sprechen und Handeln. Es sind die positiven Kräfte, Gott.

In einem Menschen, der in diesem beständigen Evolutionsprozess lebt, erweitert sich stetig das Bewusstsein. Dadurch wird die Seele wieder das Geistwesen, das im Gesetz Gottes, im universellen Geist, dem göttlichen Ozean, lebt.

Mit dem allmählichen Eintauchen der Seele in den Ozean, Gott, schließt sich der Kreislauf des Erlöstseins. Christus ist dem weitgehend rein gewordenen Wesen wieder der göttliche Bruder und nicht mehr der Erlöser. Dann ist also unser wahres Sein dem Sohn Gottes ganz bewusst wieder Bruder oder Schwester geworden.

Um auch als Mensch das Bewusstsein der Bruderschaft in Christus zu erlangen, müssen sowohl die Seele als auch der Mensch den Läuterungsweg gehen, den Weg nach Golgatha. Er beginnt am Fuße des Berges mit der Ordnung der Gedanken, der Zügelung der Rede, der Bemeisterung der Sinne. Es ist der Innere Weg zum Herzen Gottes. Haben Seele und Mensch die vierte Stufe erreicht, dann ist Golgatha weitgehend überwunden.

Gabriele:

Ist von den selbstlosen Gefühlen, Empfindungen, Gedanken, Worten und Handlungen die Rede, so sollte uns bewusst sein, dass das die Sprache des Gesetzes Gottes ist. Denn Gott ist selbstlos; Gott ist absolute, gebende Liebe.

Eine Aufgabe für uns: Sind wir selbstlos?

Immer wieder werden wir geprüft, auf dass wir uns selbst erkennen: Wir begegnen Menschen; wir führen Gespräche mit unseren Mitmenschen; wir erhalten Anweisungen vom Arbeitgeber. Wie reagieren wir? Sagen wir nur »ja« und denken »nein«? Sind wir wirklich selbstlos in Wort und Tat? Sind also unsere Unterkommunikationen weitgehend aufgelöst? Unsere Gefühle sagen es uns ganz deutlich.

Erweitert sich in einem Menschen, der in dem beständigen geistigen Evolutionsprozess lebt, stetig das Bewusstsein, so ist dies an seinem Verhalten und der Lebensgestaltung abzulesen. Sein Verhalten, seine Sprechweise, seine Gestik und Mimik verändern sich kontinuierlich. Er erlangt andere Lebensqualitäten. Er streitet nicht mehr.

Er versucht, Frieden zu schaffen. Er bemüht sich, seinem Nächsten zu helfen, ohne Anerkennung und Lob zu erwarten.

Jeder, der den Inneren Weg ernsthaft geht, lebt in diesem Evolutionsprozess. So könnten wir uns fragen und uns als Aufgabe mitnehmen:

Haben wir uns verändert? Sind wir neu geworden oder immer noch der alte Adam, der Mensch der Vergangenheit?

Wessen Bewusstsein sich erweitert, der erfasst auch mehr; er hat den Umblick und hat gleichzeitig den Einblick in viele Dinge, die um ihn geschehen. Er geht nicht mehr mit Scheuklappen durch diese Welt. Er sieht, was vor ihm ist, was hinter ihm ist, was rechts und links, oben und unten ist. Er hat also den Durchblick, den Weit- und Umblick.

Er ist der werdende Weise, der in das Gemeinwohl hineinreift und Verantwortung für das Wohl aller trägt. Er hat den Durchblick im Gespräch und in der Planung. Auch im betrieblichen Leben hat er den Umblick und den Weitblick. Durch sein erweitertes geistiges Bewusstsein ist es ihm auch gegeben, den Einblick und den Durchblick in die weiteren Betriebe des Gemeinwohls zu haben.

Menschen mit geistigen Werten sind die Belange des Großen und Ganzen ein Anliegen. Der werdende Weise sucht und findet in allen Dingen des Lebens die göttlichen Gesetzmäßigkeiten und tritt mit ihnen in Kommunikation. Dadurch erwachen in ihm Fähigkeiten und Eigenschaften, die ihm vorher nicht bewusst waren. Er sieht die Dinge in einem ganz anderen Licht und weiß, wie sie zu handhaben sind. Er ist nicht mehr der Mensch, der nur Befehle erteilt oder ausführt – er ist ein Mensch, der nach seinen Kräften vieles aus seinem Bewusstsein heraus vollbringt und seinen Nächsten mit Hinweisen, Hilfe und Rat selbstlos zur Seite steht. Er selbst ist kein Befehlsempfänger und will auch seinen Nächsten nicht mehr befehlen.

Die Bruderschaft in und mit Christus – das unpersönliche Leben in der Fülle

Bruder Emanuel offenbarte:

Jede Seele muss früher oder später die Evolutionsstufen von der Ordnung bis zur Barmherzigkeit gehen, denn keine Seele kann mit ihren Belastungen das kosmische Bewusstsein, Gott, erreichen.

Durch die Erlösertat ist Christus, der Sohn Gottes, der Innere Weg zum Herzen Gottes und zugleich der Wegweiser zum höchsten Bewusstsein, Gott. Als Jesus von Nazareth sagte Er sinngemäß: Keiner kommt zum Vater, nur durch Mich.

Wer also die Evolutionsstufe des Ernstes wahrhaft betreten hat, der lebt weitgehend im Bewusstsein Christi und wird auch von Christus, seinem göttlichen Bruder, weitergeführt werden bis hin zum ewigen Sein, zur Vollendung des Lebens. Dann lebt sein geistiger Leib von Ewigkeit zu Ewigkeit in Gott. Ist das Geistwesen wieder mit dem ewigen Vater geeint, so ist im Geistleib das Ich Bin, das ganze ewige Gesetz, zur Vollreife gelangt und strahlt in die Unendlichkeit.

Auf der Evolutionsstufe des göttlichen Ernstes beginnt also die Bruderschaft in und mit Christus und mit allen Menschen, die ihr Ich, das Persönliche, das Niedere, weitgehend überwunden haben und in das unpersönliche Leben, in den Geist Gottes, eintauchen. Menschen in der Bruderschaft Christi sind miteinander, weil sie füreinander sind. Sie lieben einander selbstlos und sind – mit menschlichen Worten gesprochen – ein Herz und eine Seele. Sie stehen gemäß ihrem Verwirklichungsgrad im ewigen Gesetz und wirken aus diesen Facetten der Liebe. Das ewige Gesetz der Liebe verbindet sie. Mit dieser geistigen Kraft ausgestattet, stehen sie sich gegenseitig in jeder Situation bei und richten sich dabei ausschließlich nach dem Willen Gottes, denn mit Seiner Hilfe vermögen sie alles.

In der Gleichheit, Freiheit, Einheit und Brüderlichkeit und in der Gerechtigkeit in und mit Christus wirken sie für alle Menschen, so dass auf Erden Friede wird und sich die Welt wandelt und erhellt, die willigen Menschen im Christusgeist erwachen und – als Folge der Erlösertat – wieder zum Ursprung ihres Lebens finden, zu Gott, dem allumfassenden Ozean, in das Ich Bin.

Gabriele:

Die Vollendung des Lebens erlangt zu haben heißt nichts anderes, als wieder göttlich zu sein. Ist die Vollreife erreicht, dann stehen im geistigen Körper wieder alle Aspekte der Unendlichkeit mit der Unendlichkeit in bewusster Kommunikation.

Die Prinzipien Gleichheit, Freiheit, Einheit, Brüderlichkeit und Gerechtigkeit sind die Prinzipien des ewigen Gesetzes. Sie beinhalten das Leben in Gott und sind zugleich der Ausdruck Gottes, der allen Kindern die Unendlichkeit als Essenz und Kraft geschenkt hat. Die Begriffe Gleichheit, Freiheit, Einheit, Brüderlichkeit und Gerechtigkeit umschreiben das göttliche Erbe; daraus besteht der göttlich-geistige Leib.

Aus den Prinzipien Gleichheit, Freiheit, Einheit, Brüderlichkeit und Gerechtigkeit erwächst das Friedensreich Jesu Christi.

Bruder Emanuel offenbarte weiter:

Menschen auf der Evolutionsstufe des göttlichen Ernstes erfüllen Tag für Tag mehr und mehr die Gesetze Gottes. Dadurch löst sich das Persönliche, das noch vorhandene, kleine menschliche Ich, auf. An die Stelle des Persönlichen, des Mein und Dein, tritt das unpersönliche Leben, das alles durchströmt und ewig gibt. Solche Menschen stehen mitten im Leben und ruhen trotz aller äußeren Umstände, Wirren und Schwierigkeiten in Gott.

In Gott ruhen heißt: Die menschlichen drängenden und hartherzigen Gedanken schweigen.

Wenn der Mensch den inneren Reichtum, den Ursprung der Quelle, gefunden hat und daraus zu schöpfen vermag, dann wird er unmittelbar vom Gesetz, Gott, geführt. Deshalb mangelt es ihm auch an nichts. Er findet z.B. zu Gleichgesinnten, die miteinander das eine Ziel haben, sich hin zum Göttlichen zu entwickeln. Menschen im Geiste Christi lieben einander selbstlos. Deshalb teilen sie auch miteinander, weil sie füreinander sind. Voraussetzung für ein echtes Gemeinschaftsleben in Christus, in dem das Gesetz der Liebe zu fließen vermag, ist auch das Gesetz »Bete und arbeite«.

In dem Maße, wie sich Menschen mit der Kraft Christi geistig entfalten, wirken sie auch für ihre Mitmenschen in der Welt. Denn nur durch die Erfüllung des Gesetzes »Bete und arbeite« können sich die Menschen eines Volkes aus der Sklaverei ihres Ichs und aus der Gewalt menschlicher Herrschaft und menschlicher Machenschaften befreien.

Menschen, die im Geiste des Herrn leben, die also die ewigen Gesetzmäßigkeiten Gottes in allen Lebensbereichen anwenden, werden nach dem göttlichen Gesetz auch den entsprechenden Erfolg haben. Sie sehen ihn nicht als ihre Leistung an. Sie leben in Gott und wissen, dass Gott fließende Energie ist. Sie betrachten nichts als ihr Eigen; deshalb horten sie nicht Geld und Güter. Sie wissen: Wer

Geld und Gut bindet, wer das Mein und das Dein schafft, wer alles auf sich bezieht und sich dadurch einengt, wird einst darunter leiden. Der veräußerlichte Mensch, der nur seinen irdischen Reichtum zu vermehren trachtet und damit sogar wuchert, wird einst – im Seelenreich oder als Mensch in weiteren Einverleibungen – die Verarmung seiner Seele zu spüren bekommen. Das Gesetz von Ursache und Wirkung bringt alles an den Tag.

Wer die Gesetze Gottes entfaltet hat, der lebt auch in der inneren Fülle. Er wird daher nichts sein Eigentum nennen und keine größeren Werte für sich behalten. Er lässt die Energien zum Wohle aller fließen, so, wie auch Gott Seine Lebensenergie nicht zurückhält. Er, der große Strom der Liebe, das ewige Gesetz, strömt unermüdlich. Wer sich dem ewigen Strom zuwendet, der empfängt – und gibt auch weiter. Wer sich abwendet, der verarmt.

Wer im ewigen Strom steht, in Gott, der die Fülle ist, denkt gar nicht daran, Geld und Gut zu horten und große Güter sein Eigen zu nennen. Er ist im Inneren reich und wird im Äußeren nur der Verwalter dessen sein, was dem Gemeinwohl, dem Leben der Gerechtigkeit, dient, das von dem Bewusstsein Gleichheit, Freiheit, Einheit und Brüderlichkeit getragen ist.

Ein gesetzmäßiges Leben eint Menschen untereinander und verbindet sie in der Bruderschaft Christi. Sie beten und arbeiten miteinander und teilen miteinander, was Gott ihnen schenkt. Gottes Gaben sind reich für die Menschen, die Gottes Willen erfüllen. Einer steht dem anderen in selbstloser Liebe und Brüderlichkeit bei, und jeder setzt seine Talente und Fähigkeiten für die Nächsten ein. Alle wirken mit Christus für alle Menschen, die guten Willens sind.

Innerer Reichtum macht das Herz des Menschen weit, und Gottes Geist kann durch ihn hindurchströmen. Äußerer Reichtum hingegen macht das Herz des Menschen eng. Diese Enge bewirkt Ichbezogenheit, die zur Vereinsamung und Verarmung führt, wenn auch der Mensch scheinbar viele Freunde und Gönner hat. Er misstraut ihnen, weil sein enges Herz fürchtet, sie würden ihn betrügen, bestehlen und auszehren.

Erkennet: Gleiches zieht Gleiches an.

Menschen mit einer solchen Gesinnung werden immer wieder Gleichgesinnte anziehen, das heißt solche, die ebenfalls dem Rausch des Äußeren verfallen sind und so denken und leben wie sie. Wer sein Inneres entfaltet hat – von der Ordnung bis zur göttlichen Weisheit –, der ruht in Gott und ist eingetaucht in die Urempfindung des heiligen Seins, in den Ozean der Unendlichkeit, der alle Wesen und Lebensformen eint.

Der göttlich Werdende hört auf, menschlich, ichbezogen zu denken. Er füllt seine Gedanken mit dem heiligen Gesetz, Gott, so dass jeder Gedanke dem Ursprung des Inneren Lebens entströmt, das göttlich ist. Reine Gedanken sind das Quellwasser Inneren Lebens, welches die Seele des Nächsten tränkt, das innere Heil fördert und die

Menschheit zu höheren Idealen und Werten führt. Deshalb lasse nur den Gedanken zu, der selbstlos ist, der vom Leben, dem Gesetz Gottes, durchdrungen ist. Das sind dann die heiligen Empfindungen als Gedanken in dir. Die Urempfindung, die Sprache der reinen Wesen, ist das Gesetz, Gott. Sie setzt sich im Menschen in unpersönliches Denken und Reden um.

Unpersönliches Fühlen, Empfinden, Denken, Sprechen und Handeln ist göttlich.

Erkenntnis der eigenen Reifegrade – Selbstkritik. Wachsamkeit und Gottverbundenheit

Gabriele:

Das unpersönliche Leben macht keine Unterschiede. Es liebt nicht den einen mehr und den anderen weniger. Es ist nicht für den einen und gegen den anderen. Das unpersönliche Leben ist das Prinzip der Gleichheit. Gott liebt alle Seine Kinder gleich. Infolgedessen soll auch der zu Gott Strebende keine Unterschiede machen. Das unpersönliche Leben wertet nicht, indem es sagt: »Dies ist gut, und das ist schlecht.« Damit würde es Gott bewerten.

Das unpersönliche Leben spricht auf der Materie: »Dieses ist gut, und jenes ist weniger gut.« Das ist keine

Bewertung, sondern eine Formulierung unter Menschen als Hinweis auf einen Zustand, gemessen am Absoluten, dem Gesetz. Diese Gradmessung – gut, weniger gut – bezieht sich stets auf Gegebenheiten im Relativen, auf der Materie. Der Kern, der Inhalt des Guten und weniger Guten ist immer gut, weil er göttlich ist. Und was aus Gott, dem einzig Guten, ist, das ist gut, gleich göttlich; es ist absolut.

Aufgaben für uns:

Nimm dich in jeder Situation zurück, und reagiere göttlich; denn du kennst die Gesetze Gottes.

Wenn du sprichst, dann fülle deine Worte mit dem Inneren Leben.

Frage dich immer wieder: Ist das, was du sagen möchtest, wesentlich? Ist es wesentlich, dann sprich aus dem Sein. Ist es unwesentlich, dann schweige, denn du wirst diese Worte niemals mit der Kraft Gottes zu füllen vermögen.

Bruder Emanuel sprach:

Das Fühlen, Empfinden, Denken, Sprechen und Handeln gotterfüllter Menschen ist also weitgehend in Einklang mit dem göttlichen Gesetz. Gelangen Seele und Mensch in Übereinstimmung mit dem ewigen Ozean, Gott, dann durchschaut der Mensch auch seinen Mitmenschen. Er sieht die Hülle, den Menschen, und liest an seiner Gestalt, an seiner Erscheinung, an seiner Ausdrucksform und an den Bewegungen seine Denk- und Lebensweise ab; gleichzeitig schaut und erspürt er den Tropfen, die Seele, das werdende Geistwesen.

Gabriele:

Der gesamte Schulungstext für die Stufe des Ernstes zeigt dem aufmerksamen und selbstkritischen Schüler, wo er steht. Ist der Wanderer zu Gott wach und bereit, die noch bestehenden Verschattungen aufzulösen und mit Christus umzuwandeln, wird er sich immer fragen: Erfülle ich das, was dargelegt ist? Habe ich es schon entwickelt?

Kann er die Frage mit ja beantworten, dann wird er die geistige Stärke zum Wohle seiner Mitmenschen und des großen Ganzen im Dienste Christi einsetzen. Muss er erkennen, dass es ihm noch an Reifegraden mangelt, so wird er sich fragen: Warum habe ich dieses oder jenes noch nicht erfüllt oder entwickelt?

Unser Geistiger Lehrer, Bruder Emanuel,
offenbarte:

Für den wahrhaft Weisen ist jeder Mensch ein offenes Buch, in welchem er zu lesen versteht: Er schaut sowohl die positiven als auch die negativen Seiten seiner Mitmenschen, und er kann auf alle Fragen und Situationen dieses buntbebilderten Buches menschlichen Ichs die rechte Antwort und Lösung geben. Diese innere Schau kommt aus dem erschlossenen geistigen Bewusstsein. Es ist der Stein des Weisen, der in unzähligen Facetten der ewigen Wahrheit leuchtet, der dem gotterfüllten Menschen in einem Augenblick alles offenbart und ihn auch das verstehen lässt, was seine physischen Augen sehen und die Seelenaugen wahrnehmen. Dem Weisen – der gottgeeinten Seele – ist also weder etwas fremd, noch ist ihm etwas verborgen.

Der gotterfüllte Mensch ist – ebenso wie alle Menschen – in die Tage hineingestellt, um das zu erfüllen, was ihm der Tag bringt. Er ist sich dessen bewusst und lebt daher in der Bewusstheit und Klarheit seines Empfindens und Denkens, das stets in Gott und daher gegenwärtig ist. Er wird nicht versäumen, dem Tag schon am frühen Morgen wachsam zu begegnen. Mit seinem Fühlen und Denken ist er im Tagesgeschehen, und somit steht er mit dem Lichte des Tages in der Kommunikation, in der Einheit. Dadurch kann ihm der Tag jene Gedanken und Ereignisse zuspiegeln, die für ihn und sein Leben, ja für jede Situation und Tätigkeit, notwendig sind, um sie zu erkennen und gesetzmäßig zu lösen. Diese Wachsamkeit und Gottverbundenheit macht den gotterfüllten Menschen auch zu einem guten Planer. Sein Tages- und Wochenplan ist flexibel und hat auch Raum für Unvorhersehbares.

Restbestände des menschlichen Ichs: Erinnerungen, Entsprechungen. Latente Programme in der Seele

Gabriele erläuterte:

Lieber Bruder, liebe Schwester, auf der Stufe des Ernstes lesen wir sehr oft das Wort »weitgehend«. Damit möchte unser Geistiger Lehrer, Bruder Emanuel, sagen, dass auf allen Evolutionsstufen, von der Ordnung bis zur Stufe des Ernstes, noch Restbestände von Allzumenschlichem in uns aktiv sein können – es muss jedoch nicht so sein; es kommt auf die Art und Intensität unserer Belastungen an.

Es ist möglich, dass auch auf der Stufe des Ernstes noch ein Karma aufbricht, weil jede Grundkraft in der anderen als Unterregion enthalten ist. In der Stufe des Ernstes befinden sich also auch die Unterregionen der Ordnung, des Willens und der Weisheit.

Sind z.B. im Bereich der Ordnung noch Belastungen, dann werden sie spätestens auf der Stufe des Ernstes aufbrechen, damit wir sie erkennen und bereinigen können. Wer bewusst auf der Stufe des Ernstes ist, wer also die drei zurückliegenden Stufen weitgehend erfüllt hat, wird diese Ursächlichkeiten mit der Kraft Christi sehr rasch bemeistern. Denn der geistig erwachte Mensch weiß, dass jeder Tag, jede Stunde und jede Minute kostbar ist. Der Mensch ist auf Erden, um göttlich zu werden, und die Tage sind Perlen in unserem irdischen Dasein.

Wir wissen: Nach der vierten Evolutionsstufe werden wir auf dem siebenstufigen Pfad von Christus unmittelbar geführt. So weit, wie es von uns Menschen aufgenommen werden kann, lehrt uns Christus die gesetzmäßige Anwendung der ewigen Gesetze.

Im Erlöserauftrag übernahm Christus auch die weitere Aufgabe, uns dem ewigen Vater zuzuführen, bis wir nicht mehr unser Ich, die menschliche Person, sind, sondern das Sein. Das Sein ist das Gesetz Gottes. Dann werden wir nicht mehr nach innen hören oder auf eine innere, gesetzmäßige Antwort oder Lösung warten. Wir sind dann die gesetzmäßige Antwort und Lösung. Wir sind der gesetzmäßige Gedanke und das gesetzmäßige Wort. Wir sind die gesetzmäßige Handlung. Unsere Seele ist dann zum Geistwesen im Menschen geworden. Das Geistwesen im Menschen ist das Sein, das göttliche Gesetz, Gottes Ebenbild. Es braucht nicht zu hören, zu erbitten und zu warten. Es ist das Sein, die Wahrheit selbst.

»So weit, wie es von uns Menschen aufgenommen werden kann«, heißt: Christus verwendet unseren Wortschatz, um uns die ewigen Gesetze zu übermitteln. Infolgedessen kann Er uns nur so weit entgegenkommen, wie wir es mit unseren Worten und in unserer dreidimensionalen Welt begreifen können.

So lebt und wirkt dann das Geistwesen, das Sein, im Menschen und durch den Menschen. Der Mensch ist der »Handschuh« des Geistwesens, das im Willen Gottes lebt. Er setzt das in Gedanken, Worte und Handlungen um, was das Sein dem Menschen, der Hülle, zustrahlt.

Deshalb wird Christus in uns noch einmal alles das ansprechen, was an menschlichen Aspekten noch in uns liegt.

Das ist jedoch nur dann möglich, wenn die ungezügelten Leidenschaften und Triebe, das Abwerten des Nächsten, der Zweifel an Gott oder die Besserwisserei, Unstimmigkeiten mit unserem Nächsten oder eventuell sogar Streit und Neid nicht mehr bestehen. Christus führt uns also dann unmittelbar, wenn nur noch Restbestände von Allzumenschlichem in uns vorliegen – wir können auch sagen: nur noch menschliche Gewohnheiten.

Es kann sich auch aus dem Energiepotential der Erinnerungen, die im Ausklingen sind – die also allmählich zur Ruhe kommen –, einiges wieder aktivieren; z.B. dann, wenn ein Arbeitstag sehr anstrengend war. Auch das ist kein Hinderungsgrund für Christus, uns unmittelbar zu führen.

In der Seele können latent auch noch Programme für weitere Inkarnationen liegen, die unter Umständen in ihrem Auftrag begründet sind. Sie können durch äußere Umstände angestoßen und in Bewegung gebracht werden. Entstehen daraus keine Belastungen, nützt also der

Mensch die Erkenntnisse, die aus der Seele hochsteigen, und setzt er sie für das große Ganze ein, dann können Seele und Mensch schon in dieser Einverleibung manches bewirken, was dann in den nächsten Einverleibungen schon erfüllt ist. Wenn also in dieser Inkarnation das Auftragspotential weitgehend erfüllt werden konnte, kann sich die Seele unter Umständen eine oder einige Einverleibungen ersparen.

Wie erkennen wir, dass noch menschliche Programme da sind, die in diesem Leben noch bereinigt werden sollen? Eine Hilfe ist folgende Aufgabe:

Beobachten wir unseren Körperrhythmus. Werden oder sind wir hektisch, dann will uns dies sagen, dass aus unserer Seele Unbereinigtes hochstrahlen und sich uns mitteilen möchte. In unserer Gefühlswelt erkennen wir, ob diese Unruhe durch menschliche Programme ausgelöst ist. Bitten wir Christus um Beistand, um diese Programme zu erkennen, dann wird Er uns auch helfen. Nehmen wir Gedanken wahr, also Aspekte aus diesen Programmen, so heißt es für uns, sie so rasch als möglich mit Christus zu bereinigen.

Auch eine Euphorie kann uns auf noch bestehende Programme hinweisen.

Es ist möglich, dass in der Seele eines Menschen, der sich auf der vierten Evolutionsstufe befindet, noch Entsprechungen liegen, deren Aktivierung erst für weitere

Inkarnationen vorgesehen war. Diese können durch äußere und innere Bewegungen jetzt schon aktiviert werden. Sind auf der Stufe des Ernstes einige Entsprechungen zu bereinigen, dann wird der Herr, der Christus-Gottesgeist, den Schüler noch eine geraume Zeit mittelbar führen.

Wir sind in keiner Situation allein gelassen, auch nicht in den Augenblicken, in denen Entsprechungen, also Sünden, aktiv werden und sich entweder in den Gedanken oder am Körper zeigen. Wer bewusst lebt, erkennt die Zeichen und wird sie dann auch mit der Kraft Christi, mit dem Inneren Licht, betrachten und das Erkannte bereinigen.

Wer dies ohne Zögern tut, der ist von Christus geschützt und empfängt Seine Kraft, auf dass er in Kürze das zu beheben vermag, was sich an Sündhaftem gezeigt hat. Der Schutz des Christus-Gottesgeistes ist die Gnade, die verstärkt wirkt, wenn der Mensch unverzüglich das bereinigt, was ansteht.

Auch in der Nacht, wenn der Körper schläft, kann die Seele in den Seelenreichen mit Seelen das bereinigen, was sie erst in weiteren Einverleibungen hätte beheben können.

Die Gnade Gottes wirkt also vielfältig.

Das in Gott ruhende Bewusstsein prägt den Menschen und sein Verhalten. Sein Leben wird zur Anbetung Gottes

Gabriele:

Befinden sich in der Seele nur noch geringe »Unebenheiten«, dann verläuft das Leben auf der vierten Evolutionsstufe weitgehend ruhig und friedvoll. Die Tage bringen dann keine allzu großen Höhen und Tiefen mehr. Vermag also der ewige Geist ohne große Hindernisse durch Seele und Körper zu strömen, dann sind wir weitgehend ausgeglichen und harmonisch: Wir reifen in das Sein hinein. Wir bleiben in jeder Situation klar, besonnen und ruhig.

Die innere Harmonie ist das dynamische, rhythmische Leben, das Fließen der Gotteskräfte. Die geistige Dynamik bringt uns Wachsamkeit gegenüber allem, was auf uns zukommt. Dadurch ist es uns auch möglich, jede Situation und alles, was auf uns zuschwingt, im Lichte des Ewigen zu schauen und darin gleichzeitig Antwort und Lösung zu finden.

Die Tage des weisen und gotterfüllten Menschen, in welchen kaum mehr Resonanzen von Allzumenschlichem auftreten, bringen ihm nur noch selten Persönliches. Sie stehen im Zeichen des Wirkens für seine Mitmenschen. Der Tag gibt ihm sodann Weisungen und Aufgaben für seine Nächsten – nicht nur für ihn persönlich. Die Tage führen dem wahren Weisen auch ernsthaft suchende Menschen zu, die ihn wahrhaft brauchen – nicht, die er braucht. Der gotterfüllte Mensch braucht seinen Nächsten auch nicht mehr als Spiegel.

Der Weise schaut in seinen Mitmenschen, was diese noch verdecken. Aus dem ewigen Gesetz wird er ihnen dann so weit helfen, wie er es vermag und wie es für die Seele seines Nächsten gut ist. Der wahre Weise achtet den Willen seines Nächsten. Er wird auf ihn nur dann zugehen, um ihm zu helfen und zu dienen, wenn dieser es wünscht.

Der wahre Weise ist ein Fels in der Brandung, ein Leuchtturm positiver Energien, ein Wegweiser für viele, ein selbstloser Helfer und Diener der Menschheit.

Wir denken über den Satz nach:

»Mein Leben verläuft ruhig, doch dynamisch und wachsam.«

Unser Leben verläuft dann ruhig, dynamisch und wachsam, wenn wir nicht mehr über uns, die Person, nachdenken, wenn das noch bestehende Menschlich-Persönliche uns nicht mehr drängt, sondern nur noch vorhanden ist, damit wir als Mensch das Leben auch im Äußeren so gestalten, wie es dem lichten Inneren entspricht.

Stellen wir uns folgende Fragen:

Ruhen wir in Gott?

Prüfen wir unser Fühlen, Empfinden und Denken! Sind es lautere, selbstlose Gefühle, Empfindungen und Gedanken? Womit beschäftigen wir uns also?

Ist unser Fühlen, Empfinden und Denken vom Göttlichen durchdrungen? Sind unsere Gedanken Gottesgedanken?

Wenn ja, dann sind auch unsere Sinne zu feinen Antennen geworden, die alles wahrnehmen, das Göttliche und das Ungöttliche. Dann kann auch das Oberbewusstsein, der Mensch, die innerste Wahrnehmung registrieren, weil die Gehirnzellen frei sind von unlauteren, ichbezogenen Programmen. Die feinsten Antennen unseres wahren Seins nehmen alle noch bestehenden, kleinen Unebenheiten unseres menschlichen Ichs wahr und ebenso die unserer Mitmenschen. Das ist dann das feinste Wahrnehmen, das Sensitive, von dem wir so oft hören und sprechen.

Prüfen wir uns: Leben wir bewusst im und mit dem Tag? Stehen wir in jeder Situation – einerlei, was auf uns zukommen mag – mit Gott in Kommunikation? Können wir umschalten, das heißt, uns mit dem Inneren Licht in uns verbinden, um dann aus der ewigen Quelle zu schöpfen und zu geben?

Der Ablauf ist folgendermaßen: Sind wir wahrlich in das Bewusstsein, Gott, eingekehrt, dann liegen unsere fünf geläuterten und verfeinerten menschlichen Sinne wie feine Fühler auf dem göttlichen Resonanzboden, auf dem geistigen Bewusstsein. Sie stehen in unmittelbarer Verbindung mit den feinsten Antennen unseres wahren Seins. Sie übermitteln unserem Oberbewusstsein, was das göttliche

Bewusstsein in uns – wir nennen es auch den inneren Seismographen oder den Inneren Helfer und Ratgeber – signalisiert.

Der göttliche Strom, das Gesetz des Alls, fließt unermüdlich. Kann das ewige Gesetz, der Geist Gottes, weitgehend ungehindert durch unsere Seele und durch unseren Körper strömen, dann ist auch unsere Körperstruktur verfeinert. Wir wissen: Unsere Gefühle, Empfindungen, Gedanken und Sinne prägen unseren Körper. Was wir fühlen, empfinden und denken, das sind wir, das wirkt sich auch am Körper und in unserem ganzen Verhalten aus.

Vermag das Gesetz Gottes, die Liebe, uns zu durchströmen, dann zeichnet sich auch im Alter die innere Jugend ab. Das Lächeln des geistig gereiften älteren Menschen ist mild und verständnisvoll; der Mensch spricht die Sprache der Freiheit. Er bedrängt seine Mitmenschen nicht. Sein oberstes Gebot ist die selbstlose Liebe, die jedem Menschen die Freiheit lässt. Wenn er auch alles registriert, sowohl echtes als auch vorgetäuschtes Verhalten seiner Mitmenschen, so bleibt er dennoch besonnen und tolerant. Er lässt sich nicht vor den Wagen der Intoleranz spannen, indem er das erfüllt, was seine Mitmenschen von ihm an Ungesetzmäßigem verlangen. Er bleibt dem ewigen Gesetz treu, auch dann, wenn seine Nächsten ihn deshalb abwerten, verurteilen oder sogar verlassen.

Haben wir diese Standfestigkeit erreicht, dann können wir sicher sein, dass wir auf dem Inneren Weg von der

Evolutionsstufe der Ordnung bis zur Stufe des Ernstes den Brunnquell in uns weitgehend erschlossen haben. Wir gingen den Weg zur inneren Quelle, zum Bewusstsein Christi, von außen nach innen. Wir schöpfen nun aus dem Quell des Lebens. Das bedeutet: Wir leben fortan von innen nach außen.

Bruder Emanuel offenbarte:

Das Leben im Geiste Christi ist verinnerlichtes Leben, erfülltes Denken, Sprechen und Handeln.

Der Mensch ist verwandelt – vom weltbezogenen Menschen zum gottbewussten Menschen. Trotzdem steht er mit allen seinen Kräften im irdischen Leben und erfüllt auch im Alltag Gottes Willen. Mit dieser Verwandlung des Menschen wandeln sich auch seine Gebete. Er bittet, bettelt und fleht nicht mehr im Gebet. Er ist weitgehend zum Gesetz geworden, zum Sein. Ihm dient der Strom des Heils, das Gesetz, weil es ihn zu durchströmen vermag. Dadurch wird sein Leben zum Gebet. Die Seele, das Sein, lobt, preist und ehrt den Allmächtigen und erfüllt durch den Menschen das Gesetz. Das ist echte Anbetung. Im stillen Dank rühmen Seele und Mensch die unendliche Liebe Gottes, zu der sie selbst entsprechend ihrem großen Verwirklichungsgrad geworden sind.

Der gotterfüllte Mensch hat die positiven Kräfte, die Gotteskräfte seines Nächsten in seinem geistigen Bewusstsein erschlossen. Daher kann er auch jeden seiner Mitmenschen annehmen. Bei dieser Kommunikation mit den Seelenkeimen seines Nächsten fällt von ihm jedes menschliche Urteilen, Verurteilen und Richten ab. Er weiß, dass alles Allzumenschliche wieder auf den Absender zurückkommt. Das menschliche Sendepotential des niederen Ichs baut die Staudämme auf, welche die Wasser des Lebens nicht mehr ungehindert fließen lassen.

Das Buch des göttlich Erfüllten

Bruder Emanuel:

Der erfüllte Mensch, der weitgehend geeint ist mit Christus und seinem Nächsten, wird nun das Mystische Tagebuch abschließen, denn es ist in ihm weitgehend vollbracht. Ihn begleitet nun das »Buch des göttlich Erfüllten«.

Der Inhalt dieses Buches ist das Wort Christi an Seinen Bruder oder an Seine Schwester. Der erfüllte Mensch hält in Stichworten oder sinngemäß das fest, was ihm sein göttlicher Bruder aus der Tiefe seiner Seele, aus dem Sein, zustrahlt.

Nicht alles kann der Mensch im Gedächtnis behalten. Deshalb bedarf es der Niederschrift.

Die Lehren des göttlichen Bruders Christus zur unmittelbaren Führung Seines Schülers erfolgen im Innersten des göttlich erfüllten Menschen. Sie sind einzig für diesen persönlich bestimmt, also nicht für Zweite oder Dritte. Um das Wort Gottes empfangen zu können, bedarf es keiner Techniken und Praktiken. Einzig die Verwirklichung der Gesetzmäßigkeiten Gottes erschließt das geistige Bewusstsein des Menschen, in welchem Gott wohnt.

Der Tagesablauf.
Das unpersönliche Gebet, das Allgebet

Bruder Emanuel:

Auf der Evolutionsstufe des Ernstes wird der Bruder, die Schwester im Geiste des Herrn jeden Morgen mit Gott, unserem Vater, und mit Christus beginnen. Beim Erwachen weiht der erfüllte Mensch seinen ersten Gedanken dem Ewigen, Gott, unserem Vater, und Christus, seinem göttlichen Bruder, und den Wesen des Lichts, mit denen er über Christus ebenfalls verbunden ist. Der Gott zugewandte Mensch übergibt sich dem ewigen Strom Gott, der durch ihn und durch den erwachenden Tag fließt. Er lobt, preist, ehrt und rühmt Gott, der ihm den neuen Tag geschenkt hat. Alle Eindrücke, welche die wachen Augen schon registrieren, nimmt er in sein lichtes Bewusstsein auf, um das Wahrgenommene aus dem Licht der Wahrheit zu betrachten und anzusprechen, sofern dies notwendig ist.

Die göttliche Liebe ist ewig verbindend. So wird auch der Morgengruß des Gotterfüllten an seine Lieben, die ihn eventuell geweckt haben oder um ihn sind, Verbundenheit und Wohlwollen ausdrücken und gleichzeitig für sie ein Lichtstrahl für den neuen Tag sein.

Hat der Gotterfüllte sich von seinem Nachtlager erhoben, dann richtet er sich nach Osten aus. Er hebt seine Arme empor und nimmt die strömende Schöpferkraft auf, die seine Seele und seinen Körper durchdringt. Anschließend reinigt er seinen Körper und kleidet sich an.

Dann begibt er sich in den Raum oder in die Gebetsnische, wo er auch bisher schon meditiert und gebetet hat. Sein Gebet strömt zu Gott und in die Unendlichkeit. Das Gebet einer liebenden Seele erfüllt das ganze All. Es strahlt auch zu allen Menschen und Wesen, zu allem Sein. Auf diese Weise übergibt sich der Gott Zugewandte der ewigen Schöpferkraft und dem Vater-Mutter-Prinzip, aus dem das in ihm pulsierende lichte Wesen hervorging und in dem es lebt.

Gabriele:

Das nachfolgende Gebet regt zur Selbsterkenntnis an, indem der Mensch sich fragt, ob seine Geistigkeit, das Innere Leben, so weit entfaltet ist, wie ihm das Gebet über-

mittelt. Lebt er wahrlich in dieser Bewusstheit, dann kann er getrost sagen: Ich habe mein Allzumenschliches weitgehend überwunden und bewege mich so weit im Ozean des All-Einen.

Diese Gebetsworte sind nur als Anleitung gegeben. Jeder betet zu Gott entsprechend seinem erwachten Liebeherzen.

Allgebet:

Die weitgehend gereinigte Seele betet den All-Einen an in Gefühlen, Empfindungen, Gedanken, Worten und Taten, denn sie ist weitgehend eins mit dem allmächtigen Allgesetz, dem unendlichen Geist der Liebe. Der vom Geiste durchglühte Mensch betet:

Ich bin in Deiner heiligen Stille.
Meine Seele ruht in Deinem heiligen Bewusstsein,
und meine Körperzellen sind durchglüht
von Deiner Weisheit und Kraft.
Mein Atem geht ruhig und tief.
Meine Gefühle, Empfindungen und Gedanken
sind eins mit Dir, dem großen Geist.
Auch meine Worte und Empfindungen
sind schöpferische Kräfte, denn
sie gehen aus dem einen Strom hervor,
der Du bist, o Ewiger.

Eingetaucht in den Ozean unendlicher Liebe,
schöpferisch empfangend und gebend,
sende ich, Dein Kind, Deine heiligen, ewig liebenden
Kräfte der Weisheit und Größe in diese Welt.
Du strömst durch mich
zu allen meinen kranken Brüdern und Schwestern.
Durch mich berührst Du all jene,
die sich berühren lassen, und hilfst ihnen,
sich als Dein geheiligtes Lichtkind zu erkennen.

Ruhig geht mein Atem,
denn meine Seele ist eingetaucht in den Ozean
der unendlichen Liebe, Weisheit und Größe.
Aus der Fülle des Seins strömen heilende Kräfte
durch mich zu allen Kranken.
Sie sind berührt von dem heilenden Licht.
Durch mich strömen die unendlichen Kräfte
der Liebe und Weisheit zu allen
Brüdern und Schwestern auf der ganzen Erde.
Heilende, mahnende, erweckende, stärkende
und führende Kräfte berühren die Menschen.
Immer mehr Brüder und Schwestern
erwachen im Inneren Licht.

Schöpferische, aufbauende und tröstende Kräfte
strömen zum gequälten Tier-, Pflanzen-
und Mineralreich.

Der ewige Schöpfergeist, welcher die Quelle,
der Urstrom und der Ozean ist,
strömt durch mich und erfüllt die Natur
mit Hoffnung, Kraft und mit der Erkenntnis,
dass die Evolution im Schöpfergeist bleibt –
ewiges Leben, ewige Entfaltung,
auch in der Natur.

Eingetaucht in den mächtigen Ozean der Liebe,
Weisheit und Größe, erfülle ich, was Gottes Wille ist.
So strömt durch mich Dein heiliger Wille.
Und so geschieht in meinem Gebet,
was Dein Wille ist, mein Herr und mein Gott.
Kräfte der unendlichen Liebe und Weisheit
durchströmen mich und ziehen hin
zu allen Seelen in den Stätten der Reinigung.
Christus, Du bist der Schild,
und durch diesen Schild strömt
meine Herzensempfindung zu allen entkörperten
Brüdern und Schwestern.
Im Gebet liegt die Erkenntnis, dass wir eins sind
im Geiste der unendlichen Liebe.

Durch das Gebet erfüllen sich die Kräfte
in vielen Seelen. Sie erwachen in ihrer
aktiven Schuld und bereinigen ihr Sündhaftes,
um einzugehen in die ewigen Wohnstätten

des ewigen Seins, wo wir alle vereint
und ewig zu Hause sind.
Heilig, heilig, heilig bist Du,
o ewig strömender Geist,
ewiger Ursprung der Quelle,
ewige Quelle, ewiger Ozean der unendlichen Liebe,
in dem wir uns bewegen und unser Dasein haben
ewiglich.

Mein Dank strömt in das ewige Sein
zu allen göttlichen Brüdern und Schwestern,
die mir beistehen und bei mir sind,
weil auch sie im Ozean der unendlichen Liebe und
Weisheit leben, wo auch meine Seele ist.

Großer Einer, All-Heiliger,
Seele und Mensch neigen sich vor Dir
im ewigen Dank, der besagt:
Dein Wille geschehe.
Ich bin Geist aus Deinem Geiste,
Liebe aus Deiner Liebe,
Weisheit aus Deiner Weisheit.
Ich bin ewiges, formgewordenes Gesetz.
Ich lebe im Strom
der siebenmal sieben Kräfte des Seins.
Ewigkeit, Ewigkeit, Ewigkeit –
das ist der Dank an die Ewigkeit.

Bruder Emanuel:

Nach dem innigen Gebet bleibt dann der geistige Mensch still und nach innen gekehrt, um in der Zwiesprache die ersten Weisungen seines göttlichen Bruders für sich selbst zu empfangen.

Nach der Kommunikation mit dem Göttlichen notiert er in das Buch des göttlich Erfüllten, was ihm der göttliche Bruder, Christus, für diesen Tag offenbart hat.

Ruhend im ewigen Sein, wird er dann mit den Seinen das Frühstück einnehmen und den Tag beginnen.

Mit innerer Wachsamkeit und geistiger Dynamik nimmt er das an, was ihm der neue Tag bringt. Er wird mit dem Inneren Helfer und Ratgeber, dem Geiste seines göttlichen Bruders Christus, während des Tages alles erfüllen, was gesetzmäßig ist.

Menschen im Geiste Gottes leben in jeder Situation von innen nach außen. Sie lassen sich nicht bedrängen und drängen. Sie sind dynamisch, klar, konzentriert und haben ihre Bewusstseinskräfte auf die jeweilige Situation ausgerichtet, um diese so rasch wie möglich zu beheben oder in Bewegung zu bringen.

Einerlei, auf welcher Evolutionsstufe sich der Mensch befindet, das Gebot lautet für jeden: Bete und arbeite.

Um die Mittagszeit schließt der Gotterfüllte mit Christus den Vormittag ab. Er verbindet sich wieder bewusst mit seinem göttlichen Bruder.

Allmähliches Erschließen der Innenschau

Bruder Emanuel:

Durch diese Kommunikation mit dem Geiste der Wahrheit wird der Mensch immer sensitiver für die Dinge und Geschehnisse, die in der Welt und in seiner nächsten Umgebung ablaufen. Er weiß, was gesetzmäßig und was ungesetzmäßig ist, und weiß auch die gesetzmäßige Lösung.

Durch das immer tiefere Eintauchen in den ewigen Ozean, Gott, entfaltet er immer mehr sein geistiges Bewusstsein und vermag immer allumfassender hineinzuempfinden. Somit werden auch die Antworten und Lösungen aus dem Geiste des Lebens in ihm klarer, und er vermag sie allmählich allumfassend zu verstehen.

Hat der Mensch das gesetzmäßige Wahrnehmen gelernt, dann wird sich ihm auch die Innenschau erschließen. Dann schaut und weiß er gleichzeitig die Tiefe der Dinge und Geschehnisse. Er schaut nicht göttliche Bilder, sondern die Situation bildhaft, in welcher er auch gleichzeitig erkennt, was gesetzmäßig zu tun ist.

Gabriele:

Dem geistig Erwachten strahlt der Gesamtkomplex zu. Er zeigt sich ihm anders als einem Unerwachten. Dieser nimmt nur die äußere Hülle, die äußere Strahlung, wahr und sieht den Komplex entsprechend seinem Bewusstsein.

Der erwachte Mensch jedoch nimmt die Tiefenstrahlung der Situation und des Komplexes wahr; er sieht ihn völlig anders als der Unerwachte.

Eine Übung, die wir durchführen können, wenn einer unserer Nächsten einverstanden ist:

Wir betrachten ihn sodann von innen her, das heißt, wir lassen seine Gesamtstrahlung auf uns wirken. Wir erfassen nicht nur sein äußeres Erscheinungsbild, sondern lassen den Gesamteindruck in uns wirksam werden. Der geistig Erwachte erfährt dann in seinem Inneren, in welcher Gedanken- und Wunschwelt sein Nächster lebt.

Unser Nächster wird uns dann die Rückmeldung geben. Dann wissen wir, ob unser Inneres aktiv ist, ob der innere Seismograph, unser göttliches Bewusstsein, uns präzise zu führen vermag. Gleichzeitig erkennen wir auch, ob das Göttliche in unserem Nächsten in uns lebendig ist.

Bruder Emanuel offenbarte:

Die Sprache des Seins ist das Göttliche im Menschen, das sich im göttlichen Sein als reines Bild offenbart, denn die Sprache des Seins ist eine bildhafte Sprache, in welcher alle Details zu schauen und zugleich zu verstehen sind. Diese Sprache des Seins ist die bildhafte Schau in der Tiefe der Seele des Menschen. Es ist das göttliche Bewusstsein im Menschen. Es gibt dem Oberbewusstsein die Übermittlung entweder in Empfindungen und Gedanken oder in einer bildhaften Schau, die sich im dreidimensionalen Bild offenbart. Es ist die Wahrnehmung, die Ausstrahlung der Gesamtheit.

Ist diese Sensitivität erwacht – wenn der geistig Erwachte die vier Stufen des Inneren Weges weitgehend vollendet hat –, dann ist die Seele das Sein im Sein geworden. Das Hineinempfinden, um das Sein zu vernehmen, hört dann auf, weil die Seele das Sein geworden ist, das Gesetz selbst. Der Mensch erhält dann das Gesetzmäßige vermittelt, ohne hineinempfinden zu müssen, weil seine Seele in Gott, dem Sein, lebt und seine Gehirnzellen beständig vom Gottesgesetz belichtet werden können. Das heißt: Die Gehirnzellen sind auf das göttliche Bewusstsein in ihm, auf das Sein, ausgerichtet, weil sie von den Programmen des Wollens, des Wünschens und der Leidenschaften gereinigt sind. Der auf die Welt bezogene Intellekt ist nun zum Instrument der Intelligenz, Gott, geworden.

Das Leben des gotterfüllten Menschen ist selbstloses Dienen

Bruder Emanuel:

Menschen in Christus gehen auch in den Nachmittag mit Christus, denn sie denken und leben von innen nach außen.

Auch am frühen Abend – wenn möglich, vor dem Abendessen – sollte der erfüllte Mensch sein Tagewerk mit Christus beschließen. Wieder taucht der Tropfen aus Gott – die Seele und der Mensch – bewusst in den ewig fließenden göttlichen Strom ein, um die Weisungen des göttlichen Bruders für sich zu empfangen.

Vermittelt der Christusgeist dem zu Gott Strebenden weitere Weisungen für seinen Lebensweg, dann sollte er auch diese im Buch des göttlich Erfüllten festhalten.

Menschen des Geistes befinden sich bewusst im Strom des Lebens, in dem Lichte der Wahrheit, das selbstlose Liebe, Frieden und Harmonie ausstrahlt.

Die selbstlose Liebe, den Frieden und die Harmonie wird der von Gott Erfüllte auch in seiner Familie ausstrahlen. Er wird auch Verständnis haben für das dort noch bestehende Menschliche, das seine Umwelt noch für selbstverständlich hält. Er selbst wird sich jedoch nicht in die Niederungen des Menschlichen begeben. Gotterfüllte

Menschen streben die Gemeinschaft mit Gleichgesinnten an. Wer von der Liebepflicht einer Familie entbunden ist, der lebt in der Bruderschaft mit Gleichgesinnten und strebt als Einzelner die Großfamilie an. Ist seine Familie auf demselben Gottesweg, so wird sie mit mehreren Familien der Großfamilie zustreben, die eine Einheit in Gott bildet. Denn so, wie alle Familien des ewigen Seins in Gott eine Einheit sind, so soll es auch auf Erden werden.

Die Abendstunden bringen jedem das, was seinem innersten Wesen entspricht.

Der gotterfüllte Mensch hat das selbstlose Dienen gelernt und in sich entfaltet. Im großen Plan Gottes gibt es viele selbstlose Tätigkeiten. Wer in Christus lebt, der ist von Christus geführt.

Geistige Menschen sind niemals aufdringlich. Sie wirken unauffällig. Sie sind. Das heißt, sie strahlen innere Souveränität und geistige Sicherheit aus. Wenn sie helfen können oder für Aktivitäten gebraucht werden, so sind sie bereit. Jede Arbeit, die sie im Weinberg des Herrn annehmen, werden sie gewissenhaft erfüllen.

Eine selbstlose Tätigkeit für den Nächsten außerhalb der Tagesarbeit ist freiwillig und ohne Lohn. »Umsonst habt ihr es empfangen, umsonst sollt ihr es weitergeben.« Für Menschen des Geistes ist es eine Selbstverständlichkeit, nicht nach Lob und Anerkennung zu trachten.

Kurz vor dem Schlafengehen wird der Gotterfüllte sich noch einmal mit dem ewigen Vater und mit seinem göttlichen Bruder Christus verbinden. Er wird dem Ewigen und Seinem Sohn alle Menschen und alles Sein anempfehlen und sich mit der ganzen Schöpfung verbunden wissen. In dem Bewusstsein, dass Gott auch der Friede und die Ruhe in der Nacht ist, geht er in den Schlaf, der auch »der kleine Bruder des Todes« genannt wird.

Hinweise auf Restprogramme durch die Tagesenergie. Erfassen und Bereinigen von noch diffusen tiefen Unterkommunikationen

Hierzu sprach Gabriele:

Lieber Bruder, liebe Schwester, jede Nacht birgt in sich auch wieder einen neuen Tag.

Da Gott, der Ewige, unser himmlischer Vater, uns als Menschen wieder in den neuen Tag stellt, wird uns auch dieser Erdentag wieder das sagen, was im Heute für uns ansteht.

Der Tag kommt zu uns als Freund. Wir erwachen, und er führt uns schon über Empfindungen und Gedanken in den Morgen und in die weiteren Stunden des Tages.

Was er auch für uns bereithalten mag – der Tag kommt immer als guter Freund. Er bringt uns nicht nur das Negative, sondern er bringt uns auch im Negativen das Positive.

Der Tag zeigt – in seinen Begebenheiten und Situationen, in den vielen Augenblicken – immer im Negativen das Positive auf. Wir erfahren es dann, wenn wir wachsam sind und uns selbst erkennen wollen.

In allem Negativen ist das Positive. So ist auch in den vielen Aspekten, die der Tag bringt, das Positive, Gott. Infolgedessen ist der Tag ein guter Freund – auch wenn er uns Krankheit und Leid bringt. Er bringt uns Krankheit und Leid nur deshalb, damit wir in der Krankheit und im Leid unser Allzumenschliches und das Gute, das Positive, erkennen. So hilft uns der Tag, auch über Krankheit und Leid, Gott zu finden – wenn wir wollen.

Sind wir mit Gott verbunden, dann nehmen wir Gottes Gabe, den neuen Tag, als Freund und Begleiter an und lassen uns auch von ihm ermahnen und uns auf noch eventuell vorhandene menschliche Programme hinweisen.

Wir erhalten Hinweise auf mannigfache Art und Weise, z.B. über Geräusche oder Töne oder über Familienmitglieder, über Berufskollegen und -kolleginnen oder über Freunde und Bekannte oder über Ereignisse und Blickkontakte oder dadurch, dass wir in eine Situation hineingestellt werden, die uns an Begebenheiten in unserem Leben erinnert. An unserer Reaktion merken wir plötzlich, dass wir etwas nur verdrängt, also aufgeschoben und nicht aufgehoben, folglich nicht bereinigt haben. Auch der Geschmack einer Speise, die wir zu uns nehmen, kann in uns Erinnerungen oder noch Entsprechungen erwecken.

Oder wir betasten einen Gegenstand und erkennen, dass in uns plötzlich eine Erregung aufsteigt. Weshalb? Am Gegenstand können z.B. Schwingungen haften, die auf einen ähnlich schwingenden Komplex in uns, also auf eine Entsprechung, einwirken. Dadurch verändert sich sodann unser Körperrhythmus.

Verändert sich der Körperrhythmus zum Harmonischen, zum Ausgeglichenen hin, dann zeigt er eine positive Entwicklung an. Ist unser Körperrhythmus disharmonisch, sind wir in unseren Bewegungen eckig, kantig oder fahrig, sprechen wir hart oder hektisch, dann neigt sich der Körperrhythmus zum Negativen hin und zeigt uns, dass in uns noch Entsprechungen zugrunde liegen.

Auf diese und ähnliche Weise werden wir immer wieder zu den in uns noch vorhandenen Restprogrammen geführt. Wir sollten dann die Ausschläge unseres menschlichen Ichs, unsere Reaktionen, prüfen. Diese Reaktionen unseres menschlichen Ichs kommen meist aus tieferen Seelenschichten, wo noch Programme wirksam sein können, die wir bisher noch nicht zu erfassen vermochten. Durch äußere Umstände können sie in unser Oberbewusstsein einstrahlen, um sich uns zu erkennen zu geben. Unser Weg heißt nun: Wir erkennen und bereinigen.

Manche Programme konnten wir bisher deshalb noch nicht erfassen, weil diese von den Gestirnen noch nicht angeregt wurden. Beschreiten wir jedoch den Weg zu Gott konsequent, so tragen wir mit dazu bei, dass ein rascherer Reinigungsprozess der Seele vonstatten gehen kann.

Äußere Umstände, die in tiefere Seelenschichten Bewegung bringen, können plötzlich auftretende Situationen, z.B. ein leichterer oder schwerer Unfall sein, auch ein Schreck, der einen Schock auslöst. Dieselbe Reaktion kann erfolgen, wenn ein Mensch verfolgt oder von einem Tier angefallen wird, ebenfalls bei hohem Fieber, in extremen Stresssituationen oder bei Panik.

Auch Naturkatastrophen wie Erdbeben, Sturmfluten oder große Sturmböen können Schockreaktionen auslösen, so dass wir zu den tieferen Schichten unseres Unbewussten gelangen.

Wir wissen: In allem Negativen ist ebenfalls das Positive – auch in Naturkatastrophen. So, wie sie äußere Dinge auslösen, so lösen sie in vielen Menschen – durch den Schock – auch innere Reaktionen aus. Dadurch lockern sich tiefere Seelenschichten und geben weitere Ursachen zur Umwandlung frei.

Die tiefen Unterkommunikationen zeigen sich oftmals z.B. nur in Unbehagen, Traurigkeit oder Unlust. Sie liegen dann teilweise noch im Nebel; sie lassen sich nur erahnen und noch nicht greifen. Und doch spüren wir, dass in den Tiefen unseres Menschseins Kommunikationen laufen, die uns teilweise noch unbewusst sind.

Diese Programme, gleich Kommunikationen, liegen unter der Gefühlsebene. Ist unsere Gefühlswelt lauter, dann wird uns der Geist Christi entweder unmittelbar – durch Impulse – oder mittelbar über das Licht des Tages, über die

Tagesenergie, diese noch diffusen Unterkommunikationen aufzeigen. Gott wird dann dafür auch Sorge tragen, dass sie uns heute bewusst werden, wenn wir davon auch nur einen Teil erfassen können – das also, was wir heute tragen und bereinigen sollen.

Wir werden uns also mit den nebulösen Kommunikationen nicht zufriedengeben. Der Tag hat sie angezeigt, und der Tag hat auch die Antwort.

Was tun wir also mit dem, was für uns teilweise noch im Verborgenen liegt?

Wir ziehen uns, sobald es uns möglich ist, zurück – eventuell in einen ruhigen Raum oder in eine ruhige Ecke oder, wenn wir zu Hause sind, in unsere Gebetsnische. Wir bitten im Gebet Christus, dass Er uns beistehen möge, das vom Tag Angezeigte zu erkennen.

Nun richten wir uns bewusst auf Christus aus. Wir werden also still, das heißt, wir sind ohne Gedanken. Dann »schalten wir auf Empfang«. Wir spüren in die verschwommenen, tiefen Kommunikationsfelder hinein.

Plötzlich steigt ein Ahnen hoch; es entwickelt sich entweder zu einem Bild, in welchem wir erkennen, worum es geht, oder wir empfinden das, was noch ansteht, was erkannt und bereinigt werden sollte. Trotzdem bleiben wir weiter in der Stille, um das, was nun konkret werden möchte, anzuschauen und nachzuempfinden. Das ist mittelbare Führung.

Wir verharren still in der Frage: Was ist es, und wie kann es gelöst werden? Während des Nachempfindens steigt ganz allmählich die Lösung empor.

Haben wir nun eine Unterkommunikation oder einige Unterkommunikationen oder Teile davon erfasst, dann lassen wir sie in uns nachschwingen. Spüren wir, dass wir das Programm oder die Programme oder Teile davon ergründen sollen, dann lassen wir das Erkannte etwas länger auf uns wirken und stellen gleichzeitig an den Komplex die Frage: Woher kommst du?

»Wir schalten auf Empfang« heißt für den Schüler auf der Stufe des Ernstes: Wir lauschen nach innen. Doch ist Achtung geboten! Wir sollten nur dann nach innen lauschen, wenn unser Bewusstsein weitgehend gereinigt ist, wenn wir zur Wahrhaftigkeit gelangt sind und uns die Ernsthaftigkeit des Inneren Lebens bewusst ist. Das bedeutet für uns, dass wir nur dann nach innen lauschen, wenn wir wahrlich auf der Stufe des Ernstes stehen. Ist dies nicht gegeben, dann treten wir nicht mit den hohen, göttlichen Kräften in Kommunikation, sondern empfangen andere Frequenzen, z.B. Astralfrequenzen. Es ist auch möglich, dass wir Seelen anziehen, oder wir sprechen uns selbst, indem wir durch unser Wollen aus unserem Ich drängende Wünsche abrufen oder aus Wissensprogrammen empfangen.

In allem, was von innen oder von außen auf uns zukommt, ist zugleich auch die Antwort oder Lösung enthalten.

Haben wir nun einiges erkennen dürfen, dann sollten wir es gleich bereinigen und nicht weiter nachforschen, was eventuell noch alles in den Tiefen schwingen könnte. Muss uns noch einiges bewusst werden, dann wird es sich zur gegebenen Zeit melden und offenbaren.

Wir prüfen uns selbst: menschlich oder unpersönlich? Von Christus unmittelbar geführt oder mittelbar über die Tagesenergie – oder gesteuert durch Negativkräfte?

Gabriele:

Noch einmal sei gesagt: Diese soeben beschriebenen, tiefen Unterkommunikationen, die uns erregen und in Vibration bringen, sind noch Aspekte unseres menschlichen Ichs. Es sind also Teile des Persönlichen, das nichts mit dem unpersönlichen Leben gemeinsam hat. Vergegenwärtigen wir uns noch einmal: Alles ist in allem enthalten. So beinhaltet die Stufe des Ernstes die Unterregionen der Ordnung, des Willens und der Weisheit, so dass z.B. auf der Stufe des Ernstes noch Aspekte von der Stufe der Ordnung emporsteigen können.

Die kleinen oder größeren Erschütterungen lassen uns erkennen, wie weit wir auf dem geistigen Weg vorangeschritten sind, denn alles will uns etwas sagen. Wir können uns also jeden Augenblick selbst testen, wo wir auf dem geistigen Weg stehen:

Was uns erregt, ist noch menschlich, also persönlich.

Woran wir uns nur noch erinnern, das ist weitgehend in geistige Energie umgewandelt; es ist also bereits unpersönlich.

Was uns aus dem Göttlichen, dem Sein, zustrahlt, ist das unpersönliche Leben, ist unsagbare Liebe, Verbundenheit, Kraft und Freiheit.

Wir können also prüfen, ob uns der Tag noch viel Persönliches bringt oder ob er uns Unpersönliches zustrahlt.

Auf der Stufe des Ernstes sollen wir jedoch allmählich die Sprache des Seins sprechen, weil die Stufe des Ernstes die Christus-Gottes-Erfüllung ist.

Befinden wir uns auf der vierten Stufe, auf der Stufe des Ernstes, und ist auch unser Bewusstsein so weit gereift, dass es in sich die vierte Stufe erschließt, dann ist in uns das Golgatha-Opfer getilgt, weil wir auf dem Inneren Weg so weit gereift sind, um sagen zu können, unsere Seele ist wieder weitgehend göttlich. In uns hat sich dann weitgehend der Erlöserfunke erfüllt. Wir gehen dann auch allmählich in den Strom der Urkraft über durch die Erfüllung der göttlichen Gesetze. Dann sind die vier ersten Stufen des Gesetzes, die göttliche Ordnung, der göttliche Wille, *die göttliche Weisheit und der göttliche Ernst, in der Seele und im Menschen weitgehend aktiv.*

Steigt hin und wieder Persönliches auf – Erregungen, Ärger und dergleichen –, so soll das nicht heißen, dass wir noch nicht der Stufe des Ernstes angehören. Wir müssen uns jedoch prüfen, in welchen Punkten wir immer wieder in gleiche oder ähnliche Menschlichkeiten zurückfallen. Werten wir z.B. immer wieder unsere Mitmenschen ab, sind wir immer wieder in Gedanken gegen sie, ärgern wir uns immer wieder über unwesentliche Dinge oder sind neidisch und eifersüchtig oder leben mit unseren Mitmenschen in Feindschaft und lassen uns immer wieder in Streitgespräche verwickeln – dann befinden wir uns nicht auf der Evolutionsstufe des Ernstes. Denn wer die ersten Schritte hin zum Inneren Leben noch gar nicht erfüllt hat – Ordne deine Gedanken, zügle deine Rede und bemeistere deine Sinne –, der ist noch nach außen gerichtet. Wer also noch in dem Bewusstsein der Eifersucht, der Feindschaft, des Streits, der Missgunst oder anderer Menschlichkeiten lebt, der läuft Gefahr, Negativkräfte anzuziehen, die ihn dann auch beeinflussen. Es wäre besser, er würde noch einmal den Inneren Weg beginnen.

Wie schon beschrieben, können noch menschliche Restprogramme in uns vorhanden sein. Diese sollen wir jedoch bereinigen. Christus kann uns nur dann unmittelbar führen und über Impulse das noch vorhandene All-

zumenschliche – die Restbestände unseres menschlichen Ichs – anregen, wenn wir uns mit unserem geistigen Bewusstsein in der Nähe des Christusbewusstsein befinden: auf der vierten Stufe. Sonst werden wir mittelbar geführt – oder werden gar gesteuert, nämlich dann, wenn wir uns selbst etwas vormachen und unser Wollen und unsere Wünsche zu Quellen der Inspiration werden lassen. Die Gefahrenquelle sind wir also selbst.

Reagieren wir auf Situationen noch sehr menschlich und kostet uns das Verinnerlichtsein Mühe, dann ist es gefährlich, den Lehrstoff der vierten Evolutionsstufe anzuwenden. Sollten wir das trotz all dieser Mahnungen und trotz der Selbsterkenntnis tun, dann können wir von Seelen oder von menschlichen Energiefeldern beeinflusst werden. Weder die göttliche Welt noch Brüder und Schwestern im Christus-Gottes-Werk können dafür verantwortlich gemacht werden. Wer die Lehrbücher des Inneren Weges von der Evolutionsstufe der Ordnung bis hin zur Evolutionsstufe des Ernstes gewissenhaft durchliest, der findet immer und immer wieder Hinweise darauf, wie gefährlich es ist, auf dem menschlichen Weg zu bleiben und zugleich geistige Kräfte anzuwenden.

Das gilt für jeden Menschen, ob er – scheinbar – den Inneren Weg geht oder ob er noch ganz im Materiellen verwurzelt ist. Wer gegen die Gebote des Herrn denkt, spricht und handelt, ist ebenfalls in Gefahr, von Seelen und menschlichen Energiefeldern beeinflusst zu werden. Allein ein gesetzmäßiges Leben – die Verwirklichung der

Zehn Gebote und der Lehren der Bergpredigt, welche die Basis des Inneren Weges sind – führt den Menschen nach innen und schützt ihn vor äußeren Einflüssen, vor »Umsetzt- und Besetztsein«.

Um uns des Sinngehaltes der Zehn Gebote und der Bergpredigt, die praktische Hinweise für unser tägliches Leben enthält, bewusst zu werden, müssen wir den ersten Schritt erkennen und erfüllen: Was du nicht willst, dass man dir tu', das füge auch keinem anderen zu. Oder anders gesprochen: Was du willst, dass man dir tu, das tue du zuerst. Sind uns diese Gebote geläufig und erfüllen wir sie auch im täglichen Leben, dann fällt es uns um vieles leichter, sie anzunehmen und danach zu leben.

Über Sturheit und Unnachgiebigkeit. Weise Menschenführung belässt die Entscheidungsfreiheit

Gabriele:

Ein Schüler auf dem Inneren Weg stellte die Frage: Was ist Sturheit?

Stur sein ist unnachgiebig sein. Wer unnachgiebig ist, will etwas für sich. Er möchte z.B. unter allen Umständen seinen Nächsten dazu bewegen, dass dieser das tut, von dem er glaubt, dass es richtig sei. Nur der ist unnachgiebig, der einer Situation nicht gewachsen ist, der also unsicher ist. Auch wer seine Mitmenschen nicht durchschaut, kann mit der Zeit hartnäckig werden, was zur Unnachgiebigkeit, zur »Sturheit«, führen kann.

Stur sein bedeutet auch, dass der Mensch an seine Meinungen und Vorstellungen gebunden ist. Lebt der Schüler noch in dieser seiner Meinungs- und Vorstellungswelt, dann wäre es besser, er würde den Lehrstoff der Stufe des Ernstes nicht anwenden.

Das bedeutet jedoch nicht, dass der Mensch auf dem Weg zum Inneren Licht in jeder Situation nachgeben soll. Ein geistig kluger Mensch spürt und erfasst in seinem Inneren, wo er in kleinen Dingen nachgeben soll, um Größe-

res zu erreichen. Er erkennt, welches die unwesentlichen Faktoren eines Komplexes sind.

In den unwesentlichen Dingen wird er also nachgeben, um Größeres zu erreichen, dann, wenn das Größere dem Gesetz des Lebens entspricht.

Da die Weisheit aus Gott den Kern in jeder Situation erkennt und ihn oftmals nicht anzusprechen vermag, weil sich der Nächste daraufhin aufbäumen würde, geht sie, die gleich Klugheit ist, vorsichtig zu Werke. Sie versucht, mit selbstlosen Worten zunächst den Kern durch Frage und Antwort einzukreisen. Kommt sie dann auf den Punkt, so hat sie den Nächsten so geführt, dass er seine Situation, die Wurzel seiner Ursachen, zu erkennen vermag, wenn er es möchte.

Die Weisheit aus Gott bricht nicht den Widerstand im Nächsten; sie weist hin und klärt auf. Bleibt der Nächste unnachgiebig, dann wird die Weisheit es so belassen, wie es der Nächste möchte; sie beachtet seinen freien Willen. Die Weisheit weiß, dass die Zeit zum Erkennen und zum Reifen für diesen Bruder, diese Schwester noch nicht gekommen ist. Deshalb schweigt sie.

Ein Schüler, der an den Schulungen auf der Stufe des Ernstes teilnahm, berichtet:

In den vielen Jahren der Schulung auf dem Inneren Weg haben wir in unzähligen Beispielen erlebt, wie Gabriele mit ihrem erschlossenen geistigen Bewusstsein auf ihre

Geschwister eingeht, um ihnen zu helfen. Gerade in der Menschenführung geht sie ganz behutsam vor. Sie lässt ihren Mitmenschen trotz deren noch vorhandener Fehler und Schwächen Spielraum, damit sie den nächsten Schritt zum ewigen Gesetz und zur Verwirklichung finden. Würden die Gesetzmäßigkeiten ohne Entscheidungsfreiheit dargelegt, dann wäre so mancher Schüler auf dem Inneren Weg gescheitert, weil er nicht mehr den Spielraum gehabt hätte, um sich selbst zu erkennen und zu bereinigen.

Wir haben es vielfach erlebt und erfahren: Wohl ist das göttliche Gesetz absolut, doch niemals wendet die Weisheit aus Gott Sein Gesetz ohne die Entscheidungsfreiheit an. Der Mensch mit erschlossenem göttlichen Bewusstsein schaut tiefer; er berücksichtigt bei seinem Nächsten die individuellen Gegebenheiten. Aufgrund ihres göttlichen Bewusstseins ist es unserer Schwester Gabriele möglich, sich mühelos auf das Bewusstsein des Einzelnen einzustellen, ihm gerecht zu werden und beizustehen.

Gabriele:

Der geistige Mensch ist ein Mensch, dessen Seele einen hohen Läuterungsgrad aufweist. Wenn er einer Situation nicht gewachsen ist, fühlt er, dass er nicht mehr in die alten Fehler und Gewohnheiten zurückfallen darf – z.B. in Unnachgiebigkeit –, oder er erkennt es, wenn er auf Behauptungen zurückgreift, von denen er letztlich selbst *nicht überzeugt ist. Er wird mit dem Inneren Helfer, mit dem Geist Christi, der zugleich auch Berater ist, in Verbindung treten und im Gebet Antwort und Lösung erbitten. Wer mit Christus, unserem göttlichen Bruder, verbunden ist, der hat den besten Beistand: Christus.*

Das wahre Gebet ist eine kurze Anrufung. Denn wer wahrhaft auf der Stufe des Ernstes lebt, der ist erfüllt von den Kräften der Verwirklichung. Das Gebet an Christus ist dann die Anrufung, gleichsam die Anknüpfung an den Strom der Unendlichkeit, an das strömende Gesetz, Gott, in dem der Christus Gottes wirkt.

Christus ist jeder Seele und jedem Menschen Hilfe und Heil. Seine Hilfe und Seine Weisungen kommen jedoch nicht bei jedem Menschen an. Wer nach außen gekehrt ist und sich mit Materiellem beschäftigt, der kann nur bedingt von innen empfangen.

Gegensätzliche Gefühle, Empfindungen, Gedanken, Worte und Handlungen bilden negative Energiefelder, Energieknoten: das Ich-Gesetz

Noch einmal zur Ermahnung, die eine Warnung
an uns alle sein soll, belehrte uns
unser Geistiger Lehrer, Bruder Emanuel:

Mit Christus verbunden zu sein heißt zugleich, mit seinem Nächsten in Frieden zu leben.

Jeder negative Gedanke, einerlei, in welche Richtung er zielt, ist gegen Gott gerichtet.

Gegensätzliche Gefühle, Empfindungen, Gedanken, Worte und Handlungen bilden allmählich Energiefelder, wir können sie auch »Energieknoten« nennen. Es sind niedrigschwingende Frequenzen, die Seele und Mensch vom Strom des ewigen Gesetzes abdrängen.

Gott ist fließende Energie. Das reine Sein ist beständiges Fließen oder Strömen. Es kennt keine Hindernisse – es strömt. Der Mensch jedoch kann sich vom Strom des Lebens abwenden, indem er gegen die Gesetze Gottes fühlt, empfindet, denkt, spricht und handelt. Dadurch schafft er sein eigenes Gesetz, sein Ich-Gesetz, unter welchem er zu leiden hat. Im weitesten Sinne bewirkt dies, dass auch die Struktur des Menschen gröber wird, weil seine Sinne durch sein ungesetzmäßiges Fühlen, Empfinden, Denken,

Sprechen und Handeln gröber werden, so dass er nur wieder Grobstoffliches, Materielles, also Niedrigschwingendes, aufzunehmen vermag.

Die Materie selbst ist niedere Schwingung. Sie ist nicht die Realität des Lebens, sondern heruntertransformierte Gottesenergie, Spiegelung der menschlichen Gedanken- und Sinneswelt. Diese heruntertransformierte Schwingung, die Materie, besteht aus dumpfen und harten Frequenzen. Im Vergleich zur ewig strömenden Energie, Gott, ist sie eine zähe Masse, ein zäher Fluss, sie ist der Widerstand, das menschliche Ich. Trotz alledem ist auch in der Materie die Gotteskraft, die darauf wartet, von Seele und Mensch angesprochen zu werden – denn Seele und Mensch besitzen den freien Willen –, um dann in Aktion zu treten und die Materie zu verfeinern.

Der Druck durch das menschliche Ich. Entsprechungen: Widerstände gegen das Göttliche

Unser Geistiger Lehrer, Bruder Emanuel:

Solange der Mensch sein eigenes Ichheitsgesetz schafft, das Gesetz von Saat und Ernte, wird er unter diesem zu leiden haben. Die göttliche Kraft in allem bleibt dann als erhaltende Kraft, das heißt, sie erhält Seele und Mensch am irdischen Leben, bis der physische Leib stirbt und der ewig lebende Geistleib, die Seele, weiterwandert.

Die ewig strömende Energie, die auch in der Materie wirksam ist, wird den Menschen nicht beeinflussen, sondern ihm nur in dem Umfang Impulse geben, wie sie den Sumpf des menschlichen Ichs durchdringen kann. Die Impulse sind für den Menschen Hinweise auf die Aspekte seines menschlichen Ichs, die ihm aufgezeigt werden, damit er sie beachten und mit Hilfe der Tagesenergie bereinigen kann.

Da eine große Anzahl von Menschen die Impulse Gottes, die tief in der Seele gegeben werden, nicht wahrnehmen kann, hat Gott dem Menschen ein Schutzwesen, ein Geistwesen – auch Schutzengel genannt – zur Seite gestellt, das über Telepathie in das Gehirn des Menschen Impulse gibt. Das Schutzwesen ist das Gesetz Gottes und lebt im Gesetz Gottes und beachtet deshalb den freien Willen des Menschen.

Wer sein niederes menschliches Ich – das z.B. den Nächsten abwertet, um sich selbst aufzuwerten – mit der Kraft Christi bekämpft, dessen Seele wird lichter, seine Körperstruktur feiner, wodurch der Geist Gottes Seele und Leib intensiver zu durchstrahlen vermag.

Aus dem menschlichen Ich kommen die Widerstände, die dem Göttlichen entgegentreten wollen. Sie werden ganz allmählich zu Entsprechungen in Seele und Mensch. Entsprechungen sind schwingende Energiekomplexe, die ihren Frequenz- und somit ihren Sende- und Empfangsbereich haben. Treffen zwei gleiche oder ähnliche Frequenzbereiche aufeinander, dann entstehen Spannungen, Drucksituationen, Aggressionen, Streit, Kampf, Krieg, Verwüstung und Zerstörung, weil das menschliche Ich immer auf Verwüstung und Zerstörung ausgerichtet ist. Entsprechungen treffen also auf Entsprechungen. Der Druck, der durch Entsprechungen entstehen kann, führt auch zu Angriff, Verteidigung, Streit, Diskussionen und Rechthaberei.

Alles in allem sind dies menschliche Aspekte, die nicht in den Himmel eingehen können. Deshalb muss sich der Mensch ändern, damit die Energien Gottes ungehindert durch Seele und Leib strömen können. Eskaliert das menschliche Ich, wird es nicht rechtzeitig erkannt und überwunden, dann können auch Krankheiten, Leiden und Schicksalsschläge die Folge sein.

Diese Hinweise sind noch einmal zum Überdenken gegeben.

Wer die Gesetze Gottes annimmt und sein Leben ändert, indem er sich bemüht, seine Entsprechungen, die Widerstände also, mit Christus umzuwandeln, der tut gut.

Gabriele:

Wir sollten auch erkennen, dass wir durch das Gesetz von Saat und Ernte sehr oft gewarnt werden, bevor z.B. eine Krankheit ausbricht oder wir einen Schicksalsschlag erleiden.

Denken wir daran, wie viele Hilfen wir von Gott und Seinen Dienern, unseren Schutzwesen, erhalten!

Verändern wir uns, indem wir unser niederes Ich abbauen und das göttliche Gesetz in uns stärker zum Fließen bringen, dann kehren wir als die gereinigten Tropfen in den Ozean, Gott, zurück, und der Geist des Allmächtigen durchdringt alle Partikel der Seele und alle Zellen des Leibes. Wer die Stufe des Ernstes betreten möchte, sollte diese Hinweise von Bruder Emanuel weitgehend in seinem Leben umgesetzt, das heißt verwirklicht haben. Wer sich jedoch immer noch bemühen muss, seine Entsprechungen und Widerstände zu beheben, der sollte von der Stufe vier noch Abstand nehmen.

Bruder Emanuel
offenbarte:

Der sich reinigende Tropfen, der allmählich wieder in den Ozean, Gott, eintaucht, wird so lange hin und wieder noch einen Druck des menschlichen Ichs fühlen, wie er nicht ganz Geist aus Seinem Geiste ist.

Der weise, der ernsthafte Mensch wird sich diesem Druck nicht beugen und sich nicht so verhalten, wie und wonach das Ich verlangt. Er wird das ihm unbehagliche Ich ohne Erregung betrachten, um das Störende ganz an der Wurzel zu erfassen und dann alles in die Wege zu leiten, auf dass es in Kürze bereinigt ist und der Geist Gottes stärker durch ihn hindurchzuströmen vermag.

Hat sein menschliches Ich mit dem menschlichen Ich seines Nächsten zu tun und will sein Nächster sein Ich wahren und durchsetzen, dann wird der, welcher der göttlichen Weisheit zustrebt, sich zuerst zurücknehmen, kurz sein Menschliches überdenken und seinen Nächsten dann so weit, wie es ihm möglich ist, unpersönlich aufklären und gleichzeitig sich mit einbeziehen. Seinem Nächsten wird er jedoch die Freiheit lassen, sein Ich abzulegen oder zu behalten. Was er selbst von seinem menschlichen Ich erkannt hat, wird er jedoch beheben und wird das Bereinigte fortan nicht mehr herbeiholen und auffrischen.

Gabriele:

Sich zurückzunehmen heißt, seine eigene »Wichtigkeit« zu überdenken und sie hintanzustellen, bis das, was zu tun ist, getan wurde. Dann sollte die Wichtigkeit, das Menschliche, überdacht und behoben werden.

Weiter sprach Bruder Emanuel:

Jeder, der in einem Arbeitsverhältnis steht, hat einen Arbeitsvertrag, der ihm bestimmte Pflichten auferlegt. Wem dieser von ihm unterschriebene Arbeitsvertrag mit seinen Pflichten nicht mehr angenehm ist, sollte die ihm auferlegten Punkte trotzdem erfüllen, solange er noch in diesem Arbeitsverhältnis steht und aufgrund dieses Vertrags an die Weisungen des Arbeitgebers gebunden ist, auch wenn dessen Menschliches sein menschliches Ich in Wallung bringt. Hier gilt es, die eigenen Wallungen zu erkennen und die Pflichten zu erfüllen, die er als Arbeitnehmer letzten Endes mit seinem Arbeitsvertrag übernommen hat.

Im Betrieb kann das Ich des Arbeitnehmers nicht ohne weiteres Kapriolen schlagen und zurückschlagen. Der Arbeitsvertrag sollte erfüllt werden. Wem es am Arbeitsplatz nicht mehr angenehm ist, der kann ihn entsprechend dem weltlichen Gesetz verlassen, jedoch am Arbeitsplatz sollte er kein Negativstrahler bleiben. Denn dadurch baut er nur sein erregtes Ich, seine eigenen Ursachen, weiter auf.

Wesenszüge des geistigen Menschen, des weitgehend reinen Tropfens im Ozean Gott

Bruder Emanuel:

Beginnt der sich reinigende Tropfen in den Ozean, Gott, einzutauchen, oder lebt er schon als gereinigtes Sein im Ozean, Gott, dann bleibt der Mensch in jeder Situation souverän. Souveränität wird oftmals auch mit Gelassenheit gleichgesetzt. Gelassenheit bedeutet Ausgeglichensein und Wachsein; sie hat mit Nachlässigkeit nichts gemeinsam.

Die geistige Souveränität ist Ausgewogensein der inneren Kräfte. Sie ist die Harmonie im rein werdenden Tropfen, der weitgehend alles erfasst und überschaut. Daraus erwacht die Sicherheit, weil der geistig Erwachte mit den Augen des göttlichen Gesetzes schaut, so weit, wie er dieses in seiner Seele erschlossen hat. Mit den erschlossenen göttlichen Facetten des ewigen Gesetzes erfasst er die Dinge aus dem Licht der Wahrheit.

Der geistig Souveräne strahlt den inneren Frieden aus und zugleich die innere Freude, in den Tempel des inneren Seins eingekehrt, das heißt heimgekehrt zu sein.

Die innere Freude ist unpersönliche Freude, die keine Worte hat, die strahlt und das Antlitz des wahren Weisen erhellt, weil der Geist Gottes ihn durchdringt.

Die innere Freude kennt keine Gemütswallungen, keine äußere Beglückung, sondern das tiefe Glück, mit Gott weitgehend geeint zu sein.

Die menschliche Freude hingegen ist persönliche Freude, weil der Mensch für sich etwas erhalten hat, was sein menschliches Ich aufwertet. Eine solche vorübergehende Gemütswallung äußerer Freude erlischt sehr schnell wieder, weil sie nur auf die Person bezogen ist und nicht aus der All-Liebestrahlung kommt und daher auch nicht in das All-Liebegesetz eingeht. Alle äußeren Freuden sind aufblitzende menschliche Funken, die sehr rasch erlöschen, weil menschliche Freude nur bestätigtes menschliches Ich ist.

Gabriele:

Nehmen wir uns als Aufgabe vor, beim Lesen der Lektionen, Hinweise und Anweisungen immer wieder über uns nachzudenken: wo wir stehen, wie wir uns verhalten, was unser Leben ausmacht und wie wir die Energie des Tages nützen. Im Buch der Stufe des Ernstes sind viele allgemeine Hinweise, die uns immer wieder aufzeigen, ob wir wahrhaftig das Bewusstsein dieser Stufe erlangt haben, um dann in das Innere einzutauchen, um dann wahrlich Christus zu vernehmen.

Erst wenn wir zum weitgehend gereinigten Tropfen im Ozean Gott geworden sind, können wir für unsere Mitmenschen wegweisend und Wegweiser sein.

Wir können ihnen nur dann selbstlos helfen, wenn wir uns selbst mit der Kraft des Herrn helfen konnten. Wer jedoch selbst noch im Sumpf seines menschlichen Ichs steckt und seinem Nächsten mit seinen eigenen »Sumpf-Empfehlungen« helfen möchte, der zieht ihn in seinen eigenen Sumpf hinein, weil er ihm nur das rät, was ihn selbst umgibt: Sumpf.

Beachten wir: Was der Mensch sät, das wird er ernten. Geben wir unsere Saat weiter, unser Allzumenschliches, dann schaffen wir weitere Ursachen und sind unter Umständen an unseren Nächsten gebunden, sofern dieser unsere Weisungen annimmt und befolgt.

Erst wenn wir den Stein des Weisen, das Göttliche in uns, geschliffen haben, sind wir selbstlose Wegweiser, selbstlose Diener und Helfer im Weinberg des Ewigen.

Bruder Emanuel:

Der sich reinigende Tropfen im Ozean Gott, der Mensch, der im Innersten seines Tempels ruht, schöpft aus der allweisen Kraft und gibt. Er wird sich nicht mehr mit seinen menschlichen Wünschen beschäftigen. Die kleinen, gesetzmäßigen Wünsche an das Leben wird er sich erfüllen, denn die Seele ist im Menschen, und der Mensch bedarf der äußeren Dinge. So sie im rechten Maß bleiben, sind sie gesetzmäßig und dienen dem Wohlergehen der Seele und des Menschen. Dies heißt nicht, das Persönliche zu pflegen.

Der wahre Weise wird auch nicht mehr nur für sich tätig sein, um sein Äußeres, sein Hab und Gut, zu vermehren. Er, der sich als weitgehend reiner Tropfen im Ozean Gott bewegt, ist für das große Ganze und wird auch für das große Ganze wirken, für den universellen Geist, Gott, der alle willigen Menschen zu einem Volk zusammenführt, zu Seinem Volk auf Erden. Dazu bedarf es der Menschen, die im Ozean Gott leben und das Leben, Gott, auf diese Erde bringen.

Für solche Menschen ist der Tag »entschleiert«, das heißt, er hat nicht mehr die Schleier des menschlichen Ichs. Der Tag zeigt dem gotterfüllten Menschen, was er für das Reich Gottes auf Erden zu tun vermag. Er, der große All-Eine, wirkt dann durch einen solchen Menschen. Entsprechend seinen Fähigkeiten und Talenten setzt ihn dann Gott für das Reich Gottes auf Erden ein.

Die entschleierten Tage zeigen den in Gott Ruhenden, wie sie z.B. diesem oder jenem Menschen begegnen sollen, welche Antwort sie auf Fragen geben können und welche Lösung sie vorschlagen dürfen.

Dem weisen, dem ernsthaften Menschen bringt der Tag auch viele Impulse aus dem ewigen Gesetz für sich persönlich. So mancher Impuls aus dem ewigen Sein ist ein Hinweis für die nächsten geistigen Schritte. Diese Perlen aus dem ewigen Sein sollten in dem Buch des göttlich Erfüllten festgehalten werden, damit er in Ruhe noch einmal darüber nachdenken kann.

Immer öfter pocht der göttliche Bruder, Christus, in der Seele des Menschen an, um dem Ernsthaften, der in der Erfüllung der Gesetze Gottes lebt, Hinweise und Gedankenanstöße zu geben. Christus berührt auch die Seele, bevor der Mensch kurzzeitig durch eine Unbedachtsamkeit wieder in alte Gewohnheiten zurückfallen würde. Dann ermahnt ihn Christus, der göttliche Bruder, den gesetzmäßigen Weg nicht zu verlassen und nicht eventuell

Erinnerungen aufzufrischen, die dann wieder zu Entsprechungen werden könnten.

Lebt der Mensch im allweisen, ewigen Sein, dann hat er seine Gefühle, Empfindungen, Gedanken, Worte und Handlungen zum Göttlichen erhoben. Dann ist sein Wort das Sein, weil es vom Sein, dem Göttlichen, beseelt ist; dann ist er eingetaucht in das Leben, in den Strom der Liebe, welcher ewig fließt.

Der Strom Gottes ist gebendes und empfangendes Prinzip: Wer gibt, was von Gott ist, der wird auch wieder von Gott empfangen. Dabei entsteht zwischen Seele und Mensch eine geistige Wechselwirkung, ein Kreislauf, der unermüdlich fließt. Wer bewusst in diesem Strom des Lebens steht, ist weitgehend im Sein und ist weitgehend das Sein. Er ist aus der Tiefe des Seins heraus dankbar, freudig, heiter und gelöst, weil er weiß, dass er erlöst ist. Solche Menschen sind gewissenhaft, vertrauenswürdig und aufgeschlossen, jedoch ernsthaft – wobei Ernsthaftigkeit nicht mit Traurigkeit verwechselt werden soll.

Geistige Menschen strahlen ein geistiges Fluidum aus; es kann mit Souveränität, Ehrlichkeit und Herzlichkeit umschrieben werden. Sie schauen in die Tiefen ihrer Mitmenschen, und wenn sie einem solchen gegenüber eine Aussage machen, so kann er sicher sein, dass sie aus echter geistiger Kompetenz kommt.

Der ernsthafte Mensch lobt, wem Lob gebührt. So, wie er das Selbstlose, Schöne und Angenehme seines Nächsten anspricht, spricht er auch das Gegensätzliche unpersönlich an, wenn dies notwendig ist und der Allgemeinheit oder dem Einzelnen zur Selbsterkenntnis dient.

Aufgabe für die göttlich Erfüllten auf der Stufe des Ernstes: Aussenden des geistigen Bewusstseins

Bruder Emanuel:

Geistige Menschen haben ein ausgeprägtes geistiges Empfinden, denn das geistige Bewusstsein, mit dem sie beständig in Kommunikation stehen, ist die Urempfindung, die Ursprache des Alls. Mit dieser feinen geistigen Empfindungsgabe, die eine Geistesgabe ist, vermögen sie sich in Menschen und Situationen hineinzuempfinden.

Wer unpersönlich ist, der besitzt auch die Geistesgabe, in alles, was auf ihn zukommt, sein flexibles, feines und immer aktives geistiges Bewusstsein hineinzusenden. Das ist das geistige Hineinempfinden in das Sein, in alle Bereiche des Lebens und in jede Situation. Der Mensch würde sagen: Sie können hineinspüren, sich hineinfühlen.

Menschen im Geiste des Herrn finden also die Wurzel aller Dinge, weil sie schauen und nicht nur sehen, weil sie hören und nicht nur horchen. Denn wer nur sieht und horcht, der bleibt am Äußeren haften, am menschlichen Gehabe und Gerede.

Nehmt folgende Aufgabe mit in euren Tagesplan:

Die Aufgabe für die göttlich Erfüllten auf der Stufe des Ernstes lautet:

Empfindet in jede Situation hinein, in alle Schwierigkeiten und Probleme, in alles, was auf euch zukommt, um das Innere, das Reine, zu spüren und mit dem Reinen in Kommunikation zu treten.

Auf diese Weise erlernt ihr die Sprache Gottes, die Urempfindung, die alle Dinge schaut, erkennt und zugleich erfasst und Antwort und Lösung ausstrahlt.

Sendet also euer geistiges Bewusstsein in Menschen, Dinge, Geschehnisse, Situationen, Schwierigkeiten und Probleme hinein, auch in die Mineral-, Pflanzen- und Tierwelt, und erspürt in allem die Sprache des Seins – die göttlichen Impulse in euch, die aus dem reinen Sein, aus dem Reinen, dem Unpersönlichen, offenbar werden.

Das Aussenden des geistigen Bewusstseins geschieht durch Konzentration. Der selbstlose, der unpersönliche Mensch, der sich zu konzentrieren gelernt hat, bündelt die unpersönlichen Energien. Es sind die reinen Bewusstseinskräfte, die aus seinem geistig entfalteten Bewusstsein strömen, mit denen er beständig in Kommunikation steht.

Beständig in göttlicher Kommunikation zu sein bedeutet, dass des Menschen Fühlen, Empfinden, Denken,

Sprechen und Handeln weitgehend gesetzmäßig ist. Der Mensch befindet sich in der göttlichen Kommunikation, wenn die Zellen seines Gehirns beständig auf das reine Sein in der Seele, auf das geistige Bewusstsein, ausgerichtet sind. Dann werden die Gehirnzellen beständig von der Urkraft belichtet.

Dem unpersönlichen Menschen ist es dadurch auch möglich – immer dann, wenn eine Situation oder Angelegenheit auftritt, oder bei Gesprächen und Fragen –, sofort seine unpersönlichen Empfindungen und Gedanken zu bündeln und auf die jeweilige Angelegenheit, Situation oder auf das Gespräch, auf die Frage zu lenken.

Er konzentriert also seine selbstlosen Empfindungen und Gedanken; sie werden zum Strahl seines göttlichen Bewusstseins. Mit diesem splittet er, unmerklich für den Nächsten, den Komplex, die Situation, die Frage oder Antwort auf. Unverzüglich empfängt er aus den unbelastbaren göttlichen Aspekten, die in jedem Komplex enthalten sind, die Antwort oder Lösung. Diese fließt über sein geistiges Bewusstsein in sein Oberbewusstsein ein.

Ich wiederhole, was sich vollzieht: Ähnlich, wie die Strahlen der Sonne, gebündelt durch ein sogenanntes Brennglas, das Darunterliegende entzünden können, bündelt der geistige Mensch seine Gedanken, die vom reinen Sein durchdrungen sind, und richtet sie auf die jeweilige Situation.

Da in allem, was ist – auch im Gegensätzlichen –, das Positive, die erhaltende Lebensenergie, wirkt, so entsteht zwischen den reinen Bewusstseinsenergien, den Gedanken und dem Positiven in jeder Situation und Angelegenheit eine Kommunikation. Gleichzeitig kommen im Oberbewusstsein des unpersönlichen Menschen die gesetzmäßigen Impulse an. Er weiß dann sofort Antwort oder Lösung. Zugleich weiß er auch, wie er die Antwort oder die Lösung vermitteln soll.

Auf diese Weise lernt ihr allmählich die Sprache des Gesetzes, welche auch die Sprache der reinen Geistwesen ist. Sie schauen, erkennen und erfassen alles als Ganzes und teilen sich auch entsprechend mit.

Empfangen aus dem göttlichen Strom. Die Sprache des Seins: das ewige Gesetz, die heilige Urempfindung

Bruder Emanuel:

Merkt euch: Der Geist Gottes, das Sein in der Seele jedes Menschen, lässt nichts unbeantwortet. Alles, was der Mensch mit der heiligen Urempfindung, der selbstlosen Sprache Gottes, der Sprache des Seins, anspricht, teilt sich sofort mit. Es bleibt also nichts ohne Antwort, denn das Urewige, das Unbelastbare in jeder Situation, jeder Angelegenheit, jeder Schwierigkeit und in jedem Problem nimmt sofort Kommunikation mit dem unpersönlichen Wort des geistigen Menschen auf und spricht ihm das zu, was er seinen Mitmenschen antworten oder sie fragen soll. Oftmals ist es eine Antwort, die diese noch nicht verstehen können; dann ist sie für ihre Seele gedacht, von der sie dann die Antwort erhalten, wenn der Mensch hierfür gereift ist.

Gabriele:

Gott ist selbstlose Liebe. Selbstlose Liebe gibt unermüdlich. Gott ist der Strom, Allgegenwart, der durch alle Reiche, durch alles Sein – auch durch die Materie – strömt. Der Strom Gottes ist das Gesetz Gott.

Das Gesetz, Gott, gibt auf alles Antwort – dann, wenn der geistige Mensch, der sich auf der Stufe des Ernstes befindet, das Gesetz Gottes anspricht, ansendet und sich dadurch in den Strom der Unendlichkeit begibt. Der auf Gott ausgerichtete Mensch stellt die Frage an den göttlichen Strom und taucht gleichzeitig ein in den Strom, Gott, in das Gesetz, aus dem er gemäß der Frage Antwort erhält; denn schon in der Frage ist die Antwort enthalten, weil alles in allem ist und der Strom, Gott, durch alles fließt. Durch die Kommunikation – das Senden zum Strom und in den Strom und das Empfangen aus dem Strom – wird die Allgegenwart, Gott, in der Frage aktiv, woraus sich dann die gesetzmäßige Antwort ergibt. Nichts kann unbeantwortet bleiben, weil der Strom, das Gesetz, Gott, immer gibt, zu jeder Situation spricht und antwortet. Wer im Strom, im Gesetz Gottes, lebt, durch den fließt das Gesetz, die schöpferische Kraft, um durch ihn zu ordnen, zu wecken, zu beleben, zur Evolution zu bringen und Neues zu schaffen.

Die heilige Urempfindung ist das ewige Gesetz, ist die Sprache der Geistwesen. Die heilige Urempfindung ist absolut und absolut selbstlos, weil das Gesetz Gottes absolut und selbstlos ist. Nur mit der heiligen Urempfindung, der Sprache der selbstlosen Liebe, können wir in das Gesetz der Liebe eintauchen und vom Gesetz der Liebe empfangen.

Deshalb müssen wir die Schritte hin zum ewigen Gesetz, Gott, tun. Den Weg kennen wir – er beginnt bei der Stufe der Ordnung, geht über die Stufen des Willens, der Weisheit und des Ernstes. Haben wir die Stufe des Ernstes weitgehend absolviert, dann stehen wir an der Pforte zum ewigen Gesetz. Diese Pforte steht offen, und wir dürfen eintreten und das heilige Gesetz, Gott, unser geistiges Erbe, auf den Vorbereitungsstufen zur Absolutheit, den Stufen Geduld, Liebe und Barmherzigkeit, mehr und mehr anwenden.

Die Anwendung des heiligen Gesetzes ist zugleich die Sprache des ewigen Gesetzes, ist die heilige Urempfindung.

Ein Schüler trug Folgendes bei:

In den vielen Jahren der gemeinsamen Schulung mit unserer Schwester haben wir gelernt, wie das erschlossene Bewusstsein, die ewige Urempfindung, diese Gesetzmäßigkeiten in der Praxis anwendet.

Erzählen Geschwister in der Schulung oder bei einer Veranstaltung etwas über ihr Leben oder über eine Schwierigkeit, dann formuliert in vielen Fällen Gabriele eine Frage, die mit dem Gesprochenen scheinbar nichts zu tun hat. Über diese Frage führt sie jedoch das betreffende Geschwister behutsam und zielbewusst an die Wurzel seines Problems – an die Ursache, die das Geschwister bislang selbst nicht erkannt hat.

Bevor also das Geschwister noch weiß, welche Ursache oder Wurzel seinem Problem zugrunde liegt, hat das erschlossene geistige Bewusstsein das Problem durchschaut, die Wurzel erfasst und führt das Geschwister mit ein oder zwei unpersönlichen Fragen zur Erkenntnis und Einsicht dessen, was seinem Problem zugrunde liegt. Werden so die Zusammenhänge bewusst, dann ergeben sich daraus auch die Schritte, die zur Lösung und Bereinigung führen.

Solche oft überraschenden Einsichten bringen Bewegung und Lösung in schon festgefahrene Problemkomplexe. Dies ist deshalb möglich, weil das göttliche Bewusstsein mit dem Positiven, dem Geistigen, im Problem und im Problembeladenen zu kommunizieren vermag.

Bruder Emanuel:

Die Frage eines geistigen Menschen bezieht sich nicht immer auf den unmittelbaren Komplex, wie z.B. Sorgen oder eine bestimmte Situation: Sie kann tiefere Schichten des Komplexes berühren oder sogar die Wurzel des Komplexes erfassen, so dass der Mensch, der die Antwort erwartet, zunächst nichts damit anzufangen weiß. Erst später oder im Verlauf seines irdischen Lebens wird es ihm klar werden – dann, wenn er es zu verstehen vermag oder wenn eine prekäre Situation eingetreten ist, die mit Hilfe dieses Hinweises gelöst werden kann.

Der göttliche Strom fließt unaufhörlich. Er gibt und gibt. Wer sich durch die Verwirklichung der ewigen Gesetze in den göttlichen Strom einzuschalten vermag, der empfängt auch aus ihm und wird immer dann geben, wenn sein Nächster hierfür empfangsbereit ist. Dadurch bleibt das beständige selbstlose Geben und Empfangen erhalten.

Empfängt der Mensch einen göttlichen Impuls, dann sollte er nicht versäumen, mit dieser heiligen Kraft das in Bewegung zu bringen, was der göttliche Impuls angesprochen hat: z.B. ein Problem, eine Schwierigkeit, Lebensumstände oder anderes. Der göttliche Impuls ist die fließende göttliche Kraft, die durch den Menschen und mit dem Menschen das bereinigen möchte, was im Menschen als Komplex, also als Unbewältigtes, Verpoltes, vorliegt. Der Geist Gottes und das Schutzwesen bemühen sich unermüdlich um den Menschen, um ihm das aufzuzeigen, was er erkennen und bereinigen soll, damit der Geist des Lebens ungehindert durch ihn hindurchzuströmen vermag.

Tiefenwahrnehmung – die Frucht beständigen Ringens um die Erfüllung des göttlichen Gesetzes. Göttliche Impulse: Energie und Wegweisung für unsere geistige Entfaltung

Gabriele:

Der geistige Mensch schaut niemals auf den Menschen, auf das Äußere, die Hülle seines Nächsten, sondern er nimmt den Gesamteindruck des Nächsten auf: Er erfasst die Strahlung des Göttlichen in seiner Seele, die Strahlung der Seele und die Strahlung des Ober- und des Unterbewusstseins des Menschen – die Gesamtstrahlung. Das ist die innere Wahrnehmung.

Die Gesamtstrahlung des Menschen hat ihre Sprache. Sie spricht gleichsam den geistigen Menschen an. Das geistige Bewusstsein weiß um alle Dinge und gibt dem geistigen Menschen Antwort. Die Gesamtstrahlung ist auch der Ausdruck des Menschen. Im Ausdruck ist erfassbar und wahrnehmbar, ob der Mensch, unser Nächster, empfangsbereit ist.

Der geistig Gereifte nimmt aufgrund seines weit erschlossenen Bewusstseins grundsätzlich alles wahr, was von Belang und wesentlich ist. Dieses strahlt ihm entgegen; er hat die Umsicht, den Weitblick und Durchblick.

Stellt er sich auf einen Gesprächspartner ein, so geht er bewusst »auf Empfang«, um bewusst die Gesamtstrahlung seines Mitmenschen aufzunehmen. Dies geschieht, indem er sich vollkommen leer macht von jeglichen Gefühlen, Empfindungen und Gedanken. Er ist gleichsam der positive Magnet, der dann die Gesamtstrahlung erfasst, im göttlichen Bewusstsein verarbeitet und vom göttlichen Bewusstsein her wieder empfängt.

Die innere Wahrnehmung, die Tiefenwahrnehmung, lässt sich mit Worten nur sehr schwer beschreiben, weil es nun mal innere Vorgänge sind. Es ist keine Technik, keine Methode oder Praktik, die man erlernen kann. Es ist dem Gotterfüllten gegeben, weil dieser in Kommunikation mit dem göttlichen Gesetz steht.

Diese Tiefenwahrnehmung erlangt jeder Mensch durch den Inneren Weg, wenn er wahrhaft in die innere Stille gefunden hat und in sein Inneres eingekehrt ist als bewusstes Sein im Strom des Seins, als Tropfen im Ozean, Gott. Die innere Wahrnehmung fällt uns nicht von allein in den Schoß, sondern sie ist die Frucht eines beständigen Ringens und Strebens um die Erfüllung des göttlichen Gesetzes.

Wir haben dann die innere Sicherheit und Gewissheit, von Gott geführt zu sein und göttliche Impulse zu empfan-

gen, wenn wir weitgehend im Göttlichen leben, wenn wir nichts anderes mehr möchten, als Gott, unserem ewigen Vater, zu gefallen; wenn wir nichts anderes mehr möchten, als Sein Kind zu sein; wenn wir nichts anderes mehr möchten, als unserem Nächsten selbstlos zu helfen und zu dienen; wenn uns jede menschliche Regung unendlich leid tut und wir dann gleich zu Gott, unserem Vater, gehen und deswegen um Verzeihung bitten. Dann ist in uns innere Klarheit. Dann ist in uns die innere Stärke gewachsen.

Dann spüren wir den unpersönlichen, den göttlichen Impuls, der uns in eine sanfte Vibration bringt, die nicht von außen, sondern von innen kommt. Diese göttliche Vibration, der göttliche Impuls, bringt Freude, Frieden, Sicherheit, Einklang und auch Sehnsucht nach dem Höchsten mit sich.

Bruder Emanuel:

Empfängt der Mensch einen göttlichen Impuls und verwendet er diesen für seine persönlichen Belange, zu eigennützigen Zwecken, und nicht für seine geistige Entfaltung oder für das Gemeinwohl, dann transformiert er die Gottesenergie zur ichbezogenen Energie herunter und bindet sie damit an sein ichbezogenes Denken und Tun. Jede gebundene Energie richtet sich so lange gegen den Verursacher, bis dieser die Ursache, das Gebundene, wieder löst, das heißt umwandelt und wieder hochtransformiert, um die Energie wieder zum Fließen zu bringen.

Durch das Binden von Gottesenergie entstand das Kausalgesetz, das Reinigungsgesetz

Gabriele:

Das Heruntertransformieren und Binden von Gottesenergie ist auch auf der Stufe des Ernstes noch nicht ausgeschlossen, da, wie wir gehört haben, auf jeder Bewusstseinsstufe auch alle anderen Stufen als Unterregionen enthalten sind. So kann auf der Bewusstseinsstufe des Ernstes noch einiges aus den Stufen der Ordnung oder des Willens zur Bereinigung anstehen.

Solange in uns noch Aspekte von Allzumenschlichem vorhanden sind, steht der Verführer immer bereit, über diese oftmals noch minimalen Menschlichkeiten den Menschen zu verführen. Das lässt Gott zu. Es ist dann auch eine Prüfung für den Verführer. Ist der geistige Mensch stark, dann kann der Verführer daran lernen; denn auch er ist ein Kind Gottes. Er ist noch verführt und ist deshalb ein Verführer. Auch er jedoch wird durch die Kraft Christi seinen wahren Ursprung erkennen und zum Vater zurückgeführt werden.

Infolgedessen kann ein göttlicher Impuls für menschliche Zwecke heruntertransformiert werden – dann, wenn der geistige Mensch nicht wachsam ist. Das kann geschehen, muss jedoch nicht sein.

Hochtransformieren dagegen heißt, die Negativenergie mit der Kraft Christi umzupolen in fließende göttliche

Energie. Das erfolgt über die Reue, die Bitte um Vergebung, die Vergebung, eventuell die Wiedergutmachung, sofern dies noch möglich ist; und am wichtigsten ist, dass wir das Erkannte, das Bereute, nicht mehr tun.

Das Quantum göttliche Energie, das jeder Einzelne heruntertransformiert hat, muss er hochtransformieren und wieder in den göttlichen Strom einbringen.

Hat der Mensch seinen Nächsten verführt, hat er ihn hungern oder darben lassen, hat er dazu beigetragen, dass seinen Nächsten ein Schicksal ereilte, oder hat er ihn an sich gebunden und ihn durch Vorwürfe angehalten, das zu tun, was er von ihm verlangte, dann wird ihm Gleiches oder Ähnliches widerfahren; dann wird er in die Katastrophe mit eingebunden sein; er wird z.B. unter Naturkatastrophen zu leiden haben oder wird Verfolgung erleiden, wird hungern und darben.

Bruder Emanuel offenbarte:

Als Folge solchen Bindens von Gottesenergie entstanden das Gesetz von Saat und Ernte und die Materie. Das Gesetz von Saat und Ernte ist das Kausalgesetz, das Reinigungsgesetz. Jeder einzelne Mensch untersteht ihm so lange, wie er auf sich, die Person, bezogen ist, also sein menschliches Ich wahrt.

Das Gesetz von Saat und Ernte, das Reinigungsgesetz, ist der Oberbegriff für die unzähligen Ichgesetze, die auf die jeweilige Person bezogen sind. Jeder Mensch, der sein menschliches Ich nährt und wahrt, hat seine speziellen Negativprogramme, seine Sende- und Empfangsbereiche. Sie sind sein spezielles Kausalgesetz, das wieder im Meer der Kausalenergien wirksam ist. Der Mensch ist so lange an seine eigenen Ursachen, an sein eigenes Reinigungsgesetz, gebunden, bis er es mit Christus löst und als Tropfen in den unpersönlichen Ozean, Gott, in das Absolute Gesetz, zurückkehrt. Was der Mensch also sät, das wird er ernten. Wann – das bestimmt wieder sein eigenes Reinigungsgesetz, das er selbst geschaffen hat, das im Meer des Kausalgesetzes wirkt und in der Aktivität und im Ablauf der Gestirne steht.

Tiefenkonzentration durch die Übung des Hineinempfindens in das Sein

Bruder Emanuel:

Wer sich verwandelt hat vom kausalen Fühlen, Empfinden, Denken und Reden hin zum göttlichen Urempfinden, das die Sprache des Alls ist, wird die heiligen Impulse in sich nicht nur empfangen, sondern auch im Bild oder als Bilder schauen. Auch die Fragen seiner Mitmenschen wird er nicht mehr in seinem Verstand verarbeiten, sondern in sein erschlossenes geistiges Bewusstsein aufnehmen.

Aus diesem kommt dann die unpersönliche Antwort oder die Gegenfrage. Er nimmt dann die geistige Erkenntnis, einem dreidimensionalen Bild gleich, wahr. Das geistige Bewusstsein im Menschen splittet die Frage des Fragenden auf und gibt als Antwort das, was dessen Seele dient und nicht dem menschlichen Ich.

Durch die Übung des Hineinempfindens in das Sein, das im Innersten der Seele des Menschen ist – wie auch in jeder Situation, in allen Dingen, Geschehnissen, Schwierigkeiten und Problemen, wie auch in den Mineralien, Pflanzen und Tieren –, lernt der Schüler auch die Tiefenkonzentration, das heißt, in beständigem Kontakt zu bleiben mit der göttlichen Kraft in allem. Durch diese Übung wird sich der Mensch immer länger auf eine Sache selbstlos konzentrieren können – und sich somit immer tiefer in seine Nächsten, in alle Dinge und Geschehnisse und auch in die Naturreiche hineinempfinden können. Dieses Hineinempfinden in das Sein und das weitgehende Leben im Sein ist nur dem möglich, der weitgehend rein geworden ist.

Gabriele:

Um diese Fähigkeit zu entwickeln, sollten wir uns darin üben.

Wollen wir uns in die Gedanken oder in die Situation unseres Nächsten hineinempfinden, dann muss in unserem Bewusstsein das Innerste, das Göttliche, in diesen Gedanken oder in dieser Situation erschlossen sein; andern-

falls besteht keine Kommunikation zum Innersten dieses Gedankens oder zum Innersten dieser Situation.

Es ist also erforderlich, dass wir in vielen Aspekten mit dem Innersten unseres Nächsten und mit dem Innersten in seinen Gedanken, Worten, Handlungen und Situationen in Übereinstimmung kommen. Das bedeutet für uns, dass wir zu der positiven Kraft in allem eine Kommunikation herstellen durch das Prinzip Senden und Empfangen.

Um in einen Gedanken hineinzuempfinden, müssen wir in diesen hineinsenden können. Wir müssen durch die Schale« des Gedankens, der oft menschlich ist, hindurchstrahlen, um mit dem Innersten im Gedanken Kontakt aufzunehmen. Das Gleiche gilt, wenn gesprochen wird. Wir müssen durch das Prinzip Senden und Empfangen einen Impuls durch die Schale des Wortes hindurchsenden können, um mit dem Innersten, dem Göttlichen, im Wort in Kontakt zu treten. Das gilt für jedes Problem, für jede Situation – für die eigene und für die unseres Nächsten.

Haben wir diese positiven Kräfte in uns entfaltet, so dass wir sie zu sammeln und sie gebündelt durch die Schale zu strahlen vermögen, dann treten wir mit dem Positiven in allem in Kommunikation. Das heißt: Wir haben gesendet und haben empfangen.

So empfindet sich der geistige Mensch hinein in Gedanken, Worte, in Handlungen, in Situationen, in Probleme – einerlei, was auf ihn zukommt.

Kurzzeitige Einbrüche durch aktiv gewordene Programme

Unser Geistiger Lehrer Bruder Emanuel:

Zur Selbsterkenntnis:

Auf der Evolutionsstufe des Ernstes ist der gotterfüllte Mensch nicht mehr intellektuell, sondern intelligent, weil er in der Intelligenz, in der All-Weisheit, Gott, und in Christus, seinem göttlichen Bruder, lebt und im Gesetz der Liebe, der Intelligenz, Gott, mehr und mehr erblüht. Trotz dieser hohen Geistesgabe ist der gotterfüllte Mensch auf der Evolutionsstufe des Ernstes noch nicht vollkommen. Es werden immer wieder menschliche Gedanken aufsteigen oder unbeseelte Worte ausgesprochen werden. Durch die Tiefenkonzentration jedoch, durch das Hineinempfinden in jeden Gedanken und in jede Situation, erkennt der Gotterfüllte sofort, wenn er menschlich gedacht oder gesprochen hat. Er erkennt es an der Leere seiner Gedanken und Worte, die nicht vom Sein erfüllt, also nicht beseelt und daher kraftlos sind.

Wenn solche und ähnliche kurzzeitige menschliche Einbrüche kommen, dann seid nicht ungehalten, sondern bittet euren göttlichen Bruder um Beistand, damit ihr immer rascher erkennt, was diese Gedanken und Worte euch noch sagen wollen und was eventuell noch zur Bereinigung ansteht. Sollte es zu einem tiefgreifenden Einbruch in euer aufwärtsstrebendes geistiges Leben kommen, so seid ebenfalls nicht ungehalten – auch dann nicht, wenn ihr trotz des Hineinempfindens in die aufsteigenden menschlichen Gedanken oder in eure nicht beseelten Worte nicht sogleich zur Wurzel findet, weil ihr durch die Erschütterung auch unter Konzentrationsschwierigkeiten steht; auch das will euch dann etwas sagen.

Wie schon offenbart, können solche Erschütterungen oder Einbrüche noch aktiv gewordene Programme oder aktiv gewordene Reste von Programmen sein.

Wer jedoch von Herzen bittet, dem wird gegeben. Bittet Christus um die innere Stille und um die Kraft, auf dass ihr euch wieder geistig konzentrieren, sammeln könnt, um mit Ihm gemeinsam das aufzuschlüsseln und zu bereinigen, was zur Bereinigung ansteht. Christus steht jeder Seele und jedem Menschen bei. Er hilft ihm, still zu werden und sich selbst zu erkennen. Ist durch das tiefe Gebet die innere Ruhe wieder eingekehrt und kann sich der Mensch wieder konzentrieren, dann wird der zu Gott Strebende mit Christus das analysieren und bereinigen, was ihn von dem Weg zur Einigung mit Gott ablenken wollte.

Schenkt dem Allzumenschlichen jedoch nur dann eure Aufmerksamkeit, wenn ihr von innen her erschüttert wurdet, und analysiert und bereinigt es mit Christus. Sind es nur Anflüge menschlichen Ichs, die wegziehen, wenn positive, beseelte Gedanken entgegengesetzt werden, so solltet ihr ihnen keine weitere Beachtung schenken. Es können Teile von Entsprechungen sein, die sich gerade in der Umwandlung zu Erinnerungen befinden.

Vertraut euch in jeder Situation immer wieder Gott, unserem himmlischen Vater, an und unserem göttlichen Bruder Christus. Das Vertrauen in den Geist gibt immer wieder innere Stärke und Klarheit. Stärke und Klarheit aus Gott bewirken Sicherheit in der Erfüllung der Aufgaben im täglichen Leben, in der Familie, am Arbeitsplatz und im Freundeskreis.

Das Vertrauen in Gott bewirkt Ausgeglichenheit und Standhaftigkeit.

Ein Merksatz für alle Menschen auf dem Inneren Weg:

Das Ich eines Menschen kann nur so lange auf seine Mitmenschen Einfluss nehmen, bis diese ihrem eigenen menschlichen Ich keinen Tribut mehr leisten und ihr Bewusstsein mehr und mehr zu Gott erheben. Am raschesten verlässt das Ich den Menschen, wenn er sich in jeder Situation Gott anvertraut.

Gabriele:

Nur dadurch können noch viele gerettet werden, und nur dadurch kann eine neue Welt entstehen.

In Ehe und Partnerschaft: Dualitäts- und Polaritätskräfte – göttliche Energie für das Leben in der Einheit aller

Bruder Emanuel offenbarte:

Menschen des Geistes stehen in jeder Lebenssituation ihrem Nächsten bei. Das gilt auch für Ehe und Partnerschaft.

Ein Mann, der die Gesetze Gottes hält, ist ein Mann der Tat, ein Beschützer, der sich selbst treu ist in jedem Gedanken, in jedem Wort und in allem, was er vollbringt. Er ist souverän, hat ein angenehmes Äußeres und ein zurückhaltendes Wesen. Er ist bereit zu helfen, wo immer Hilfe gebraucht wird. Er steht seiner Partnerin als treuer und pflichtbewusster Partner zur Seite und lebt mit ihr in der Einheit, die verbindet.

Das Gleiche gilt für die Frau, die bewusst im Geiste des Ewigen lebt. Sie hält ihrem Partner die Treue. Sie ist einfühlsam und pflichtbewusst in der Familie und am Arbeitsplatz – überall dort, wo sie tätig ist. So, wie sie ihr geistiges Innenleben nicht vernachlässigt, wird sie es auch im Äußeren halten. Sie ist gepflegt, jedoch nicht aufgeputzt. Sie ist gut gekleidet, jedoch nicht mondän. Sie ist die strahlende, selbstlose, souveräne Partnerin, die das innere Fluidum ausstrahlt, das Fluidum einer geistigen Frau mit allen inneren Vorzügen, die ein geistiges weibliches Prinzip besitzt. Sie lehnt sich nicht an den Partner an und der Partner nicht an sie. Sie sind vereint in Gott und geeint durch Seine Kraft.

Gabriele:

Zwei Menschen in Gott vereint, heißt: Beide erfüllen Gottes Willen. Sie binden sich nicht aneinander, weil sie verbunden sind durch die Erfüllung der Gesetze Gottes. Keiner der beiden nimmt vom anderen Energie, weil sie die Energie, Gott, aus sich selbst schöpfen und so ein reiches Innenleben besitzen, das sie auch im Äußeren reich macht. Sie werden nicht darben; sie werden das haben, was sie benötigen, und, je nach ihrer Bewusstseinserweiterung, auch darüber hinaus.

Sie sind nicht aufeinander angewiesen, weil sie die gleichen Interessen pflegen, die Einheit, die Geschwisterlichkeit und die Verbindung mit Gott. Sie sind es, die den Himmel auf die Erde bringen. Denn so, wie im Himmel die Dualpaare leben, so soll es auch auf Erden in Partnerschaft und Ehe sein: Freiheit, Einheit, Dualität – gleich Gemeinsamkeit in allen göttlichen, gesetzmäßigen Aspekten.

Die Duale der Himmel wirken in allem gemeinsam, weil sie in der Mentalität gleich sind, wobei der Mann aus dem Prinzip des Männlichen, des gebenden Teiles, schöpft und die Frau aus dem Prinzip des Weiblichen, des empfangenden Teiles. Das heißt nicht, dass sie ständig beisammen sind. Jeder hat seine Aufgabe in den entsprechenden Bereichen der Unendlichkeit. So kann das männliche Prinzip z.B. ein Planetenältester sein, der ein ganzes Sonnensystem leitet und die Verantwortung dafür Gott gegenüber trägt. Das weibliche Prinzip kann z.B. in den geistigen Entwicklungsebenen Betreuerin oder Lehrerin sein, oder es kann im Evolutionsgeschehen vielen himmlischen Kindern wiederum Lehrerin oder Betreuerin sein.

Trotz der unterschiedlichen Aufgabenbereiche ergänzen sich die Duale, weil die Anlagen beider weitgehend gleich schwingen.

Wie im Himmel, ähnlich auch auf Erden. Also sollte auch in der geistigen Partnerschaft zwischen zwei Menschen der Geist Gottes wirken. Der geistige Mann und die geistige Frau sollen gemeinsam leben und wirken. Dies strebt Christus für jene Menschen an, die mehr und mehr den Willen des Ewigen tun. Auf diese Weise entsteht das Reich Gottes auf Erden.

Im Reich Gottes auf Erden gibt es auch Partnerschaften; es gibt die Verbindung zwischen Mann und Frau. Auch im Reich Gottes auf Erden werden Kinder gezeugt; doch die Zeugung ist der Wunsch beider, ein Kind zu zeugen, um es Gott, dem Ewigen, zu weihen, indem beide das Gesetz Gottes erfüllen und somit Vorbild für ihr Kind sind.

»Pflichtbewusstsein« ist auf der vierten Stufe das Liebebewusstsein. Er, der geistige Mann, erfüllt die Aufgaben,

die einem männlichen, dem positiven Prinzip gestellt sind, aus der selbstlosen Liebe zu Gott und zum Nächsten. Sie, die geistige Frau, erfüllt die Aufgaben, die dem weiblichen Prinzip gestellt sind, ebenfalls aus der selbstlosen Liebe zu Gott und zum Nächsten.

Die Einheit, die alle Menschen des Geistes verbindet, ist die große Geschwisterschaft. In diese geschwisterliche Einheit fügt sich die Partnerschaft ein.

Partnerschaft beziehungsweise Ehe sind insofern eine Verbindung besonderer Art, als Mann und Frau durch die Mentalitätsgleichheit stärker miteinander verbunden sind. Das weibliche und das männliche Prinzip sind, ähnlich wie die Geistwesen im Himmel, Dualitäten, aus welchem die Kinder hervorgehen, die sie dann dem Vater-Mutter-Gott weihen.

Die Paare integrieren sich also voll als Geschwister in die Geschwisterschaft, leben jedoch als Paar gemeinsam die Mentalität und zeugen dann ein Kind, wenn ein Kind gewünscht ist, das sie dann dem Vater-Mutter-Gott weihen. Das heißt also: Der Partner ist allen Bruder, und die Partnerin ist allen Schwester.

Ein Schüler auf dem Inneren Weg stellte in der Schulung die Frage, ob eine Partnerschaft auf dem Inneren Weg hinderlich sei.

Eine Partnerschaft beziehungsweise Ehe ist dann auf dem Inneren Weg hinderlich, wenn die beiden Menschen nicht in Frieden miteinander leben, wenn sie beständig

Auseinandersetzungen haben, wenn in Ehe und Partnerschaft Zwistigkeiten und Streit herrschen. Vom Gesetz Gottes aus gesehen ist die Partnerschaft, gleich Ehe, gewollt; denn so wie im Himmel, so soll es auch auf Erden sein. Die Partnerschaft soll jedoch nicht die Paarschaft sein, sondern der Dualität im ewigen Sein gleichen, in welcher Verbindung und Ergänzung, Treue, Achtung und Freiheit walten – nicht aber Bindung und Gebundenheit.

Gehen beide Partner den Inneren Weg, dann können sie gemeinsam zur Entfaltung ihrer geistigen Mentalität, der ihnen eigenen geistigen Kräfte und Qualitäten, heranreifen. Dies geschieht dadurch, dass sie gewissenhaft in ihren Gedanken Ordnung schaffen und sich täglich bemühen, den Willen Gottes zu tun. Aus der Erfüllung des göttlichen Willens erwächst die Treue und zugleich das Zutrauen, das besagt: »Ich traue meinem Partner.« Ist das »Trauen«, gleich Vertrauen, gegeben, dann kommt allmählich die geistige Mentalität zum Tragen; die Polaritätskräfte gelangen in ein ausgewogenes Verhältnis zueinander, entsprechend der gesetzmäßigen Gleichheit der Kräfte von weiblichem und männlichem Prinzip. Kommen diese reinen Kräfte in Fluss, so ist dies göttliche Energie für das Leben im Geiste, in der Einheit aller. So wirken die Partner gemeinsam für das große Ganze.

Leben und Wirken entsprechend der Mentalität heißt auch Freiheit. Jeder bringt gemäß seiner Entwicklung seine Fähigkeiten in das Gemeinwohl ein.

Ehe bzw. Partnerschaft ist gesetzmäßig, ist also von Gott, unserem ewigen Vater, in den Menschen gelegt, jedoch um nach der göttlichen Gesetzmäßigkeit Frieden und Harmonie zu entfalten.

Eine Partnerschaft, die sich auf die Gesetze Gottes ausrichtet, findet mit der Zeit in die große kosmische Einheit. In dieser Einheit, gleich Gemeinschaft, befinden sich auch die sogenannten Ledigen. Entweder war für sie auf ihrem Lebensweg kein Partner oder keine Partnerin vorgesehen, oder sie sind die erste Zeit den Weg allein gegangen, um dann gleich in die Geschwisterschaft in Gott zu gelangen.

All-Sein ist Allbewusstsein.
Der reine Mensch, die reine Seele
stehen in der bewussten Verbindung
zum Geist des Lebens

Gabriele:

Lieber Bruder, liebe Schwester, ist unser geistiges Bewusstsein nicht mehr abgedeckt vom menschlichen Ich, dann strahlt es unermüdlich durch uns hindurch, und wir stehen beständig in Kommunikation mit den reinen Kräften des Alls.

Wir haben gehört, dass alles Bewusstsein ist.

Das Reine dient dem Reinen. Wenn das Reine dem Reinen dienen kann, dann wird der Mensch fein, edel und gut. Das Wesen eines Menschen wird klar, zurückhaltend, er strahlt Bewusstheit, Wachheit, Erkenntnis aus und ein Leben, das nicht von dieser Welt ist.

Erkenntnis ist auf der vierten Stufe gleich Weisheit. Wer die vierte Stufe erreicht hat, hat auch Weisheit erlangt. Diese strahlt er als Erkenntnis aus. Er erkennt seinen Nächsten, weil er ihn durchschaut, da er auch sich selbst durchschaut. Er erkennt die Zusammenhänge des Alls, weil er mehr und mehr im All, im Gesetz Gottes, lebt.

All-Sein ist Allbewusstsein. Allbewusstsein heißt: Dem Reinen ist alles bewusst. Ihm ist nichts fremd, ihm ist auch nichts fern, weil das Allbewusstsein sein wahres Sein ist, das inwendig in ihm lebt und wirkt. Alle Geistwesen sind das Allbewusstsein. Der reine Leib, die wieder reine Seele, ist also das Gesetz Gottes, das Allbewusstsein.

Das Allbewusstsein, das ewige Gesetz, strahlt unermüdlich aus; es durchstrahlt alles, was ist, es strahlt auch durch die Seele und den Menschen hindurch. Sind Seele und Mensch weitgehend rein, so haben sie die bewusste Verbindung zum Geist des Lebens, dem Göttlichen, dem Sein. Infolgedessen sind Seele und Mensch mit dem ewigen Sein, mit allen positiven Kräften des Alls, in ständiger Kommunikation. Einem solchen Menschen ist es möglich, sich durch eine gesetzmäßige Frage in dieses

Kommunikationsnetz des Seins einzuschalten und aus der entsprechenden Gesetzeskommunikation die Antwort zu empfangen. Die gesetzmäßige Frage sucht also im Kommunikationsnetz die entsprechende Kommunikation, aus der sich die Antwort ergibt. Der Mensch empfängt sie in seiner Gefühls- und Empfindungswelt, woraus sich dann die Gedanken formen. Eine gesetzmäßige Frage beinhaltet auch die gesetzmäßige Antwort. Auf diese Weise steht die reine Seele, das nicht mehr abgedeckte geistige Bewusstsein im Menschen, in beständiger Kommunikation mit dem ewigen Sein. Das Einschalten in diesen Kommunikationsfluss erfolgt durch einen Impuls in dieses Kommunikationsnetz.

Jesus von Nazareth sprach sinngemäß: »Selig sind jene, die reinen Herzens sind, denn sie werden Gott schauen.« Erfassen wir den Sinn dieser Worte:

Gott ist gegenwärtige Kraft. Gott ist gegenwärtiges Licht. Der Reine erspürt und erfasst das Göttliche und somit Gott in allem. Jesus sagte auch sinngemäß: »Der Vater und Ich sind eins.« Damit sprach Er ebenfalls dieses Kommunikationsnetz an – Gesetz zu Gesetz, Liebe zu Liebe, Weisheit zu Weisheit. Das Gesetz des Vaters ist gleich das komprimierte Gesetz, das Wesen. Jesus war das komprimierte göttliche Gesetz, eins also mit dem ewigen Gesetz, Gott. Deshalb sagte Er sinngemäß: »Der Vater und Ich sind eins.« Reinheit zu Reinheit.

Jeder Einfluss ist Bindung.
Zugang zu der unendlichen Fülle an Lebenskraft nur über unsere Gefühlsebene

Gabriele:

Das Reine kommuniziert mit dem Reinen und bringt wieder Reines hervor. Das Unreine hingegen nimmt auf das Unreine Einfluss und belastet es weiter.

Jeder Einfluss, einerlei, wie er sich zeigt, ist Bindung. Menschen und Seelen und auch Energiefelder wirken subtil und systematisch auf beeinflussbare Menschen ein. Wer nicht wachsam ist, der erkennt dies nicht – und wer es nicht erkennt, der schläft, träumt den Traum des menschlichen Ichs und lebt an seinem irdischen Leben vorbei.

Erfassen wir die Vorgänge unseres menschlichen Ichs, unser irdisches Leben also, nicht, so leben wir an unserem irdischen Leben vorbei. Unser irdisches Leben besteht aus unserem Fühlen, Empfinden, Denken, Sprechen und Handeln, aus unserem Wollen, aus unseren Leidenschaften und Begierden. Wer all das, was ihm an Allzumenschlichem anhaftet, weiter pflegt, ohne darüber nachzudenken, ob dieses sein menschliches Leben den Gesetzen Gottes entspricht oder nicht entspricht – der lebt an seinem Leben vorbei. Das heißt, er erkennt sich nicht.

Wollen wir uns erkennen, dann müssen wir uns erforschen. Wir müssen uns ansehen, wie wir sind. Wir müssen uns selbst bloßstellen, uns gleichsam entblößen. Nur dann erfahren und entdecken wir die vielen Facetten unseres menschlichen Ichs, die unser Leben sind, die wir in unseren Verhaltensweisen aufzeigen.

Wir reifen nur durch Selbsterkenntnis, die wir gewinnen, wenn wir uns selbst, unser Leben, betrachten. Wer sich manipulieren lässt, indem er ausführt, was sein Nächster sagt, vermag sich nicht zu erkennen, denn er lebt nicht sein eigenes Leben.

Erfüllen wir, was unser Nächster an Allzumenschlichem von uns fordert, dann sind wir von unserem Nächsten gesteuert und leben einen Teil seines Lebens. Er pflanzt uns seine Programme ein, und wir leben nach diesen Fremdprogrammen. Infolgedessen können wir uns selbst nicht erkennen.

Durch jede Beeinflussung, der wir unterliegen, sind wir an den Menschen gebunden, dessen Programme wir angenommen haben.

Die Bindung zum Menschen entsteht durch die eigene Schwäche. Die Seele ist noch zu schwach, um aufrecht und geradlinig Gottes Willen zu erfüllen. Die Seele hat noch nicht die Kraft, sich einzig auf Gott auszurichten; deshalb richtet sie sich und richtet sich der Mensch auf Menschen aus.

Uns ist jedoch geboten, uns einzig auf Gott auszurichten, um die Standfestigkeit in Gott zu erlangen, Seine Kraft, Seine Weisheit und Liebe.

Deshalb werden sich Menschen, die das göttliche Gesetz halten, niemals aneinander binden, auch nicht an äußere Dinge wie Kunstwerke, Bauwerke, Häuser, Geld und Gut.

Schaffen wir Bindungen, so schaffen wir Magneten. Wir magnetisieren gleichsam die Kunstwerke, die Bauwerke, die Häuser, unser Geld und Gut mit unserem Wollen und Wünschen. Dieser Magnetismus zieht uns immer wieder an. Nach dem Leibestod zieht er uns eventuell wieder in eine neue Inkarnation. Wir werden dann unter Umständen an den gleichen Bauwerken weiterbauen oder diese in einer anderen Zeitepoche restaurieren oder darin leben. Dieser Kreislauf des Gehens und Kommens kann sich so lange vollziehen, bis wir diese Bindungen erkannt und abgelegt haben.

Ein Mensch, der eingetaucht ist in das Gesetz Gottes, sieht sich als den getreuen Verwalter, der mit dem, was ihm von Gott, dem Gesetz, in die Hände gelegt wurde, verantwortungsvoll haushaltet und es so einsetzt, wie es dem Willen Gottes entspricht.

Erst wenn wir in das göttliche Bewusstsein, in die selbstlose Liebe, eingetaucht sind, spüren wir, dass eine mächtige Kraft, eine unendliche Fülle an Lebenskraft, in uns wohnt. Dann erst ist es uns völlig bewusst, wer wir sind. Wir brauchen nicht mehr an die Gesetze und an unser wahres Sein zu glauben. Wir spüren selbst, wer wir aus Gottes Geist sind, weil wir Gottes Gesetze halten und sie auch im Alltag anwenden. Wir erfahren es täglich an uns selbst, dass uns nur das zustrahlt und durchstrahlt, was wir in uns selbst haben – Göttliches oder Menschliches.

Wir sind auf Erden, um wieder göttlich zu werden.

Die göttliche Liebe ist die selbstlose Liebe. Sie ist der innere Reichtum, und wer im Inneren reich ist, der lebt für das Wohl aller. So wie im Himmel, so soll es auch auf Erden sein. So besitzt jeder genügend; er hat alles, wessen er bedarf. Das ist das Gemeinwohl.

Wir hörten: »Erst wenn wir in das göttliche Bewusstsein, in die selbstlose Liebe, eingetaucht sind, spüren wir, dass eine mächtige Kraft, eine unendliche Fülle an Lebenskraft in uns wohnt.«

Wir spüren das in unserer Gefühlsebene. Die Gefühlsebene zeigt auf, ob wir in beständiger Kommunikation mit Gott, dem ewigen, gesetzmäßigen Kommunikationsnetz, stehen oder ob wir noch Menschliches an uns haben.

Der geistig Reife ist mehr der Gefühlsmensch, weil er gelernt hat, sich in alles hineinzufühlen, also hineinzuempfinden und hineinzuspüren. Er spürt und fühlt die Tiefen seines Nächsten und lotet sie mit seinen wachen, reinen Gefühlen aus. Dieser Gefühlsmensch kann auch in seine eigene Gefühlsebene tief eintauchen, ähnlich, wie der Mensch auf den Grund eines Sees taucht. Tief in der Gefühlsebene spürt er die beständig fließenden Kommunikationen mit dem ewigen Geist.

Dem Reinen ist es jeden Augenblick möglich, in seine Gefühlsebene einzutauchen. Dann nimmt er Gesetzesströme der göttlichen Ordnung, des göttlichen Willens, der ewigen Weisheit, des Ernstes, der unendlichen Güte, Liebe und Sanftmut wahr. Immer dann, wenn er in die Gefühlsebene eintaucht, vernimmt er gleichsam als Impulse die reinen Kommunikationen, welche die Symphonien des ewigen Seins sind.

Ein Schüler auf der vierten Stufe müsste schon ein solcher Gefühlsmensch sein. Ist seine Seele auch noch nicht völlig gereinigt, so sind doch große Teile des kosmisches Leibes rein. Diese reinen Aspekte verschenken sich. In diese erschlossenen Ströme kann der Schüler auf der Stufe des göttlichen Ernstes eintauchen, um den ewigen Kommunikationsstrom des Alls zu erspüren. In welchem Maße ihm dies möglich ist, lässt ihn erkennen, wie weit er im Geiste Gottes gereift ist.

Nur über die Gefühlsebene erlangen wir den Zugang zu der unendlichen Fülle an Lebenskraft, die in uns liegt, denn unsere Gefühlsebene ist eng verbunden mit unserer Seele; sie ist der Resonanzboden der Seele. Die Seele sendet ihre Impulse über die Gefühle und Empfindungen zu unserer Gedankenwelt. Ist unsere Gedankenwelt noch unrein, dann können wir die Seele nicht wahrnehmen. Bleibt unsere Gedankenwelt unrein, dann sind wir ständig im Oberbewusstsein und haben nie gelernt, in die Tiefen der Gefühle einzutauchen. Es kann sogar zu einer Blockade in der Gefühlsebene kommen. Dann empfängt der Mensch kaum mehr Impulse aus seiner Seele. Es strahlt nur noch die erhaltende Gottesenergie hindurch, die den Menschen am Leben erhält.

Wer täglich verwirklicht und mehr und mehr in die Erfüllung der göttlichen Gesetze eintritt, dessen Seele ist wach und rege. Sie ist stark und fest verwurzelt im Urgrund, Gott, und vermittelt ihrem Menschen die Impulse für ein gesetzmäßiges Leben und Wirken.

Die geistige Mentalität erwacht. Die göttliche Durchstrahlkraft wirkt in allen Lebensbereichen. Die geistige Sprache ist die Sprache der Gegenwart

Bruder Emanuel offenbarte:

Wessen Gefühle, Empfindungen, Gedanken, Worte und Handlungen gesetzmäßig sind, der besitzt die Durchstrahlkraft. Ihm wird alles gelingen, was in Gottes Willen ist, weil er mit der Kraft der gesetzmäßigen Gedanken,

Worte und Handlungen alles, was gebunden ist, in Bewegung bringt und mit seiner göttlichen Ausstrahlung das anregt, was positiv ist – auch das Positive im Negativen.

Für den von Gott Erfüllten gibt es nichts, was unmöglich ist. Ihm dienen die Kräfte des Alls, und er wird auch die kosmischen Kräfte in dieser Welt anwenden zum Wohle aller, die sich bemühen, ebenfalls Gottes Willen zu erfüllen.

Gabriele:

Das Gesetz, Gott, ist für den Menschen auf der Stufe des Ernstes zum Prinzip seines Denkens und Handelns geworden. Durch die Verwirklichung der Gesetze Gottes kennt er nun die Anwendung des ewigen Gesetzes, das ihm sowohl Richtschnur für sein Denken und Handeln ist als auch die Kraftquelle für sein Wirken.

Die Durchstrahlkraft, die einem geistigen Menschen für sein Leben und Wirken zur Verfügung steht, ist die Strahlkraft Gottes, die durch die gereinigte Seele fließt. Die Kraft Gottes strahlt, wie wir schon gehört haben, über unsere Gefühle in unsere Empfindungs- und Gedankenwelt; sie formuliert sich in Worten und wirkt in unseren Handlungen.

Sind unsere Worte und Gedanken nicht göttlich, haben wir also auf der Ordnungsstufe die Gedankenkontrolle nicht geübt, haben wir unsere Sinne nicht gemeistert, unsere Rede nicht gezügelt, haben wir uns somit nicht ver-

feinert, sind wir nicht gereinigt, dann können wir niemals die Strahlkraft Gottes erfahren, weil wir selbst die Blockade sind – die Blockade durch unsere eigenen negativen Gedanken und Worte.

Die Durchstrahlkraft ist also die Strahlkraft Gottes durch unsere Seele und durch den ganzen Menschen, durch die Empfindungs- und Gedankenebene, durch Worte und Handlungen.

Von einem solchen Menschen im Lichte Gottes sagte unser Geistiger Lehrer, Bruder Emanuel, dass diesem nichts unmöglich ist. Diese Aussage gilt nur absolut unter Menschen, die auf ein und derselben hohen geistigen Stufe stehen.

Ein solcher Mensch als Einzelner vermag nicht die Welt umzustülpen, weil die Materialisten an der Welt festhalten. Er kann nicht von einem zum anderen Tag den Himmel auf die Erde holen, doch er kann vielen den Weg zum inneren Himmel weisen. Für einige wenige kann und wird er den Himmel auf die Erde holen – für jene, die einwärts wandern, um den inneren Himmel zu erschließen.

Menschen im Geiste Gottes verstehen die Kunst zu leben. Sie machen aus jeder Situation das Beste.

Der geistige Mensch wird nicht klagen und jammern, wenn er mit Gegensätzlichem konfrontiert wird, wenn Probleme auftreten oder Schwierigkeiten an ihn herangetragen werden. Er weiß: Alles Negative ist gebundene Energie, und er weiß diese gebundene Energie, die Probleme und

Schwierigkeiten, in Bewegung zu bringen. Dies geschieht, indem er seine positiven Kräfte sammelt, diese in das Problem, in die Schwierigkeit, in das also, was auf ihn zukommt, einstrahlt und somit den positiven Kern, der in allem ist – auch im Problem und in der Schwierigkeit –, in Aktion bringt.

Bruder Emanuel:

Im Laufe der Wandlung vom weltlich orientierten Menschen zum Menschen des Geistes in Christus erwacht auch die geistige Mentalität. Das wirkt sich wie folgt aus:

Zum Beispiel verbessert er sich in seiner bisherigen Tätigkeit. Der Mensch wird kreativer und kraftvoller, und sein Betätigungsfeld erweitert sich. Mit der Erweiterung seines Bewusstseins wird es ihm möglich, auch andere Aufgaben gewissenhaft und gesetzmäßig auszuführen. Weil sein geistiger Horizont, seine inneren Anlagen, seine geistigen Fähigkeiten ausstrahlen, wird es möglich, dass er eine andere Tätigkeit als bisher ausübt. Diese vermag er nun unpersönlich für das Gemeinwohl einzusetzen, weil sich seine geistigen Fähigkeiten in die dreidimensionale Welt heruntertransformieren. Solche Fähigkeiten, die aus der reinen Seele strahlen und sich in der Welt umsetzen, nennen wir auch die Mentalität des Geistwesens, des reinen Wesens in der Seele, das im Menschenkörper lebt und wirkt.

Gabriele:

Im veräußerlichten Menschen sind die mentalitätsbedingten göttlichen Gaben, die Fähigkeiten und Talente, verpolt, belastet und heruntertransformiert durch die Sünde.

Nähert sich der Mensch mehr und mehr der Göttlichkeit, dann wird seine geistige Mentalität, aus der sich seine Fähigkeiten ergeben, sichtbar; diese werden offenbar. Die Herkunft des Geistwesens ist entscheidend. Kommt das Geistwesen aus der Himmelsregion der Ordnung, aus der Himmelsregion der Weisheit oder der Geduld, dann hat es die entsprechende Mentalität mit den entsprechenden Fähigkeiten.

Die Fähigkeit, mit den Erfordernissen des täglichen Lebens, z.B. mit der beruflichen Tätigkeit, besser fertigzuwerden, entwickelt sich dadurch, dass der Mensch konsequent den Inneren Weg geht, Stufe für Stufe gesetzmäßig absolviert und auch das Prinzip »Bete und arbeite« nicht vernachlässigt. Gerade im Bereich der Arbeit zeigt sich oft die schrittweise Entfaltung des geistigen Bewusstseins. Der geistige Mensch kann sich aus seinem Beruf, den er gewissenhaft ausführt, herausentwickeln zu weiteren Fähigkeiten. Diese ergeben sich im Laufe der Evolution aus der erwachten geistigen Mentalität, wenn die Seele immer reiner, immer lichter wird und die göttliche Herkunft ausstrahlt. Unsere Tat weist aus, wes Geistes Kind wir sind; denn an unseren Früchten sind wir zu erkennen.

Jedes reine Wesen im ewigen Sein hat seine eigene Mentalität. Es strahlt diese in mehreren Facetten in die Unendlichkeit. Die geistigen Facetten sind geistige Anlagen für die Ausübung bestimmter Tätigkeiten im göttlichen Sein. Die verschiedenen Facetten, die geistigen Fähigkeiten, bilden die Mentalität des Geistwesens. Damit erfüllt das Geistwesen seine Aufgaben in der Ewigkeit.

Diese göttliche Mentalität ist in jedem von uns, weil der geistige Leib in der Hülle wohnt. Sie wird dann aktiv, wenn unser geistiges Bewusstsein allumfassend zu leuchten beginnt.

Wir wissen: Alles ist in allem enthalten. Auch die Mentalitätsenergie aller Geistwesen ist als Essenz in jedem Geistwesen, so auch in uns. Deshalb ist auch jedes Geistwesen allbewusst; es wirkt im All jedoch nur mit den geistigen Fähigkeiten, die seinem geistigen Wesen entsprechen – z.B. in der Lehrtätigkeit für Geistkinder, in schöpferischen, gestaltenden Tätigkeiten, im Mitwirken an den Evolutionsschritten von geistigen Lebensformen usw.

Die Wesensmerkmale eines Geistwesens sind von den sieben Grundkräften der Schöpfung geprägt, von den Kräften der Ordnung, des Willens, der Weisheit, des Ernstes, der Geduld, der Liebe und der Barmherzigkeit.

Die Mentalitätsschwingungen sind u.a. Ansprechungs- oder Kommunikationskräfte. Mit ihnen können alle Geistwesen untereinander in Kommunikation treten. Das bewirkt unter anderem Offenheit, Einheit und Freiheit.

Diese Ansprechungs- oder Kommunikationskräfte bilden jenes Kommunikationsnetz, von dem wir schon hörten, das in der Tiefe unserer Empfindungs- und unserer Gefühlswelt wahrzunehmen ist, wenn wir uns von außen nach innen in unser Sein hineingearbeitet haben – durch tägliche Verwirklichung, durch Gedankenordnung, Sinnesschulung, Kontrolle der Worte, alles in allem durch die Ausrichtung auf Gott.

Im Geistwesen und in der wieder reinen Seele ist jede Schwingung, jede feinste Nuance göttlicher Strahlung, gegenwärtig.

Das hat auch die absolute Bewegungsfreiheit in der Unendlichkeit zur Folge: Da alles in allem enthalten ist, kann sich kraft des ewigen Gesetzes jedes Geistwesen in alle Reiche der Unendlichkeit begeben oder in der inneren Schau mit ihnen in Verbindung treten, ohne seinen Aufenthaltsort zu verlassen.

Solange sein geistiges Bewusstsein einverleibt ist, empfängt der Mensch in seinem Innersten aus dem Sein, das sein wahres Leben und sein Dasein ist. Was wir von innen empfangen, die Impulse aus dem Innersten, steigt gleich Wasserperlen in unser Oberbewusstsein, um dort die Gehirnzellen zu aktivieren. Dann vernehmen wir das Göttliche als Gedanken in uns, die wiederum göttlich sind.

Das Empfangen aus dem Sein ist uns jedoch nur dann möglich, wenn unsere Gehirnzellen gereinigt und auf das Sein, auf unser erschlossenes geistiges Bewusstsein, ausgerichtet sind, um von der göttlichen Kraft belichtet werden zu können. Deshalb wiederholt Bruder Emanuel insbesondere auf den Stufen der Ordnung und des Willens immer wieder die Lektionen: Ordne deine Gedanken, zügle deine Rede, meistere deine Sinne, übergib deine Leidenschaften Christus, bereinige mit Ihm die Vergangenheit, und lebe im Jetzt.

Nur dadurch kommen wir allmählich in Übereinstimmung mit den göttlichen Kräften.

Menschen auf der Stufe des Ernstes leben bewusst. Sie leben mehr im Inneren als im Äußeren. Das heißt, sie schöpfen gleichsam aus der unerschöpflichen Quelle ihres erschlossenen geistigen Bewusstseins. Das geistige Bewusstsein eines geistigen Menschen strahlt immer mehr durch ihn hindurch, weil er im Sein, in seinem Innersten, lebt. Selten tritt er mit dem Äußeren eines Menschen in Kommunikation, mit seinen menschlichen Gedanken, Wünschen und Leidenschaften. Er tritt in Kommunikation mit dem Innersten des Menschen und dem Innersten aller Lebensformen, weil er selbst im Inneren lebt. Ein solcher Mensch lebt im Gesetz und lebt somit gegenwärtig.

Im Jetzt zu leben heißt, das Gesetzmäßige immer als gegenwärtig zu bejahen und es gegenwärtig in sich zu behalten. Als Menschen haben wir die Sprache der Vergangenheit, der Gegenwart und der Zukunft. Wir müssen diese Sprache gebrauchen, um uns auszudrücken und zu verständigen. Wenn jedoch der geistig gereifte Mensch das Wort der Zukunft verwendet, so hat er die Gesetzmäßigkeit, die er in der Zukunft darstellt, schon in sich als Gegenwart. Er spricht z.B.: »In drei Tagen werde ich dies und jenes erledigen.« Was er in drei Tagen erledigen wird, das hat er heute schon in sich erledigt; es ist heute schon in ihm erfüllt. Das heißt, es ist in ihm gedanklich schon vollzogen.

Die geistige Sprache, welche die Sprache der Gegenwart ist, kommt vielleicht erst nach Generationen auf diese Erde – dann, wenn das Friedensreich Jesu Christi aktiv ist und jene Menschen im Friedensreich leben, die ausschließlich die Gesetze Gottes erfüllen. Dann ist die Sprache die Gegenwart und wird nicht mehr viele Worte haben. Die Sprache der Menschen im Gesetz Gottes ist mehr auf Telepathie bezogen, das heißt auf die Impulsgebung vom Göttlichen zum Göttlichen, und ist somit immer gegenwärtig.

Die Kommunikation wird eine andere sein als die, wie wir sie jetzt pflegen: Ein Wort oder einige Worte werden in Bildern übermittelt, in denen der ganze Inhalt der Sendung sichtbar ist. Die Bilder werden dann wiederum in der Partikelstruktur der Seele des Empfängers aktiv oder kommen als Bilder in der Zellstruktur des menschlichen Gehirns an.

Ich darf die Dauerübung wiederholen, die uns Bruder Emanuel offenbarte:

Wir sollen immer wieder die Strahlen unseres geistigen Bewusstseins zu dem Sein im Innersten der Menschen und aller Lebensformen senden, um so die Kommunikation mit dem Göttlichen in allem zu erlernen.

Die Strahlen unseres geistigen Bewusstseins nehmen den Weg über unsere Gefühlswelt. Arbeiten wir mehr mit unseren Gefühlen, dann werden wir wachsamer und empfindsamer für das Innerste unseres Nächsten. Der Resonanzboden, der dann die Impulse des Nächsten für uns wahrnehmbar werden lässt, ist unsere Gedankenebene.

Dies sollten wir üben und uns immer wieder bewusst machen.

Unter anderem lehrte Bruder Emanuel, dass wir durch diese Übung unser seelisches Empfinden verfeinern – und auf unserem weiteren Evolutionsweg die Sicherheit erlangen, aus Gottes Allmacht zu empfangen und von Christus, unserem göttlichen Bruder. Durch die Kommunikation mit dem Höchsten verfeinern wir auch unsere Empfindungswelt und können dadurch immer neue Aspekte des Seins empfangen.

Wir halten die Tempelordnung, weil wir nichts anderes mehr wollen, als Gott zu gefallen. Das unpersönliche Leben: Es denkt und wirkt durch uns

Gabriele:

Eine weitere Weisung von Bruder Emanuel sei uns erneut in Erinnerung gebracht:

Das Gebet unserer Seele sollte frei fließen. Ohne unser Zutun, von selbst, soll es in uns Gott loben, preisen, ehren und rühmen. Geschieht dies aus der Tiefe unseres Inneren heraus, so zeigt sich darin: Das Kind ist beim ewigen Vater.

Sind unsere Gebete wahrhaft selbstlos, dann ist unser göttliches Bewusstsein in weiten Teilen frei, und es strahlt durch unsere Seele in den Menschen.

Unsere Gebete sollen Bewusstseinsgebete sein. Ähnlich, wie unser geistiges Bewusstsein unermüdlich strahlt und uns durchstrahlt, wenn wir in unserem Inneren zu Hause sind, also in unserem wahren Sein leben, so ist auch unser Gebet. Wir formulieren es nicht nach unserem Wollen und nach unseren Wünschen – wir lassen es beten. Beten-Lassen heißt: Es betet unser erschlossenes göttliches Bewusstsein. Und dieses Gebet ist nicht ein Gebet des Bittens oder des Bettelns, sondern es ist ein Lob- und Preisgebet, ein tiefes Dankgebet an den Ewigen; denn das erschlossene göttliche Bewusstsein braucht nichts zu erbitten und zu erbetteln – es besitzt, weil es das göttliche Erbe ist.

An dieser Stelle darf ich auch an die Verbindung mit dem Geist unseres göttlichen Bruders erinnern, der das Sein in uns, dem Sein, ist, und der unser Innerer Helfer und Ratgeber ist. Auch sei an das Buch des göttlich Erfüllten erinnert. Denn wir sollen notieren, was unser göttlicher Bruder, unser Helfer und Ratgeber, uns persönlich für unseren weiteren Lebensweg offenbart. Diese Hinweise im Buch des göttlich Erfüllten sollen wir nicht nur dort belassen, sondern in ruhigen Stunden überdenken, analysieren und in unserem Herzen bewegen – und dann das bereinigen, was noch ansteht.

Auch um die Mittagszeit sollten wir uns mit unserem göttlichen Bruder Christus verbinden.

Wir schließen den Vormittag mit der göttlichen Kraft in uns ab, und beginnen auch den Nachmittag mit unserem göttlichen Bruder, dem Geist Christi in uns.

Auch vor dem Abendbrot soll der Tag mit Christus abgeschlossen werden. Der erfüllte Mensch wird mit Christus in die Abendstunden gehen.

Ein Hinweis für unsere erneute Selbstfindung:
Erfüllte Menschen sind gütig. Güte bedeutet auch das Verständnis für unsere Mitmenschen, auch für unsere

Familie, für unsere Freunde, Arbeitskollegen und -kolleginnen und für alle Menschen, denen wir begegnen oder an die wir denken.

Lassen wir auch die Verfeinerung unserer Sinne nicht außer Acht! Lassen wir unsere Sinne nicht von einem Sinneseindruck zum anderen schweifen. Vergegenwärtigen wir uns immer wieder: Der geistige Mensch ruht in sich, weil die Sinne ihn nicht mehr nach außen ziehen, ihn nicht mehr ablenken und drängen.

Auch das Schauen sei uns in Erinnerung gerufen. Der Erleuchtete im Lichte der Wahrheit schaut, das heißt, er durchdringt den Schein. Ohne zu urteilen oder zu werten, ordnet er alles ein in Sein oder Schein. Denken wir daran: Der geistige Mensch kann von seinen Mitmenschen nicht getäuscht werden, denn er hat verwirklicht und lebt mehr und mehr in der Erfüllung des ewigen Gesetzes.

Wer immer mehr im Inneren zu Hause ist, der erkennt, dass Gott keine Geheimnisse hat, denn dem Reinen ist alles offenbar, was dem Unreinen verschlossen ist. Wer noch von den Geheimnissen Gottes spricht, dessen geistiges Bewusstsein ist noch von den Schleiern seines menschlichen Ichs abgedeckt. Das sind die Schichten seiner Belastungen, die dem Menschen den Blick für die Realität des Lebens, für die ewige Wahrheit, trüben.

Liebe Schwester, lieber Bruder, in unser Buch des göttlich Erfüllten notieren wir folgende inhaltsreiche Sätze:

Erst wenn wir nichts anderes mehr wollen, als Gott zu gefallen, dann werden wir auch Gott in uns vernehmen, weil der Tropfen im Ozean des Lebens ruht, in Gott. Dann ist unser Tempel weitgehend gereinigt, und wir halten die Tempelordnung.

Machen wir uns immer wieder aufs Neue bewusst, dass der Geist Gottes, das Ich Bin, im Menschen wohnt und dass Gott unpersönliches Leben ist.

Das für uns kleine und unscheinbare Wort »es« drückt den Strom des Geistes Gottes, den Strom der Unendlichkeit aus, die unpersönliche Liebe, das unpersönliche Leben. Ist der Tropfen in das Meer des Lebens eingetaucht, dann ist er unpersönlich; er ist zum »Es« geworden.

Das Es besagt:
Nicht ich fühle – es fühlt durch mich.
Nicht ich empfinde – es empfindet durch mich.
Nicht ich denke – es denkt durch mich.
Nicht ich rede – es redet durch mich.
Nicht ich handle – es handelt und wirkt durch mich.

Stets sollten wir uns dessen bewusst sein und in dieser Bewusstheit unsere Erdentage durchschreiten, dass wir ohne Gott nicht existieren können. Gottes Kraft, Liebe und Weisheit erhalten die Hülle Mensch.

Die Bruderschaft in Christus. Die unmittelbare Führung durch Impulse unseres Bruders Christus erfolgt schrittweise. Deutliche Warnung an den Unerleuchteten, der sich anmaßt, das Höchste empfangen zu wollen

Bruder Emanuel
offenbarte:

Im Namen des Vaters und des Sohnes durfte ich euch viele Lehren und Lektionen geben. Viele Aufgaben zeigten euch euer eigenes Für und Wider und ließen euch ebenso erkennen, dass ihr Wesen des Lichtes seid, ausgestattet mit der unbegrenzten Fülle aus Gott.

Der Innere Weg führt über Christus hin zum ewigen Vater, denn keiner kommt zum Vater – einzig durch Christus, seinen Erlöser.

Ich, euer göttlicher Bruder, der Cherub der göttlichen Weisheit, auf Erden für die Menschen Bruder Emanuel genannt, belehre euch bis zum Ende der vierten Stufe. In eurem Inneren jedoch wurdet und werdet ihr von Christus, eurem Erlöser, geführt. Auf dem Inneren Weg bewegt ihr euch nun immer mehr auf das Ende der vierten Stufe zu. Das bedeutet, dass ihr immer tiefer in die Bruderschaft Christi eintaucht.

Gabriele:

Die Bruderschaft Jesu Christi setzt sich aus Menschen aller Altersstufen zusammen, die einzig die Gesetze Inneren Lebens verwirklichen. Es sind Menschen, die alleinstehend waren; Menschen, die in der Partnerschaft sind oder in Partnerschaft waren; Menschen aus allen Berufszweigen und Berufsständen – Menschen, in deren Mittelpunkt Christus und somit das Christusbewusstsein aktiv ist; Menschen, die Christus nicht nur als ihren Erlöser sehen, sondern auch als ihren Bruder, der sie führt, der sie leitet und der der Mittelpunkt dieser Brudergemeinschaft ist.

Diese Brudergemeinschaft besteht aus dem Bewusstsein der Christus-Gottesgemeinschaft, das heißt, alle Brüder und Schwestern sind entweder auf der Stufe des Ernstes oder nahe dieser Stufe oder schon darüber hinaus auf den Stufen der Kindschaftseigenschaften, auf den Reifestufen der göttlichen Geduld, Liebe und Barmherzigkeit.

Was ist das Ziel der Bruderschaft Christi?

Die Bruderschaft in Christus besteht aus Menschen, die den Christusweg weitgehend gegangen sind und im Namen des Christus Gottes hinausgehen, um die Brüder und Schwestern in der Welt den Inneren Weg zu lehren.

Bruder Emanuel offenbarte:

Auf der Evolutionsstufe des Ernstes darf ich euch nun ganz allmählich der unmittelbaren Führung Christi, unseres göttlichen Bruders, des Mitregenten der Himmel, übergeben, der euch in das heilige Bewusstsein des ewigen Vaters führt. Christus, unser göttlicher Bruder, übernimmt nun allmählich jeden Einzelnen, der sich rechtmäßig auf der vierten Evolutionsstufe befindet, in Seine unmittelbare Führung und lehrt ihn immer tiefer die Anwendung der ewigen Gesetze, der sieben himmlischen Grundkräfte von der Ordnung bis zur Barmherzigkeit. Es ist der siebenstufige Pfad mit Christus. Christus, der Mitregent der Himmel, unser göttlicher Bruder, wird euch auch immer wieder unpersönliche Impulse geben, wenn noch Unwesentliches, also Menschliches, vorhanden ist, auf dass ihr dieses bereinigt.

Bis Christus, unser göttlicher Bruder, in euch die unmittelbare Führung übernehmen kann, darf ich euch immer wieder Übungen geben, auf dass ihr die Impulse unseres göttlichen Bruders besser und klarer zu empfangen vermögt.

Bitte macht euch bewusst, dass die Impulse des Inneren nur für euch persönlich sind und nicht zur Übermittlung an Zweite oder Dritte.

Auf der Evolutionsstufe des Ernstes beginnt also schrittweise die unmittelbare Führung jedes Einzelnen durch

Impulse seines göttlichen Bruders, des Geistes Christi im Innersten der Seele. Nun heißt es, das zu erkennen, zu verwirklichen und zu erfüllen, was jeder Einzelne für sich persönlich vernimmt.

Wenn ihr die von mir, Bruder Emanuel, auf allen Evolutionsstufen offenbarten Lektionen und Aufgaben gewissenhaft verwirklicht habt, dann sind eure Gehirnzellen so weit gereinigt, dass ihr den Geist Christi allmählich empfangen könnt. Durch weitere Übungen werden die Impulse Christi immer klarer. Die Geräusche der Seelenhüllen hören auf, denn die Seelenhüllen sind entweder durchlichtet oder umgewandelt in Gesetzesenergien. Das Fließen der menschlichen Kommunikationen – der menschlichen Empfindungen und Gedanken, der drängenden Wünsche und Leidenschaften, der Feindschaften und Streitigkeiten – ist in göttliche Kommunikation, in gesetzmäßige Energie, umgewandelt. Es ist in euch still geworden. Wer in Gott ruht, der empfängt auch von Gott.

Gabriele:

Das Umwandeln der menschlichen Empfindungen und Gedanken in göttliche Kommunikation besagt: Durch den Weg der Bereinigung sind die Entsprechungen, die Belastungen der Seelenhüllen, umgewandelt. Was umgewandelt ist, ist dann nicht mehr die Belastung, sondern göttliche

Energie. Wo göttliche Energie aktiv ist, ist die Kommunikation mit dem Göttlichen lebendig.

Bruder Emanuel:

Jeder Mensch besitzt den freien Willen, deshalb darf ich, Bruder Emanuel, nicht in eure Gedanken- und Wunschwelt eingreifen.

Jeder muss sich nun selbst prüfen, ob er das Wagnis eingehen möchte, das Innerste zu vernehmen – und diesem zu vertrauen.

Bewusst sprach ich von Wagnis. Denn wer nur eine geringe Verwirklichung aufweist, der kann entweder keine Impulse vom Geiste Christi empfangen oder nur Mischgut – oder er empfängt aus anderen Quellen. Es kommt also auf die Belastung oder den Reinheitsgrad des Einzelnen an.

Wer noch sehr verschattet ist – er merkt es selbst an seinen menschlichen Empfindungen und Gedanken, seinen Regungen und Neigungen gegenüber seinen Mitmenschen –, vernimmt nur die Geräusche seiner eigenen Seelenhüllen. Diese stehen mit entsprechenden Energiefeldern in Kommunikation, die aus der Atmosphäre senden – oder Seelen treten mit ihm in Kontakt, die als Erdgebundene unter den Menschen verweilen. Solche und ähnliche Impulse ruft der ab, der sich zu weit vorgewagt hat – ohne sein Gewissen und seine Unterkommunikationen zu prüfen.

Gabriele:

Diese Erläuterungen sind jedem Schüler klar, der die Stufen von der Ordnung bis zur Weisheit durchlaufen hat, der also diese Lektionen und Aufgaben weitgehend verwirklicht hat. Eine Warnung muss für denjenigen ausgesprochen werden, der die ersten Stufen des geistigen Evolutionsweges übersprungen hat und glaubt, gleich auf der vierten Stufe, der Stufe des Ernstes, beginnen zu können, um die Führung durch den Christus-Gottesgeist im Innersten der Seele zu erlangen. Ein solcher Schüler kann sicher sein, dass er sich in große Gefahr begibt – in die Gefahr, nicht von Christus geführt, sondern von Energiefeldern gesteuert zu werden. Diese scheuen sich nicht, sich auch als Christus auszugeben.

Unser Geistiger Lehrer, Bruder Emanuel,
offenbarte:

Ich warne jeden Menschen, fanatisch nach innen zu lauschen und um Inspiration zu bitten, solange er noch mit sich selbst in Feindschaft lebt, seine Mitmenschen nicht an- und aufzunehmen vermag, über seinen Nächsten urteilt und richtet, noch von drängenden Wünschen und Leidenschaften umwölkt ist und seine Sinne noch leidenschaftlich reagieren. Wer es dennoch hartnäckig verfolgt, um für sich persönlich, für sein menschliches Ich, etwas zu erreichen oder sich damit aufzuwerten, der wird auch empfangen – jedoch nicht aus dem reinen Sein. Ich warne also.

Auch der Schüler, in dem öfter aggressive Ausbrüche auftreten, bei denen er seinen Nächsten abwertet, ihn verurteilt oder verunglimpft, schwebt in Gefahr, wenn er sich anmaßt, das Höchste empfangen zu können.

Wer jedoch den Inneren Weg gewissenhaft gewandelt ist, der ist frei von diesen menschlichen Geräuschen, von Sein-, Besitzen- und Habenwollen. Er ist in sich still geworden und hat somit zur inneren Ruhe gefunden.

Nur in der Stille ist geistiges Wachstum und göttliche Offenbarung möglich.

Christus kann nur den ernsthaften, den wahren Weisen, der mehrere Erleuchtungsgrade entfaltet hat, zum Ursprung der Quelle führen.

Das mystische Leben: das Leben in und mit Gott und mit dem Nächsten, auch in Ehe und Partnerschaft

Bruder Emanuel:

Das mystische Leben ist Einheit. Die Einheit in Gott kennt kein Mein und Dein, sondern das Wir: Wir sind alle Brüder und Schwestern in Gott. Dies führt zum Weitblick und zum Miteinander, auch in Ehe und Partnerschaft, denn durch die Kommunikation mit dem Göttlichen ist es dem Menschen möglich, selbstlos zu helfen und zu dienen und mit seinem Nächsten selbstlos zu leben.

Selbstloses Leben ist zugleich die selbstlose Liebe. Dieses Leben im Geiste Gottes wird unter den Menschen auch das mystische Leben genannt. Es ist das Leben in und mit Gott und mit dem Nächsten. Das Gesetz Gottes lautet: Gleiches verbindet sich mit Gleichem. So werden Gleichgesinnte, die das eine Ziel haben, Gottes Gesetze zu erfüllen und ihren Mitmenschen selbstlos zu dienen und zu helfen, zusammenfinden und miteinander leben und wirken.

Die mystische Liebe ist auch die Liebekraft und Liebefähigkeit zwischen den Partnern: Sie lieben einander in Gott und nicht um ihrer selbst und um ihrer Körper willen. Das heißt, sie lieben einander nicht mit der eigensüchtigen, körperbezogenen, menschlichen Liebe zur Befriedigung ihrer Körper. Der Körperkontakt ist in der mystischen Liebe nicht verboten, denn im Geiste der Liebe gibt es keine Verbote. Der Körperkontakt beruht bei gotterfüllten Menschen nicht mehr auf der Befriedigung der Sexualwünsche, sondern im gegenseitigen Sich-Schenken. Die körperliche Vereinigung erfolgt also nicht, um sich abzureagieren oder Besitzansprüche anzumelden. Der körperliche Akt ist nun eine Vereinigung beider Geschlechter, von Mann und Frau, welche die Sinneskräfte zum Göttlichen hin hochtransformieren und ineinander ruhen, bis sie eins mit Gott sind; dann lieben sie einander, ohne den Körper des Nächsten aufsuchen zu wollen.

Die Sexualbetätigung trägt nur zur Entspannung der aufgepeitschten Nerven bei. Wer seine Nerven nicht mit menschlichen Gedanken spannt, also auflädt, der bleibt entspannt. Er wird auch den noch bestehenden, jedoch verfeinerten Körperkontakt zwischen Mann und Frau, das Ineinander-Ruhen, allmählich lassen und mit seinem Partner das hohe Geistige anstreben: die Liebekommunikation mit dem Göttlichen im Nächsten, die absolutes Vertrauen, gegenseitiges Verständnis und gegenseitige Sicherheit bedeutet. In der weiteren Entfaltung des geistigen Bewusstseins führt dies zur selbstlosen göttlichen Liebekommunikation mit dem Dual – mit dem Geistwesen, das seinem geistigen Wesen wesensnah ist und mit dem er in Gott geeint bleibt – ewiglich.

Das Dual im reinen Sein ist das andere Prinzip, entweder das geistige männliche oder weibliche Prinzip. Im reinen Sein werden beide das Positiv und das Negativ genannt. Beide Prinzipien, sowohl das männliche als auch das weibliche, sind geschlechtslos, weil sie nicht über den Körper zeugen, sondern durch den Geist Gottes empfangen. Hat die Seele im Menschen die Kommunikation mit ihrem Du, also dem Dual, dann ist zugleich die Kommunikation mit Gott-Vater, dem Vater-Mutter-Gott, aufgenommen.

Gabriele:

Dies wird nur dann der Fall sein, wenn wir durch konsequente Ausrichtung auf den Geist des Lebens, durch gewissenhaftes Beschreiten der Stufen des Inneren Weges und durch ein Leben in der Erfüllung der göttlichen Gesetze unser geistiges Bewusstsein gesetzmäßig erschlossen haben.

Wir sollten auch nicht die Dualverbindung herbeisehnen. Die Verbindung mit dem geistigen Dual geschieht auf gleiche Weise wie die Verbindung mit dem Christus-Gottesgeist. Auch hier heißt es, die Gesetze Gottes zu erfüllen. Ist die Seele dann erfüllt von dem Gesetz Inneren Lebens, so ergibt es sich, dass sie Kontakt zur ewigen Heimat und somit auch zu ihrem Geistdual aufnimmt.

Wer jedoch das Christusbewusstsein noch nicht erschlossen hat, wer noch nicht in Kommunikation mit dem Inneren Führer, dem Ratgeber und Helfer, steht, der kann auch keine Kommunikation zum Geistdual herstellen; denn das Geistdual ist im ewigen Sein, im Himmel. Nur über den Christus-Gottes-Geist findet die Seele zu ihrem Geistdual. Das heißt wiederum: Die Seele muss einen hohen Reinheitsgrad erschlossen haben, um mit ihrem Dualprinzip in Kommunikation zu treten.

Bruder Emanuel:

So mancher, der über diese hohe Ethik und Moral liest, wird sagen, bis dorthin sei noch ein weiter Weg. Nicht die Lauheit und viele Worte über den Inneren Weg führen zum Ziel, sondern die ernsthafte Verwirklichung der Gesetze Gottes. Einzig diese ist die Antriebskraft für den Inneren Weg und auf dem Inneren Weg. Durch die schrittweise Erfüllung des Inneren Lebens erwachen Seele und Mensch zur Geistigkeit. Das bedeutet, dass die Sehnsucht der Seele nach dem reinen Sein wächst und der Mensch, die Hülle der Seele, davon angeregt und motiviert wird. Die Sehnsucht nach Gott, die also durch Verwirklichung wächst, räumt so manche Hindernisse auf dem Inneren Weg hinweg, und wer ihn geradlinig wandert, muss deshalb auch so manches nicht erdulden oder erleiden.

Das Leben im Sein erschließt uns Möglichkeiten über Möglichkeiten

Bruder Emanuel:

Wer sich wahrlich auf der Stufe des Ernstes bewegt, der hat die Durststrecke des Inneren Weges mit Christus gemeistert. Ihm sind aus dem ewigen Gesetz Möglichkeiten über Möglichkeiten offen. Das göttliche Gesetz ist die Fülle – und wer als Tropfen in den Ozean, Gott, eintaucht, der die Fülle ist, wird nichts entbehren und daher dem auch leicht entsagen, was sich anschleicht und anbietet. Es sind die Lockungen dieser Welt. Ist der Tropfen in den Ozean, Gott, zurückgekehrt, dann lebt und bewegt er sich in der inneren Freiheit, hat den inneren Frieden und die göttliche Harmonie erlangt, die ihn glücklich machen. In seinem Berufsleben wird er den gesetzmäßigen Erfolg haben, weil der Tropfen in Gott weitgehend gesetzmäßig lebt.

Gabriele:

Wer gewissenhaft den Inneren Weg geht, der dürstet nach dem Licht und wird so lange nach dem Licht dürsten, bis er als Tropfen in den Ozean, also in das Licht, eingetaucht ist, das sein Zuhause ist.

Bruder Emanuel spricht von Möglichkeiten über Möglichkeiten, die uns das ewige Gesetz erschließt. Er deutet damit an, dass uns dann nichts verborgen bleibt. Mit den Augen des Gesetzes können wir in das Ungesetzmäßige blicken und so das Ungesetzmäßige gesetzmäßig lösen. In jeder Situation können wir den Geist Christi in uns befragen – der uns eine unpersönliche Antwort gibt; denn wir sind Kinder der Freiheit. Christus wird uns niemals gängeln und sagen: Tue dieses, tue jenes. Er sagt es unpersönlich, so dass wir abwägen können, ob wir es so halten wollen, wie es gesetzmäßig ist, oder nicht.

Weitere Möglichkeiten sind auch im Berufsleben gegeben. Gerade dort begegnen uns viele Menschen, die viele Schwierigkeiten und Probleme haben, betrieblicher oder persönlicher Art. Jede Art von Schwierigkeiten und Problemen kann ein Mensch, der die vierte Stufe weitgehend erschlossen hat, geistig erfassen, nach den Gesetzen des Lebens erwägen und bereinigen. Er empfängt also aus der Fülle, er gibt aus der Fülle und kann durch die Erfüllung des ewigen Gesetzes alles, was auf ihn zukommt, nach dem Gesetz Gottes bereinigen. Und so wird er auch den gesetzmäßigen Erfolg haben, einerlei, worüber er spricht und was er vollbringt.

Vergegenwärtigen wir uns noch einmal: Wer als gereinigter Tropfen in den Ozean Gott eintaucht, der schaut hinter die Masken des menschlichen Ichs und durchschaut die Verschleierungstaktik jener Menschen, die äußere

Dinge abdecken, damit sie selbst und ihr wahres Denken, Wollen und Tun nicht erkannt werden.

Menschen, deren Seelen zu Tropfen des Ozeans Gott geworden sind, schauen in allen Dingen die Gesetzmäßigkeiten Gottes und erkennen auch das Ungesetzmäßige. Sie schauen auch in jeder Handlungsweise ihrer Nächsten das Gesetzmäßige und sehen ebenfalls das Ungesetzmäßige. Menschen, deren Seelen als Tropfen im Ozean Gott leben, schauen in der Gestik und Mimik ihrer Mitmenschen das Bewusstsein. In jeglicher Haltung erkennen sie das Menschliche und das Geistige, erkennen die Verschleierung oder die Offenheit. In jeder Redewendung des Einzelnen erkennen sie, ob er damit etwas verdeckt oder ob er geradlinig ist.

In den Tönen der Worte liegt das Bewusstsein der Menschen. Der Tropfen im Ozean Gott hört heraus, was wahr und unwahr ist. In jeder Handlung schaut der Tropfen das Gesetz und weiß das Ungesetzmäßige zu nennen. Jede äußere Haltung zeigt ihm auf, wer oder was sein Nächster ist. Allein schon die Haltung des Hauptes zeigt dem Tropfen, der im Ozean Gott lebt, das Positive und das Negative am und im Menschen.

Farbe, Form, Klang und Duft in mannigfaltigen Nuancen strahlt jeder Mensch aus. Der Tropfen im Ozean Gott kennt die vielen Facetten des menschlichen Ichs – schaut aber auch die Verwirklichung, die geistigen Facetten, die der Mensch wieder freigelegt hat.

Von dem, was der Weise bei seinem Nächsten schaut und erkennt, macht er selten Gebrauch. Nur dann, wenn es z.B. für sein Mitgeschwister gefährlich wird oder wenn es gilt, Unheil abzuwenden, wird er es unpersönlich ansprechen. Auch wenn sein Nächster ihn darum bittet, wird er es sehr, sehr vorsichtig zur Sprache bringen. Von sich aus spricht er es nicht an.

Der Tropfen im Ozean Gott wägt alles wohlweislich ab in allem, was auf ihn zukommt. Er fragt sich: Muss etwas gesagt werden? Ist es wesentlich? Könnte es gefährlich werden? Darf eventuell nichts gesagt werden, weil der Nächste es nicht zu begreifen vermag oder weil es noch keine Gefahren birgt? Entsprechend seiner Einsicht schweigt oder spricht oder handelt der im Geiste Gereifte. Er beachtet es auch, wenn z.B. sein Nächster von ihm keine Gesetzmäßigkeiten des Lebens hören möchte oder wenn er auf jede Ansprache hin missgestimmt ist. Dann wird der Tropfen im Ozean Gott schweigen. Der Tropfen im Ozean Gott, der geistige Mensch, der die Stufe vier weitgehend erfüllt hat, ruht in sich und handelt entschieden nach seiner klaren Erkenntnis.

Leben im Sein ist Leben aus der Fülle und in der Fülle. Jeder Mensch trägt in sich die Fülle, das Absolute Gesetz. Hat der Mensch das Innere Leben erschlossen, dann macht diese innere Fülle ihn im Inneren reich. Ein solcher Mensch strebt nicht nach Macht, Ansehen und äußerem Reichtum. Ein solcher Mensch wird aber auch nicht in der Armut leben. Er wird der Mensch des Mittelstandes oder

der Mensch des gehobenen Mittelstandes sein. Er wird jedoch nicht Güter und Geld horten, sondern es ist der geistige Mensch des Gemeinwohls.

Unser Geistiger Lehrer sprach:

Das Leben im Sein ist kein ernstes, niederdrückendes oder gar bedrohliches Leben. In Gott zu leben heißt, im Gleichklang mit allen Kräften der Unendlichkeit zu leben, weil die Unendlichkeit der Ozean, Gott, ist und somit die Fülle. Wer aus Gott alles besitzt, dem gehört auch alles; er braucht sich nicht zu ängstigen, dass es ihm morgen weggenommen wird.

Jedes Geistwesen lebt in der Fülle, denn jedes hat die Unendlichkeit als Essenz in sich. Auch der geistige Leib ist das Gesetz selbst, die Unendlichkeit. Deshalb gibt es im ewigen Sein keine Sorgen und Nöte, weder Leid noch Stress oder Ängste. Die Geistwesen sind das Sein und leben im Sein und in der Fülle. Jedes einzelne hat das, was das andere auch hat; sie brauchen nichts – sie haben es. Nur der Mensch braucht so lange dieses und jenes, will Besitz oder Aufwertung, bis er im Göttlichen ist. Dann braucht er nicht mehr – er besitzt.

Der Tropfen im Ozean Gott, der leuchtende Kristall, die geläuterte Seele im Menschen: der Himmelsschlüssel

Gabriele:

Liebe Schwester, lieber Bruder, erst jetzt erfassen wir ganz die Worte unseres geistigen Bruders Emanuel, der sowohl auf der Evolutionsstufe der Ordnung als auch auf der Stufe des Willens und auf der Stufe der Weisheit von der Marionette Mensch sprach. Erst jetzt erfassen wir, was es bedeutet, unfrei zu sein, also eine Marionette der menschlichen Gefühle, Leidenschaften, Sehnsüchte und Wünsche. Der Mensch in der Trunkenheit seines Ichs ist ein Spielball der gegensätzlichen Kräfte. Mit dem menschlichen, aufgeblasenen Ich treiben diese ihr Spiel, so dass der Mensch, der durch das Für und Wider, durch den Energieentzug, geschwächt wird, sich für nichts entscheiden kann, weder für die Welt noch für den Geist. Das ist das Getriebensein, das heißt, der Mensch lässt sich treiben.

Marionetten sind Puppen, die über Fäden gesteuert werden. So ergeht es all jenen Menschen, die einmal ja, dann wieder nein zum Göttlichen sagen, die also nicht wissen, was sie wollen. Sie sind die Getriebenen, weil sie die Gebundenen sind.

Der Mensch, der bewusst gegen die Gesetze Gottes handelt – einmal für und einmal wider – bindet sich damit an *die Dämonen, denn er dient bewusst dem Dämonischen. Er wird auch als Seele in den Stätten der Reinigung in jenem Bereich leben, der dem Dämonenstaat vorbehalten ist. Dort wird er so lange dem Dämon Tribut leisten müssen, bis er sich mit der Kraft Christi befreit oder bis auch die Dämonen ihr ungesetzmäßiges Handeln erkennen und der Dämonenstaat zerfällt.*

Durch das Eintauchen in den Ozean Gott erfahren wir das wunderbare Gefühl der Leichtigkeit der Seele. Sie ist weitgehend frei von der irdischen Last, die den Menschen niederdrückte und im Tal der Enge hielt, wo das Bewusstsein nur das sah, was sich die Seele an Ursachen auferlegt hatte. Wahrlich, Seele und Mensch atmen tief ein und aus. Sie fühlen den Geist, der sie wie auf Adlers Schwingen emporgetragen hat zu den Höhen Inneren Lebens, zu der inneren Freiheit, in der das Leben blüht.

Die lichte, weitgehend reine Seele trägt in sich eine unerschütterliche und unbegrenzte Sehnsucht nach der absoluten Vereinigung mit Gott, ihrem Vater. Sie, der weitgehend reine Kristall Inneren Lebens, möchte zu und mit ihrem ewigen Vater sprechen, in Dem sie lebt von Ewigkeit zu Ewigkeit.

Die Sehnsucht der Seele nach der Vereinigung mit Gott, ihrem Vater, drückt sich im Menschen dadurch aus, dass er beständig darauf bedacht ist, nichts Ungesetzmäßiges zu denken, zu sprechen und zu tun. Er spürt dann das Weh seiner Seele, wenn er nur Ansätze zeigt, das mensch-

liche Ich aufzubauen oder mit dem noch vorhandenen menschlichen Ich zu jonglieren.

Die Gebete eines Menschen, dessen Seele sich nach der Vereinigung mit Gott, ihrem Vater, sehnt, sind die Gebete der Süße, Gebete der Anbetung des herrlichen Geistes, der immer tiefer in die Seele und in den Menschen einstrahlt, der immer mehr dem Oberbewusstsein des Menschen näherkommt. Es sind Gebete der tiefen inneren Freude, Gebete der hohen Liebe, welche die Sehnsucht nach der Vereinigung mit Gott ausdrücken. Es ist das liebende Herz, das den Ewigen anspricht.

Der leuchtende Kristall – die geläuterte Seele –, der Tropfen im Ozean Gott, der durchdrungen ist von den Sphärenklängen des Seins, betet im Sein, indem er das heiligste, ewige Gesetz erfüllt von Ewigkeit zu Ewigkeit.

Das Gebet des Tropfens im Ozean, Gott, ist die Erfüllung des ewigen Gesetzes. Die Geistwesen beten nicht wie die Menschen. Ihr Gebet ist ihr Leben; denn sie sind Reinheit aus der ewigen Reinheit, Gott; sie sind Gleichheit aus dem ewigen Gesetz der Gleichheit. Sie bitten nicht – sie haben. Sie danken nicht – sie besitzen. Sie tun, was Gottes Wille ist. Das ist ihr Gebet, das Gebet des Seins. Sie ehren, rühmen, preisen und loben Gott, indem sie alles tun, was Gott ist – nämlich das Gesetz.

Das Innere Leben bedeutet für den Tropfen im Ozean Gott die beständige Kommunikation mit dem ewigen Gesetz. Der reine Kristall ist also der Tropfen im Ozean Gott, der das Innere Leben, das ewige Gesetz, in den vielen Facetten inneren Seins widerspiegelt. In allem, was ein solcher Mensch tut, in seinen Gefühlen, Empfindungen, Gedanken, Worten und Handlungen, spiegelt er das Gesetz des Lebens wider, da er beständig in Kommunikation mit der ewigen Quelle, dem Inneren Leben, steht.

Die weitgehend reine Seele im Menschen ist der Himmelsschlüssel; sie ist für ihren Nächsten da und kann durch die Liebe zum Ewigen noch vielen die Pforten zum Sein erschließen durch ihr vorbildhaftes Leben und ihre selbstlosen Werke der Liebe. Weitgehend geeint mit dem Ewigen, spüren Seele und Mensch die gütige Hand des liebenden ewigen Vaters, der sie führt und leitet und sie zur rechten Zeit dort sein lässt, wo Hilfe und selbstlose Worte gebraucht werden.

Der weitgehend reine Tropfen, die Seele im Menschen, braucht nicht mehr nach den Dingen des Lebens zu fragen – sie ist weitgehend das Leben. Der Mensch braucht nicht mehr seine Gedanken zu analysieren und aufzuschlüsseln – er ist der Gedanke Gottes und schaut im Gedanken Gottes die allumfassende Wahrheit, Gott. Seele und Mensch sind nicht mehr die Traurigkeit, sondern die Ernsthaftigkeit, die den Durchblick in allen Dingen und Geschehnissen und Ereignissen hat. Das Wesen, das Sein im Sein, ist souverän und wirkt souverän – durch die innere Stärke, die der Fels Christus in Gott ist.

Der Gedanke Gottes ist das ewige Gesetz. Ist die Seele eines Menschen – also der Tropfen – weitgehend rein und somit im Ozean, im Gesetz Gottes, dann ist der Mensch der Gedanke Gottes. Das bedeutet, er ist zum Gesetz geworden, und seine Gedanken sind selbstlos, also göttlich: das Gesetz. Gleichzeitig schaut er auch in seinen Gedanken die vielen Perspektiven Inneren Lebens. Er erfasst sie in einem Augenblick und weiß, was ein Gedanke alles an Gesetz und Leben, an Gesetzmäßigkeiten, beinhaltet.

Die mit Christus erlangte Souveränität bewirkt die innere Stille.

Haben wir unser geistiges Bewusstsein erschlossen, dann ruhen wir in uns. Es ist in unserem Ober- und Unterbewusstsein weitgehend still geworden, weil die Seele weitgehend gereinigt ist. Dann strahlt das göttliche Bewusstsein zu unserem Oberbewusstsein, das in Kommunikation mit dem göttlichen Bewusstsein steht. Wir sind die Stille selbst und hören in die unendliche Stille, Gott, hinein, indem wir schweigend nach innen gewandt sind. Schweigen wir, weil unser Ich überwunden ist, dann empfangen wir das Ich Bin.

Die Stufe des göttlichen Ernstes ist die Bewusstseinsstufe des Empfangens des Göttlichen.

Die Ernsthaftigkeit beinhaltet auch die Gewissenhaftigkeit. Wer gewissenhaft lebt, der jongliert nicht mehr, um mit dem noch vorhandenen Ich etwas zu erreichen. Er trickst den Nächsten nicht mehr aus. Er schöpft aus der Quelle des Lebens und empfängt aus der Quelle des Lebens. Die Stufe des Ernstes, die Stufe der Gewissenhaftig-

keit, ist also die Stufe des ersten tiefen Kontakts mit der Quelle Inneren Lebens.

Die innere Souveränität ist das verwirklichte geistige Wissen, das im Menschen zur Wahrheit und somit zur Realität geworden ist. Weil der Mensch des Geistes, der Tropfen im Ozean Gott, alles durchschaut, bleibt er geistig souverän und ist in vielen Dingen zurückhaltend, weil er genau erfasst und zu entscheiden vermag, was gesagt werden darf und wo er schweigen muss.

Die geistige Souveränität birgt auch das Verständnis und Verstehen, das Wohlwollen und die Toleranz. Mit diesen Kräften wägt der Souveräne ständig ab, was nach den Gesetzen des Lebens gesagt oder getan werden darf oder was nicht gesagt und nicht getan werden darf – z.B. weil es für den Einzelnen, dem geholfen werden sollte, noch zu früh ist.

Immer wieder sind Ermahnungen und Hinweise notwendig, damit all das, was in die Erinnerungswelt eingetaucht ist, nicht wieder aufgefrischt wird. Bedenken wir, dass wir immer noch Menschen und somit den Gefahren der Lockungen dieser Welt ausgesetzt sind. Durch die innere Größe, die wir durch Verwirklichung der ewigen Gesetze erlangt haben, stehen wir über dem Weltenbrand des Ichs, auch über eventuellen Resten unserer Menschlichkeit. Wir begeben uns nicht in Gefahr, über solche Ichheiten – einerlei, woher sie kommen – lange nachzu-

denken. Wir wissen: Gedanken sind Kräfte und können Überwundenes wieder aktivieren, dann, wenn wir darüber nachsinnen und nachgrübeln. Wir bereinigen also sofort mit Christus, wenn sich solches und Ähnliches anzeigt.

Als Menschen sind wir eingebunden in die Rhythmen der Tage und auch in das Prinzip Tag und Nacht; wir haben ein Nervensystem und sind dadurch auch den Schwankungen der Witterungseinflüsse ausgesetzt. Es ist möglich, dass ein Mensch plötzlich von einer Kreislaufschwankung erfasst wird, gleich, aus welchen Gründen. Infolge dieser Kreislaufschwankung fällt unter Umständen der Blutdruck. Das bedeutet, dass der Mensch eventuell unsagbar müde wird und in einen niederen Schwingungsbereich gerät, so dass Aspekte der Erinnerungswelt erneut angestoßen und bewegt werden. In der Erinnerung befinden sich bildhafte Eindrücke, die der Mensch schon bereinigt, also verwirklicht und abgelegt hat.

Hat der Mensch nicht die Kraft, diese Gedanken aus der Erinnerung sogleich Christus zu übergeben, auf dass sie wieder in die Erinnerungswelt zurückkehren, bewegt und nährt er sie stundenlang, so lässt das die Bilder wieder neu aufleben. Restbestände von ehemaligen Leidenschaften, ehemaligen Sehnsüchten und dergleichen können so wieder zu Ursachen, zu Belastungen werden.

Bewusst leben. Wie denken und sprechen wir? Alles will uns etwas sagen

Gabriele:

Wir wissen, dass unser irdisches Leben kostbar ist, dass die Tage unseres irdischen Daseins Freude oder Leid sein können, denn sie bringen uns das, was wir in die Gestirne und in unsere Seele eingegeben haben. Um uns der Tagesenergie bewusst zu werden, müssen wir auch bewusst leben. Wir müssen konzentriert auf die jeweilige Situation des Tages bezogen sein, auf dass wir spüren, was sie uns mitteilen möchte. Wir werden also die Tage und Stunden nutzen und nicht mehr über Gespräche lange nachsinnen oder über eine Angelegenheit oder Sache nachdenken.

Bewusst leben heißt auch, unseren Nächsten in uns zu erspüren, um ihm, sofern es gewünscht ist, selbstlos zu dienen. In allem werden wir dann den Inneren Ratgeber und Helfer, den Geist des Lebens, erkennen, der sich aus allem mitteilt, der in allem die Sprache, das Gesetz, ist, weil Er alles in allem ist.

Der hohe Reinheitsgrad der Seele auf der Stufe des Ernstes schließt auch aus, über Zweite oder Dritte Negatives oder Unwesentliches zu denken und zu sprechen.

Die Größe unseres wahren Seins gebietet uns auch, nicht mehr über das Ich unseres Nächsten nachzusinnen.

Wir werden selbstlos helfen, wenn Hilfe erwünscht ist; so diese nicht möglich ist, werden wir für unseren Nächsten beten, der sich eventuell im Netzwerk des menschlichen Ichs verstrickt hat.

In jeder Situation werden wir uns zurücknehmen und den Geist der Wahrheit in uns und in allem, auch im Gespräch, wirken lassen. Dadurch bauen wir die Lebensenergien immer weiter auf und werden so zu einem immer größeren Potential positiver Energien.

Sind alle unsere Gespräche – alles, was wir tun – selbstlos, dann spricht und wirkt der Geist des Lebens durch uns. Die Worte und Taten der Liebe haben wiederum ein Echo der Liebe. Sie schwingen nicht menschlich nach, weil sie das Sein sind. Hingegen schwingen die Worte und Werke des persönlichen Ichs, die ebenfalls ihr Echo haben, in uns nach und bereiten nicht nur ein ungutes Gefühl oder führen zu langen Debatten, sondern sind auch zugleich Ursachen, die sofort oder in späterer Zeit zur Wirkung drängen.

Haben wir selbstlos gesprochen, dann denken wir nicht über die Gespräche nach; sie beschäftigen uns nicht mehr, weder in Gefühlen, noch in Gedanken; sie schwingen also nicht nach.

Ichbezogenes schwingt nach; wir denken und sinnen über das, was unsere Entsprechungen angeregt hat, immer wieder nach und legen uns in verschiedenen Gedankenkombinationen zurecht, was dies oder jenes wohl für uns bringen könnte, was dies oder jenes wohl bedeuten könnte, was dieser oder jener wohl gemeint haben könnte.

Alles, was ungöttlich ist, hat in Seele und Mensch eine gegensätzliche Resonanz. Wir spüren es selbst, wenn wir unsere Bewegungen, ja unseren gesamten Körperrhythmus beobachten und auch unsere Gefühls- und Gedankenwelt kontrollieren. Gesetzmäßige Gespräche und Handlungen bewirken in uns Frieden und Stille des Gemüts; ungesetzmäßige Worte und Handlungen bewirken einen Energieabfall, ein ungutes Gefühl und dementsprechende Gedanken.

Alles will uns etwas sagen!

Wir spüren also in unserem Inneren, ob ein Gespräch, eine Sache oder Angelegenheit gesetzmäßig ablief oder nicht. Der Innere Helfer und Ratgeber, unser erschlossenes geistiges Bewusstsein, die ewige Intelligenz in uns, sagt uns ganz deutlich, ob das Geschehen menschlich, also ichbezogen war oder ob es aus dem Göttlichen kam.

Werden auf der vierten Stufe Seele und Mensch von Christus direkt geführt, dann vernimmt der Mensch die Stimme des Christus Gottes. Er vernimmt gleichsam in sich selbst den mahnenden Geist, der ihm aufzeigt, was noch menschlich und was göttlich ist. Das gilt für den Menschen persönlich, nicht jedoch für Zweite und Dritte. Geht es um Zweite oder Dritte, ist also die Fragestellung, die Schwierigkeit, das Problem, die Angelegenheit auf andere Menschen bezogen, so vernimmt der Mensch nicht die unmittelbare Stimme Christus, sondern dann schöpft er aus dem in seinem Inneren erschlossenen Quell, aus dem Gesetz, und weiß – in seinem geistigen Bewusstsein – ganz deutlich, was menschlich oder göttlich ist.

Unsere Gefühle bringen die Antwort ins Oberbewusstsein. Wir sind also nicht mehr die Wiederkäuer im Kausalgesetz, die stunden- und tagelang über Ereignisse, Situationen und Zurückliegendes diskutieren. Wir wissen: Wer diskutiert, will sich nur selbst bestätigen; er ist unsicher, weil er seinen eigenen Darlegungen und Aussagen misstraut. Was gesprochen, jedoch nicht vom Geist der Wahrheit durchglüht ist, regt zu Diskussionen an. Der erfüllte Mensch bleibt in der konsequenten geistigen Haltung. Er wird sich durch Gespräche und Handlungen nicht wieder in das Gesetz von Saat und Ernte herabziehen lassen – auch dann nicht, wenn seine Mitmenschen ihn scheel anblicken, über ihn gegensätzlich sprechen oder ihn gar der Lieblosigkeit bezichtigen. Er bleibt im ewigen Gesetz und somit Gott treu.

Der unsichere Mensch, der beständig auf Anerkennung und Zuspruch bedacht ist, der mit seinen Nächsten diskutieren möchte, um sich selbst darzustellen, wird einen geistigen Menschen als arrogant und kühl bezeichnen, weil dieser sich nicht auf Diskussionen einlässt und dem menschlichen Ich keine Energie gibt.

So werden wir immer wieder die Erfahrung machen, dass unsere Mitmenschen diejenigen Menschen als lieblos und intolerant bezeichnen, die ernsthaft, geradlinig und konsequent im ewigen Gesetz bleiben. Da wir durch die Verwirklichung des ewigen Gesetzes an uns selbst Erfahrungen gemacht haben, schauen und hören wir aus den Darlegungen und eventuellen Vorwürfen heraus, welches die Unterkommunikationen unserer Mitmenschen sind. Als Beispiel die Schlagworte: »Du hast zu wenig Liebe« oder: »Du bist lieblos«. Uns sagt schon die Bezeichnung »Schlagworte«: Wem es selbst an Liebe mangelt, der schlägt mit solchen Worten um sich.

Christus deutet niemals mit dem Zeigefinger auf eines Seiner Kinder, indem Er zu ihm persönlich sagt: »Du bist lieblos«. Durch eine solche Aussage würde Er die Unvollkommenheit in Seinem Kind bejahen und der Unvollkommenheit auch Kraft verleihen. Christus spricht die Mängel Seiner Kinder allgemein an, also unpersönlich, nicht auf die jeweilige Person bezogen. Er spricht allgemein, wenn Er aus dem ewigen Gesetz das Ungesetzmäßige anspricht.

Wie denken und sprechen wir?

Geben wir uns auf diese Frage eine ehrliche Antwort, dann werden wir auch unseren Entwicklungsstand erkennen! Wer bei sich selbst den Balken im Auge bearbeitet, der wird für seine Nächsten Verständnis erlangen und zugleich die innere Klar- und Weitsicht. Wer jedoch nur auf den Splitter im Auge des Bruders blickt, der wird seinen Nächsten lieblos nennen. Mit einer solchen menschlichen Feststellung hat der Betreffende schon gegen das ewige Gesetz verstoßen, das unpersönlich ist.

Nach dem göttlichen Gesetz soll niemand einen Menschen lieblos nennen. Vertritt ein Mensch jedoch eine Sache, eine Institution oder hat er ein Amt inne, und handelt die Institution oder der Amtsträger lieblos, dann kann man ihm als dem Garanten dieser Institution – der Sache oder des Amtes wegen – die Lieblosigkeit aufzeigen, auch in der Öffentlichkeit; denn hier gilt das Gesetz: Wer schweigt, macht sich schuldig. – Es ist dann nicht der Garant selbst, seine Person, gemeint, sondern die Institution, die er als Repräsentant vertritt.

Im Verhältnis zu unseren Mitmenschen gilt nach wie vor, was Jesus von Nazareth vor 2000 Jahren in Seiner Bergpredigt sprach: »Ihr habt gehört, dass zu den Alten gesagt ist (2. Mose 20, 13; 21, 12): 'Du sollst nicht töten; wer aber tötet, der soll des Gerichts schuldig sein.' Ich aber sage euch: Wer mit seinem Bruder zürnt, der ist des Gerichts schuldig; wer aber zu seinem Bruder sagt: Du Nichtsnutz!, der ist des Hohen Rats schuldig; wer aber sagt: Du gottloser Narr!, der ist des höllischen Feuers schuldig.« (Mt 5, 21-22)

Der in der Erfüllung lebende Mensch besitzt das Auge der Wahrheit. Die Wahrheit ist die Quelle der göttlichen Inspiration. Das Gesetz Gottes lässt jedem Menschen die Freiheit zur freien Entscheidung

Bruder Emanuel sprach:

Weise ist der Mensch, der mit der Kraft Christi verwirklicht hat und dadurch die ewigen Gesetze erfüllt. Sein Bewusstsein ist weitgehend frei von großen Belastungen. Es ist zum geschliffenen Edelstein geworden und reflektiert die vielen Facetten der Unendlichkeit. Es ist der »Karfunkel«, der Stein des Weisen. Der Weise ist der in der Erfüllung lebende Mensch. Er ist in der Einheit mit allen Menschen, mit allem Sein.

Ein Mensch, der vom Geiste der Wahrheit erfüllt ist, ist auch gerecht. Er spricht aus der Wahrheit und schaut in allem, was auf ihn zukommt, die Wahrheit. Seine Mitmenschen können ihn nicht täuschen, denn er besitzt das Auge der Wahrheit. Er schaut das Schillernde des menschlichen Ichs und weiß, was dahinter verborgen ist. Er schaut die Masken seiner Mitmenschen und weiß, was in Wirklichkeit zugrunde liegt. Weil der wahre Weise sich mit Christus durch das Gesetz von Saat und Ernte hindurchgearbeitet hat, hat er auch viel durchlebt und durchlitten. Er hat sein Ich für das Größte hingegeben:

für Gott – und hat von Gott das Größte erlangt: wieder das Sein im Sein zu sein.

Wer in der Wahrheit lebt, der hört die Stimme der Wahrheit. Er kann ihre Existenz nicht beweisen, doch es bedarf auch keines Beweises, denn: Wer *ist*, will nichts mehr beweisen – er ist, weil er in Gott ist.

Gabriele:

Unser Geistiger Lehrer, Bruder Emanuel, spricht von der »Stimme der Wahrheit«. Was ist Wahrheit? Wahrheit ist das allgegenwärtige Gesetz, Gott, das durch alles spricht, weil es in allem ist. Unermüdlich teilt sich das ewige Gesetz mit; die ganze Unendlichkeit ist die Offenbarung Gottes. Wer sich in diesen allgegenwärtigen Offenbarungsstrom des Göttlichen einzuschalten vermag, der weiß um die Wahrheit, weil er die Wahrheit ist – denn er lebt als Tropfen im Ozean der Wahrheit.

Die Wahrheit ist auch die Quelle der göttlichen Inspiration. Sie wird dem zuteil, der sich wahrhaftig auf der vierten Stufe, auf der Stufe des Ernstes, befindet.

Die Inspiration auf der vierten Stufe ist der Sich-Offenbarende, der ewige Geist, der Seine Offenbarung in das Oberbewusstsein des Menschen sendet. Ausschlaggebend ist, dass die Seele des Menschen, der die Offenbarung vernimmt, weitgehend eins mit dem Offenbarer, dem Ich Bin, ist; sonst entstehen Irrtümer. Der Weise, der am Ende der vierten Stufe angelangt ist, kann Offenbarung vom Offenbarer, dem Ich Bin, empfangen; es ist ihm aber auch möglich, aus der ewig sich offenbarenden Quelle zu schöpfen. Dann vernimmt er es nicht in seinem Inneren, sondern er weiß es.

Wir müssen nun nicht glauben, dass es erstens den Offenbarer gibt, der inspiriert, und zweitens die sich ewig offenbarende Quelle. Es ist ein Strom und eine Kraft.

Wendet sich das Kind, das sich auf der vierten Stufe befindet, dem Vater-Mutter-Gott zu und bittet um Inspiration, dann wird es entsprechend seinem Bewusstsein das göttliche Ich Bin als Offenbarung empfangen. Ist das Kind im Reifeprozess hin zur Sohn- und Tochterschaft, dann ist der Sohn, die Tochter weitgehend zum Gesetz Gottes geworden. Dann spricht der Sohn, die Tochter nicht in jeder Situation den ewig Sich-Offenbarenden an, um Offenbarung zu empfangen, sondern das reife Kind – also der werdende Sohn und die werdende Tochter – taucht ein in die Offenbarungsquelle und schöpft unmittelbar aus dem geistigen Bewusstsein, aus Gott. Dann wird der Mensch nicht hören – er empfängt und weiß. Er ist das Wort des Gesetzes.

Dennoch pflegt auch der werdende Sohn, die werdende Tochter die Kommunikation zum Vater, der Manifestation des ewigen All-Einen. Die Liebe des Kindes wendet sich immer wieder dem Bewusstsein des Vaters zu, nicht nur der schöpfenden Kraft. Die Kommunikation zwischen Vater und Kind ist wohl unpersönlich, doch vom Vater her auf das Bewusstsein des Kindes hin gesprochen.

Unser Geistiger Lehrer,
Bruder Emanuel:

Macht euch Folgendes bewusst: Die ewige Wahrheit säuselt nicht; die Wahrheit ist zugleich die Gerechtigkeit Gottes, sie hat es nicht nötig, »klein beizugeben«, denn sie ist. »Wer aus der Wahrheit ist, der hört Meine Stimme«, so spricht der Herr! Die Stimme Gottes ist klar, deutlich und unumwunden. Sie kennt keine Kompromisse, denn sie ist absolut. Die ewige Wahrheit ist die unendliche Liebe, Gott. Es ist das konsequente, unerschütterliche Ich Bin. Die Liebe, Gott, ist auch im Gesetz von Saat und Ernte wirksam. Sie bewirkt in dem Menschen, der Gott entgegenreift, Verständnis, Wohlwollen und Toleranz.

Die ewige Wahrheit, das Gesetz der Liebe, hat sich ihren Kindern geschenkt. Jedes göttliche Wesen besitzt die ganze Unendlichkeit als Kraft und Licht, als Weg und Sein. In diesem Geschenk, dem Erbe der Unendlichkeit, ist auch der freie Wille enthalten. Somit hat auch jeder Mensch den freien Willen, Gottes Fülle anzunehmen – oder in der Leere seines Ichs zu leben. Als Konsequenz des freien Willens trägt jeder die Folgen seines Denkens und Handelns selbst. Wer selbstlose Liebe sät, wird auch selbstlose

Liebe ernten. Wer seinem Nächsten den freien Willen lässt, wird selbst frei bleiben.

Wer Güte und Treue sät, wird wiederum Güte und Treue ernten.

Wer Hass sät, wird Hass ernten.

Wer Lüge sät, wird einst selbst belogen werden.

Wer seinen Mitmenschen Leid zufügt, wird selbst Leid erfahren.

Wer seine Sünden jedoch rechtzeitig bereut, dem wird die Gnade Gottes zuteilwerden. Er wird nicht erdulden müssen, was er gesät hat.

Wer jedoch unnachgiebig bleibt und weiterhin Ursachen sät und dadurch weiter das Feuer schürt, der wird auch das Feuer, das Schicksal, ernten. Dann heißt es: Auge um Auge, Zahn um Zahn.

Das Gesetz Gottes lässt jedem Menschen das, was ihm gegeben ist: die Freiheit zur freien Entscheidung über sein gegenwärtiges irdisches Leben, über seine kommenden Erdenleben oder über den Reinigungsprozess der Seele im Seelenreich.

Die Hilfe Gottes ist deshalb nie Zwang. Gott schaut Sein Kind vollkommen, und Seine Strahlung für Sein Kind ist und bleibt die Liebestrahlung des Vaters. Im Kausalgesetz wirkt sie sich als Wohlwollen, Verständnis, Toleranz und Hilfe aus.

Gott hebt Sein williges, Ihm zustrebendes Kind immer wieder auf, wenn es gefallen ist, und gibt ihm Kraft, den Weg zur geistigen Vollendung weiterzuschreiten.

Er gibt Seinem willigen Kind, das sich auf den unteren Stufen noch bemüht, seine Sünden tagtäglich zu bereinigen und Gleiches oder Ähnliches nicht mehr zu tun, zusätzlich Kraft, also Verwirklichungsenergie, so dass es im Kampf mit sich selbst gestärkt ist, um die höheren Stufen des Erfülltseins zu erreichen.

Gabriele:

Es heißt: Gott hebt Sein williges, Ihm zustrebendes Kind immer wieder auf. Das unwillige, das so bleiben will, wie es ist, wird Gott nicht aufheben und immer wieder auf den Inneren Weg stellen, denn jeder Mensch hat den freien Willen. Will der Mensch in der Sünde, fern von Gott, leben, so wird Gott dem Menschen keinen Zwang auferlegen. Durch Nichtannehmen und Nichtbefolgen der Gebote Gottes zeigt der Mensch, dass er sich nicht aufheben lassen möchte, weil er weiter in seinen Trugbildern des Ichmenschen leben will.

So hilft Gott immer wieder dem, der Tag für Tag bereinigt und erfüllt, der in der Verwirklichung steht und gerade dabei ist, einige Aspekte seines menschlichen Ichs abzulegen. Wer hinfällt, weil er zu lange über sein Allzumenschliches nachdenkt – den hebt Gott dann auf, wenn der Mensch ernsthaft diesen Aspekt bereinigen möchte.

Die Wahrheit ist die ewige Größe Gottes und die unendliche Liebe. Sie gibt beständig. Sie ist das gebende, das liebende Prinzip. Doch Gott lässt Seiner nicht spotten. Wer trotz Kenntnis seiner Schuld nicht bereinigen möchte, der muss für eine geraume Zeit liegenbleiben, um die Schmerzen, die Leiden zu erdulden und selbst an sich zu erspüren, die er anderen auferlegt hat. Das gilt für jene, die den Weg der Reue, der Bitte um Vergebung, der Vergebung, der Wiedergutmachung nicht gehen wollen.

Auf der Stufe des Ernstes ist das Spielen und Tändeln mit den Menschlichkeiten beendet. Der Ernsthafte ist der für Gott, das Gesetz, Entschiedene.

Die gesetzmäßige Kommunikation des Alls. Die unpersönliche Rede

Offenbarung von Bruder Emanuel:

In der ganzen Unendlichkeit steht alles miteinander in Kommunikation. Alles Sein, alle Geistwesen, Tiere, Pflanzen, Mineralien, Steine, steht miteinander in Kommunikation. Es ist ein großes All-Kommunikationsnetz, das den reinen Wesen die Möglichkeit gibt, sich uneingeschränkt im ganzen All zu bewegen und mit allem Sein in Kommunikation zu treten.

Wer diese gesetzmäßige Kommunikation des Alls aufbaut, dessen Seele wird auch mit den reinen Kräften des Alls in Kommunikation stehen. Ähnlich ist es im Gesetz von Saat und Ernte. Auch hier besteht ein Kommunikationsnetz, das Kausal-Kommunikationsnetz. Wer im Strudel des menschlichen Ichs lebt, der steht in Kommunikation mit den Kausalenergien, die ihn belasten und ihm das zuführen, was er selbst in das Kausal-Kommunikationsnetz eingegeben hat.

Gabriele:

Dass wir auf der Stufe des göttlichen Ernstes mit den reinen Kräften in Kommunikation stehen, zeigt sich darin, dass unsere Gefühlswelt immer bei Gott ist, dass aus der Gefühlswelt nichts anderes mehr aufsteigt als die Liebe zu Gott, der Friede in Gott, das Glück bei Gott, die Harmonie der Heimat, die Symphonie des Seins, die Einheit mit allen himmlischen Wesen und mit allen reinen Kräften in Seelen, Menschen, Tieren, Pflanzen, Steinen und Gestirnen. Ist es mit der Gefühlswelt so bestellt, dann kann der Mensch sagen, seine Seele ist weitgehend gereinigt und eins mit dem mächtigen All-Kommunikationsnetz.

Solange wir noch nicht die Vollendung erlangt haben, müssen wir wachsam bleiben, damit sich nichts Gegensätzliches einschleicht; denn dadurch würden wir wieder Ursachen schaffen und wieder dem Gesetz von Saat und

Ernte unterliegen. Dazu hilft uns auch das Buch des göttlich Erfüllten, in welchem wir Merksätze aufnotieren, die uns helfen, wenn eventuell kurzzeitige Schwankungen unseres Gemütes auftreten.

Folgende Merksätze können uns dabei eine Hilfe sein:

Ich bin in Gott; Gott ist Größe.
Meine positiven Gedanken sind das ewige Sein;
Gott kennt mich.
Ich bleibe in der Stille; Gott schenkt sich mir.
Ich bleibe ruhig; Gott ist gegenwärtig.
Mein erschlossenes Bewusstsein ist der Edelstein,
Gott, in mir;
Er weiß um alle Dinge.

Bruder Emanuel offenbarte:

Wer weitgehend im ewigen Gesetz, Gott, lebt, ist unpersönlich. Auch seine Rede wird unpersönlich sein.

Die unpersönliche Rede spricht die Situationen und Geschehnisse und alles, was ungesetzmäßig ist, klar und unmissverständlich an. Das unpersönliche Wort, Gott, nennt jedoch keine Person mit Namen. Es spricht eine Gruppe von Menschen an, welche ungesetzmäßige Abläufe verursachten und sich dadurch im Gesetz von Saat und Ernte bewegen. Die unpersönliche Rede führt durch

Fragen – wie z.B.: »Denke darüber nach – was könnte diese Handlungsweise für Folgen haben?«

Oder: »Willst du für dieses Tun die Folgen tragen?«

Oder: »Ich finde, diese Handlungsweise ist gegen die Menschenrechte und steht gegen jede Ethik und Moral. Ich kann das nicht mittragen.«

Oder: »Für diese Aussage kann ich nicht geradestehen. Wenn du dafür zeichnest, so kann ich dich nicht daran hindern. Doch ich stehe dafür nicht ein.«

Solche und ähnliche Redewendungen sind unpersönlich, dann, wenn sie auch ehrlich – und ohne abwertende Unterkommunikationen – so gemeint sind.

Deshalb prüft immer wieder eure Gedanken und Worte. Was ist persönlich – was ist unpersönlich?

Senden und Empfangen: Übung, um in die Sprache des Geistes, in die Urempfindung, hineinzuwachsen

Bruder Emanuel:

Prüft, ob das von euch erschlossene geistige Bewusstsein auch empfangen kann. Denn jeder Gedanke sendet und empfängt. Jeder Gedanke, ob er von euch oder von eurem Mitmenschen ausgeht, ist zugleich Sender und Empfänger. Deshalb ist in jedem Gedanken die Antwort oder die Lösung enthalten. Mehrere Gedanken aneinandergereiht, ergeben sodann eine Kette von Antworten oder Lösungen. Das geistige Bewusstsein in euch sendet die gesetzmäßige Antwort oder Lösung.

Ich gebe euch eine Übung, damit ihr erkennt, ob euer geistiges Bewusstsein euch schon das zuzustrahlen vermag, was euer Nächster sendet:

Zwei Menschen, die sich bewusstseinsmäßig sehr nahestehen, vereinbaren eine Zeit, zu der der eine sendet und der andere empfängt. Nach dieser Übung notieren beide in das Buch des göttlich Erfüllten, was sie gesendet bzw. empfangen haben. Bei nächster Gelegenheit tauschen sie dann ihre Erfahrungen aus und ob das Gesendete vom Empfänger auch richtig aufgenommen wurde. Dann erfolgt die gleiche Übung in umgekehrter Weise. Derjenige, der gesendet hat, empfängt nun, und der, der empfangen hat, sendet. Beide notieren wieder auf, was gesendet und was empfangen wurde.

Zur Erkenntnis: Das Geschwister, das empfängt, wird niemals die Worte des Sendenden empfangen, sondern nur den Sinn der Worte, den der Sendende in seine Worte hineingelegt hat. Ihr erkennt also: Es geht nicht um die Worte, sondern um den richtigen Sinn.

Gabriele:

Die Geschwister, die miteinander das Senden und Empfangen üben, sollten mit allgemeinen Gesetzmäßigkeiten beginnen. Erst dann, wenn sie sich aufeinander eingestimmt haben, können sie Details senden.

Sind Menschen aufeinander eingestimmt, dann merken sie, dass Senden und Empfangen nichts anderes ist als Austausch von Bildern. Dann wird das Senden realer und klarer, und wir können in das Sendepotential auch detailliertere Impulse geben.

Eine allgemeine Gesetzmäßigkeit, eine Aussage, die noch nicht ins Einzelne geht, könnte sein: »Ich bin heute in vollkommener Harmonie, weil meine Arbeit nach den Gesetzen Gottes verlief.« Oder: »Ich freue mich, wenn du nach Hause kommst. Ich habe einiges vorbereitet.«

Schwierig wird es mit Zeitangaben, weil das geistige Bewusstsein weder Zeit noch Raum kennt. Auch die Telepathie kennt weder Zeit noch Raum. Es müsste ein anderes

Maß als unsere Zeit genommen werden, z.B.: Wenn du ruhiger geworden bist. Oder: Wenn du unruhig bist. Oder: Wenn du ausgeruht bist. Oder das Bild: Wenn du erwacht bist. Oder das Bild: Um die Mittagszeit. Oder das Bild eines Nachmittags oder des Abends.

Unser Geistiger Lehrer, Bruder Emanuel:

Mit dieser Übung wächst das Empfinden für die Sprache des Geistes, die Sprache des Lichtes. Sie ist die Urempfindung.

Die Sprache des Lichtes ist das gesetzmäßige Senden und Empfangen, ist das Allbewusstsein, Gott. Sie kann nur von den Seelen und den Menschen empfangen werden, welche die Seelenhüllen weitgehend durchlichtet oder sogar ganz abgebaut haben und allmählich als Tropfen in den Ozean Gott, in das Allbewusstsein, einkehren.

Gabriele:

Auch das Schöpfen des Tropfens im Ozean aus dem Ozean, Gott, beruht auf Senden und Empfangen. Tauchen wir hinein in den Strom des Allbewusstseins, so ist dies einem Ansenden gleich. Wir senden hinein in den Strom, um bildhaft zu empfangen.

Ein Beispiel für das Hineinsenden in den Strom ist die Bitte um die Lösung einer Situation. Dann tauchen wir in den Strom ein und verbinden uns über den Strom mit dem Positiven in der Situation; wir stellen also eine Kommunikation her. Kommunikation ist Aktivität, und diese Kommunikation wird uns im Oberbewusstsein bewusst, so dass wir das Ganze in Worte fassen und weitergeben können. Die Lösung wurde uns bewusst.

Die unpersönliche Rede. Der geistige Mensch findet für seine Nächsten die richtigen Worte und die rechte Hilfe

Offenbarung von Bruder Emanuel:

Die Sprache des Geistes ist unpersönlich. Nur derjenige empfängt sie, der in seinem Denken und Leben unpersönlich geworden ist.

Die Sprache des Geistes ist Klarheit. Nur derjenige empfängt sie, der mit seinem Nächsten im Reinen ist.

Die Sprache des Geistes ist Licht. Nur derjenige empfängt sie, dessen Seele und Körper licht geworden sind.

Die Sprache des Geistes kennt keine Floskeln und keine schmeichelnden Worte der Liebe. Sie ist die Klarheit, die Liebe selbst, das geradlinige, feine, edle, unpersönliche, mächtige Ich Bin.

Gabriele:

Als Menschen müssen wir uns vielfach mit unserer Sprache, mit unseren Worten, verständigen. Kommen unsere verbindlichen Worte von Herzen, dann sollten sie hin und wieder dem Nächsten zugesprochen werden – dann, wenn der geistige Mensch weiß, dass sein Nächster sie in gesetzmäßiger Weise an- und aufnimmt. Erkennt er jedoch, dass sein Nächster darauf wartet, sich dann geschmeichelt fühlt oder sich damit aufwertet, so wird der geistig Reife schweigen.

Bruder Emanuel:

Was der geistige Mensch spricht, ist gesetzmäßig. Er spricht das Gesetz der Wahrheit. Dadurch wird seine Rede kurz, jedoch präzis.

Jedes Wort, jede Entscheidung ist richtungsweisend. Es kommt allein darauf an: Ist das Ziel – die Richtung – göttlich oder menschlich? Ist es göttlich, dann tritt der Mensch in Kommunikation mit den göttlichen Energien. Ist es menschlich, dann tritt er mit gegensätzlichen Energien in Kommunikation. Wohin der Mensch denkt, von dort empfängt er. Ist der Mensch hin- und hergerissen – einmal für, dann wider –, so wird er ein Spielball der verschiedenen Kräfte.

Gabriele:

Das gesetzmäßige Verhalten ist immer korrekt und geradlinig. Es spricht Dinge und Geschehnisse unpersönlich an, wird dabei jedoch niemals das Negative bejahen, auch nicht durch eine Frage.

Gibt unser Nächster eine Absichtserklärung oder ein Versprechen ab und hat sein Versprechen positiven, also gesetzmäßigen Charakter, so sollten wir seine positive Entscheidung oder seinen positiven Entschluss bejahen und ihn nicht in Zweifel ziehen. Erkennen wir, dass unser Nächster unter Umständen an seinem Entschluss schwer zu tragen oder damit schwer zu kämpfen haben wird, dann sollten wir ihn dahingehend unterstützen, dass wir ihn nicht einfach ziehen und wirken lassen, sondern ihn mit unseren positiven Gedanken begleiten.

Viele Menschen verwenden eine ungesetzmäßige Frage als Redewendung, dann z.B., wenn sie ihren Bekannten oder Freunden oder Verwandten begegnen. Sie fragen: »Wie geht es dir?« Der Gefragte wird dann Antwort geben. Meist ist in der Antwort ein kleiner Beigeschmack von Negativem, oder sie ist gänzlich negativ, weil die meisten Menschen eine entsprechende Polung haben. Die Frage nach dem Befinden kann eventuell einen Schwall von Gedanken, Worten oder auch Selbstmitleid auslösen. Dann wird längere Zeit über Krankheit, Familienschwierigkeiten oder andere Probleme gesprochen. Das bedeutet, dass wir eine Entsprechung freigesetzt haben, die sich durch Gedanken, Worte oder durch Selbstmitleid weiter aufbaut. Durch diesen Eingriff in das Leben des Nächsten – denn eine ungesetzmäßige Frage ist ein Eingriff – schaffen wir Ursachen, die uns unter Umständen an unseren Nächsten binden.

Deshalb sollten wir diese Frage, die vielfach nur eine Floskel ist, in Positives transformieren, indem wir nach der Begrüßung unserem Nächsten ein ehrliches Kompliment machen. Jeder Mensch hat etwas Positives an sich. Sind wir positiv eingestellt, dann wird uns unser erschlossenes geistiges Bewusstsein dieses erkennen lassen. Unser ehrliches Kompliment spricht dann z.B. die Farbe des Kleides, ein hübsches Möbelstück, eine blühende Pflanze am Fenster, ein Lächeln und anderes mehr an. Auch durch solche äußeren Dinge, die wir ansprechen, wecken wir in unserem Nächsten positive Kräfte der Freude und der Aufmunterung. Durch unsere Aufrichtigkeit und unser gesetzmäßiges Verhalten können wir ein Gespräch in Fluss bringen, das für beide positiv, also aufhellend sein kann. Sollte das positive Gespräch eine Wende nehmen, wird z.B. von Krankheit und Leid gesprochen, dann ist es uns als geistigen Menschen geboten, in dieses Gespräch Hoffnung und Zuversicht einfließen zu lassen.

Trägt unser Nächster an seinem Kummer und Schicksal schwer und wirkt er sehr verschlossen und bedrückt, dann kann der geistige Mensch das Gespräch so lenken, dass sich unter Umständen die Herzenstüre öffnet und unser bedrückter Nächster sich freispricht. Dann sollten wir ihn sprechen lassen und nicht mit Gegenargumenten auf ihn einwirken. Schon gar nicht sollten wir von uns selbst erzählen. Haben wir gelernt, zuzuhören und unseren Nächsten in unserem göttlichen Bewusstsein zu erfassen, dann werden wir auch zur rechten Zeit die unpersönlichen Worte finden, die Trost und Hilfe sind und dazu beitragen, dass sein Inneres wieder aufgebaut und sein Äußeres wieder stabilisiert werden kann.

Bruder Emanuel offenbarte:

Jeder Mensch, der noch des Trostes, der Hilfe und der Stütze bedarf, steht in der Gnade Gottes. In den Menschen, die das Rad der Wiedergeburt verlassen haben, wandelt sich die Gnade in Güte, denn sie treten in das Gesetz der All-Liebe, das Sein, ein und werden zum Sein, zum Gesetz, selbst. Das Gesetz, Gott, spricht sich selbst. Es ist die Absolutheit und die dienende Liebe.

Gabriele:

Jeder Mensch, der den Inneren Weg beginnt, erhält von Gott eine Karenzzeit, eine Zeitspanne, in welcher der Gnadenschutz Gottes wirksam ist. In der Schutzhülle der Gnade kann sich der Mensch aufrichten, kann sich in Gott stabilisieren, um dann den Stürmen der Zeit gewachsen zu sein, um also dann das Sündhafte, die noch bestehenden Ursachen, mit der Kraft Gottes zu meistern.

Ist die Karenzzeit zu Ende, dann zieht sich der Gnadenschutz zurück, damit wir in der Anwendung des Erkannten die Standfestigkeit in Gott üben. Dann müssen wir auch erfahren, was wir in der Karenzzeit, während des Gnadenschutzes, nicht erfüllt haben. Dann werden die Stürme toben, und unter Umständen werden wir wieder ins Gesetz von Saat und Ernte zurückgeschleudert werden – auf das Fundament, das wir zu Beginn des Inneren Weges hatten oder noch tiefer, je nachdem, wie wir und womit wir gegen die Gesetze Gottes bewusst verstoßen haben. In diesem Fall kann uns die Gnade Gottes nur dann wieder zuteilwerden, wenn wir ernsthaft bereinigen und konsequent den Weg zu Gott gehen. Doch ist die Gnade nun nicht mehr die Schutzhülle, sondern Hilfe und Stütze, um den Stürmen der Ursachen allmählich zu widerstehen.

Bruder Emanuel:

Gütige Menschen finden für ihre Mitmenschen immer die richtigen Worte und wissen, wie und wo sie helfen können. Den Menschen im Gesetz von Saat und Ernte werden die göttlichen Eigenschaften Geduld – in der die Gnade enthalten ist –, selbstlose Liebe und Barmherzigkeit vom Geist Gottes zugestrahlt. Beginnt der Tropfen, die weitgehend gereinigte Seele, in den Ozean, Gott, einzutauchen, dann wandelt sich die Geduld oder Gnade in Güte und die Barmherzigkeit in Sanftmut um. Die reinen Wesen des Lichtes bedürfen nicht der Gnade; sie sind gütig, liebevoll und sanftmütig von ganzem Herzen, weil sie das Sein, das ewige Gesetz, verkörpern.

Gabriele:

Wir dürfen also immer mehr in die innere Güte, in die wunderbare, innere, selbstlose Liebe und in die Sanftmut eintauchen. Das macht uns frei gegenüber unseren Mitmenschen. Wer frei ist, der ist auch jeder Situation gewachsen. Die Gewissheit, dass uns die ewige Liebe immer tiefer in das Leben, in das wahre Sein, hineinführt, vermittelt uns ein unbeschreibliches Gefühl innerer Freude und Heiterkeit. Die Tage sind in dieses Licht eingetaucht.

Ein Merksatz für das Buch des göttlich Erfüllten:
Wer sich für Gott, die ewige Wahrheit, entschieden hat, lebt mehr und mehr in der Einheit mit Gott, mit allen Menschen und mit allem Sein.

Der Wahrhaftige sendet unermüdlich die Strahlen seines göttlichen Bewusstseins aus und schaut glasklar Wahrheit und Unwahrheit nebeneinander.
Der Unentschiedene hingegen bleibt abgekapselt und versponnen in sein niederes Ich.

Wir merken uns Folgendes: Gott schützt nicht unsere Schwächen. Gott gibt nicht nach, wenn wir ungesetzmäßig denken, sprechen und handeln und wenn wir Menschliches wollen. Gott stärkt die positiven Seiten in uns und bejaht auch in allem Gegensätzlichen das Positive. Das heißt, Er, der große All-Eine, strahlt im Gegensätzlichen verstärkt das Positive an und bringt es allmählich so in Aktion, dass der Mensch früher oder später zur inneren Wahrheit findet, zu der er dann wieder wird. Wir sollen das Gleiche tun. Wir sollen in unserem Nächsten das Positive bejahen, und, so es notwendig ist, auch ansprechen. Auf diese Weise helfen wir unseren Mitmenschen.

Einige Merksätze für uns:
Lass den Schwachen niemals links liegen. Bedauere ihn jedoch auch nicht in seiner Schwäche, sondern strahle ihm die positiven Kräfte zu, oder sprich das Positive, die innere Stärke, an, und bete für ihn.

Über unsere Sinneswahrnehmungen erkennen wir noch bestehende Unterkommunikationen und Entsprechungen

Gabriele:

Die Ausrichtung auf den Allerhöchsten ist dann gewährleistet, wenn die fünf menschlichen Sinne den Sinnen der Seele, also dem Willen Gottes, untergeordnet sind.

Bruder Emanuel offenbarte:

Jeder Mensch hat immer wieder arbeitsfreie Stunden oder Tage. Ihr nennt sie auch Stunden der Muße. Gerade in den freien Stunden, dann, wenn der Alltag ruht – z.B. am Abend, an den Wochenenden oder an arbeitsfreien Tagen –, sollt ihr beobachten, wohin sich eure Sinne – der Seh-, Gehör-, Geruchs-, Geschmacks- und Tastsinn – bewegen. Wenn äußere Ruhe eingekehrt ist, lässt sich am Zug der Sinne leicht erkennen, ob noch intensive Unterkommunikationen bestehen, z.B. drängende Wünsche und Aspekte von Leidenschaften. Im Alltag werden diese oftmals nur noch anklingenden Unterkommunikationen verdrängt.

In der äußeren Ruhe an arbeitsfreien Stunden und Tagen hingegen treten sie stärker hervor. Auch bei Spaziergängen oder beim geselligen Beisammensein können solche noch bestehenden Unruhen beobachtet werden. Es gibt viele Möglichkeiten, festzustellen, wohin sich die Sinne immer noch wenden.

Sollte sich durch die Sinneswahrnehmungen euer Körperrhythmus ändern, solltet ihr also unruhig oder gar leicht depressiv werden, dann könnt ihr sicher sein, dass entweder ausklingende Entsprechungen angesprochen wurden oder noch vorhandene, noch nicht erkannte Teile von Entsprechungen.

Auch dann, wenn ihr plötzlich hektisch werdet, euch ruckartig bewegt, wenn ihr schnell zu schreiten beginnt, euch hastig vom Stuhl erhebt oder euch auf diesen fallenlasst oder euch auf dem Stuhl hin und her bewegt, wenn ihr disharmonisch eure Füße und Arme bewegt – das und vieles mehr will euch sagen, dass in euch Energien aktiviert wurden: Die Sinne waren die Sender, und die Entsprechungen haben empfangen. Um eure inneren Regungen zu erfassen, müsst ihr auf Empfang gehen, das heißt die Regungen und Bewegungen eures Körpers ergründen. Durch euer Hineinspüren in die sich bewegenden Komplexe kommen Aspekte dieser Energien in das Oberbewusstsein und treten in eurer Gedankenwelt auf.

Befinden sich in der Seele nur noch Erinnerungen oder geringe, ausklingende Programme von Entsprechungen, dann bleibt es in euch still, denn die Sinne sind mit allen Menschen und allen Lebensformen weitgehend in Harmonie. Sie sind dann verfeinert und sind Fühler, die in das göttliche Bewusstsein hineinragen. Durch die Verinnerlichung des Menschen treten die Sinne nur noch mit den positiven Aspekten in allen Dingen, Geschehnissen und in allen Lebensformen in Kommunikation.

Gabriele:

Wie verhält sich der im Geiste Gereifte gegenüber den negativen Aspekten des menschlichen Lebens?

Auch der geistige Mensch kann auf die äußeren Dinge wie Kriege, Naturkatastrophen und dergleichen kaum Einfluss nehmen. Es müssten sehr, sehr viele Menschen sein, die sich dem Geiste Gottes zuwenden, die dann gemeinsam ein entsprechendes geistiges Potential haben, um aus den Trümmern dieser Zeit Geistiges, also Positives, zu entwickeln.

Einem geistigen Menschen wird sein Nächster, der krank ist, der leidet, der Schwierigkeiten hat, nicht gleichgültig sein. Der Gotterfüllte ist immer bereit zu helfen. Er wird sich jedoch niemals anbiedern oder anbieten, das heißt, er wird Rat und Hilfe weder aufdrängen noch Rat und Hilfe dort anbieten, wo es nicht notwendig oder nicht gewünscht ist. Er wird die rechten Worte finden, um seinem Nächsten nahezubringen, dass er bereit ist, ihm so weit zu helfen, wie es ihm möglich ist; doch aufdrängen oder anbiedern wird er sich nicht.

Vieles geschieht in unserer weiteren Umwelt; Ereignisse wie Kriege und Naturkatastrophen mehren sich. Was kann der Einzelne, was können einige wenige dagegen ausrichten? Was sie tun können, ist, ein gesetzmäßiges Leben zu führen, für ihre Mitmenschen zu beten und allen Menschen, die bereit sind, die Gesetze des Herrn anzunehmen, den Weg zu weisen, damit auch sie zum höheren Leben finden.

Bruder Emanuel:

Aus allen Geschehnissen und Ereignissen kann der Mensch für sich Schlüsse ziehen, auch in seinen Gesprächen mit dem Nächsten, z.B. dann, wenn eine Situation auftritt, in der er persönlich wird. Was will ihm das sagen? Sein Persönliches, sein menschliches Ich, wurde berührt und kam in Vibration. Es drängte, sich mitzuteilen oder sich darzustellen.

Der Mensch auf dem Wege der Vollendung wird sich mit dieser Erkenntnis nicht zufriedengeben. Er weiß, dass dieser Persönlichkeitsdrang nur die Wirkung von Ursächlichkeiten, von Programmen, ist, die tiefer liegen.

Der Erwachte wird sich mit dem Geist seines göttlichen Bruders verbinden und Ihn um Hilfe und Klarheit bitten. Der Geist des göttlichen Bruders ist der Innere Helfer und Ratgeber, der dann auch in diesem Persönlichkeitsdrang, einerlei, wie er sich äußert, wirksam wird und sich dem

Erwachten auf vielerlei Weise mitteilt: entweder durch Empfindungen, durch plötzliche Erkenntnisse, durch Blickkontakte oder durch Begegnungen mit Menschen, die das, was der Geist des Lebens dem Menschen sagen möchte, von außen her verstärken und im Menschen das sogenannte Aha-Erlebnis, das Bewusstwerden, auslösen.

Wesentliche Gesetzmäßigkeiten, die wir beherzigen sollten, um im Alltag wachsam zu bleiben. Verhalten in Gesprächen. Wir entscheiden uns in jedem Augenblick für das Göttliche

Gabriele:

Lieber Bruder, liebe Schwester, beherzigen wir noch folgende wesentliche Gesetzmäßigkeiten, die uns helfen, im Alltag wachsam zu bleiben:

Jedes Wort, das über unsere Lippen kommt, sagt aus, wie und wer wir sind. In jedem Gespräch und in jeder Situation können wir uns prüfen, ob wir noch persönlich sind.

Unsere Augen sind der Spiegel der Seele. Wer oder was schaut aus uns heraus? Was wir über unsere Augen abrufen und welche Gedanken daraufhin in uns aufsteigen, das schaut und spricht aus uns heraus!

Das unpersönliche Leben kann nur von den Menschen gelebt werden, die ihr Persönliches, ihr niederes Ich, weitgehend überwunden haben; denn dann entfaltet sich die Ernsthaftigkeit, die Klarheit des Bewusstseins.

Wer den Golgathapfad bis zur Evolutionsstufe des Ernstes wahrhaftig gegangen ist, der hat einen großen Überblick und hat Einblick in viele Dinge und Situationen, auch in seine Mitmenschen.

Wir sind ernsthaft und bewusst, wenn unsere Gefühls- und Gedankenwelt, unsere Worte und Handlungen in Übereinstimmung mit dem Göttlichen in uns sind. Wir sind jedoch euphorisch und enthusiastisch und somit nach außen gekehrt, wenn unsere Gedanken noch anders als unsere Worte klingen und unsere Handlungen wieder anders als unsere Gedanken und Worte sind. Auch das will uns etwas sagen. Unser euphorisches und enthusiastisches Verhalten will letztlich etwas verbergen.

Wollen wir noch diskutieren, dann wollen wir noch recht haben. Was liegt zugrunde? Recht ist nicht Gerechtigkeit. Wollen wir uns in der Gerechtigkeit üben, dann sollen wir nicht diskutieren, sondern das Unrecht unpersönlich ansprechen.

Weitere Erkenntnisse auf dem Weg zur Vollendung:

Auf der Evolutionsstufe des Ernstes sollte der Mensch die zielbewusste Gesprächsführung gelernt haben. Die Praxis erweist, dass zielbewusste Gespräche dann fruchtbrin-

gend sind, wenn der Gesprächspartner mit seinen Fragen und Antworten ernstgenommen wird.

Nehmen wir unseren Nächsten ernst, dann nehmen wir ihn auch an, und wir nehmen seine positiven Seiten in uns auf. Die Achtung vor seinem Nächsten gebietet dem geistigen Menschen, diesen so weit zu verstehen, wie sein erschlossenes geistiges Bewusstsein ihn aufzunehmen vermag. Durch diese innere Haltung gegenüber seinem Nächsten wird er auch in allen Gesprächen das Unmittelbare ansprechen, also das Wesentliche, und im Gespräch den sogenannten roten Faden, den Leitfaden, halten, auf dem das Wesentliche aufgefädelt wird.

Den Leitfaden zu halten heißt, im Gespräch auf dem Gesagten aufbauen. Auf der Stufe des Ernstes wissen wir um den Inhalt des Gesagten, denn wir können die Essenz der Gespräche erfassen, all das, was in und hinter den Worten liegt. Daraus soll dann das Gespräch weitergeführt werden, so dass das Wesentliche herausgearbeitet wird – das Gesetzmäßige, das wir dann auch anstreben und halten.

Wer in seinem Inneren ruht, der ist konzentriert und auf jede Gesprächssituation bezogen. Er wird keine eigenen Gedanken produzieren, während sein Nächster spricht.

Menschen des Geistes leben in ihrem Innersten und schöpfen aus der nie versiegenden Quelle Gott. Deshalb erfassen sie den Sinn des Gespräches und den Sinn der Worte. Sie geben aus ihrem Innersten, aus dem erschlossenen Teil ihres göttlichen Bewusstseins, die gesetzmäßige

Antwort oder stellen gesetzmäßige Fragen. Die Antworten und die Fragen sind kurz und klar.

Unnütze Worte sind unwesentliches Rankwerk und Darstellung des menschlichen Ichs.

Die Rede des geistigen Menschen ist beseelt von der göttlichen Kraft. Beseelte Worte tragen Aktivität und Leben in sich.

Doch bleiben wir wachsam, denn der Widersacher schläft nicht! Er ist ständig bestrebt, uns in Unruhe zu versetzen, unser Inneres wie das Pendel einer Uhr zu bewegen, um uns möglichst immer wieder hin und her zu reißen – einmal für und dann wieder gegen Gott. Alle Entsprechungen, und selbst nur noch Reste von Entsprechungen, sind gegensätzlich. Sie strahlen aus. Sie senden also und empfangen wieder. Dieses Sendepotential ist gegen das Göttliche und kann vom Widersacher, der das Gegensätzliche ist, benutzt werden, indem er uns wie mit Pfeilen beschießt, bis er ins Schwarze trifft – also die Entsprechung.

Wir haben gehört, dass jede Entsprechung, also alles Allzumenschliche – und sei es noch so gering – ausstrahlt. Die Ausstrahlung unserer Entsprechungen zeigt sich in unserer Aura, denn die Aura besteht aus energetischen elliptischen Bahnen, in denen sich unsere Entsprechungen widerspiegeln. Befinden sich also in einer oder in einigen elliptischen Bahnen eine oder mehrere Entsprechungen, dann ist es dem Widersacher möglich, in unsere Aura einzudringen und diese Entsprechungen zu aktivieren.

Sind wir nicht wachsam, dann werden die Entsprechungen, die in der Aura aktiviert wurden, auch in der Seele lebendig, denn dort sind sie ebenfalls gespeichert. Über die Seele strahlen sie in unseren Körper ein und somit auch zu unseren Gehirnzellen. Dort, im Oberbewusstsein, werden uns unsere Entsprechungen bewusst. Wir beginnen, entsprechend zu denken. Sind wir nicht wachsam, ruhen wir nicht weitgehend in Gott, sind wir nicht auf die Situationen des Tages bezogen, leben wir also nicht bewusst im Tag, dann werden wir über diese Entsprechungen weiter nachdenken.

Bewegen wir uns gedanklich immer wieder in diesem gegensätzlichen Schwingungsfeld, dann regen wir damit auch wieder unsere Sinne an, die sich nach außen kehren, die wiederum entsprechende Situationen anziehen und uns auf Entsprechendes aufmerksam machen. So erweitern wir die minimale Entsprechung, vergrößern also unser Sündhaftes durch gegensätzliche Gefühle, Empfindungen, Gedanken oder durch Worte und Handlungen, je nachdem, was der Entsprechung zugrunde liegt. Auf diese Weise können wir uns wieder belasten.

Der Widersacher kann also aus dem Bereich des Unsichtbaren in unsere Aura einwirken, uns auf direktem Weg verführen und steuern. Er hat jedoch auch die Möglichkeit, sich Menschen nutzbar zu machen, um uns zu beeinflussen. Er führt uns Menschen über den Weg, mit denen wir noch Entsprechungen haben, Menschen, die durch ihre Worte oder Handlungen unsere Entsprechungen bewusst ins Schwingen bringen. Solche Menschen können gesteuert sein, damit der Widersacher uns zum negativen Denken verleitet.

Bleiben wir also wachsam und entscheiden wir uns in jedem Augenblick für das Göttliche; dann können wir der unmittelbaren Gnade, die unser geistiger Schutz ist, gewiss sein. Wir werden dann dem Widersacher nicht unterliegen, sondern in jeder Situation Gottes Willen erkennen und erfüllen.

Machen wir uns immer wieder bewusst und notieren wir als Merksatz in unser Buch des göttlich Erfüllten:

Der Ernst beugt sich nicht dem Willen des Menschlichen.

Es ist möglich, dass wir auf Menschen treffen, die ähnliche Entsprechungen haben wie wir, so dass dadurch bei uns die Entsprechungen angeregt werden können. Wir denken dann, denken und denken und bauen so unser Sündhaftes auf und aus.

Der im Geiste gereifte Mensch, der sich bewusst auf der Stufe des göttlichen Ernstes befindet, beugt sich nicht dem Willen des Menschlichen. Er klärt auf, berichtigt, hilft und dient, wird sich jedoch vom Allzumenschlichen niemals beeinflussen lassen.

Einem auf die Welt bezogenen Menschen oder Menschen mit einem noch nicht erschlossenen geistigen Bewusstsein kann diese Haltung auch wie Unbeugsamkeit oder Unnachgiebigkeit erscheinen. Dennoch wird der geistig gereifte Mensch dem Willen des Menschlichen nicht nachgeben, denn er achtet in allem die göttliche Gesetzmäßigkeit: Beuge dich niemals vor dem Menschlichen, denn es ist ungöttlich. Gib allein Gott die Ehre.

Weitere Merksätze:
Das ewige Gesetz ist unpersönlich. Es bleibt gegenüber allem Ungesetzmäßigen distanziert und unpersönlich.
Das Absolute Gesetz ist unparteiisch. Es bevorzugt weder den einen noch den anderen. Es strahlt ununterbrochen die ganze Fülle aus. Doch jeder kann nur in dem Maße empfangen, wie er sich dem ewigen Gesetz zuwendet.

Der wahre Weise identifiziert sich nicht mehr mit seinem irdischen Namen

Gabriele:

Lieber Bruder, liebe Schwester, wir sind nun auf den letzten Seiten des Buches der Stufe des Ernstes. Was noch für uns wesentlich ist, an das wir jedoch oftmals nicht denken, soll hier angesprochen werden.

Da es keine Zufälle gibt, so ist auch unser Vor- und Zuname von Bedeutung. Beide Namen werden uns bei der Geburt zugewiesen. Mit Beginn einer Einverleibung strahlen aus der inkarnierenden Seele ihre lichten Seiten und auch ihre Belastungen, die im Laufe ihres irdischen Daseins aktiv werden wollen. Beide, sowohl die lichten als auch die dunklen Seiten der Seele, sind Frequenzen, also Schwingungen. Sie wirken entweder auf die Mutter oder den Vater ein oder auf beide oder auf Großeltern, Verwandte und Bekannte – je nachdem, welchen gleich- oder ähnlich schwingenden Frequenzbereich sie erreichen können, um sich mitzuteilen. Mutter, Vater, Großeltern, Verwandte oder Bekannte sprechen dann einen oder mehrere Vornamen aus. Einer davon fällt tief in das Innere der Eltern. Dieser wird dann von den Eltern bejaht. Das ist dann der Vorname des Kindes.

Sowohl der Vorname als auch der Nachname will uns etwas sagen. Unsere Seele hat nicht zufällig diese Eltern *gewählt. Wechselt ein Mensch seinen Vor- oder Zunamen, so ist auch dies kein Zufall.*

Wir sehen also: Alles ist wohlgeordnet im kosmischen Geschehen. Sollte sich jedoch der Eigenwille eines Menschen durchsetzen und er gibt seinem Kind einen Namen, der nicht zur Strahlung der Seele passt, dann wird der Vorname später geändert oder verändert, z.B. durch Kurzformen. Die Seele bestimmt durch ihre Strahlung nicht nur den Vor- und Zunamen, sondern auch ihren Geburtstag, ihre Geburtsstunde und das Geburtsjahr. Greift jedoch der Mensch in das kosmische Geschehen ein, dann gibt es Komplikationen.

So, wie sich der Kosmos laufend verändert, weil alle Gestirne in beständiger Bewegung sind, so ist auch unsere kosmische Seele in Bewegung. Auch wir bringen unsere lichten Seiten und unsere Schattenseiten in Bewegung mit unseren Gefühlen, Empfindungen, Gedanken, Worten und Handlungen – wir durchlichten unsere Seele und unseren Leib, oder wir belasten unsere Seele und unseren Körper. Infolgedessen verändern sich auch unsere Vor- und Zunamen.

Bei unserer Geburt haben unsere Vor- und Zunamen ausgesagt, was wir sind. Gegenwärtig kann es anders sein, denn wir sind eventuell anders geworden. Normalerweise behalten wir unsere Vor- und Zunamen, denn damit weisen wir uns in der Welt aus. Der Erwachte, der wahre Weise, wird zwar seinen Vor- und Zunamen als Ausweis für sein Hiersein tragen; er selbst identifiziert sich jedoch nicht mehr mit dem, was er in diese Welt mitgebracht hat, mit den Frequenzen, welche zu Vor- und Zunamen wurden. Der zu Gott Strebende hat sich in die Kindschaft des Allerhöchsten erhoben und bejaht seine göttliche Herkunft, den reinen Klang seiner Seele.

Wer nicht mehr im Kausalgesetz lebt, den führt Christus unmittelbar in das ewige Gesetz der Liebe und der Freiheit

Bruder Emanuel offenbarte:

Der Weg zur Vollendung kann nur mit Christus beschritten werden. Christus ist der Erlöser aller Menschen und Seelen. Sein erlösendes Licht ist der Weg, der allen Seelen und Menschen leuchtet, die im Kausalgesetz, im Gesetz von Ursache und Wirkung, leben. Durch die Selbsterkenntnis, durch Reue, durch Vergebung, Bitte um Vergebung und durch Wiedergutmachung dessen, was noch gutzumachen möglich ist, und indem er die erkannten Fehler nicht mehr tut, geht der Wanderer Schritt für Schritt auf dem Inneren Weg hin zur Vollendung.

Die Vollendung des Lebens ist das Eintauchen in das Absolute Gesetz. Der Tropfen aus dem Ozean Gott ist wieder heimgekehrt und lebt im großen Ozean der Liebe.

Wer nicht mehr im Kausalgesetz lebt, im Rad der Wiederverkörperung, den führt Christus unmittelbar in das ewige Gesetz der Liebe und der Freiheit. Der Erlöserfunke der Seele taucht allmählich ein in den Urfunken, Gott. Mit Christus findet die Seele, das werdende Geistwesen, zurück in das Absolute Gesetz und wird wieder zum Absoluten Gesetz selbst.

Der Mensch, der physische Leib, ist von dieser Erde und wird nach der Entkörperung der Seele auch dieser Erde wiedergegeben. Mit dem Eintritt der Seele in das Erdenkleid ist dem Menschen geboten, nicht nur seine Fehler und Schwächen zu erkennen und sie zu bereinigen, sondern auch seinem Nächsten dann zu dienen, wenn er selbst Schritte auf dem Weg zum Inneren Leben getan hat. Denn erst dann wird er fähig und ist befähigt, seinen Nächsten aus seiner eigenen Verwirklichung zu dienen und zu helfen. Alles andere ist Wissensvermittlung, keine beseelte Hilfe und auch kein selbstloses Dienen.

Gabriele:

Auf dem Weg zu Gott gibt es Übergänge – es sind die Evolutionsschritte.

Im ewigen Sein ist alles fließendes Ich Bin, das ewige Gesetz. In der ganzen Unendlichkeit gibt es nichts Statisches; auch auf dem Inneren Weg gibt es die Übergänge, die keinen Abbruch kennen. Deshalb heißt es gerade beim Übergang von der Stufe des Ernstes zur Stufe der Geduld und Liebe Gottes »die weitgehend reine Seele«. Am Ende der siebten Stufe ist es das »reine Wesen«, das nun durch das Tor in das ewige Sein wandelt.

Weil die Übergänge bestehen, haben wir also zwei Begriffe; es wird einmal von »weitgehend rein« und dann von »rein« gesprochen.

Merken wir uns: Es gibt in der ganzen Unendlichkeit nichts Statisches. Auf dem Inneren Weg gibt es die Übergänge, die Schritte in den ewigen Strom, Gott.

Weiter Bruder Emanuel:

Christus ist der Weg, die Wahrheit und das Leben. Den Menschen, dessen Seele die geistige Reife der Stufe des göttlichen Ernstes erlangt hat, führt nun Christus selbst durch seine lichte Seele in die Vollendung, in den Schoß des Allerhöchsten.

Am Ende der Unterweisungen für die vierte Stufe
des Inneren Weges richtete unser Geistiger Lehrer,
Bruder Emanuel, abschließende Worte an uns:

Hiermit beende ich, Bruder Emanuel, die Lehren und Lektionen für meine Brüder und Schwestern auf dem Inneren Weg hin bis zum Ende der vierten Stufe.

Das Buch des göttlich Erfüllten soll weiterhin euer Wegbegleiter sein. In diesem Buch könnt ihr alles notieren, was noch ansteht, was noch bereinigt werden soll und auch, was euch erfreut. Auch die Zwiegespräche mit eurem göttlichen Bruder, Christus, könnt ihr darin in Stichworten festhalten. Schreibt nicht wortwörtlich auf, was ihr aus der Tiefe eurer Seele empfangen dürft, sondern macht nur Notizen, denn der Mensch soll nicht am Buchstaben haften, sondern im Geiste der Wahrheit erblühen, leben und daraus geben. Wer zur ewigen Wahrheit gefunden hat, der ist die Wahrheit und braucht für sich persönlich nicht mehr den Buchstaben. Er braucht den Buchstaben und das Wort, um sich in dieser Welt mitteilen zu können. Was er jedoch spricht oder niederschreibt, das liegt bewusst in ihm selbst: die Wahrheit, das Leben, Gott.

Am Ende der vierten Evolutionsstufe ist der Mensch der »Geistig Getaufte«. Er hat von Christus die göttliche Weihe empfangen, das »Vollbracht«. Nun führt ihn Christus zum ewigen Vater. Die reine Seele, das Geistwesen in Gott, spricht: »Vater, in Deine Hände übergebe ich mein Sein, das aus Dir ist.«

Lieber Bruder, liebe Schwester, dein Bruder aus dem Geiste Gottes, für diese Erde Emanuel genannt, wünscht sich ein baldiges Wiedersehen mit dir im Lichte der Wahrheit. Die ewige Liebe verbindet uns und führt uns im tiefen, beseelten Frieden in der ewigen Heimat zusammen. Dort werden wir uns schauen, dann, wenn das Erdenkleid nicht mehr ist und du im Glanze der Wahrheit stehst, unbegrenzt und erfüllt vom Leben, vom einzig Großen, der ewig ist von Ewigkeit zu Ewigkeit. Du bist als Essenz in mir, und ich bin als Essenz in dir. Gott hat uns geschaut und in Sein Licht gestellt.

Wir sind in der ewigen geschwisterlichen Liebe geeint!
Dein göttlicher Bruder
Emanuel

Weitere Buchempfehlungen

Das ist Mein Wort
A *und* Ω

Das Evangelium Jesu

Die Christus-Offenbarung, welche inzwischen die wahren Christen in aller Welt kennen

Aufbauend auf dem „Evangelium Jesu", einem bestehenden apokryphen Evangeliumstext, offenbarte sich Christus selbst – erklärend, berichtigend und vertiefend – durch Gabriele, die Prophetin und Botschafterin des Ewigen Reiches, über Sein Leben und Seine Lehre als Jesus von Nazareth.

Aus dem Inhalt: Kindheit und Jugend Jesu • Die Verfälschung der Lehre des Jesus von Nazareth in den vergangenen 2000 Jahren • Sinn und Zweck des Erdenlebens • Jesus lehrte über das Gesetz von Ursache und Wirkung • Voraussetzungen für die Heilung des Leibes • Jesus lehrte über die Ehe • Die Bergpredigt • Vom Wesen Gottes • Gott zürnt und straft nicht • Die Lehre der „ewigen Verdammnis" ist eine Verhöhnung Gottes • Jesus entlarvte Schriftgelehrte und Pharisäer als Heuchler • Jesus liebte die Tiere und setzte sich immer für sie ein • Über Tod, Reinkarnation und Leben • Die wahre Bedeutung der Erlösertat des Christus Gottes ... und vieles andere mehr.

1080 S., geb., Halbleinen. Inkl. Audio-CD mit dem Ewigen Wort aus dem Reich Gottes: „Der Ruf des Christus Gottes" und „Die Erscheinung", gegeben durch Gabriele. ISBN 978-3-89201-960-2

Taschenbuchausgabe (ohne CD):
1051 S., kart. ISBN 978-3-96446-275-6

Auch als E-Book

Die großen kosmischen Lehren des JESUS von Nazareth

an Seine Apostel und Jünger, die es fassen konnten

mit Erläuterungen von Gabriele

Durch Gabriele, die Lehrprophetin und Botschafterin des Reiches Gottes in unserer Zeit, offenbarte Christus selbst das Gesetz des wahren Lebens, das Er vor mehr als 2000 Jahren den inneren Kreis Seiner Apostel und Jünger lehrte.

Zum ersten Mal in der Geschichte der Menschheit sind Seine großen kosmischen Lehren allen Menschen zugänglich. Sie bringen uns die ewigen göttlichen Gesetze nahe und lassen uns hineinspüren in das Leben tief in unserer Seele, das unsere Heimat ist. Wir erfahren, wer wir in Wahrheit sind – kosmische Wesen, Kinder der unendlichen Liebe, auf dem Weg zurück in das Ewige Reich Gottes, von dem wir alle einst ausgegangen sind.

Die großen kosmischen Lehren des Jesus von Nazareth wurden durch Gabriele ausgelegt und erläutert. Sie zeigt auf, wie wir sie im täglichen Leben, in der Familie, im Beruf und in allen Lebenssituationen anwenden können.

896 S., geb., Halbleinen. ISBN 978-3-89201-585-7

Taschenbuchausgabe: 948 S., ISBN 978-3-96446-375-3

Auch als E-Book

Worte des Lebens

für die Gesundheit von Seele und Körper

Das Buch beruht auf der Christus-Offenbarung „Ursache und Entstehung aller Krankheiten“

Wodurch entstehen Krankheit oder Gesundheit? Welchen Einfluss haben unsere Lebensweise und unsere Gedanken darauf, ob wir gesund oder krank sind?

Wie wirkt sich das zerstörerische Verhalten des Menschen auf die Natur, auf die Tiere und nicht zuletzt auf seinen eigenen Gesundheitszustand aus?

Diese Offenbarung aus dem Ewigen Reich lässt uns die Abläufe im Inneren des Menschen verstehen, die zu Krankheit oder zu Gesundheit führen – Dinge, über die die Naturwissenschaften noch kaum Kenntnisse haben.

In dieser Christus-Offenbarung erfahren Sie mehr über die Wirkung der Gedankenkräfte auf das Leben und über die Ganzheitsheilung. Sie erhalten darüber hinaus detaillierte Kenntnisse über die Zusammenhänge von Kosmos und materieller Welt sowie die Grenzbereiche von Geist und Materie, und vieles andere mehr.

424 S., geb., Leineneinband. ISBN 978-3-96446-139-1

Taschenbuchausgabe: 472 S., ISBN 978-2-96446-379-1

Auch als E-Book

Das Leben und Sterben, um weiterzuleben

Jeder stirbt für sich allein

Gibt es ein Weiterleben nach dem irdischen Leben? Was kann uns die Angst vor dem Sterben und dem Tod nehmen? Wie finden wir zu einem bewussten Leben, zu Sicherheit, Gelassenheit und innerer Standfestigkeit?

Gabriele erläutert in diesem Buch wesentliche Aspekte zum Leben und Sterben wie beispielsweise: was beim Sterben geschieht, und wie die Seele im Jenseits weiterlebt, oder wie man die Organtransplantation aus geistiger Sicht beurteilen kann.

Des Weiteren erhalten wir detaillierte Aufklärung über: • Das Erdendasein, ein Abschnitt des Lebens, den der Mensch positiv nützen und gestalten kann • Der Vorgang des Sterbens; die Abkoppelung unserer unsterblichen Seele vom physischen Leib • Aufbau der feinerstofflichen Seele und des physischen Körpers • Der Kreislauf der Natur zeigt uns die Evolutionsabläufe im Lebensweg des Menschen. Leben kennt keinen Stillstand • Der Weg jeder Seele ist die Rückkehr ins Vaterhaus. Die entkörperte Seele befindet sich in einem anderen Aggregatzustand ... und vieles andere mehr.

196 S., geb., Leineneinband, ISBN 978-3-96446-036-3

Taschenbuchausgabe: 220 S., ISBN 978-3-96446-255-8

Auch als E-Book

Gerne übersenden wir Ihnen
unser aktuelles Buchverzeichnis
sowie Gratis-Leseproben zu vielen Themen

Gabriele-Verlag Das Wort
Max-Braun-Str. 2, 97828 Marktheidenfeld
Deutschland
Tel. 0049 (0)9391/504-135, Fax -133
www.gabriele-verlag.com